U0712378

方苞全集

彭林 嚴佐之 主編

第十二册 古文約選

復旦大學出版社

古文約選

劉宏輝　整理

整理説明

古文約選原題果親王允禮選，實際是由方苞選評。清蘇惇元望溪先生年譜云：「（雍正）十一年癸丑（一七三三），先生年六十六歲。春三月，奉果親王教：約選兩漢及唐宋八家古文，刊授成均諸生。其後於乾隆初詔頒各學官。」據欽定學政全書卷四，乾隆三年（一七三八），古文約選成爲清廷頒發書籍。原署「和碩果親王序」的古文約選序例也是由方苞代撰，清戴鈞衡將序例收入方望溪先生全集中，以顯方苞選評之功。

古文約選序例從選文標準、選録數量、古文源流等方面體現方苞的古文觀，是方苞古文理論的重要篇章。

方苞認爲六經、論語、孟子是古文的根源，左傳、史記是「得其枝流而義法最精者」，公羊傳、穀梁傳、國語、戰國策其次。但由於左傳、史記「各自成書，具有首尾，不可以分剟」；公羊傳、穀梁傳、國語、戰國策又「通紀數百年之言與事」，只有通覽全書，纔能得其精華，因此概不入選。在例言中，方苞再次强調了這一點，指出「三傳、國語、國策、史記爲古文正宗，然皆自成一體，學者必熟復全書，而後能辨其門徑，入其窔突」。先秦諸子之文，雖然唐宋古文都從中吸收精華，但方苞認爲「其著書，主於指事類情，汪洋自恣，不可繩以篇法。其篇法完具者，間亦有之，而體製亦别」，因此也没有採録。只有兩漢書及疏、唐宋八大家之文「篇各一事，可擇其尤」，可以展現「義法」之精。由此看出，方苞所選是獨立成篇、可以篇法示人的古文。

在選文的數量方面，「於韓取者十二，於歐十一，餘六家或二十、三十而取一焉。兩漢書及疏，則百之二三耳」。唐宋八家，方苞推重韓愈、歐陽修；兩漢書、疏，選文重點放在盛漢以前，昭、宣以後所選較少，東漢只録四篇，後漢只録諸葛亮前出師表、後出師表。因爲方氏認爲「西漢惟武帝以前之文，生氣奮動，倜儻排宕，不可方物，而法度自具。昭、宣以後，則漸覺繁重滯澀」，東漢文「滯而繁」、無西漢「質厚之氣」。又因爲此書是爲初學者提供參照，與「非始學者所能遍觀而切究」的康熙欽定古文淵鑒相比，選文規模也小很多。

在唐宋八家的文體源流方面，方苞條舉八家不同文體，追溯其源流，所論甚備。如認爲韓愈、柳宗元讀經、子，歐陽修史志論等文，源出自司馬遷史記表序；曾鞏群書目録序、王安石序詩、書、周禮義等文，源出自班固漢書藝文志七略序，等等。方氏既注重文體之源，也强調文體的流變。如韓愈、歐陽修、王安石俱擅長誌銘之文，方氏認爲「退之變左、史之格調，而陰用其義法；永叔摹史記之格調，而曲得其風神；介甫變退之之壁壘，而陰用其步伐」，概括了三家誌銘序事之文義法的流變。

序例及選文之外，古文約選的圈點、評語也值得關注。圈點主要有「○」、「、」兩種形式，精彩的語句以「○」標示，而轉折、收束等關鍵布局之處以句旁加「、」提示。評語位於行間、頁眉、篇尾等處，是研究方苞古文理論的重要資料。

評語的内容，概括起来，可以分爲以下幾個方面：

一，指出文章語句的化用來源。如賈誼陳政事疏「彼且爲我死，故吾得與之俱生；彼且爲我亡，故吾得與之俱存；夫將爲我危，故吾得與之皆安」句旁加有「○」，眉批云：「語本管子，而意更警策。」這叙述了語句的化用來源。晁錯言兵事尾評云：「錯之術，根柢管、商，其近俗濟用，無出二子外者，而爲文尤與管子相類，故雜用其語而如出一人之説。」指出了晁錯思想、行文所本。

二，分析文章的立意布局。如賈誼過秦論上「士不敢彎弓而報怨」句旁有評語「以上論攻，以下論守」，提示文意的轉折；「且夫天下非小弱也」句旁批註「以下論攻守之勢異」，提示下文内容；過秦論中尾評「此承前篇攻守異勢，而言守天下之道在於安民」，提示全篇文章的要旨。

三，評析文章的觀點。如賈誼過秦論下尾評云：「誼所論自有實理，但謂子嬰有庸主之才，僅得中佐，山東雖亂，秦之地可全而有，則未當耳。」這是就賈誼在文章中提出的觀點進行評析辨正。

四，對作家學識、品格等進行評論。如賈誼過秦論下眉批「所以稱先王者甚膚淺，蓋賈生特管、樂之儔，所見適至是而止」，王安石上仁宗皇帝言事疏眉批「介甫以經學毒天下，緣借聖言以就己意」等。這些内容已經超出文章評點的範圍，體現了評者的文化、歷史認知。

五，辨析作家的創作淵源與文章風格的關係，有時也比較各家之優劣。如劉向論起昌陵疏尾評云：「左氏敍事，於極凌雜處間用總束，或於首，或於尾，或於中。子政用之，多於篇末。」指出劉向用左傳敍事總束之法。唐宋八大家中，方苞推重韓愈、歐陽修，是因爲韓文源于先秦經子、歐陽修則師法史記與韓文，風格俱純正。如韓愈原毁尾評云：「管子、荀子、韓非子之文，排比而益古，惟退之能與抗行。自宋以後，有對語則酷似時文，以所師法至漢唐之文而止也。」歐陽修與高司諫書尾評云：「歐公苦心韓文，得其意趣，而門徑則異。韓雄直，歐變而紆餘；韓古樸，歐變而美秀。惟此篇骨法形貌皆與韓爲近。」春秋論下尾評「歐公敍事仿史記，諸體效韓文，而論辨法荀子」，已經注意到歐陽修各體文章的不同淵源。蘇洵張益州畫像記尾評云：「退之序事文不學史記，歐公則摹史記以自别於退之。老泉又欲自别於歐公，故取法於史記、韓文而少變其形貌，惜不多見。要之，非子瞻、子固所能望也。」可以看出，就序事文而論，方苞認爲韓愈、歐陽修、蘇洵要優於蘇軾、曾鞏。

六，總結創作經驗，評論創作得失。如王安石上仁宗皇帝言事書尾評云：「歐、蘇諸公上書，多條舉數事，其體出於賈誼陳政事疏。此篇止言一事，而以衆法之善敗經緯其中，義皆貫通，氣能包舉，遂覺高出同時諸公之上。」指出了王安石文的突破之處；蘇軾凌虚臺記、超然臺記尾評「子瞻記二臺，皆以東、西、南、北點綴，頗覺膚套。此類蹊徑，乃歐、王所不肯蹈」，批評了蘇軾創作之失。

七，贊賞作家之才能、文章之高妙。如董仲舒漢武帝策賢良制一尾評「古文之法，首尾一綫，惟對策最難，以所問本叉牙而難合也。惟董子能依問條對，事雖不一，而義理自相融貫，且大氣包舉，使人莫窺其熔鑄之迹，良由其學深造自得，故能左右逢源也」，稱贊了董仲舒學識才能在文章寫作中的重要作用；蘇軾前赤壁賦尾評「所見無絶殊者，而文境邈不可攀。良由身閒地曠，胸無雜物，觸處流露，斟酌飽滿，不知其所以然而然。豈惟他人不能摹仿，即使子瞻更爲之，亦不能如此調適而鬯遂也」，盛贊了佳文不可再现的高妙。

八，偶有校勘、字詞釋義之語。如司馬遷報任少卿書「若望僕不相師，用而流俗人之言」句，「用而」兩字旁注云：「昭明文選作『而用』」；柳宗元與李翰林建書「則跫然喜」句，眉批云：「『跫然』，足音，非喜貌。」指出莊子「聞人足音跫然而喜」中的「跫然」原意爲腳步聲。

以上内容當中，第五、六兩部分是評語中最常見、也最有價值的部分，是研究方苞古文理論的寶貴資料。

評語的最主要特點，概括而言，就是文體意識明顯。首先，在編排方式上，突出文體的類别。本書的編排以兩漢書及疏、唐宋八家爲綱目，每一類下都注重相同文體的集中，而不是簡單地以創作時間先後爲序，如柳宗元文，大體按照論辯、書序、狀記編排。方苞古文約選中展現的文體意識，或多或少影響到姚鼐古文選本古文辭類纂的按體分類編排方式。其次，評語注重文體的淵源流變。如歐陽修唐書五行志論尾評「歐公志考論皆持之有故，言之成理；其章法氣韻乃自史記八書、諸表序論變化而出之」，實際上指出了歐陽修志論文的文體淵源。再次，辨析作家不同文體的創作才能。曹丕典論論文指出「文非一體，鮮能備善」，唐宋八家亦各有所長，如韓愈、歐陽修、王安石擅長誌銘文；在書序方面，在曾鞏戰國策目録序之後指出：「南豐之文長於道古，故序古書尤佳，而此篇及列女傳、新序目録序尤勝，淳古明潔，所以能與歐、王並驅，而争先於蘇氏也。」書序文體，歐陽修、王安石、曾鞏是長于蘇氏的；柳宗元則長於山水遊記，等等。由此看出，方苞是從不同文體角度評析作家之優劣的。

古文約選是爲國子監弟子學習古文而編選的示範性讀本，這種官修教材的性質使方苞的古文理論得到極大的傳習；乾隆年間，此選又通過清廷頒發書籍的形式推向全國，極大地提升了它的影響力。可以説，古文約選在「桐城派」的發展壯大中發揮了重要作用。

最後，就本書的整理情況作一説明。

古文約選最初由果親王府刊於雍正十一年（一七三三）。同治八年（一八六九），吴棠延請張人瑞、繆荃孫重刻於四川。重刻本後有吴棠跋語，叙述重刻之緣由。

此次整理以上海圖書館所藏雍正刻本爲底本，並附吴棠跋語於末。對原文中的行間評語、頁眉評語、篇後評語分别處理：行間評語以小號字體編排於正文相應位置；頁眉評語以頁下出注形式録入，個别地方加有整理者按語；篇尾評語繫文後，以不同字體區分。

整理者學識淺陋，疏誤難免，敬請讀者賜正！

劉宏輝

戊戌春三月於上海大學桃浦河畔

目録

古文約選序……（二五）
古文約選凡例……（二七）
西漢文約選……（三一）
過秦論上……（三一）
過秦論中……（三三）
過秦論下……（三五）
陳政事疏……（三七）
言積貯疏……（四九）
諫民私鑄錢……（五〇）
言兵事……（五二）
言畜積疏……（五四）
論募民徙塞下書……（五六）
再論募民徙塞下書……（五八）
去帝號上書……（六〇）
獄中上梁孝王書……（六一）
諫吴王書……（六四）
漢武帝策賢良制一……（六五）
漢武帝策賢良制二……（七〇）
漢武帝策賢良制三……（七四）
雨雹對……（七九）
諫獵疏……（八一）
諭巴蜀檄……（八二）
難蜀父老文……（八三）

言世務書……（八六）
言世務書……（八七）
諭意淮南王……（九〇）
禁民挾弓弩對……（九一）
史記自序……（九二）
報任少卿書……（九五）
答蘇武書……（一〇〇）
尚德緩刑書……（一〇三）
報孫會宗書……（一〇五）
上書陳兵利害……（一〇六）
駁贖罪議……（一〇八）
條災異封事……（一〇九）
極諫外家封事……（一一三）
諫起昌陵疏……（一一五）
戰國策序……（一一八）
罷珠厓對……（一二一）
法祖治性正家疏……（一二三）
勸戒疏……（一二五）
災異對……（一二七）
移太常博士書……（一三一）
毀廟議……（一三四）
治河奏……（一三六）
諫不受單于朝書……（一三九）

東漢文約選……（一四二）
王命論……（一四二）
秦紀論……（一四四）
災異策對……（一四五）
政論……（一四八）

後漢文約選……（一五一）
前出師表……（一五一）
後出師表……（一五三）
韓退之文約選……（一五五）
原性……（一五五）
原鬼……（一五六）
原毁……（一五七）
禘祫議……（一五九）
改葬服議……（一六一）
對禹問……（一六三）
師説……（一六四）
伯夷頌……（一六六）
讀儀禮……（一六七）
讀荀子……（一六七）
諍臣論……（一六八）
諱辯……（一七〇）
張中丞傳後叙……（一七二）
獲麟解……（一七五）
龍説……（一七五）
馬説……（一七六）
進學解……（一七六）
送窮文……（一七八）
五箴……（一八〇）
游箴……（一八〇）
言箴……（一八一）
行箴……（一八一）
好惡箴……（一八一）
知名箴……（一八二）
論佛骨表……（一八二）

復讎狀……（一八四）
上宰相書……（一八五）
後十九日復上書……（一八九）
後廿九日復上書……（一九〇）
上張僕射書……（一九二）
上考功崔虞部書……（一九三）
應科目時與人書……（一九五）
代張籍與李浙東書……（一九六）
與孟東野書……（一九七）
與李翺書……（一九八）
與崔群書……（二〇〇）
與鄂州柳中丞書……（二〇二）
再與鄂州柳中丞書……（二〇三）
與李祕書論小功不稅書……（二〇四）
答劉正夫書……（二〇五）
答李翊書……（二〇七）
答崔立之書……（二〇八）
與汝州盧郎中論薦侯喜狀……（二一〇）
送鄭尚書序……（二一二）
送幽州李端公序……（二一三）
送殷員外序……（二一四）
送楊少尹序……（二一五）
送孟東野序……（二一六）
送董邵南序……（二一八）
送王秀才序……（二一八）
送王塤秀才序……（二一九）
送齊皡下第序……（二二〇）
送李愿歸盤谷序……（二二一）
送廖道士序……（二二三）
送浮屠文暢師序……（二二三）

送高閑上人序……（二二五）
石鼎聯句詩序……（二二六）
詩……（二二七）
新修滕王閣記……（二二八）
藍田縣丞廳壁記……（二三〇）
畫記……（二三一）
太學生何蕃傳……（二三二）
毛穎傳……（二三四）
潮州請置鄉校牒……（二三五）
平淮西碑……（二三六）
殿中少監馬君墓誌……（二四〇）
柳子厚墓誌銘……（二四一）
歐陽生哀辭……（二四三）
祭田横墓文……（二四五）
祭鰐魚文……（二四五）
祭河南張員外文……（二四七）
祭十二郎文……（二四八）
祭鄭夫人文……（二五一）

柳子厚文約選……（二五二）

封建論……（二五二）
四維論……（二五六）
守道論……（二五七）
晉文公問守原議……（二五八）
駁復讎議……（二五九）
桐葉封弟辯……（二六一）
論語辯二篇……（二六二）
辯列子……（二六三）
辯文子……（二六四）
辯鬼谷子……（二六五）

謗譽……（二六五）
與李翰林建書……（二六七）
寄許京兆孟容書……（二六九）
與楊京兆憑書……（二七二）
與蕭翰林俛書……（二七五）
與劉禹錫論周易九六説書……（二七七）
答元饒州論春秋書……（二七九）
與韓愈論史官書……（二八〇）
答韋中立論師道書……（二八二）
賀進士王參元失火書……（二八五）
愚溪詩序……（二八六）
序飲……（二八七）
序棋……（二八八）
梓人傳……（二八九）
種樹郭槖駝傳……（二九二）
宋清傳……（二九三）
天説……（二九四）
捕蛇者説……（二九五）
館驛使壁記……（二九七）
永州新堂記……（二九八）
邕州馬退山茅亭記……（二九九）
游黄溪記……（三〇〇）
始得西山宴游記……（三〇一）
鈷鉧潭記……（三〇二）
鈷鉧潭西小丘記……（三〇三）
至小丘西小石潭記……（三〇四）
袁家渴記……（三〇五）
石渠記……（三〇五）
石澗記……（三〇六）
小石城山記……（三〇七）

柳州山水近治可遊者記……………（三〇八）
箕子碑……………………（三〇九）
段太尉逸事狀……………（三一〇）
箏郭師墓誌銘……………（三一三）
又祭崔簡神柩歸上都文………（三一四）
歐陽永叔文約選……………（三一六）
論臺諫官言事未蒙聽允書………（三一六）
論臺諫官唐介等宜早牽復劄子
……………………（三一九）
論杜衍范仲淹等罷政事狀………（三二一）
上范司諫書……………（三二四）
與高司諫書……………（三二六）
與荆南樂秀才書…………（三二九）
答吴充秀才書…………（三三一）
原弊論……………………（三三二）
春秋論下…………………（三三六）
春秋或問…………………（三三九）
縱囚論……………………（三四〇）
唐書禮樂志論……………（三四一）
唐書兵志論………………（三四四）
唐書食貨志論……………（三四五）
唐書藝文志論……………（三四六）
唐書五行志論……………（三四七）
五代史職方考論…………（三四九）
五代史司天考論…………（三五一）
五代史周臣傳論…………（三五二）
五代史唐六臣傳論一……（三五三）
五代史王進傳論…………（三五四）
五代史一行傳論…………（三五五）

五代史伶官傳論……（三五六）
五代史宦者傳論……（三五七）
梅聖俞詩集序……（三五八）
釋惟儼文集序……（三五九）
釋秘演詩集序……（三六一）
送徐無黨南歸序……（三六二）
送楊寘序……（三六三）
送曾鞏秀才序……（三六四）
送田畫秀才寧親萬州序……（三六五）
詩譜補亡後序……（三六六）
韻總序……（三六八）
集古録目序……（三六九）
峴山亭記……（三七一）
真州東園記……（三七二）
菱谿石記……（三七三）
伐樹記……（三七四）
豐樂亭記……（三七六）
醉翁亭記……（三七七）
畫舫齋記……（三七八）
范文正公神道碑銘……（三七九）
太常博士尹君墓誌銘……（三八四）
湖州長史蘇君墓誌銘……（三八五）
徂徠石先生墓誌銘……（三八七）
黄夢升墓誌銘……（三九〇）
張子野墓誌銘……（三九一）
尹師魯墓誌銘……（三九三）
孫明復先生墓誌銘……（三九五）
南陽縣君謝氏墓誌銘……（三九七）
石曼卿墓表……（三九八）
河南府司録張君墓表……（四〇〇）

右班殿直贈右羽林軍將軍唐君墓表……（四〇二）
胡先生墓表……（四〇三）
瀧岡阡表……（四〇五）
祭石曼卿文……（四〇八）
秋聲賦……（四〇八）
讀李翺文……（四一〇）

蘇明允文約選……（四一一）

上仁宗皇帝書……（四一一）
上韓樞密書……（四二三）
上歐陽内翰第一書……（四二六）
禮論……（四二八）
樂論……（四三〇）
詩論……（四三二）
書論……（四三四）
史論上……（四三六）
史論下……（四三七）
明論……（四三九）
辨姦論……（四四〇）
嚳妃論……（四四二）
管仲論……（四四三）
審勢論……（四四五）
心術……（四四九）
孫武……（四五一）
子貢……（四五二）
高帝……（四五四）
御將……（四五五）
任相……（四五八）
申法……（四六〇）

議法……（四六二）
兵制……（四六四）
田制……（四六七）
張益州畫像記……（四七〇）
蘇氏族譜亭記……（四七三）
蘇氏族譜引……（四七四）
族譜後録上篇……（四七五）
木假山記……（四七八）
名二子説……（四七九）
仲兄字文甫説……（四七九）
送石昌言使北引……（四八一）

蘇子瞻文約選……（四八三）
御試制科策一道……（四八三）
擬進士對御試策……（四九五）
上神宗皇帝書……（五〇二）
議學校貢舉劄子……（五一七）
與李方叔書……（五二〇）
答謝舉廉書……（五二一）
答劉沔書……（五二三）
答李端叔書……（五二四）
思治論……（五二五）
始皇論一……（五三〇）
漢高帝論……（五三二）
魯隱公論二……（五三四）
伊尹論……（五三五）
樂毅論……（五三七）
戰國任俠論……（五三八）
范增論……（五四〇）
留侯論……（五四二）

賈誼論……（五四三）
孔子論……（五四五）
荀卿論……（五四七）
韓非論……（五四九）
定何以無正月……（五五〇）
策略四……（五五一）
練軍實……（五五四）
六一居士集序……（五五六）
莊子祠堂記……（五五八）
凌虛臺記……（五五九）
超然臺記……（五六一）
眉州遠景樓記……（五六二）
石鐘山記……（五六四）
表忠觀碑……（五六五）
前赤壁賦……（五六七）
後赤壁賦……（五六九）
日喻……（五七〇）
蘇子由文約選……（五七二）
陳州爲張安道論時事書……（五七二）
制置三司條例司論事狀……（五七六）
三宗論……（五八一）
六國論……（五八二）
秦論一……（五八三）
三國論……（五八五）
隋論……（五八六）
唐論……（五八八）
燕論……（五九一）
燕趙論……（五九二）
蜀論……（五九三）

西戎論……（五九四）
臣事策一……（五九六）
臣事策四……（五九八）
臣事策九……（六〇一）
臣事策十……（六〇三）
民政策一……（六〇五）
民政策二……（六〇七）
民政策三……（六一〇）
武昌九曲亭記……（六一二）

曾子固文約選……（六一四）

移滄州過闕上殿劄子……（六一四）
明州擬辭高麗送遺狀……（六一九）
福州上執政書……（六二一）
與孫司封書……（六二四）
寄歐陽舍人書……（六二六）
戰國策目録序……（六二八）
南齊書目録序……（六三〇）
梁書目録序……（六三二）
陳書目録序……（六三四）
新序目録序……（六三五）
列女傳目録序……（六三七）
説苑目録序……（六三八）
徐幹中論目録序……（六四〇）
禮閣新儀目録序……（六四一）
范貫之奏議集序……（六四三）
王子直文集序……（六四四）
先大夫集後序……（六四五）
相國寺維摩院聽琴序……（六四七）
送江任序……（六四九）

贈黎安二生序……（六五〇）
序越州鑑湖圖……（六五一）
宜黄縣學記……（六五六）
撫州顔魯公祠堂記……（六五八）
墨池記……（六六〇）
越州趙公救菑記……（六六一）
爲人後議……（六六三）

王介甫文約選……（六六九）

上仁宗皇帝言事書……（六六九）
上郎侍郎書……（六八六）
上田正言書……（六八七）
答司馬諫議書……（六八八）
答李資深書……（六八九）
答韶州張殿丞書……（六九〇）
周禮義序……（六九一）
書義序……（六九二）
詩義序……（六九三）
虔州學記……（六九四）
慈溪縣學記……（六九六）
度支副使廳壁題名記……（六九八）
信州興造記……（六九九）
芝閣記……（七〇一）
遊褒禪山記……（七〇一）
周公論……（七〇三）
莊周論上……（七〇四）
禮論……（七〇六）
讀孟嘗君傳……（七〇七）
給事中孔公墓誌銘……（七〇八）
泰州海陵縣主簿許君墓誌銘……（七一〇）

王深甫墓誌銘……（七一一）
亡兄王常甫墓誌銘……（七一三）
臨川王君墓誌銘……（七一四）
祭范潁州文……（七一五）
祭曾博士易占文……（七一六）

附録……（六六九）
吴棠跋……（七一七）

古文約選序

太史公自序：「年十歲，誦古文。」周以前古書皆是也。自魏、晉以後，藻繪之文興。至唐韓氏起八代之衰，然後學者以先秦、盛漢辯理論事，質而不蕪者爲古文，蓋六經及孔子、孟子之書之支流餘肄也。

我國家稽古典禮，建首善自京師始。博選八旗子弟秀異者並入於成均。聖上愛育人材，闢學舍，給資糧，俾得專力致勤於所學；而余以非材寔承寵命，以監臨而教督焉。

竊惟承學之士，必治古文，而近世坊刻絶無善本。聖祖仁皇帝所定淵鑒古文，閎博深遠，非始學者所能遍觀而切究也。乃約選兩漢書、疏及唐宋八家之文，刊而布之，以爲群士楷。

蓋古文所從來遠矣。六經、語、孟，其根源也。得其枝流而義法最精者，莫如左傳、史記，然各自成書，具有首尾，不可以分剟。其次公羊、穀梁傳、國語、國策，雖有篇法可求，而皆通紀數百年之言與事，學者必覽其全，而後可取精焉。惟兩漢書及疏、唐宋八家之文，篇各一事，可擇其尤，而所取必至約，然後義法之精可見。故於韓取者十二，於歐十一，餘六家，或二十、三十而取一焉。兩漢書、疏，則百之二三耳。學者能切究於此，而以求左、史、公、穀、語、策之義法，則觸類而通，用爲制舉之文，敷陳論、策，綽有餘裕矣。

雖然，此其末也。先儒謂韓子因文以見道，而其自稱則曰：「學古道，故欲兼通其辭。」群士果能因是以求六經、語、孟之旨，而得其所歸，躬蹈仁義，自勉於忠孝，則立德立功，以仰答我皇上愛育人材之至意者，皆始基於此。是則余爲是編，以助流政教之本志也夫。

雍正十一年春三月，和碩果親王序并書

古文約選凡例

一，三傳、國語、國策、史記爲古文正宗，然皆自成一體，學者必熟復全書，而後能辨其門徑，入其窔突。故是編所録，惟漢人散文及唐宋八家專集，俾承學治古文者，先得其津梁，然後可溯流窮源，盡諸家之精藴耳。

一，周末諸子，精深閎博，漢、唐、宋文家皆取精焉。但其著書，主於指事類情，汪洋自恣，不可繩以篇法。其篇法完具者，間亦有之，而體製亦别，故概弗採録，覽者當自得之。

一，在昔議論者，皆謂古文之衰自東漢始，非也。西漢惟武帝以前之文，生氣奮動，倜儻排宕，不可方物，而法度自具。昭、宣以後，則漸覺繁重滯澀，惟劉子政傑出不群，然亦繩趨尺步，盛漢之風邈無存矣。是編自武帝以後至蜀漢，所録僅三之一，然尚有以事宜講問，過而存之者。

一，韓退之云：「漢朝人無不能爲文。」今觀其書、疏、吏牘，類皆雅飭可誦。兹所録僅五十餘篇，蓋以辨古文氣體，必至嚴乃不雜也。既得門徑，必從横百家，而後能成一家之言。退之自言「貪多務得，細大不捐」是也。

一，古文氣體，所貴清澄無滓。澄清之極，自然而發其光精，則左傳、史記之瑰麗濃郁是也。

始學而求古求典，必流爲明七子之僞體。故於客難、解嘲、答賓戲、典引之類，皆不録，雖相如封禪書亦姑置焉。蓋相如天骨超俊，不從人間來。恐學者無從窺尋，而妄摹其字句，則徒敝精神於蹇淺耳。

一，子長世表、年表、月表序，義法精深變化，退之、子厚讀經、子，永叔史志論，其源並出於此。孟堅藝文志七略序淳實淵懿，子固序群書目録，介甫序詩、書、周禮義，其源並出於此，概弗編輯，以史記、漢書，治古文者必觀其全也。獨録史記自序，以其文雖載家傳後，而別爲一篇，非史記本文耳。

一，退之、永叔、介甫俱以誌銘擅長，但序事之文，義法備於左、史。退之變左、史之格調，而陰用其義法。永叔摹史記之格調，而曲得其風神。介甫變退之之壁壘，而陰用其步伐。學者果能探左、史之精藴，則於三家誌銘，無事規橅，而自與之並矣。故於退之諸誌，奇崛高古清深者，皆不録，録馬少監、柳柳州二誌，皆變調，頗膚近。蓋誌銘宜實徵事迹，或事迹無可徵，乃叙述久故交親，而出之以感慨，馬誌是也；或別生議論，可興可觀，柳誌是也。於永叔獨録其叙述親故者，於介甫獨録其別生議論者，各三數篇。其體製皆師退之，俾學者知所從入也。

一，退之自言：「所學在辨古書之正僞與雖正而不至焉者。」蓋黑之不分，則所見爲白者，非真白也。子厚文筆古雋，而義法多疵。歐、蘇、曾、王亦間有不合。故略指其瑕，俾瑜者不爲揜耳。

一，易、詩、書、春秋及四書，一字不可增減，文之極則也。降而左傳、史記、韓文，雖長篇，句字可薙芟者甚少。其餘諸家，雖舉世傳誦之文，義枝辭冗者，或不免矣。未便削去，姑鈎劃於旁，俾觀者別擇焉。

西漢文約選

過秦論上

賈　誼

秦孝公據殽函之固，擁雍州之地，君臣固守，而窺周室。有席卷天下，包舉宇内，囊括四海之意，并吞八荒之心。當是時，商君佐之，内立法度，務耕織，修守戰之備，外連衡而鬭諸侯。於是秦人拱手而取西河之外。

孝公既没，惠王、武王蒙故業，因遺册，南兼漢中，西舉巴蜀，東割膏腴之地，收要害之郡。諸侯恐懼，會盟而謀弱秦，不愛珍器、重寶、肥美之地，以致天下之士，合從締交，相與爲一。當是時，齊有孟嘗，趙有平原，楚有春申，魏有信陵。此四君者，皆明知而忠信，寬厚而愛人，尊賢重士，約從離衡，兼韓、魏、燕、楚、齊、趙、宋、衛、中山之衆。於是六國之士，有寧越、徐尚、蘇秦、杜赫之屬爲之謀，齊明、周最、陳軫、昭滑、樓緩、翟景、蘇厲、樂毅之徒通其意，吴起、孫臏、帶佗、兒良、王廖、田忌、廉頗、趙奢之朋制其兵。嘗以十倍之地，百萬之衆，叩關而攻秦。秦人開關延敵，九國之師，逡巡遁逃而不敢進。秦無亡矢遺鏃之費，而天下諸侯已困矣。於是從散約解，争割地而奉秦。秦有餘力而制其敝，追亡逐北，伏尸百萬，流血漂鹵；因利乘便，宰割天下，分裂河山。彊國請服，弱國入朝。

延及孝文王、莊襄王，享國日淺，國家無事。及至秦王，續六世之餘烈，振長策而御宇内，吞二周而亡諸侯，履至尊而制六合，執棰柎以鞭笞天下，威振四海。南取百越之地，以爲桂林、象郡。百越之君，俛首繫頸，委命下吏。乃使蒙恬北築長城，而守藩籬，却匈奴七百餘里。胡人不敢南下而牧馬，士不敢彎弓而報怨。以上論攻。以下論守。於是廢先王之道，焚百家之言，以愚黔首；隳名城，殺豪俊；收天下之兵，聚之咸陽，銷鋒鑄鐻，以爲金人十二，以弱黔首之民。然後斬華爲城，因河爲池，據億丈之城，臨不測之谿，以爲固。良將勁弩，守要害之處；信臣精卒，陳利兵而誰何！天下已定，秦王之心，自以爲關中之固，金城千里，子孫帝王萬世之業也。

秦王既没，餘威振於殊俗。陳涉，甕牖繩樞之子，甿隸之人，而遷徙之徒，才能不及中人，非有仲尼、墨翟之賢，陶朱、猗頓之富，躡足行伍之間，而倔起什伯之中，率罷散之卒，將數百之衆，轉而攻秦，斬木爲兵，揭竿爲旗，天下雲集響應，贏糧而景從，山東豪俊遂並起而亡秦族矣。以下論攻守之勢異。且夫天下非小弱也。雍州之地，殽函之固，自若也。陳涉之位，非尊於齊、楚、燕、趙、韓、魏、宋、衛、中山之君；鉏櫌棘矜，非銛於句戟長鎩也；適戍之衆，非抗於九國之師；深謀遠慮，行軍用兵之道，非及鄉時之士也。然而成敗異變，功業相反也。試使山東之國與陳涉度長絜大，比權量力，則不可同年而語矣。然秦以區區之地，千乘之權，招八州而朝同列，百有餘年矣；然後以六合爲家，殽函爲宫；一夫作難而七廟墮，身死人手，爲天下笑者，何也？仁義不施，而攻守之勢異也。

此篇論秦取天下之勢，守天下之道。其取之也，雖不以仁義，而勢則可憑，且謀武實過于六國。此所以倖而得也。乃既得而因用此以守之，則斷無可久之道矣。此所以失之易也。秦始終仁義不施而成敗異變者，以攻守之勢異也。

過秦論中

賈誼

秦并海内，兼諸侯，南面稱帝，以養四海。天下之士，靡然鄉風。若是者，何也？曰：近古之無王者久矣！周室卑微，五霸既殁，令不行於天下。是以諸侯力政，彊侵弱，衆暴寡，兵革不休，士民罷敝。今秦南面而王天下，是上有天子也。既元元之民，冀得安其性命，莫不虚心而仰上。當此之時，守威定功，安危之本，在於此矣。

秦王懷貪鄙之心，行自奮之智，不信功臣，不親士民，廢王道，立私權，禁文書而酷刑法，先詐力而後仁義，以暴虐爲天下始。夫并兼者，高詐力；安定者，貴順權，此言取與守不同術也。

秦離戰國而王天下，其道不易，其政不改，是其所以取之守之者異也。孤獨而有之，故其亡可立而待。借使秦王計上世之事，並殷周之迹，以制御其政，後雖有淫驕之主，而未有傾危之患也。故三王之建天下，名號顯美，功業長久。

今秦二世立，天下莫不引領而觀其政。夫寒者利裋褐，而饑者甘糟糠，天下之嗸嗸，新主之資也。此言勞民之易爲仁也。鄉使二世有庸主之行，而任忠賢，臣主一心，而憂海内之患，縞素而正先帝之過；裂地分民，以封功臣之後，建國立君，以禮天下；虚囹圄而免刑戮，除去收帑汙穢之罪，使各反其鄉里；發倉廩，散財幣，以振孤獨窮困之士；輕賦少事，以佐百姓之急；約法省刑，以持其後，使天下之人，皆得自新，更節修行，各慎其身，塞萬民之望，而以威德與天下，天下集矣。即四海之内，皆讙然各自安樂其處，惟恐有變。雖有狡猾之民，無離上之心。則不軌之臣，無以飾其智，而暴亂之奸止矣。二世不行此術，而重之以無道，壞宗廟與民，更始作阿房宫；繁刑嚴誅，吏治刻深；賞罰不當，賦斂無度。天下多事，吏弗能紀；百姓困窮，而主弗收恤。然後奸僞並起，而上下相遁，蒙罪者衆，刑戮相望於道，而天下苦之。自君卿以下，至於衆庶，人懷自危之心，親處窮苦之實，咸不安其位，故易動也。是以陳涉不用湯武之賢，不藉公侯之尊，奮臂於大澤，而天下響應者，其民危也。故先王見始終之變，知存亡之機。

是以牧民之道，務在安之而已。天下雖有逆行之臣，必無響應之助矣。故曰：安民可與行義，而危民易與爲非。此之謂也。貴爲天子，富有天下，身不免於戮殺者，正傾非也。是二世之過也。

此承前篇攻守異勢，而言守天下之道在于安民。始皇既失之于前，二世又失之于後也。前篇以愚黔首以弱天下之民，特虚言始皇之設心。此篇乃列數其虐政。前篇特虚言其失天下之易，此篇則推原其故，由于民勞易動，故陳涉得藉以爲資，土崩魚爛而不可振救也。

過秦論下

賈誼

秦并兼諸侯，山東三十餘郡，繕津關，據險塞，修甲兵而守之。然陳涉以戍卒散亂之衆數百，奮臂大呼，不用弓戟之兵，鉏櫌白梃，望屋而食，横行天下。秦人阻險不守，關梁不闔，長戟不刺，强弩不射。楚師深入，戰於鴻門，曾無藩籬之艱。於是山東大擾，諸侯並起，豪俊相立。秦使章邯將而東征，章邯因以三軍之衆，要市於外，以謀其上。群臣之不信，可見於此矣。子嬰立，遂不寤。藉使子嬰有庸主之才，僅得中佐，山東雖亂，秦之地可全而有，宗廟之祀未當絶也。秦地被山帶河以爲固，四塞之國也。自繆公以來至於秦王二十餘君，常爲諸侯雄。

豈世世賢哉？其勢居然也。且天下嘗同心并力而攻秦矣。當此之時，賢智並列，良將行其師，賢相通其謀，然困於阻險而不能進，秦乃延入戰而爲之開關，百萬之徒逃北而遂壞。豈勇力智慧不足哉？形不利、勢不便也。秦小邑并大城，守險塞而軍，高壘毋戰，閉關據阨，荷戟而守之。諸侯起於匹夫，以利合，非有素王之行也。其交未親，其下未附，名爲亡秦，其實利之也。彼見秦阻之難犯也，必退師。安土息民，以待其敝。收弱扶疲，以令大國之君，不患不得意於海内。貴爲天子，富有天下，而身爲禽者，其救敗非也。秦王足已不問，遂過而不變。二世受之，因而不改，暴虐以重禍。子嬰孤立無親，危弱無輔。三主惑而終身不悟，亡，不亦宜乎？當此時也，世非無深慮知化之士也。然所以不敢盡忠拂過者，秦俗多忌諱之禁，忠言未卒於口，而身爲戮没矣。故使天下之士傾耳而聽，重足而立，鉗口而不言。是以三主失道，忠臣不敢諫，智士不敢謀，天下已亂，姦不上聞，豈不哀哉！先王[二]知壅蔽之傷國也，故置公卿、大夫、士，以飭法設刑，而天下治。其彊也，禁暴誅亂而天下服；其弱也，五伯征而諸侯從；其削也，内守外附而社稷存。故秦之盛也，繁法嚴刑而天下振；及其衰也，百姓怨望而海内畔矣。故周王序得其道，而千餘歲不絶。秦本末並失，故不長久。繇此觀之，安危之統相去遠矣！

[二]　所以稱先王者，甚膚淺。蓋賈生特管樂之儔，所見適至是而止。

野諺曰：「前事之不忘，後事之師也。」是以君子爲國，觀之上古，驗之當世，參以人事，察盛衰之理，審權勢之宜，去就有序，變化有時，故曠日長久，而社稷安矣。

此篇言子嬰不能救敗，而深探其本，則由於秦俗忌諱，故三主失道，亂亡形見而人莫敢言，己終不知，因重歎壅蔽之傷國，以總結三篇之義也。古文之法，一篇自爲首尾；此論則聯三篇而更相表裏，脉絡灌輸。輯史記者誤倒其序，首尾衡決而不可通；昭明文選又獨取首篇，皆不講於文律耳。

班固譏賈子與太史公弊罪子嬰之枉，卓矣！而誼所論自有實理，但謂「子嬰有庸主之才，僅得中佐，山東雖亂，秦之地可全而有」，則未當耳。蓋必雄略如周世宗、唐莊宗，然後能守險以待諸侯之敝。而事勢又各不同：莊宗、世宗嗣立，國人内附，宿將林立，故能履危而安，以弱爲强。秦則民怨於内，將貳於外，雖有莊宗、世宗之略，旬月中亦猝難收拾也。

陳政事疏

賈　誼

臣竊惟事勢，可爲痛哭者一，可爲流涕者二，可爲長太息者六，若其它背理而傷道者，難徧以疏舉。進言者皆曰天下已安已治矣，臣獨以爲未也。曰安且治者，非愚則諛，皆非事實知治亂之體者也。夫抱火厝之積薪之下而寢其上，火未及然，因謂之安，方今之勢，何以異此？本末舛逆，首尾衡決，國制搶攘，非甚有紀，胡可謂治？陛下何不壹令臣得孰數之於前，因陳治安之策，試詳擇焉。

夫射獵之娛與安危之機，孰急？使爲治，勞智慮，苦身體，乏鐘鼓之樂，勿爲可也。樂與今同，而加之諸侯軌道，兵革不動，民保首領，匈奴賓服，四荒鄉風，百姓素朴，獄訟衰息，大數既得，則天下順治，海内之氣清和咸理，生爲明帝，没爲明神，名譽之美，垂於無窮。禮，祖有功而宗有德，使顧成之廟稱爲太宗，上配太祖，與漢亡極。建久安之勢，成長治之業，以承祖廟，以奉六親，至孝也；以幸天下，以育群生，至仁也；立經陳紀，輕重同得，後可以爲萬世法程，雖有愚幼不肖之嗣，猶得蒙業而安，至明也。以陛下之明達，因使少知治體者得佐下風，致此非難也。其具可素陳於前，願幸無忽。臣謹稽之天地，驗之往古，按之當今之務，日夜念此至孰也。雖使禹舜復生，爲陛下計，亡以易此。

夫樹國固必相疑之勢，下數被其殃，上數爽其憂，甚非所以安上而全下也。今或親弟謀爲東帝，親兄之子西鄉而擊，今吴又見告矣。天子春秋鼎盛，行義未過，德澤有加焉，猶尚如是，況莫大諸侯，權力且十此者乎？然而天下少安，何也？大國之王幼弱未壯，漢之所置傅相方握其事。數年之後，諸侯之王大抵皆冠，血氣方剛，漢之傅相稱病而賜罷，彼自丞尉以上徧置私人，如此，有異淮南、濟北之爲邪！此時而欲爲治安，雖堯舜不治。

黄帝曰：「日中必熭，操刀必割。」今令此道順而全安，甚易。不肯早爲，已乃墮骨肉之屬而抗剄之，豈有異秦之季世乎！夫以天子之位，乘今之時，因天之助，尚憚以危爲安，以亂爲治，假設陛下居齊桓之處，將不合諸侯而匡天下乎？臣又知陛下有所必不能矣。假設天下如曩時，淮陰侯尚王楚，黥布王淮南，彭越王梁，韓信王韓，張敖王趙，貫高爲相，盧綰王燕，陳豨在代，令此六七公者皆亡恙，當是時而陛下即天子位，能自安乎？臣有以知陛下之不能也。天下殽亂，高皇帝與諸公併起，非有仄室之勢以豫席之也。諸公幸者，乃爲中涓，其次廑得舍人，材之不逮至遠也。高皇帝以明聖威武即天子位，割膏腴之地，以王諸公，多者百餘城，少者乃三四十縣，德至渥也。然其後十年之間，反者九起。陛下之與諸公，非親角材而臣之也，又非身封王之也，自高皇帝不能以是一歲爲安，故臣知陛下之不能也。然尚有可諉者，曰疏。臣請試言其親者。假令悼惠王王齊，元王王楚，中子王趙，幽王王淮陽，共王王梁，靈王王燕，厲王王淮南，六七貴人皆亡恙，當是時，陛下即位，能爲治乎？臣又知陛下之不能也。若此諸王，雖名爲臣，實皆有布衣昆弟之心，慮亡不帝制而天子自爲者，擅爵人，赦死辠，甚者或戴黄屋，漢法令非行也。雖行不軌如厲王者，令之不肯聽，召之安可致乎？幸而來至，法安可得加？動一親戚，天下圜視而起，陛下之臣，雖有悍如馮敬者，適啓其口，匕首已陷其匈矣。陛下雖賢，誰與領此？故疏者必危，親者必亂，已然之效也。其異姓負彊而動者，漢已幸勝之矣，又不易其所以然。同姓襲是迹而動，既有徵矣，其勢盡又復然。殃禍之變，未知所移，明帝處之，尚不能以安，後世將如之何！屠牛坦一朝解十二牛，而芒刃不頓者，所排擊剥割，皆衆理解也。至於髖髀之所，非斤則斧。夫仁義恩厚，人主之芒刃也；權勢法制，人主之斤斧也。今諸侯王皆衆髖髀也，釋斤斧之用，而欲嬰以芒刃，臣以爲不缺則折。胡不用之淮南、濟北？勢不可也。

臣竊迹前事，大抵彊者先反。淮陰王楚，最彊，則最先反；韓信倚胡，則又反；貫高因趙資則又反；陳豨兵精，則又反；彭越用梁，則又反；黥布用淮南，則又反；盧綰最弱，最後反。長沙乃在二萬五千户耳，功少而最完，勢疏而最忠，非獨性異人也，亦形勢然也。曩令樊、酈、絳、灌據數十城而王，今雖以殘亡可也。令信、越之倫列爲徹侯而居，雖至今存可也。然則天下之大計可知已。欲諸王之皆忠附，則莫若令如長沙王。欲臣子之勿葅醢，則莫若令如樊、酈等。欲天下之治安，莫若衆建諸侯而少其力。力少則易使以義，國小則亡邪心。令海内之勢，如身之使臂，臂之使指，莫不制從。諸侯之君，不敢有異心，輻湊並進，而歸命天子。雖在細民，且知其安，故天下咸知陛下之明。割地定制，令齊、趙、楚各爲若干國，使悼惠王、幽王、元王之子孫畢以次各受祖之分地，地盡而止，及燕、梁它國皆然。其分地衆而子孫少者，建以爲國，空而置之，須其子孫生者，舉使君之。諸侯之地其削頗入漢者，爲徙其侯國及封其子孫也，所以數償之：一寸之地，一人之衆，天子亡所利焉，誠以定治而已。故天下咸知陛下之廉。地制壹定，宗室子孫莫慮不王，下無倍叛之心，上無誅伐之志，故天下咸知陛下之仁。法立而不犯，令行而不逆，貫高、利幾之謀不生，柴奇、開章之計不萌，細民鄉善，大臣致順，故天下咸知陛下之義。臥赤子天下之上而安，植遺腹，朝委裘，而天下不亂，當時大治，後世誦聖。壹動而五業附，陛下誰憚而久不爲此？

天下之勢方病大瘇，一脛之大幾如要，一指之大幾如股，平居不可屈信，一二指搐，身慮亡聊。失今不治，必爲錮疾，後雖有扁鵲，不能爲已。病非徒瘇也，又苦䠋盭。元王之子，帝之從弟也；今之王者，從弟之子也。惠王，親兄子也；今之王者，兄子之子也。親者或亡分地以安天下，疏者或制大權以偪天子，臣故曰非徒病瘇也，又苦䠋盭。可痛哭者，此病是也。

天下之勢方倒縣。凡天子者，天下之首，何也？上也。蠻夷者，天下之足，何也？下也。今匈奴嫚娒侵掠，至不敬也，爲天下患，至亡已也，而漢歲致金絮采繒以奉之。夷狄徵令，是主上之操也。天子共貢，是臣下之禮也。足反居上，首顧居下，倒縣如此，莫之能解，猶爲國有人乎？非亶倒縣而已，又類辟，且病痱。夫辟者一面病，痱者一方痛。今西邊、北邊之郡，雖有長爵不輕得復，五尺以上不輕得息，斥候望烽燧不得卧，將吏被介胄而睡，臣故曰一方病矣。醫能治之，而上不使，可爲流涕者此也。

陛下何忍以帝皇之號爲戎人諸侯？勢既卑辱，而禍不息，長此安窮。進謀者率以爲是，固不可解也，亡具甚矣！臣竊料匈奴之衆，不過漢一大縣，以天下之大，困於一縣之衆，甚爲執事者羞之。陛下何不試以臣爲屬國之官以主匈奴？行臣之計，請必係單于之頸而制其命，伏中行説而笞其背，舉匈奴之衆唯上之令。今不獵猛敵而獵田彘，不搏反寇而搏畜菟，翫細娛而不圖大患，非所以爲安也。德可遠施，威可遠加，而直數百里外威令不信，可爲流涕者此也。

今民賣僮者，爲之繡衣絲履偏諸緣，内之閑中，是古天子后服所以廟而不宴者也，而庶人得以衣婢妾。白縠之表，薄紈之裏，緁以偏諸，美者黼繡，是古天子之服，今富人大賈嘉會召客者以被牆。古者以奉一帝一后而節適，今庶人屋壁得爲帝服，倡優下賤得爲后飾，然而天下不屈者，殆未有也。且帝之身自衣皁綈，而富民牆屋被文繡，天子之后以緣其領，庶人孽妾緣其履。此臣所謂舛也。夫百人作之不能衣一人，欲天下亡寒，胡可得也？一人耕之，十人聚而食之，欲天下亡飢，不可得也。飢寒切於民之肌膚，欲其亡爲姦邪，不可得也。國已屈矣，盜賊直須時耳。然而獻計者曰「毋動」，爲大耳。夫俗至大不敬也，至亡等也，至冒上也。進計者猶曰「毋爲」。可爲長太息者此也。

商君遺禮義，棄仁恩，并心於進取，行之二歲，秦俗日敗。故秦人家富子壯則出分，家貧子壯則出贅。借父耰鉏，慮有德色；母取箕箒，立而誶語。抱哺其子，與公併倨，婦姑不相説，則反脣而相稽。其慈子耆利，不同禽獸者亡幾耳。然并心而赴時，猶曰蹷六國，兼天下。功成求得矣，終不知反廉愧之節，仁義之厚。信并兼之法，遂進取之業，天下大敗。衆掩寡，智欺愚，勇威怯，壯陵衰，其亂至矣！是以大賢起之，威震海内，德從天下。曩之爲秦者，今轉而爲漢矣。然其遺風餘俗，猶尚未改。今世以侈靡相競，而上亡制度，棄禮誼，捐廉耻，日甚，可謂月異而歲不同矣。逐利不耳，慮非顧行也。今其甚者，殺父兄矣。盜者剟寢户之簾，搴兩廟之器，白晝大都之中剽吏而奪之金。矯僞者出幾十萬石粟，賦六百餘萬錢，乘傳而行郡國，此其亡行義之尤至者也。而大臣特以簿書不報，期會之間，以爲大故。至於俗流失，世壞敗，因恬而不知怪，慮不動於耳目，以爲是適然耳。夫移風易俗，使天下回心而鄉道，類非俗吏之所能爲也。俗吏之所務，在於刀筆筐篋，而不知大體。陛下又不自憂，竊爲陛下惜之。

夫立君臣，等上下，使父子有禮，六親有紀，此非天之所爲，人之所設也。夫人之所設，不爲不立，不植則僵，不修則壞。筦子曰：「禮義廉耻，是謂四維。四維不張，國乃滅亡。」使筦子愚人也則可，筦子而少知治體，則是豈可不爲寒心哉！秦滅四維而不張，故君臣乖亂，六親殃戮，姦人並起，萬民離叛。凡十三歲而社稷爲虚。今四維猶未備也，故姦人幾幸，而衆心疑惑。豈如今定經制，令君君臣臣，上下有差，父子六親各得其宜，姦人亡所幾幸，而群臣衆信，上不疑惑，此業壹定，世世常安，而後有所持循矣！若夫經制不定，是猶度江河亡維楫，中流而遇風波，舩必覆矣。可爲長太息者此也。

夏爲天子，十有餘世，而殷受之。殷爲天子，二十餘世，而周受之。周爲天子，三十餘世，而秦受之。秦爲天子，二世而亡。人性不甚相遠也，何三代之君有道之長，而秦無道之暴也？其故可知也。古之王者，太子乃生，固舉以禮，使士負之，有司齊肅端冕，見之南郊，見於天也。過闕則下，過廟則趨，孝子之道也。故自爲赤子，而教固已行矣。昔者成王幼在襁抱之中，召公爲太保，周公爲太傅，太公爲太師。保，保其身體；傅，傅之德義；師，道之教訓：此三公之職也。於是爲置三少，皆上大夫也。曰：少保、少傅、少師，是與太子宴者也。故乃孩提有識，三公、三少固明孝、仁、禮、義以道習之，逐去邪人，不使見惡行。於是皆選天下之端士孝悌博聞有道術者，以衛翼之，使與太子居處出入。故太子乃生而見正事，聞正言，行正道，左右前後皆正人也。夫習與正人居之，不能毋正，猶生長於齊，不能不齊言也。習與不正人居之，不能毋不正，猶生長於楚之地，不能不楚言也。故擇其所耆，必先受業，乃得嘗之；擇其所樂，必先有習，乃得爲之。孔子曰：「少成若天性，習貫如自然。」及太子少長，知妃色，則入於學。學者，所學之官也。學禮曰：「帝入東學，上親而貴仁，則親疏有序而恩相及矣。帝入南學，上齒而貴信，則長幼有差而民不誣矣。帝入西學，上賢而貴德，則聖智在位而功不遺矣。帝入北學，上貴而尊爵，則貴賤有等而下不踰矣。帝入太學，承師問道，退習而考於太傅，太傅罰其不則而匡其不及，則德智長而治道得矣。此五學者既成於上，則百姓黎民化輯於下矣。」及太子既冠成人，免於保傅之嚴，則有記過之史，徹膳之宰，進善之旌，誹謗之木，敢諫之鼓。瞽史誦詩，工誦箴諫，大夫進謀，士傳民語。習與智長，故切而不媿，化與心成，故中道若性。三代之禮：春朝朝日，秋暮夕月，所以明有敬也；春秋入學，坐國老，執醬而親餽之，所以明有孝也；行以鸞和，步中采齊，趣中肆夏，所以明有度也。其於禽獸，見其生，不食其死；聞其聲，不食其肉。故遠庖廚，所以長恩且明有仁也。

夫三代之所以長久者，以其輔翼太子有此具也。及秦而不然，其俗固非貴辭讓也，所上者告訐也；固非貴禮義也，所上者刑罰也。使趙高傅胡亥而教之獄，所習者非斬劓人，則夷人之三族也。故胡亥今日即位而明日射人，忠諫者謂之誹謗，深計者謂之妖言，其視殺人若艾草菅然。豈惟胡亥之性惡哉？彼其所以道之者非其理故也。

鄙諺曰：「不習爲吏，視已成事。」又曰：「前車覆，後車誡。」夫三代之所以長久者，其已事可知也，然而不能從者，是不法聖智也。秦世之所以亟絶者，其轍迹可見也，然而不避，是後車又將覆也。夫存亡之變，治亂之機，其要在是矣。天下之命，縣於太子；太子之善，在於早諭教與選左右。夫心未濫而先諭教，則化易成也。開於道術智誼之指，則教之力也。若其服習積貫，則左右而已。夫胡、粤之人，生而同聲，耆欲不異，及其長而成俗，累數譯而不能相通，行有雖死而不相爲者，則教習然也。臣故曰選左右早諭教最急。夫教得而左右正，則太子正矣。太子正而天下定矣。書曰：「一人有慶，兆民賴之。」此時務也。

凡人之智，能見已然，不能見將然。夫禮者禁於將然之前，而法者禁於已然之後。是故法之所用易見，而禮之所爲至難知也。若夫慶賞以勸善，刑罰以懲惡，先王執此之政，堅如金石，行此之令，信如四時，據此之公，無私如天地耳，豈顧不用哉？然而曰「禮云禮云」者，貴絶惡於未萌，而起教於微眇，使民日遷善遠罪而不自知也。孔子曰：「聽訟，吾猶人也。必也使無訟乎！」爲人主計者，莫如先審取舍，取舍之極定於内，而安危之萌應於外矣。安者非一日而安也，危者非一日而危也。皆以積漸，然不可不察也。人主之所積，在其取舍。以禮義治之者，積禮義；以刑罰治之者，積刑罰。刑罰積而民怨背，禮義積而民和親。故世主欲民之善同，而所以使民善者或異。或道之以德教，或敺之以法令。道之以德教者，德教洽而民氣樂；敺之以法令者，法令極而民風哀。哀樂之感，禍福之應也。秦王之欲尊宗廟而安子孫，與湯、武同。然而湯、武廣大其德行，六七百歲而弗失，秦王治天下十餘歲則大敗，此亡它故矣。湯、武之定取舍審，而秦王之定取舍不審矣。夫天下，大器也。今人之置器，置諸安處則安，置諸危處則危。天下之情與器亡以異，在天子之所置之。湯、武置天下於仁、義、禮、樂而德澤洽，禽獸草木廣裕，德被蠻貊四夷，累子孫數十世，此天下所共聞也。秦王置天下於法令刑罰，德澤亡一有，而怨毒盈於世，下憎惡之如仇讎，禍幾及身，子孫誅絶，此天下之所共見也。是非其明效大驗邪！人之言曰：「聽言之道，必以其事觀之，則言者莫敢妄言。」今或言禮誼之不如法令，教化之不如刑罰，人主胡不引殷、周、秦事以觀之也？

人主之尊譬如堂，群臣如陛，衆庶如地。故陛九級上，廉遠地，則堂高；陛亡級，廉近地，則堂卑。高者難攀，卑者易陵，理勢然也。故古者聖王制爲等列，内有公卿、大夫、士，外有公、侯、伯、子、男，然後有官師小吏，延及庶人，等級分明，而天子加焉，故其尊不可及也。里諺曰：「欲投鼠而忌器。」此善諭也。鼠近於器，尚憚不投，恐傷其器，況於貴臣之近主乎？廉恥節禮以治君子，故有賜死而亡戮辱，是以黥劓之罪不及大夫，以其離主上不遠也。禮不敢齒君之路馬，蹴其芻者有罰。見君之几杖則起，遭君之乘車則下，入正門則趨。君之寵臣，雖或有過，刑戮之罪不加其身者，尊君之故也。此所以爲主上豫遠不敬也，所以體貌大臣而厲其節也。今自王侯三公之貴，皆天子之所改容而禮之也。古天子之所謂伯父、伯舅也，而令與衆庶同黥劓髡刖笞傌棄市之法，然則堂不亡陛乎？被戮辱者不泰迫乎？廉恥不行，大臣無乃握重權，大官而有徒隸亡恥之心乎？夫望夷之事，二世見當以重法者，投鼠而不忌器之習也。

臣聞之，履雖鮮，不加於枕；冠雖敝，不以苴履。夫嘗已在貴寵之位，天子改容而體貌之矣，吏民嘗俯伏以敬畏之矣。今而有過，帝令廢之可也，退之可也，賜之死可也，滅之可也。若夫束縛之，係緤之，輸之司寇，編之徒官，司寇小吏詈駡而榜笞之，殆非所以令衆庶見也。夫卑賤者習知尊貴者之一旦吾亦乃可以加此也，非所以習天下也，非尊尊貴貴之化也。夫天子之所嘗敬，衆庶之所嘗寵，死而死耳，賤人安宜得如此而頓辱之哉！

豫讓事中行之君，智伯伐而滅之，移事智伯。及趙滅智伯，豫讓釁面吞炭，必報襄子，五起而不中。人問豫子，豫子曰：「中行衆人畜我，我故衆人事之；智伯國士遇我，我故國士報之。」故此一豫讓也，反君事讎，行若狗彘，已而抗節致忠，行出乎列士，人主使然也。故主上遇其大臣如遇犬馬，彼將犬馬自爲也；如遇官徒，彼將官徒自爲也。頑頓亡耻，奊詬亡節，廉耻不立，且不自好，苟若而可，故見利則逝，見便則奪。主上有敗，則因而挻之矣。主上有患，則吾苟免而已，立而觀之耳。有便吾身者，則欺賣而利之耳。人主將何便於此？群下至衆，而主上至少也。所託財器職業者粹於群下也。俱亡耻，俱苟妄，則主上最病。故古者禮不及庶人，刑不至大夫，所以厲寵臣之節也。古者大臣有坐不廉而廢者，不謂不廉，曰「簠簋不飾」；坐污穢淫亂男女無别者，不曰污穢，曰「帷薄不修」；坐罷軟不勝任者，不謂「罷軟」，曰「下官不職」。故貴大臣定有其罪矣，猶未斥然正以呼之也，尚遷就而爲之諱也。故其在大譴大何之域者，聞譴何則白冠氂纓，盤水加劍，造請室而請罪耳，上不執縛係引而行也。其有中罪者，聞命而自弛，上不使人頸盭而加也。其有大罪者，聞命則北面再拜，跪而自裁，上不使捽抑而刑之也，曰：「子大夫自有過耳，吾遇子有禮矣。」遇之有禮，故群臣自憙；嬰以廉恥，故人矜節行。上設廉恥禮義以遇其臣，而臣不以節行報其上者，則非人類也。故化成俗定，則爲人臣者，主耳忘身，國耳忘家，公耳忘私，利不苟就，害不苟去，唯義所在。上之化也，故父兄之臣，誠死宗廟；法度之臣，誠死社稷；輔翼之臣，誠死君上；守圄扞敵之臣，誠死城郭封疆。故曰聖人有金城者，此物此志也。彼且爲我死，故吾得與之俱生；彼且爲我亡，故吾得與之俱存；夫將爲我危，故吾得與之皆安。〔二〕顧行而忘利，守節而仗義，故可以託不御之權，可以寄六尺之孤。此厲廉恥、行禮誼之所致也。主上何喪焉。此之不爲，而顧彼之久行，故曰可爲長太息者此也。

言積貯疏

賈　誼

筦子曰：「倉廩實而知禮節。」民不足而可治者，自古及今，未之嘗聞。古之人曰：「一夫不耕，或受之饑；一女不織，或受之寒。」語本管子。生之有時，而用之亡度，則物力必屈。古之治天下，至纖至悉也。故其畜積足恃。今背本而趨末，食者甚衆，是天下之大殘也；淫侈之俗，日日

〔二〕語本管子，而意更警策。

以長，是天下之大賊也。殘賊公行，莫之或止，大命將泛，莫之振救。生之者甚少，而靡之者甚多，天下財産何得不蹷！漢之爲漢幾四十年矣，公私之積猶可哀痛。失時不雨，民且狼顧；歲惡不入，請賣爵子。既聞耳矣，安有爲天下阽危者若是而上不驚者？

世之有饑穰，天之行也，禹、湯被之矣。即不幸有方二三千里之旱，國胡以相恤？卒然邊境有急，數十百萬之衆，國胡以餽之？兵旱相乘，天下大屈，有勇力者聚徒而衡擊，罷夫羸老易子而齩其骨。政治未畢通也，遠方之能疑者並舉而争起矣。乃駭而圖之，豈將有及乎？

夫積貯者，天下之大命也。苟粟多而財有餘，何爲而不成？以攻則取，以守則固，以戰則勝，懷敵附遠，何招而不至？今敺民而歸之農，皆著於本，使天下各食其力，末技游食之民轉而緣南晦，則畜積足而人樂其所矣。可以爲富安天下，而直爲此廪廪也。竊爲陛下惜之。

諫民私鑄錢

賈　誼

法使天下公得顧租鑄銅錫爲錢，敢雜以鉛鐵爲它巧者，其罪黥。然鑄錢之情，非殽雜爲巧，則不可得贏；而殽之甚微，爲利甚厚。夫事有召禍，而法有起姦，今令細民人操造幣之勢，各隱屏而鑄作，因欲禁其厚利微姦，雖黥罪日報，其勢不止。乃者，民人抵罪，多者一縣百數，及吏之所疑，榜笞奔走者甚衆。夫縣法以誘民，使入陷阱，孰積於此！曩禁鑄錢，死罪積下；今公鑄錢，黥罪積下。爲法若此，上何賴焉？

又民用錢，郡縣不同。或用輕錢，百加若干，或用重錢，平稱不受。法錢不立，吏急而壹之乎？則大爲煩苛，而力不能勝，縱而弗呵乎？則市肆異用，錢文大亂。苟非其術，何鄉而可哉？

今農事棄捐而采銅者日蕃，釋其耒耨，冶鎔炊炭，姦錢日多，五穀不爲多。善人怵而爲姦邪，愿民陷而之刑戮，將甚不詳，奈何而忽？國知患此，吏議必曰禁之。禁之不得其術，其傷必大。令禁鑄錢，則錢必重，重則其利深，盜鑄如雲而起，棄市之罪又不足以禁矣。姦數不勝而法禁數潰，銅使之然也。故銅布於天下，其爲禍博矣。

今博禍可除，而七福可致也。何謂七福？上收銅勿令布，則民不鑄錢，黥罪不積，一矣。僞錢不蕃，民不相疑，二矣。采銅鑄作者，反於耕田，三矣。銅畢歸於上，上挾銅積以御輕重，錢輕則以術斂之，重則以術散之，貨物必平，四矣。以作兵器，以假貴臣，多少有制，用別貴賤，五矣。以臨萬貨，以調盈虛，以收奇羨，則官富實而末民困，六矣。制吾棄財，以與匈奴逐爭其民，則敵必懷，七矣。故善爲天下者，因禍而爲福，轉敗而爲功。今久退七福而行博禍，臣誠傷之。

言兵事

鼂錯

臣聞漢興以來，胡虜數入邊地，小入則小利，大入則大利。高后時再入隴西，攻城屠邑，毆略畜産；其後復入隴西，殺吏卒，大寇盜。竊聞戰勝之威，民氣百倍；敗兵之卒，没世不復。自高后以來，隴西三困於匈奴矣。民氣破傷，亡有勝意。今兹隴西之吏，賴社稷之神靈，奉陛下之明詔，和輯士卒，底厲其節，起破傷之民，以當乘勝之匈奴，用少擊衆，殺一王，敗其衆而有大利。非隴西之民有勇怯，乃將吏之制巧拙異也。故兵法曰：「有必勝之將，無必勝之民。」繇此觀之，安邊境，立功名，在於良將，不可不擇也。

臣又聞用兵臨戰合刃之急者三：一曰得地形，二曰卒服習，三曰器用利。兵法曰：丈五之溝，漸車之水，山林積石，經川丘阜，草木所在，此步兵之地也，車騎二不當一。土山丘陵，曼衍相屬，平原廣野，此車騎之地也，步兵十不當一。平陵相遠，川谷居間，仰高臨下，此弓弩之地也，短兵百不當一。兩陳相近，平地淺草，可前可後，此長戟之地也，劍楯三不當一。萑葦竹蕭，草木蒙蘢，枝葉茂接，此矛鋋之地也，長戟二不當一。曲道相伏，險阸相薄，此劍楯之地也，弓弩三不當一。士不選練，卒不服習，起居不精，動静不集，趨利弗及，避難不畢，前擊後解，與金鼓之音相失，此不習勒卒之過也，百不當十。兵不完利，與空手同；甲不堅密，與袒裼同；弩不可以及遠，與短兵同；射不能中，與亡矢同；中不能入，與亡鏃同：此將不省兵之禍也，五不當一。故兵法曰：「器械不利，以其卒予敵也；卒不可用，以其將予敵也；將不知兵，以其主予敵也；君不擇將，以其國予敵也。四者，兵之至要也。」

臣又聞小大異形，彊弱異勢，險易異備。夫卑身以事彊，小國之形也；合小以攻大，敵國之形也；以蠻夷攻蠻夷，中國之形也。今匈奴地形技藝與中國異，上下山阪，出入溪澗，中國之馬弗與也；險道傾仄，且馳且射，中國之騎弗與也；風雨罷勞，飢渴不困，中國之人弗與也：此匈奴之長技也。若夫平原易地，輕車突騎，則匈奴之衆易撓亂也；勁弩長戟，射疏及遠，則匈奴之弓弗能格也；堅甲利刃，長短相雜，游弩往來，什五俱前，則匈奴之兵弗能當也；材官騶發，矢道同的，則匈奴之革笥木薦弗能支也；下馬地鬭，劍戟相接，去就相薄，則匈奴之足弗能給也：此中國之長技也。以此觀之，匈奴之長技三，中國之長技五。陛下又興數十萬之衆，以誅數萬之匈奴，衆寡之計，以一擊十之術也。

雖然，兵，凶器；戰，危事也。以大爲小，以强爲弱，在俯仰之間耳。夫以人之死争勝，跌而不振，則悔之亡及也。帝王之道，出於萬全。今降胡義渠蠻夷之屬來歸誼者，其衆數千，飲食長技與匈奴同，可賜之堅甲、絮衣、勁弓、利矢，益以邊郡之良騎，令明將能知其習俗和輯其心者，以陛下之明約將之，即有險阻，以此當之。平地通道，則以輕車材官制之。兩軍相爲表裏，各用其長技，衡加之以衆，此萬全之術也。傳曰：「狂夫之言，而明主擇焉。」臣錯愚陋，昧死上狂言，唯陛下財擇。

錯之術，根柢管、商，其近俗濟用，無出二子外者，而爲文尤與管子相類，故雜用其語而如出一人之説。

言畜積疏

鼂錯

聖王在上，而民不凍饑者，非能耕而食之，織而衣之也，爲開其資財之道也。故堯、禹有九年之水，湯有七年之旱，而國亡捐瘠者，以畜積多而備先具也。今海内爲一，土地人民之衆不避湯、禹，加以亡天灾數年之水旱，而蓄積未及者，何也？地有遺利，民有餘力，生穀之土未盡墾，山澤之利未盡出也，游食之民未盡歸農也。民貧則姦邪生。貧生於不足，不足生於不農，不農則不地著，不地著則離鄉輕家，民如鳥獸。雖有高城深池，嚴法重刑，猶不能禁也。夫寒之於衣，不待輕暖；饑之於食，不待甘旨。饑寒至身，不顧廉恥。人情，一日不再食則饑，終歲不製衣則寒。夫腹饑不得食，膚寒不得衣，雖慈母不能保其子，君安能以有其民哉？明主知其然也，故務民於農桑，薄賦斂，廣畜積，以實倉廩，備水旱，故民可得而有也。

民者，在上所以牧之，趨利如水走下，四方亡擇也。夫珠玉金銀，饑不可食，寒不可衣，然而衆貴之者，以上用之故也。其爲物輕微易臧，在於把握，可以周海內而亡饑寒之患。此令臣輕背其主，而民易去其鄉，盜賊有所勸，亡逃者得輕資也。粟、米、布、帛生於地，長於時，聚於力，非可一日成也。數石之重，中人弗勝，不爲姦邪所利。一日弗得而饑寒至，是故明君貴五穀而賤金玉。

今農夫五口之家，其服役者不下二人，其能耕者不過百畝，百畝之收不過百石。春耕夏耘，秋穫冬臧，伐薪樵，治官府，給繇役，春不得避風塵，夏不得避暑熱，秋不得避陰雨，冬不得避寒凍，四時之間，亡日休息。又私自送往迎來，弔死問疾，養孤長幼在其中。勤苦如此，尚復被水旱之災，急政暴虐，賦歛不時，朝令而暮改。當其有者半賈而賣，亡者取倍稱之息。於是有賣田宅、鬻子孫以償責者矣。而商賈大者積貯倍息，小者坐列販賣，操其奇贏，日游都市，乘上之急，所賣必倍。故其男不耕耘，女不蠶織，衣必文采，食必粱肉，亡農夫之苦，有仟伯之得，因其富厚，交通王侯，力過吏勢，以利相傾，千里游敖，冠蓋相望，乘堅策肥，履絲曳縞，此商人所以兼并農人，農人所以流亡者也。今法律賤商人，商人已富貴矣；尊農夫，農夫已貧賤矣。故俗之所貴，主之所賤也；吏之所卑，法之所尊也。上下相反，好惡乖忤，而欲國富法立，不可得也。

方今之務，莫若使民務農而已矣。欲民務農，在於貴粟，貴粟之道，在於使民以粟爲賞罰。

今募天下入粟縣官，得以拜爵，得以除罪，如此，富人有爵，農民有錢，粟有所渫。夫能入粟以受爵，皆有餘者也。取於有餘，以供上用，則貧民之賦可損。所謂損有餘，補不足，令出而民利者也。順於民心，所補者三：一曰主用足，二曰民賦少，三曰勸農功。今令民有車騎馬一匹者，復卒三人。車騎者，天下武備也，故爲復卒。神農之教曰：「有石城十仞，湯池百步，帶甲百萬，而無粟，弗能守也。」以是觀之，粟者，王者大用，政之本務。令民入粟受爵至五大夫以上，乃復一人耳，此其與騎馬之功相去遠矣。爵者，上之所擅，出於口而亡窮。粟者，民之所種，生於地而不乏。夫得高爵與免罪，人之所甚欲也。使天下人入粟於邊，以受爵免罪，不過三歲，塞下之粟必多矣。

論募民徙塞下書

鼂　錯

臣聞秦時北攻胡貉，築塞河上；南攻揚粵，置戍卒焉。其起兵而攻胡、粵者，非以衛邊地而救民死也，貪戾而欲廣大也。故功未立而天下亂。且夫起兵而不知其勢，戰則爲人禽，屯則卒積死。夫胡貉之地，積陰之處也，木皮三寸，冰厚六尺，食肉而飲酪，其人密理，鳥獸毳毛，其性能寒。揚粵之地少陰多陽，其人疏理，鳥獸希毛，其性能暑。秦之戍卒不能其水土，戍者死於邊，輸者僨於道。秦民見行，如往棄市，因以讁發之，名曰「讁戍」。先發吏有讁及贅壻、賈人，後以嘗有市籍者，又後以大父母、父母嘗有市籍者，後入閭，取其左。發之不順，行者深怨，有背叛之心。凡民守戰，至死而不降北者，以計爲之也。故戰勝守固則有拜爵之賞，攻城屠邑則得其財鹵以富家室，故能使其衆蒙矢石，赴湯火，視死如生。今秦之發卒也，有萬死之害，而亡銖兩之報，死事之後不得一算之復，天下明知禍烈及己也。陳勝行戍，至於大澤，爲天下先倡，天下從之如流水者，秦以威劫而行之之敝也。

胡人衣食之業不著於地，其勢易以擾亂邊境。何以明之？胡人食肉飲酪，衣皮毛，非有城郭、田宅之歸居，如飛鳥走獸於廣壄，美草甘水則止，草盡水竭則移。以是觀之，往來轉徙，時至時去，此胡人之生業，而中國之所以離南畮也。今使胡人數處轉牧行獵於塞下，或當燕、代，或當上郡、北地、隴西，以候備塞之卒，卒少則入。陛下不救，則邊民絶望，而有降敵之心。救之，少發則不足，多發，遠縣纔至，則胡又已去。聚而不罷，爲費甚大，罷之，則胡復入。如此連年，則中國貧苦而民不安矣。

陛下幸憂邊境，遣將吏發卒以治塞，甚大惠也。然令遠方之卒守塞，一歲而更，不知胡人之能，不如選常居者，家室田作，且以備之，以便爲之高城深塹，具藺石，布渠答，復爲一城其内，城間百五十步。要害之處，通川之道，調立城邑，毋下千家，爲中周虎落。先爲室屋，具田器，乃募罪人及免徒復作令居之；不足，募以丁奴婢贖罪及輸奴婢欲以拜爵者；不足，乃募民之欲往者，皆賜高爵，復其家。予冬夏衣，廩食，能自給而止。郡縣之民得買其爵，以自增至卿。其亡夫若妻者，縣官買予之。人情非有匹敵，不能久安其處。塞下之民，禄利不厚，不可使久居危難之地。胡人入驅而能止其所驅者，以其半予之，縣官爲贖其民。如是，則邑里相救助，赴胡不避死。非以德上也，欲全親戚而利其財也。此與東方之戍卒不習地勢而心畏胡者，功相萬也。以陛下之時，徙民實邊，使遠方亡屯戍之事，塞下之民，父子相保，亡係虜之患，利施後世，名稱聖明，其與秦之行怨民，相去遠矣。

再論募民徙塞下書

鼂　錯

陛下幸募民相徙以實塞下，使屯戍之事益省，輸將之費益寡，甚大惠也。下吏誠能稱厚惠，奉明法，存恤所徙之老弱，善遇其壯士，和輯其心而勿侵刻，使先至者安樂而不思故鄉，則貧民相募而勸往矣。

臣聞古之徙遠方以實廣虚也，相其陰陽之和，嘗其水泉之味，審其土地之宜，觀其草木之饒，然後營邑立城，製里割宅，通田作之道，正阡陌之界。先爲築室，家有一堂二内，門户之閉，置器物焉。民至有所居，作有所用，此民所以輕去故鄉而勸之新邑也。爲置醫巫，以救疾病，以修祭祀，男女有昏，生死相恤，墳墓相從，種樹畜産，室屋完安，此所以使民樂其處而有長居之心也。

臣又聞古之制邊縣以備敵也，使五家爲伍，伍有長；十長一里，里有假士；四里一連，連有假五百；十連一邑，邑有假候。皆擇其邑之賢材有護、習地形、知民心者，居則習民於射法，出則教民於應敵。故卒伍成於内，則軍政定於外。服習以成，勿令遷徙，幼則同遊，長則共事。夜戰聲相知，則足以相救；晝戰目相見，則足以相識；驩愛之心，足以相死。如此而勸以厚賞，威以重罰，則前死不還踵矣。所徙之民，非壯有材力，但費衣糧，不可用也。雖有材力，不得良吏，猶亡功也。

陛下絶匈奴不與和親，臣竊意其冬來南也。一大治，則終身創矣。欲立威者，始於折膠，來而不能困，使得氣去，後未易服也。愚臣亡識，唯陛下財察。

中幅全用管子語，而與前後凝合，使人不覺。良由老謀勁氣，本與之近也。

去帝號上書

南越王佗

蠻夷大長老夫臣佗昧死再拜上書皇帝陛下：老夫，故粤吏也。高皇帝幸賜臣佗璽，以爲南粤王，使爲外臣，時内貢職。孝惠皇帝即位，義不忍絶，所以賜老夫者厚甚。高后自臨用事，近細士，信讒臣，别異蠻夷，出令曰：「毋予蠻夷外粤金鐵田器；馬、牛、羊即予，予牡，毋與牝。」老夫處辟，馬、牛、羊齒已長，自以祭祀不修，有死罪，使内史藩、中尉高、御史平凡三輩上書謝過，皆不反。又風聞老夫父母墳墓已壞削，兄弟宗族已誅論。吏相與議曰：「今内不得振於漢，外亡以自高異。」故更號爲帝，自帝其國，非敢有害於天下也。高皇后聞之大怒，削去南粤之籍，使使不通。老夫竊疑長沙王讒臣，故敢發兵以伐其邊。且南方卑濕，蠻夷中，西有西甌，其衆半羸，南面稱王；東有閩粤，其衆數千人，亦稱王；西北有長沙，其半蠻夷，亦稱王。老夫故敢妄竊帝號，聊以自娱。老夫身定百邑之地，東西南北數千萬里，帶甲百萬有餘，然北面而臣事漢，何也？不敢背先人之故。老夫處粤四十九年，于今抱孫焉。然夙興夜寐，寢不安席，食不甘味，目不視靡曼之色，耳不聽鐘鼓之音者，以不得事漢也。今陛下幸哀憐，復故號，通使漢如故，老夫死骨不腐，改號不敢爲帝矣。謹北面因使者獻白璧一雙，翠鳥千，犀角十，紫貝五百，桂蠹一器，生翠四十雙，孔雀二雙。昧死再拜，以聞皇帝陛下。

獄中上梁孝王書

鄒陽

臣聞「忠無不報，信不見疑」，臣嘗以爲然，徒虛語耳。昔荆軻慕燕丹之義，白虹貫日，太子畏之；衛先生爲秦畫長平之事，太白食昴，昭王疑之。夫精變天地，而信不諭兩主，豈不哀哉！今臣盡忠竭誠，畢議願知，左右不明，卒從吏訊，爲世所疑。是使荆軻、衛先生復起，而燕、秦不寤也。願大王孰察之。

昔玉人獻寶，楚王誅之；李斯竭忠，胡亥極刑。是以箕子陽狂，接輿避世，恐遭此患也。願大王察玉人、李斯之意，而後楚王、胡亥之聽，毋使臣爲箕子、接輿所笑。臣聞比干剖心，子胥鴟夷，臣始不信，乃今知之。願大王孰察，少加憐焉。語曰：「有白頭如新，傾蓋如故。」何則？知與不知也。故樊於期逃秦之燕，藉荆軻首以奉丹事；王奢去齊之魏，臨城自剄以卻齊而存魏。夫王奢、樊於期非新於齊、秦而故於燕、魏也，所以去二國、死兩君者，行合於志，慕義無窮也。是以蘇秦不信於天下，爲燕尾生；白圭戰亡六城，爲魏取中山。何則？誠有以相知也。蘇秦相燕，人惡之燕王，燕王按劍而怒，食以駃騠；白圭顯於中山，人惡之於魏文侯，文侯賜以夜光之璧。何則？兩主二臣，剖心析肝相信，豈移於浮辭哉！

故女無美惡，入宮見妒；士無賢不肖，入朝見嫉。昔司馬喜臏脚於宋，卒相中山；范雎拉脇折齒於魏，卒爲應侯。此二人者，皆信必然之畫，捐朋黨之私，挾孤獨之交，故不能自免於嫉妒之人也。是以申徒狄蹈雍之河，徐衍負石入海，不容於世，義不苟取，比周於朝，以移主上之心。故百里奚乞食於道路，繆公委之以政；甯戚飯牛車下，桓公任之以國。此二人者，豈素宦於朝，借譽於左右，然後二主用之哉？感於心，合於行，堅如膠漆，昆弟不能離，豈惑於衆口哉？故偏聽生姦，獨任成亂。昔魯聽季孫之説逐孔子，宋任子冉之計囚墨翟。夫以孔、墨之辯，不能自免於讒諛，而二國以危。何則？衆口鑠金，積毀銷骨也。秦用戎人由余而伯中國，齊用越人子臧而彊威、宣。此二國豈係於俗，牽於世，繫奇偏之浮辭哉？公聽並觀，垂明當世，故意合則胡、越爲兄弟，由余、子臧是矣；不合則骨肉爲讎敵，朱、象、管、蔡是矣。今人主誠能用齊、秦之明，後宋、魯之聽，則五伯不足侔，而三王易爲也。

是以聖王覺寤，捐子之之心，而不説田常之賢。封比干之後，修孕婦之墓，故功業覆於天下。何則？欲善亡厭也。夫晉文親其讎，强伯諸侯；齊桓用其讎，而一匡天下。何則？慈仁殷勤，誠加於心，不可以虚辭借也。

至夫秦用商鞅之法，東弱韓、魏，立强天下，卒車裂之。越用大夫種之謀，禽勁吴，而伯中國，遂誅其身。是以孫叔敖三去相而不悔，於陵子仲辭三公爲人灌園。今人主誠能去驕傲之心，懷可報之意，披心腹，見情素，墮肝膽，施德厚，終與之窮達，無愛於士，則桀之犬可使吠堯，跖之客可使刺由，何況因萬乘之權，假聖王之資乎！然則荆軻湛七族，要離燔妻子，豈足爲大王道哉！

臣聞明月之珠，夜光之璧，以闇投人於道，衆莫不按劍相眄者。何則？無因而至前也。蟠木根柢，輪囷離奇，而爲萬乘器者，以左右先爲之容也。故無因而至前，雖出隨珠和璧，秖怨結而不見德。有人先游，則枯木朽株樹功而不忘。今夫天下布衣窮居之士，身在貧羸，雖蒙堯、舜之術，挾伊、管之辯，懷龍逄、比干之意，而素無根柢之容，雖竭精神，欲開忠於當世之君，則人主必襲按劍相眄之迹矣，是使布衣之士不得爲枯木朽株之資也。

是以聖王制世御俗，獨化於陶鈞之上，而不牽乎卑亂之語，不奪乎衆多之口。故秦皇帝任中庶子蒙之言，以信荆軻，而匕首竊發；周文王獵涇、渭，載吕尚歸，以王天下。秦信左右而亡，周用烏集而王。何則？以其能越攣拘之語，馳域外之議，獨觀乎昭曠之道也。

今人主沈諂諛之辭，牽帷廧之制，使不羈之士與牛驥同皁，此鮑焦所以憤於世也。臣聞盛飾入朝者，不以私汙義；底厲名號者，不以利傷行。故里名勝母，曾子不入；邑號朝歌，墨子回車。今欲使天下寥廓之士，籠於威重之權，脇於位勢之貴，回面汙行，以事諂諛之人，而求親近於左右，則士有伏死堀穴巖藪之中耳。安有盡忠信而趨闕下者哉？

昔人有評此文「白地明光錦，裁爲負販褲」者，謂其詞句瑰偉，而漫無法度也。是謂曉於文律。

諫吴王書

枚　乘

竊聞得全者全昌，失全者全亡。舜無立錐之地，以有天下；禹無十户之聚，以王諸侯。湯、武之土不過百里，上不絶三光之明，下不傷百姓之心者，有王術也。故父子之道，天性也。忠臣不避重誅以直諫，則事無遺策，功流萬世。臣乘願披腹心而効愚忠，唯大王少加意念惻怛之心於臣乘言。

夫以一縷之任係千鈞之重，上縣無極之高，下垂不測之淵，雖甚愚之人，猶知哀其將絶也。馬方駭，鼓而驚之，係方絶，又重鎮之；係絶於天，不可復結，隊入深淵，難以復出。其出不出，間不容髮。能聽忠臣之言，百舉必脱。必若所欲爲，危於累卵，難於上天。變所欲爲，易於反掌，安於泰山。今欲極天命之壽，敝無窮之樂，究萬乘之勢，不出反掌之易，以居泰山之安，而欲乘累卵之危，走上天之難，此愚臣之所以爲大王惑也。人性有畏其景而惡其迹者，卻背而走，迹愈多，景愈疾，不知就陰而止，景滅迹絶。欲人勿聞，莫若勿言；欲人勿知，莫若勿爲。欲湯之滄，一人炊之，百人揚之，無益也，不如絶薪止火而已。不絶之於彼，而救之於此，譬猶抱薪而救火也。養由基，楚之善射者也，去楊葉百步，百發百中。楊葉之大，加百中焉，可謂善射矣。然其所止，乃百步之内耳，比於臣乘，未知操弓持矢也。福生有基，禍生有胎，納其基，絶其胎，禍何自來？泰山之霤穿石，單極之絖斷幹，水非石之鑽，索非木之鋸，漸靡使之然也。夫銖銖而稱之，至石必差；寸寸而度之，至丈必過。石稱丈量，徑而寡失。夫十圍之木，始生如蘖，足可搔而絶，手可擢而拔，據其未生、先其未形也。磨礱底厲，不見其損，有時而盡；種樹畜養，不見其益，有時而大；積德累行，不知其善，有時而用；棄義背理，不知其惡，有時而亡。臣願大王孰計而身行之，此百世不易之道也。

漢武帝策賢良制一

董仲舒對

制曰：朕獲承至尊休德，傳之無窮，而施之罔極。任大而守重，是以夙夜不皇康寧，永惟萬事之統，猶懼有闕。故廣延四方之豪儁，郡國、諸侯公選賢良修絜博習之士，欲聞大道之要，至論之極。今子大夫褎然爲舉首，朕甚嘉之。子大夫其精心致思，朕垂聽而問焉。蓋聞五帝、三王之道，改制作樂而天下洽和，百王同之。當虞氏之樂，莫盛於韶，於周莫盛於勺。聖王已没，鐘鼓筦絃之聲未衰，而大道微缺，陵夷至乎桀紂之行，王道大壞矣。夫五百年之間，守文之君，當途之士，欲則先王之法，以戴翼其世者甚衆。然猶不能反，日以仆滅，至後王而後止，豈其所持操或誖繆而失其統與？固天降命不可復反，必推之於大衰而後息與？烏乎！凡所爲屑屑，夙興夜寐，務法上古者，又將無補與？三代受命，其符安在？災異之變，何緣而起？性命之情，或夭或壽，或仁或鄙，習聞其號，未燭厥理。伊欲風流而令行，刑輕而姦改，百姓和樂，政事宣昭，何修何飭而膏露降，百穀登，德潤四海，澤臻草木。三光全，寒暑平，受天之祜，享鬼神之靈，德澤洋溢，施乎方外，延及群生。子大夫明先聖之業，習俗化之變，終始之序，講聞高誼之日久矣。其明以諭朕，科別其條，勿猥勿并，取之於術，慎其所出。乃其不正不直，不忠不極，枉於執事，書之不泄，興於朕躬，毋悼後害。子大夫其盡心，靡有所隱，朕將親覽焉。

陛下發德音，下明詔，求天命與情性，皆非愚臣之所能及也。臣謹案春秋之中，視前世已行之事，以觀天人相與之際，甚可畏也。國家將有失道之敗，而天乃先出災害以譴告之，不知自省，又出怪異以警懼之，尚不知變，而傷敗乃至。以此見天心之仁愛人君而欲止其亂也，自非大亡道之世者，天盡欲扶持而全安之，事在彊勉而已矣。彊勉學問，則聞見博而知益明；彊勉行道，則德日起而大有功。此皆可使還至而立有效者也。詩曰「夙夜匪解」，書云「茂哉茂哉」，皆彊勉之謂也。

道者，所繇適於治之路也，仁義禮樂皆其具也。故聖王已没，而子孫長久安寧數百歲，此皆禮樂教化之功也。王者未作樂之時，乃用先王之樂宜於世者，而以深入教化於民。教化之情不得，雅頌之樂不成，故王者功成作樂，樂其德也。樂者，所以變民風，化民俗也；其變民也易，其化人也著。故聲發於和而本於情，接於肌膚，臧於骨髓。故王道雖微缺，而筦弦之聲未衰也。夫虞氏之不爲政久矣，然而樂頌遺風猶有存者，是以孔子在齊而聞韶也。夫人君莫不欲安存而惡危亡，然而政亂國危者甚衆，所任者非其人，而所繇者非其道，是以政日以仆滅也。夫周道衰於幽、厲，非道亡也，幽、厲不繇也。至於宣王，思昔先王之德，興滯補弊，明文、武之功業，周道粲然復興，詩人美之而作「上天祐之，爲生賢佐」，後世稱誦，至今不絕。此夙夜不解行善之所致也，孔子曰「人能弘道，非道弘人」也。故治亂廢興在於己，非天降命不可得反，其所操持誖繆失其統也。

臣聞天之所大奉使之王者，必有非人力所能致而自至者，此受命之符也。天下之人，同心歸之，若歸父母，故天瑞應誠而至。書曰：「白魚入於王舟，有火復於王屋，流爲烏。」此蓋受命之符也。周公曰「復哉復哉」，孔子曰「德不孤，必有鄰」，皆積善累德之效也。及至後世，淫佚衰微，不能統理群生，諸侯背畔，殘賊良民以争壤土，廢德教而任刑罰。刑罰不中，則生邪氣，邪氣積於下，怨惡畜於上，上下不和，則陰陽繆盭而妖孽生矣。此災異所緣而起也。

臣聞命者，天之令也；性者，生之質也；情者，人之欲也。或夭或壽，或仁或鄙，陶冶而成之，不能粹美，有治亂之所生，故不齊也。孔子曰：「君子之德風也，小人之德草也。草上之風必偃。」故堯、舜行德則民仁壽，桀、紂行暴則民鄙夭。夫上之化下，下之從上，猶泥之在鈞，唯甄者之所爲；猶金之在鎔，惟治者之所鑄。「綏之斯俫，動之斯和」，此之謂也。

臣謹案春秋之文，求王道之端，得之於正。正次王，王次春。春者，天之所爲也。正者，王之所爲也。其意曰：上承天之所爲，而下以正其所爲，正王道之端云爾。然則王者欲有所爲，宜求其端於天。天道之大者在陰陽，陽爲德，陰爲刑；刑主殺，而德主生。是故陽常居大夏，而以生育養長爲事；陰常居大冬，而積於空虛不用之處，以此見天之任德不任刑也。天使陽出，布施於上而主歲功，使陰入伏於下而時出佐陽；陽不得陰之助，亦不能獨成歲。終陽以成歲爲名，此天意也。王者承天意以從事，故任德教而不任刑。刑者，不可任以治世，猶陰之不可任以成歲也。爲政而任刑，不順於天，故先王莫之肯爲也。今廢先王德教之官，而獨任執法之吏治民，毋乃任刑之意與！孔子曰：「不教而誅謂之虐。」虐政用於下，而欲德教之被四海，故難成也。

臣謹案春秋謂一元之意。一者，萬物之所從始也；元者，辭之所謂大也。謂一爲元者，視大始而欲正本也。春秋深探其本，而反自貴者始。故爲人君者，正心以正朝廷，正朝廷以正百官，正百官以正萬民，正萬民以正四方。四方正，遠近莫敢不壹於正，而亡有邪氣奸其間者。是以陰陽調而風雨時，群生和而萬民殖，五穀熟而草木茂，天地之間被潤澤而大豐美，四海之内聞盛德而皆倈臣，諸福之物，可致之祥，莫不畢至，而王道終矣。

孔子曰：「鳳鳥不至，河不出圖，吾已矣夫！」自悲可致此物，而身卑賤不得致也。今陛下貴爲天子，富有四海，居得致之位，操可致之勢，又有能致之資，行高而恩厚，知明而意美，愛民而好士，可謂誼主矣。然而天地未應而美祥莫至者，何也？凡以教化不立而萬民不正也。夫萬民之從利也，如水之走下，不以教化隄防之，不能止也。是故教化立而奸邪皆止者，其隄防完也；教化廢而奸邪並出，刑罰不能勝者，其隄防壞也。古之王者明於此，是故南面而治天下，莫不以教化爲大務。立太學以教於國，設庠序以化於邑，漸民以仁，摩民以誼，節民以禮，故其刑罰甚輕而禁不犯者，教化行而習俗美也。

聖王之繼亂世也，掃除其迹而悉去之，復修教化而崇起之。教化已明，習俗已成，子孫循之，行五六百歲尚未敗也。至周之末世，大爲亡道，以失天下。秦繼其後，獨不能改，又益甚之，重禁文學，不得挾書，棄捐禮誼而惡聞之，其心欲盡滅先聖之道，而顓爲自恣苟簡之治，故立爲天子十四歲而國破亡矣。自古以倈，未嘗有以亂濟亂，大敗天下之民如秦者也。其遺毒餘烈，至今未滅，使習俗薄惡，人民嚚頑，抵冒殊扞，孰爛如此之甚者也。孔子曰：「腐朽之木不可彫也，糞土之牆不可圬也。」今漢繼秦之後，如朽木、糞牆矣。雖欲善治之，亡可奈何。法出而奸生，令下而詐起，如以湯止沸，抱薪救火，愈甚亡益也。竊譬之琴瑟不調，甚者必解而更張之，乃可鼓也；爲政而不行，甚者必變而更化之，乃可理也。當更張而不更張，雖有良工不能善調也；當更化而不更化，雖有大賢不能善治也。故漢得天下以來，常欲善治而至今不可善治者，失之於當更化而不更化也。古人有言曰：「臨淵羨魚，不如退而結網。」今臨政而願治七十餘歲矣，不如退而更化，更化則可善治，善治則災害日去，福祿日來。詩云：「宜民宜人，受祿於天。」爲政而宜於民者，固當受祿於天。夫仁誼禮智信，五常之道，王者所當修飭也。五者修飭，故受天之祜，而享鬼神之靈，德施於方外，延及群生也。

古文之法，首尾一線，惟對策最難，以所問本叉牙而難合也。惟董子能依問條對，事雖不一，而義理自相融貫，且大氣包舉，使人莫窺其鎔鑄之迹。良由其學深造自得，故能左右逢源也。

漢武帝策賢良制二

董仲舒對

制曰：蓋聞虞舜之時，游於巖廊之上，垂拱無爲，而天下太平。周文王至於日昃不暇食，而宇内亦治。夫帝王之道，豈不同條共貫與？何逸勞之殊也？蓋儉者不造玄黄旌旗之飾，及至周室，設兩觀，乘大路，朱干玉戚，八佾陳於庭，而頌聲興。夫帝王之道，豈異指哉？或曰良玉不琢，又云非文亡以輔德，二端異焉。殷人執五刑以督姦，傷肌膚以懲惡。成康不式，四十餘年，天下不犯，囹圄空虛。秦國用之，死者甚衆，刑者相望，秏矣哀哉！烏乎！朕夙寤晨興，惟前帝王之憲，永思所以奉至尊，章洪業，皆在力本任賢。今朕親耕耤田，以爲農先，勸孝弟，崇有德，使者冠蓋相望，問勤勞，恤孤獨，盡思極神，功烈休德，未始云獲也。今陰陽錯繆，氛氣充塞，群生寡遂，黎民未濟，廉恥貿亂，賢不肖渾殽，未得其真，故詳延特起之士，意庶幾乎！今子大夫待詔百有餘人，或道世務而未濟，稽諸上古而不同，考之於今而難行，毋乃牽於文繫而不得騁與？各悉對，著於篇，毋諱有司。明其指略，切磋究之，以稱朕意。

臣聞堯受命，以天下爲憂，而未以位爲樂也。故誅逐亂臣，務求賢聖，是以得舜、禹、稷、卨、咎繇。衆聖輔德，賢能佐職。教化大行，天下和洽，萬民皆安仁樂誼，各得其宜，動作應禮，從容中道。故孔子曰：「如有王者，必世而後仁。」此之謂也。堯在位七十載，乃遜於位以禪虞舜。堯崩，天下不歸堯子丹朱而歸舜。舜知不可辟，乃即天子之位，以禹爲相，因堯之輔佐，繼其統業，是以垂拱無爲而天下治。孔子曰：「韶盡美矣，又盡善也。」此之謂也。至於殷紂，逆天暴物，殺戮賢知，殘賊百姓。伯夷、太公皆當世賢者，隱處而不爲臣。守職之人皆奔走逃亡，入於河海。天下秏亂，萬民不安，故天下去殷而從周。文王順天理物，師用賢聖，是以閎夭、太顛、散宜生等亦聚於朝廷。愛施兆民，天下歸之。故太公起海濱而即三公也。當此之時，紂尚在上，尊卑昏亂，百姓散亡，故文王悼痛而欲安之，是以日昃而不暇食也。孔子作春秋，先正王而繫萬事，見素王之文焉。繇此觀之，帝王之條貫同然，而勞逸異者，所遇之時異也。孔子曰：「武盡美矣，未盡善也。」此之謂也。

臣聞制度文采玄黄之飾，所以明尊卑，異貴賤，而勸有德也。故春秋受命，所先制者，改正朔，易服色，所以應天也。然則宫室旌旗之制，有法而然者也。故孔子曰：「奢則不遜，儉則固。」儉非聖人之中制也。臣聞良玉不琢，資質潤美，不待刻琢，此亡異於達巷黨人不學而自知也。然則常玉不琢，不成文章；君子不學，不成其德。

臣聞聖王之治天下也，少則習之學，長則材諸位，爵禄以養其德，刑罰以威其惡，故民曉於禮誼而恥犯其上。武王行大誼，平殘賊，周公作禮樂以文之，至於成康之隆，囹圄空虚四十餘年，此亦教化之漸而仁誼之流，非獨傷肌膚之效也。至秦則不然，師申、商之法，行韓非之説，憎帝王之道，以貪狼爲俗，非有文德以教訓於天下也。誅名而不察實，爲善者不必免，而犯惡者未必刑也。是以百官皆飾虚辭而不顧實，外有事君之禮，内有背上之心。造僞飾詐，趣利亡恥。又好用憯酷之吏，賦斂亡度，竭民財力，百姓散亡，不得從耕織之業，群盜並起。是以刑者甚衆，死者相望，而奸不息，俗化使然也。故孔子曰：「導之以政，齊之以刑，民免而無恥。」此之謂也。

今陛下并有天下，海内莫不率服，廣覽兼聽，極群下之知，盡天下之美，至德昭然，施於方外。夜郎、康居，殊方萬里，說德歸誼，此太平之致也。然而功不加於百姓者，殆王心未加焉。曾子曰：「尊其所聞，則高明矣；行其所知，則光大矣。」高明光大，不在於他，在乎加之意而已。願陛下因用所聞，設誠於内而致行之，則三王何異哉！

陛下親耕耤田以爲農先，夙寤晨興，憂勞萬民，思惟往古，而務以求賢，此亦堯舜之用心也，然而未云獲者，士素不厲也。夫不素養士而欲求賢，譬猶不琢玉而求文采也。故養士之大者，莫大乎太學。太學者，賢士之所關也，教化之本原也。今以一郡一國之衆，對亡應書者，是王道往往而絶也。臣願陛下興太學，置明師，以養天下之士，數考問以盡其材，則英俊宜可得矣。今之郡守、縣令，民之師帥，所使承流而宣化也。故師帥不賢，則主德不宣，恩澤不流。今吏既亡教訓於下，或不承用主上之法，暴虐百姓，與奸爲市，貧窮孤弱，冤苦失職，甚不稱陛下之意。是以陰陽錯繆，氛氣充塞，群生寡遂，黎民未濟，皆長吏不明，使至於此也。夫長吏多出於郎中、中郎，吏二千石子弟，選郎吏又以富訾，未必賢也。且古所謂功者，以任官稱職爲差，非所謂積日累久也。故小材雖累日，不離於小官；賢材雖未久，不害爲輔佐。是以有司竭力盡知，務治其業而以赴功。今則不然。累日以取貴，積久以致官，是以廉恥貿亂，賢不肖渾殽，未得其真。臣愚以爲使諸列侯、郡守、二千石各擇其吏民之賢者，歲貢各二人以給宿衛，且以觀大臣之能，所貢賢者有賞，所貢不肖者有罰。夫如是，諸侯、吏二千石皆盡心於求賢，天下之士可得而官使也。徧得天下之賢人，則三王之盛易爲，而堯舜之名可及也。毋以日月爲功，實試賢能爲上，量材而授官，録德而定位，則廉恥殊路，賢不肖異處矣。陛下加惠，寬臣之罪，令勿牽制於文，使得切磋究之，臣敢不盡愚！

漢武帝策賢良制三

董仲舒對

制曰：蓋聞「善言天者必有徵於人，善言古者必有驗於今」。故朕垂問乎天人之應，上嘉唐、虞，下悼桀、紂，寖微、寖滅、寖明、寖昌之道，虚心以改。今子大夫明於陰陽所以造化，習於先聖之道業。然而文采未極，豈惑乎當世之務哉？條貫靡竟，統紀未終，意朕之不明與？聽若眩與？夫三王之教，所祖不同，而皆有失，或謂久而不易者，道也。意豈異哉？今子大夫既已著大道之極，陳治亂之端矣，其悉之究之，孰之復之。詩不云乎：「嗟爾君子，毋常安息，神之聽之，介爾景福。」朕將親覽焉。子大夫其茂明之。

臣聞論語曰：「有始有卒者，其唯聖人乎？」今陛下幸加惠，留聽於承學之臣，復下明册，以切其意，而究盡聖德，非愚臣之所能具也。前所上對，條貫靡竟，統紀不終，辭不別白，指不分明，此臣淺陋之罪也。冊曰：「善言天者必有徵於人，善言古者必有驗於今。」臣聞天者，群物之祖也。故偏覆包函而無所殊，建日月風雨以和之，經陰陽寒暑以成之。故聖人法天而立道，亦溥愛而無私，布德施仁以厚之，設誼立禮以導之。春者，天之所以生也；仁者，君之所以愛也；夏者，天之所以長也；德者，君之所以養也；霜者，天之所以殺也；刑者，君之所以罰也。繇此言之，天人之徵，古今之道也。孔子作春秋，上揆之天道，下質諸人情，參之於古，考之於今。故春秋之所譏，災害之所加也；春秋之所惡，怪異之所施也。書邦家之過，兼災異之變，以此見人之所爲，其美惡之極，乃與天地流通而往來相應，此亦言天之一端也。古者修教訓之官，務以德善化民，民已大化之後，天下常亡一人之獄矣。今世廢而不修，亡以化民，民以故棄行誼而死財利，是以犯法而罪多，一歲之獄以萬千數。以此見古之不可不用也。故春秋變古則譏之。天令之謂命，命非聖人不行；質樸之謂性，性非教化不成；人欲之謂情，情非制度不節。是故王者上謹於承天意，以順命也；下務明教化民，以成性也；正法度之宜，別上下之序，以防欲也。修此三者，而大本舉矣。人受命於天，固超然異於群生，入有父子兄弟之親，出有君臣上下之誼，會聚相遇，則有耆老長幼之施。粲然有文以相接，驩然有恩以相愛，此人之所以貴也。生五穀以食之，桑麻以衣之，六畜以養之，服牛乘馬，圈豹檻虎，是其得天之靈，貴於物也。故孔子曰：「天地之性，人爲貴。」明於天性，知自貴於物；知自貴於物，然後知仁誼；知仁誼，然後重禮節；重禮節，然後安處善；安處善，然後樂循理；樂循理，然後謂之君子。故孔子曰：「不知命，亡以爲君子。」此之謂也。

冊曰：「上嘉唐、虞，下悼桀、紂，寖微、寖滅、寖明、寖昌之道，虚心以改。」臣聞衆少成多，積小致巨，故聖人莫不以晻致明，以微致顯。是以堯發於諸侯，舜興乎深山，非一日而顯也，蓋有漸以致之矣。言出於己，不可塞也；行發於身，不可掩也。言行，治之大者，君子之所以動天地也。故盡小者大，慎微者著。詩云：「惟此文王，小心翼翼。」故堯兢兢，日行其道；而舜業業，日致其孝。善積而名顯，德章而身尊。此其寖明、寖昌之道也。積善在身，猶長日加益，而人不知也；積惡在身，猶火之銷膏，而人不見也。非明乎情性、察乎流俗者，孰能知之？此唐、虞之所以得令名，而桀、紂之可爲悼懼者也。夫善惡之相從，如景鄉之應形聲也。故桀、紂暴謾，讒賊並進，賢知隱伏，惡日顯，國日亂，宴然自以如日在天，終陵夷而大壞。夫暴逆不仁者，非一日而亡也，亦以漸至。故桀、紂雖亡道，然猶享國十餘年，此其寖微、寖滅之道也。

冊曰：「三王之教，所祖不同，而皆有失，或謂久而不易者，道也。意豈異哉？」臣聞夫樂而不亂、復而不厭者謂之道。道者，萬世亡弊；弊者，道之失也。先王之道，必有偏而不起之處。故政有眊而不行，舉其偏者以補其弊而已矣。三王之道，所祖不同。非其相反，將以捄溢扶衰，所遭之變然也。故孔子曰：「亡爲而治者，其舜乎！」改正朔，易服色，以順天命而已；其餘盡循堯道，何更爲哉！故王者有改制之名，亡變道之實。然夏上忠，殷上敬，周上文者，所繼之捄，當用此也。孔子曰：「殷因於夏禮，所損益可知也。周因於殷禮，所損益可知也。其或繼周者，雖百世可知也。」此言百王之用，以此三者矣。夏因於虞，而獨不言所損益者，其道如一，而所上同也。道之大原出於天，天不變，道亦不變。是以禹繼舜，舜繼堯，三聖相受而守一道，亡救弊之政，故不言其所損益也。繇是觀之，繼治世者其道同，繼亂世者其道變。今漢繼大亂之後，若宜少損周之文致，用夏之忠者。

陛下有明德嘉道，愍世俗之靡薄，悼王道之不昭，故舉賢良方正之士，論誼考問，將欲興仁誼之休德，明帝王之法制，建太平之道也。臣愚不肖，述所聞，誦所學，道師之言，廑能勿失爾。若乃論政事之得失，察天下之息耗，此大臣輔佐之職，三公九卿之任，非臣仲舒所能及也。然而臣竊有怪者。夫古之天下亦今之天下，今之天下亦古之天下，共是天下，古亦大治，上下和睦，習俗美盛，不令而行，不禁而止，吏亡姦邪，民亡盜賊，囹圄空虛，德潤草木，澤被四海，鳳凰來集，麒麟來游，以古準今，壹何不相逮之遠也？安所繆盭而陵夷若是？意者有所失於古之道與？有所詭於天之理與？試迹之古，返之於天，黨可得見乎？

夫天亦有所分予，予之齒者去其角，傅其翼者兩其足，是所受大者不得取小也。古之所予祿者，不食於力，不動於末，是亦受大者不得取小，與天同意者也。夫已受大又取小，天不能足，而況人乎？此民之所以囂囂苦不足也。身寵而載高位，家溫而食厚祿，因乘富貴之資力，以與民爭利於下，民安能如之哉！是故衆其奴婢，多其牛羊，廣其田宅，博其産業，畜其積委，務此而亡已，以迫蹵民，民日削月朘，寖以大窮。富者奢侈羨溢，貧者窮急愁苦；窮急愁苦而上不救，則民不樂生；民不樂生，尚不避死，安能避罪！此刑罰之所以蕃而姦邪不可勝者也。故受祿之家，食祿而已，不與民爭業，然後利可均布，而民可家足。此上天之理，而亦太古之道，天子之所宜法以爲制，大夫之所當循以爲行也。故公儀子相魯，之其家，見織帛，怒而出其妻；食於舍而茹葵，愠而拔其葵，曰：「吾已食祿，又奪園夫、紅女利乎？」古之賢人君子在列位者皆如是。是故下高其行而從其教，民化其廉而不貪鄙。及至周室之衰，其卿大夫緩於誼而急於利，亡推讓之風，而有爭田之訟，故詩人疾而刺之曰：「節彼南山，惟石巖巖。赫赫師尹，民具爾瞻。」爾好誼，則民鄉仁而俗善；爾好利，則民好邪而俗敗。繇是觀之，天子大夫者，下民之所視效，遠方之所四面而內望也。近者視而放之，遠者望而效之，豈可以居賢人之位而爲庶人行哉？夫皇皇求財利，常恐乏匱者，庶人之意也；皇皇求仁義，常恐不能化民者，大夫之意也。易曰：「負且乘，致寇至。」乘車者，君子之位也；負擔者，小人之事也。此言居君子之位，而爲庶人之行者，其患禍必至也。若居君子之位，當君子之行，則舍公儀休之相魯，亡可爲者矣。

春秋大一統者，天地之常經，古今之通誼也。今師異道，人異論，百家殊方，指意不同，是以上亡以持一統，法制數變，下不知所守。臣愚以爲諸不在六藝之科、孔子之術者，皆絶其道，勿使並進。邪辟之説滅息，然後統紀可一而法度可明，民知所從矣。

條舉所問，以爲界畫，因制策詰，以詞不别白、指不分明故也。唐宋以後遂用此爲式。

雨雹對

董仲舒

元光元年七月，京師雨雹，鮑敞問董仲舒曰：「雹何物也？何氣而生之？」仲舒曰：「陰氣脅陽氣。天地之氣，陰陽相半，和氣周迴，朝夕不息。陽德用事，則和氣皆陽，建巳之月是也，故謂之正陽之月。陰德用事，則和氣皆陰，建亥之月是也，故謂之正陰之月。十月陰雖用事，而陰不孤立，此月純陰，疑於無陽，故謂之『陽月』。詩人所謂『日月陽止』者也。四月陽雖用事，而陽不獨存，此月純陽，疑於無陰，故亦謂之『陰月』。自十月已後，陽氣始生於地下，漸冉流散，故言息也；陰氣轉收，故言消也。日夜滋生，遂至四月純陽用事。自四月已後，陰氣始生於天上，漸冉流散，故云息也；陽氣轉收，故言消也。日夜滋生，遂至十月純陰用事。二月、八月，陰陽正等，無多少也。以此推移，無有差慝。運動抑揚，更相動薄，則熏、蒿、歊、蒸，而風、雨、雲、霧、雷、電、雪、雹生焉。氣上薄爲雨，下薄爲霧。風其噫也，雲其氣也。雷，其相擊之聲也；電，其相擊之光也。二氣之初蒸也，若有若無，若實若虛，若方若圓。攢聚相合，其體稍重，故雨乘虛而墜。風多則合速，故雨大而疏；風少則合遲，故雨細而密。其寒月則雨凝於上，體尚輕微，而因風相襲，故成雪焉。寒有高下，上暖下寒，則上合爲大雨，下凝爲冰霰雪是也。雹，霰之流也，陰氣暴上，雨則凝結成雹焉。太平之世，則風不鳴條，開甲散萌而已；雨不破塊，潤葉津莖而已；雷不驚人，號令啓發而已；電不眩目，宣示光耀而已；霧不塞望，浸淫被泊而已；雪不封條，凌殄毒害而已。雲則五色而爲慶，三色而成矞；露則結味而成甘，結潤而成膏。此聖人之在上，則陰陽和，風雨時也。政多紕繆，則陰陽不調。風發屋，雨溢河，雪至牛目，雷殺驢馬，此皆陰陽相盪而爲祲沴之妖也。」

敞曰：「四月無陰，十月無陽，何以明陰不孤立，陽不獨存邪？」仲舒曰：「陰陽雖異，而所資一氣也。陽用事，此則氣爲陽；陰用事，此則氣爲陰。陰陽之時雖異，而二體常存。猶如一鼎之水而未加火，純陰也；加火極爇，純陽也。純陽則無陰，息火水寒，則更陰矣。純陰則無陽，加火水熱，則更陽矣。然則建巳之月爲純陽，不容都無復陰也。但是陽家用事，陽氣之極耳，薺麥枯，繇陰殺也。建亥之月爲純陰，不容都無復陽也，但是陰家用事，陰氣之極耳。薺麥始生，繇陽升也。其著者，葶藶死於盛夏，欵冬華於嚴寒，水極陰而有温泉，火至陽而有涼焰。故知陰不得無陽，陽不容都無陰也。」

敞曰：「冬雨必暖，夏雨必涼，何也？」曰：「冬氣多寒，陽氣自上躋，故人得其暖，而上蒸成雪矣；夏氣多暖，陰氣自下昇，故人得其涼，而上蒸成雨矣。」

敞曰：「雨既陰陽相蒸，四月純陽，十月純陰，斯則無二氣相薄，則不雨乎？」曰：「然。純陽、純陰雖在四月、十月，但月中之一日耳。」敞曰：「月中何日？」曰：「純陽用事，未夏至一日；純陰用事，未冬至一日。朔、旦、夏至、冬至，其正氣也。」敞曰：「然則未至一日，其不雨乎？」曰：「然。頗有之，則妖也。和氣之中，自生災沴，能使陰陽改節，暖涼失度。」敞曰：「災沴之氣，其常存邪？」曰：「無也，時生耳。猶乎四肢五臟，中也有時。及其病也，四肢五臟皆病也。」敞遷延負牆，俛揖而退。

諫獵疏

司馬相如

臣聞物有同類而殊能者，故力稱烏獲，捷言慶忌，勇期賁育。臣之愚，竊以爲人誠有之，獸亦宜然。今陛下好陵阻險，射猛獸，卒然遇逸材之獸，駭不存之地，犯屬車之清塵，輿不及還轅，人不暇施巧，雖有烏獲、逢蒙之技，力不得用，枯木朽株盡爲難矣。是胡、越起于轂下，而羌、夷接軫也，豈不殆哉！雖萬全無患，然本非天子之所宜近也。

且夫清道而後行，中路而後馳，猶時有銜橛之變。況乎涉豐草，騁丘虛，前有利獸之樂，而内無存變之意，其爲禍也不難矣！夫輕萬乘之重不以爲安，樂出萬有一危之塗以爲娱，臣竊爲陛下不取也。

蓋明者遠見于未萌，而知者避危於無形。禍固多藏於隱微，而發於人之所忽者也。故鄙諺曰：「家累千金，坐不垂堂。」此言雖小，可以喻大。臣願陛下之留意幸察。

諭巴蜀檄

司馬相如

告巴蜀太守：蠻夷自擅，不討之日久矣，時侵犯邊境，勞士大夫。陛下即位，存撫天下，集安中國。然後興師出兵，北征匈奴，單于怖駭，交臂受事，屈膝請和。康居西域，重譯納貢，稽首來享。移師東指，閩越相誅。右弔番禺，太子入朝。南夷之君，西僰之長，常效貢職，不敢惰怠，延頸舉踵，喁喁然皆鄉風慕義，欲爲臣妾，道里遼遠，山川阻深，不能自致。夫不順者已誅，而爲善者未賞，故遣中郎將往賓之，發巴、蜀之士各五百人以奉幣，衛使者不然，靡有兵革之事、戰鬭之患。今聞其乃發軍興制，驚懼子弟，憂患長老，郡又擅爲轉粟運輸，皆非陛下之意也。當行者或亡逃自賊殺，亦非人臣之節也。

夫邊郡之士，聞烽舉燧燔，皆攝弓而馳，荷兵而走，流汗相屬，惟恐居後；觸白刃，冒流矢，議不反顧，計不旋踵；人懷怒心，如報私讎。彼豈樂死惡生，非編列之民，而與巴蜀異主哉？計深慮遠，急國家之難，而樂盡人臣之道也。故有剖符之封，析圭而爵，位爲通侯，居列東第。終則遺顯號於後世，傳土地於子孫，事行甚忠敬，居位甚安佚，名聲施於無窮，功烈著而不滅。是以賢人君子，肝腦塗中原，膏液潤埜草而不辭也。今奉幣使至南夷，即自賊殺，或亡逃抵誅，身死無名，謚爲至愚，恥及父母，爲天下笑。人之度量相越，豈不遠哉！然此非獨行者之罪也，父兄之教不先，子弟之率不謹。寡廉鮮恥，而俗不長厚也。其被刑戮，不亦宜乎！

陛下患使者有司之若彼，悼不肖愚民之如此，故遣信使，曉諭百姓以發卒之事，因數之以不忠死亡之罪，讓三老孝弟以不教誨之過。方今田時，重煩百姓，已親見近縣，恐遠所谿谷山澤之民不徧聞，檄到，亟下縣道，咸諭陛下意，毋忽！

難蜀父老文

司馬相如

漢興七十有八載，德茂存乎六世，威武紛云，湛恩汪濊，群生霑濡，洋溢乎方外。於是乃命使西征，隨流而攘，風之所被，罔不披靡。因朝冉從駹，定莋存邛，略斯榆，舉苞蒲。結軌還轅，東鄉將報，至於蜀都。

耆老大夫、搢紳先生之徒二十有七人，儼然造焉。辭畢，進曰：「蓋聞天子之於夷狄也，其義羈縻勿絶而已。今罷三郡之士，通夜郎之塗，三年於兹，而功不竟，士卒勞倦，萬民不贍；今又接之以西夷，百姓力屈，恐不能卒業，此亦使者之累也，竊爲左右患之。且夫邛、莋、西僰之與中國並也，歷年兹多，不可記已。仁者不以德來，强者不以力并，意者殆不可乎？今割齊民以附夷狄，弊所恃以事無用，鄙人固陋，不識所謂。」

使者曰：「烏謂此乎？必若所云，則是蜀不變服而巴不化俗也。僕尚惡聞若説，然斯事體大，固非觀者之所覯也。余之行急，其詳不可得聞已，請爲大夫粗陳其略：蓋世必有非常之人，然後有非常之事；有非常之事，然後有非常之功。非常者，固常人之所異也。故曰：非常之元，黎民懼焉；及臻厥成，天下晏如也。昔者洪水沸出，氾濫衍溢，民人升降移徙，崎嶇而不安。夏后氏戚之，乃堙洪原，決江疏河，灑沈澹災，東歸之於海，而天下永寧。當斯之勤，豈惟民哉！心煩於慮，而身親其勞，躬傶骿胝無胈，膚不生毛，故休烈顯乎無窮，聲稱浹乎于兹。且夫賢君之踐位也，豈特委瑣握躖，拘文牽俗，循誦習傳，當世取説云爾哉！必將崇論谹議，創業垂統，爲萬世規。故馳騖乎兼容并包，而勤思乎參天貳地。且詩不云乎：『普天之下，莫非王土；率土之濱，莫非王臣。』是以六合之内，八方之外，浸淫衍溢，懷生之物有不浸潤於澤者，賢君恥之。

今封疆之内，冠帶之倫，咸獲嘉祉，靡有闕遺矣。而夷狄殊俗之國，遼絶異黨之域，舟車不通，人迹罕至，政教未加，流風猶微，内之則犯義侵禮於邊境，外之則邪行横作，放殺其上，君臣易位，尊卑失序，父兄不辜，幼孤爲奴虜，係累號泣，内鄉而怨，曰：『蓋聞中國有至仁焉，德洋恩普，物靡不得其所，今獨曷爲遺已！』舉踵思慕，若枯旱之望雨，盭夫爲之垂涕。況乎上聖，又烏能已？故北出師以討强胡，南馳使以誚勁越。四面風德，二方之君，鱗集仰流，願得受號者以億計。故乃關沫若，徼牂柯，鏤靈山，梁孫原，創道德之塗，垂仁義之統，將博恩廣施，遠撫長駕，使疏逖不閉，曶爽闇昧，得燿乎光明，以偃甲兵於此，而息討伐於彼。遐邇一體，中外禔福，不亦康乎！夫拯民於沈溺，奉至尊之休德，反衰世之陵夷，繼周氏之絶業，天子之急務也。百姓雖勞，又烏可以已哉？且夫王者，固未有不始於憂勤，而終於佚樂者也。然則受命之符合在於此。方將增太山之封，加梁父之事，鳴和鸞，揚樂頌，上咸五，下登三。觀者未覩指，聽者未聞音，猶焦朋已翔乎寥廓，而羅者猶視乎藪澤，悲夫！」

於是諸大夫芒然喪其所懷來，失厥所以進，喟然並稱曰：「允哉漢德！此鄙人之所願聞也。百姓雖勞，請以身先之。」敞罔靡徙，遷延而辭避。

言世務書

徐樂

臣聞天下之患，在於土崩，不在瓦解，古今一也。

何謂「土崩」？秦之末世是也。陳涉無千乘之尊、尺土之地，身非王公大人名族之後、鄉曲之譽；非有孔、曾、墨子之賢，陶朱、猗頓之富也。然起窮巷，奮棘矜，偏袒大呼，天下從風，此其故何也？由民困而主不恤，下怨而上不知，俗已亂而政不修。此三者，陳涉之所以爲資也。此之謂「土崩」。故曰：天下之患在乎土崩。

何謂「瓦解」？吴、楚、齊、趙之兵是也。七國謀爲大逆，號皆稱萬乘之君，帶甲數十萬，威足以嚴其境内，財足以勸其士民，然不能西攘尺寸之地，而身爲禽於中原者，此其故何也？非權輕於匹夫而兵弱於陳涉也。當是之時，先帝之德未衰，而安土樂俗之民衆，故諸侯無竟外之助。此之謂「瓦解」。故曰：天下之患不在瓦解。

由此觀之，天下誠有土崩之勢，雖布衣窮處之士，或首難而危海内，陳涉是也，況三晉之君或存乎？天下雖未治也，誠能無土崩之勢，雖有彊國勁兵，不得還踵而身爲禽，吴、楚是也，況群臣百姓能爲亂乎？此二體者，安危之明要，賢主之所留意而深察也。

間者關東五穀不登，年歲未復，民多窮困，重之以邊境之事，推數循理而觀之，民宜有不安其處者矣。不安故易動，易動者，土崩之勢也。故賢主獨觀萬化之原，明於安危之機，修之廟堂之上，而銷未形之患也。其要，期使天下無土崩之勢而已矣。故雖有彊國勁兵，陛下逐走獸，射飛鳥，弘游燕之囿，淫從恣之觀，極馳騁之樂自若。金石絲竹之聲不絕於耳，帷幄之私、俳優朱儒之笑不乏於前，而天下無宿憂。名何必夏、子，俗何必成、康？雖然，臣竊以爲陛下天然之質，寬仁之資，而誠以天下爲務，則禹、湯之名不難侔，而成、康之俗未必不復興也。此二體者立，然後處尊安之實，揚廣譽於當世，親天下而服四夷，餘恩遺德，爲數世隆，南面背依攝袂而揖王公，此陛下之所服也。臣聞圖王不成，其敝足以安。安則陛下何求而不得，何爲而不成，奚征而不服哉？

言世務書

嚴　安

臣聞鄒子曰：「政教文質者，所以云救也。當時則用，過則舍之，有易則易之。故守一而不變者，未睹治之至也。」〔二〕今天下人民用財侈靡，車馬衣裘宮室皆競修飾，調五聲使有節族，雜五

〔一〕　貫串通篇。

色使有文章，重五味方丈於前，以觀欲天下。彼民之情，見美則願之，是教民以侈也。侈而無節，則不可贍。民離本而傚末矣。末不可徒得，故搢紳者不憚爲詐，帶劍者夸殺人以矯奪，而世不知媿，故姦軌浸長。夫佳麗珍怪固順於耳目，故養失而泰，樂失而淫，禮失而采，教失而僞。僞、采、淫、泰，非所以範民之道也。是以天下人民逐利無已，犯法者衆。〔二〕臣願爲民制度以防其淫，使貧富不相燿以和其心。心既和平，其性恬安。恬安不營，則盜賊銷；盜賊銷，則刑罰少；刑罰少，則陰陽和。四時正，風雨時，草木暢茂，五穀蕃熟，六畜遂字，民不夭厲，和之至也。

臣聞周有天下，其治三百餘歲，成、康其隆也，刑錯四十餘年而不用。及其衰，亦三百餘年，故五伯更起。伯者，常佐天子興利除害，誅暴禁邪，匡正海内，以尊天子。五伯既没，賢聖莫續，天子孤弱，號令不行，諸侯恣行，彊凌弱，衆暴寡。田常篡齊，六卿分晉，並爲戰國，此民之始苦也。於是彊國務攻，弱國修守，合從連衡，馳車轂擊，介胄生蟣蝨，民無所告愬。

及至秦王，蠶食天下，并吞戰國，稱號皇帝。一海内之政，壞諸侯之城，銷其兵，鑄以爲鍾虡，示不復用。元元黎民，得免於戰國，逢明天子，人人自以爲更生。〔三〕鄉使秦緩刑罰，薄賦歛，

〔二〕漢宜變。
〔三〕秦宜變。

省繇役，貴仁義，賤權利，上篤厚，下佞巧，變風易俗，化於海内，則世世必安矣。秦不行是風，循其故俗，爲知巧權利者進，篤厚忠正者退，法嚴令苛，謟諛者衆，日聞其美，意廣心逸，欲威海外。使蒙恬將兵以北攻彊胡，辟地進境，戍於北河，飛芻輓粟，以隨其後。又使尉屠睢將樓船之士攻越，使監禄鑿渠運糧，深入越地，越人遁逃。曠日持久，糧食乏絶，越人擊之，秦兵大敗。秦乃使尉佗將卒以戍越。當是時，秦禍北構於胡，南挂於越，宿兵於無用之地，進而不得退，行十餘年，丁男被甲，丁女轉輸，苦不聊生，自經於道樹，死者相望。及秦皇帝崩，天下大叛，陳勝、吴廣舉陳，武臣、張耳舉趙，項梁舉吴，田儋舉齊，景駒舉郢，周市舉魏，韓廣舉燕，窮山通谷，豪士並起，不可勝載也。然本皆非公侯之後，非長官之吏，無尺寸之勢，起閭巷，杖棘矜，應時而動，不謀而俱起，不約而同會，壤長地進，至乎伯王，時教使然也。秦貴爲天子，富有天下，滅世絶祀，窮兵之禍也。故周失之弱，秦失之彊，不變之患也。〔二〕

今狥南夷，朝夜郎，降羌僰，略薉州，建城邑，深入匈奴，燔其龍城，議者美之。此人臣之利，非天下之長策也。今中國無狗吠之警，而外累於遠方之備，靡敝國家，非所以子民也。行無窮之欲，甘心快意，結怨於匈奴，非所以安邊也。禍挐而不解，兵休而復起，近者愁苦，遠者驚駭，

〔二〕 秦不變。

非所以持久也。今天下鍛甲摩劍，矯箭控弦，轉輸軍糧，未見休時，此天下所共憂也。〔一〕夫兵久而變起，事煩而慮生。今外郡之地或幾千里，列城數十，形束壤制，帶脅諸侯，非宗室之利也。上觀齊、晉所以亡，公室卑削，六卿大盛也。下覽秦之所以滅，刑嚴文刻，欲大無窮也。今郡守之權，非特六卿之重也；地幾千里，非特閭巷之資也；甲兵器械，非特棘矜之用也。以逢萬世之變，則不可勝諱也。

諭意淮南王

嚴　助

今者大王以發屯臨越事上書，陛下故遣臣助告王其事。王居遠，事薄遽，不與王同其計。朝有闕政，遺王之憂，陛下甚恨之。夫兵固凶器，明主之所重出也。然自五帝三王，禁暴止亂，非兵，未之聞也。漢爲天下宗，操殺生之柄，以制海內之命，危者望安，亂者卬治。今閩越王狼戾不仁，殺其骨肉，離其親戚，所爲甚多不義，又數舉兵侵陵百越，并兼鄰國，以爲暴彊。陰計奇策，入燔尋陽樓船，欲招會稽之地，以踐勾踐之迹。今者，邊又言閩王率兩國擊

〔一〕此言漢不變，必復蹈秦之覆轍。而并及齊、晉，與中幅相綰，恐篇法之漫也。

南越,陛下爲萬民安危久遠之計,使人諭告之曰:「天下安寧,各繼世撫民,禁毋敢相并。」有司疑其以虎狼之心,貪據百越之利,或於逆順,不奉明詔,則會稽、豫章必有長患。且天子誅而不伐,焉有勞百姓、苦士卒乎?故遣兩將屯於境上,震威武,揚聲鄉。屯曾未會,天誘其衷,閩王隕命,輒遣使者罷屯,毋後農時。南越王甚嘉被惠澤,蒙休德,願革心易行,身從使者入謝。有狗馬之病,不能勝服,故遣太子嬰齊入侍;病有瘳,願伏北闕,望大廷,以報盛德。閩王以八月舉兵於冶南,士卒罷倦,三王之衆,相與攻之,因其弱弟餘善,以成其謀。至今國空虛,遣使者上符節,請所立,不敢自立,以待天子之明詔。此一舉,不挫一兵之鋒,不用一卒之死,而閩王伏辜,南越被澤,威震暴王,義存危國,此則陛下深計遠慮之所出也。事效見前,故使臣助來諭王意。

禁民挾弓弩對

吾丘壽王

臣聞古者作五兵,非以相害,以禁暴討邪也。安居則以制猛獸而備非常,有事則以設守衛而施行陳。及至周室衰微,上無明王,諸侯力政,彊侵弱,衆暴寡,海内抏敝,巧詐並生。是以知者陷愚,勇者威怯,苟以得勝爲務,不顧義理。故機變械飾,所以相賊害之具不可勝數。於是秦兼天下,廢王道,立私議,滅詩書而首法令,去仁恩而任刑戮,墮名城,殺豪傑,銷甲兵,折鋒刃,其後民以耰鉏箠梃相撻擊，犯法滋衆，盜賊不勝，至於赭衣塞路，群盜滿山，卒以亂亡。故聖王務教化而省禁防，知其不足恃也。

今陛下昭明德，建太平，舉俊材，興學官，三公有司或由窮巷，起白屋，裂地而封，宇内日化，方外鄉風。然而盜賊猶有者，郡國二千石之罪，非挾弓弩之過也。禮曰：「男子生，桑弧蓬矢以舉之，明示有事也。」孔子曰：「吾何執？執射乎！」大射之禮，自天子降及庶人，三代之道也。詩云：「大侯既抗，弓矢斯張，射夫既同，獻爾發功。」言貴中也。愚聞聖王合射以明教矣，未聞弓矢之爲禁也。且所爲禁者，爲盜賊之以攻奪也。攻奪之罪死，然而不止者，大姦之於重誅固不避也。臣恐邪人挾之而吏不能止，良民以自備而抵法禁，是擅賊威而奪民救也。竊以爲無益於禁姦，而廢先王之典，使學者不得習行其禮，大不便。

史記自序

司馬遷

太史公曰：「先人有言：『自周公卒五百歲而有孔子。孔子卒後至於今五百歲，有能紹明世，正易傳，繼春秋，本詩書禮樂之際？』意在斯乎！意在斯乎！小子何敢讓焉。」

上大夫壺遂曰：「昔孔子何爲而作春秋哉？」太史公曰：「余聞董生曰：『周道衰廢，孔子爲魯司寇，諸侯害之，大夫壅之。孔子知言之不用，道之不行也，是非二百四十二年之中，以爲天下儀表，貶天子，退諸侯，討大夫，以達王事而已矣。』子曰：『我欲載之空言，不如見之於行事之深切著明也。』夫春秋，上明三王之道，下辨人事之紀，別嫌疑，明是非，定猶豫，善善惡惡，賢賢賤不肖，存亡國，繼絶世，補敝起廢，王道之大者也。易著天地、陰陽、四時、五行，故長於變；禮經紀人倫，故長於行；書記先王之事，故長於政；詩記山川、谿谷、禽獸、草木、牝牡、雌雄，故長於風；樂樂所以立，故長於和；春秋辯是非，故長於治人。是故禮以節人，樂以發和，書以道事，詩以達意，易以道化，春秋以道義。撥亂世反之正，莫近於春秋。春秋文成數萬，其指數千，萬物之散聚皆在春秋。春秋之中，弑君三十六，亡國五十二，諸侯奔走不得保其社稷者不可勝數。察其所以，皆失其本已。故易曰『失之豪氂，差以千里』。故曰『臣弑君，子弑父，非一旦一夕之故也，其漸久矣』。故有國者不可以不知春秋，前有讒而弗見，後有賊而不知。爲人臣者不可以不知春秋，守經事而不知其宜，遭變事而不知其權。爲人君父而不通於春秋之義者，必蒙首惡之名。爲人臣子而不通於春秋之義者，必陷簒弑之誅，死罪之名。其實皆以爲善，爲之不知其義，被之空言而不敢辭。夫不通禮義之旨，至於君不君，臣不臣，父不父，子不子。君不君則犯，臣不臣則誅，父不父則無道，子不子則不孝。此四行者，天下之大過也。以天下之大過予之，則受而弗敢辭。故春秋者，禮義之大宗也。夫禮禁未然之前，法施已然之後；法之所爲用者易見，而禮之所爲禁者難知。」

壺遂曰：「孔子之時，上無明君，下不得任用，故作春秋，垂空文以斷禮義，當一王之法。今夫子上遇明天子，下得守職，萬事既具，咸各序其宜，夫子所論，欲以何明？」太史公曰：「唯唯，否否，不然。余聞之先人曰：『伏羲至純厚，作易八卦。堯舜之盛，尚書載之，禮樂作焉。湯武之隆，詩人歌之。春秋采善貶惡，推三代之德，褒周室，非獨刺譏而已也。』漢興以來，至明天子，獲符瑞，封禪，改正朔，易服色，受命於穆清，澤流罔極，海外殊俗，重譯欵塞，請來獻見者，不可勝道。臣下百官力誦聖德，猶不能宣盡其意。且士賢能而不用，有國者之恥；主上明聖而德不布聞，有司之過也。且余嘗掌其官，廢明聖盛德不載，滅功臣世家賢大夫之業不述，墮先人所言，罪莫大焉。余所謂述故事，整齊其世傳，非所謂作也，而君比之於春秋，謬矣。」

於是論次其文。七年而太史公遭李陵之禍，幽於縲紲。乃喟然而嘆曰：「是余之罪也夫！是余之罪也夫！身毀不用矣。」退而深惟曰：「夫詩書隱約者，欲遂其志之思也。昔西伯拘羑里，演周易；孔子戹陳蔡，作春秋；屈原放逐，著離騷；左丘失明，厥有國語；孫子臏脚，而論兵法；不韋遷蜀，世傳呂覽；韓非囚秦，説難、孤憤；詩三百篇，大抵賢聖發憤之所爲作也。此人皆意有所鬱結，不得通其道也，故述往事，思來者。」於是卒述陶唐以來，至於麟止，自黄帝始。

報任少卿書

司馬遷

少卿足下：曩者辱賜書，教以愼於接物，推賢進士爲務。意氣勤勤懇懇，若望僕不相師用，而（昭明文選作「而用」）。流俗人之言。僕非敢如是也。雖罷駑，亦嘗側聞長者遺風矣。顧自以爲身殘處穢，動而見尤，欲益反損，是以抑鬱而無誰語。諺曰：「誰爲爲之？孰令聽之？」蓋鍾子期死，伯牙終身不復鼓琴。何則？士爲知己用，女爲説己容。若僕大質已虧缺，雖材懷隨、和，行若由、夷，終不可以爲榮，適足以發笑而自點耳。書辭宜答，會東從上來，又迫賤事，相見日淺，卒卒無須臾之間，得竭指意。今少卿抱不測之罪，涉旬月，迫季冬；僕又薄從上上雍，恐卒然不可諱。是僕終已不得舒憤懣以曉左右，則長逝者魂魄私恨無窮。請略陳固陋，闕然不報，幸勿過。

僕聞之：修身者，智之府也；愛施者，仁之端也；取予者，義之符也；恥辱者，勇之決也；立名者，行之極也。士有此五者，然後可以託於世，列於君子之林矣。故禍莫憯於欲利，悲莫痛於傷心，行莫醜於辱先，而詬莫大於宮刑。刑餘之人，無所比數，非一世也，所從來遠矣。昔衛靈公與雍渠載，孔子適陳；商鞅因景監見，趙良寒心；同子參乘，爰絲變色。自古而恥之。夫中材之人，事關於宦豎，莫不傷氣，況忼慨之士乎！如今朝雖乏人，奈何令刀鋸之餘，薦天下豪雋哉？

僕賴先人緒業，得待罪輦轂下，二十餘年矣。所以自惟，上之不能納忠效信，有奇策材力之譽，自結明主；次之又不能拾遺補闕，招賢進能，顯巖穴之士；外之不能備行伍，攻城野戰，有斬將搴旗之功；下之不能累日積勞，取尊官厚禄，以爲宗族交遊光寵。四者無一遂，苟合取容，無所短長之效，可見於此矣。鄉者，僕亦嘗廁下大夫之列，陪外廷末議，不以此時引維綱，盡思慮。今已虧形爲埽除之隸，在闒茸之中，乃欲卬首信眉，論列是非，不亦輕朝廷、羞當世之士邪？嗟乎！嗟乎！如僕尚何言哉？尚何言哉？

且事本末未易明也。僕少負不羈之才，長無鄉曲之譽，主上幸以先人之故，使得奉薄技，出入周衛之中。僕以爲戴盆何以望天？故絶賓客之知，忘室家之業，日夜思竭其不肖之材力，務一心營職，以求親媚於主上。而事乃有大謬不然者！

夫僕與李陵俱居門下，素非相善也。趣舍異路，未嘗銜杯酒，接殷勤之歡。然僕觀其爲人自奇士，事親孝，與士信，臨財廉，取予義，分别有讓，恭儉下人，常思奮不顧身以狥國家之急。其素所蓄積也，僕以爲有國士之風。夫人臣出萬死不顧一生之計，赴公家之難，斯已奇矣。今舉事一不當，而全軀保妻子之臣，隨而媒孽其短，僕誠私心痛之。且李陵提步卒不滿五千，深踐戎馬之地，足歷王庭，垂餌虎口，横挑彊胡，卬億萬之師，與單于連戰十餘日，所殺過當。虜救死扶傷不給，旃裘之君長咸震怖。乃悉徵左右賢王，舉引弓之民，一國共攻而圍之。轉鬭千里，矢盡道窮，救兵不至，士卒死傷如積。然李陵一呼，勞軍士無不起，躬流涕，沬血飲泣，張空弮，冒白刃，北首爭死敵。陵未没時，使有來報，漢公卿王侯皆奉觴上壽。後數日，陵敗書聞，主上爲之食不甘味，聽朝不怡。大臣憂懼，不知所出。僕竊不自料其卑賤，見主上慘凄怛悼，誠欲效其款款之愚，以爲李陵素與士大夫絶甘分少，能得人之死力，雖古名將不過也。身雖陷敗，彼觀其意，且欲得其當而報漢。事已無可奈何，其所摧敗，功亦足以暴於天下。僕懷欲陳之，而未有路，適會召問，即以此指推言陵功，欲以廣主上之意，塞睚眦之辭。未能盡明，明主不深曉，以爲僕沮貳師，而爲李陵游説，遂下於理。拳拳之忠，終不能自列。因爲誣上，卒從吏議。家貧，財賂不足以自贖；交游莫救，左右親近不爲一言。身非木石，獨與法吏爲伍，深幽囹圄之中，誰可告愬者？此正少卿所親見，僕行事豈不然邪？李陵既生降，隤其家聲；而僕又茸以蠶室，重爲天下觀笑。悲夫！悲夫！

事未易一二爲俗人言也。僕之先人，非有剖符丹書之功，文史星曆，近乎卜祝之間，固主上所戲弄，倡優畜之，流俗之所輕也。假令僕伏法受誅，若九牛亡一毛，與螻螘何異？而世又不與能死節者比，特以爲智窮罪極，不能自免，卒就死耳。何也？素所樹立使然。人固有一死，死有重於泰山，或輕於鴻毛，用之所趨異也。太上不辱先，其次不辱身，其次不辱理色，其次不辱辭令，其次詘體受辱，其次易服受辱，其次關木索被箠楚受辱，其次鬄毛髮嬰金鐵受辱，其次毁肌膚斷支體受辱，最下腐刑極矣。傳曰：「刑不上大夫。」此言士節，不可不厲也。猛虎處深山，百獸震恐，及其在穽檻之中，摇尾而求食，積威約之漸也。故士有畫地爲牢，勢不入，削木爲吏，議不對，定計於鮮也。今交手足，受木索，暴肌膚，受榜箠，幽於圜墻之中。當此之時，見獄吏則頭槍地，視徒隸則心惕息，何者？積威約之勢也。及已至此，言不辱者，所謂彊顔耳，曷足貴乎！且西伯，伯也，拘牖里；李斯，相也，具五刑；淮陰，王也，受械於陳；彭越、張敖，南鄉稱孤，繫獄具罪；絳侯誅諸吕，權傾五伯，囚於請室；魏其，大將也，衣赭，關三木；季布爲朱家鉗奴；灌夫受辱居室。此人皆身至王侯將相，聲聞鄰國，及罪至罔加，不能引決自財，在塵埃之中，古今一體，安在其不辱也？由此言之，勇怯，勢也；强弱，形也。審矣，曷足怪乎？且人不能蚤自財繩墨之外，已稍陵夷，至於鞭箠之間，乃欲引節，斯不亦遠乎？古人所以重施刑於大夫者，殆爲此也。

夫人情莫不貪生惡死，念親戚，顧妻子。至激於義理者不然，乃有不得已也。今僕不幸，蚤失二親，無兄弟之親，獨身孤立，少卿視僕於妻子何如哉？且勇者不必死節，怯夫慕義，何處不勉焉！僕雖怯耎欲苟活，亦頗識去就之分矣。何至自湛溺累紲之辱哉？且夫臧獲婢妾，猶能引決，況若僕之不得已乎？所以隱忍苟活，函糞土之中而不辭者，恨私心有所不盡，鄙没世而文采不表於後也。古者富貴而名摩滅，不可勝記，唯俶儻非常之人稱焉。蓋西伯拘而演周易；仲尼戹而作春秋；屈原放逐，乃賦離騷；左丘失明，厥有國語；孫子臏脚，兵法修列；不韋遷蜀，世傳呂覽；韓非囚秦，説難、孤憤；詩三百篇，大氐賢聖發憤之所爲作也。此人皆意有所鬱結，不得通其道，故述往事，思來者。及如左丘明無目，孫子斷足，終不可用，退論書策，以舒其憤，思垂空文以自見。

僕竊不遜，近自託於無能之辭，網羅天下放失舊聞，考之行事，稽其成敗興壞之理，凡百三十篇。亦欲以究天人之際，通古今之變，成一家之言。草創未就，適會此禍。惜其不成，是以就極刑而無愠色。僕誠已著此書，藏之名山，傳之其人，通邑大都，則僕償前辱之責，雖萬被戮，豈有悔哉？然此可爲智者道，難爲俗人言也。且負下未易居，下流多謗議。僕以口語遇遭此禍，重爲鄉黨戮笑，汙辱先人，亦何面目復上父母之丘墓乎？雖累百世，垢彌甚耳！是以腸一日而九回，居則忽忽若有所亡，出則不知所如往。每念斯恥，汗未嘗不發背霑衣也。身直爲閨閤之臣，寧得自引深藏於巖穴耶？故且從俗浮湛，與時俯仰，以通其狂惑。今少卿乃教以推賢進士，無乃與僕之私指謬乎？今雖欲自雕瑑，曼辭以自解，無益，於俗不信，祇取辱耳。要之死日，然後是非乃定。書不能盡意，故略陳固陋。

如山之出雲，如水之赴壑，千態萬狀，變化於自然，由其氣之盛也。後來惟韓退之答孟尚書書類此。柳子厚諸長篇，雖詞意醲郁，而氣不能以自舉矣。

答蘇武書

李　陵

子卿足下，勤宣令德，策名清時，榮問休暢，幸甚幸甚！遠託異國，昔人所悲，望風懷想，能不依依？昔者不遺，遠辱還答，慰誨勤勤，有逾骨肉。陵雖不敏，能不慨然？

自從初降，以至今日，身之窮困，獨坐愁苦。終日無覩，但見異類。韋韝毳幕，以禦風雨；羶肉酪漿，以充饑渴。舉目言笑，誰與爲歡？胡地玄冰，邊土慘裂，但聞悲風蕭條之聲。涼秋九月，塞外草衰。夜不能寐，側耳遠聽，胡笳互動，牧馬悲鳴，吟嘯成群，邊聲四起。晨坐聽之，不覺淚下。嗟乎子卿，陵獨何心，能不悲哉？與子別後，益復無聊，上念老母，臨年被戮，妻子無辜，並爲鯨鯢。身負國恩，爲世所悲。子歸受榮，我留受辱，命也如何。身出禮義之鄉而入無知之俗，違棄君親之恩，長爲蠻夷之域。傷已！令先君之嗣，更成夷狄之族，又自悲矣！功大罪小，不蒙明察，孤負陵心區區之意。每一念至，忽然忘生。陵不難刺心以自明，刎頸以見志，顧國家於我已矣。殺身無益，適足增羞。故每攘臂忍辱，輒復苟活。左右之人，見陵如此，以爲不入耳之歡，來相勸勉。異方之樂，秖令人悲，增忉怛耳。

嗟乎子卿，人之相知，貴相知心。前書倉卒，未盡所懷，故復略而言之：昔先帝授陵步卒五千，出征絶域。五將失道，陵獨遇戰，而裹萬里之糧，帥徒步之師，出大漠之外，入彊胡之域，以五千之衆對十萬之軍，策疲乏之兵，當新羈之馬，然猶斬將搴旗，追奔逐北，滅迹掃塵，斬其梟帥，使三軍之士視死如歸。陵也不才，希當大任，意謂此時，功難堪矣。匈奴既敗，舉國興師，更練精兵，彊逾十萬。單于臨陣，親自合圍。客主之形，既不相如；步馬之勢，又甚懸絶。疲兵再戰，一以當千，然猶扶乘創痛，決命争首，死傷積野。餘不滿百，而皆扶病，不任干戈。然陵振臂一呼，創病皆起，舉刃指虜，胡馬奔走。兵盡矢窮，人無尺鐵，猶復徒首奮呼，争爲先登。當此時也，天地爲陵震怒，戰士爲陵飲血。單于謂陵不可復得，便欲引還，而賊臣教之，遂便復戰，故陵不免耳。昔高皇帝以三十萬衆，困於平城，當此之時，猛將如雲，謀臣如雨，然猶七日不食，僅乃得免。況當陵者，豈易爲力哉？而執事者云云，苟怨陵以不死，然陵不死，罪也。子卿視陵，豈偷生之士而惜死之人哉？寧有背君親，捐妻子，而反爲利者乎？然陵不死，有爲也，故欲如前書之言，報恩於國主耳。誠以虚死不如立節，滅名不如報德也。昔范蠡不殉會稽之恥，曹沫不死三敗之辱，卒復勾踐之仇，報魯國之羞。區區之心，竊慕此耳。何圖志未立而怨已成，計未從而骨肉受刑。此陵所以仰天椎心而泣血也。

足下又云，漢與功臣不薄。子爲漢臣，安得不云爾乎？昔蕭、樊囚縶，韓、彭葅醢，鼂錯受戮，周、魏見辜。其餘佐命立功之士，賈誼、亞夫之徒，皆信命世之才，抱將相之具，而受小人之讒，並受禍敗之辱。卒使懷才受謗，能不得展。彼二子之遐舉，誰不爲之痛心哉？陵先將軍功略蓋天地，義勇冠三軍，徒失貴臣之意，剄身絶域之表，此功臣義士所以負戟而長歎者也，何謂不薄哉？且足下昔以單車之使，適萬乘之虜，遭時不遇，至於伏劍不顧，流離辛苦，幾死朔北之野。丁年奉使，皓首而歸，老母終堂，生妻去帷，此天下所希聞，古今所未有也。蠻貊之人，尚猶嘉子之節，況爲天下之主乎？陵謂足下當享茅土之薦，受千乘之賞，聞子之歸，賜不過二百萬，位不過典屬國，無尺土之封，嘉子之勤。而妨功害能之臣，盡爲萬户侯；親戚貪佞之類，悉爲廊廟宰。子尚如此，陵復何望哉？且漢厚誅陵以不死，薄賞子以守節，欲使遠聽之臣，望風馳命，此實難矣，所以每顧而不悔者也。

陵雖孤恩，漢亦負德。昔人有云：「雖忠不烈，視死如歸。」陵誠能安，而主豈復能眷眷乎？男兒生以不成名，死則葬蠻夷中，誰復能屈身稽顙、還向北闕，使刀筆之吏弄其文墨耶？願足下勿復望陵。

嗟乎子卿，夫復何言！相去萬里，人絶路殊。生爲别世之人，死爲異域之鬼，長與足下生死辭矣。幸謝故人，勉事聖君。足下嗣子無恙，勿以爲念，努力自愛。時因北風，復惠德音。李陵頓首。

蘇子瞻謂此書「詞句儇淺，決非西漢文」，卓矣！而云「齊梁間小兒擬作」，則非也。齊梁間舍俳儷之文，皆索索無氣。此似建安諸子所爲，格調雅與之近。以擬古，故少變其體勢耳。

尚德緩刑書

路温舒

臣聞齊有無知之禍，而桓公以興；晉有驪姬之難，而文公用伯；近世趙王不終，諸吕作亂，而孝文爲太宗。由是觀之，禍亂之作，將以開聖人也。故桓、文扶微興壞，尊文、武之業，澤加百姓，功潤諸侯，雖不及三王，天下歸仁焉。文帝永思至惪，以承天心，崇仁義，省刑罰，通關梁，一遠近，敬賢如大賓，愛民如赤子，内恕情之所安而施之於海内，是以囹圄空虚，天下太平。夫繼變化之後，必有異舊之恩，此賢聖所以昭天命也。

往者，昭帝即世而無嗣，大臣憂戚，焦心合謀，皆以昌邑尊親，援而立之。然天不授命，淫亂其心，遂以自亡。深察禍變之故，乃皇天之所以開至聖也。故大將軍受命武帝，股肱漢國，披肝膽，決大計，黜亡義，立有德，輔天而行，然後宗廟以安，天下咸寧。臣聞春秋正即位，大一統而慎始也。陛下初登至尊，與天合符，宜改前世之失，正始受命之統，滌煩文，除民疾，存亡繼絶，以應天意。

臣聞秦有十失，其一尚存，治獄之吏是也。秦之時，羞文學，好武勇，賤仁義之士，貴治獄之吏，正言者謂之誹謗，遏過者謂之妖言，故盛服先生不用於世，忠良切言皆鬱於胸，譽諛之聲日滿於耳，虛美熏心，實禍蔽塞，此乃秦之所以亡天下也。方今天下，賴陛下恩厚，亡金革之危、饑寒之患，父子夫妻戮力安家，然太平未洽者，獄亂之也。夫獄者，天下之大命也。死者不可復生，絶者不可復屬。書曰：「與其殺不辜，寧失不經。」今治獄吏則不然，上下相敺，以刻爲明，深者獲公名，平者多後患。故治獄之吏，皆欲人死，非憎人也，自安之道在人之死。是以死人之血流離於市，被刑之徒比肩而立，大辟之計歲以萬數，此仁聖之所以傷也。太平之未洽，凡以此也。夫人情安則樂生，痛則思死。棰楚之下，何求而不得？故囚人不勝痛，則飾辭以視之；吏治者利其然，則指道以明之；上奏畏卻，則鍛練而周内之。蓋奏當之成，雖咎繇聽之，猶以爲死有餘辜。何則？成練者衆，文致之罪明也。是以獄吏專爲深刻，殘賊而亡極，媮爲一切，不顧國患，此世之大賊也。故俗語曰：「畫地爲獄議不入，刻木爲吏期不對。」此皆疾吏之風，悲痛之辭也。故天下之患，莫深於獄；敗法亂正，離親塞道，莫甚乎治獄之吏，此所謂一尚存者也。

臣聞烏鳶之卵不毁，而後鳳皇集；誹謗之罪不誅，而後良言進。故古人有言：「山藪臧疾，川澤納汙，瑾瑜匿惡，國君含詬。」唯陛下除誹謗以招切言，開天下之口，廣箴諫之路，掃亡秦之失，尊文武之惠，省法制，寬刑罰，以廢治獄，則太平之風可興於世，永履和樂，與天亡極。天下幸甚！

報孫會宗書

楊惲

惲材朽行穢，文質無所底，幸賴先人餘業，得備宿衛。遭遇時變，以獲爵位；終非其任，卒與禍會。足下哀其愚蒙，賜書教督以所不及，殷勤甚厚。然竊恨足下不深惟其終始，而猥隨俗之毀譽也。言鄙陋之愚心，若逆指而文過，默而息乎，恐違孔氏「各言爾志」之義。故敢略陳其愚，唯君子察焉。

惲家方隆盛時，乘朱輪者十人，位在列卿，爵爲通侯。總領從官，與聞政事。曾不能以此時有所建明，以宣德化；又不能與群僚同心并力，陪輔朝廷之遺忘，已負竊位素餐之責久矣。懷禄貪勢，不能自退，遭遇變故，横被口語，身幽北闕，妻子滿獄。當此之時，自以夷滅不足以塞責，豈意得全首領，復奉先人之丘墓乎？伏惟聖主之恩不可勝量。君子游道，樂以忘憂；小人全軀，説以忘罪。竊自思念，過已大矣，行已虧矣，長爲農夫以没世矣！是故身率妻子，戮力耕桑，灌園治産，以給公上。不意當復用此爲譏議也。

夫人情所不能止者，聖人弗禁。故君父至尊親，送其終也，有時而既。臣之得罪已三年矣。田家作苦，歲時伏臘，亨羊炰羔，斗酒自勞。家本秦也，能爲秦聲；婦趙女也，雅善鼓瑟；奴婢歌者數人。酒後耳熱，仰天拊缶，而呼烏烏。其詩曰：「田彼南山，蕪穢不治，種一頃豆，落而爲萁。人生行樂耳，須富貴何時！」是日也，拂衣而喜，奮褎低卬，頓足起舞，誠淫荒無度，不知其不可也。惲幸有餘祿，方糴賤販貴，逐什一之利，此賈豎之事，汙辱之處，惲親行之。下流之人，衆毀所歸，不寒而栗。雖雅知惲者，猶隨風而靡，尚何稱譽之有？董生不云乎：「明明求仁義，常恐不能化民者，卿大夫意也；明明求財利，常恐困乏者，庶人之事也。」故道不同，不相爲謀。今子尚安得以卿大夫之制而責僕哉！

夫西河魏土，文侯所興，有段干木、田子方之遺風，凜然皆有節概，知去就之分。頃者，足下離舊土，臨安定。安定山谷之間，昆戎舊壤，子弟貪鄙，豈習俗之移人哉？於今乃睹子之志矣！方當盛漢之隆，願勉旃，毋多談！

上書陳兵利害

趙充國

臣竊見騎都尉安國前幸賜書，擇羌人可使使罕，諭告以大軍當至，漢不誅罕，以解其謀。恩澤甚厚，非臣下所能及。臣獨私美陛下盛德至計亡已，故遣幵豪雕庫宣天子至德，罕、幵之屬皆聞知明詔。今先零羌楊玉，此羌之首帥名王，將騎四千及煎鞏騎五千，阻石山木，候便爲寇，罕羌未有所犯。今置先零，先擊罕，釋有罪，誅亡辜，起一難，就兩害，誠非陛下本計也。

臣聞兵法「攻不足者守有餘」，又曰「善戰者致人，不致於人」。今罕羌欲爲敦煌、酒泉寇，宜飭兵馬，練戰士，以須其至，坐得致敵之術，以逸擊勞，取勝之道也。今恐二郡兵少不足以守，而發之行攻，釋致虜之術，而從爲虜所致之道，臣愚以爲不便。先零羌虜欲爲背畔，故與罕、幵解仇結約，然其私心不能亡恐漢兵至而罕、幵背之也。臣愚以爲其計常欲先赴罕、幵之急，以堅其約，先擊罕羌，先零必助之。今虜馬肥，糧食方饒，擊之恐不能傷害，適使先零得施德於罕羌，堅其約，合其黨。虜交堅黨，合精兵二萬餘人，迫脅諸小種，附著者稍衆，莫須之屬不輕得離也。如是，虜兵寖多，誅之用力數倍，臣恐國家憂累繇十年數，不二三歲而已。

臣得蒙天子厚恩，父子俱爲顯列。臣位至上卿，爵爲列侯，犬馬之齒七十六，爲明詔填溝壑，死骨不朽，亡所顧念。獨思惟兵利害至孰悉也，於臣之計，先誅先零，已則罕、幵之屬不煩兵而服矣。先零已誅而罕、幵不服，涉正月擊之，得利之理，又其時也。以今進兵，誠不見其利，唯陛下裁察。

駁贖罪議

蕭望之

民函陰陽之氣，有好義欲利之心，在教化之所助。堯在上，不能去民欲利之心，而能令其欲利不勝其好義也；雖桀在上，不能去民好義之心，而能令其好義不勝其欲利也。〔一〕故堯、桀之分在於義利而已，道民不可不慎也。

今欲令民量粟以贖罪，如此則富者得生，貧者獨死，是貧富異刑而法不一也。人情貧窮，父兄囚執，聞出財得以生活，爲人子弟者將不顧死亡之患，敗亂之行，以赴財利，求救親戚。一人得生，十人以喪，如此，伯夷之行壞，公綽之名滅。政教一傾，雖有周召之佐，恐不能復。古者藏於民，不足則取，有餘則予。詩曰「爰及矜人，哀此鰥寡」，上惠下也。又曰「雨我公田，遂及我私」，下急上也。今有西邊之役，民失作業，雖户賦口斂以贍其困乏，古之通義，百姓莫以爲非。以死救生，恐未可也。陛下布德施教，教化既成，堯舜亡以加也。今議開利路，以傷既成之化，臣竊痛之。

〔一〕語本荀子。

條災異封事

劉　向

臣前幸得以骨肉備九卿，奉法不謹，乃復蒙恩。竊見災異並起，天地失常，徵表爲國。欲終不言，念忠臣雖在甽畝，猶不忘君，惓惓之義也。況重以骨肉之親，又加以舊恩未報乎！欲竭愚誠，又恐越職。然惟二恩未報，忠臣之義，一抒愚意，退就農畝，死無所恨。

臣聞舜命九官，濟濟相讓，和之至也。衆賢和於朝，則萬物和於野。故簫韶九成，而鳳皇來儀；擊石拊石，百獸率舞。四海之内，靡不和寧。及至周文，開基西郊，雜遝衆賢，罔不肅和，崇推讓之風，以銷分争之訟。文王既没，周公思慕，歌詠文王之德，其詩曰：「於穆清廟，肅雍顯相；濟濟多士，秉文之德。」當此之時，武王、周公繼政，朝臣和於内，萬國驩於外，故盡得其驩心，以事其先祖。其詩曰：「有來雍雍，至止肅肅；相維辟公，天子穆穆。」言四方皆以和來也。諸侯和於下，天應報於上，故周頌曰「降福穰穰」，又曰「飴我釐麰」。釐麰，麥也，始自天降。此皆以和致和，獲天助也。

下至幽、厲之際，朝廷不和，轉相非怨。詩人疾而憂之曰：「民之無良，相怨一方。」衆小在位而從邪議，歙歙相是而背君子，故其詩曰：「歙歙訿訿，亦孔之哀。謀之其臧，則具是違；謀之不臧，則具是依。」君子獨處守正，不撓衆枉，勉彊以從王事，則反見憎毒讒愬，故其詩曰：「密勿從事，不敢告勞，無罪無辜，讒口嗸嗸。」當是之時，日月薄蝕而無光，其詩曰：「朔日辛卯，日有蝕之，亦孔之醜。」又曰：「彼月而微，此日而微，今此下民，亦孔之哀！」又曰：「日月鞠凶，不用其行；四國無政，不用其良！」天變見於上，地變動於下，水泉沸騰，山谷易處，其詩曰：「百川沸騰，山冢卒崩，高岸爲谷，深谷爲陵。哀今之人，胡憯莫懲！」霜降失節，不以其時，其詩曰：「正月繁霜，我心憂傷；民之訛言，亦孔之將。」言民以是爲非，甚衆大也。此皆不和、賢不肖易位之所致也。自此之後，天下大亂，篡殺殃禍並作，厲王奔彘，幽王見殺。至乎平王末年，魯隱之始即位也，周大夫祭伯乖離不和，出奔於魯，而春秋爲諱，不言來奔，傷其禍殃自此始也。是後尹氏世卿而專恣，諸侯背畔而不朝。周室卑微。二百四十二年之間，日食三十六，地震五，山陵崩阤二，彗星三見，夜常星不見，夜中星隕如雨一，火災十四。長狄入三國，五石隕墜，六鷁退飛，多麋，有蜮、蜚，鸜鵒來巢者，皆一見。晝冥晦，雨木冰。李梅冬實，七月霜降，草木不死。八月殺菽，大雨雹，雨雪靁霆失序相乘，水、旱、饑，蝝、螽、螟蠭午並起。當是時，禍亂輒應，弒君三十六，亡國五十二，諸侯奔走，不得保其社稷者，不可勝數也。周室多禍：晉敗其師於貿戎，伐其郊；鄭傷桓王；戎執其使；衛侯朔召不往，齊逆命而助朔；五大夫爭權，三君更立，莫能正理。遂至陵夷不能復興。繇此觀之，和氣致祥，乖氣致異；祥多者其國安，異衆者其國危，天地之常經，古今之通義也。

今陛下開三代之業，招文學之士，優游寬容，使得並進。今賢不肖渾殽，白黑不分，邪正雜糅，忠讒並進。章交公車，人滿北軍。朝臣舛午，膠戾乖刺，更相讒愬，轉相是非。傳受增加，文書紛糾，前後錯繆，毁譽渾亂。所以營惑耳目，感移心意，不可勝載。分曹爲黨，往往群朋，將同心以陷正臣。正臣進者，治之表也；正臣陷者，亂之機也。乘治亂之機，未知孰任，而災異數見，此臣所以寒心者也。

夫乘權藉勢之人，子弟鱗集於朝，羽翼陰附者衆，輻輳於前，毁譽將必用，以終乖離之咎。是以日月無光，雪霜夏隕，海水沸出，陵谷易處，列星失行，皆怨氣之所致也。夫遵衰周之軌迹，循詩人之所刺，而欲以成太平，致雅頌，猶卻行而求及前人也。初元以來六年矣，案春秋六年之中，災異未有稠如今者也。夫有春秋之異，無孔子之救，猶不能解紛，況甚於春秋乎？原其所以然者，讒邪並進也。讒邪之所以並進者，繇上多疑心，既已用賢人而行善政，如或譖之，則賢人退而善政還。夫執狐疑之心者，來讒賊之口；持不斷之意者，開群枉之門。讒邪進則衆賢退，群枉盛則正士消。故易有否泰：小人道長，君子道消；君子道消，則政日亂，故爲否。否者，閉而亂也。君子道長，小人道消；小人道消，則政日治，故爲泰。泰者，通而治也。詩又云「雨雪麃麃，見晛聿消」，與易同義。

昔者鯀、共工、驩兜與舜、禹雜處堯朝，周公與管、蔡並居周位，當是時，迭進相毁，流言相謗，豈可勝道哉！帝堯、成王能賢舜、禹、周公而消共工、管、蔡，故以大治，榮華至今。孔子與季、孟偕仕於魯，李斯與叔孫俱宦於秦，定公、始皇賢季、孟、李斯而消孔子、叔孫，故以大亂，污辱至今。故治亂榮辱之端，在所信任；信任既賢，在於堅固而不移。詩云「我心匪石，不可轉也」，言守善篤也。易曰「涣汗其大號」，言號令如汗，汗出而不反者也。今出善令，未能逾時而反，是反汗也；用賢未能三旬而退，是轉石也。論語曰：「見不善如探湯。」今二府奏佞讇不當在位，歷年而不去，故出令則如反汗，用賢則如轉石，去佞則如拔山，如此望陰陽之調，不亦難乎！是以群小窺見間隙，緣飾文字，巧言醜詆，流言飛文，譁於民間。故詩云：「憂心悄悄，愠于群小。」小人成群，誠足愠也。昔孔子與顔淵、子貢更相稱譽，不爲朋黨；禹、稷與皋陶傳相汲引，不爲比周。何則？忠於爲國，無邪心也。故賢人在上位，則引其類而聚之於朝，易曰「飛龍在天，大人聚也」；在下位，則思與其類俱進，易曰「拔茅茹以其彙，征吉」。在上則引其類，在下則推其類，故湯用伊尹，不仁者遠，而衆賢至，類相致也。今佞邪與賢臣並在交戟之内，合黨共謀，違善依惡，歙歙訾訾，數設危險之言，欲以傾移主上。如忽然用之，此天地之所以先戒，災異之所以重至者也。

自古明聖，未有無誅而治者也，故舜有四放之罰，而孔子有兩觀之誅，然後聖化可得而行也。

今以陛下明知，誠深思天地之心，迹察兩觀之誅，覽否泰之卦，觀雨雪之詩，歷周、唐之所進以爲法，原秦、魯之所消以爲戒，考祥應之福，省災異之禍，以揆當世之變，放遠佞邪之黨，壞散險詖之聚，杜閉群枉之門，廣開衆正之路。決斷狐疑，分别猶豫，使是非炳然可知，則百異消滅，而衆祥並至，太平之基，萬世之利也。臣幸得託肺腑，誠見陰陽不調，不敢不通所聞。竊推春秋災異，以效今事一二，條其所以，不宜宣泄。臣謹重封昧死上。

極諫外家封事

劉　向

臣聞人君莫不欲安，然而常危；莫不欲存，然而常亡，失御臣之術也。夫大臣操權柄，持國政，未有不爲害者也。昔晉有六卿，齊有田、崔，衛有孫、寧，魯有季、孟，常掌國事，世執朝柄。終後田氏取齊；六卿分晉；崔杼弑其君光；孫林父、寧殖出其君衎，弑其君剽；季氏八佾舞於庭，三家者以雍徹，並專國政，卒逐昭公。周大夫尹氏筦朝事，濁亂王室；子朝、子猛更立，連年乃定。故經曰「王室亂」，又曰「尹氏殺王子克」，甚之也。春秋舉成敗，録禍福，如此類甚衆，皆陰盛而陽微，下失臣道之所致也。故書曰「臣之有作威作福，害於而家，凶於而國」，孔子曰「禄去公室，政逮大夫」，危亡之兆。秦昭王舅穰侯及涇陽、葉陽君專國擅勢，上假太后之威，三人者權重於昭王，家富於秦國，國甚危殆，賴寤范睢之言，而秦復存。二世委任趙高，專權自恣，壅蔽大臣，終有閻樂望夷之禍，秦遂以亡。近事不遠，即漢所代也。

漢興，諸吕無道，擅相尊王。吕産、吕禄席太后之寵，據將相之位，兼南北軍之衆，擁梁、趙王之尊，驕盈無厭，欲危劉氏。賴忠正大臣絳侯、朱虚侯等竭誠盡節，以誅滅之，然後劉氏復安。今王氏一姓乘朱輪華轂者二十三人，青紫貂蟬，充盈幄内，魚鱗左右。大將軍秉事用權，五侯驕奢僭盛，並作威福，擊斷自恣，行汙而寄治，身私而託公。依東宫之尊，假甥舅之親，以爲威重，尚書、九卿、州牧、郡守皆出其門。筦執樞機，朋黨比周。稱譽者登進，忤恨者誅傷；游談者助之説，執政者爲之言。排擯宗室，孤弱公族，其有智能者，尤非毁而不進。遠絶宗室之任，不令得給事朝省，恐其與己分權。數稱燕王、蓋主，以疑上心；避諱吕、霍，而弗肯稱。内有管、蔡之萌，外假周公之論，兄弟據重，宗族磐互。歷上古至秦漢，外戚僭貴，未有如王氏者也。雖周皇甫，秦穰侯，漢武安、吕、霍、上官之屬，皆不及也。

物盛必有非常之變先見，爲其人微象。孝昭帝時，冠石立於泰山，仆柳起於上林，而孝宣帝即位。今王氏先祖墳墓在濟南者，其梓柱生枝葉，扶疏上出屋，根垂地中，雖立石起柳無以過，此之明也。事勢不兩大，王氏與劉氏亦且不並立，如下有泰山之安，則上有累卵之危。陛下爲人子孫，守持宗廟，而令國祚移於外親，降爲皁隸，縱不爲身，奈宗廟何？婦人内夫家，外父母家，此亦非皇太后之福也。孝宣皇帝不與舅平昌、樂昌侯權，所以全安之也。

夫明者起福於無形，銷患於未然。宜發明詔，吐德音，援近宗室，親而納信；黜遠外戚，毋授以政，皆罷令就第，以則效先帝之所行。厚安外戚，全其宗族，誠東宮之意，外家之福也。王氏永存，保其爵禄；劉氏長安，不失社稷，所以褒睦外内之姓，子子孫孫無疆之計也。如不行此策，田氏復見於今，六卿必起於漢，爲後嗣憂，昭昭甚明，不可不深圖，不可不蚤慮。易曰：「君不密，則失臣；臣不密，則失身；幾事不密，則害成。」唯陛下深留聖思，審固幾密，覽往事之戒，以折中取信，居萬安之實，用保宗廟，久承皇太后，天下幸甚！

諫起昌陵疏

劉　向

臣聞易曰：「安不忘危，存不忘亡，是以身安而國家可保也。」故賢聖之君，博觀終始，窮極事情，而是非分明。王者必通三統，明天命所授者博，非獨一姓也。孔子論詩，至於「殷士膚敏，裸將於京」，喟然歎曰：「大哉天命！善不可不傳於子孫。是以富貴無常，不如是，則王公其何以戒慎，民萌何以勸勉？」蓋傷微子之事周，而痛殷之亡也。雖有堯、舜之聖，不能化丹朱之子；雖有禹、湯之德，不能訓末孫之桀、紂。自古及今，未有不亡之國也。昔高皇帝既滅秦，將都雒陽，感寤劉敬之言，自以德不及周而賢於秦，遂徙都關中，依周之德，因秦之阻。世之長短，以德爲效，故常戰栗，不敢諱亡。孔子所謂「富貴無常」，蓋謂此也。

孝文皇帝居霸陵，北臨廁，意悽愴悲懷，顧謂群臣曰：「嗟乎！以北山石爲椁，用紵絮斮陳漆其間，豈可動哉！」張釋之進曰：「使其中有可欲，雖錮南山猶有隙；使其中無可欲，雖無石椁，又何慼焉？」夫死者無終極，而國家有廢興，故釋之之言，爲無窮計也。孝文寤焉，遂薄葬，不起山墳。易曰：「古之葬者，厚衣之以薪，臧之中野，不封不樹。後世聖人易之以棺槨。」棺槨之作，自黄帝始。黄帝葬於橋山，堯葬濟陰，丘壠皆小，葬具甚微。舜葬蒼梧，二妃不從；禹葬會稽，不改其列。殷湯無葬處，文、武、周公葬於畢，秦穆公葬於雍橐泉宫祈年館下，樗里子葬於武庫，皆無丘壠之處。此聖帝明王、賢君智士遠覽獨慮無窮之計也。其賢臣孝子亦承命順意而薄葬之，此誠奉安君父、忠孝之至也。

夫周公，武王弟也，葬兄甚微。孔子葬母於防，稱「古墓而不墳」，曰：「丘，東西南北之人也，不可不識也。」爲四尺墳，遇雨而崩，弟子修之，以告孔子。孔子流涕曰：「吾聞之，古者不修墓。」蓋非之也。延陵季子適齊而反，其子死，葬於嬴、博之間，穿不及泉，斂以時服，封墳掩坎，其高可隱，而號曰：「骨肉歸復於土，命也，魂氣則無不之也。」夫嬴、博去吴，千有餘里，季子不歸葬。孔子往觀曰：「延陵季子於禮合矣！」故仲尼孝子，而延陵慈父，舜、禹忠臣，周公弟弟，其葬君親骨肉，皆微薄矣。非苟爲儉，誠便於體也。宋桓司馬爲石槨，仲尼曰：「不如速朽！」

秦相呂不韋集知略之士而造春秋，亦言薄葬之義，皆明於事情者也。

逮至吴王闔閭，違禮厚葬，十有餘年，越人發之。及秦惠文、武、昭、嚴襄五王，皆大作丘壠，多其瘞藏，咸盡發掘暴露，甚足悲也。秦始皇帝葬於驪山之阿，下錮三泉，上崇山墳，其高五十餘丈，周回五里有餘，石槨爲游館，人膏爲燈燭，水銀爲江海，黄金爲鳧鴈，珍寶之藏，機械之變，棺槨之麗，宫館之盛，不可勝原。又多殺宫人，生薶工匠，計以萬數，天下苦其役而反之，驪山之作未成，而周章百萬之師至其下矣。項籍燔其宫室營宇，往者咸見發掘。其後牧兒亡羊，羊入其鑿，牧者持火照求羊，失火燒其臧槨。自古至今，葬未有盛如始皇者也，數年之間，外被項籍之災，内離牧豎之禍，豈不哀哉！

是故德彌厚者葬彌薄，知愈深者葬愈微；無德寡知，其葬愈厚。丘壠彌高，宫廟甚麗，發掘必速。繇是觀之，明暗之效，葬之吉凶，昭然可見矣。周德既衰而奢侈，宣王賢而中興，更爲儉宫室，小寢廟，詩人美之，斯干之詩是也，上章道宫室之如制，下章言子孫之衆多也。及魯嚴公刻飾宗廟，多築臺囿，後嗣再絶，春秋刺焉。周宣如彼而昌，魯秦如此而絶，是則奢儉之得失也。

陛下即位，躬親節儉，始營初陵，其制約小，天下莫不稱賢明。及徙昌陵，增埤爲高，積土爲山，發民墳墓，積以萬數。營起邑居，期日迫卒，功費大萬百餘。死者恨於下，生者愁於上，怨氣感動陰陽，因之以饑饉，物故流離，以十萬數，臣甚惽焉！以死者爲有知，發人之墓，其害多矣；

若其無知，又安用大？謀之賢知則不説，以示衆庶則苦之，若苟以説愚夫淫侈之人，又何爲哉？陛下慈仁篤美甚厚，聰明疏達蓋世，宜弘漢家之德，崇劉氏之美，光昭五帝三王；而顧與暴秦亂君競爲奢侈，比方丘壠，説愚夫之目，隆一時之觀，違賢知之心，亡萬世之安，臣竊爲陛下羞之！唯陛下上覽明聖黄帝、堯、舜、禹、湯、文、武、周公、仲尼之制，下觀賢知穆公、延陵、樗里、張釋之之意。孝文皇帝去墳薄葬，以儉安神，可以爲則；秦昭、始皇增山厚臧，以侈生害，足以爲戒。初陵之橅，宜從公卿大臣之議，以息衆庶。

左氏叙事，於極凌雜處間用總束，或於首，或於尾，或於中。子政用之，多於篇末。此古文義法之最淺者，不可數用。

戰國策序

劉　向

護左都水使者光禄大夫臣向言：所校中戰國策書，中書餘卷，錯亂相揉舛。又有國別者八篇，少不足。臣向因國別者，略以時次之，分別不以序者以相補，除復重，得三十三篇。本字多誤脱爲半字，以「趙」爲「肖」，以「齊」爲「立」，如此字者多。中書本號，或曰國策，或曰國事，或曰短長，或曰事語，或曰長書，或曰修書。臣向以爲戰國時，游士輔所用之國，爲之策謀，宜爲戰國策。其事繼春秋以後，訖楚、漢之起，二百四十五年間之事，皆定以殺青，書可繕寫。叙曰：

周室自文、武始興，崇道德，隆禮義，設辟雍泮宮庠序之教，陳禮樂弦歌移風之化。叙人倫，正夫婦，天下莫不曉然。論孝悌之義，惇篤之行，故仁義之道滿乎天下，卒致之刑錯四十餘年。遠方慕義，莫不賓服，雅頌歌咏，以思其德。下及康、昭之後，雖有衰德，其綱紀尚明。及春秋時，已四五百載矣。然其餘業遺烈，流而未滅。五霸之起，尊事周室。五霸之後，時君雖無德，人臣輔其君者，若鄭之子產，晉之叔向，齊之晏嬰，挾君輔政，以並立於中國，猶以義相支持，歌説以相感，聘覲以相交，期會以相一，盟誓以相救。天子之命，猶有所行。會享之國，猶有所耻。小國得有所依，百姓得有所息。故孔子曰：「能以禮讓爲國乎？何有？」周之流化，豈不大哉！及春秋之後，衆賢輔國者既没，而禮義衰矣。孔子雖論詩、書，定禮、樂，王道粲然分明，以匹夫無勢，化之者七十二人而已，皆天下之俊也，時君莫尚之。是以王道遂用不興。故曰：「非威不立，非勢不行。」

仲尼既没之後，田氏取齊，六卿分晉，道德大廢，上下失序。至秦孝公，損禮讓而貴戰争，棄仁義而用詐譎，苟以取强而已矣。夫篡盜之人，列爲侯王；詐譎之國，興立爲强。是以轉相放效，後生師之，遂相吞滅，併大兼小，暴師經歲，流血滿野，父子不相親，兄弟不相安，夫婦離散，莫保其命，湣然道德絶矣！晚世益甚，萬乘之國七，千乘之國五，敵侔争權，盡爲戰國。貪饕無耻，競進無厭；國異政教，各自制斷；上無天子，下無方伯；力功争强，勝者爲右；兵革不休，詐僞並起。當此之時，雖有道德，不得施設；有謀之强，負阻而恃固；連與交質，重約結誓，以守其國。故孟子、孫卿儒術之士，棄捐於世，而游説權謀之徒，見貴於俗。是以蘇秦、張儀、公孫衍、陳軫、代、厲之屬，生從横短長之説，左右傾側。蘇秦爲從，張儀爲横；横則秦帝，從則楚王；所在國重，所去國輕。

然當此之時，秦國最雄，諸侯方弱，蘇秦結之，合六國爲一，以儐背秦。秦人恐懼，不敢闚兵於關中，天下不交兵者二十有九年。然秦國勢便形利，權謀之士，咸先馳之。蘇秦初欲横，秦弗用，故東合從。及蘇秦死後，張儀連横，諸侯聽之，西向事秦。是故始皇因四塞之國，據崤、函之阻，跨隴、蜀之饒，聽衆人之策，乘六世之烈，以蠶食六國，兼諸侯，并有天下。仗於詐謀之弊，終無信篤之誠，無道德之教，仁義之化，以綴天下之心。任刑法以爲治，信小術以爲道。遂燔燒詩書，坑殺儒士，上小堯、舜，下邈三王。二世愈甚，惠不下施，情不上達；君臣相疑，骨肉相疏；化道淺薄，綱紀壞敗；民不見義，而懸於不寧。撫天下十四歲，天下大潰，詐僞之弊也。其比王德，豈不遠哉！孔子曰：「導之以政，齊之以刑，民免而無恥；導之以德，齊之以禮，有恥且格。」夫使天下有所恥，故化可致也。苟以詐僞偷活取容，自上爲之，何以率下？秦之敗也，不亦宜乎！

戰國之時，君德淺薄，爲之謀策者，不得不因勢而爲資，據時而爲畫。故其謀，扶急持傾，爲一切之權，雖不可以臨教化，兵革救急之勢也。皆高才秀士，度時君之所能行，出奇策異智，轉危爲安，易亡爲存，亦可喜，皆可觀。護左都水使者光禄大夫臣向校戰國策書録。

觀曾子固所譏，可知孔、孟之學至北宋而明，漢儒所見實淺。然是篇述春秋所以變爲戰國，特具深識，字句亦非苟然。

史記：秦兵不敢闚函谷關十五年，又曰：蘇秦去趙而從約皆散。按六國世表，蘇秦説燕在肅侯十六年，徐廣云距去趙僅三年，而二十二年趙疵與秦戰，敗，秦投趙疵河西，取藺、離石。約計秦兵不出僅四五年耳。此云二十九年，蓋雜取從人之誇詞而未既其實也。

罷珠厓對

賈捐之

臣幸得遭明盛之朝，蒙危言之策，無忌諱之患，敢昧死竭卷卷。

臣聞堯舜，聖之盛也，禹入聖域而不優，故孔子稱堯曰「大哉」，韶曰「盡善」，禹曰「無間」。以三聖之德，地方不過數千里，西被流沙，東漸於海，朔南暨聲教，迄於四海。欲與聲教則治之；不欲與者不彊治也。故君臣歌德，含氣之物，各得其宜。武丁、成王，殷、周之大仁也，然地東不過江、黄，西不過氐、羌，南不過蠻荆，北不過朔方。是以頌聲並作，視聽之類，咸樂其生。越裳氏重九譯而獻，此非兵革之所能致；及其衰也，南征不還，齊桓捄其難，孔子定其文。以至乎秦，興兵遠攻，貪外虛内，務欲廣地，不慮其害。然地南不過閩越，北不過太原，而天下潰畔，禍卒在於二世之末，長城之歌至今未絶。

賴聖漢初興，爲百姓請命，平定天下。至孝文皇帝，閔中國未安，偃武行文，則斷獄數百，民賦四十，丁男三年而一事。時有獻千里馬者，詔曰：「鸞旗在前，屬車在後，吉行日五十里，師行三十里，朕乘千里之馬，獨先安之？」於是還馬，與道里費，而下詔曰：「朕不受獻也，其令四方毋求來獻。」當此之時，逸游之樂絶，奇麗之賂塞，鄭衛之倡微矣。夫後宮盛色，則賢者隱處；佞人用事，則諍臣杜口。而文帝不行，故謚爲「孝文」，廟稱「太宗」。〔一〕

至孝武皇帝元狩六年，太倉之粟，紅腐而不可食，都内之錢，貫朽而不可校。乃探平城之事，録冒頓以來，數爲邊害，籍兵厲馬，因富民以攘服之。西連諸國，至於安息；東過碣石，以元菟、樂浪爲郡；北卻匈奴萬里，更起營塞，制南海以爲八郡。則天下斷獄萬數，民賦數百，造鹽鐵酒榷之利，以佐用度，猶不能足。當此之時，寇賊並起，軍旅數發。父戰死於前，子鬬傷於後，女子乘亭鄣，孤兒號於道，老母寡婦，飲泣巷哭，遥設虚祭，想魂乎萬里之外。淮南王盜寫虎符，陰聘名士，關東公孫勇等詐爲使者，是皆廓地泰大，征伐不休之故也。

〔一〕　此段駢枝。

今天下獨有關東，關東大者，獨有齊楚，民衆久困，連年流離，離其城郭，相枕席於道路。人情莫親父母，莫樂夫婦，至嫁妻賣子，法不能禁，義不能止，此社稷之憂也。今陛下不忍悁悁之忿，欲驅士衆，擠之大海之中，快心幽冥之地，非所以救助饑饉，保全元元也。詩云：「蠢爾蠻荆，大邦爲讎。」言聖人起則後服，中國衰則先畔，動爲國家難，自古而患之久矣，何況乃復其南方萬里之蠻乎？駱越之人，父子同川而浴，相習以鼻飲，與禽獸無異，本不足郡縣置也。顓顓獨居一海之中，霧露氣濕，多毒草蟲蛇水土之害，人未見虜，戰士自死。又非獨珠厓有珠、犀、瑇瑁也。棄之不足惜，不擊不損威，其民譬猶魚鼈，何足貪也？

臣竊以往者羌軍言之，暴師曾未一年，兵出不逾千里，費四十餘萬萬，大司農錢盡，乃以少府禁錢續之。夫一隅爲不善，費尚如此，況於勞師遠攻，亡士毋功乎？求之往古則不合，施之當今又不便。臣愚以爲非冠帶之國，禹貢所及，春秋所治，皆可且無以爲。願遂棄珠厓，專用恤關東爲憂。

法祖治性正家疏

匡衡

臣聞治亂安危之機，在乎審所用心。蓋受命之王，務在創業垂統，傳之無窮；繼體之君，心存於承宣先王之德，而褒大其功。昔者成王之嗣位，思述文、武之道以養其心，休烈盛美皆歸之二后，而不敢專其名，是以上天歆享，鬼神祐焉。其詩曰：「念我皇祖，陟降廷止。」言成王常思祖考之業，而鬼神祐助其治也。陛下聖德天覆，子愛海内，然陰陽未和、姦邪未禁者，殆論議者未丕揚先帝之盛功，争言制度不可用也，務變更之。所更或不可行，而復復之。是以群下更相是非，吏民無所信。臣竊恨國家釋樂成之業，而虚爲此紛紛也。願陛下詳覽統業之事，留神於遵制揚功，以定群下之心。大雅曰：「無念爾祖，聿修厥德。」孔子著之孝經首章，蓋至德之本也。

傳曰：審好惡，理情性，而王道畢矣。能盡其性，然後能盡人物之性；能盡人物之性，可以贊天地之化。治性之道，必審己之所有餘，而强其所不足。蓋聰明疏通者，戒於大察；寡聞少見者，戒於雍蔽；勇猛剛强者，戒於大暴；仁愛温良者，戒於無斷；湛静安舒者，戒於後時；廣心浩大者，戒於遺忘。必審己之所當戒，而齊之以義，然後中和之化應，而巧僞之徒不敢比周而望進。唯陛下戒，所以崇聖德。

臣又聞室家之道修，則天下之理得。故詩始國風，禮本冠、婚。始乎國風，原情性而明人倫也；本乎冠、婚，正基兆而防未然也。福之興，莫不本乎室家；道之衰，莫不始乎梱内。故聖王必慎妃后之際，别適長之位。禮之於内也，卑不踰尊，新不先故，所以統人情而理陰氣也。其尊適而卑庶也，適子冠乎阼，禮之用醴，衆子不得與列，所以貴正體而明嫌疑也。非虛加其禮文而已，乃中心與之殊異，故禮探其情而見之外也。聖人動靜游燕所親，物得其序；得其序則海內自修，百姓從化。如當親者疏，當尊者卑，則佞巧之姦因時而動，以亂國家。故聖人慎防其端，禁於未然，不以私恩害公義。

陛下聖德純備，莫不修正，則天下無爲而治。詩云：「于以四方，克定厥家。」傳曰：「正家而天下定矣。」

古文章法：一義相貫，不得參雜。惟書疏之體主於指事達情，有分陳數事而各不相蒙者。匡衡進、戒二疏及韓退之再與柳中丞書是也。至北宋人乃總叙於前，條舉於後，蓋惟恐澶漫無檢局，而體製則近於論策矣。

勸戒疏

匡衡

陛下秉至孝，哀傷思慕不絕於心，未有游虞弋射之宴，誠隆於慎終追遠，無窮已也。竊願陛下雖聖性得之，猶復加聖心焉。詩云「煢煢在疚」，言成王喪畢思慕，意氣未能平也。蓋所以就文、武之業，崇大化之本也。

臣又聞之師曰：匹配之際，生民之始，萬福之原。婚姻之禮正，然後品物遂而天命全。孔子論詩，以關雎爲始，言太上者民之父母，后夫人之行不侔乎天地，則無以奉神靈之統而理萬物之宜。故詩曰：「窈窕淑女，君子好仇。」言能致其貞淑，不貳其操，情欲之感無介乎容儀，宴私之意不形乎動静，夫然後可以配至尊而爲宗廟主。此綱紀之首，王教之端也。自上世以來，三代興廢，未有不繇此者也。願陛下詳覽得失盛衰之效，以定大基，采有德，戒聲色，近嚴敬，遠技能。

竊見聖德純茂，專精詩、書，好樂無厭。臣衡材駑，無以輔相善義，宣揚德音。臣聞六經者，聖人所以統天地之心，著善惡之歸，明吉凶之分，通人道之正，使不悖於其本性者也。故審六藝之指，則天人之理可得而和，草木昆蟲可得而育，此永永不易之道也。及論語、孝經，聖人言行之要，宜究其意。

臣又聞聖王之自爲動静周旋，奉天承親，臨朝享臣，物有節文，以章人倫。蓋欽翼祇栗，事天之容也；温恭敬遜，承親之禮也；正躬嚴恪，臨衆之儀也；嘉惠和説，饗下之顔也。舉錯動作，物遵其儀，故形爲仁義，動爲法則。孔子曰：「德義可尊，容止可觀，進退可度，以臨其民，是以其民畏而愛之，則而象之。」大雅云：「敬慎威儀，惟民之則。」諸侯正月朝覲天子，天子惟道德昭穆穆以視之，又觀以禮樂，饗醴乃歸。故萬國莫不獲賜祉福，蒙化而成俗。今正月初幸路寢，臨朝賀，置酒以饗萬方。傳曰：「君子慎始。」願陛下留神動静之節，使群下得望盛德休光，以立基楨，天下幸甚！

災異對

李尋

陛下聖德，尊天敬地，畏命重民，悼懼變異，不忘疏賤之臣，幸使重臣臨問，愚臣不足以奉明詔。竊見陛下新即位，開大明，除忌諱，博延名士，靡不並進。臣尋位卑術淺，過隨衆賢待詔，食太官，衣御府，久汙玉堂之署。比得召見，亡以自效。復時見延問至誠，自以逢不世出之命，願竭愚心，不敢有所避，庶幾萬分有一可采。唯棄須臾之間，宿留瞽言，考之文理，稽之五經，揆之聖意，以參天心。夫變異之來，各應象而至，臣謹條陳所聞。

易曰：「縣象著明，莫大乎日月。」夫日者，衆陽之長，輝光所燭，萬里同晷，人君之表也。故日將旦，清風發，群陰伏，君以臨朝，不牽於色。日初出，炎以陽，君登朝，佞不行，忠直進，不蔽障。日中輝光，君德盛明，大臣奉公。日將入，專以壹，君就房，有常節。君不修道，則日失其度，晻昧亡光。各有云爲。其於東方作，日初出時，陰雲邪氣起者，法爲牽於女謁，有所畏難；日出後，爲近臣亂政；日中，爲大臣欺誣；日且入，爲妻妾役使所營。間者日尤不精，光明侵奪失色，邪氣珥蜺數作。本起於晨，相連至昏，其日出後至日中間差瘉。小臣不知內事，竊以日視陛下志操，衰於始初多矣。其咎恐有以守正直言而得罪者，傷嗣害世，不可不慎也。唯陛下執乾剛之德，强志守度，毋聽女謁邪臣之態。諸保阿乳母甘言悲辭之託，斷而勿聽。勉强大誼，絶小不忍；良有不得已，可賜以貨財，不可私以官位，誠皇天之禁也。日失其光，則星辰放流，陽不能制陰，陰桀得作。間者太白正晝經天，宜隆德克躬，以執不軌。

臣聞月者，衆陰之長，銷息見伏，百里爲品，千里立表，萬里連紀，妃后、大臣、諸侯之象也。朔晦正終始，弦爲繩墨，望成君德，春夏南，秋冬北。間者，月數以春夏與日同道，過軒轅上后受氣，入太微帝廷揚光煇，犯上將近臣，列星皆失色，厭厭如滅，此爲母后與政亂朝，陰陽俱傷，兩不相便。外臣不知朝事，竊信天文即如此，近臣已不足杖矣。屋大柱小，可爲寒心。唯陛下親求賢士，無彊所惡，以崇社稷，尊彊本朝。

臣聞五星者，五行之精，五帝司命，應王者號令，爲之節度。歲星主歲事，爲統首，號令所紀，今失度而盛，此君指意欲有所爲，未得其節也。又填星不避歲星者，后帝共政，相留於奎、婁，當以義斷之。熒惑往來亡常，周歷兩宫，作態低卬，入天門，上明堂，貫尾亂宫。太白發越犯庫，兵寇之應也。貫黄龍，入帝庭，當門而出，隨熒惑入天門，至房而分，欲與熒惑爲患，不敢當明堂之精。此陛下神靈，故禍亂不成也。熒惑厥弛，佞巧依勢，微言毁譽，進類蔽善。太白出端門，臣有不臣者。火入室，金上堂，不以時解，其憂凶。填、歲相守，又主内亂。宜察蕭墻之内，毋忽親疏之微，誅放佞人，防絶萌牙，以盪滌濁濊，消散積惡，毋使得成禍亂。辰星主正四時，當效於四仲；四時失序，則辰星作異。今出於歲首之孟，天所以譴告陛下也。政急則出蚤，政緩則出晚，政絶不行則伏不見而爲彗茀。四孟皆出，爲易王命；四季皆出，星家所諱。今幸獨出寅孟之月，蓋皇天所以篤右陛下也。宜深自改。

治國故不可以戚戚，欲速則不達。經曰：「三載考績，三考黜陟。」加以號令不順四時，既往不咎，來事之師也。間者春三月治大獄，時賊陰立逆，恐歲小收；季夏舉兵法，時寒氣應，恐後有霜雹之災；秋月行封爵，其月土濕奥，恐後有雷雹之變。夫以喜怒賞罰，而不顧時禁，雖有堯舜之心，猶不能致和。善言天者，必有效於人。設上農夫而欲冬田，肉袒深耕，汗出種之，然猶不生者，非人心不至，天時不得也。易曰：「時止則止，時行則行。動静不失其時，其道光明。」書曰：「敬授民時。」故古之王者，尊天地，重陰陽，敬四時，嚴月令。順之以善政，則和氣可立致，猶枹鼓之相應也。今朝廷忽於時月之令，諸侍中、尚書、近臣宜皆令通知月令之意，設群下請事，若陛下出令有謬於時者，當知争之，以順時氣。

臣聞五行以水爲本，其星玄武婺女，天地所紀，終始所生。水爲準平，王道公正修明，則百川理，落脉通；偏黨失綱，則踊溢爲敗。書云「水日潤下」，陰動而卑，不失其道。天下有道，則河出圖，洛出書，故河、洛決溢，所爲最大。今汝、潁畎澮皆川水漂踊，與雨水並爲民害，此詩所謂「燁燁震電，不寧不令，百川沸騰」者也。其咎在於皇甫卿士之屬。唯陛下留意詩人之言，少抑外親大臣。

臣聞地道柔静，陰之常義也。地有上中下，其上位震，應妃后不順；中位應大臣作亂；下位應庶民離畔。震或於其國，國君之咎也。四方中央連國歷州俱動者，其異最大。間者關東地數震，五星作異，亦未大逆，宜務崇陽抑陰，以救其咎；固志建威，閉絶私路，拔進英雋，退不任職，以彊本朝。夫本彊則精神折衝，本弱則招殃致凶，爲邪謀所陵。聞往者淮南王作謀之時，其所難者，獨有汲黯，以爲公孫弘等不足言也。弘，漢之名相，於今亡比，而尚見輕，何況亡弘之屬乎？故曰朝廷亡人，則爲賊亂所輕，其道自然也。天下未聞陛下奇策固守之臣也。語曰：何以知朝廷之衰？人人自賢，不務於通人，故世陵夷。

馬不伏歷，不可以趨道；士不素養，不可以重國。詩曰「濟濟多士，文王以寧」，孔子曰「十室之邑，必有忠信」，非虛言也。陛下秉四海之衆，曾亡柱幹之固守聞於四境，殆開之不廣，取之不明，勸之不篤。傳曰：「士之美者善養禾，君之明者善養士。」中人皆可使爲君子。詔書進賢良，赦小過，無求備，以博聚英雋。如近世貢禹，以言事忠切蒙尊榮，當此之時，士厲身立名者多。禹死之後，日日以衰。及京兆尹王章坐言事誅滅，智者結舌，邪僞並興，外戚顓命，君臣隔塞，至絶繼嗣，女宫作亂。此行事之敗，誠可畏而悲也。

本在積任母后之家，非一日之漸，往者不可及，來者猶可追也。先帝大聖，深見天意昭然，使陛下奉承天統，欲矯正之也。宜少抑外親，選練左右，舉有德行道術通明之士充備天官，然後可以輔聖德，保帝位，承大宗。下至郎吏從官，行能亡以異，又不通一藝，及博士無文雅者，宜皆使就南畝，以視天下，明朝廷皆賢材君子，於以重朝尊君，滅凶致安，此其本也。臣自知所言害身，不避死亡之誅，唯財留神，反覆愚臣之言。

名言絡繹，惜鋪叙太繁。

移太常博士書

劉　歆

昔唐虞既衰，而三代迭興，聖帝明王，累起相襲，其道甚著。周室既微而禮樂不正，道之難全也如此。是故孔子憂道之不行，歷國應聘。自衛反魯，然後樂正，雅頌乃得其所。修易，序書，制作春秋，以紀帝王之道。及夫子没而微言絶，七十子終而大義乖。重遭戰國，棄籩豆之禮，理軍旅之陳，孔氏之道抑，而孫吴之術興。陵夷至於暴秦，燔經書，殺儒士，設挾書之法，行是古之罪，道術繇是遂滅。漢興，去聖帝明王遐遠，仲尼之道又絶，法度無所因襲。時獨有一叔孫通略定禮儀，天下唯有易卜，未有它書。至孝惠之世，乃除挾書之律，然公卿大臣絳、灌之屬咸介胄武夫，莫以爲意。至孝文皇帝始使掌故鼂錯從伏生受尚書。尚書初出於屋壁，朽折散絶，今其書見在，時師傳讀而已。詩始萌芽，天下衆書往往頗出，皆諸子傳説，猶廣立於學官，爲置博士。在漢朝之儒，唯賈生而已。至孝武皇帝，然後鄒、魯、梁、趙頗有詩、禮、春秋先師，皆起於建元之間。當此之時，一人不能獨盡其經，或爲雅，或爲頌，相合而成。泰誓後得，博士集而讀之。故詔書稱曰：「禮壞樂崩，書缺簡脱，朕甚閔焉。」時漢興已七八十年，離於全經，固已遠矣。

及魯恭王壞孔子宅，欲以爲宫，而得古文於壞壁之中，逸禮有三十九，書十六篇。天漢之後，孔安國獻之，遭巫蠱倉卒之難，未及施行。及春秋左氏丘明所修，皆古文舊書，多者二十餘通，藏於祕府，伏而未發。孝成皇帝閔學殘文缺，稍離其真，乃陳發祕藏，校理舊文，得此三事，以考學官所傳，經或脱簡，傳或間編。傳問民間，則有魯國桓公、趙國貫公、膠東庸生之遺學與此同，抑而未施。此乃有識者之所惜閔，士君子之所嗟痛也。往者綴學之士，不思廢絶之闕，苟因陋就寡，分文析字，煩言碎辭，學者罷老且不能究其一藝。信口説而背傳記，是末師而非往古，至於國家將有大事，若立辟雍、封禪、巡狩之儀，則幽冥而莫知其原。猶欲保殘守缺，挾恐見破之私意，而無從善服義之公心，或懷妒嫉，不考情實，雷同相從，隨聲是非，抑此三學，以尚書爲備，謂左氏爲不傳春秋，豈不哀哉！

今聖上德通神明，繼統揚業，亦閔文學錯亂，學士若兹，雖昭其情，猶依違謙讓，樂與士君子同之。故下明詔，試左氏可立不，遣近臣奉指銜命，將以輔弱扶微，與二三君子比意同力，冀得廢遺。今則不然，深閉固距，而不肯試，猥以不誦絶之，欲以杜塞餘道，絶滅微學。夫可與樂成，難與慮始，此乃衆庶之所爲耳，非所望士君子也。且此數家之事，皆先帝所親論，今上所考視，其古文舊書，皆有徵驗，外内相應，豈苟而已哉！

夫禮失求之於野，古文不猶愈於野乎？往者博士，書有歐陽，春秋公羊，易則施、孟，然孝宣皇帝猶復廣立穀梁春秋、梁丘易、大小夏侯尚書，義雖相反，猶並置之。何則？與其過而廢之也，寧過而立之。傳曰：「文武之道未墜於地，在人；賢者志其大者，不賢者志其小者。」今此數家之言所以兼包大小之義，豈可偏絶哉！若必專己守殘，黨同門，妒道真，違明詔，失聖意，以陷於文吏之議，甚爲二三君子不取也。

此兩漢經學淵源所係，不得以人而廢。

劉向校録群書，歆卒父業而奏七略。班固藝文志壹依歆所定。後世所傳諸經、史記、周秦間諸子，皆歆所定也。歆承父學淵源，所漸頗深，故禮議經説，程朱皆遵用，而周官、戴記、詩、書、史記内亦間有爲歆所竄亂者。歆博學能文，所仿古書，形貌輒似，故二千餘年，此覆未發，程朱復生，當能辨黑白而定一尊也。

毁廟議

劉歆

臣聞周室既衰，四夷並侵，玁狁最彊，於今匈奴是也。至宣王而伐之，詩人美而頌之曰「薄伐玁狁，至于太原」，又曰「嘽嘽推推，如霆如雷，顯允方叔，征伐玁狁，荆蠻來威」，故稱中興。及至幽王，犬戎來伐，殺幽王，取宗器。自是之後，南夷與北夷交侵，中國不絶如綫。春秋紀齊桓南伐楚，北伐山戎，孔子曰：「微管仲，吾其被髮左衽矣。」是故弃桓之過而録其功，以爲伯首。及漢興，冒頓始强，破東胡，禽月氏，并其土地，地廣兵强，爲中國害。南越尉佗總百粤，自稱帝。故中國雖平，猶有四夷之患，且無寧歲。一方有急，三面救之，是天下皆動而被其害也。孝文皇帝厚以貨賂，與結和親，猶侵暴無已。甚者興師十餘萬衆，近屯京師及四邊，歲發屯備虜，其爲患久矣，非一世之漸也。諸侯郡守連匈奴及百粤以爲逆者非一人也。匈奴所殺郡守都尉，略取人民，不可勝數。孝武皇帝愍中國罷勞無安寧之時，乃遣大將軍、驃騎、伏波、樓船之屬，南滅百粤，起七郡；北攘匈奴，降昆邪十萬之衆，置五屬國；起朔方，以奪其肥饒之地；東伐朝鮮，起玄菟、樂浪以斷匈奴之左臂；西伐大宛，并三十六國，結烏孫，起敦煌、酒泉、張掖以鬲婼羌，裂匈奴之右肩。單于孤特，遠遁於幕北。四垂無事，斥地遠境，起十餘郡，功業既定，乃封丞相爲富民侯，以大安天下，富實百姓，其規橅可見。又招集天下賢俊，與協心同謀，興制度，改正朔，易服色，立天地之祠，建封禪，殊官號，存周後，定諸侯之制，永無逆爭之心，至今累世賴之。單于守藩，百蠻服從，萬世之基也，中興之功未有高焉者也。

高帝建大業，爲太祖；孝文皇帝德至厚也，爲文太宗；孝武皇帝功至著也，爲武世宗；此孝宣帝所以發德音也。禮記王制及春秋穀梁傳，天子七廟，諸侯五，大夫三，士二。天子七日而殯，七月而葬；諸侯五日而殯，五月而葬；此喪事尊卑之序也，與廟數相應。其文曰：「天子三昭三穆，與太祖之廟而七；諸侯二昭二穆，與太祖之廟而五。」故德厚者流光，德薄者流卑。春秋左氏傳曰：「名位不同，禮亦異數。」自上以下，降殺以兩，禮也。七者，其正法數，可常數者也。宗不在此數中。宗，變也。苟有功德則宗之，不可預爲設數。故於殷，太甲爲太宗，大戊曰中宗，武丁曰高宗。周公爲毋逸之戒，舉殷三宗以勸成王。繇是言之，宗無數也，然則所以勸帝者之功德博矣。以七廟言之，孝武皇帝未宜毁；以所宗言之，則不可謂無功德。禮記祀典曰：「夫聖王之制祀也，功施於民則祀之，以勞定國則祀之，能救大災則祀之。」竊觀孝武皇帝，功德皆兼而有焉。凡在於異姓，猶將特祀之，況於先祖？或説天子五廟無見文，又説中宗、高宗者，宗其道而毁其廟。名與實異，非尊德貴功之意也。詩云：「蔽芾甘棠，勿翦勿伐，邵伯所茇。」思其人猶愛其樹，況宗其道而毁其廟乎？迭毁之禮自有常法，無殊功異德，固以親疏相推及。至祖宗之序，多少之數，經傳無明文，至尊至重，難以疑文虚説定也。孝宣皇帝舉公卿之議，用衆儒之謀，既以爲世宗之廟，建之萬世，宣布天下。臣愚以爲孝武皇帝功烈如彼，孝宣皇帝崇立之如此，不宜毁。

治河奏

賈讓

治河有上中下策。古者立國居民，疆理土地，必遺川澤之分，度水勢所不及。大川無防，小水得入，陂障卑下，以爲汙澤。使秋水多，得有所休息，左右游波，寬緩而不迫。夫土之有川，猶人之有口也。治土而防其川，猶止兒啼而塞其口，豈不遽止？然其死可立而待也。故曰：「善爲川者，決之使道；善爲民者，宣之使言。」蓋隄防之作，近起戰國，壅防百川，各以自利。齊與趙、魏，以河爲竟。趙、魏瀕山，齊地卑下，作隄去河二十五里，河水東抵齊隄則西泛趙魏，趙魏亦爲隄去河二十五里。雖非其正，水尚有所游盪。時至而去，則填淤肥美，民耕田之。或久無害，稍築室宅，遂成聚落。大水時至漂没，則更起隄防以自救，稍去其城郭，排水澤而居之，湛溺自其宜也。今隄防陿者去水數百步，遠者數里。近黎陽南故大金隄，從河西西北行，至西山南頭，乃折東，與東山相屬。民居金隄東，爲廬舍，往十餘歲更起隄，從東山南頭直南與故大隄會。又内黄界中有澤，方數十里，環之有隄，往十餘歲太守以賦民，民今起廬舍其中，此臣親所見者也。東郡白馬故大隄亦復數重，民皆居其間。從黎陽北盡魏界，故大隄去河遠者數十里，內亦數重，此皆前世所排也。河從河內北至黎陽爲石隄，激使東抵東郡平剛；又爲石隄，使西北抵黎陽、觀下；又爲石隄，使東北抵東郡津北；又爲石隄，使西北抵魏郡昭陽；又爲石隄，激使東北。〔二〕百餘里間，河再西三東，迫阨如此，不得安息。

今行上策，徙冀州之民當水衝者，決黎陽遮害亭，放河使北入海。河西薄大山，東薄金隄，勢不能遠泛濫，期月自定。難者將曰：「若如此，敗壞城郭、田廬、冢墓以萬數，百姓怨恨。」昔大禹治水，山陵當路者毁之，故鑿龍門，辟伊闕，析底柱，破碣石，墮斷天地之性。此乃人功所造，何足言也！今瀕河十郡治隄歲費且萬萬，及其大決，所殘無數。如出數年治河之費，以業所徙之民，遵古聖之法，定山川之位，使神人各處其所，而不相奸。且以大漢方制萬里，豈其與水争咫尺之地哉？此功一立，河定民安，千載無患，故謂之上策。

若乃多穿漕渠於冀州地，使民得以溉田，分殺水怒，雖非聖人法，然亦救敗術也。難者將曰：「河水高於平地，歲增隄防，猶尚決溢，不可以開渠。」臣竊按視遮害亭西十八里，至淇水口，乃有金隄，高一丈。自是東，地稍下，隄稍高；至遮害亭，高四五丈。往五六歲，河水大

〔二〕洪邁曰：「五用『石隄』，而不爲冗，非後人筆墨可到。」

盛，增丈七尺，壞黎陽南郭門，入至隄下。水未逾隄二尺所，從隄上北望，河高出民屋，百姓皆走上山。水留十三日，隄潰二所，吏民塞之。臣循隄上，行視水勢，南七十餘里，至淇口，水適至隄半，計出地上五尺所。今可從淇口以東爲石隄，多張水門。初元中，遮害亭下河去隄足數十步，至今四十餘歲，適至隄足。繇是言之，其地堅矣。恐議者疑河大川難禁制，滎陽漕渠足以卜之，其水門但用木與土耳，今據堅地作石隄，勢必完安。冀州渠首盡當卬此水門。治渠非穿地也，但爲東方一隄，北行三百餘里，入漳水中，其西因山足高地，諸渠皆往往股引取之；旱則開東方下水門溉冀州，水則開西方高門分河流。通渠有三利，不通有三害。民常罷於救水，半失作業；水行地上，湊潤上徹，民則病濕氣，木皆立枯，鹵不生穀；決溢有敗，爲魚鼈食：此三害也。若有渠溉，則鹽鹵下隰，填淤加肥；故種禾麥，更爲秔稻，高田五倍，下田十倍；轉漕舟船之便：此三利也。今瀕河隄吏卒郡數千人，伐買薪石之費歲數千萬，足以通渠成水門；又民利其溉灌，相率治渠，雖勞不罷。民田適治，河隄亦成，此誠富國安民，興利除害，支數百歲，故謂之中策。

若乃繕完故隄，增卑倍薄，勞費無已，數逢其害，此最下策也。

諫不受單于朝書

揚　雄

臣聞六經之治，貴於未亂；兵家之勝，貴於未戰。二者皆微，然而大事之本，不可不察也。今單于上書求朝，國家不許而辭之，臣愚以爲漢與匈奴從此隙矣。本北地之狄，五帝所不能臣，三王所不能制，其不可使隙甚明。臣不敢遠稱，請引秦以來明之。

以秦始皇之彊，蒙恬之威，帶甲四十餘萬，然不敢窺西河，乃築長城以界之。會漢初興，以高祖之威靈，三十萬衆困於平城，士或七日不食。時奇譎之士、石畫之臣甚衆，卒其所以脱者，世莫得而言也。又高皇后嘗忿匈奴，群臣庭議，樊噲請以十萬衆横行匈奴中，季布曰：「噲可斬也，妄阿順指！」於是大臣權書遺之，然後匈奴之結解，中國之憂平。及孝文時，匈奴侵暴北邊，候騎至雍甘泉，京師大駭，發三將軍屯細柳、棘門、霸上以備之，數月乃罷。孝武即位，設馬邑之權，欲誘匈奴，使韓安國將三十萬衆徼於便墬，匈奴覺之而去，徒費財勞師，一虜不可得見，況單于之面乎！其後深惟社稷之計，規恢萬載之策，乃大興師數十萬，使衛青、霍去病操兵，前後十餘年。於是浮西河，絶大幕，破寘顔，襲王庭，窮極其地，追奔逐北，封狼居胥山，禪於姑衍，以臨翰海，虜名王貴人以百數。自是之後，匈奴震怖，益求和親，然而未肯稱臣也。

且夫前世豈樂傾無量之費，役無罪之人，快心於狼望之北哉？以爲不一勞者不久佚，不暫費者不永寧，是以忍百萬之師以摧餓虎之喙，運府庫之財填盧山之壑，而不悔也。至本始之初，匈奴有桀心，欲掠烏孫，侵公主，乃發五將之師十五萬騎獵其南，而長羅侯以烏孫五萬騎震其西，皆至質而還。時鮮有所獲，徒奮揚威武，明漢兵若雷風耳。雖空行空反，尚誅兩將軍。故北狄不服，中國未得高枕安寢也。逮至元康、神爵之間，大化神明，鴻恩溥洽，而匈奴内亂，五單于争立日逐，呼韓邪攜國歸死，扶伏稱臣，然尚羈縻之，計不顓制。自此之後，欲朝者不距，不欲者不强。何者？外國天性忿鷙，形容魁健，負力怙氣，難化以善，易隸以惡，其彊難詘，其和難得。故未服之時，勞師遠攻，傾國殫貨，伏尸流血，破堅拔敵，如彼之難也。既服之後，慰薦撫循，交接賂遺，威儀俯仰，如此之備也。往時嘗屠大宛之城，蹈烏桓之壘，探姑繒之壁，籍蕩姐之場，艾朝鮮之旃，拔兩越之旗，近不過旬月之役，遠不離二時之勞，固已犂其庭，掃其閭，郡縣而置之，雲徹席卷，後無餘菑。唯北狄爲不然，真中國之堅敵也，三垂比之懸矣，前世重之兹甚，未易可輕也。

今單于歸義，懷款誠之心，欲離其庭，陳見於前，此乃上世之遺策，神靈之所想望，國家雖費，不得已者也。奈何距以來厭之辭，疏以無日之期，消往昔之恩，開將來之隙？夫款而隙之，使有恨心，負前言，緣往辭，歸怨於漢，因以自絶，終無北面之心，威之不可，諭之不能，焉得不爲大憂乎？夫明者視於無形，聰者聽於無聲，誠先於未然，即蒙恬、樊噲不復施，棘門、細柳不復備，馬邑之策安所設，衛、霍之功何得用，五將之威安所震？不然，一有隙之後，雖智者勞心於內，辯者轂擊於外，猶不若未然之時也。且往者圖西域，制車師，置城郭都護三十六國，費歲以大萬計者，豈爲康居、烏孫能逾白龍堆而寇西邊哉？乃以制匈奴也。夫百年勞之，一日失之，費十而愛一，臣竊爲國不安也。唯陛下少留意於未亂、未戰，以遏邊萌之禍。

亦復朗暢，而西漢質厚之氣索盡矣。

東漢文約選

王命論

班　彪

昔在帝堯之禪曰：「咨！爾舜！天之曆數在爾躬。」舜亦以命禹。暨於稷契，咸佐唐虞，光濟四海，奕世載德，至於湯武，而有天下。雖其遭遇異時，禪代不同，至于應天順民，其揆一也。是故劉氏承堯之祚，氏族之世，著乎春秋。唐據火德，而漢紹之，始起沛澤，則神母夜號，以章赤帝之符。繇是言之，帝王之祚，必有明聖顯懿之德，豐功厚利積累之業，然後精誠通於神明，流澤加於生民，故能爲鬼神所福饗，天下所歸往。未見運世無本，功德不紀，而得倔起在此位者也。世俗見高祖興於布衣，不達其故，以爲適遭暴亂，得奮其劍，游説之士至比天下於逐鹿，幸捷而得之，不知神器有命，不可以智力求也。悲夫！此世之所以多亂臣賊子者也。若然者，豈徒闇於天道哉？又不覩之於人事矣！

夫餓饉流隸，饑寒道路，思有裋褐之襲，儋石之畜，所願不過一金，然終於轉死溝壑。何則？貧窮亦有命也。況乎天子之貴，四海之富，神明之祚，可得而妄處哉？故雖遭罹阨會，竊其權柄，勇如信、布，彊如梁、籍，成如王莽，然卒潤鑊伏質，亨醢分裂，又況么麿，尚不及數子，而欲闇奸天位者乎！是故駑蹇之乘不騁千里之塗，燕雀之疇不奮六翮之用，楶棁之材不荷棟梁之任，斗筲之子不秉帝王之重。易曰「鼎折足，覆公餗」，不勝其任也。

當秦之末，豪桀共推陳嬰而王之，嬰母止之曰：「自吾爲子家婦，而世貧賤，卒富貴不祥，不如以兵屬人，事成少受其利，不成禍有所歸。」嬰從其言，而陳氏以寧。王陵之母亦見項氏之必亡，而劉氏之將興也。是時陵爲漢將，而母獲於楚，有漢使來，陵母見之，謂曰：「願告吾子，漢王長者，必得天下，子謹事之，無有二心。」遂對漢使伏劍而死，以固勉陵。其後果定於漢，陵爲宰相封侯。夫以匹婦之明，猶能推事理之致，探禍福之機，而全宗祀於無窮，垂策書於春秋，而況大丈夫之事乎！是故窮達有命，吉凶繇人，嬰母知廢，陵母知興，審此四者，帝王之分決矣。

蓋在高祖，其興也有五：一曰帝堯之苗裔，二曰體貌多奇異，三曰神武有徵應，四曰寬明而仁恕，五曰知人善任使。加之以信誠好謀，達於聽受，見善如不及，用人如繇己，從諫如順流，趣時如響赴；當食吐哺，納子房之策；拔足揮洗，揖酈生之説；寤戍卒之言，斷懷土之情；高四皓之名，割肌膚之愛；舉韓信於行陳，收陳平於亡命，英雄陳力，群策畢舉：此高祖之大略，所以成帝業也。

若乃靈瑞符應，又可略聞矣。初劉媼姙高祖而夢與神遇，震電晦冥，有龍蛇之怪。及其長而多靈，有異於衆，是以王、武感物而折券，呂公覩形而進女；秦皇東遊以厭其氣，呂后望雲而知所處；始受命則白蛇分，西入關則五星聚。故淮陰、留侯謂之天授，非人力也。

歷古今之得失，驗行事之成敗，稽帝王之世運，考五者之所謂，取舍不厭斯位，符瑞不同斯度，而苟昧於權利，越次妄據，外不量力，内不知命，則必喪保家之主，失天年之壽，遇折足之凶，伏鈇鉞之誅。英雄誠知覺寤，畏若禍戒，超然遠覽，淵然深識，收陵、嬰之明分，絶信、布之覬覦，距逐鹿之瞽説，審神器之有授，毋貪不可幾，爲二母之所笑，則福祚流於子孫，天禄其永終矣。

秦紀論

班　固

周曆已移，仁不代母，秦直其位，呂政殘虐，然以諸侯十三并兼天下，極情縱欲，養育宗親。三十七年，兵無所不加。制作政令，施於後王，蓋得聖人之威。河神授圖，據狼弧，蹈參伐，佐攻驅除，距之稱始皇。始皇既殁，胡亥極愚。酈山未畢，復作阿房，以遂前策，云「凡所爲貴有天下者，肆意極欲，大臣至欲罷先君所爲」，誅斯、去疾，任用趙高。痛哉言乎，人頭畜鳴！不威不伐，惡不篤不虚亡，距之不得留，殘虐以促期。雖居形便之國，猶不得存。子嬰度次得嗣，冠玉冠，佩華紱，車黄屋，從百司，謁七廟。小人乘非位，莫不怳忽失守，偷安日日；獨能長念却慮，父子作權，近取於户牖之間，竟誅猾臣，爲君討賊。高死之後，賓婚未得盡相勞，餐未及下咽，酒未及濡脣，楚兵已屠關中，真人翔霸上，素車嬰組，奉其符璽以歸帝者。鄭伯茅旌鸞刀，嚴王退舍。河決不可復壅，魚爛不可復全。賈誼、司馬遷曰：「向使嬰有庸主之才，僅得中佐，山東雖亂，秦之地可全而有，宗廟之祀，未當絶也。」秦之積衰，天下土崩瓦解，雖有周旦之材，無所復陳其巧；而以責一日之孤，誤哉！俗傳秦始皇起罪惡，胡亥極，得其理矣。復責小子，云秦地可全，所謂不通時變者也。紀季以酅，春秋不名。吾讀秦紀，至於子嬰車裂趙高，未嘗不健其決，憐其志。嬰死生之義備矣！

災異策對

李　固

臣聞王者父天母地，寶有山川。王道得則陰陽和穆，政化乖則崩震爲災。斯皆關之天心，效於成事者也。夫化以職成，官繇能理。古之進者，有德有命；今之進者，唯財與力。伏聞詔書務求寬博，疾惡嚴暴。而今長吏多殺伐致聲名者，必加遷賞；其存寬和無黨援者，輒見斥逐。是以淳厚之風不宣，彫薄之俗未革。雖繁刑重禁，何能有益？前孝安皇帝變亂舊典，封爵阿母，因造妖孽，使樊豐之徒乘權放恣，侵奪主威，改亂嫡嗣，至令聖躬狼狽，親遇其艱。既拔自困殆，龍興即位，天下喁喁，屬望風政。積敝之後，易致中興，誠當沛然思惟善道。而論者猶云「方今之事，復同於前」。臣伏從山草，痛心傷臆。實以漢興以來，三百餘年，賢聖相繼，十有八主。豈無阿乳之恩，豈忘貴爵之寵？然上畏天威，俯案經典，知義不可，故不封也。今宋阿母雖有大功勤謹之德，但加賞賜，足以酬其勞苦；至於裂土開國，實乖舊典。聞阿母體性謙虚，必有遜讓，陛下宜許其辭國之高，使成萬安之福。

夫妃后之家所以少完全者，豈天性當然？但以爵禄尊顯，專總權柄，天道惡盈，不知自損，故至顛仆。先帝寵遇閻氏，位號「太疾」，故其受禍，曾不旋時。老子曰：「其進鋭者，其退速也。」今梁氏戚爲椒房，禮所不臣，尊以高爵，尚可然也。而子弟群從，榮顯兼加，永平、建初故事，殆不如此。宜令步兵校尉冀及諸侍中還居黄門之官，使權去外戚，政歸國家，豈不休乎！

又詔書所以禁侍中、尚書、中臣子弟不得爲吏察孝廉者，以其秉威權，容請託故也。而中常侍在日月之側，聲勢振天下，子弟禄仕，曾無限極。雖外託謙默，不干州郡，而諂僞之徒，望風進舉。今可爲設常禁，同之中臣。

昔館陶公主爲子求郎，明帝不許，賜錢千萬。所以輕厚賜，重薄位，爲官人失才，害及百姓也。竊聞長水司馬武宣、開陽城門候羊迪等，無他功德，初拜便真。此雖小失，而漸壞舊章。先聖法度，所宜堅守，政教一跌，百年不復。詩云：「上帝板板，下民卒癉。」刺周王變祖法度，故使下民將盡病也。

今陛下之有尚書，猶天之有北斗也。斗爲天喉舌，尚書亦爲陛下喉舌。斗斟酌元氣，運平四時；尚書出納王命，賦政四海，權尊勢重，責之所歸。若不平心，災眚必至。誠宜審擇其人，以毗聖政。今與陛下共理天下者，外則公卿尚書，內則常侍黄門，譬猶一門之內，一家之事，安則共其福慶，危則通其禍敗。刺史、二千石，外統職事，內受法則。夫表曲者景必邪，源清者流必絜，猶叩樹本，百枝皆動也。周頌曰：「薄言振之，莫不震疊。」此言動之於內，而應於外者也。繇此言之，本朝號令，豈可蹉跌？間隙一開，則邪人動心；利競暫啓，則仁義道塞。刑罰不能復禁，化導以之寖壞。此天下之紀綱，當今之急務。陛下宜開石室，陳圖書，招會群儒，引問得失，指擿變象，以求天意。其言有中理，即時施行，顯拔其人，以表能者。則聖聽日有所聞，忠臣盡其所知。又宜罷退宦官，去其權重，裁置常侍二人，方直有德者，省事左右；小黄門五人，才智閑雅者，給事殿中。如此，則論者厭塞，升平可致也。

臣所以敢陳愚瞽，冒昧自聞者，儻或皇天欲令微臣覺悟陛下。陛下宜熟察臣言，憐赦臣死。

政論

崔寔

自堯舜之帝，湯武之王，皆賴明哲之佐，博物之臣。故皋陶陳謨而唐、虞以興，伊、箕作訓而殷、周用隆。乃繼體之君，欲立中興之功者，曷嘗不賴賢哲之謀乎！凡天下所不理者，常由人主承平日久，俗漸敝而不悟，政寖衰而不改，習亂安危，怢不自覩。或荒耽嗜欲，不恤萬機；或耳蔽箴誨，厭僞忽真；或猶豫岐路，莫適所從；或見信之佐，括囊守禄；或疏遠之臣，言以賤廢。是以王綱縱弛於上，智士鬱伊於下。悲夫！

自漢興以來，三百五十餘歲矣。政令垢翫，上下怠懈，風俗彫敝，人庶巧僞，百姓囂然，咸復思中興之救矣。且濟時拯世之術，豈必體堯蹈舜然後乃理哉？期於補綻決壞，枝柱邪傾，隨形裁割，要措斯世於安寧之域而已。故聖人執權，遭時定制，步驟之差，各有云設。不彊人以不能，背急切而慕所聞也。蓋孔子對葉公以「來遠」、哀公以「臨人」、景公以「節禮」，非其不同，所急異務也。是以受命之君，每輒創制；中興之主，亦匡時失。昔盤庚愍殷，遷都易民；周穆有闕，甫侯正刑。俗人拘文牽古，不達權制，奇偉所聞，簡忽所見，烏可與論國家之大事哉！故言事者，雖合聖德，輒見掎奪。何者？其頑士闇於時權，安習所見，不知樂成，況可慮始，苟云率由舊章而已。其達者或矜名妒能，恥策非己，舞筆奮辭，以破其義。寡不勝衆，遂見擯棄。雖稷、契復存，猶將困焉。斯賈生之所以排於絳、灌，屈子之所以攄其幽憤者也。夫以文帝之明，賈生之賢，絳、灌之忠，而有此患，況其餘哉！

故宜量力度德，春秋之義。今既不能純法八世，故宜參以霸政，則宜重賞深罰以御之，明著法術以撿之。自非上德，嚴之則理，寬之則亂。何以明其然也？近孝宣皇帝明於君人之道，審於爲政之理，故嚴刑峻法，破姦軌之膽，海内清肅，天下密如。薦勳祖廟，享號中宗。算計見效，優於孝文。元帝即位，多行寬政，卒以墮損，威權始奪，遂爲漢室基禍之主。政道得失，於斯可監。昔孔子作春秋，褒齊桓，懿晉文，嘆管仲之功。夫豈不美文、武之道哉？誠達權救敝之理也。故聖人能與世推移，而俗士苦不知變，以爲結繩之約，可復理亂秦之緒，干戚之舞，足以解平城之圍。

夫熊經鳥伸，雖延歷之術，非傷寒之理；呼吸吐納，雖度紀之道，非續骨之膏。蓋爲國之法，有似理身，平則致養，疾則攻焉。夫刑罰者，治亂之藥石也；德教者，興平之梁肉也。夫以德教除殘，是以梁肉理疾也；以刑罰理平，是以藥石供養也。方今承百王之敝，值戹運之會，自數世以來，政多恩貸，馭委其轡，馬駘其銜，四牡橫奔，皇路險傾。方將拑勒鞬輈以救之，豈暇鳴和鑾，清節奏哉？昔高祖令蕭何作九章之律，有夷三族之令，黥、劓、斬趾、斷舌、梟首，故謂之具五刑。文帝雖除肉刑，當劓者笞三百，當斬左趾者笞五百，當斬右趾者棄市。右趾者既殞其命，笞撻者往往至死，雖有輕刑之名，其實殺也。當此之時，民皆思復肉刑。至景帝元年，乃下詔曰：「加笞與重罪無異，幸而不死，不可爲民。」乃定律，減笞輕捶。自是之後，笞者得全。以此言之，文帝乃重刑，非輕之也；以嚴致平，非以寬致平也。必欲行若言，當大定其本，使人主師五帝而式三王。盪亡秦之俗，遵先聖之風，棄苟全之政，蹈稽古之蹤，復五等之爵，立井田之制。然後選稷、契爲佐，伊、呂爲輔，樂作而鳳凰儀，擊石而百獸舞。若不然，則多爲累而已。

後漢文約選

前出師表

諸葛亮

臣亮言：先帝創業未半而中道崩殂，今天下三分，益州疲弊，此誠危急存亡之秋也。然侍衞之臣不懈於内，忠志之士忘身於外者，蓋追先帝之殊遇，欲報之於陛下也。誠宜開張聖聽，以光先帝遺德，恢宏志士之氣，不宜妄自菲薄，引喻失義，以塞忠諫之路也。

宫中府中，俱爲一體，陟罰臧否，不宜異同。若有作姦犯科及爲忠善者，宜付有司論其刑賞，以昭陛下平明之治，不宜偏私，使内外異法也。

侍中、侍郎郭攸之、費禕、董允等，此皆良實，志慮忠純，是以先帝簡拔以遺陛下。愚以爲宫中之事，事無大小，悉以咨之，然後施行，必能裨補闕漏，有所廣益。

將軍向寵，性行淑均，曉暢軍事，試用於昔日，先帝稱之曰能，是以衆議舉寵爲督。愚以爲營中之事，悉以咨之，必能使行陣和穆，優劣得所。

親賢臣，遠小人，此先漢所以興隆也；親小人，遠賢臣，此後漢所以傾頹也。先帝在時，每與臣論此事，未嘗不歎息痛恨於桓、靈也。侍中、尚書、長史、參軍，此悉貞良死節之臣也，願陛下親之信之，則漢室之隆，可計日而待也。

臣本布衣，躬耕於南陽，苟全性命於亂世，不求聞達於諸侯。先帝不以臣卑鄙，猥自枉屈，三顧臣於草廬之中，咨臣以當世之事。由是感激，遂許先帝以驅馳。後值傾覆，受任於敗軍之際，奉命於危難之間，爾來二十有一年矣。

先帝知臣謹慎，故臨崩寄臣以大事也。受命以來，夙夜憂歎，恐託付不效，以傷先帝之明。故五月渡瀘，深入不毛。今南方已定，兵甲已足，當獎率三軍，北定中原，庶竭駑鈍，攘除姦凶，興復漢室，還於舊都。此臣所以報先帝而忠陛下之職分也。至於斟酌損益，進盡忠言，則攸之、禕、允之任也。

願陛下託臣以討賊興復之效，不效則治臣之罪，以告先帝之靈。若無興德之言，則責攸之、禕、允之慢，以彰其咎。陛下亦宜自謀，以咨諏善道，察納雅言，深追先帝遺詔，臣不勝受恩感激。

今當遠離，臨表涕零，不知所云。

孔明早見後主躬自菲薄，性近小人，恐其遠離師保，志趣日遷，故宮府營陣，悉屬之貞良，以謹持其政柄；又恐不能傾心信用，故首言國勢危急，使知負荷之難；中則痛恨桓、靈，以爲傾頹之鑒；終則使之自謀，以警其昏蒙。而皆稱先帝以臨之，使知沮忠良之氣，必墮先帝之業；蹈桓、靈之轍，實傷先帝之心；棄善道，忽雅言，是悖先帝之遺命。其言語氣象雖不能上比伊、周，而絶非兩漢文士之所能近似矣。

戰國之文峭而儇。惟樂毅報燕惠王書從容寬博，有叔向、國僑遺風。東漢之文滯而繁。惟孔明此表高朗切至，實尚書陳戒之苗裔。故曰言者心之聲也。惟其有之，是以似之。謂文章限於時代，特俗子之鄙談耳。

後出師表

諸葛亮

先帝慮漢、賊不兩立，王業不偏安，故託臣以討賊也。以先帝之明，量臣之才，故知臣伐賊，才弱敵彊也。然不伐賊，王業亦亡。惟坐待亡，孰與伐之？是故託臣而弗疑也。臣受命之日，寢不安席，食不甘味。思惟北征，宜先入南。故五月渡瀘，深入不毛，并日而食；臣非不自惜也，顧王業不可得偏安於蜀都，故冒危難，以奉先帝之遺意也，而議者謂爲非計。今賊適疲於西，又務於東，兵法乘勞，此進趨之時也。謹陳其事如左。

高帝明並日月，謀臣淵深，然涉險被創，危然後安。今陛下未及高帝，謀臣不如良、平，而欲以長計取勝，坐定天下，此臣之未解一也。

劉繇、王朗各據州郡，論安言計，動引聖人，群疑滿腹，衆難塞胸。今歲不戰，明年不征，使孫策坐大，遂并江東，此臣之未解二也。

曹操智計，殊絶於人，其用兵也，髣髴孫、吴，然困於南陽，險於烏巢，危於祁連，偪於黎陽，幾敗北山，殆死潼關，然後僞定一時耳。況臣才弱，而欲以不危而定之，此臣之未解三也。

曹操五攻昌霸不下，四越巢湖不成，任用李服而李服圖之，委任夏侯而夏侯敗亡。先帝每稱操爲能，猶有此失，況臣駑下，何能必勝？此臣之未解四也。

自臣到漢中，中間期年耳，然喪趙雲、陽群、馬玉、閻芝、丁立、白壽、劉郃、鄧銅等及曲長、屯將七十餘人，突將、無前、賨叟、青羌、散騎、武騎一千餘人，此皆數十年之内所糾合四方之精鋭，非一州之所有；若復數年，則損三分之二也，當何以圖敵？此臣之未解五也。

今民窮兵疲，而事不可息；事不可息，則住與行勞費正等，而不及虚圖之，欲以一州之地與賊持久，此臣之未解六也。

夫難平者，事也。昔先帝敗軍於楚，當此時，曹操拊手，謂天下以定。然後先帝東連吴、越，西取巴、蜀，舉兵北征，夏侯授首，此操之失計而漢事將成也。然後吴更違盟，關羽毁敗，秭歸蹉跌，曹丕稱帝。凡事如是，難可逆見。臣鞠躬盡力，死而後已。至於成敗利鈍，非臣之明所能逆覩也。

韓退之文約選

原性

韓　愈

性也者，與生俱生也；情也者，接於物而生也。性之品有三，而其所以爲性者五；情之品有三，而其所以爲情者七。曰：「何也？」曰：性之品有上中下三。上焉者，善焉而已矣；中焉者，可導而上下也；下焉者，惡焉而已矣。其所以爲性者五：曰仁，曰禮，曰信，曰義，曰智。上焉者之於五也，主於一而行於四；中焉者之於五也，一不少有焉則少反焉，其於四也混；下焉者之於五也，反於一而悖於四。性之於情，視其品。情之品有上中下三，其所以爲情者七：曰喜，曰怒，曰哀，曰懼，曰愛，曰惡，曰欲。上焉者之於七也，動而處其中；中焉者之於七也，有所甚有所亡，然而求合其中者也；下焉者之於七也，亡與甚，直情而行者也。情之於性視其品。

孟子之言性曰「人之性善」，荀子之言性曰「人之性惡」，揚子之言性曰「人之性善惡混」。夫始善而進惡，與始惡而進善，與始也混而今也善惡，皆舉其中而遺其上下者也，得其一而失其二者也。叔魚之生也，其母視之，知其必以賄死；楊食我之生也，叔向之母聞其號也，知必滅其宗；越椒之生也，子文以爲大戚，知若敖氏之鬼不食也。人之性果善乎？后稷之生也，其母無災，其始匍匐也，則岐岐然，嶷嶷然；文王之在母也，母不憂，既生也，傅不勤，既學也，師不煩。人之性果惡乎？堯之朱，舜之均，文王之管、蔡，習非不善也，而卒爲姦；瞽瞍之舜，鯀之禹，習非不惡也，而卒爲聖。人之性善惡果混乎？故曰：三子之言性也，舉其中而遺其上下者也，得其一而失其二者也。

曰：「然則性之上下者，其終不可移乎？」曰：上之性，就學而愈明；下之性，畏威而寡罪。是故上者可教，而下者可制也。其品則孔子謂「不移」也。曰：「今之言性者異於此，何也？」曰：今之言者，雜佛老而言也。雜佛老而言也者，奚言而不異？

性之論至程、朱始詳盡，而韓子辨析群言，亦實有所見，其曰「下者可制」，則於孟子道「性善」之旨亦不相悖也。

原鬼

有嘯於梁，從而燭之，無見也。斯鬼乎？曰：非也，鬼無聲。有立於堂，從而視之，無見也。斯鬼乎？曰：非也，鬼無形。有觸吾躬，從而執之，無得也，斯鬼乎？曰：非也，鬼無聲與形，安有氣？曰：鬼無聲也，無形也，無氣也，果無鬼乎？曰：有形而無聲者，物有之矣，土石是也；有聲而無形者，物有之矣，風霆是也；有聲與形者，物有之矣，人獸是也；無聲與形者，物有之矣，鬼神是也。曰：然則有怪而與民物接者，何也？曰：是有二：有鬼，有物。漠然無形與聲者，鬼之常也。民有忤於天，有違於民，有爽於物，逆於倫，而感於氣，於是乎鬼有形於形，有憑於聲以應之，而下殃禍焉，皆民之爲之也。其既也，又反乎其常。曰：何謂物？曰：成於形與聲者，土石、風霆、人獸是也；反乎無聲與形者，鬼神是也；不能有形與聲，不能無形與聲者，物怪是也。故其作而接於民也無恒。故有動於民而爲禍，亦有動於民而爲福，亦有動於民而莫之爲禍福，適丁民之有是時也。作原鬼。

包劉越嬴，與姬爲徒，必韓子嘗自言爲文指意若此，故其徒述之如此。文格調近諸子，而義蘊類國僑、叔肸所陳，洵不愧斯語。

原毁

古之君子，其責己也重以周，其待人也輕以約。重以周，故不怠；輕以約，故人樂爲善。聞古之人有舜者，其爲人也，仁義人也。求其所以爲舜者，責於己曰：「彼，人也；予，人也；彼能是，而我乃不能是。」早夜以思，去其不如舜者，就其如舜者。聞古之人有周公者，其爲人也，多才與藝人也。求其所以爲周公者，責於己曰：「彼，人也；予，人也；彼能是，而我乃不能是。」早夜以思，去其不如周公者，就其如周公者。舜，大聖人也，後世無及焉；周公，大聖人也，後世無及焉。是人也，乃曰：「不如舜，不如周公，吾之病也。」是不亦責於身者重以周乎？其於人也，曰：「彼人也，能有是，是足爲良人矣。」「能善是，是足爲藝人矣。」取其一不責其二，即其新不究其舊，恐恐然惟懼其人之不得爲善之利。一善易修也，一藝易能也，其於人也，乃曰：「能有是，是亦足矣。」曰：「能善是，是亦足矣。」不亦待於人者輕以約乎？

今之君子則不然。其責人也詳，其待己也廉。詳，故人難於爲善；廉，故自取也少。己未有善，曰：「我善是，是亦足矣。」己未有能，曰：「我能是，是亦足矣。」外以欺於人，內以欺於心，未少有得而止矣。不亦待其身者已廉乎？其於人也，曰：「彼雖能是，其人不足稱也；彼雖善是，其用不足稱也。」舉其一不計其十，究其舊不圖其新，恐恐然惟懼其人之有聞也，是不亦責於人者已詳乎？夫是之謂不以衆人待其身，而以聖人望於人，吾未見其尊己也。

雖然，爲是者有本有原，怠與忌之謂也。怠者不能修，而忌者畏人修。吾常試之矣。常試語於衆曰：「某良士。某良士。」其應者，必其人之與也；不然，則其所疏遠，不與同其利者也；不然，則其畏也。不若是，强者必怒於言，懦者必怒於色矣。又嘗語於衆曰：「某非良士。某非良士。」其不應者，必其人之與也；不然，則其所疏遠，不與同其利者也；不然，則其畏也。不若是，强者必説於言，懦者必説於色矣。

是故事修而謗興，德高而毁來。嗚呼！士之處此世，而望名譽之光、道德之行，難已！將有作於上者，得吾説而存之，其國家可幾而理歟？

管子、荀子、韓非子之文，俳比而益古，惟退之能與抗行。自宋以後，有對語則酷似時文，以所師法至漢、唐之文而止也。

禘祫議

右今月十六日敕旨：宜令百僚議，限五日内聞奏者。將仕郎守國子監四門博士臣韓愈謹獻議曰：

伏以陛下追孝祖宗，肅敬祀事。凡在擬議，不敢自專，聿求厥中，延訪群下。然而禮文繁漫，所執各殊。自建中之初迄至今歲，屢經禘祫，未合適從。臣生遭聖明，涵泳恩澤。雖賤不及議，而志切效忠。今輒先舉衆議之非，然後申明其説。

一曰：獻懿廟主，宜永藏之夾室。臣以爲不可。夫祫者，合也。毁廟之主皆當合食於太祖，獻懿二祖，即毁廟主也。今雖藏於夾室，至禘祫之時，豈得不食於太廟乎？名曰合祭，而二祖不得祭焉，不可謂之合矣。

二曰：獻懿廟主，宜毁之瘞之。臣又以爲不可。謹按禮記：「天子立七廟，一壇一墠。」其毁廟之主皆藏於祧廟，雖百代不毁，祫則陳於太廟而饗焉。自魏、晉已降，始有毁瘞之議。事非經據，竟不可施行。今國家德厚流光，創立九廟，以周制推之，獻懿二祖猶在壇墠之位，況於毁瘞而不禘祫乎？

三曰：獻懿廟主，宜各遷於其陵所。臣又以爲不可。二祖之祭於京師、列於太廟也二百年矣，今一朝遷之，豈惟人聽疑惑，抑恐二祖之靈，眷顧依遲，不即饗於下國也。

四曰：獻懿廟主，宜附於興聖廟而不禘祫。臣又以爲不可。傳曰：「祭如在。」景皇帝雖太祖，其於屬，乃獻懿之子孫也。今欲正其子東向之位，廢其父之大祭，固不可爲典矣。

五曰：獻懿二祖，宜别立廟於京師。臣又以爲不可。夫禮有所降，情有所殺。是故去廟爲祧，去祧爲壇，去壇爲墠，去墠爲鬼。漸而之遠，其祭益稀。昔者魯立煬宫，春秋非之，以爲不當取已毁之廟、既藏之主，而復築宫以祭。今之所議，與此正同。又雖違禮立廟，至於禘祫也，合食則禘無其所，廢祭則於義不通。

此五説者皆所不可，故臣博采前聞，求其折中。以爲殷祖玄王，周祖后稷。太祖之上，皆自爲帝。又其代數已遠，不復祭之。故太祖得正東向之位，子孫從昭穆之列。禮所稱者，蓋以紀一時之宜，非傳於後代之法也。傳曰：「子雖齊聖，不先父食。」蓋言子爲父屈也。景皇帝雖太祖也，其於獻懿則子孫也。當禘祫之時，獻祖宜居東向之位，景皇帝宜從昭穆之列。祖以孫尊，孫以祖屈，求之神道，豈遠人情？又常祭甚衆，合祭甚寡。則是太祖所屈之祭至少，所伸之祭至多。比於伸孫之尊、廢祖之祭，不亦順乎？事異殷、周，禮從而變，非所失禮也。

臣伏以制禮作樂者，天子之職也。陛下以臣議有可采，粗合天心，斷而行之，是則爲禮。如以爲猶或可疑，乞召臣對，面陳得失，庶有發明。謹議。

改葬服議

經曰：「改葬緦。」春秋穀梁傳亦曰：「改葬之禮緦，舉下緬也。」此皆謂子之於父母，其他則皆無服。何以識其必然？經次五等之服，小功之下，然後著改葬之制，更無輕重之差，以此知惟記其最親者，其他無服則不記也。

若主人當服斬衰，其餘親各服其服。則經亦言之，不當惟云緦也。傳稱「舉下緬」者，緬猶遠也。下，謂服之最輕者也。以其遠，故其服輕也。江熙曰：「禮：天子諸侯易服而葬。以爲交於神明者，不可以純凶，況其緬者乎？是故改葬之禮，其服惟輕。」以此而言，則亦明矣。以上就經、傳本文正釋其義，此下引他書以證。

衛司徒文子改葬其叔父，問服於子思。子思曰：「禮：父母改葬緦。既葬而除之。不忍無服送至親也。非父母無服，無服則弔服而加麻。」此又其著者也。文子又曰：「喪服既除，然後乃葬，則其服何服？」子思曰：「三年之喪未葬，服不變，除何有焉？」以下辨改葬與未葬異，不宜重服。然則改葬與未葬者有異矣。古者諸侯五月而葬，大夫三月而葬，士逾月。無故，未有過時而不葬者也。過時而不葬，謂之不能葬，春秋譏之。若有故而未葬，雖出三年，子之服不變。此孝子之所以著其情，先王之所以必其時之道也。雖有其文，未有著其人者，以是知其至少也。

改葬者，爲山崩水涌毀其墓，及葬而禮不備者。若文王之葬王季，以水齧其墓；魯隱公之葬惠公，以有宋師，太子少，葬故有闕之類是也。喪事有進而無退。有易以輕服，無加以重服。殯於堂則謂之殯；瘞於野則謂之葬。近代已來，事與古異。或游或仕，在千里之外；或子幼妻稚而不能自還；甚者拘以陰陽畏忌，遂葬於其土。及其反葬也，遠者或至數十年，近者亦出三年。其吉服而從於事也久矣，又安可取未葬不變服之例，而反爲之重服歟？在喪當葬，猶宜易以輕服；況既遠而反純凶以葬乎？若果重服，是所謂未可除而除，不當重而更重也。

或曰：「喪，與其易也，寧戚。雖重服，不亦可乎？」曰：不然。易之與戚，則易固不如戚矣。雖然，未若合禮之爲懿也。儉之與奢，則儉固愈於奢矣。雖然，未若合禮之爲懿也。過猶不及，其此類之謂乎？以下辨「既葬，除服與否」。或曰：「經稱改葬緦，而不著其月數。則似三月而後除也。子思之對文子則曰『既葬而除之』。今宜如何？」曰：自啓至於既葬，而三月則除之。未三月，則服以終三月也。

曰：「妻爲夫何如？」曰：如子。「無弔服而加麻則何如？」曰：今之弔服，猶古之弔服也。

唐順之云：「緦三月，服之常也。而改葬之緦不必三月。子思所云『既葬而除之』是也。」

對禹問

或問曰：「堯、舜傳諸賢，禹傳諸子，信乎？」曰：「然。」「然則禹之賢不及於堯與舜也歟？」曰：「不然。堯、舜之傳賢也，欲天下之得其所也；禹之傳子也，憂後世爭之之亂也。堯、舜之利民也大，禹之慮民也深。」曰：「然則堯、舜何以不憂後世？」曰：「舜如堯，堯傳之；禹如舜，舜傳之。得其人而傳之，堯、舜也；無其人，慮其患而不傳者，禹也。舜不能以傳禹，堯爲不知人；禹不能以傳子，舜爲不知人。堯以傳舜，爲憂後世；禹以傳子，爲慮後世。」曰：「禹之慮也則深矣，傳之子而當不淑，則奈何？」曰：「時益以難理。傳之人則争，未前定也；傳之子則不争，前定也。前定雖不當賢，猶可以守法。不前定而不遇賢，則争且亂。天之生大聖也不數，其生大惡也亦不數。傳諸人得大聖，然後人莫敢争；傳諸子得大惡，然後人受其亂。禹之後四百年然後得桀，亦四百年然後得湯與伊尹。湯與伊尹不可待而傳也。與其傳不得聖人而争且亂，孰若傳諸子，雖不得賢，猶可守法。」曰：「孟子之所謂『天與賢則與賢，天與子則與子』者，何也？」曰：「孟子之心，以爲聖人不苟私於其子以害天下。求其説而不得，從而爲之辭。」

師説

古之學者必有師。師者，所以傳道、授業、解惑也。人非生而知之者，孰能無惑？惑而不從師，其爲惑也，終不解矣。

生乎吾前，其聞道也，固先乎吾，吾從而師之；生乎吾後，其聞道也，亦先乎吾，吾從而師之。吾師道也，夫庸知其年之先後生於吾乎？是故無貴無賤，無長無少，道之所存，師之所存也。

嗟乎！師道之不傳也久矣，欲人之無惑也難矣。古之聖人，其出人也遠矣，猶且從師而問焉；今之衆人，其下聖人也亦遠矣，而恥學於師。是故聖益聖，愚益愚，聖人之所以爲聖，愚人之所以爲愚，其皆出於此乎？

愛其子，擇師而教之；於其身也，則恥師焉，惑矣！彼童子之師，授之書而習其句讀者，非吾所謂傳其道、解其惑者也。句讀之不知，惑之不解，或師焉，或不焉，小學而大遺，吾未見其明也。

巫醫樂師百工之人，不恥相師；士大夫之族，曰師曰弟子云者，則群聚而笑之。問之，則曰：「彼與彼，年相若也，道相似也。位卑則足羞，官盛則近諛。」嗚呼！師道之不復，可知矣！巫醫樂師百工之人，君子不齒，今其智乃反不能及，其可怪也歟！

聖人無常師。孔子師郯子、萇弘、師襄、老聃。郯子之徒，其賢不及孔子。孔子「三人行，必有我師」，是故弟子不必不如師，師不必賢於弟子。聞道有先後，術業有專攻，如是而已。

李氏子蟠，年十七，好古文，六藝經傳皆通習之。不拘於時，學於余。余嘉其能行古道，作師說以貽之。

伯夷頌

士之特立獨行，適於義而已。不顧人之是非，皆豪傑之士，信道篤而自知明者也。一家非之，力行而不惑者，寡矣；至於一國一州非之，力行而不惑者，蓋天下一人而已矣；若至於舉世非之，力行而不惑者，則千百年乃一人而已耳。若伯夷者，窮天地、亘萬世而不顧者也。昭乎日月不足爲明，崒乎泰山不足爲高，巍乎天地不足爲容也。

當殷之亡，周之興，微子賢也，抱祭器而去之。武王、周公，聖也，從天下之賢士與天下之諸侯而往攻之，未嘗聞有非之者也。彼伯夷、叔齊者，乃獨以爲不可。殷既滅矣，天下宗周，彼二子乃獨恥食其粟，餓死而不顧。繇是而言，夫豈有求而爲哉？信道篤而自知明也。

今世之所謂士者，一凡人譽之，則自以爲有餘；一凡人沮之，則自以爲不足。彼獨非聖人，而自是如此。夫聖人乃萬世之標準也。余故曰：「若伯夷者，特立獨行，窮天地、亘萬世而不顧者也。」雖然，微二子，亂臣賊子接迹於後世矣。

讀儀禮

余嘗苦儀禮難讀，又其行於今者蓋寡。沿襲不同，復之無由。考於今，誠無所用之。然文王、周公之法制粗在於是。孔子曰：「吾從周。」謂其文章之盛也。古書之存者希矣，百氏雜家，尚有可取，況聖人之制度邪？於是掇其大要奇辭奥旨著於篇，學者可觀焉。惜乎吾不及其時，進退揖讓於其間。嗚呼盛哉！

風味與史記表、序略同，而格調微別。

讀荀子

始吾讀孟軻書，然後知孔子之道尊，聖人之道易行：王易王，霸易霸也。以爲孔子之徒没，尊聖人者孟氏而已。晚得揚雄書，益尊信孟氏。因雄書而孟氏益尊，則雄者亦聖人之徒歟？聖人之道，不傳於世，周之衰，好事者各以其説干時君，紛紛籍籍相亂，六經與百家之説錯雜。然老師大儒猶在。火於秦，黄、老於漢，其存而醇者，孟軻氏而止耳，揚雄氏而止耳。及得荀氏書，於是又知有荀氏者也。考其辭，時若不粹；要其歸，與孔子異者鮮矣。抑猶在軻、雄之間乎？

孔子刪詩、書，筆削春秋，合於道者著之，離於道者黜去之。故詩、書、春秋無疵。余欲削荀氏之不合者，附於聖人之籍，亦孔子之志歟？孟氏，醇乎醇者也。荀與揚，大醇而小疵。

止如槁木。自周以後，惟太史公、韓退之有此，以所讀皆周人之書故也。

諍臣論

或問諫議大夫陽城於愈：「可以爲有道之士乎哉？學廣而聞多，不求聞於人也。行古人之道，居於晉之鄙，晉之鄙人薰其德而善良者幾千人。大臣聞而薦之，天子以爲諫議大夫。人皆以爲華，陽子不色喜。居於位五年矣，視其德如在野，彼豈以富貴移易其心哉？」愈應之曰：「是易所謂『恒其德，貞，而夫子凶』者也，惡得爲有道之士乎哉！在易蠱之上九云：『不事王侯，高尚其事。』蹇之六二則曰：『王臣蹇蹇，匪躬之故。』夫不以所居之時不一，而所蹈之德不同也。若蠱之上九，居無用之地，而致匪躬之節；以蹇之六二，在王臣之位，而高不事之心：則冒進之患生，曠官之刺興，志不可則，而尤不終無也。今陽子在位不爲不久矣，聞天下之得失不爲不熟矣，天子待之不爲不加矣，而未嘗一言及於政。視政之得失若越人視秦人之肥瘠，忽焉不加喜慼於其心。問其官，則曰『諫議』也；問其祿，則曰『下大夫之秩』也；問其政，則曰『我不知』也。有道之士固如是乎哉？且吾聞之，有官守者，不得其職則去；有言責者，不得其言則去。今陽子以爲得其言乎哉？得其言而不言，與不得其言而不去，無一可者也。陽子將爲祿仕乎？古之人有云：『仕不爲貧，而有時乎爲貧。』謂祿仕者也。宜乎辭尊而居卑，辭富而居貧，若抱關擊柝者可也。蓋孔子嘗爲委吏矣，嘗爲乘田矣，亦不敢曠其職，必曰『會計當而已矣』，必曰『牛羊遂而已矣』。若陽子之秩祿不爲卑且貧，章章明矣。而如此，其可乎哉？」

或曰：「否，非若此也！夫陽子惡訕上者，惡爲人臣招其君之過而以爲名者。故雖諫且議，使人不得而知焉。書曰：『爾有嘉謨嘉猷，則入告爾后于内，爾乃順之于外。曰：斯謀斯猷，惟我后之德。』夫陽子之用心亦若此者。」愈應之曰：「若陽子之用心如此，滋所謂惑者矣。入則諫其君，出不使人知者，大臣、宰相者之事，非陽子之所宜行也。夫陽子本以布衣隱於蓬蒿之下，主上嘉其行誼，擢在此位，官以『諫』爲名，誠宜有以奉其職，使四方後代知朝廷有直言骨鯁之臣，天子有不僭賞、從諫如流之美。庶巖穴之士聞而慕之，束帶結髮，願進於闕下，而伸其辭説。致吾君於堯、舜，熙鴻號於無窮也。若書所謂，則大臣、宰相之事，非陽子之所宜行也。且陽子之心，將使君人者惡聞其過乎？是啓之也。」

或曰：「陽子之不求聞而人聞之，不求用而君用之，不得已而起，守其道而不變，何子過之深也？」愈曰：「自古聖人賢士皆非有求於聞用也。閔其時之不平，人之不乂，得其道，不敢獨善其身，而必以兼濟天下也。孜孜矻矻，死而後已。故禹過家門不入，孔席不暇暖，而墨突不得黔。彼二聖一賢者，豈不知自安佚之爲樂哉？誠畏天命而悲人窮也。夫天授人以賢聖才能，豈使自有餘而已？誠欲以補其不足者也。耳目之於身也，耳司聞而目司見，聽其是非，視其險易，然後身得安焉。聖賢者，時人之耳目也。時人者，聖賢之身也。且陽子之不賢，則將役於賢以奉其上矣；若果賢，則固畏天命而閔人窮也；惡得以自暇逸乎哉？」

或曰：「吾聞君子不欲加諸人，而惡訐以爲直者。若吾子之論，直則直矣，無乃傷於德而費於辭乎？好盡言以招人過，國武子之所以見殺於齊也。吾子其亦聞乎？」愈曰：「君子居其位，則思死其官；未得位，則思修其辭以明其道。我將以明道也，非以爲直而加人也。且國武子不能得善人而好盡言於亂國，是以見殺。傳曰：『惟善人能受盡言。』謂其聞而能改之也。子告我曰：『陽子可以爲有道之士也。』今雖不能及已，陽子將不得爲善人乎哉？」

諱辯

愈與李賀書，勸賀舉進士。賀舉進士有名，與賀争名者毁之，曰：「賀父名晉肅，賀不舉進士爲是，勸之舉者爲非。」聽者不察也，和而唱之，同然一辭。皇甫湜曰：「若不明白，子與賀且得罪。」愈曰：「然。」律曰：「二名不偏諱。」釋之者曰：「謂若言『徵』不稱『在』，言『在』不稱『徵』是也。」律曰：「不諱嫌名。」釋之者曰：「謂若『禹』與『雨』，『丘』與『蓲』之類是也。」今賀父名晉肅，賀舉進士，爲犯二名律乎？爲犯嫌名律乎？父名晉肅，子不得舉進士；若父名「仁」，子不得爲人乎？

夫諱始於何時？作法制以教天下者，非周公、孔子歟？周公作詩不諱；孔子不偏諱二名，春秋不譏不諱嫌名。康王釗之孫實爲昭王。曾參之父名晳，曾子不諱「昔」。周之時有騏期，漢之時有杜度，此其子宜如何諱？將諱其嫌，遂諱其姓乎？將不諱其嫌者乎？漢諱武帝名徹爲「通」，不聞又諱「車轍」之「轍」爲某字也。諱呂后名雉爲「野雞」，不聞又諱「治天下」之「治」爲某字也。

今上章及詔不聞諱「滸」、「勢」、「秉」、「機」也，惟宦官宮妾乃不敢言「諭」及「機」，以爲觸犯。士君子言語行事，宜何所法守也？今考之於經，質之於律，稽之以國家之典，賀舉進士爲可邪，爲不可邪？

凡事父母得如曾參，可以無譏矣。作人得如周公、孔子，亦可以止矣。今世之士，不務行曾參、周公、孔子之行，而諱親之名，則務勝於曾參、周公、孔子，亦見其惑也。夫周公、孔子、曾參卒不可勝，勝周公、孔子、曾參，乃比於宦官宫妾，則是宦官宫妾之孝於其親，賢於周公、孔子、曾參者耶？

張中丞傳後叙

元和二年四月十三日夜，愈與吴郡張籍閲家中舊書，得李翰所爲張巡傳。翰以文章自名，爲此傳頗詳密，然尚恨有闕者：不爲許遠立傳，又不載雷萬春事首尾。

遠雖材若不及巡者，開門納巡，位本在巡上，授之柄而處其下，無所疑忌，竟與巡俱守死，成功名，城陷而虜，與巡死先後異耳。兩家子弟材智下，不能通知二父志，以爲巡死而遠就虜，疑畏死而辭服於賊。遠誠畏死，何苦守尺寸之地，食其所愛之肉，以與賊抗而不降乎？當其圍守時，外無蚍蜉蟻子之援，所欲忠者，國與主耳。而賊語以國亡主滅。遠見救援不至，而賊來益衆，必以其言爲信。外無待而猶死守，人相食且盡，雖愚人亦能數日而知死處矣，遠之不畏死亦明矣。烏有城壞、其徒俱死，獨蒙愧恥求活？雖至愚者不忍爲。嗚呼！而謂遠之賢而爲之邪？

説者又謂遠與巡分城而守，城之陷自遠所分始，以此詬遠，此又與兒童之見無異。人之將死，其藏腑必有先受其病者；引繩而絶之，其絶必有處。觀者見其然，從而尤之，其亦不達於理矣。小人之好議論，不樂成人之美如是哉！如巡、遠之所成就如此卓卓，猶不得免，其他則又何説！

當二公之初守也，寧能知人之卒不救？棄城而逆遁，苟此不能守，雖避之他處何益？及其無救而且窮也，將其創殘餓羸之餘，雖欲去，必不達。二公之賢，其講之精矣。守一城，捍天下。以千百就盡之卒，戰百萬日滋之師，蔽遮江淮，沮遏其勢。天下之不亡，其誰之功也？當是時，棄城而圖存者不可一二數，擅彊兵坐而觀者相環也。不追議此，而責二公以死守，亦見其自比於逆亂，設淫辭而助之攻也。

愈嘗從事於汴、徐二府，屢道於兩府間，親祭於其所謂雙廟者。其老人往往説巡、遠時事。云：南霽雲之乞救於賀蘭也，賀蘭嫉巡、遠之聲威功績出己上，不肯出師救。愛霽雲之勇且壯，不聽其語，彊留之。具食與樂，延霽雲坐。霽雲慷慨語曰：「雲來時，睢陽之人不食月餘日矣！雲雖欲獨食，義不忍；雖食，且不下咽。」因拔所佩刀斷一指，血淋漓以示賀蘭。一座大驚，皆感激爲雲泣下。雲知賀蘭終無爲雲出師意，即馳去。將出城，抽矢射佛寺浮圖，矢著其上甎半箭，曰：「吾歸破賊，必滅賀蘭，此矢所以志也。」愈貞元中過泗州，船上人猶指以相語。城陷，賊以刃脅降巡，巡不屈。即牽去，將斬之。又降霽雲，雲未應。巡呼雲曰：「南八，男兒死耳，不可爲不義屈！」雲笑曰：「欲將以有爲也。公有言，雲敢不死！」即不屈。

張籍曰：有于嵩者，少依於巡。及巡起事，嵩常在圍中。籍大曆中於和州烏江縣見嵩，嵩時年六十餘矣。以巡，初嘗得臨渙縣尉。好學，無所不讀。籍時尚小，粗問巡、遠事，不能細也。云：巡長七尺餘，鬚髯若神。嘗見嵩讀漢書，謂嵩曰：「何爲久讀此？」嵩曰：「未熟也。」巡曰：「吾於書讀不過三徧，終身不忘也。」因誦嵩所讀書，盡卷不錯一字。嵩驚，以爲巡偶熟此卷，因亂抽他帙以試，無不盡然。嵩又取架上諸書試以問巡，巡應口誦無疑。嵩從巡久，亦不見巡常讀書也。爲文章操紙筆立書，未嘗起草。初守睢陽時，士卒僅萬人，城中居人户亦且數萬。巡因一見，問姓名，其後無不識者。巡怒，鬚髯輒張。及城陷，賊縛巡等數十人坐，且將戮。巡起旋，其衆見巡起，或起或泣。巡曰：「汝勿怖，死，命也。」衆泣不能仰視。巡就戮時，顔色不亂，陽陽如平常。

遠寬厚長者，貌如其心。與巡同年生，月日後於巡，呼巡爲兄。死時年四十九。

嵩，貞元初死於亳宋間。或傳嵩有田在亳宋間，武人奪而有之。嵩將詣州訟理，爲所殺。嵩無子。張籍云。

退之序事文不學史記，而生氣奮動處不覺與之相近。

獲麟解

麟之爲靈昭昭也。詠於詩，書於春秋，雜出於傳記百家之書，雖婦人小子皆知其爲祥也。然麟之爲物，不畜於家，不恒有於天下。其爲形也不類，非若馬、牛、犬、豕、豺狼、麋鹿然。然則雖有麟，不可知其爲麟也。角者，吾知其爲牛；鬣者，吾知其爲馬。犬、豕、豺狼、麋鹿，吾知其爲犬、豕、豺狼、麋鹿。惟麟也，不可知。不可知則其謂之不祥也亦宜。雖然，麟之出，必有聖人在乎位，麟爲聖人出也。聖人者，必知麟，麟之果不爲不祥也。又曰：麟之所以爲麟者，以德不以形。若麟之出不待聖人，則謂之不祥也亦宜。

龍說

龍噓氣成雲，雲固弗靈於龍也。然龍乘是氣，茫洋窮乎玄間，薄日月，伏光景，感震電，神變化，水下土，汩陵谷：雲亦靈怪矣哉！

雲，龍之所能使爲靈也。若龍之靈，則非雲之所能使爲靈也。然龍弗得雲，無以神其靈矣，失其所憑依，信不可歟！異哉！其所憑依乃其所自爲也。

易曰：「雲從龍。」既曰龍，雲從之矣。

尺幅甚狹，而層疊縱宕，若崇山廣壑，使觀者不能窮其際。

馬説

世有伯樂，然後有千里馬。千里馬常有，而伯樂不常有。故雖有名馬，秖辱於奴隸人之手，駢死於槽櫪之間，不以千里稱也。

馬之千里者，一食或盡粟一石，食馬者不知其能千里而食也。是馬也，雖有千里之能，食不飽，力不足，才美不外見，且欲與常馬等不可得，安求其能千里也？

策之不以其道，食之不能盡其材，鳴之而不能通其意。執策而臨之，曰：「天下無馬。」嗚呼！其真無馬邪？其真不知馬也。

進學解

國子先生晨入太學，招諸生，立館下，誨之曰：「業精於勤，荒於嬉；行成於思，毁於隨。方今聖賢相逢，治具畢張，拔去兇邪，登崇畯良。占小善者率以録，名一藝者無不庸。爬羅剔抉，刮垢磨光。蓋有幸而獲選，孰云多而不揚！諸生業患不能精，無患有司之不明；行患不能成，無患有司之不公。」

言未既，有笑於列者曰：「先生欺余哉！弟子事先生，於茲有年矣。先生口不絶吟於六藝之文，手不停披於百家之編，記事者必提其要，纂言者必鉤其玄。貪多務得，細大不捐，焚膏油以繼晷，恒兀兀以窮年。先生之業，可謂勤矣。觝排異端，攘斥佛老，補苴罅漏，張皇幽眇；尋墜緒之茫茫，獨旁搜而遠紹；障百川而東之，迴狂瀾於既倒：先生之於儒，可謂有勞矣。沈浸醲郁，含英咀華，作爲文章，其書滿家。上規姚姒，渾渾無涯，周誥、殷盤，佶屈聱牙；春秋謹嚴，左氏浮誇；易奇而法，詩正而葩；下逮莊、騷，太史所録，子雲、相如，同工異曲。先生之於文，可謂閎其中而肆其外矣。少始知學，勇於敢爲；長通於方，左右具宜。先生之於爲人，可謂成矣。然而公不見信於人，私不見助於友。跋前躓後，動輒得咎，暫爲御史，遂竄南夷，三年博士，冗不見治。命與仇謀，取敗幾時！冬煖而兒號寒，年豐而妻啼飢。頭童齒豁，竟死何裨！不知慮此，而反教人爲？」

先生曰：「吁！子來前！夫大木爲宲，細木爲桷，欂櫨侏儒，椳闑扂楔，各得其宜，施以成室者，匠氏之工也；玉札丹砂，赤箭青芝，牛溲馬勃，敗鼓之皮，俱收並蓄，待用無遺者，醫師之良也。登明選公，雜進巧拙，紆餘爲妍，卓犖爲傑，校短量長，惟器是適者，宰相之方也。昔者孟軻好辯，孔道以明，轍環天下，卒老於行；荀卿守正，大論是弘，逃讒於楚，廢死蘭陵：是二儒者，吐辭爲經，舉足爲法；絶類離倫，優入聖域。其遇於世何如也？今先生，學雖勤而不繇其統，言雖多而不要其中，文雖奇而不濟於用，行雖修而不顯於衆。猶且月費俸錢，歲靡廩粟，子不知耕，婦不知織，乘馬從徒，安坐而食，踵常途之促促，窺陳編以盜竊。然而聖主不加誅，宰臣不見斥，非其幸歟？動而得謗，名亦隨之，投閑置散，乃分之宜。若夫商財賄之有亡，計班資之崇庳，忘己量之所稱，指前人之瑕疵，是所謂詰匠氏之不以杙爲楹，而訾醫師以昌陽引年，欲進其豨苓也。」

退之爲此，與作毛穎傳同，以示其才無所不可，蓋别調也。而茅鹿門以爲「正正之旗，堂堂之陣」，是謂不知而强言。

送窮文

元和六年正月乙丑晦，主人使奴星結柳作車，縛草爲船，載糗輿粻，牛繫軛下，引帆上檣。三揖窮鬼而告之曰：「聞子行有日矣，鄙人不敢問所塗，竊具船與車，備載糗粻，日吉時良，利行四方，子飯一盂，子啜一觴，攜朋挈儔，去故就新，駕塵彉風，與電争先，子無底滯之尤，我有資送之恩，子等有意於行乎？」

屏息潛聽，如聞音聲，若嘯若啼，砉欻嘎嚶。毛髮盡豎，竦肩縮頸，疑有而無，久乃可明。若有言者曰：「吾與子居，四十年餘：子在孩提，吾不子愚，子學子耕，求官與名。惟子是從，不變於初。門神戶靈，我叱我呵，包羞詭隨，志不在他。子遷南荒，熱爍濕蒸，我非其鄉，百鬼欺陵。太學四年，朝齏暮鹽，惟我保汝，人皆汝嫌。自初及終，未始背汝，心無異謀，口絕行語。於何聽聞，云我當去？是必夫子信讒，有間於予也。我鬼非人，安用車船？鼻齅臭香，糗粻可捐。單獨一身，誰爲朋儔，子苟備知，可數已不？子能盡言，可謂聖智，情狀既露，敢不迴避？」

主人應之曰：「予以吾爲真不知也邪？子之朋儔，非六非四，在十去五，滿七除二，各有主張，私立名字，捩手覆羹，轉喉觸諱，凡所以使吾面目可憎、語言無味者，皆子之志也。其名曰智窮：矯矯亢亢，惡圓喜方，羞爲姦欺，不忍害傷；其次名曰學窮：傲數與名，摘抉杳微，高挹群言，執神之機；又其次曰文窮：不專一能，怪怪奇奇，不可時施，秖以自嬉；又其次曰命窮：影與形殊，面醜心妍，利居衆後，責在人先；又其次曰交窮：磨肌戛骨，吐出心肝，企足以待，寘我仇冤。凡此五鬼，爲吾五患，飢我寒我，興訛造訕，能使我迷，人莫能間，朝悔其行，暮已復然，蠅營狗苟，驅去復還。」

言未畢，五鬼相與張眼吐舌，跳踉偃仆，抵掌頓脚，失笑相顧。徐謂主人曰：「子知我名，凡我所爲，驅我令去，小黠大癡。人生一世，其久幾何？吾立子名，百世不磨。小人君子，其心不同，惟乖於時，乃與天通。擕持琬琰，易一羊皮，飫於肥甘，慕彼糠糜。天下知子，誰過於予？雖遭斥逐，不忍子疏，謂予不信，請質詩書。」

主人於是垂頭喪氣，上手稱謝，燒車與船，延之上座。

五箴

人患不知其過；既知之，不能改，是無勇也。余生三十有八年，髮之短者日益白，齒之搖者日益脱，聰明不及於前時，道德日負於初心，其不至於君子而卒爲小人也，昭昭矣。作五箴以訟其惡云。

游箴

余少之時，將求多能，蚤夜以孜孜；余今之時，既飽而嬉，蚤夜以無爲。嗚呼余乎，其無知乎？君子之棄，而小人之歸乎？

言箴

不知言之人，烏可與言？知言之人，默焉而其意已傳。幕中之辯，人反以汝爲叛；臺中之評，人反以汝爲傾。汝不懲邪，而呶呶以害其生邪！

行箴

行與義乖，言與法違，後雖無害，汝可以悔。行也無邪，言也無頗，死而不死，汝悔而何？宜悔而休，汝惡曷瘳？宜休而悔，汝善安在？悔不可追，悔不可爲。思而斯得，汝則弗思。

好惡箴

無善而好，不觀其道；無悖而惡，不詳其故。前之所好，今見其尤。從也爲比，捨也爲讎。前之所惡，今見其臧。從也爲愧，舍也爲狂。維讎維比，維狂維愧，於身不祥，於德不義。不義不祥，維惡之大。幾如是爲，而不顛沛？齒之尚少，庸有不思？今其老矣，不慎胡爲！

知名箴

内不足者，急於人知；霈焉有餘，厥聞四馳。今日告汝，知名之法：勿病無聞，病其曄曄。昔者子路，惟恐有聞，赫然千載，德譽愈尊。矜汝文章，負汝言語，乘人不能，揜以自取。汝非其父，汝非其師，不請而教，誰云不欺？欺以賈憎，揜以媒怨，汝曾不寤，以及於難。小人在辱，亦克知悔，及其既寧，終莫能戒。既出汝心，又銘汝前，汝如不顧，禍亦宜然！

論佛骨表

臣某言：伏以佛者，夷狄之一法耳。自後漢時流入中國，上古未嘗有也。昔者黄帝在位百年，年百一十歲。少昊在位八十年，年百歲。顓頊在位七十九年，年九十八歲。帝嚳在位七十年，年百五歲。帝堯在位九十八年，年百一十八歲。帝舜及禹年皆百歲。此時天下太平，百姓安樂壽考，然而中國未有佛也。其後殷湯亦年百歲，湯孫太戊在位七十五年，武丁在位五十九年，書史不言其年壽所極，推其年數，蓋亦俱不減百歲。周文王年九十七歲，武王年九十三歲，穆王在位百年。此時佛法亦未入中國，非因事佛而致然也。

漢明帝時始有佛法，明帝在位纔十八年耳。其後亂亡相繼，運祚不長。宋、齊、梁、陳、元魏已下，事佛漸謹，年代尤促。惟梁武帝在位四十八年，前後三度捨身施佛，宗廟之祭不用牲牢，晝日一食，止於菜果。其後竟爲侯景所逼，餓死臺城，國亦尋滅。事佛求福，乃更得禍。由此觀之，佛不足事，亦可知矣。

高祖始受隋禪，則議除之。當時群臣材識不遠，不能深知先王之道、古今之宜，推闡聖明，以救斯弊，其事遂止。臣常恨焉。伏維睿聖文武皇帝陛下神聖英武，數千百年已來未有倫比。即位之初，即不許度人爲僧尼道士，又不許創立寺觀。臣常以爲高祖之志必行於陛下之手。今縱未能即行，豈可恣之轉令盛也？今聞陛下令群僧迎佛骨於鳳翔，御樓以觀，舁入大内。又令諸寺遞迎供養。臣雖至愚，必知陛下不惑於佛，作此崇奉以祈福祥也。直以年豐人樂，徇人之心，爲京都士庶設詭異之觀、戲翫之具耳。安有聖明若此而肯信此等事哉！然百姓愚冥，易惑難曉。苟見陛下如此，將謂真心事佛。皆云：天子大聖，猶一心敬信；百姓何人，豈合更惜身命？焚頂燒指，百十爲群，解衣散錢。自朝至暮，轉相仿效，惟恐後時。老少奔波，棄其業次。若不即加禁遏，更歷諸寺，必有斷臂臠身以爲供養者。傷風敗俗，傳笑四方，非細事也。

夫佛本夷狄之人，與中國言語不通，衣服殊製。口不言先王之法言，身不服先王之法服。不知君臣之義，父子之情，假如其身至今尚在，奉其國命，來朝京師。陛下容而接之，不過宣政一見，禮賓一設，賜衣一襲，衛而出之於境，不令惑衆也。況其身死已久，枯朽之骨，凶穢之餘，豈宜令入宮禁？

孔子曰：「敬鬼神而遠之。」古之諸侯行弔於其國，尚令巫祝先以桃茢祓除不祥，然後進弔。今無故取朽穢之物，親臨觀之。巫祝不先，桃茢不用。群臣不言其非，御史不舉其失，臣實恥之。乞以此骨付之有司，投諸水火，永絶根本。斷天下之疑，絶後代之惑。使天下之人知大聖人之所作爲出於尋常萬萬也。豈不盛哉！豈不快哉！佛如有靈，能作禍祟，凡有殃咎，宜加臣身。上天鑒臨，臣不怨悔。無任感激懇悃之至，謹奉表以聞。臣某誠惶誠恐。

復讎狀

右伏奉今月五日敕：復讎據禮經則義不同天，徵法令則殺人者死。禮、法二事，皆王教之端。有此異同，必資論辯。宜令都省集議聞奏宜作「奏聞」。者。

朝議郎行尚書職方員外郎上騎都尉韓愈議曰：伏以子復父讎，見於春秋，見於禮記，又見周官，又見諸子史，不可勝數，未有非而罪之者也。最宜詳於律，而律無其條，非闕文也。蓋以爲不許復讎則傷孝子之心，而乖先王之訓；許復讎則人將倚法專殺，無以禁止其端矣。夫律雖本於聖人，然執而行之者有司也。經之所明者，制有司者也。丁寧其義於經，而深没其文於律者，其意將使法吏一斷於法，而經術之士得引經而議也。

周官曰：「凡殺人而義者令勿讎，讎之則死。」義，宜也。明殺人而不得其宜者，子得復讎也。此百姓之相讎者也。公羊傳曰：「父不受誅，子復讎可也。」不受誅者，罪不當誅也。誅者，上施於下之辭，非百姓之相殺者也。又周官曰：「凡報仇讎者，告於士，殺之無罪。」言將復讎，必先言於官，則無罪也。今陛下垂意典章，思立定制，惜有司之守，憐孝子之心。示不自專，訪議群下。臣愚以爲復讎之名雖同，而其事各異：或百姓相讎，如周官所稱可議於今者；或爲官所誅，如公羊所稱不可行於今者。又周官所稱「將復讎，先告於士，則無罪」者，若孤稚羸弱，抱微志而伺敵人之便，恐不能自言於官，未可以爲斷於今也。

然則殺之與赦，不可一例，宜定其制曰：「凡有復父讎者，事發，具其事中尚書省。尚書省集議奏聞，酌其宜而處之，則經律無失其指矣。」謹議。

上宰相書

正月二十七日，前鄉貢進士韓愈謹伏光範門下，再拜獻書相公閤下：

詩之序曰：「菁菁者莪，樂育材也。君子能長育人材，則天下喜樂之矣。」其詩曰：「菁菁者莪，在彼中阿，既見君子，樂且有儀。」説者曰：「菁菁者，盛也；莪，微草也。阿，大陵也。言君子之長育人材，若大陵之長育微草，能使之菁菁然盛也。『既見君子，樂且有儀』云者，天下美之之辭也。」其三章曰：「既見君子，錫我百朋。」説者曰：「百朋，多之之辭也，言君子既長育人材，又當爵命之賜之，厚禄以寵貴之云爾。」其卒章曰：「汎汎楊舟，載沈載浮，既見君子，我心則休。」説者曰：「載，載也；沈浮者，物也。言君子之於人材無所不取，若舟之於物，浮沈皆載之云爾。『既見君子，我心則休』云者，言若此則天下之心美之也。君子之於人也，既長育之，又當爵命寵貴之，而於其材無所遺焉。」孟子曰：「君子有三樂，王天下不與存焉。」其一曰：「樂得天下之英材而教育之。」此皆聖人賢士之所極言至論，古今之所宜法者也。

然則孰能長育天下之人材？將非吾君與吾相乎？孰能教育天下之英材，將非吾君與吾相乎？幸今天下無事，小大之官，各守其職，錢穀甲兵之問，不至於廟堂，論道經邦之暇，捨此宜無大者焉。今有人生二十八年矣，名不著於農工商賈之版，其業則讀書著文，歌頌堯舜之道。雞鳴而起，孜孜焉亦不爲利。其所讀皆聖人之書，楊、墨、釋、老之學無所入於其心。其所著皆約六經之旨而成文，抑邪與正，辨時俗之所惑。居窮守約，亦時有感激怨懟奇怪之辭，以求知於天下，亦不悖於教化，妖淫諛佞譸張之説無所出於其中。四舉於禮部乃一得，三選於吏部卒無成，九品之位其可望，一畝之宫其可懷。遑遑乎四海無所歸，恤恤乎飢不得食，寒不得衣，濱於死而益固，得其所者争笑之。忽將棄其舊而新是圖，求老農老圃而爲師，悼本志之變化，中夜涕泗交頤。雖不足當詩人、孟子之謂，抑長育之使成材，其亦可矣；教育之使成才，其亦可矣。〔二〕

抑又聞：古之君子相其君也，一夫不獲其所，若己推而内之溝中。今有人生七年而學聖人之道以修其身，積二十年，不得已一朝而毁之，是亦不獲其所矣。伏念今有仁人在上位，若不往告之而遂行，是果於自棄，而不以古之君子之道待吾相也，其可乎？寧往告焉，若不得志，則命也，其亦行矣。

洪範曰：「凡厥庶民，有猷、有爲、有守，汝則念之。不協於極，不罹於咎，皇則受之。而康而色，曰予攸好德，汝則錫之福。」是皆與善之辭也。抑又聞：古之人有自進者，而君子不逆之矣，曰「予攸好德，汝則錫之福」之謂也。抑又聞：上之設官制禄，必求其人而授之者，非苟慕其才而富貴其身也，蓋將用其能理不能，用其明理不明者耳。下之修己立誠，必求其位而居之者，非苟没於利而榮於名也，蓋將推己之所餘，以濟其不足者耳。然則上之於求人，下之於求位，交相求而一其致焉耳。苟以是而爲心，則上之道不必難其下，下之道不必難其上。可舉而舉焉，

〔二〕散體文用韻，周秦間諸子時有之，惟退之筆力樸健，不覺其佻，後人不能學，亦不必學。

不必讓其自舉也；可進而進焉，不必廉於自進也。

抑又聞：上之化下，得其道，則勸賞不必偏加乎天下，而天下從焉，因人之所欲爲而遂推之之謂也。今天下不由吏部而仕進者幾希矣。主上感傷山林之士有逸遺者，屢詔内外之臣，旁求於四海，而其至者蓋闕焉。豈其無人乎哉？亦見國家不以非常之道禮之，而不來耳。彼之處隱就閒者亦人耳，其耳目鼻口之所欲，其心之所樂，其體之所安，豈有異於人乎哉？今所以惡衣食，窮體膚，麋鹿之與處，猨狖之與居，固自以其身不能與時從順俯仰，故甘心自絶而不悔焉。而方聞國家之仕進者，必舉於州縣，然後升於禮部、吏部，試之以繡繪雕琢之文，考之以聲勢之逆順，章句之短長。中其程式者，然後得從下士之列。雖有化俗之方、安邊之畫，不繇是而稍進，萬不有一得焉。彼惟恐入山之不深，入林之不密，其影響昧昧，惟恐聞於人也。今若聞有以書進宰相而求仕者，而宰相不辱焉，而薦之天子，而爵命之，而布其書於四方。枯槁沈溺魁閎寬通之士，必且洋洋焉動其心，峨峨焉纓其冠，于于焉而來矣。此所謂勸賞不必偏加乎天下，而天下從焉者也，因人之所欲爲而遂推之之謂者也。

伏惟覽詩、書、孟子之所指，念育才錫福之所以，考古之君子相其君之道，而忘自進自舉之罪。思設官制禄之故，以誘致山林逸遺之士，庶天下之行道者知所歸焉。小子不敢自幸，其嘗所著文，輒採其可者若干首，録在異卷，冀辱賜觀焉。干瀆尊嚴，伏地待罪。愈再拜。

後十九日復上書

二月十六日，前鄉貢進士韓愈謹再拜言相公閤下：

向上書及所著文後，待命凡十有九日，不得命，恐懼不敢逃遁，不知所爲。乃復敢自納於不測之誅，以求畢其說，而請命於左右。

愈聞之：蹈水火者之求免於人也，不惟其父兄子弟之慈愛然後呼而望之也，將有介於其側者，雖其所憎怨，苟不至乎欲其死者，則將大其聲疾呼，而望其仁之也；彼介於其側者，聞其聲而見其事，不惟其父兄子弟之慈愛然後往而全之也，雖有所憎怨，苟不至乎欲其死者，則將狂奔盡氣，濡手足，焦毛髮，救之而不辭也。若是者何哉？其勢誠急而其情誠可悲也。愈之彊學力行有年矣，愚不惟道之險夷，行且不息，以蹈於窮餓之水火。其既危且亟矣，大其聲而疾呼矣，閤下其亦聞而見之矣。其將往而全之歟？抑將安而不救歟？有來言於閤下者曰：有觀溺於水而爇於火者，有可救之道而終莫之救也，閤下且以爲仁人乎哉？不然，若愈者，亦君子之所宜動心者也。

或謂愈：「子言則然矣，宰相則知子矣，如時不可何？」愈竊謂之：不知言者，誠其材能不足當吾賢相之舉耳。若所謂時者，固在上位者之爲耳，非天之所爲也。前五六年時，宰相薦聞，尚有自布衣蒙抽擢者，與今豈異時哉？且今節度觀察使及防禦營田諸小使等尚得自舉判官，無間於已仕未仕者，況在宰相吾君所尊敬者而曰不可乎？古之進人者，或取於盜，或舉於管庫。今布衣雖賤，猶足以方於此。情隘辭慼，不知所裁，亦惟少垂憐焉。愈再拜。

後廿九日復上書

三月十六日，前鄉貢進士韓愈謹再拜言相公閤下：

愈聞周公之爲輔相，其急於見賢也，方一食三吐其哺，方一沐三捉其髮。當是時，天下之賢才皆已舉用，姦邪讒佞欺負之徒皆已除去，四海皆已無虞，九夷八蠻之在荒服之外者皆已賓貢，天災時變、昆蟲草木之妖皆已銷息，天下之所謂禮樂刑政教化之具皆已修理，風俗皆已敦厚，動植之物、風雨霜露之所霑被者皆已得宜，休徵嘉瑞、麟鳳龜龍之屬皆已備至，而周公以聖人之才，憑叔父之親，其所輔理承化之功又盡章章如是，其所求進見之士，豈復有賢於周公者哉？不惟不賢於周公而已，豈復有賢於時百執事者哉？豈復有所計議能補於周公之化者哉？然而周公求之如此其急，惟恐耳目有所不聞見，思慮有所未及，以負成王託周公之意，不得於天下之心。如周公之心，設使其時輔理承化之功未盡章章如是，而非聖人之才，而無叔父之親，則將不暇食與沐矣，豈特吐哺捉髮爲勤而止哉？維其如是，故於今頌成王之德而稱周公之功不衰。

今閤下爲輔相亦近耳。天下之賢才豈盡舉用？姦邪讒佞欺負之徒豈盡除去？四海豈盡無虞？九夷八蠻之在荒服之外者豈盡賓貢？天災時變、昆蟲草木之妖豈盡銷息？天下之所謂禮樂刑政教化之具豈盡修理？風俗豈盡敦厚？動植之物、風雨霜露之所霑被者豈盡得宜？休徵嘉瑞、麟鳳龜龍之屬豈盡備至？其所求進見之士，雖不足以希望盛德至比於百執事，豈盡出其下哉？其所稱説豈盡無所補哉？今雖不能如周公吐哺捉髮，亦宜引而進之，察其所以而去就之，不宜默默而已也。愈之待命四十餘日矣，書再上而志不得通，足三及門而閽人辭焉。惟其昏愚，不知逃遁，故復有周公之説焉。閤下其亦察之。古之士三月不仕則相弔，故出疆必載質。然所以重於自進者，以其於周不可則去之魯，於魯不可則去之齊，於齊不可則去之宋、之鄭、之秦、之楚也。今天下一君，四海一國，舍乎此則夷狄矣，去父母之邦矣。故士之行道者，不得於朝則山林而已矣。山林者，士之所獨善自養，而不憂天下者之所能安也。如有憂天下之心，則不能矣。故愈每自進而不知愧焉。書亟上，足數及門而不知止焉。寧獨如此而已，惴惴焉惟不得出大賢之門下是懼，亦惟少垂察焉。瀆冒威尊，惶恐無已。愈再拜。

上張僕射書

九月一日，愈再拜：受牒之明日，在使院中，有小吏持院中故事節目十餘事來示愈。其中不可者，有自九月至明年二月之終，皆晨入夜歸，非有疾病事故輒不許出。當時以初受命，不敢言。古人有言曰：人各有能有不能。若此者，非愈之所能也。抑而行之，必發狂疾。上無以承事於公，忘其將所以報德者；下無以自立，喪失其所以爲心。夫如是，則安得而不言？凡執事之擇於愈者，非爲其能晨入夜歸也，必將有以取之。苟有以取之，雖不晨入而夜歸，其所取者猶在也。

下之事上，不一其事；上之使下，不一其事。量力而任之，度才而處之，其所不能，不彊使爲是。故爲下者，不獲罪於上；爲上者，不得怨於下矣。孟子有云：「今之諸侯無大相過者，以其皆好臣其所教，而不好臣其所受教。」今之時與孟子之時又加遠矣。皆好其聞命而奔走者，不好其直己而行道者。聞命而奔走者，好利者也；直己而行道者，好義者也。未有好利而愛其君者，未有好義而忘其君者。今之王公大人，惟執事可以聞此言，惟愈於執事也可以此言進。

愈蒙幸於執事，其所從舊矣，若寬假之使不失其性，加待之使足以爲名。寅而入，盡辰而退；申而入，終酉而退，率以爲常，亦不廢事。天下之人，聞執事之於愈如是也，必皆曰：執事之好士也如此，執事之待士以禮如此，執事之使人不枉其性而能有容如此，執事之欲成人之名如此，執事之厚於故舊如此。又將曰：韓愈之識其所依歸也如此，韓愈之不諂屈於富貴之人如此，韓愈之賢能使其主待之以禮如此，則死於執事之門無悔也。若使隨行而入，逐隊而趨，言不敢盡其誠，道有所屈於己，天下之人聞執事之於愈如此，皆曰：執事之用韓愈，哀其窮，收之而已耳；韓愈之事執事，不以道，利之而已耳。苟如是，雖日受千金之賜，一歲九遷其官，感恩則有之矣，將以稱於天下曰「知己知己」，則未也。伏惟哀其所不足，矜其愚，不録其罪，察其辭而垂仁採納焉。愈恐懼再拜。

上考功崔虞部書

愈不肖，行能誠無可取，行己頗僻，與時俗異態，抱愚守迷，固不識仕進之門。乃與群士争名競得失，行人之所甚鄙，求人之所甚利，其爲不可，雖童昏實知之。如執事者，不以是爲念，援之幽窮之中，推之高顯之上，是知其文之或可，而不知其人之莫可也；知其人之或可，而不知其時之莫可也。既以自咎，又歎執事者所守異於人，人之宋板無「之」字。廢耳任目，華實不兼，故有所進，故有所退。[一]且執事始考文之明日，浮囂之徒已相與稱曰：「某得矣，某得矣。」問其所從來，必言其有自。一日之間，九變其説。凡進士之應此選者三十有二人，其所不言者數人而已，而愈在焉。及執事既上名之後，三人之中，其二人者固所傳聞矣，華實兼者也，果竟得之，而又升焉。其一人者，則莫之聞矣。實與華違，行與時乖，果竟退之。如是則可見時之所與者、時之所不與者之相遠矣。[二]

然愚之所守，竟非偶然，故不可變。凡在京師八九年矣，足不迹公卿之門，名不譽於大夫士之口。始者謬爲今相國所第，此時惟念，以爲得失固有天命，不在趨時。而偃仰一室，嘯歌古人。今則復疑矣。未知夫天竟如何，命竟如何？由人乎哉，不由人乎哉？欲事干謁，則患不能小書，困於投刺；欲學爲佞，則患言訥詞直，卒事不成，徒使其躬儽焉而不終日。是以勞思長懷，中夜起坐，度時揣己，廢然而返，雖欲從之，末由也已。[三]又常念古之人日已進，今之人日已退。夫古之人四十而仕，其行道爲學，既已大成，而又之死不倦，故其事業功德，老而益明，死而益光。故詩曰：「雖無老成人，尚有典刑。」言老成之可尚也。又曰：「樂只君子，德音不已。」

[一] 數語不爽於前後相承接，亦似多此襞積，通集中惟見此。豈信手作札而未暇薙芟耶？
[二] 以上言己之得而復失，以所守與時異。以下言觀時之取舍似天命亦未可憑，而己之所守終不可變。
[三] 以下言不求得於時，而求得於後。

謂死而不亡也。夫今之人務利而遺道，其學其問，以之取名致官而已。得一名，獲一位，則棄其業，而役役於持權者之門，故其事業功德日以亡、月以削，老而益昏，死而遂亡。愈今二十有六矣，距古人始仕之年尚十四年，豈爲晚哉？行之以不息，要之以至死。不有得於今，必有得於古；不有得於身，必有得於後。用此自遣，且以爲知己者之報，執事以爲如何哉？其信然否也？今所病者在於窮約，無僦屋賃僕之資，無緼袍糲食之給。驅馬出門，不知所之。斯道未喪，天命不欺，豈遂殆哉！豈遂困哉！竊惟執事之於愈也，無師友之交，無久故之事，無顔色言語之情，卒然振而發之者，必有以見知爾。故盡暴其所志，不敢以默。又懼執事多在省，非公事不敢以至是，則拜見之不可期，獲侍之無時也。是以進其説如此，庶執事察之也。

應科目時與人書

月日，愈再拜。天池之濱，大江之濆，曰有怪物焉，蓋非常鱗凡介之品彙匹儔也。其得水，變化風雨，上下於天不難也。其不及水，蓋尋常尺寸之間耳，無高山大陵、曠途絶險爲之關隔也。然其窮涸，不能自致乎水，爲獱獺之笑者，蓋十八九矣。如有力者，哀其窮而運轉之，蓋一舉手一投足之勞也。

然是物也，負其異於衆也，且曰：爛死於沙泥，吾寧樂之。若俛首帖耳，摇尾而乞憐者，非我之志也。是以有力者遇之，熟視之若無覩也。其死其生，固不可知也。

今又有有力者當其前矣，聊試仰首一鳴號焉。庸詎知有力者不哀其窮，而忘一舉手一投足之勞，而轉之清波乎？其哀之，命也；其不哀之，命也；知其在命而且鳴號之者，亦命也。

愈今者實有類於是，是以忘其疏愚之罪，而有是説焉。閣下其亦憐察之。

代張籍與李浙東書

月日，前某官某謹東向再拜，寓書浙東觀察使中丞李公閣下：

籍聞議論者皆云：方今居古方伯連帥之職，坐一方得專制於其境内者，惟閣下心事犖犖，與俗輩不同。籍固以藏之胸中矣。近者閣下從事李協律翺到京師。籍於李君，友也，不見六七年。聞其至，馳往省之，問無恙外不暇出一言，且先賀其得賢主人。李君曰：「子豈盡知之乎？吾將盡言之。」數日，籍益聞所不聞。籍私獨喜，常以爲自今已後，不復有如古人者，於今忽有之。退自悲，不幸兩目不見物，無用於天下。胸中雖有知識，家無錢財，寸步不能自致。今去李中丞五千里，何由致其身於其人之側，開口一吐出胸中之奇乎！因飲泣不能語。

既數日，復自奮曰：無所能人，乃宜以盲廢；有所能人，雖盲當廢於俗輩，不當廢於行古人之道者。浙水東七州，户不下數十萬，不盲者何限？李中丞取人，固當問其賢不賢，不當計盲與不盲也。當今盲於心者皆是，若籍，自謂獨盲於目爾，其心則能別是非。若賜之坐而問之，其口固能言也。幸未死，實欲一吐出心中平生所知見，閤下能信而致之於門邪？籍又善於古詩，使其心不以憂衣食亂，閤下無事時，一致之座側，使跪進其所有，閤下憑几而聽之，未必不如聽吹竹彈絲敲金擊石也。夫盲者業專於藝必精，故樂工皆盲。籍儻可與此輩比並乎？使籍誠不以蓄妻子、憂饑寒亂心，有錢財以濟醫藥，其盲未甚，庶幾其復見天地日月，因得不廢。則自今至死之年，皆閤下之賜！閤下濟之以已絕之年，賜之以既盲之視，其恩輕重大小，籍宜如何報也？閤下裁之度之。籍慚靦再拜。

與孟東野書

與足下別久矣！以吾心之思足下，知足下懸懸於吾也。各以事牽，不可合并，其於人人，非足下之爲見而日與之處，足下知吾心樂否也？吾言之而聽者誰歟？吾唱之而和者誰歟？言無聽也，唱無和也，獨行而無徒也，是非無所與同也，足下知吾心樂否也？

足下才高氣清，行古道，處今世，無田而衣食，事親左右無違，足下之用心勤矣！足下之處身勞且苦矣！混混與世相濁，獨其心追古人而從之，足下之道其使吾悲也！

去年春，脱汴州之亂，幸不死，無所於歸，遂來於此。主人與吾有故，哀其窮，居吾於符離睢上，及秋將辭去，因被留以職事。默默在此，行一年矣。到今年秋，聊復辭去。江湖，余樂也，與足下終幸矣！

李習之娶吾亡兄之女，期在後月，朝夕當來此。張籍在和州居喪，家甚貧。恐足下不知，故具此白，冀足下一來相視也。自彼至此雖遠，要皆舟行可至，速圖之，吾之望也。春且盡，時氣向熱，惟侍奉吉慶。愈眼疾比劇，甚無聊，不復一一。愈再拜。

與李翺書

使至，辱足下書，歡愧來并，不容於心。嗟乎！子之言意皆是也。僕雖巧説，何能逃其責邪？然皆子之愛我多、重我厚。不酌時人待我之情，而以子之待我之意使我望於時人也。

僕之家本窮空，重遇攻劫，衣服無所得，養生之具無所有，家累僅三十口，攜此將安所歸託乎？捨之入京，不可也；挈之而行，不可也。足下將安以爲我謀哉？此一事耳。

足下謂我入京，誠有所益乎？僕之有子，猶有不知者，時人能知我哉？持僕所守，驅而使奔走伺候公卿間，開口論議，其安能有以合乎？僕在京城八九年，無所取資，日求於人以度時月。當時行之不覺也，今而思之，如痛定之人思當痛之時，不知何能自處也。今年加長矣，復驅之使就其故地，是亦難矣！所貴乎京師者：不以明天子在上，賢公卿在下，布衣韋帶之士談道義者多乎！以僕遑遑於其中，能上聞而下達乎？其知我者固少，知而相愛、不相忌者又加少。內無所資，外無所從，終安所爲乎？

嗟乎！子之責我誠是也，愛我誠多也，今天下之人有如子者乎？自堯舜已來，士有不遇者乎，無也？子獨安能使我潔清不洿而處其所可樂哉？非不願爲子之所云者，力不足，勢不便故也。僕於此豈以爲大相知乎？累累隨行，役役逐隊，饑而食，飽而嬉者也。其所以止而不去者，以其心誠有愛於僕也。然所愛於我者少，不知我者猶多，吾豈樂於此乎哉？將亦有所病而求息於此也。

嗟乎！子誠愛我矣，子之所責於我者誠是矣！然恐子有時不暇責我而悲我，不暇悲我而自責且自悲也。及之而後知，履之而後難耳。孔子稱顏回「一簞食，一瓢飲，人不堪其憂，回也不改其樂」。彼人者，有聖者爲之依歸，而又有簞食、瓢飲足以不死，其不憂而樂也，豈不易哉！若僕無所依歸，無簞食，無瓢飲，無所取資，則餓而死，其不亦難乎！子之聞我言亦悲矣！

嗟乎！子亦慎其所之哉！離違久，乍還侍左右，當日懽喜，故專使馳此候足下意，并以自解。愈再拜。

與崔群書

自足下離東都，凡兩度枉問，尋承已達宣州，主人仁賢，同列皆君子，雖抱羈旅之念，亦且可以度日。無入而不自得，樂天知命者，固前修之所以禦外物者也。況足下度越此等百千輩，豈以出處近遠累其靈臺耶！宣州雖稱清涼高爽，然皆大江之南，風土不並以北。將息之道，當先理其心，心閒無事，然後外患不入，風氣所宜，可以審備，小小者亦當自不至矣。足下之賢，雖在窮約，猶能不改其樂，況地至近，官榮祿厚，親愛盡在左右者耶！所以如此云云者，以爲足下賢者，宜在上位，託於幕府，則不爲得其所，是以及之，乃相親重之道耳，非所以待足下者也。

僕自少至今，從事於往還朋友間，一十七年矣！日月不爲不久。所與交往相識者千百人，非不多，其相與如骨肉兄弟者亦且不少，或以事同，或以藝取，或慕其一善，或以其久故，或初不甚知而與之已密，其後無大惡，因不復決捨，或其人雖不皆入於善而於己已厚，雖欲悔之不可。凡諸淺者，固不足道，深者止於此。至於心所仰服，考之言行，而無瑕尤，窺之閫奧，而不見畛域，明白淳粹，輝光日新者，惟吾崔君一人。僕愚陋無所知曉，然聖人之書，無所不讀，其精麤巨細，出入明晦，雖不盡識，抑不可謂不涉其流者也。以此而推之，以此而度之，誠知足下出群拔萃。無謂僕何從而得之也，與足下情義，寧須言而后自明邪！所以言者，懼足下以爲吾所與深者，多不置白黑於胸中耳。既謂能麤知足下，而復懼足下之不我知，亦過也。比亦有人說足下誠盡善盡美，抑猶有可疑者。僕謂之曰：「何疑？」疑者曰：「君子當有所好惡，好惡不可不明，如清河者，人無賢愚，無不說其善，伏其爲人，以是而疑之耳。」僕應之曰：「鳳皇芝草，賢愚皆以爲美瑞；青天白日，奴隸亦知其清明。譬之食物，至於遐方異味，則有嗜者，有不嗜者；至於稻也，粱也，膾也，炙也，豈聞有不嗜者哉？」疑者乃解。解，不解，於吾崔君，無所損益也。

自古賢者少，不肖者多。自省事已來，又見賢者恒不遇，不賢者比肩青紫，賢者恒無以自存，不賢者志滿氣得，賢者雖得卑位，則旋而死，不賢者或至眉壽。不知造物者意竟如何，無乃所好惡與人異心哉？又不知無乃都不省記，任其死生壽夭邪？未可知也。人固有薄卿相之官、千乘之位，而甘陋巷菜羹者，同是人也，猶有好惡如此之異者。況天之與人，當必異其所好惡無疑也。合於天而乖於人，何害！況又時有兼得者邪。崔君崔君，無怠無怠。

僕無以自全活者，從一官於此，轉困窮甚，思自放於伊、潁之上，當亦終得之。近者尤衰憊：左車第二牙，無故動搖脫去；目視昏花，尋常間便不分人顔色；兩鬢半白，頭髮五分亦白其一，鬚亦有一莖兩莖白者。僕家不幸，諸父諸兄，皆康彊早世，如僕者，又可以圖於久長哉？以此忽忽，思與足下相見，一道其懷，小兒女滿前，能不顧念？足下何由得歸北來，僕不樂江南，官滿便終老嵩下，足下可相就，僕不可去矣。珍重自愛，慎飲食，少思慮，惟此之望。愈再拜。

與鄂州柳中丞書

淮右殘孽，尚守巢窟。環寇之師，殆且十萬，瞋目語難。自以爲武人不肯循法度，頡頏作氣勢，竊爵位自尊大者，肩相摩地相屬也。不聞有一人援桴鼓誓衆而前者，但日令走馬來求賞給，助寇爲聲勢而已。

閣下書生也，詩、書、禮、樂是習，仁義是修，法度是束。一旦去文就武，鼓三軍而進之，陳師鞠旅，親與爲辛苦，慷慨感激，同食下卒，將二州之牧以壯士氣，斬所乘馬以祭踶死之士，雖古名將，何以加茲！此由天資忠孝，鬱於中而大作於外，動皆中於機會，以取勝於當世，而爲戎臣師，豈常習於威暴之事，而樂其鬬戰之危也哉？

愈誠怯弱不適於用，聽於下風，竊自增氣，誇於中朝稠人廣衆會集之中，所以羞武夫之顔，令議者知將國兵而爲人之司命者，不在彼而在此也。臨敵重慎，誡輕出入，良食自愛，以副見慕之徒之心，而果爲國立大功也。幸甚！幸甚！不宣。愈再拜。

再與鄂州柳中丞書

愈愚不能量事勢可否，比常念淮右以靡弊困頓三州之地，蚊蚋蟻蟲之聚，感兇豎煦濡飲食之惠，提童子之手坐之堂上，奉以爲帥。出死力以抗逆明詔，戰天下之兵。乘機逐利，四出侵暴，屠燒縣邑，賊殺不辜。環其地數千里，莫不被其毒。洛汝襄荆許潁淮江爲之騷然，丞相公卿士大夫勞於圖議，握兵之將，熊羆貙虎之士，畏懦蹶蹜，莫肯杖戈爲士卒前行者。獨閣下奮然率先揚兵界上，將二州之守，親出入行間，與士卒均辛苦，生其氣勢。見將軍之鋒穎凜然，有向敵之意。用儒雅文字、章句之業，取先天下武夫，關其口而奪之氣。愚初聞時方食，不覺棄匕箸起立，豈以爲閣下真能引孤軍單進，與死寇角逐，爭一旦僥倖之利哉？就令如是，亦不足貴。其所以服人心，在行事適機宜，而風采可畏愛故也。是以前狀輒述鄙誠。眷惠手翰還答，益增欣悚。夫一衆人心力耳目，使所至如時雨。三代用師，不出是道。閣下果能充其言，繼之以無倦，得形便之地，甲兵足用。雖國家故所失地，旬歲可坐而得，況此小寇，安足置齒牙間。勉而卒之，以俟其至。幸甚！

夫遠徵軍士，行者有羈旅離別之思，居者有怨曠騷動之憂，本軍有饋餉煩費之難，地主多姑息形迹之患。急之則怨，緩之則不用命。浮寄孤懸，形勢銷弱。又與賊不相諳委，臨敵恐駭，難以有功。若召募土人，必得豪勇。與賊相熟，知其氣力所極，無望風之驚；愛護鄉里，勇於自戰。徵兵滿萬，不如召募數千。閤下以爲何如？儻可上聞行之否？計已與裴中丞相見，行營事宜，不惜時賜示及。幸甚！不宣。愈再拜。

與李祕書論小功不稅書

曾子稱「小功不稅」，則是遠兄弟終無服也，而可乎？鄭玄注云：「以情責情。」〔二〕今之士人遂引此不追服小功。小功服最多：正記所云「降而在小功」者。親則叔父之下殤，與適孫之下殤，與昆弟之下殤；尊則外祖父母；常服則從祖祖父母。禮沿人情，其不可不服也明矣。古之人行

〔二〕蔣之翹云：「鄭注無此語。」然韓子博極群書，而詳於義訓，必無訛舛，以此知今之傳注，非盡唐以前之舊也。

役不逾時，各相與處一國。其不追服雖不可，猶至少。今之人，男出仕，女出嫁，或千里之外，家貧訃告不及時，則是不服小功者恒多，而服小功者恒鮮矣。

君子之於骨肉死，則悲哀而爲之服者，豈牽於外哉？聞其死則悲哀，豈有問於新故死哉？今特以訃告不及時，聞死出其月數則不服，其可乎？愈常怪此，近出弔人，見其顔色慼慼類有喪者，而其服則吉。問之，則云：「小功不税者也。」禮文殘缺，師道不傳。不識禮之所謂不税，果不追服乎？[一]無乃别有所指，而傳注者失其宗乎？伏惟兄道德純明，躬行古道。如此之類，必經於心，而有所決定。不惜示及，幸甚！幸甚！泥水馬弱，不敢出。不果鞠躬親問而以書，悚息尤深。愈再拜。

劉原父論此甚詳，學者所當考。

答劉正夫書

愈白進士劉君足下：辱牋，教以所不及，既荷厚賜，且愧其誠然，幸甚！幸甚！凡舉進士

[一] 傳記言税服者凡數條，皆過期聞喪而追服，似無可疑者。

者，於先進之門，何所不往？先進之於後輩，苟見其至，寧可以不答其意邪？來者則接之，舉城士大夫莫不皆然，而愈不幸獨有接後輩名。名之所存，謗之所歸也。

有來問者，不敢不以誠答。或問：「爲文宜何師？」必謹對曰：「宜師古聖賢人。」曰：「古聖賢人所爲書具存，辭皆不同，宜何師？」必謹對曰：「師其意不師其辭。」又問曰：「文宜易宜難？」必謹對曰：「無難易，惟其是爾。」如是而已。非固開其爲此，而禁其爲彼也。

夫百物朝夕所見者，人皆不注視也，及覩其異者，則共觀而言之。夫文豈異於是乎？漢朝人莫不能爲文，獨司馬相如、太史公、劉向、揚雄爲之最。然則用功深者，其收名也遠。若皆與世沉浮，不自樹立，雖不爲當時所怪，亦必無後世之傳也。足下家中百物皆賴而用也，然其所珍愛者，必非常物。夫君子之於文，豈異於是乎？今後進之爲文，能深探而力取之，以古聖賢人爲法者，雖未必皆是，要若有司馬相如、太史公、劉向、揚雄之徒出，必自於此，不自於尋常之徒也。若聖人之道，不用文則已，用則必尚其能者，能者非他，能自樹立，不因循者是也。有文字來，誰不爲文？然其存於今者，必其能者也，顧常以此爲説耳。

愈於足下，忝同道而先進者，又常從遊於賢尊給事，既辱厚賜，又安得不進其所有以爲答也？足下以爲何如？愈白。

答李翊書

六月二十六日，愈白李生足下：生之書辭甚高，而其問何下而恭也？能如是，誰不欲告生以其道？道德通篇言文之所以成，而推本於仁義，故以二語爲樞紐。之歸也有日矣，況其外之文乎？抑愈所謂望孔子之門牆而不入於其宫者，焉足以知是且非邪？雖然，不可不爲生言之。

生所謂立言者，是也。生所爲者與所期者，甚似而幾矣。抑不知生之志，蘄勝於人而取於人邪？將蘄至於古之立言者邪？蘄勝於人而取於人，則固勝於人而可取於人矣。將蘄至於古之立言者，則無望其速成，無誘於勢利。養其根而竢其實，加其膏而希其光。根之茂者其實遂，膏之沃者其光燁。仁義之人，其言藹如也。

抑又有難者，愈之所爲，不自知其至猶未也。雖然，學之二十餘年矣。始者，非三代兩漢之書不敢觀，非聖人之志不敢存。處若忘，行若遺，儼乎其若思，茫乎其若迷。當其取於心而注於手也，惟陳言之務去，戛戛乎其難哉！其觀於人，不知其非笑之爲非笑也。如是者亦有年，猶不改。然後識古書之正僞，與雖正而不至焉者，昭昭然白黑分矣。而務去之，乃徐有得也。當其取於心而注於手也，汩汩然來矣。其觀於人也，笑之則以爲喜，譽之則以爲憂，以其猶有人之説者存也。如是者亦有年，然後浩乎其沛然矣。吾又懼其雜也，迎而距之，平心而察之，其皆醇也，然後肆焉。雖然，不可以不養也。行之乎仁義之途，游之乎詩、書之源，無迷其途，無絶其源，終吾身而已矣。[一]氣，水也；言，浮物也。水大而物之浮者大小畢浮。氣之與言猶是也，氣盛，則言之短長與聲之高下者皆宜。[二]

雖如是，其敢自謂幾於成乎？雖幾於成，其用於人也奚取焉？抱篇首「蘄勝於人而取於人」。雖然，待用於人者，其肖於器邪？用與舍屬諸人。君子則不然，處心有道，行己有方，用則施諸人，舍則傳諸其徒，垂諸文而爲後世法。如是者，其亦足樂乎？其無足樂也？

有志乎古者希矣。抱篇首「將蘄至於古之立言者」。志乎古必遺乎今，吾誠樂而悲之。亟稱其人，所以勸之，非敢褒其可褒而貶其可貶也。問於愈者多矣，念生之言不志乎利，聊相爲言之。愈白。

答崔立之書

斯立足下：僕見險不能止，動不得時，顛頓狼狽，失其所操持，困不知變，以至辱於再三，君

[一] 與前根茂實遂、膏沃光曄段相應。
[二] 自「抑又有難者」至此，言無望其速成；以下至終篇言無誘于勢利。

子小人之所憫笑，天下之所背而馳者也。足下猶復以爲可教，貶損道德，乃至手筆以問之，攀援古昔，辭義高遠，且進且勸，足下之於故舊之道得矣。雖僕亦固望於吾子，不敢望於他人者耳。然尚有似不相曉者，非故欲發余乎？不然，何子之不以丈夫期我也？不能默默，聊復自明。

僕始年十六七時，未知人事，讀聖人之書，以爲人之仕者皆爲人耳，非有利乎己也。及年二十時，苦家貧，衣食不足，謀於所親，然後知仕之不唯爲人耳。及來京師，見有舉進士者，人多貴之，僕誠樂之，就求其術，或出禮部所試賦詩策等以相示，僕以爲可無學而能，因詣州縣求舉。有司者好惡出於其心，四舉而後有成，亦未即得仕。聞吏部有以博學宏辭選者，人尤謂之才，且得美仕，就求其術，或出所試文章，亦禮部之類，私怪其故，然猶樂其名。因又詣州府求舉，凡二試於吏部，一既得之，而又黜於中書，雖不得仕，人或謂之能焉。退自取所試讀之，乃類於俳優者之辭，顏忸怩而心不寧者數月。既已爲之，則欲有所成就，書所謂恥過作非者也。因復求舉，亦無幸焉，乃復自疑，以爲所試與得之者不同其程度，及得觀之，余亦無甚愧焉。夫所謂博學者，豈今之所謂者乎？夫所謂宏辭者，豈今之所謂者乎？誠使古之豪傑之士若屈原、孟軻、司馬遷、相如、揚雄之徒進於是選，必知其懷慚乃不自進而已耳。設使與夫今之善進取者競於蒙昧之中，僕必知其辱焉。然彼五子者，且使生於今之世，其道雖不顯於天下，其自負何如哉！肯與夫斗筲者決得失於一夫之目而爲之憂樂哉！故凡僕之汲汲於進者，其小得，蓋欲以具裘葛、養窮孤；其大得，蓋欲以同吾之所樂於人耳。其他可否，自計已熟，誠不待人而後知。今足下乃復比之獻玉者，以爲必竢工人之剖然後見知於天下，雖兩刖足不爲病，且無使訹者再刖。誠足下相勉之意厚也，然仕進者豈捨此而無門哉？足下謂我必待是而後進者，尤非相悉之辭也。僕之玉固未嘗獻，而足固未嘗刖，足下無爲爲我戚戚也。

方今天下風俗尚有未及於古者，邊境尚有被甲執兵者，主上不得怡而宰相以爲憂。僕雖不賢，亦且潛究其得失，致之乎吾相，薦之乎吾君，上希卿大夫之位，下猶取一障而乘之。若都不可得，猶將耕於寬閑之野，釣於寂寞之濱，求國家之遺事，考賢人哲士之終始，作唐之一經，垂之於無窮，誅姦諛於既死，發潛德之幽光，二者將必有一可。足下以爲僕之玉凡幾獻、而足凡幾刖也。又所謂訹者果誰哉？再刖之刑信如何也？士固信於知己，微足下無以發吾之狂言。愈再拜。

與汝州盧郎中論薦侯喜狀

進士侯喜。

右其人爲文甚古，立志甚堅。行止取捨，有士君子之操。家貧親老，無援於朝，在舉場十餘年，竟無知遇。愈常慕其才而恨其屈，與之還往，歲月已多。嘗欲薦之於主司，言之於上位。名卑官賤，其路無由。觀其所爲文，未嘗不揜卷長歎。去年愈從調選，本欲攜持同行。適遇其人自有家事，迍邅坎軻，又廢一年。

及春末自京還，怪其久絶消息。五月初至此，自言爲閤下所知，辭氣激揚，面有矜色。曰：「侯喜死不恨矣！喜辭親入關，羈旅道路，見王公數百，未嘗有如盧公之知我也。比者分將委棄泥塗，老死草野；今胸中之氣勃勃然，復有仕進之路矣。」愈感其言，賀之以酒。謂之曰：「盧公，天下之賢刺史也。未聞有所推引，蓋難其人而重其事。今子鬱爲選首，其言死不恨，固宜也。古所謂知己者正如此耳！身在貧賤，爲天下所不知，獨見遇於大賢，乃可貴耳。若自有名聲，又託形勢，此乃市道之事？又何足貴乎？子之遇知於盧公，真所謂知己者也。士之修身立節，而竟不遇知己，前古以來不可勝數。或日接膝而不相知，或異世而相慕，以其遭逢之難，故曰『士爲知己者死』。不其然乎！不其然乎！」閤下既已知侯生，而愈復以侯生言於閤下者，非爲侯生謀也。感知己之難遇，大閤下之德而憐侯生之心，故因其行而獻於左右焉。謹狀。

送鄭尚書序

嶺之南，其州七十，其二十二隸嶺南節度府。其四十餘分四府，府各置帥，然獨嶺南節度爲大府。大府始至，四府必使其佐啓問起居，謝守地不得即賀以爲禮。歲時必遣賀問，致水土物。大府帥或道過其府，府帥必戎服，左握刀，右屬弓矢，帕首袴韡，迎郊。及既至，大府帥先入據館。帥守屏，若將趨入拜庭之爲者。大府與之爲讓，至一再，乃敢改服以賓主見。適位、執爵皆興拜，不許乃止。虔若小侯之事大國。有大事，諮而後行。隸府之州離府遠者至三千里，懸隔山海，使必數月而後能至。蠻夷悍輕，易怨以變。其南州皆岸大海，多洲島，颿風一日踔數千里，漫瀾不見蹤迹。控御失所，依險阻，結黨仇，機毒矢以待將吏，撞搪呼號，以相和應。蜂屯蟻雜，不可爬梳。好則人，怒則獸。故常薄其征入，簡節而疏目。時有所遺漏，不究切之，長養以兒子。至紛不可治，乃草薙而禽獮之，盡根株痛斷乃止。其海外雜國若耽浮羅、流求、毛人，夷、亶之州，林邑、扶南、真臘、于陀利之屬，東南際天地以萬數，或時候風潮朝貢。蠻胡賈人，舶交海中。若嶺南帥得其人，則一邊盡治，不相寇盜賊殺。無風魚之菑、水旱癘毒之患。外國之貨日至，珠香象犀玳瑁奇物溢於中國，不可勝用。故選帥常重於他鎮，非有文武威風知大體可畏信者，則不幸往往有事。

長慶三年四月，以工部尚書鄭公爲刑部尚書兼御史大夫，往踐其任。鄭公嘗以節鎮襄陽，又帥滄景德棣，歷河南尹、華州刺史，皆有功德可稱道。入朝爲金吾將軍、散騎常侍、工部侍郎、尚書。家屬百人，無數畝之宅，僦屋以居。可謂貴而能貧，爲仁者不富之效也。及是命，朝廷莫不悦。將行，公卿大夫士苟能詩者咸相率爲詩，以美朝政，以慰公南行之思。韻必以「來」字者，所以祝公成政而來歸疾也。

送幽州李端公序

元年，今相國李公爲吏部員外郎，愈嘗與偕朝，道語幽州司徒公之賢，曰：「某前年被詔告禮幽州，入其地，迓勞之使里至，每進益恭。及郊，司徒公紅帓首、鞾袴、握刀，左右雜佩，弓韔服，矢插房，俯立迎道左。[一]某禮辭曰：『公天子之宰，禮不可如是。』及府，又以其服即事，某又曰：『公，三公，不可以將服承命。』卒不得辭。上堂即客階，坐必東向。」愈曰：「國家失太平，於今六十年矣。夫十日十二子相配，數窮六十，其將復平，平必自幽州始，亂之所出也。今天子大

[一] 體製、字法皆仿三傳、三禮，而鹿門以爲描畫得史記髓。誤矣。

聖，司徒公勤於禮，庶幾帥先河南北之將來覲，奉職如開元時乎？」李公曰：「然。」今李公既朝夕左右，必數數爲上言，元年之言殆合矣。

端公歲時來壽其親東都，東都之大夫士莫不拜於門。其爲人佐甚忠，意欲司徒公功名流千萬歲，請以愈言爲使歸之獻。

虞伯生云：「命意高，結體奇，轉掣從天降。」

送殷員外序

唐受天命爲天子，凡四方萬國，不問海内外，無小大，咸臣順於朝，時節貢水土百物。大者特來，小者附集。元和睿聖文武皇帝既嗣位，悉治方内，就法度。十二年，詔曰：「四方萬國，惟回鶻於唐最親，奉職尤謹。丞相其選宗室四品一人，持節往賜君長，告之朕意。又選學有經法、通知時事者一人，與之爲貳。」由是殷侯侑自太常博士遷尚書虞部員外郎兼侍御史，朱衣象笏，承命以行。朝之大夫莫不出餞。

酒半，右庶子韓愈執盞言曰：「殷大夫，今人適數百里，出門惘惘，有離别可憐之色。持被入直三省，丁寧顧婢子，語剌剌不能休。今子使萬里外國，獨無幾微出於言面，豈不真知輕重大丈夫哉！丞相以子應詔，真誠知人。士不通經，果不足用。」於是相屬爲詩，以道其行云。

送楊少尹序

昔疏廣、受二子以年老一朝辭位而去，於時公卿設供張，祖道都門外，車數百兩，道路觀者多歎息泣下，共言其賢，漢史既傳其事，而後世工畫者又圖其迹，至今照人耳目，赫赫若前日事。國子司業楊君巨源方以能詩訓後進，一旦以年滿七十，亦白丞相去歸其鄉。世常説古今人不相及，今楊與二疏，其意豈異也？

予忝在公卿後，遇病不能出，不知楊侯去時，城門外送者幾人，車幾兩，馬幾匹，道邊觀者亦有歎息知其爲賢與否？而太史氏又能張大其事，爲傳繼二疏蹤迹否？不落莫否？見今世無工畫者，而畫與不畫，固不論也。三語無謂。然吾聞楊侯之去，丞相有愛而惜之者，白以爲其都少尹，不絶其禄，又爲歌詩以勸之，京師之長於詩者亦屬而和之；又不知當時二疏之去有是事否？古今人同不同，未可知也。

中世士大夫以官爲家，罷則無所於歸。楊侯始冠舉於其鄉，歌鹿鳴而來也。今之歸，指其樹曰：「某樹，吾先人之所種也；某水某丘，吾童子時所釣遊也。」鄉人莫不加敬，誠子孫以楊侯不去其鄉爲法。古之所謂「鄉先生没而可祭於社」者，其在斯人歟！其在斯人歟！

送孟東野序

大凡物不得其平則鳴。草木之無聲，風撓之鳴。水之無聲，風蕩之鳴。其躍也，或激之；其趨也，或梗之；其沸也，或炙之。金石之無聲，或擊之鳴。人之於言也亦然：有不得已者而後言，其歌也有思，其哭也有懷，凡出乎口而爲聲者，其皆有弗平者乎？樂也者，鬱於中而泄於外者也，擇其善鳴者而假之鳴。金、石、絲、竹、匏、土、革、木八者，物之善鳴者也。維天之於時也亦然，擇其善鳴者而假之鳴。是故以鳥鳴春，以雷鳴夏，以蟲鳴秋，以風鳴冬，四時之相推敓，其必有不得其平者乎！

其於人也亦然：人聲之精者爲言，文辭之於言，又其精也，尤擇其善鳴者而假之鳴。其在唐、虞，咎陶、禹其善鳴者也，而假以鳴。夔弗能以文辭鳴，又自假於韶以鳴。夏之時，五子以其歌鳴。伊尹鳴殷，周公鳴周，凡載於詩、書、六藝，皆鳴之善者也。周之衰，孔子之徒鳴之，其聲大而遠。傳曰：「天將以夫子爲木鐸。」其弗信矣乎！其末也，莊周以其荒唐之辭鳴。楚，大國也，其亡也，以屈原鳴。臧孫辰、孟軻、荀卿以道鳴者也。〔二〕楊朱、墨翟、管夷吾、晏嬰、老聃、申不害、韓非、昚到、田駢、鄒衍、尸佼、孫武、張儀、蘇秦之屬，皆以其術鳴。秦之興，李斯鳴之。漢之時，司馬遷、相如、揚雄，最其善鳴者也。其下魏、晉氏，鳴者不及於古，然亦未嘗絶也。就其善者，其聲清以浮，其節數以急，其辭淫以哀，其志弛以肆；其爲言也，亂雜而無章。將天醜其德莫之顧邪？何爲乎不鳴其善鳴者也？

唐之有天下，陳子昂、蘇源明、元結、李白、杜甫、李觀，皆以其所能鳴。其存而在下者，孟郊東野始以其詩鳴，其高出魏、晉，不懈而及於古，其他浸淫乎漢氏矣。從吾遊者，李翺、張籍其尤也。三子者之鳴信善矣，抑不知天將和其聲，而使鳴國家之盛邪？抑將窮餓其身，思愁其心腸，而使自鳴其不幸邪？三子者之命，則懸乎天矣！其在上也奚以喜，其在下也奚以悲！

東野之役於江南也，有若不釋然者，故吾道其命於天者以解之。

林希元云：「文極變化，而謂人物之鳴皆出於不平，則未確，人多不察。」

〔二〕謝枋得云：「以荀卿比孟子，已非其倫。臧孫辰何人，豈得謂以道鳴？」

送董邵南序

燕趙古稱多感慨悲歌之士。董生舉進士，連不得志於有司，懷抱利器，鬱鬱適兹土，吾知其必有合也。董生勉乎哉！

夫以子之不遇時，苟慕義彊仁者，皆愛惜焉，矧燕趙之士出乎其性者哉？然吾嘗聞風俗與化移易，吾惡知其今不異於古所云邪？聊以吾子之行卜之也。董生勉乎哉！

吾因子有所感矣。爲我弔望諸君之墓，而觀於其市，復有昔時屠狗者乎？爲我謝曰：「明天子在上，可以出而仕矣！」

朱子曰：「此篇言燕趙之士，仁義出於其性，乃故反其詞，以深譏其不臣。故篇末道上威德，以警動而招來之。其旨微矣。」

送王秀才序

吾少時讀醉鄉記，私怪隱居者無所累於世，而猶有是言，豈誠旨於味邪？及讀阮籍、陶潛詩，乃知彼雖偃蹇不欲與世接，然猶未能平其心，或爲事物是非相感發，於是有託而逃焉者也。

若顔氏子操瓢與簞，曾參歌聲若出金石。彼得聖人而師之，汲汲每若不可及。其於外也固不暇，尚何麴蘗之託而昏冥之逃邪？吾又以爲悲醉鄉之徒不遇也。

建中初，天子嗣位，有意貞觀、開元之丕績，在廷之臣争言事。當此時，醉鄉之後世又以直廢。吾既悲醉鄉之文辭，而又嘉良臣之烈，思識其子孫。今子之來見我也，無所挾，吾猶將張之，况文與行不失其世守，渾然端且厚。惜乎吾力不能振之，而其言不見信於世也。於其行，姑與之飲酒。

送王塤秀才序

吾常以爲孔子之道，大而能博。門弟子不能徧觀而盡識也，故學焉而皆得其性之所近。其後離散分處諸侯之國，又各以所能授弟子，原遠而末益分。蓋子夏之學，其後有田子方；子方之後，流而爲莊周。故周之書喜稱子方之爲人。荀卿之書，語聖人必曰孔子、子弓。子弓之事業不傳，惟太史公書弟子傳有姓名字，曰馯臂子弓。子弓受易於商瞿。孟軻師子思，子思之學，蓋出曾子。自孔子没，群弟子莫不有書，獨孟軻氏之傳得其宗。故吾少而樂觀焉。

太原王塤示予所爲文，好舉孟子之所道者。與之言，信悦孟子而屢贊其文辭。夫沿河而下，苟不止，雖有遲疾，必至於海。如不得其道也，雖疾不止，終莫幸而至焉。故學者必慎其所道。道於楊、墨、老、莊、佛之學而欲之聖人之道，猶航斷港絶潢以望至於海也。故求觀聖人之道必自孟子始。今塤之所由既幾於知道，如又得其船與檝，知沿而不止。嗚呼！其可量也哉！

此子固文體所自出。

送齊皞下第序

古之所謂公無私者，其取舍進退無擇於親疏遠邇，惟其宜可焉。其下之視上也，亦惟視其舉黜之當否，不以親疏遠邇疑乎其上之人。故上之人行志擇誼，坦乎其無憂於下也；下之人克己慎行，確乎其無惑於上也。是故爲君不勞，而爲臣甚易。見一善焉，可得詳而舉也；見一不善焉，可得明而去也。及道之衰，上下交疑。於是乎舉讎舉子之事，載之傳中而稱美之，而謂之忠。見一善焉，若親與邇，不敢舉也；見一不善焉，若疏與遠，不敢去也。衆之所同好焉，矯而黜之，乃公也；衆之所同惡焉，激而舉之，乃忠也。於是乎有違心之行，有佛志之言，有内媿之名。若然者，俗所謂良有司也。膚受之訴不行於君，巧言之誣不起於人矣。

烏乎！今之君天下者不亦勞乎？爲有司者不亦難乎？爲人嚮道者不亦勤乎？是故端居而念焉，非君人者之過也。則曰有司焉，則非有司之過也。則曰今舉天下人焉，則非今舉天下人之過也。蓋其漸有因，其本有根。生於私其親，成於私其身。以己之不直，而謂人皆然。其植之也固久，其除之也實難。非百年必世，不可得而化也；非知命不惑，不可得而改也。已矣乎！其終能復古乎？

若高陽齊生者，其起予者乎！齊生之兄爲時名相，出藩於南，朝之碩臣皆其舊交。齊生舉進士，有司用是連枉齊生。齊生不以云，乃曰：「我之未至也，有司其枉我哉？我將利吾器而俟其時耳。」抱負其業，東歸於家。吾觀於人，有不得志則非其上者衆矣，亦莫計其身之短長也。若齊生者，既至矣，而曰「我未也」，不以閔於有司，其不亦鮮乎哉！吾用是知齊生後日誠良有司也，能復古者也，公無私者也，知命不惑者也。

送李愿歸盤谷序

太行之陽有盤谷，盤谷之間，泉甘而土肥，草木叢茂，居民鮮少。或曰：「謂其環兩山之間，故曰『盤』。」或曰：「是谷也，宅幽而勢阻，隱者之所盤旋。」友人李愿居之。

愿之言曰：「人之稱大丈夫者，我知之矣。利澤施於人，名聲昭於時。坐於廟朝，進退百官，而佐天子出令。其在外，則樹旗旄，羅弓矢，武夫前呵，從者塞途，供給之人，各執其物，夾道而疾馳。喜有賞，怒有刑。才畯滿前，道古今而譽盛德，入耳而不煩。曲眉豐頰，清聲而便體，秀外而惠中。飄輕裾，翳長袖，粉白黛緑者，列屋而閑居，妒寵而負恃，爭妍而取憐。大丈夫之遇知於天子，用力於當世者之所爲也。吾非惡此而逃之，是有命焉，不可幸而致也！窮居而野處，升高而望遠，坐茂樹以終日，濯清泉以自潔。採於山，美可茹；釣於水，鮮可食。起居無時，惟適之安。與其有譽於前，孰若無毁於其後？與其有樂於身，孰若無憂於其心？車服不維，刀鋸不加，理亂不知，黜陟不聞。大丈夫不遇於時者之所爲也，我則行之。伺候於公卿之門，奔走於形勢之途，足將進而趦趄，口將言而囁嚅；處穢汙而不羞，觸刑辟而誅戮，徼倖於萬一，老死而後止者，其於爲人，賢不肖何如也？」

昌黎韓愈聞其言而壯之。與之酒而爲之歌曰：「盤之中，維子之宮；盤之土，可以稼；盤之泉，可濯可沿；盤之阻，誰爭子所？窈而深，廓其有容；繚而曲，如往而復。嗟盤之樂兮，樂且無央；虎豹遠迹兮，蛟龍遁藏；鬼神守護兮，呵禁不祥。飲且食兮壽而康，無不足兮奚所望？膏吾車兮秣吾馬，從子於盤兮，終吾生以徜徉。」

送廖道士序

五岳於中州，衡山最遠。南方之山，巍然高而大者以百數，獨衡爲宗。最遠而獨爲宗，其神必靈。衡之南八九百里，地益高，山益峻，水清而益駛。其最高而横絶南北者嶺。郴之爲州，在嶺之上，測其高下得三之二焉。中州清淑之氣，於是焉窮。氣之所窮，盛而不過，必蜿蟺扶輿磅礴而鬱積。衡山之神既靈，而郴之爲州，又當中州清淑之氣蜿蟺扶輿磅礴而鬱積，其水土之所生，神氣之所感，白金、水銀、丹砂、石英、鍾乳、橘柚之包，竹箭之美，千尋之名材，不能獨當也。意必有魁奇忠信材德之民生其間，而吾又未見也。其無乃迷惑溺没於老、佛之學而不出邪？

廖師郴民，而學於衡山，氣專而容寂，多藝而善遊，豈吾所謂魁奇而迷溺者邪？廖師善知人，若不在其身，必在其所與遊，訪之而不吾告，何也？於其别，申以問之。

送浮屠文暢師序

人固有儒名而墨行者，問其名則是，校其行則非，可以與之游乎？如有墨名而儒行者，問之名則非，校其行而是，可以與之游乎？揚子雲稱：「在門牆則揮之，在夷狄則進之。」吾取以爲法焉。浮屠師文暢喜文章，其周遊天下，凡有行，必請於縉紳先生以求咏歌其所志。貞元十九年春，將行東南，柳君宗元爲之請，解其裝，得所得序詩累百餘篇。非至篤好，其何能致多如是邪！惜其無以聖人之道告之者，而徒舉浮屠之説贈焉。

夫文暢，浮屠也。如欲聞浮屠之説，當自就其師而問之，何故謁吾徒而來請也？彼見吾君臣父子之懿，文物事爲之盛，其心有慕焉，拘其法而未能入，故樂聞其説而請之。如吾徒者，宜當告之以二帝三王之道，日月星辰之行，天地之所以著，鬼神之所以幽，人物之所以蕃，江河之所以流，而語之，不當又爲浮屠之説而瀆告之也。

民之初生，固若禽獸夷狄然。聖人者立，然後知宮居而粒食，親親而尊尊，生者養而死者藏，是故道莫大乎仁義，教莫正乎禮樂刑政。施之於天下，萬物得其宜；措之於其躬，體安而氣平。堯以是傳之舜，舜以是傳之禹，禹以是傳之湯，湯以是傳之文、武，文、武以是傳之周公、孔子，書之於册，中國之人世守之。今浮屠者，孰爲而孰傳之邪？夫鳥俛而啄，仰而四顧；夫獸深居而簡出，懼物之爲己害也，猶且不脱焉。弱之肉，彊之食。今吾與文暢安居而暇食，優游以生死，與禽獸異者，寧可不知其所自邪？夫不知者，非其人之罪也；知而不爲者，惑也；悦乎故不能即乎新者，弱也；知而不以告人者，不仁也；告而不以實者，不信也。余既重柳請，又嘉浮屠能喜文辭，於是乎言。

送高閑上人序

苟可以寓其巧智，使機應於心，不挫於氣，則神完而守固。雖外物至，不膠於心。堯、舜、禹、湯治天下，養叔治射，庖丁治牛，師曠治音聲，扁鵲治病，僚之於丸，秋之於奕，伯倫之於酒，樂之終身不厭，奚暇外慕？夫外慕徙業者，皆不造其堂，不嚌其胾者也。

往時張旭善草書，不治他伎，喜怒窘窮，憂悲愉佚，怨恨思慕，酣醉無聊不平，有動於心，必於草書焉發之。觀於物，見山水崖谷，鳥獸蟲魚，草木之花實，日月列星，風雨水火，雷霆霹靂，歌舞戰鬭，天地事物之變，可喜可愕，一寓於書。故旭之書變動猶鬼神，不可端倪，以此終其身而名後世。

今閑之於草書，有旭之心哉？不得其心而逐其迹，未見其能旭也。爲旭有道：利害必明，無遺錙銖；情炎於中，利欲鬭進；有得有喪，勃然不釋，然後一決於書，而後旭可幾也。今閑師浮屠氏，一死生，解外膠。是其爲心，必泊然無所起；其於世，必淡然無所嗜。泊與淡相遭，頹墮委靡，潰敗不可收拾，則其於書得無象之然乎！

然吾聞浮屠人善幻，多技能。閑如通其術，則吾不能知矣。

石鼎聯句詩序

元和七年十二月四日，衡山道士軒轅彌明自衡下來。舊與劉師服進士衡湘中相識，將過太白，知師服在京，夜抵其居宿。有校書郎侯喜新有能詩聲，夜與劉説詩。彌明在其側，貌極醜，白鬚黑面，長頸而高結，喉中又作楚語。喜視之若無人。彌明忽軒衣張眉，指鑪中石鼎謂喜曰：「子云能詩，能與我賦此乎？」劉往見衡湘間人説云：「年九十餘矣，解捕逐鬼物，拘囚蛟螭虎豹，不知其實能否也。見其老，頗貌敬之，不知其有文也。」聞此説，大喜。即援筆題其首兩句，次傳於喜，喜踊躍，即綴其下云云。道士啞然笑曰：「子詩如是而已乎？」即袖手竦肩，倚北牆坐，謂劉曰：「吾不解世俗書，子爲我書。」因高吟曰：「龍頭縮菌蠢，豕腹漲彭亨。」初不似經意，詩旨有似譏喜。二子相顧慚駭，欲以多窮之，即又爲而傳之喜。喜思益苦，務欲壓道士，每營度欲出，口吻聲鳴益悲，操筆欲書，將下復止，竟亦不能奇也。畢即傳道士，道士高踞大唱曰：「劉把筆，吾詩云云。」其不用意而功益奇，不可附説，語皆侵劉、侯。喜益忌之。劉與侯皆已賦十餘韻，彌明應之如響，皆穎脱含譏諷。夜盡三更，二子思竭不能續。因起謝曰：「尊師非世人也。某伏矣。願爲弟子，不敢更論詩。」道士奮曰：「不然，章不可以不成也。」又謂劉曰：「把筆來，吾與汝就之。」即又唱出四十字，爲八句。書訖，使讀。讀畢，謂二子曰：「章不已就乎？」二子齊應曰：「就矣。」道士曰：「此皆不足與語，此寧爲文邪？吾就子所能而作耳，非吾之所學於師而能者也。吾所能者，子皆不足以聞也，獨文乎哉？吾語亦不當聞也，吾閉口矣。」二子大懼，皆起立牀下，拜曰：「不敢他有問也，願聞一言而已。先生稱『吾不解人間書』，敢問解何書？請聞此而已。」道士寂然若無聞也，累問不應。二子不自得，即退就座。道士倚牆睡，鼻息如雷鳴。二子怛然失色，不敢喘。斯須，曙鼓動鼕鼕。二子亦困，遂坐睡。及覺，日已上，驚顧覔道士，不見，即問童奴。奴曰：「天且明，道士起出門，若將便旋然。奴怪久不返，即出到門覔，無有也。」二子驚惋自責，若有失者，間遂詣余言。余不能識其何道士也，嘗聞有隱君子彌明，豈其人耶？韓愈序。

詩

巧匠斲山骨，刳中事煎烹。師服直柄未當權，塞口且吞聲。喜龍頭縮菌蠢，豕腹漲彭亨。彌明外苞乾蘚文，中有暗浪驚。師服在冷足自安，遭焚意彌貞。喜謬當鼎鼐間，妄使水火爭。彌明大似烈士膽，圓如戰馬纓。師服上比香爐尖，下與鏡面平。喜秋瓜未落蒂，凍芋强抽萌。彌明一塊元氣閉，細泉幽竇傾。師服不值輸寫處，焉知懷抱清。喜方當洪罏然，益見小器盈。彌明皖皖無刃迹，團團類天成。師服遥疑龜負圖，出曝曉正晴。喜旁有雙耳穿，上爲孤髻撑。彌明或訝短尾銚，又似無足鐺。師服可惜寒食毬，擲此傍路坑。喜何當出灰炮，無計離缾罌。彌明陋質荷斟酌，狹中愧提擎。師服豈能煮仙藥，但未汙羊羹。喜形模婦女笑，度量兒童輕。彌明徒示堅重性，不過升合盛。師服傍似廢轂仰，側見折軸横。喜時於蚯蚓竅，微作蒼蠅鳴。彌明以兹翻溢愆，實負任使誠。師服常居顧眄地，敢有漏泄情。喜寧依暖熱弊，不與寒涼并。彌明區區徒自效，瑣瑣不足呈。喜回旋但兀兀，開闔惟鏗鏗。師服全勝瑚璉貴，空有口傳名。豈比俎豆古，不爲手所撜。磨礱去圭角，浸潤著光精。願君莫嘲誚，此物方施行。彌明

新修滕王閣記

愈少時則聞江南多臨觀之美，而滕王閣獨爲第一，有瑰偉絶特之稱；及得三王所爲序、賦、記等，壯其文辭，益欲往一觀而讀之，以忘吾憂。繫官於朝，願莫之遂。十四年，以言事斥守揭陽，便道取疾以至海上，又不得過南昌而觀所謂滕王閣者。其冬，以天子進大號，加恩區内，移刺袁州。袁於南昌爲屬邑，私喜幸自語，以爲當得躬詣大府，受約束於下執事，及其無事且還，儻得一至其處，竊寄目償所願焉。

至州之七月，詔以中書舍人太原王公爲御史中丞，觀察江南西道。洪、江、饒、虔、吉、信、撫、袁，悉屬治所。八州之人，前所不便及所願欲而不得者，公至之日，皆罷行之。大者驛聞，小者立變。春生秋殺，陽開陰閉，令修於庭户，數日之間，而人自得於湖山千里之外。吾雖欲出意見，論利害，聽命於幕下；而吾州乃無一事可假而行者，又安得捨己所事以勤館人？則滕王閣又無因而至焉矣！

其歲九月，人吏浹和，公與監軍使燕於此閣，文武賓士皆與在席。酒半，合辭言曰：「此屋不修，且壞。前公爲從事此邦，適理新之，公所爲文，實書在壁。今三十年而公來爲邦伯，適及期月，公又來燕於此，公烏得無情哉？」公應曰：「諾。」於是棟楹梁桷板檻之腐黑撓折者，蓋瓦級甎之破缺者，赤白之漫漶不鮮者，治之則已。無侈前人，無廢後觀。

工既訖功，公以衆飲，而以書命愈曰：「子其爲我記之！」愈既以未得造觀爲歎，竊喜載名其上，詞列三王之次，有榮耀焉，乃不辭而承公命。其江山之好，登望之樂，雖老矣，如獲從公遊，尚能爲公賦之。

此歐公諸記所從出。

藍田縣丞廳壁記

丞之職，所以貳令，於一邑無所不當問。其下主簿、尉，主簿、尉乃有分職。丞位高而偪，例以嫌不可否事。文書行，吏抱成案詣丞，卷其前，鉗以左手，右手摘紙尾，鴈鶩行以進，平立，睨丞曰：「當署。」丞涉筆占位，署惟謹。目吏問：「可不可？」吏曰：「得。」則退，不敢略省，漫不知何事。官雖尊，力勢反出主簿、尉下。諺數慢，必曰丞，至以相訾謷。丞之設，豈端使然哉！

博陵崔斯立，種學績文，以蓄其有，泓涵演迤，日大以肆。貞元初，挾其能，戰藝於京師，再進再屈於人。元和初，以前大理評事言得失黜官，再轉而爲丞茲邑。始至，喟曰：「官無卑，顧材不足塞職。」既噤，不得施用，又喟曰：「丞哉，丞哉！余不負丞而丞負余！」則盡枿去牙角，一躡故迹，破崖岸而爲之。

丞廳故有記，壞漏污不可讀。斯立易桷與瓦，墁治壁，悉書前任人名氏。庭有老槐四行，南牆鉅竹千梃，儼立若相持，水㶁㶁循除鳴。斯立痛掃溉，對樹二松，日哦其間。有問者，輒對曰：「余方有公事，子姑去！」

畫記

雜古今人物小畫共一卷。騎而立者五人，騎而被甲載兵立者十人，一人騎執大旗前立，騎而被甲載兵行且下牽者十人，騎且負者二人，騎執器者二人，騎擁田犬者一人，騎而牽者二人，騎而驅者三人，執羈靮立者二人，騎而下倚馬臂隼而立者一人，騎而驅涉者二人，徒而驅牧者二人，坐而指使者一人，甲胄手弓矢鈇鉞植者七人，甲胄執幟植者十人，負者七人，偃寢休者二人，甲胄坐睡者一人，方涉者一人，坐而脱足者一人，寒附火者一人，雜執器物役者八人，奉壺矢者一人，舍而具食者十有一人，挹且注者四人，牛牽者二人，驢驅者四人，一人杖而負者，婦人以孺子載而可見者六人，載而上下者三人，孺子戲者九人。凡人之事三十有二，爲人大小百二十有三，而莫有同者焉。馬大者九匹，於馬之中又有上者，下者，行者，牽者，涉者，陸者，翹者，顧者，鳴者，寢者，訛者，立者，人立者，齕者，飲者，溲者，陟者，降者，痒磨樹者，噓者，嗅者，喜相戲者，怒相踶齧者，秣者，騎者，驟者，走者，載服物者，載狐兔者。凡馬之事二十有七，爲馬大小八十有三，而莫有同者焉。牛大小十一頭，橐駝三頭，驢如橐駝之數而加其一焉。隼一。犬、羊、狐、兔、麋、鹿共三十。旃車三兩。雜兵器、弓矢、旌旗、刀劍、矛楯、弓服、矢房、甲胄之屬，缾、盂、簦、笠、筐、筥、錡、釜，飲食服用之器，壺矢博弈之具，二百五十有一，皆曲極其妙。

貞元甲戌年，余在京師，甚無事，同居有獨孤生申叔者，始得此畫，而與余彈棋，余幸勝而獲焉。意甚惜之，以爲非一工人之所能運思，蓋蘽集衆工人之所長耳，雖百金不願易也。明年，出京師，至河陽，與二三客論畫品格，因出而觀之。座有趙侍御者，君子人也。見之戚然，若有感然，少而進曰：「噫！余之手摸也，亡之且二十年矣。余少時常有志乎兹事，得國本，絶人事而摸得之。遊閩中而喪焉。居閑處獨，時往來余懷也。以其始爲之勞而夙好之篤也，今雖遇之，力不能爲已，且命工人存其大都焉。」余既甚愛之，又感趙君之事，因以贈之，而記其人物之形狀與數，而時觀之以自釋焉。

周人以後無此種格力。歐公自謂不能爲，所謂曉其深處。而東坡以所傳爲妄，於此見知言之難。

太學生何蕃傳

太學生何蕃，入太學者廿餘年矣。歲舉進士，學成行尊，自太學諸生推頌不敢與蕃齒，相與言於助教、博士，助教、博士以狀申於司業、祭酒，司業、祭酒撰次蕃之群行焯焯者數十餘事，以之升於禮部，而以聞於天子。京師諸生以薦蕃名文説者，不可選紀。公卿大夫知蕃者比肩立，莫爲禮部；爲禮部者，率蕃所不合者，以是無成功。

蕃，淮南人，父母具全。初入太學，歲率一歸，父母止之。其後間一二歲乃一歸，又止之，不歸者五歲矣。蕃，純孝人也。閔親之老，不自克。一日，揖諸生，歸養於和州；諸生不能止，乃閉蕃空舍中。於是太學六館之士百餘人，又以蕃之義行言於司業陽先生城，請諭留蕃。於是太學闕祭酒，會陽先生出道州，不果留。

歐陽詹生言曰：「蕃，仁勇人也。」或者曰：「蕃居太學，諸生不爲非義，葬死者之無歸，哀其孤而字焉，惠之大小必以力復，斯其所謂仁歟！蕃之力不任其體，其貌不任其心，吾不知其勇也。」歐陽詹生曰：「朱泚之亂，太學諸生舉將從之，來請起蕃，蕃正色叱之，六館之士不從亂，茲非其勇歟？」

惜乎蕃之居下，其可以施於人者不流也。譬之水，其爲澤，不爲川乎？川者高，澤者卑；高者流，卑者止。是故蕃之仁義，充諸心，行諸太學，積者多，施者不遐也。天將雨，水氣上，無擇於川澤澗谿之高下，然則澤之道其亦有施乎？抑有待於彼者歟？故凡貧賤之士必有待，然後能有所立。獨何蕃歟！吾是以言之，無亦使其無傳焉。

毛穎傳

毛穎者，中山人也。其先明眎，佐禹治東方土，養萬物有功，因封於卯地，死爲十二神。嘗曰：「吾子孫神明之後，不可與物同，當吐而生。」已而果然。明眎八世孫𩣑，世傳當殷時居中山，得神仙之術，能匿光使物，竊姮娥，騎蟾蜍入月，其後代遂隱不仕云。居東郭者曰㕙，狡而善走，與韓盧争能，盧不及。盧怒，與宋鵲謀而殺之，醢其家。

秦始皇時，蒙將軍恬南伐楚，次中山，將大獵以懼楚。召左右庶長與軍尉，以連山筮之，得天與人文之兆。筮者賀曰：「今日之獲，不角不牙，衣褐之徒，缺口而長鬚，八竅而趺居，獨取其髦，簡牘是資。天下其同書，秦其遂兼諸侯乎！」遂獵，圍毛氏之族，拔其豪，載穎而歸，獻俘於章臺宫，聚其族而加束縛焉。秦皇帝使恬賜之湯沐，而封諸管城，號曰管城子。日見親寵任事。

穎爲人强記而便敏，自結繩之代以及秦事，無不纂録。陰陽、卜筮、占相、醫方、族氏、山經、地志、字書、圖畫、九流、百家、天人之書，及至浮圖、老子、外國之説，皆所詳悉。又通於當代之務，官府簿書、市井貨錢注記，惟上所使。自秦皇帝及太子扶蘇、胡亥，丞相斯、中車府令高，下及國人，無不愛重。又善隨人意，正直、邪曲、巧拙，一隨其人。雖見廢棄，終默不洩。惟不喜武士，然見請亦時往。累拜中書令，與上益狎，上嘗呼爲「中書君」。上親決事，以衡石自程，雖宫人不得立左右，獨穎與執燭者常侍，上休方罷。穎與絳人陳玄、弘農陶泓及會稽褚先生友善，相推致，其出處必偕。上召穎，三人者，不待詔輒俱往，上未嘗怪焉。

後因進見，上將有任使，拂拭之，因免冠謝。上見其髮禿，又所摹畫不能稱上意，上嘻笑曰：「中書君老而禿，不任吾用。吾嘗謂君中書，君今不中書邪？」對曰：「臣所謂盡心者。」因不復召，歸封邑，終於管城。其子孫甚多，散處中國夷狄，皆冒管城；惟居中山者，能繼父祖業。

太史公曰：毛氏有兩族：其一姬姓，文王之子，封於毛，所謂魯衛毛聃者也，戰國時有毛公、毛遂；獨中山之族不知其本所出，子孫最爲蕃昌。春秋之成，見絶於孔子，而非其罪。及蒙將軍拔中山之豪，始皇封諸管城，世遂有名，而姬姓之毛無聞。穎始以俘見，卒見任使。秦之滅諸侯，穎與有功。賞不酬勞，以老見疏，秦真少恩哉！

潮州請置鄉校牒

孔子曰：「道之以政，齊之以刑，則民免而無恥。」不如以德禮爲先，而輔以政刑也。夫欲用德禮，未有不由學校師弟子者。此州學廢日久，進士明經，百十年間，不聞有業成貢於王庭、試於有司者。人吏目不識鄉飲酒之禮，耳未嘗聞鹿鳴之歌，忠孝之行不勸，亦縣之恥也。夫十室之邑必有忠信，今此州户萬有餘，豈無庶幾者邪？刺史、縣令不躬爲之師，里閭後生無所從學爾。

趙德秀才沈雅專静，頗通經，有文章，能知先王之道，論説且排異端而宗孔氏，可以爲師矣。請攝海陽縣尉爲衙推官，專勾當州學以督生徒，興愷悌之風。刺史出己俸百千以爲舉本，收其贏餘以給學生厨饌。

平淮西碑

天以唐克肖其德，聖子神孫，繼繼承承於千萬年，敬戒不怠；全付所覆，四海九州，罔有内外，悉主悉臣。高祖太宗，既除既治；高宗中睿，休養生息；至於玄宗，受報收功，極熾而豐，物衆地大，孽牙其間；肅宗代宗，德祖順考，以勤以容，大慝適去，稂莠不薅，相臣將臣，文恬武嬉，習熟見聞，以爲當然。

睿聖文武皇帝，既受群臣朝，乃考圖數貢，曰：「嗚呼！天既全付予有家，今傳次在予，予不能事事，其何以見於郊廟？」群臣震懾，奔走率職。明年，平夏；又明年，平蜀；又明年，平江東；又明年，平澤、潞，遂定易、定，致魏博、貝、衛、澶、相，無不從志。皇帝曰：「不可究武，予其少息。」

九年，蔡將死，蔡人立其子元濟以請，不許。遂燒舞陽，犯葉、襄城，以動東都，放兵四劫。皇帝歷問於朝，一二臣外，皆曰：「蔡帥之不廷授，於今五十年，傳三姓四將，其樹本堅，兵利卒頑，不與他等。因撫而有，順且無事。」大官臆決唱聲，萬口和附，并爲一談，牢不可破。

皇帝曰：「惟天惟祖宗所以付任予者，庶其在此，予何敢不力？況一二臣同，不爲無助。」曰：「光顔，汝爲陳、許帥，維是河東、魏博、郃陽三軍之在行者，汝皆將之。」曰：「重胤，汝故有河陽、懷，今益以汝，維是朔方、義成、陝、益、鳳翔、延、慶七軍之在行者，汝皆將之。」曰：「弘，汝以卒萬二千，屬而子公武往討之。」曰：「文通，汝守壽，維是宣武、淮南、宣歙、浙西四軍之行於壽者，汝皆將之。」曰：「道古，汝其觀察鄂岳。」曰：「愬，汝帥唐、鄧、隨，各以其兵進戰。」曰：「度，汝長御史，其往視師。」曰：「度，惟汝予同，汝遂相予，以賞罰用命不用命。」曰：「弘，汝其以節都統諸軍。」曰：「守謙，汝出入左右，汝惟近臣，其往撫師。」曰：「度，汝其往，衣服飲食予士，無寒無飢，以既厥事，遂生蔡人。賜汝節斧、通天御帶、衛卒三百。凡茲廷臣，汝擇自從，惟其賢能，無憚大吏。庚申，予其臨門送汝。」曰：「御史，予閔士大夫戰甚苦，自今以往，非郊廟祠祀，其無用樂。」

顔、胤、武合攻其北，大戰十六，得栅、城、縣二十三，降人卒四萬。道古攻其東南，八戰，降萬三千，再入申，破其外城。文通戰其東，十餘遇，降萬二千。愬入其西，得賊將輒釋不殺，用其策，戰比有功。十二年八月，丞相度至師。都統弘責戰益急，顔、胤、武合戰益用命。元濟盡并其衆洄曲以備。十月壬申，愬用所得賊將，自文城，因天大雪，疾馳百二十里，用夜半到蔡。破其門，取元濟以獻，盡得其屬人卒。辛巳，丞相度入蔡，以皇帝命赦其人。淮西平，大饗賚功。師還之日，因以其食賜蔡人。凡蔡卒三萬五千，其不樂爲兵願歸爲農者十九，悉縱之。斬元濟京師。

冊功：弘加侍中；愬爲左僕射，帥山南東道；顔、胤皆加司空；公武以散騎常侍帥鄜坊丹延；道古進大夫；文通加散騎常侍。丞相度朝京師，道封晉國公，進階金紫光禄大夫，以舊官相。而以其副總爲工部尚書，領蔡任。既還奏，群臣請紀聖功，被之金石。皇帝以命臣愈。臣愈再拜稽首而獻。文曰：

唐承天命，遂臣萬邦。孰居近土，襲盜以狂。往在玄宗，崇極而圮。河北悍驕，河南附起。四聖不宥，屢興師征。有不能克，益戍以兵。夫耕不食，婦織不裳。輸之以車，爲卒賜糧。外多失朝，曠不嶽狩。百隸怠官，事亡其舊。

帝時繼位，顧瞻咨嗟。惟汝文武，孰恤予家！既斬吴蜀，旋取山東。魏將首義，六州降從。淮蔡不順，自以爲强。提兵叫讙，欲事故常。始命討之，遂連姦鄰。陰遣刺客，來賊相臣。方戰未利，内驚京師。群公上言，莫若惠來。帝爲不聞，與神爲謀。乃相同德，以訖天誅。乃敕顔、胤、愬、武、古、通，咸統於弘，各奏汝功。三方分攻，五萬其師。大軍北乘，厥數倍之。常兵時曲，軍士蠢蠢。既翦陵雲，蔡卒大窘。勝之邵陵，郾城來降。自夏入秋，復屯相望。兵頓不勵，告功不時。帝哀征夫，命相往釐。士飽而歌，馬騰於槽。試之新城，賊遇敗逃。盡抽其有，聚以防我。西師躍入，道無留者。

頟頟蔡城，其疆千里。既入而有，莫不順俟。帝有恩言，相度來宣。誅止其魁，釋其下人。蔡之卒夫，投甲呼舞；蔡之婦女，迎門笑語。蔡人告飢，船粟往哺；蔡人告寒，賜以繒布。始時蔡人，禁不往來。今相從戲，里門夜開。始時蔡人，進戰退戮。今旰而起，左飧右粥。爲之擇人，以收餘憊。選吏賜牛，教而不税。蔡人有言：「始迷不知，今乃大覺，羞前之爲。」蔡人有言：「天子明聖。不順族誅，順保性命。汝不吾信，視此蔡方。孰爲不順，往斧其吭。凡叛有數，聲勢相倚。吾强不支，汝弱奚恃？其告而長，而父而兄，奔走偕來，同我太平。」淮蔡爲亂，天子伐之。既伐而飢，天子活之。始議伐蔡，卿士莫隨。既伐四年，小大並疑。不赦不疑，由天子明。凡此蔡功，惟斷乃成。既定淮蔡，四夷畢來。遂開明堂，坐以治之。

殿中少監馬君墓誌

君諱繼祖，司徒贈太師北平莊武王之孫，少府監贈太子少傅諱暢之子。生四歲，以門功拜太子舍人。積三十四年，五轉而至殿中少監。年三十七以卒，有男八人，女二人。

始余初冠，應進士貢在京師，窮不自存，以故人稚弟拜北平王於馬前，王問而憐之，因得見於安邑里第。王軫其寒飢，賜食與衣。召二子使爲之主，其季遇我特厚，少府監贈太子少傅者也。姆抱幼子立側，眉眼如畫，髮漆黑，肌肉玉雪可念，殿中君也。當是時，見王於北亭，猶高山深林鉅谷，龍虎變化不測，傑魁人也；退見少傅，翠竹碧梧，鸞鵠停峙，能守其業者也；幼子娟好静秀，瑶環瑜珥，蘭茁其牙，稱其家兒也。

後四五年，吾成進士，去而東遊，哭北平王於客舍；後十五六年，吾爲尚書都官郎，分司東都，而分府少傅卒，哭之；又十餘年至今，哭少監焉。嗚呼！吾未耄老，自始至今未四十年，而哭其祖子孫三世，於人世何如也！人欲久不死而觀居此世者，何也？

柳子厚墓誌銘

子厚諱宗元，七世祖慶，爲拓跋魏侍中，封濟陰公。曾伯祖奭，爲唐宰相，與褚遂良、韓瑗俱得罪武后，死高宗朝。皇考諱鎮，以事母棄太常博士，求爲縣令江南；其後以不能媚權貴，失御史，權貴人死，乃復拜侍御史。號爲剛直，所與游皆當世名人。

子厚少精敏，無不通達。逮其父時，雖少年，已自成人，能取進士第，嶄然見頭角，衆謂柳氏有子矣。其後以博學宏詞，授集賢殿正字。儁傑廉悍，議論證據今古，出入經史百子，踔厲風發，率常屈其座人，名聲大振，一時皆慕與之交，諸公要人，爭欲令出我門下，交口薦譽之。貞元十九年，由藍田尉拜監察御史。順宗即位，拜禮部員外郎。遇用事者得罪，例出爲刺史，未至，又例貶永州司馬。居閒，益自刻苦，務記覽，爲詞章，汎濫停蓄爲深博無涯涘，而自肆於山水間。元和中，嘗例召至京師，又偕出爲刺史，而子厚得柳州。既至，歎曰：「是豈不足爲政邪？」因其土俗，爲設教禁，州人順賴。其俗以男女質錢，約不時贖，子本相侔，則沒爲奴婢。子厚與設方計，悉令贖歸。其尤貧力不能者，令書其傭，足相當，則使歸其質。觀察使下其法於他州，比一歲，免而歸者且千人。衡湘以南爲進士者，皆以子厚爲師，其經承子厚口講指畫爲文詞者，悉有法度可觀。

其召至京師而復爲刺史也，中山劉夢得禹錫亦在遣中，當詣播州。子厚泣曰：「播州非人所居，而夢得親在堂，吾不忍夢得之窮，無辭以白其大人，且萬無母子俱往理。」請於朝，將拜疏，願以柳易播，雖重得罪死不恨。遇有以夢得事白上者，夢得於是改刺連州。嗚呼！士窮乃見節義。今夫平居里巷相慕悦，酒食游戲相徵逐，詡詡强笑語以相取下，握手出肺肝相示，指天日涕泣，誓生死不相背負，真若可信，一旦臨小利害，僅如毛髮比，反眼若不相識，落陷穽，不一引手救，反擠之，又下石焉者，皆是也。此宜禽獸夷狄所不忍爲，而其人自視以爲得計，聞子厚之風，亦可以少媿矣！

子厚前時少年，勇於爲人，不自貴重顧藉，謂功業可立就，故坐廢退。既退，又無相知有氣力得位者推挽，故卒死於窮裔，材不爲世用，道不行於時也。使子厚在臺省時，自持其身已能如司馬、刺史時，亦自不斥；斥時，有人力能舉之，且必復用不窮。然子厚斥不久，窮不極，雖有出於人，其文學辭章，必不能自力，以致必傳於後如今無疑也。雖使子厚得所願，爲將相於一時，以彼易此，孰得孰失，必有能辨之者。

子厚以元和十四年十一月八日卒，年四十七。以十五年七月十日歸葬萬年先人墓側。子厚有子男二人，長曰周六，始四歲；季曰周七，子厚卒乃生；女子二人，皆幼。其得歸葬也，費皆出觀察使河東裴君行立。行立有節概，立然諾，與子厚結交，子厚亦爲之盡，竟賴其力。葬子厚於萬年之墓者，舅弟盧遵。遵，涿人，性謹慎，學問不厭。自子厚之斥，遵從而家焉，逮其死不去；既往葬子厚，又將經紀其家，庶幾有始終者。銘曰：

是惟子厚之室，既固既安，以利其嗣人。

歐陽生哀辭

歐陽詹，世居閩越。自詹已上皆爲閩越官，至州佐縣令者累累有焉。閩越地肥衍，有山泉禽魚之樂。雖有長材秀民通文書吏事與上國齒者，未嘗肯出仕。今上初，故宰相常袞爲福建諸州觀察使，治其地。袞以文辭進，有名於時，又作大官臨莅其民。鄉縣小民有能誦書作文辭者，袞親與之爲客主之禮，觀遊宴饗必召與之。時未幾，皆化翕然。詹於時獨秀出，袞加敬愛，諸生皆推服。閩越之人舉進士繇詹始。

建中、貞元間，余就食江南，未接人事，往往聞詹名閭巷間。詹之稱於江南也久。貞元三年，余始至京師舉進士，聞詹名尤甚。八年春，遂與詹文辭同考試登第，始相識。自後詹歸閩中，余或在京師他處，不見詹久者，惟詹歸閩中時爲然。其他時與詹離，率不歷歲，移時則必合，合必兩忘其所趨，久然後去。故余與詹相知爲深。

詹事父母盡孝道，仁於妻子，於朋友義以誠。氣醇以方，容貌嶷嶷然，其燕私善謔以和，其文章切深，喜往復，善自道。讀其書，知其於慈孝最隆也。

十五年冬，余以徐州從事朝正於京師。詹爲國子監四門助教，將率其徒伏闕下舉余爲博士。會監有獄，不果上。觀其心，有益於余，將忘其身之賤而爲之也。嗚呼！詹今其死矣。詹，閩越人也，父母老矣。捨朝夕之養以來京師，其心將以有得於是而歸爲父母榮也。雖其父母之心，亦皆然。詹在側，雖無離憂，其志不樂也；詹在京師，雖有離憂，其志樂也。若詹者，所謂以志養志者歟！詹雖未得位，其名聲流於人人，其德行信於朋友，雖詹與其父母皆可無憾也。詹之事業文章，李翱既爲之傳，故作哀辭，以舒余哀，以傳於後，以遺其父母而解其悲哀，以卒詹志。云：

求仕與友兮，遠違其鄉。父母之命兮，子奉以行。友則既獲兮，禄實不豐。以志爲養兮，何有牛羊？事實既修兮，名譽又光。父母忻忻兮，常若在旁。命雖云短兮，其存者長。終要必死兮，願不永傷。友朋親視兮，藥物甚良。飲食孔時兮，所欲無妨。壽命不齊兮，人道之常。在側與遠兮，非有不同。山川阻深兮，魂魄流行。祀祭則及兮，勿謂不通。哭泣無益兮，抑哀自彊。推生知死兮，以慰孝誠。嗚呼哀哉兮，是亦難忘。

祭田橫墓文

貞元十一年九月，愈如東京，道出田橫墓下，感橫義高能得士，因取酒以祭，爲文而弔之，其辭曰：

事有曠百世而相感者，余不自知其何心。非今世之所稀，孰爲使余歔欷而不可禁？余既博觀乎天下，曷有庶幾乎夫子之所爲？死者不復生，嗟余去此其從誰？當秦氏之敗亂，得一士而可王；何五百人之擾擾，而不能脱夫子於劍鋩？抑所寶之非賢，亦天命之有常？昔闕里之多士，孔聖亦云其遑遑。苟余行之不迷，雖顛沛其何傷？自古死者非一，夫子至今有耿光。跽陳辭而薦酒，魂髣髴而來享。

祭鱷魚文

維年月日，潮州刺史韓愈、使軍事衙推秦濟，以羊一、猪一投惡谿之潭水，以與鱷魚食，而告之曰：

昔先王既有天下，列山澤，罔繩擉刃，以除蟲蛇惡物爲民害者，驅而出之四海之外。及後王德薄，不能遠有，則江漢之間，尚皆棄之以與蠻夷楚越，況潮嶺海之間，去京師萬里哉？鱷魚之涵淹卵育於此，亦固其所。今天子嗣唐位，神聖慈武，四海之外，六合之内，皆撫而有之，況禹迹所揜，揚州之近地，刺史縣令之所治，出貢賦以供天地宗廟百神之祀之壤者哉？鱷魚其不可與刺史雜處此土也！

刺史受天子命，守此土，治此民，而鱷魚睅然不安谿潭，據處食民畜熊豕鹿麞，以肥其身，以種其子孫，與刺史亢拒，争爲長雄。刺史雖駑弱，亦安肯爲鱷魚低首下心，伈伈晛晛，爲民吏羞，以偷活於此邪！且承天子命以來爲吏，固其勢不得不與鱷魚辨。鱷魚有知，其聽刺史言：

潮之州，大海在其南，鯨鵬之大，蝦蟹之細，無不容歸，以生以食，鱷魚朝發而夕至也。今與鱷魚約：盡三日，其率醜類南徙於海，以避天子之命吏。三日不能，至五日；五日不能，至七日；七日不能，是終不肯徙也，是不有刺史，聽從其言也。不然，則是鱷魚冥頑不靈，刺史雖有言，不聞不知也。夫傲天子之命吏，不聽其言，不徙以避之，與冥頑不靈而爲民物害者，皆可殺。刺史則選材技吏民，操强弓毒矢，以與鱷魚從事，必盡殺乃止。其無悔！

祭河南張員外文

維年月日，彰義軍行軍司馬守太子右庶子兼御史中丞韓愈，謹遣某乙以庶羞清酌之奠，祭于亡友故河南縣令張十二員外之靈：

貞元十九，君爲御史，余以無能，同詔並跱。君德渾剛，標高揭己，有不吾如，唾猶泥滓。余戇而狂，年未三紀，乘氣加人，無挾自恃。彼婉孌者，實憚吾曹，側肩帖耳，有舌如刀。我落陽山，以尹鼯猱；君飄臨武，山林之牢。歲弊寒兇，雪虐風饕，顛於馬下，我泗君咷。夜息南山，同臥一席，守隸防夫，觝頂交跖。洞庭漫汗，粘天無壁，風濤相豗，中作霹靂。追程盲進，飄船箭激。南上湘水，屈氏所沈。二妃行迷，淚蹤染林。山哀浦思，鳥獸叫音。余唱君和，百篇在吟。君止於縣，我又南逾。把觴相飲，後期有無。期宿界上，一又相語。自別幾時，遽變寒暑。枕臂欹眠，加余以股。僕來告言，虎入厩處。無敢驚逐，以我驂去。君云是物，不駿於乘。虎取而往，來寅其徵。我預在此，與君俱膺。猛獸果信，惡禱而憑。

余出嶺中，君竢州下。偕掾江陵，非余望者。郴山奇變，其水清寫。泊砂倚石，有遌無捨。衡陽放酒，熊咆虎嗥。不存令章，罰籌蝟毛。委舟湘流，往觀南嶽。雲壁潭潭，穹林攸擢。避風太湖，七日鹿角。鈎登大鮎，怒頰豕狗。臠盤炙酒，群奴餘啄。走官階下，首下居高。下馬伏塗，從事是遭。

予徵博士，君以使已。相見京師，過願之始。分教東生，君掾雍首。兩都相望，於别何有？解手背面，遂十一年。君出我入，如相避然。生闊死休，呑不復宣。刑官屬郎，引章訐奪。權臣不愛，南昌是斡。明條謹獄，氓獠户歌。用遷澧浦，爲人受瘥。還家東都，起令河南。屈拜後生，憤所不堪。屢以正免，身伸事蹇。竟死不昇，孰勸爲善？

丞相南討，余辱司馬。議兵大梁，走出洛下。哭不憑棺，奠不親斝。不撫其子，葬不送野。望君傷懷，有隕如瀉。銘君之績，納石壤中。爰及祖考，紀德事功。外著後世，鬼神與通。君其奚憾，不余鑒衷。嗚呼哀哉，尚饗。

祭十二郎文

年月日，季父愈聞汝喪之七日，乃能銜哀致誠，使建中遠具時羞之奠，告汝十二郎之靈：

嗚呼！吾少孤，及長，不省所怙，惟兄嫂是依。中年，兄殁南方，吾與汝俱幼，從嫂歸葬河陽；既又與汝就食江南，零丁孤苦，未嘗一日相離也。吾上有三兄，皆不幸早世，承先人後者，在孫惟汝，在子惟吾，兩世一身，形單影隻。嫂常撫汝指吾而言曰：「韓氏兩世，惟此而已！」汝時尤小，當不復記憶，吾時雖能記憶，亦未知其言之悲也。

吾年十九，始來京城。其後四年，而歸視汝。又四年，吾往河陽省墳墓，遇汝從嫂喪來葬。又二年，吾佐董丞相於汴州。汝來省吾，止一歲，請歸取其孥。明年，丞相薨，吾去汴州，汝不果來。是年，吾佐戎徐州，使取汝者始行，吾又罷去，汝又不果來。吾念汝從於東，東亦客也，不可以久；圖久遠者，莫如西歸，將成家而致汝。嗚呼！孰謂汝遽去吾而殁乎！吾與汝俱少年，以爲雖暫相別，終當久相與處，故捨汝而旅食京師，以求斗斛之禄。誠知其如此，雖萬乘之公相，吾不以一日輟汝而就也！

去年，孟東野往，吾書與汝曰：「吾年未四十，而視茫茫，而髮蒼蒼，而齒牙動摇。念諸父與諸兄，皆康彊而早世，如吾之衰者，其能久存乎？吾不可去，汝不肯來，恐旦暮死，而汝抱無涯之戚也。」孰謂少者殁而長者存，彊者夭而病者全乎？嗚呼！其信然邪？其夢邪？其傳之非其真邪？信也！吾兄之盛德而夭其嗣乎？汝之純明而不克蒙其澤乎？少者彊者而夭殁，長者衰者而存全乎？未可以爲信也。夢也！傳之非其真也？東野之書，耿蘭之報，何爲而在吾側也？嗚呼！其信然矣！吾兄之盛德而夭其嗣矣！汝之純明宜業其家者，不克蒙其澤矣！所謂天者誠難測，而神者誠難明矣！所謂理者不可推，而壽者不可知矣！雖然，吾自今年來，蒼蒼者或化而爲白矣，動摇者或脱而落矣，毛血日益衰，志氣日益微，幾何不從汝而死也！死而有知，其幾何離？其無知，悲不幾時，而不悲者無窮期矣！汝之子始十歲，吾之子始五歲，少而彊者不可保，如此孩提者，又可冀其成立邪？嗚呼哀哉！嗚呼哀哉！

汝去年書云：「比得軟脚病，往往而劇。」吾曰：「是疾也，江南之人常常有之。」未始以爲憂也。嗚呼！其竟以此而殞其生乎？抑别有疾而至斯乎？汝之書，六月十七日也，東野云：「汝殁以六月二日。」耿蘭之報無月日。蓋東野之使者，不知問家人以月日，如耿蘭之報，不知當言月日，東野與吾書，乃問使者，使者妄稱以應之耳。其然乎？其不然乎？

今吾使建中祭汝，弔汝之孤與汝之乳母。彼有食可守以待終喪，則待終喪而取以來；如不能守以終喪，則遂取以來。其餘奴婢，並令守汝喪。吾力能改葬，終葬汝於先人之兆，然後惟其所願。

嗚呼！汝病吾不知時，汝殁吾不知日。生不能相養以共居，殁不得撫汝以盡哀。斂不憑其棺，窆不臨其穴。吾行負神明而使汝夭，不孝不慈，而不得與汝相養以生，相守以死。一在天之涯，一在地之角，生而影不與吾形相依，死而魂不與吾夢相接，吾實爲之，其又何尤！彼蒼者天，曷其有極！自今已往，吾其無意於人世矣！當求數頃之田於伊、潁之上，以待餘年，教吾子與汝子，幸其成；長吾女與汝女，待其嫁，如此而已！嗚呼！言有窮而情不可終，汝其知也邪？其不知也邪？嗚呼哀哉！尚饗！

祭鄭夫人文

維年月日，愈謹於逆旅備時羞之奠，再拜頓首，敢昭祭於六嫂滎陽鄭氏夫人之靈：

嗚呼！天禍我家，降集百殃。我生不辰，三歲而孤。蒙幼未知，鞠我者兄。在死而生，實維嫂恩。未亂一年，兄宦王官。提攜負任，去洛居秦。念寒而衣，念饑而飧。疾疹水火，無菑及身。劬勞閔閔，保此愚庸。年方及紀，薦及凶屯。兄罹讒口，承命遠遷。窮荒海隅，夭閼百年。萬里故鄉，幼孤在前。相顧不歸，泣血號天。微嫂之力，化爲夷蠻。水浮陸走，丹旐翩然。至誠感神，返葬中原。既克反葬，遭時艱難。百口偕行，避地江濆。春秋霜露，薦敬蘋蘩。以享韓氏之祖考，曰此韓氏之門。視余猶子，誨化諄諄。

爰來京師，年在成人。屢貢於王，名乃有聞。念茲頓頑，非訓曷因？感傷懷歸，隕涕熏心。苟容躁進，不顧其躬。禄仕而還，以爲家榮。奔走乞假，東西北南。孰云此來，乃睹靈車。有志弗及，長負殷勤。嗚呼哀哉！

昔在韶州之行，受命於元兄曰：「爾幼養於嫂，喪服必以期。」今其敢忘，天實臨之！嗚呼哀哉！日月有時，歸合塋封。終天永辭，絶而復蘇。伏惟尚饗。

柳子厚文約選

封建論

柳宗元

天地果無初乎？吾不得而知之也。生人果有初乎？吾不得而知之也。然則孰爲近？曰：有初爲近。[一]孰明之？由封建而明之也。彼封建者，更古聖王堯、舜、禹、湯、文、武而莫能去之。蓋非不欲去之也，勢不可也。勢之來，其生人之初乎？不初，無以有封建。封建，非聖人意也。

彼其初與萬物皆生，草木榛榛，鹿豕狉狉，人不能搏噬，而且無毛羽，莫克自奉自衛。荀卿有言：必將假物以爲用者也。夫假物者必争，争而不已，必就其能斷曲直者而聽命焉。其智而明者，所伏必衆；告之以直而不改，必痛之而後畏；由是君長刑政生焉。故近者聚而爲群。群之分，其争必大，大而後有兵有德。又有大者，衆群之長又就而聽命焉，以安其屬。於是有諸侯

〔一〕起勢奇特，而按之則無理實。

之列，則其爭又有大者焉。德又大者，諸侯之列又就而聽命焉，以安其封。於是有方伯、連帥之類，則其爭又有大者焉。德又大者，方伯、連帥之類，又就而聽命，以安其人，然後天下會於一。是故有里胥而後有縣大夫，有縣大夫而後有諸侯，有諸侯而後有方伯、連帥，有方伯、連帥而後有天子。自天子至於里胥，其德在人者，死必求其嗣而奉之。故封建非聖人意也，勢也。

夫堯、舜、禹、湯之事遠矣，及有周而甚詳。周有天下，裂土田而瓜分之，設五等，邦群后，布履星羅，四周於天下，輪運而輻集。合爲朝覲會同，離爲守臣扞城。然而降於夷王，害禮傷尊，下堂而迎覲者，歷於宣王，挾中興復古之德，雄南征北伐之威，卒不能定魯侯之嗣。陵夷迄於幽、厲，「厲」字疑衍，又落一「王」字。王室東徙，而自列爲諸侯。厥後，問鼎之輕重者有之，射王中肩者有之，伐凡伯、誅萇弘者有之，天下乖盭，無君君之心。余以爲周之喪久矣，徒建空名於公侯之上耳。得非諸侯之盛强，末大不掉之咎歟？遂判爲十二，合爲七國，威分於陪臣之邦，國殄於後封之秦。則周之敗端，其在乎此矣。

秦有天下，裂都會而爲之郡邑，廢侯衛而爲之守宰，據天下之雄圖，都六合之上游，攝制四海，運於掌握之内，此其所以爲得也。不數載而天下大壞，其有由矣：亟役萬人，暴其威刑，竭其貨賄；負鋤梃謫戍之徒，圜視而合從，大呼而成群；時則有叛人而無叛吏，人怨於下而吏畏於上，天下相合，殺守劫令而並起。咎在人怨，非郡邑之制失也。

漢有天下，矯秦之枉，狥周之制，剖海内而立宗子，封功臣。數年之間，奔命扶傷而不暇。困平城，病流矢，陵遲不救者三代。後乃謀臣獻畫，而離削自守矣。然而封建之始，郡國居半，時則有叛國而無叛郡。秦制之得，亦以明矣。繼漢而帝者，雖百代可知也。

唐興，制州邑，立守宰，此其所以爲宜也。然猶桀猾時起，虐害方域者，失不在於州而在於兵，時則有叛將而無叛州。州縣之設，固不可革也。

或者曰：「封建者，必私其土，子其人，適其俗，脩其理，施化易也。守宰者，苟其心，思遷其秩而已，何能理乎？」余又非之。周之事迹，斷可見矣。列侯驕盈，黷貨事戎，大凡亂國多，理國寡。侯伯不得變其政，天子不得變其君，私土子人者，百不有一。失在於制，不在於政，周事然也。秦之事迹，亦斷可見矣。有理人之制，難解。而不委郡邑，是矣；有理人之臣，而不使守宰，是矣。郡邑不得正其制，守宰不得行其理，酷刑苦役，而萬人側目。失在於政，不在於制，秦事然也。漢興，天子之政行於郡，不行於國。制其守宰，不制其侯王。侯王雖亂，不可變也；國人雖病，不可除也。及夫大逆不道，然後掩捕而遷之，勒兵而夷之耳。大逆未彰，姦利浚財，怙勢作威，大刻於民者，無如之何。及夫郡邑，氣弱。可謂理且安矣。何以言之？且漢知孟舒於田叔，得魏尚於馮唐，聞黃霸之明審，覩汲黯之簡靖，拜之可也，復其位可也，卧而委之以輯一方可也。有罪得以黜，有能得以賞，朝拜而不道，夕斥之矣；夕受而不法，朝斥之矣。設使漢室盡城邑而侯王之，縱令其亂人，戚之而已。孟舒、魏尚之術，莫得而施；黄霸、汲黯之化，莫得而行。明譴而導之，拜受而退已違矣。下令而削之，締交合從之謀，周於同列，則相顧裂眦，勃然而起。幸而不起，則削其半。削其半，民猶瘁矣。曷若舉而移之以全其人乎？漢事然也。今國家盡制郡邑，連置守宰，其不可變也固矣。善制兵，謹擇守，則理平矣。

或者又曰：「夏、商、周、漢封建而延，秦郡邑而促。」尤非所謂知理者也。魏之承漢也，封爵猶建。晋之承魏也，因循不革。而二姓陵替，不聞延祚。今矯而變之，垂二百祀，大業彌固，何繫於諸侯哉？

或者又以爲：「殷、周，聖王也。而不革其制，固不當復議也。」是大不然。夫殷、周之不革者，是不得已也。蓋以諸侯歸殷者三千焉，資以黜夏，湯不得而廢；歸周者八百焉，資以勝殷，武王不得而易，狥之以爲安，仍之以爲俗，湯、武之所不得已也。夫不得已，非公之大者也，私其力於己也，私其衛於子孫也。秦之所以革之者，其爲制，公之大者也；其情，私也，私其一己之威也，私其盡臣畜於我也。然而公天下之端自秦始。

夫天下之道，理安，斯得人者也。使賢者居上，不肖者居下，而後可以理安。今夫封建者，繼世而理。繼世而理者，上果賢乎？下果不肖乎？則生人之理亂未可知也。將欲利其社稷，以一其人之視聽，則又有世大夫世食禄邑，以盡其封略。聖賢生於其時，亦無以立於天下，封建者爲之也。豈聖人之制使至於是乎？吾固曰：「非聖人之意也，勢也。」深切事情，雖攻者多端，而卒不可拔。

周官：閭胥、里宰，皆二十五家之長耳。州長、縣正，二千五百家之吏耳。吏必擇人，雖縣大夫不能求其嗣而奉之也，況里胥乎？

見於春秋，小國甚多，其事迹、世系可紀者十二國耳，不得云「判爲十二」。

四維論

管子以禮、義、廉、恥爲四維，吾疑非管子之言也。彼所謂廉者，曰「不蔽惡」也；世人之命廉者，曰「不苟得」也。所謂恥者，曰「不從枉」也；世人之命恥者，曰「羞爲非」也。然則二者果義歟，非歟？吾見其有二維，未見其所以爲四也。

夫不蔽惡者，豈不以蔽惡爲不義而去之乎？夫不苟得者，豈不以苟得爲不義而不爲乎？雖不從枉，與羞爲非，皆然。然則廉與恥，義之小節也，不得與義抗而爲維。聖人之所以立天下，曰仁義。仁主恩，義主斷。恩者親之，斷者宜之，而理道畢矣。蹈之斯爲道，得之斯爲德，履之斯爲禮，誠之斯爲信，皆由其所之而異名。今管氏所以爲維者，殆非聖人之所立乎？

又曰：「一維絶則傾，二維絶則危，三維絶則覆，四維絶則滅。」若義之絶，則廉與恥其果存乎？廉與恥存，則義果絶乎？人既蔽惡矣，苟得矣，從枉矣，爲非而無羞矣，則義果存乎？使管子庸人也，則爲此言。管子而少知理道，則四維者，非管子之言也。

封建論氣甚雄毅，而按其中實有虚怯處。此篇及守道論勁峭盤屈，通體不懈。必永州以後所造漸深，而盡革舊體者。

守道論

或問曰：「守道不如守官，何如？」對曰：「是非聖人之言，傳之者誤也。官也者，道之器也，離之非也。未有守官而失道，守道而失官之事者。是固非聖人言，乃傳之者誤也。」

夫皮冠者，是虞人之物也。物者，道之凖也。守其物，由其凖，而後其道存焉。苟舍之，是失道也。凡聖人之所以爲經紀，爲名物，無非道者。命之曰官，官是以行吾道云爾。是故立之君臣、官府、衣裳、輿馬、章綬之數，會朝、表著、周旋、行列之等，是道之所存也。則又示之典命、書制、符璽、奏復之文，參伍、殷輔、陪臺之役，是道之所由也。則又勸之以爵禄、慶賞之美，懲之以黜遠、鞭朴、梏拲、斬殺之慘，是道之所行也。故自天子至於庶民，咸守其經分，而無有失道者，和之至也。失其物，去其準，道從而喪矣。易其小者，而大者亦從而喪矣。古者居其位思死其官，可易而失之哉？禮記曰：「道合則服從，不可則去。」孟子曰：「有官守者，不得其職則去。」然則失其道而居其官者，古之人不與也。是故在上不爲抗，在下不爲損，矢人者不爲不仁，函人者不爲仁，率其職，司其局，交相致以全其工也。易位而處，各安其分，而道達於天下也。

且夫官所以行道也，而曰「守道不如守官」，蓋亦喪其本矣。未有守官而失道，守道而失官之事者也。是非聖人之言，傳之者誤也，果矣。

晉文公問守原議

晉文公既受原於王，難其守。問寺人勃鞮，以畀趙衰。

余謂守原，政之大者也，所以承天子，樹霸功，致命諸侯，不宜謀及媟近，以忝王命。而晉君擇大任，不公議於朝，而私議於宫；不博謀於卿相，而獨謀於寺人。雖或衰之賢足以守，國之政不爲敗，而賊賢失政之端，由是滋矣。况當其時，不乏言議之臣乎！狐偃爲謀臣，先軫將中軍，晉君疏而不咨，外而不求，乃卒定於内豎，其可以爲法乎？

且晉君將襲齊桓之業，以翼天子，乃大志也。然而齊桓任管仲以興，進豎刁以敗。則獲原啓疆，適其始政，所以觀視諸侯也，而乃背其所以興，迹其所以敗。然而能霸諸侯者，以土則大，以力則彊，以義則天子之册也。誠畏之矣，烏能得其心服哉！其後景監得以相衛鞅，弘、石得以殺望之，誤之者晉文公也。無謂。

嗚呼！得賢臣以守大邑，則問非失舉也，蓋失問也。然猶羞當時、陷後代若此，況於問與舉又兩失者，其何以救之哉？余故著晉君之罪，以附春秋許世子止、趙盾之義。

此文及桐葉封弟辨，皆效韓公子郤至分謗篇。

駁復讎議

臣伏見天后時，有同州下邽人徐元慶者，父爽爲縣尉趙師韞所殺，卒能手刃父讎，束身歸罪。當時諫臣陳子昂建議誅之而旌其閭，且請編之於令，永爲國典。臣竊獨過之。

臣聞禮之大本，以防亂也。若曰無爲賊虐，凡爲子者殺無赦。刑之大本，亦以防亂也。若曰無爲賊虐，凡爲治者殺無赦。其本則合，其用則異。旌與誅，莫得而並焉。誅其可旌，兹謂濫，黷刑甚矣；旌其可誅，兹謂僭，壞禮甚矣。果以是示於天下，傳於後代，趨義者不知所向，違害者不知所立，以是爲典可乎？

蓋聖人之制，窮理以定賞罰，本情以正褒貶，統於一而已矣。嚮使刺讞其誠僞，考正其曲直，原始而求其端，則刑禮之用判然離矣。何者？若元慶之父不陷於公罪，師韞之誅獨以其私怨，奮其吏氣，虐於非辜，州牧不知罪，刑官不知問，上下蒙冒，籲號不聞。而元慶能以戴天爲大恥，枕戈爲得禮，處心積慮，以衝讎人之胸，介然自克，即死無憾，是守禮而行義也。執事者宜有慚色，將謝之不暇，而又何誅焉？其或元慶之父，不免於罪，師韞之誅，不愆於法。是非死於吏也，是死於法也。法其可讎乎？讎天子之法，而戕奉法之吏，是悖驁而凌上也。執而誅之，所以正邦典，而又何旌焉？

且其議曰：「人必有子，子必有親，親親相讎，其亂誰救？」是惑於禮也甚矣。禮之所謂讎者，蓋其冤抑沉痛而號無告也，非謂抵罪觸法陷於大戮。而曰「彼殺之，我乃殺之」，不議曲直，暴寡脅弱而已。其非經背聖，不亦甚哉！周禮：「調人掌司萬人之讎。」「凡殺人而義者，令勿讎，讎之則死。」「有反殺者，邦國交讎之。」又安得親親相讎也？春秋公羊傳曰：「父不受誅，子復讎可也。父受誅，子復讎，此推刃之道，復讎不除害。」今若取此以斷兩下相殺，則合於禮矣。且夫不忘讎，孝也；不愛死，義也。元慶能不越於禮，服孝死義，是必達理而聞道者也。夫達理聞道之人，豈其以王法爲敵讎者哉？議者反以爲戮，黷刑壞禮，其不可以爲典明矣。

請下臣議，附於令，有斷斯獄者，不宜以前議從事。謹議。

謗譽、段太尉逸事狀、乞巧文皆思與退之比長，而相去甚遠，惟此文可肩隨。

桐葉封弟辯

古之傳者有言，成王以桐葉與小弱弟，戲曰：「以封汝。」周公入賀。王曰：「戲也。」周公曰：「天子不可戲。」乃封小弱弟於唐。

吾意不然。王之弟當封耶？周公宜以時言於王，不待其戲而賀以成之也；不當封耶？周公乃成其不中之戲，以地以人與小弱者爲之主，其得爲聖乎？且周公以王之言，不可苟焉而已，必從而成之耶？設有不幸，王以桐葉戲婦寺，亦將舉而從之乎？凡王者之德，在行之何若。設未得其當，雖十易之不爲病；要於其當，不可使易也。而況以其戲乎？若戲而必行之，是周公教王遂過也。

吾意周公輔成王，宜以道，從容優樂，要歸之大中而已，必不逢其失而爲之辭。又不當束縛之，馳驟之，使若牛馬然，急則敗矣。且家人父子尚不能以此自克，況號爲君臣者耶？是直小丈夫𫘝𫘝者之事，非周公所宜用，故不可信。或曰：封唐叔，史佚成之。

論語辯二篇

或問曰：「儒者稱『論語，孔子弟子所記』，信乎？」曰：「未然也。孔子弟子，曾參最少，少孔子四十六歲。曾子老而死，是書記曾子之死，則去孔子也遠矣。曾子之死，孔子弟子略無存者矣。吾意曾子弟子之爲之也。何哉？且是書載弟子必以字，獨曾子、有子不然。由是言之，弟子之號之也。」

「然則有子何以稱子？」曰：「孔子之殁也，諸弟子以有子爲似夫子，立而師之。其後不能對諸子之問，乃叱避而退，則固嘗有師之號矣。今所記獨曾子最後死，余是以知之。蓋樂正子春、子思之徒與爲之爾。」或曰：「孔子弟子嘗雜記其言，然而卒成其書者，曾氏之徒也。」

或問之曰：「論語，書記問對之辭爾，今卒篇之首章，然有是，何也？」柳先生曰：「論語之大，莫大乎是也。是乃孔子常常諷道之辭云爾。彼孔子者，覆生人之器也。上言堯、舜之不遭，而禪不及已；下之無湯之勢，而已不得爲天吏。生人無以澤其德，日視聞其勞死怨呼，而已之

「堯曰：『咨！爾舜！天之曆數在爾躬。四海困窮，天禄永終。』舜亦以命禹。『余小子履，敢用玄牡，敢昭告於皇天后土：有罪不敢赦。萬方有罪，罪在朕躬。朕躬有罪，無以爾萬方。』」

德涸焉，無所依而施，故於常常諷道云爾而止也。此聖人之大志也，無容問對於其間。弟子或知之，或疑之不能明，相與傳之。故於其爲書也，卒篇之首，嚴而立之。

觀此二篇，可知古人讀書，必洞見垣一方人，而後的然無疑。不如此，則朱子所謂以意包籠，如從數里外望見城郭，輒云「我已知此地」者。子厚謫官後，始知慕效退之之文。而此二篇意緒風規，則退之所未嘗有，乃苦心深造，忽然而得此境。惜其年不永，此類竟不多得耳。摽然若秋雲之遠，使人可望而不可即。如出自宋以後人，即所見到此文境，亦不能如此清深曠邈。

辯列子

劉向古稱博極群書，然其録列子，獨曰鄭穆公時人。穆公在孔子前幾百歲，列子書言鄭國，皆云子產、鄧析，不知向何以言之如此？

史記：鄭繻公二十四年，楚悼王四年圍鄭，鄭殺其相駟子陽。子陽正與列子同時。是歲周安王三年，秦惠王、韓烈侯、趙武侯二年，魏文侯二十七年，燕釐公五年，齊康公七年，宋悼公六年，魯穆公十年。不知向言魯穆公時遂誤爲鄭耶？不然，何乖錯至如是？

其後張湛徒知怪列子書言穆公後事，亦不能推知其時。然其書亦多增竄，非其實。要之，莊周爲放依其辭，其稱夏棘、狙公、紀渻子、季咸等，皆出列子，不可盡紀。雖不概於孔子道，然其虛泊寥闊，居亂世，遠於利，禍不得逮於身，而其心不窮。易之「遁世無悶」者，其近是歟？余故取焉。

其文辭類莊子，而尤質厚，少僞作，好文者可廢耶？其楊朱、力命，疑其楊子書。其言魏牟、孔穿，皆出列子後，不可信。然觀其辭，亦足通知古之多異術也，讀焉者慎取之而已矣。

朱子曰：列子語，佛氏多用之。列子語温醇，莊子全用之，又變得峻奇。子厚稱其「質厚」、「少僞作」、「爲莊周放依其辭」，皆古人讀書有特識處。

辯文子

文子書十二篇，其傳曰老子弟子。其辭時有若可取，其指意皆本老子。然考其書，蓋駁書也。其渾而類者少，竊取他書以合之者多。凡孟子輩數家，皆見剽竊，嶢然而出其類。其意緒文辭叉牙相抵而不合，不知人之增益之歟？或者衆爲聚斂以成其書歟？然觀其往往有可立者，又頗惜之，憫其爲之也勞。今刊去謬惡亂雜者，取其似是者，又頗爲發其意，藏於家。

辯鬼谷子

元冀好讀古書，然甚賢鬼谷子，爲其指要幾千言。鬼谷子要爲無取，漢時劉向、班固録書無鬼谷子。鬼谷子後出，而險盭峭薄，恐其妄言亂世，難信。學者宜其不道。而世之言縱横者，時葆其書。尤者，晚乃益出七術，怪謬異甚，不可考校，其言益奇，而道益陿，使人狙狂失守，而易於陷墜。幸矣，人之葆之者少。今元子又文之以指要。嗚呼！其爲好術也過矣！

謗譽

凡人之獲謗譽於人者，亦各有道。君子在下位則多謗，在上位則多譽；小人在下位則多譽，在上位則多謗。何也？君子宜於上不宜於下，小人宜於下不宜於上。得其宜則譽至，不得其宜則謗亦至。此其凡也。然而君子遭亂世，不得已而在於上位，則道必咈於君，而利必及於人，由是謗行於上而不及於下，故可殺可辱，而人猶譽之。小人遭亂世而後得居於上位，則道必合於君，而害必及於人，由是譽行於上而不及於下，故可寵可富，而人猶謗之。君子之譽，非所謂譽也，其善顯焉爾。小人之謗，非所謂謗也，其不善彰焉爾。

然則在下而多謗者，豈盡愚而狡也哉？在上而多譽者，豈盡仁而智也哉？其謗且譽者，豈盡明而善褒貶也哉？然而世之人聞而大惑，出一庸人之口，則群而鄣之，且置於遠邇，莫不以爲信也。豈惟不能褒貶而已，則又蔽於好惡，奪於利害，吾又何從而得之耶？孔子曰：「不如鄉人之善者好之，其不善者惡之。」善人者之難見也，則其謗君子者爲不少矣，其謗孔子者亦爲不少矣。傳之記者，叔孫武叔，時之顯貴者也。其不可記者，又不少矣。是以在下而必困也。及乎遭時得君而處乎人上，功利及於天下，天下之人皆歡而戴之，向之謗之者，今從而譽之矣。是以在上而必彰也。

或曰：「然則聞謗譽於上者，反而求之，可乎？」曰：「是惡可。無亦徵其所自而已矣！其所自善人也，則信之；不善人也，則勿信之矣。苟吾不能分於善不善也，則已耳。如有謗譽乎人者，吾必徵其所自，未敢以其言之多而舉且信之也。其有及乎我者，未敢以其言之多而榮且懼也。苟不知我而謂我盜跖，吾又安取懼焉？苟不知我而謂我仲尼，吾又安取榮焉？知我者之善不善，非吾果能明之也，要必自善而已矣。」

與李翰林建書

杓直足下：州傳遽至，得足下書，又於夢得處得足下前次一書，意皆勤厚。莊周言，逃蓬藋者，聞人足音，則跫然喜。〔二〕僕在蠻夷中，比得足下二書，及致藥餌，喜復何言！僕自去年八月來，痞疾稍已。往時間一二日作，今一月乃二三作。用南人檳榔餘甘，破決壅隔大過，陰邪雖敗，已傷正氣。行則膝顫，坐則髀痹。所欲者補氣豐血，强筋骨，輔心力，有與此宜者，更致數物。得良方偕至，益喜。

永州於楚爲最南，狀與越相類。僕悶即出遊，游復多恐。涉野則有蝮虺大蜂，仰空視地，寸步勞倦；近水即畏射工沙虱，含怒竊發，中人形影，動成瘡痏。時到幽樹好石，暫得一笑，已復不樂。何者？譬如囚拘圜土，一遇和景，負牆搔摩，伸展支體，當此之時，亦以爲適，然顧地窺天，不過尋丈，終不得出，豈復能久爲舒暢哉？明時百姓，皆獲歡樂；僕士人，頗識古今理道，獨愴愴如此。誠不足爲理世下執事，至比愚夫愚婦又不可得，竊自悼也。

僕曩時所犯，足下適在禁中，備觀本末，不復一一言之。今僕癃殘頑鄙，不死幸甚。苟爲堯

〔二〕 跫然，足音。非喜貌。

人，不必立事程功，唯欲爲量移官，差輕罪累，即便耕田藝麻，取老農女爲妻，生男育孫，以供力役，時時作文，以詠太平。摧傷之餘，氣力可想。假令病盡已，身復壯，悠悠人世，不過爲三十年客耳。前過三十七年，與瞬息無異。復所得者，其不足把翫，亦已審矣。杓直以爲誠然乎？

僕近求得經史諸子數百卷，嘗候戰悸稍定，時即伏讀，頗見聖人用心、賢士君子立志之分。著書亦數十篇，心病言少次第，不足遠寄，但用自釋。貧者士之常，今僕雖羸餒，亦甘如飴矣。

足下言已白常州煦僕，僕豈敢衆人待常州耶！若衆人，即不復煦僕矣。然常州未嘗有書遺僕，僕安敢先焉？裴應叔、蕭思謙僕各有書，足下求取觀之，相戒勿示人。敦詩在近地，簡人事，今不能致書，足下默以此書見之。勉盡志慮，輔成一王之法，以宥罪戾。

不悉。某白。

子厚在貶，寄諸故人書，事本叢細，情雖幽苦，而與自反而無怍者異，故不覺其氣之薾。相其風格，不過與嵇叔夜絶山巨源書相近耳。而鹿門以擬太史公報任安書，是未察其形，并未辨其貌也。

退之云：「氣盛則言之短長與聲之高下皆宜。」此數篇詞旨悽厲，而其氣實未充，三復可見。

寄許京兆孟容書

宗元再拜五丈座前：伏蒙賜書誨諭，微悉重厚，欣踊恍惚，疑若夢寐，捧書叩頭，悸不自定。伏念得罪來五年，未嘗有故舊大臣肯以書見及者。何則？罪謗交積，群疑當道，誠可怪而畏也。是以兀兀忘行，尤負重憂，殘骸餘魂，百病所集，痞結伏積，不食自飽。或時寒熱，水火互至，内消肌骨，非獨瘴癘爲也。忽奉教命，乃知幸爲大君子所宥，欲使膏肓沉没，復起爲人。夫何素望，敢以及此。

宗元早歲，與負罪者親善，始奇其能，謂可以共立仁義，裨教化。過不自料，懃懃勉勵，惟以中正信義爲志，以興堯、舜、孔子之道，利安元元爲務，不知愚陋，不可力彊，其素意如此也。末路阨塞臲卼，事既壅隔，狠忤貴近，狂疏繆戾，蹈不測之辜，群言沸騰，鬼神交怒。加以素卑賤，暴起領事，人所不信。射利求進者，填門排户，百不一得，一旦快意，更造怨讟。以此大罪之外，詆訶萬端，旁午構扇，便爲敵仇，協心同攻，外連彊暴失職者以致其事。此皆丈人所聞見，不敢爲他人道説。懷不能已，復載簡牘。此人雖萬被誅戮，不足塞責，而豈有賞哉？今其黨與，幸獲寬貸，各得善地，無公事，坐食俸禄，明德至渥也，尚何敢更俟除棄廢痼，以希望外之澤哉？年少氣鋭，不識幾微，不知當不，但欲一心直遂，果陷刑法，皆自所求取得之，又何怪也？

宗元於衆黨人中，罪狀最甚。神理降罰，又不能即死。猶對人言語，求食自活，迷不知恥，日復一日。然亦有大故，自以得姓來二千五百年，代爲冢嗣。今抱非常之罪，居夷獠之鄉，卑濕昏霧，恐一日填委溝壑，曠墜先緒，以是怛然痛恨，心骨沸熱。煢煢孤立，未有子息。荒陬中少士人女子，無與爲婚，世亦不肯與罪人親昵，以是嗣續之重，不絶如縷。每當春秋時饗，孑立捧奠，顧眄無後繼者，懔懔然欷歔惴惕，恐此事便已，摧心傷骨，若受鋒刃。此誠丈人所共憫惜也。先墓在城南，無異子弟爲主，獨託村鄰。自譴逐來，消息存亡不一至鄉閭，主守者固以益怠。晝夜哀憤，懼便毁傷松柏，芻牧不禁，以成大戾。近世禮重拜掃，今已闕者四年矣。每遇寒食，則北向長號，以首頓地。想田野道路，士女遍滿，皂隸庸丐，皆得上父母丘墓，馬醫夏畦之鬼，無不受子孫追養者。然此已息望，又何以云哉！城西有數頃田，樹果數百株，多先人手自封植，今已荒穢，恐便斬伐，無復愛惜。家有賜書三千卷，尚在善和里舊宅，宅今已三易主，書存亡不可知。皆付受所重，常繫心腑，然無可爲者。立身一敗，萬事瓦裂，身殘家破，爲世大僇。復何敢更望大君子撫慰收恤，尚置人數中耶！是以當食不知辛鹹節適，洗沐盥漱，動逾歲時，一搔皮膚，塵垢滿爪。誠憂恐悲傷，無所告愬，以至此也。

自古賢人才士，秉志遵分，被謗議不能自明者，僅以百數。故有無兄盜嫂，娶孤女云撾婦翁者，然賴當世豪傑，分明辨別，卒光史籍。管仲遇盜，升爲功臣；匡章被不孝之名，孟子禮之。

今已無古人之實爲而有詬，欲望世人之明己，不可得也。直不疑買金以償同舍；劉寬下車，歸牛鄉人。此誠知疑似之不可辯，非口舌所能勝也。鄭詹束縛於晉，終以無死；鍾儀南音，卒獲返國；叔向囚虜，自期必免；范痤騎危，以生易死；蒯通據鼎耳，爲齊上客；張蒼、韓信伏斧鑕，終取將相；鄒陽獄中，以書自活；賈生斥逐，復召宣室；倪寬擯「擯」宜作「濱」。死，後至御史大夫；董仲舒、劉向下獄當誅，爲漢儒宗。此皆瓌偉博辯奇壯之士，能自解脱。今以恇怯淟涊，下才末技，又嬰恐懼痼病，雖欲慷慨攘臂，自同昔人，愈疏闊矣！

賢者不得志於今，必取貴於後，古之著書者皆是也。宗元近欲務此，然力薄才劣，無異能解，雖欲秉筆覼縷，神志荒耗，前後遺忘，終不能成章。往時讀書，自以不至觝滯，今皆頑然無復省録。每讀古人一傳，數紙已後，則再三伸卷，復觀姓氏，旋又廢失。假令萬一除刑部囚籍，復爲士列，亦不堪當世用矣！伏惟興哀於無用之地，垂德於不報之所，但以通家宗祀爲念，有可動心者，操之勿失。不敢望歸掃塋域，退託先人之廬，以盡餘齒，姑遂少北，益輕瘴癘，就婚娶，求胤嗣，有可付託，即冥然長辭，如得甘寢，無復恨矣！書辭繁委，無以自道。然即文以求其志，君子固得其肺肝焉。

無任墾戀之至！不宣。宗元再拜。

與楊京兆憑書

月日，宗元再拜，獻書丈人：役人胡要返命，奉教誨，壯厲感發，鋪陳廣大。上言推延賢雋之道，難於今之世，次及文章，末以愚蒙剥喪頓悴，無以守宗族、復田畝爲念，憂憫備極。不惟其親密故舊是與，復有公言顯賞，許其素尚，而激其忠誠者。用是踊躍敬懼，類嚮時所被簡牘，萬萬有加焉。故敢悉其愚，以獻左右。

大凡薦舉之道，古人之所謂難者，其難非苟一而已矣。知之難，言之難，聽信之難。夫人有有之而恥言之者，有有之而樂言之者，有無之而工言之者，有無之而不言似有之者。有之而恥言之者，上也。雖舜猶難知之，孔子亦曰「失之子羽」，下斯而言知而不失者，妄矣。有之而言之者，次也。德如漢光武，馮衍不用；才如王景略，以尹緯爲令史。是皆終日號鳴大吒，而卒莫之省。無之而工言者，賊也。趙括得以代廉頗，馬謖得以惑孔明。今之若此類者，不乏於世。將相大臣聞其言，而必能辨之者，亦妄矣。無之而不言者，土木類也。周仁以重臣爲二千石，許靖以人譽而致位三公。近世尤好此類，以爲長者，最得薦寵。夫言朴愚無害者，其於田野鄉閭爲匹夫，雖稱爲長者可也。自抱關擊柝以往，則必敬其事，愈上則及物者愈大，何事無用之朴哉？今之言曰「某子長者，可以爲大官」，類非古之所謂長者也，則必土木而已矣。夫捧土揭木而致之巖廊之上，蒙以紱冕，翼以徒隸，趨走其左右，豈有補於萬民之勞苦哉！聖人之道，不益於世用，凡以此也，故曰「知之難」。孔子曰：「仁者，其言也訒。」孟子病「未同而言」。然則彼未吾信，而吾告之以士，必有三間。是將曰：「彼誠知士歟？知文歟？」疑之而未重，一間也。又曰：「彼無乃私好歟？交以利歟？」二間也。又曰：「彼不足我而惎我哉？茲咈吾事。」三間也。畏是而不言，故曰「言之難」。言而有是患，故曰「聽信之難」。唯明者爲能得其所以薦，得其所以聽，一不至則不可冀矣。

然而君子不以言聽之難，而不務取士。士，理之本也。苟有司之不吾信，吾知之不捨，其必有信吾者矣。苟知之，雖無有司，而士可以顯，則吾一旦操用人之柄，其必有施矣。故公卿之大任，莫若索士。士不預備而熟講之，卒然君有問焉，宰相有咨焉，有司有求焉，其無所以應之，則大臣之道或闕，故不可憚煩。

今之世言士者，先文章。文章，士之末也。然立言存乎其中，即末而操其本，可十七八，未易忽也。自古文士之多莫如今，今之後生爲文，希屈、馬者，可得數人；希王褒、劉向之徒者，又可得十人；至陸機、潘岳之比，累累相望。若皆爲之不已，則文章之大盛，古未有也。後代乃可知之。今之俗耳庸目，無所取信，傑然特異者，乃見此耳。丈人以文律通流當世，叔仲鼎列，天下號爲文章家。今又生敬之。敬之，希屈、馬者之一也。天下方理平，今之文士咸能先理。理不一斷於古書老生，直趣堯舜大道、孔氏之志，明而出之，又古之所難有也。意脉不貫。然則文章未必爲士之末，獨采取何如耳。

宗元自小學爲文章，中間幸聯得甲乙科第，至尚書郎，專百官章奏，然未能究知爲文之道。自貶官來無事，讀百家書，上下馳騁，乃少得知文章利病。去年吴武陵來，美其齒少，才氣壯健，可以興西漢之文章，日與之言，因爲之出數十篇書。庶幾鏗鏘陶冶，時時得見古人情狀。然彼古人亦人耳，夫何遠哉！凡人可以言古，不可以言今。桓譚亦云：親見揚子雲，容貌不能動人，安肯傳其書？誠使博如莊周，哀如屈原，奥如孟軻，壯如李斯，峻如馬遷，富如相如，明如賈誼，專如揚雄，猶爲今之人，則世之高者至少矣。由此觀之，古之人未必不薄於當世，而榮於後世也。若吴子之文，非丈人無以知之。獨恐世人之才高者，不肯久學，無以盡訓詁風雅之道，以爲一世甚盛。若宗元者，才力缺敗，不能遠騁高厲，與諸生摩九霄，撫四海，夸耀於後之人矣。何也？凡爲文，以神志爲主。自遭責逐，繼以大故，荒亂耗竭，又常積憂恐，神志少矣，所讀書，隨又遺忘。一二年來，痞氣尤甚，加以衆疾，動作不常。眊眊然騷擾内生，霾霧填擁慘沮，雖有意窮文章，而病奪其志矣。每聞人大言，則蹶氣震怖，撫心按膽，不能自止。又永州多火災，五年之間，四爲大火所迫。徒跣走出，壞牆穴牖，僅免燔灼。書籍散亂毁裂，不知所往。一遇火恐，累日茫洋，不能出言，又安能盡意於筆硯，矻矻自苦，以傷危敗之魂哉？

中心之悃愊鬱結，具載所獻許京兆丈人書，不能重煩於陳列。凡人之黜棄，皆望望思得效用，而宗元獨以無有是念。自以罪大不可解，才質無所入。苟焉以叙憂慄爲幸，敢有他志？伏以先君稟孝德，秉直道，高於天下。仕再登朝，至六品官。宗元無似，亦嘗再登朝至六品矣！何以堪此？且柳氏號爲大族，五六從以來無爲朝士者，豈愚蒙獨出數百人右哉？以是自忖，官已過矣，寵已厚矣。夫知足與知止異，宗元知足矣。若便止不受禄位，亦所未能。今復得好官，猶不辭讓，何也？以人望人，尚足自進。如其不至，則故無憾，進取之志息矣。身世孑然，無可以爲家，雖甚崇寵之，孰與爲榮？獨恨不幸獲託姻好，而早凋落，寡居十餘年。嘗有一男子，然無一日之命，至今無以託嗣續，恨痛常在心目。孟子稱「不孝有三，無後爲大」，今之汲汲於世者，唯懼此而已矣。天若不棄先君之德，使有世嗣。或者猶望延壽命，以及大宥，得歸鄉閭，立家室，則子道畢矣。過是而猶競於寵利者，天厭之！天厭之！丈人旦夕歸朝廷，復爲大僚，伏惟以此爲念。流涕頓顙，布之座右，不勝感激之至。宗元再拜。

與蕭翰林俛書

思謙兄足下：昨祁縣王師範過永州，爲僕言得張左司書，道思謙蹇然有當官之心，乃誠助太平者也。僕聞之喜甚，然微王生之説，僕豈不素知耶？所喜者耳與心叶，果於不謬焉爾。

僕不幸，嚮者進當鮠魭不安之勢，平居閉門，口舌無數，況又有久與游者，乃岌岌而操其間。其求進而退者，皆聚爲仇怨，造作粉飾，蔓延益肆。非的然昭晰，自斷於内，則孰能了僕於冥冥之間哉？然僕當時年三十三，甚少，自御史裏行得禮部員外郎，超取顯美，欲免世之求進者怪怒媢嫉，其可得乎？凡人皆欲自達，僕先得顯處，才不能逾同列，名不能壓當世，世之怒僕宜也。與罪人交十年，官又以是進，辱在附會。聖朝弘大，貶黜甚薄，不能塞衆人之怒，謗語轉移，囂囂嗷嗷，漸成怪民。飾智求仕者，更言僕以悦仇人之心，日爲新奇，務相喜可，自以速援引之路。而僕輩坐益困辱，萬罪横生，不知其端。伏自思念，過大恩甚，乃以致此。悲夫！人生少得六七十者，今已三十七矣。長來覺日月益促，歲歲更甚，大都不過數十寒暑，則無此身矣。是非榮辱，又何足道！云云不已，祇益爲罪。兄知之，勿爲他人言也。

居蠻夷中久，慣習炎毒，昏眊重膇，意以爲常。忽遇北風晨起，薄寒中體，則肌革慘懔，毛髮蕭條。瞿然注視，怵惕以爲異候，意緒殆非中國人。楚越間聲音特異，鴃舌啅譟，今聽之怡然不怪，已與爲類矣。家生小童，皆自然嘵嘵，晝夜滿耳，聞北人言，則啼呼走匿，雖病夫亦怛然駭之。出門見適州閭市井者，其十有八九，杖而後興。自料居此尚復幾何，豈可更不知止，言説長短，重爲一世非笑哉？讀周易困卦至「有言不信，尚口乃窮」也，往復益喜，曰：「嗟乎！余雖家置一喙以自稱道，詬益甚耳。」用是更樂瘖默，思與木石爲徒，不復致意。

今天子興教化，定邪正，海内皆欣欣怡愉，而僕與四五子者獨淪陷如此，豈非命歟？命乃天也，非云云者所制，余又何恨？獨喜思謙之徒，遭時言道。道之行，物得其利。僕誠有罪，然豈不在一物之數耶？身被之，目覩之，足矣。何必攘袂用力，而矜自我出耶？果矜之，又非道也。事誠如此。然居理平之世，終身爲頑人之類，猶有少恥，未能盡忘。儻因賊平慶賞之際，得以見白，使受天澤餘潤，雖朽枿敗腐，不能生植，猶足蒸出芝菌，以爲瑞物。一釋廢錮，移數縣之地，則世必曰罪稍解矣。然後收召魂魄，買土一廛爲耕甿，朝夕謌謠，使成文章。庶木鐸者采取，獻之法宫，增聖唐大雅之什，雖不得位，亦不虚爲太平之人矣。此在望外，然終欲爲兄一言焉。宗元再拜。

與劉禹錫論周易九六説書

見與董生論周易九六義，取老而變，以爲畢中和承一行僧得此説，異孔穎達疏而以爲新奇。彼畢子、董子何膚末於學而遽云云也？都不知一行僧承韓氏、孔氏説，而果以爲新奇，不亦可笑矣哉！

韓氏注「乾之策二百一十有六」，曰「乾一爻三十有六策」，則是取其過揲四分而九也。「坤之策一百四十有四」，曰「坤一爻二十四策」，則是取其過揲四分而六也。孔穎達等作正義，論云：九六有二義，其一者曰「陽得兼陰，陰不得兼陽」；其二者曰「老陽數九，老陰數六」。二者皆變用，周易以變者占」。鄭玄注易，亦稱以變者占，故云九六也。所以老陽九、老陰六者，九過揲得老陽，六過揲得老陰。此具在正義乾篇中，周簡子之説亦若此，而又詳備。何畢子、董子之不睎其書，而妄以口承之也？君子之學，將有以異也，必先究窮其書，究窮而不得焉，乃可以立而正也。今二子尚未能讀韓氏注、孔氏正義，是見其道聽途説者，又何能知所謂易者哉？足下取二家言觀之，則見畢子、董子膚末於學而遽云云也。

足下所爲書，非元凱兼三易者則諾。若曰孰與穎達著，則此説乃穎達説也，非一行僧、畢子、董子能有異者也。無乃即其謬而承之者歟？觀足下出入筮數，考校左氏，今之世罕有如足下求易之悉者也。然務先窮昔人書，有不可者而後革之，則大善。謹之勿遽，宗元白。

觀此及答元饒州書，則知子厚謫官後，沉潛經義，故其文日進。退之云：「根之茂者，其實遂。」蓋甘苦親歷之言。

答元饒州論春秋書

辱復書，教以報張生書及答衢州書言春秋，此誠世所希聞，兄之學爲不負孔氏矣。

往年曾記裴封叔宅，聞兄與裴太常言晉人及姜戎敗秦師于殽一義，嘗諷習之。又聞韓宣英及亡友吕和叔輩言他義，知春秋之道久隱，而近乃出焉。京中於韓安平處，始得微指，和叔處始見集注，恒願掃於陸先生之門。及先生爲給事中，與宗元入尚書同日，居又與先生同巷，始得執弟子禮。未及講討，會先生病，時聞要論，嘗以易教誨見寵。不幸先生疾彌甚，宗元又出邵州，乃大乖謬，不克卒業。復於亡友凌生處，盡得宗指、辨疑、集注等一通。伏而讀之，於「紀侯大去其國」，見聖人之道與堯、舜合，不唯文王、周公之志獨取其法耳；於「夫人姜氏會齊侯于禚」，見聖人立孝經之大端，所以明其分也；于「楚人殺陳夏徵舒，丁亥，楚子入陳，納公孫寧、儀行父于陳」，見聖人褒貶與奪，唯當之所在，所謂瑕瑜不掩也。反覆甚喜。若吾生前距此數十年，則不得是學矣。今適後之，不爲不遇也。

兄書中所陳皆孔氏大趣，無得逾焉。其言書荀息貶立卓之意也。頃嘗怪荀息奉君之邪心以立孽子，不務正義，棄重耳於外而專其寵，孔子同於仇牧、孔父爲之辭。今兄言貶息，大善。息固當貶也，然則春秋與仇、孔辭不異，仇、孔亦有貶歟？宗元嘗著非國語六十餘篇，其一篇爲息發也。今録以往，可如愚之所謂者乎？微指中明「鄭人來渝平」，量力而退，告而後絶，固先同後異者也。今檢此前無與鄭同之文，後無與鄭異之據，獨疑此一義，理甚精而事有不合，兄亦當指而教焉。往年又聞和叔言兄論楚商臣一義，雖啖、趙、陸氏，皆所未及，請具録，當疏微指下，以傳末學。蕭、張前書，亦請見及。至之日，勒爲一卷，以垂將來。

宗元始至是州，作陸先生墓表，今以奉獻，與宣英讀之。春秋之道如日月，不可贊也；若贊焉，必同於孔、跖優劣之説，故直舉其一二。不宣。

與韓愈論史官書

正月二十一日，某頓首十八丈退之侍者前：獲書言史事，云具與劉秀才書，及今乃見書藁，私心甚不喜，與退之往年言史事甚大謬。

若書中言，退之不宜一日在館下，安有探宰相意，以爲苟以史榮一韓退之耶？若果爾，退之豈宜虚受宰相榮己，而冒居館下，近密地，食奉養，役使掌故，利紙筆爲私書，取以供子弟費？古之志於道者，不宜若是。

且退之以爲紀録者有刑禍，避不肯就，尤非也。史以名爲褒貶，猶且恐懼不敢爲；設使退之爲御史中丞大夫，其褒貶成敗人愈益顯，其宜恐懼尤大也，則又將揚揚入臺府，美食安坐，行呼唱於朝廷而已耶？在御史猶爾，設使退之爲宰相，生殺出入升黜天下士，其敵益衆，則又將揚揚入政事堂，美食安坐，行呼唱於内庭外衢而已耶？何以異不爲史而榮其號、利其禄者也？

又言「不有人禍，則有天刑」。若以罪夫前古之爲史者，然亦甚惑。凡居其位，思直其道。道苟直，雖死不可回也。如回之，莫若亟去其位。孔子之困於魯、衛、陳、宋、蔡、齊、楚者，其時暗，諸侯不能以也。其不遇而死，不以作春秋故也。當其時，雖不作春秋，孔子猶不遇而死也。若周公、史佚，雖紀言書事，猶遇且顯也，又不得以春秋爲孔子累。范曄悖亂，雖不爲史，其族亦赤。司馬遷觸天子喜怒，班固不檢下，崔浩沽其直以鬭暴虜，皆非中道。左丘明以疾盲，出於不幸。子夏不爲史亦盲，不可以是爲戒。其餘皆不出此。是退之宜守中道，不忘其直，無以他事自恐。退之之恐，唯在不直、不得中道。刑禍非所恐也。

凡言二百年文武事多有誠如此者。今退之曰：我一人也，何能明？則同職者又所云若是，後來繼今者又所云若是，人人皆曰我一人，則卒誰能紀傳之耶？如退之但以所聞知孜孜不敢怠，同職者、後來繼今者，亦各以所聞知孜孜不敢怠，則庶幾不墜，使卒有明也。不然，徒信人口語，每每異辭，日以滋久，則所云「磊磊軒天地」者決必不沉没，且亂雜無可考，非有志者所忍恣也。果有志，豈當待人督責迫蹙，然後爲官守耶？

又凡鬼神事，眇茫荒惑無可準，明者所不道，退之之智而猶懼於此。今學如退之，辭如退之，好言論如退之，慷慨自爲正直行行焉如退之，猶所云若是，則唐之史述其卒無可託乎？明天子賢宰相得史才如此，而又不果，甚可痛哉！退之宜更思，可爲速爲。果卒以爲恐懼不敢，則一日可引去，又何以云「行且謀」也？今當爲而不爲，又誘館中他人及後生者，此大惑已。不勉己而欲勉人，難矣哉！

退之與劉秀才書言：「傳聞不同，甚者憎愛附黨，鑿空搆立善惡事迹，無可取信。」篇中「凡言二百年文武事多有誠如此者」正駁退之語，謂「所傳文武事多有實如此者，不得概以無可取信」也，而造語稚晦，不足以顯其情。

答韋中立論師道書

二十一日，宗元白：辱書云欲相師，僕道不篤，業甚淺近，環顧其中，未見可師者。雖嘗好言論，爲文章，甚不自是也。不意吾子自京師來蠻夷間，乃幸見取。僕自卜固無取，假令有取，亦不敢爲人師。爲衆人師且不敢，況敢爲吾子師乎？

孟子稱「人之患在好爲人師」。由魏、晉氏以下，人益不事師。今之世，不聞有師，有輒譁笑之，以爲狂人。獨韓愈奮不顧流俗，犯笑侮，收召後學，作師説，因抗顏而爲師。世果群怪聚罵，指目牽引，而增與爲言詞。愈以是得狂名，居長安，炊不暇熟，又挈挈而東，如是者數矣。

屈子賦曰：「邑犬群吠，吠所怪也。」僕往聞庸、蜀之南，恒雨少日，日出則犬吠，余以爲過言。前六七年，僕來南，二年冬，幸大雪，逾嶺被南越中數州，數州之犬，皆蒼黄吠噬，狂走者累日，至無雪乃已，然後始信前所聞者。今韓愈既自以爲蜀之日，而吾子又欲使吾爲越之雪，不以病乎？非獨見病，亦以病吾子。然雪與日豈有過哉？顧吠者犬耳。度今天下不吠者幾人，而誰敢衒怪於群目，以召鬧取怒乎？

僕自謫過以來，益少志慮。居南中九年，增脚氣病，漸不喜鬧，豈可使呶呶者早暮咈吾耳、騷吾心？則固僵仆煩憒，愈不可過矣。平居望外，遭齒舌不少，獨欠爲人師耳。

抑又聞之，古者重冠禮，將以責成人之道，是聖人所尤用心者也。數百年來，人不復行。近有孫昌胤者，獨發憤行之。既成禮，明日造朝至外廷，薦笏言於卿士曰：「某子冠畢。」應之者咸憮然。京兆尹鄭叔則怫然曳笏却立，曰：「何預我耶？」廷中皆大笑。天下不以非鄭尹而怪孫子，何哉？獨爲所不爲也。今之命師者大類此。

吾子行厚而辭深，凡所作，皆恢恢然有古人形貌，雖僕敢爲師，亦何所增加也？假而以僕年先吾子，聞道著書之日不後，誠欲往來言所聞，則僕固願悉陳中所得者。吾子苟自擇之，取某事，去某事，則可矣。若定是非以教吾子，僕材不足，而又畏前所陳者，其爲不敢也決矣。吾子前所欲見吾文，既悉以陳之，非以耀明於子，聊欲以觀子氣色誠好惡何如也。今書來，言者皆大過。吾子誠非佞譽誣諛之徒，直見愛甚故然耳。

始吾幼且少，爲文章，以辭爲工。及長，乃知文者以明道，是固不苟爲炳炳烺烺，務采色、夸聲音而以爲能也。凡吾所陳，皆自謂近道，而不知道之果近乎，遠乎？吾子好道而可吾文，或者其於道不遠矣。故吾每爲文章，未嘗敢以輕心掉之，懼其剽而不留也；未嘗敢以怠心易之，懼其弛而不嚴也；未嘗敢以昏氣出之，懼其昧没而雜也；未嘗敢以矜氣作之，懼其偃蹇而驕也。抑之欲其奥，揚之欲其明，疏之欲其通，廉之欲其節，激而發之欲其清，固而存之欲其重，此吾所以羽翼夫道也。本之書以求其質，本之詩以求其恒，本之禮以求其宜，本之春秋以求其斷，本之易以求其動，此吾所以取道之原也。參之穀梁氏以厲其氣，參之孟、荀以暢其支，參之莊、老以肆其端，參之國語以博其趣，參之離騷以致其幽，參之太史以著其潔，此吾所以旁推交通而以爲之文也。凡若此者，果是耶，非耶？有取乎，抑其無取乎？吾子幸觀焉，擇焉，有餘以告焉。

苟亟來以廣是道，子不有得焉，則我得矣，又何以師云爾哉！取其實而去其名，無招越、蜀吠怪，而爲外廷所笑，則幸矣！宗元復白。

賀進士王參元失火書

得楊八書，知足下遇火災，家無餘儲。僕始聞而駭，中而疑，終乃大喜，蓋將弔而更以賀也。道遠言略，猶未能究知其狀，若果蕩焉泯焉，而悉無有，乃吾所以尤賀者也。

足下勤奉養，樂朝夕，惟恬安無事是望也。今乃有焚煬赫烈之虞，以震駭左右，而脂膏滫瀡之具，或以不給，吾是以始而駭也。凡人之言，皆曰盈虛倚伏。去來之不可常，或將大有爲也。乃始厄困震悸，於是有水火之孽，有群小之愠，勞苦變動，而後能光明，古之人皆然。斯道遼闊誕漫，雖聖人不能以是必信，是故中而疑也。以足下讀古人書，爲文章，善小學，其爲多能若是，而進不能出群士之上，以取顯貴者，蓋無他焉。京城人多言足下家有積貨，士之好廉名者，皆畏忌，不敢道足下之善，獨自得之，心蓄之，銜忍而不出諸口，以公道之難明，而世之多嫌也。一出口，則嗤嗤者以爲得重賂。

僕自貞元十五年見足下之文章，蓄之者蓋六七年，未嘗言是。僕私一身而負公道久矣，非特負足下也。及爲御史尚書郎，自以幸爲天子近臣，得奮其舌，思以發明足下之鬱塞。然時稱道於行列，猶有顧視而竊笑者，僕良恨修己之不亮，素譽之不立，而爲世嫌之所加，常與孟幾道言而痛之。乃今幸爲天火之所滌盪。凡衆之疑慮，舉爲灰埃。黔其廬，赭其垣，以示其無有，而足下之才能乃可以顯白而不污，其實出矣，是祝融、回禄之相吾子也。則僕與幾道十年之相知，不若兹火一夕之爲足下譽也。宥而彰之，使夫蓄於心者，咸得開其喙，發策決科者，授子而不慄。雖欲如嚮之蓄縮受侮，其可得乎！於兹吾有望於子，是以終乃大喜也。古者列國有災，同位者皆相弔；許不弔災，君子惡之。今吾之所陳若是，有以異乎古，故將弔而更以賀也。顔、曾之養，其爲樂也大矣，又何闕焉？

足下前要僕文章古書，極不忘，候得數十幅乃併往耳。吴二十一武陵來，言足下爲醉賦及對問，大善，可寄一本。僕近亦好作文，與在京城時頗異。思與足下輩言之，桎梏甚固，未可得也。因人南來，致書訪死生。不悉。宗元白。

愚溪詩序

灌水之陽有溪焉，東流入於瀟水。或曰：冉氏嘗居也，故姓是溪曰「冉溪」。或曰：可以染也，名之以其能，故謂之「染溪」。余以愚觸罪，謫瀟水上，愛是溪，入二三里，得其尤絶者家焉。古有愚公谷，今余家是溪，而名莫能定，土之居者猶齗齗然，不可以不更也，故更之爲「愚溪」。

愚溪之上，買小丘爲愚丘。自愚丘東北行六十步，得泉焉，又買居之，爲愚泉。愚泉凡六穴，皆出山下平地，蓋上出也。合流屈曲而南，爲愚溝，遂負土累石，塞其隘爲愚池。愚池之東爲愚堂，其南爲愚亭，池之中爲愚島。嘉木異石錯置，皆山水之奇者，以余故，咸以愚辱焉。

夫水，智者樂也。今是溪獨見辱於愚，何哉？蓋其流甚下，不可以灌溉；又峻急，多坻石，大舟不可入也；幽邃淺狹，蛟龍不屑，不能興雲雨。無以利世，而適類於余，然則雖辱而愚之，可也。甯武子「邦無道則愚」，智而爲愚者也；顔子「終日不違如愚」，睿而爲愚者也，皆不得爲真愚。今余遭有道，而違於理，悖於事，故凡爲愚者，莫我若也。夫然，則天下莫能争是溪，余得專而名焉。

溪雖莫利於世，而善鑒萬類，清瑩秀徹，鏘鳴金石，能使愚者喜笑眷慕，樂而不能去也。余雖不合於俗，亦頗以文墨自慰，漱滌萬物，牢籠百態，而無所避之。以愚辭歌愚溪，則茫然而不違，昏然而同歸，超鴻蒙，混希夷，寂寥而莫我知也。於是作八愚詩，紀於溪石上。

序飲

買小丘，一日鋤理，二日洗滌，遂置酒溪石上。嚮之爲記所謂牛馬之飲者，離坐其背。實觴而流之，接取以飲。乃置監史而令曰：當飲者舉籌之十寸者三，逆而投之，能不洄於洑，不止於坻，不沉於底者，過不飲。而洄而止而沉者，飲如籌之數。既或投之，則旋眩滑汩，若舞若躍，速者遲者，去者住者，衆皆據石注視，歡抃以助其勢。突然而逝，乃得無事。於是或一飲，或再飲，客有婁生圖南者，其投之也，一洄一止一沉，獨三飲，衆乃大笑讙甚。余病痞，不能食酒，至是醉焉。遂損益其令，以窮日夜而不知歸。

吾聞昔之飲酒者，有揖讓酬酢百拜以爲禮者，有叫號屢舞如沸如羹以爲極者，有裸裎袒裼以爲達者，有資絲竹金石之樂以爲和者，有以促數糺逖而爲密者，今則舉異是焉。故捨百拜而禮，無叫號而極，不袒裼而達，非金石而和，去糺逖而密，簡而同，肆而恭，衎衎而從容，於以合山水之樂，成君子之心，宜也。作序飲，以貽後之人。

序棋

房生直温，與予二弟遊，皆好學。予病其確也，思所以休息之者。得木局，隆其中而規焉，其下方以直，置棋二十有四。貴者半，賤者半。貴曰上，賤曰下，咸自第一至十二，下者二乃敵一，用朱墨以別焉。房於是取二毫，如其第書之。既而抵戲者二人，則視其賤者而賤之，貴者而貴之。其使之擊觸也，必先賤者，不得已而使貴者，則皆慄焉惛焉，亦鮮克以中。其獲也，得朱焉則若有餘，得墨焉則若不足。

余諦睨之，以思其始，則皆類也。房子一書之而輕重若是。適近其手而先焉，非能擇其善而朱、否而墨之也。然而上焉而上，下焉而下，貴焉而貴，賤焉而賤，其易彼而敬此，遂以遠焉。然則若世之所以貴賤人者，有異房之貴賤茲棋者歟？無亦近而先之耳！有果能擇其善否者歟？其敬而易者，亦從而動心矣，有敢議其善否者歟？其得於貴者，有不氣揚而志蕩者歟？其得於賤者，有不貌慢而心肆者歟？其所謂貴者，有敢輕而使之者歟？所謂賤者，有敢避其使之擊觸者歟？彼朱而墨者，相去千萬，不啻有敢以二敵其一者歟？余，墨者徒也，覩其始與末，有似棋者，故叙。

梓人傳

裴封叔之第，在光德里。有梓人款其門，願傭隙宇而處焉。所職尋引、規矩、繩墨，家不居礱斲之器。問其能，曰：「吾善度材，視棟宇之制，高深、圓方、短長之宜，吾指使而群工役焉。捨我，衆莫能就一宇。故食於官府，吾受禄三倍；作於私家，吾收其直大半焉。」他日，入其室，其牀闕足而不能理，曰：「將求他工。」余甚笑之，謂其無能而貪禄嗜貨者。

其後京兆尹將飾官署，余往過焉。委群材，會衆工。或執斧斤，或執刀鋸，皆環立嚮之。梓人左持引，右執杖而中處焉。量棟宇之任，視木之能舉，揮其杖曰：「斧！」彼執斧者奔而右；顧而指曰：「鋸！」彼執鋸者趨而左。俄而斤者斲、刀者削，皆視其色，俟其言，莫敢自斷者。其不勝任者，怒而退之，亦莫敢愠焉。畫宮於堵，盈尺而曲盡其制，計其毫釐而構大厦，無進退焉。既成，書於上棟，曰「某年某月某日某建」，則其姓字也。凡執用之工不在列。余圜視大駭，然後知其術之工大矣。

繼而歎曰：彼將捨其手藝，專其心智，而能知體要者歟？吾聞勞心者役人，勞力者役於人，彼其勞心者歟？能者用而智者謀，彼其智者歟？是足爲佐天子、相天下法矣！物莫近乎此也。彼爲天下者本於人。其執役者，爲徒隸，爲鄉師、里胥，其上爲下士；又其上爲中士、爲上士；又其上爲大夫、爲卿、爲公。離而爲六職，判而爲百役。外薄四海，有方伯、連率。郡有守，邑有宰，皆有佐政。其下有胥吏，又其下皆有嗇夫、版尹，以就役焉，猶衆工之各有執伎以食力也。彼佐天子相天下者，舉而加焉，指而使焉，條其綱紀而盈縮焉，齊其法制而整頓焉，猶梓人之有規矩、繩墨以定制也。擇天下之士，使稱其職；居天下之人，使安其業。視都知野，視野知國，視國知天下，其遠邇細大，可手據其圖而究焉，猶梓人畫宮於堵而績於成也。能者進而由之，使無所德；不能者退而休之，亦莫敢愠。不衒能，不矜名，不親小勞，不侵衆官，日與天下之英才討論其大經，猶梓人之善運衆工而不伐藝也。夫然後相道得而萬國理矣。相道既得，萬國既理，天下舉首而望曰：「吾相之工也。」後之人循迹而慕曰：「彼相之才也。」士或談殷、周之理者，曰伊、傅、周、召，其百執事之勤勞而不得紀焉，猶梓人自名其功而執用者不列也。大哉相乎！通是道者，所謂相而已矣。其不知體要者反此，以恪勤爲公，以簿書爲尊，衒能矜名，親小勞，侵衆官，竊取六職百役之事，听听於府庭，而遺其大者遠者焉，所謂不通是道者也。猶梓人而不知繩墨之曲直、規矩之方圓、尋引之短長，姑奪衆工之斧斤刀鋸以佐其藝，又不能備其工，以至敗績用而無所成也。不亦謬歟？

或曰：「彼主爲室者，倘或發其私智，牽制梓人之慮，奪其世守而道謀是用，雖不能成功，豈其罪耶？亦在任之而已。」余曰：不然。夫繩墨誠陳，規矩誠設，高者不可抑而下也，狹者不可張而廣也。由我則固，不由我則圮。彼將樂去固而就圮也，則卷其術，默其智，悠爾而去，不屈吾道，是誠良梓人耳。其或嗜其貨利，忍而不能捨也，喪其制量，屈而不能守也，棟橈屋壞，則曰「非我罪也」，可乎哉，可乎哉？余謂梓人之道類於相，故書而藏之。梓人，蓋古之審曲面勢者，今謂之都料匠云。余所遇者，楊氏，潛其名。

種樹郭槖駝傳

郭槖駝，不知始何名。病僂，隆然伏行，有類槖駝者，故鄉人號之「駝」。駝聞之曰：「甚善，名我固當。」因捨其名，亦自謂槖駝云。

其鄉曰豐樂鄉，在長安西。駝業種樹，凡長安豪富人爲觀游及賣果者，皆争迎取養。視駝所種樹，或移徙，無不活，且碩茂，蚤實以蕃。他植者雖窺伺傚慕，莫能如也。

有問之，對曰：「槖駝非能使木壽且孳也，能順木之天，以致其性焉爾。凡植木之性，其本欲舒，其培欲平，其土欲故，其築欲密。既然已，勿動勿慮，去不復顧。其蒔也若子，其置也若棄，則其天者全，而其性得矣。故吾不害其長而已，非有能碩茂之也；不抑耗其實而已，非有能蚤而蕃之也。他植者則不然，根拳而土易，其培之也，若不過焉則不及。苟有能反是者，則又愛之太恩，憂之太勤，旦視而暮撫，已去而復顧。甚者爪其膚以驗其生枯，摇其本以觀其踈密，而木之性日以離矣。雖曰愛之，其實害之；雖曰憂之，其實讎之。故不我若也。吾又何能爲哉！」

問者曰：「以子之道，移之官理，可乎？」駝曰：「我知種樹而已，理，非吾業也。然吾居鄉，見長人者好煩其令，若甚憐焉，而卒以禍。旦暮吏來而呼曰：『官命促爾耕，勗爾植，督爾穫。

蚤繰而緒，蚤織而縷，字而幼孩，遂而雞豚。』鳴鼓而聚之，擊木而召之。吾小人輟飧饔以勞吏者，且不得暇，又何以蕃吾生而安吾性耶？故病且怠。若是，則與吾業者其亦有類乎？」

問者嘻曰：「不亦善夫！吾問養樹，得養人術。」傳其事以爲官戒也。

宋清傳

宋清，長安西部藥市人也。居善藥。有自山澤來者，必歸宋清氏，清優主之。長安醫工得清藥輔其方，輒易讎，咸譽清。疾病庀瘍者，亦皆樂就清求藥，冀速已。清皆樂然響應，雖不持錢者，皆與善藥，積券如山，未嘗詣取直。或不識遥與券，清不爲辭。歲終，度不能報，輒焚券，終不復言。市人以其異，皆笑之，曰：「清，蚩妄人也。」或曰：「清其有道者歟？」清聞之曰：「清逐利以活妻子耳，非有道也。然謂我蚩妄者亦謬。」

清居藥四十年，所焚券者百數十人，或至大官，或連數州，受俸博，其餽遺清者，相屬於户。雖不能立報，而以賒死者千百，不害清之爲富也。清之取利遠，遠故大。豈若小市人哉，一不得直，則怫然怒，再則罵而仇耳。彼之爲利，不亦翦翦乎？吾見蚩之有在也。清誠以是得大利，又不爲妄，執其道不廢，卒以富。求者益衆，其應益廣。或斥棄沉廢，親與交，視之落然者，清不以怠，遇其人，必與善藥如故。一旦復柄用，益厚報清。其遠取利，皆類此。

吾觀今之交乎人者，炎而附，寒而棄，鮮有能類清之爲者。世之言，徒曰「市道交」。嗚呼！清，市人也，今之交有能望報如清之遠者乎？幸而庶幾，則天下之窮困廢辱得不死亡者衆矣，「市道交」豈可少耶？或曰：「清，非市道人也。」柳先生曰：「清居市不爲市之道，然而居朝廷、居官府、居庠塾鄉黨以士大夫自名者，反争爲之不已，悲夫！然則清非獨異於市人也。」

天説

韓愈謂柳子曰：「若知天之説乎？吾爲子言天之説。今夫人有疾痛、倦辱、饑寒甚者，因仰而呼天曰：『殘民者昌，佑民者殃！』又仰而呼天曰：『何爲使至此極戾也？』若是者，舉不能知天。夫果蓏、飲食既壞，蟲生之；人之血氣敗逆壅底，爲癰瘍、疣贅、瘻痔，蟲生之；木朽而蝎中，草腐而螢飛，是豈不以壞而後出耶？物壞，蟲由之生；元氣陰陽之壞，人由而生。蟲之生而物益壞，食齧之，攻穴之，蟲之禍物也滋甚。其有能去之者，有功於物者也；繁而息之者，物之讎也。人之壞元氣陰陽也亦滋甚：墾原田，伐山林，鑿泉以井飲，窾墓以送死，而又穴爲偃溲，築爲牆垣、城郭、臺榭、觀游，疏爲川瀆、溝洫、陂池，燧木以燔，革金以鎔，陶甄琢磨，悴然使天地萬物不得其情，倖倖衝衝，攻殘敗撓而未嘗息。其爲禍元氣陰陽也，不甚於蟲之所爲乎？吾意有能殘斯人，使日薄歲削，禍元氣陰陽者滋少，是則有功於天地者也；蕃而息之者，天地之讎也。今夫人舉不能知天，故爲是呼且怨也。吾意天聞其呼且怨，則有功者受賞必大矣，其禍焉者受罰亦大矣。子以吾言爲何如？」

柳子曰：「子誠有激而爲是耶？則信辯且美矣。吾能終其説。彼上而玄者，世謂之天；下而黄者，世謂之地；渾然而中處者，世謂之元氣；寒而暑者，世謂之陰陽。是雖大，無異果蓏、癰痔、草木也。假而有能去其攻穴者，是物也，其能有報乎？蕃而息之者，其能有怒乎？天地，大果蓏也；元氣，大癰痔也；陰陽，大草木也。其烏能賞功而罰禍乎？功者自功，禍者自禍，欲望其賞罰者大謬。呼而怨，欲望其哀且仁者，愈大謬矣。子而信子之仁義以遊其内，生而死爾，烏置存亡得喪於果蓏、癰痔、草木耶？」

詞氣大類莊子。若退之出之，則并得其精爽矣。觀送高閑上人序可辨。

捕蛇者説

永州之野産異蛇，黑質而白章。觸草木，盡死；以齧人，無禦之者。然得而腊之，以爲餌，可以已大風、攣踠、瘻、癘，去死肌，殺三蟲。其始，太醫以王命聚之，歲賦其二，募有能捕之者，當其租入。永之人爭奔走焉。

有蔣氏者，專其利三世矣。問之，則曰：「吾祖死於是，吾父死於是，今吾嗣爲之十二年，幾死者數矣。」言之，貌若甚慼者。余悲之，且曰：「若毒之乎？余將告於莅事者，更若役，復若賦，則何如？」

蔣氏大戚，汪然出涕曰：「君將哀而生之乎？則吾斯役之不幸，未若復吾賦不幸之甚也。嚮吾不爲斯役，則久已病矣。自吾氏三世居是鄉，積於今六十歲矣。而鄉鄰之生日蹙。殫其地之出，竭其廬之入，號呼而轉徙，餓渴而頓踣，觸風雨，犯寒暑，呼噓毒癘，往往而死者相藉也。曩與吾祖居者，今其室十無一焉；與吾父居者，今其室十無二三焉；與吾居十二年者，今其室十無四五焉。非死而徙爾。而吾以捕蛇獨存，悍吏之來吾鄉，叫囂乎東西，隳突乎南北，譁然而駭者，雖雞狗不得寧焉。吾恂恂而起，視其缶，而吾蛇尚存，則弛然而卧。謹食之，時而獻焉。退而甘食其土之有，以盡吾齒。蓋一歲之犯死者二焉，其餘則熙熙而樂，豈若吾鄉鄰之旦旦有是哉！今雖死乎此，比吾鄉鄰之死則已後矣，又安敢毒耶？」

余聞而愈悲。孔子曰：「苛政猛於虎也。」吾嘗疑乎是，今以蔣氏觀之，猶信。嗚呼！孰知賦斂之毒，有甚是蛇者乎！故爲之説，以俟夫觀人風者得焉。

館驛使壁記

凡萬國之會，四夷之來，天下之道塗畢出於邦畿之内。奉貢輸賦，修職於王都者，入於近關，則皆重足錯轂，以聽有司之命。徵令賜予，布政於下國者，出於甸服，而後按行成列，以就諸侯之館。故館驛之制，於千里之内尤重。

自萬年至於渭南，其驛六，其蔽曰華州，其關曰潼關。自華而北，界於櫟陽，〔二〕其蔽曰同州，其關曰蒲津。自灞而南，至於藍田，其驛六，其蔽曰商州，其關曰武關。自長安至於盩厔，其驛十有一，其蔽曰洋州，其關曰華陽。自武功西至於好畤，其驛三，其蔽曰鳳翔府，其關曰隴關。自渭而北，至於華原，其驛九，其蔽曰方州。自咸陽而西，至於奉天，其驛六，其蔽曰邠州。由四海之内，總而合之，以至於關；由關之内，束而會之，以至於王都。華人夷人往復而授館者，旁午而至，傳吏奉符而閲其數，縣吏執牘而書其物。告至告去之役，不絕於道；寓望迎勞之禮，無曠於日。而春秋朝陵之邑，皆有傳館。其飲飫餼饋，咸出於豐給；繕完築復，必歸於整頓。列其田租，布其貨利，權其入而用其積，於是有出納奇贏之數，勾會考校之政。

〔二〕「界於櫟陽」下應有「其驛幾」三字，而舊本皆無之，恐別有義。

大曆十四年，始命御史爲之使，俾考其成，以質於尚書。季月之晦，必合其簿書，以視其等列，而校其信宿，必稱其制。有不當者，反之於官。尸其事者有勞焉，則復於天子而優升之。勞大者增其官，其次者降其調之數，又其次猶異其考績。官有不職，則以告而罪之，故月受俸二萬於太府。史五人，承符者二人，皆有食焉。

先是假廢官之印而用之。貞元十九年，南陽韓泰告於上，始鑄使印而正其名。然其嗣當斯職，未嘗有記之者，追而求之，蓋數歲而往則失之矣。今余爲之記，遂以韓氏爲首，且曰修其職，故首之也。

意義了不異人，以字句仿三禮、內外傳，遂覺古光照人。李習之論文「造言與創意並重」，有以哉！

永州新堂記

將爲穹谷嵁巖淵池於郊邑之中，則必輦山石，溝澗壑，凌絶嶮阻，疲極人力，乃可以有爲也。然而求天作地生之狀，咸無得焉。逸其人，因其地，全其天，昔之所難，今於是乎在。

永州實惟九疑之麓，其始度土者，環山爲城。有石焉，翳於奥草；有泉焉，伏於土塗。蛇虺之所蟠，狸鼠之所游，茂樹惡木，嘉葩毒卉，亂雜而爭植，號爲穢墟。韋公之來既逾月，理甚無事，望其地，且異之。始命芟其蕪，行其塗，積之丘如，蠲之瀏如。既焚既釃，奇勢迭出，清濁辨質，美惡異位。視其植，則清秀敷舒；視其蓄，則溶漾紆餘。怪石森然，周於四隅，或列或跪，或立或仆，竅穴逶邃，堆阜突怒。乃作棟宇，以爲觀游。凡其物類，無不合形輔勢，效伎於堂廡之下。外之連山高原，林麓之崖，間廁隱顯，邇延野綠，遠混天碧，咸會於譙門之内。

已乃延客入觀，繼以宴娛。或贊且賀，曰：「見公之作，知公之志。公之因土而得勝，豈不欲因俗以成化？公之擇惡而取美，豈不欲除殘而佑仁？公之蠲濁而流清，豈不欲廢貪而立廉？公之居高以望遠，豈不欲家撫而户曉？夫然，則是堂也，豈獨草木、土石、水泉之適歟？山原林麓之觀歟？將使繼公之理者，視其細，知其大也。」宗元請志諸石，措諸壁，編以爲二千石楷法。

篇末比擬語，在子厚偶一爲之，尚不覺，更效之，則成俗套矣。

邕州馬退山茅亭記

冬十月，作新亭于馬退山之陽。因高丘之阻以面勢，無欂櫨節棁之華。不斲椽，不翦茨，不列牆，以白雲爲藩籬，碧山爲屏風，昭其儉也。

是山崒然起於莽蒼之中，馳奔雲矗，亘數十百里，尾蟠荒陬，首注大溪，諸山來朝，勢若星拱，蒼翠詭狀，綺綰繡錯。蓋天鍾秀於是，不限於遐裔也。然以壤接荒服，俗參夷徼，周王之馬迹不至，謝公之屐齒不及，巖徑蕭條，登探者以爲嘆。

歲在辛卯，我仲兄以方牧之命，試於是邦。夫其德及故信孚，信孚故人和，人和故政多暇。由是嘗徘徊此山，以寄勝概。乃壓乃塗，作我攸宇，於是不崇朝而木工告成。每風止雨收，烟霞澄鮮，輒角巾鹿裘，率昆弟友生冠者五六人，步山椏而登焉。於是手揮絲桐，目送還雲，西山爽氣，在我襟袖，以極萬類，攬不盈掌。

夫美不自美，因人而彰。蘭亭也，不遭右軍，則清湍修竹，蕪没於空山矣。是亭也，僻介閩嶺，佳境罕到，不書所作，使盛迹鬱堙，是貽林澗之媿。故志之。

游黄溪記

北之晉，西適豳，東極吴，南至楚、越之交，其間名山水而州者以百數，永最善。環永之治百里，北至於浯溪，西至於湘之源，南至於瀧泉，東至於黄溪東屯，其間名山水而村者以百數，黄溪最善。

黄溪距州治七十里，由東屯南行六百步，至黄神祠。祠之上，兩山牆立，如丹碧之華葉駢植，與山升降。其缺者爲崖峭巖窟。水之中，皆小石平布。黄神之上，揭水八十步，至初潭，最奇麗，殆不可狀。其略若剖大甕，側立千尺，溪水即焉。黛蓄膏渟，來若白虹，沉沉無聲，有魚數百尾，方來會石下。南去又行百步，至第二潭。石皆巍然，臨峻流，若頦頷齗齶。其下大石離列，可坐飲食。有鳥赤首烏翼，大如鵠，方東嚮立。自是又南數里，地皆一狀，樹益壯，石益瘦，水鳴皆鏘然。又南一里，至大冥之川，山舒水緩，有土田。始黄神爲人時，居其地。

傳者曰：「黄神王姓，莽之世也。莽既死，神更號黄氏，逃來，擇其深峭者潛焉。」始莽嘗曰：「余黄虞之後也。」故號其女曰「黄皇室主」。「黄」與「王」聲相邇，而又有本，其所以傳言者益驗。神既居是，民咸安焉。以爲有道，死乃俎豆之，爲立祠。後稍徙近乎民，今祠在山陰溪水上。元和八年五月十六日，既歸爲記，以啓後之好游者。

始得西山宴游記

自余爲僇人，居是州，恒惴慄。其隙也，則施施而行，漫漫而遊。日與其徒上高山，入深林，窮迴溪，幽泉怪石，無遠不到。到則披草而坐，傾壺而醉。醉則更相枕以卧，意有所極，夢亦同趣。覺而起，起而歸。以爲凡是州之山有異態者，皆我有也。而未始知西山之怪特。

今年九月二十八日，因坐法華西亭，望西山，始指異之。遂命僕過湘江、緣染溪、斫榛莽、焚茅茷，窮山之高而止。攀援而登，箕踞而遨。則凡數州之土壤，皆在衽席之下。其高下之勢，岈然窪然，若垤若穴，尺寸千里，攢蹙累積，莫得遯隱。縈青繚白，外與天際，四望如一。然後知是山之特出，不與培塿爲類。悠悠乎與灝氣俱，而莫得其涯；洋洋乎與造物者游，而不知其所窮。引觴滿酌，頹然就醉，不知日之入。蒼然暮色，自遠而至，至無所見，而猶不欲歸。心凝形釋，與萬化冥合。然後知吾嚮之未始游，游於是乎始，故爲之文以志。是歲，元和四年也。

子厚諸記，以身閒境寂，又得山水以盪其精神，故言皆稱心，探幽發奇而出之，若不經意。

鈷鉧潭記

鈷鉧潭在西山西，其始蓋冉水自南奔注，抵山石，屈折東流，其顛委勢峻，盪擊益暴，齧其涯，故旁廣而中深，畢至石乃止。流沫成輪，然後徐行，其清而平者且十畝，有樹環焉，有泉懸焉。

其上有居者，以予之亟游也，一旦欵門來告曰：「不勝官租私券之委積，既芟山而更居，願以潭上田貿財以緩禍。」予樂而如其言。則崇其臺，延其檻，行其泉於高者墜之潭，有聲潀然。尤與中秋觀月爲宜，於以見天之高、氣之迴。

孰使予樂居夷而忘故土者，非茲潭也歟？

鈷鉧潭西小丘記

得西山後八日，尋山口西北道二百步，又得鈷鉧潭。西二十五步，當湍而浚者爲魚梁。梁之上有丘焉，生竹樹。其石之突怒偃蹇，負土而出，争爲奇狀者，殆不可數。其嶔然相累而下者，若牛馬之飲於溪；其衝然角列而上者，若熊羆之登於山。

丘之小不能一畝，可以籠而有之。問其主，曰：「唐氏之棄地，貨而不售。」問其價，曰：「止四百。」余憐而售之。李深源、元克己時同遊，皆大喜，出自意外。即更取器用，剷刈穢草，伐去惡木，烈火而焚之。嘉木立，美竹露，奇石顯。由其中以望，則山之高，雲之浮，溪之流，鳥獸魚之遨遊，舉熙熙然迴巧獻技，以効茲丘之下。枕席而卧，則清泠之狀與目謀，瀯瀯之聲與耳謀，悠然而虚者與神謀，淵然而静者與心謀。不帀旬而得異地者二，雖古好事之士，或未能至焉。

噫！以兹丘之勝，致之灃、鎬、鄠、杜，則貴游之士争買者，日增千金而愈不可得。今棄是州也，農夫漁父過而陋之，賈四百，連歲不能售。而我與深源、克己獨喜得之，是其果有遭乎！書於石，所以賀兹丘之遭也。

至小丘西小石潭記

從小丘西行百二十步，隔篁竹，聞水聲，如鳴佩環，心樂之。伐竹取道，下見小潭，水尤清洌。泉石以爲底，近岸卷石底以出，爲坻、爲嶼、爲嵁、爲巖，青樹翠蔓，蒙絡摇綴，參差披拂。潭中魚可百許頭，皆若空遊無所依。日光下澈，影布石上，怡然不動。俶爾遠逝，往來翕忽，似與遊者相樂。

潭西南而望，斗折蛇行，明滅可見。其岸勢犬牙差互，不可知其源。坐潭上，四面竹樹環合，寂寥無人，凄神寒骨，悄愴幽邃。以其境過清，不可久居，乃記之而去。

同遊者吴武陵、龔古、余弟宗玄。隸而從者，崔氏二小生，曰恕己，曰奉壹。

袁家渴記

由冉溪西南水行十里，山水之可取者五，莫若鈷鉧潭。由溪口而西陸行，可取者八九，莫若西山。由朝陽巖東南水行至蕪江，可取者三，莫若袁家渴。皆永中幽麗奇處也。

楚越之間方言，謂水之反流者爲「渴」，音若「衣褐」之「褐」。渴上與南館高嶂合，下與百家瀨合，其中重洲小溪，澄潭淺渚，間廁曲折，平者深黑，峻者沸白。舟行若窮，忽又無際。

有小山出水中，山皆美石，上生青叢，冬夏常蔚然。其旁多巖洞，其下多白礫，其樹多楓、柟、石楠、楩、櫧、樟、柚，草則蘭芷，又有異卉，類合歡而蔓生，轇轕水石。

每風自四山而下，振動大木，掩苒衆草，紛紅駭緑，蓊葧香氣，衝濤旋瀨，退貯谿谷，摇颺葳蕤，與時推移。其大都如此，余無以窮其狀。

永之人未嘗遊焉。余得之，不敢專也，出而傳於世。其地世主袁氏，故以名焉。

石渠記

自渴西南行，不能百步，得石渠，民橋其上。有泉幽幽然，其鳴乍大乍細。渠之廣，或咫尺，或倍尺，其長可十許步。其流抵大石，伏出其下。逾石而往，有石泓，昌蒲被之，青鮮環周。又折西行，旁陷巖石下，北墮小潭。潭幅員減百尺，清深多儵魚。又北曲行紆餘，睨若無窮，然卒入於渴。其側皆詭石怪木，奇卉美箭，可列坐而庥焉。風摇其顛，韻動崖谷。視之既静，其聽始遠。

予從州牧得之，攬去翳朽，決疏土石，既崇而焚，既釃而盈。惜其未始有傳焉者，故累記其所屬，遺之其人，書之其陽，俾後好事者求之得以易。元和七年正月八日，蠲渠至大石。十月十九日，逾石得石泓小潭。渠之美於是始窮也。

石澗記

石渠之事既窮，上由橋西北，下土山之陰，民又橋焉。其水之大，倍石渠三之一[一]。亘石爲底，達於兩涯。若牀若堂，若陳筵席，若限閫奥。水平布其上，流若織文，響若操琴。揭跣而往，折竹，掃陳葉，排腐木，可羅胡牀十八九居之。交絡之流，觸激之音，皆在牀下；翠羽之木，龍鱗

[一] 整理者案：原書脱「一」字，據宋刻本河東先生集卷二十九補。

之石，均蔭其上。古之人其有樂乎此耶？後之來者，有能追余之踐履耶？得意之日，與石渠同。

由渴而來者，先石渠，後石澗；由百家瀨上而來者，先石澗，後石渠。澗之可窮者，皆出石城村東南，其間可樂者數焉。其上深山幽林，逾峭險，道狹不可窮也。

小石城山記

自西山道口徑北，逾黄茅嶺而下，有二道：其一西出，尋之無所得；其一少北而東，不過四十丈，土斷而川分，有積石横當其垠。其上爲睥睨梁欐之形，其旁出堡塢，有若門焉。窺之正黑，投以小石，洞然有水聲，其響之激越，良久乃已。環之可上，望甚遠，無土壤而生嘉樹美箭，益奇而堅，其疏數偃仰，類智者所施設也。

噫！吾疑造物者之有無久矣。及是，愈以爲誠有。又怪其不爲之於中州，而列是夷狄，更千百年不得一售其伎，是固勞而無用，神者儻不宜如是，則其果無乎？或曰：「以慰夫賢而辱於此者。」或曰：「其氣之靈不爲偉人，而獨爲是物，故楚之南少人而多石。」是二者，余未信之。

柳州山水近治可遊者記

古之州治，在潯水南山石間。今徙在水北，直平四十里，南北東西皆水匯。北有雙山，夾道嶄然，曰背石山。有支川，東流入於潯水。潯水因是北而東，盡大壁下。其壁曰龍壁。其下多秀石，可硯。

南絶水，有山無麓，廣百尋，高五丈，下上若一，曰甑山。山之南，皆大山，多奇。又南且西，曰駕鶴山，壯聳環立，古州治負焉。有泉在坎下，常盈而不流。南有山，正方而崇，類屏者，曰屏山。其西曰四姥山，皆獨立不倚。北流潯水瀨下。六字非衍則上有闕文。

又西曰仙奕之山。山之西可上。其上有穴，穴有屏，有室，有宇。其宇下有流石成形，如肺肝，如茄房，或積於下，如人，如禽，如器物，甚衆。東西九十尺，南北少半。東登入小穴，常有四尺，則廓然甚大，無竅，正黑，燭之，高僅見其宇，皆流石怪狀。由屏南室中入小穴，倍常而上，始黑，已而大明，爲上室。由上室而上，有穴，北出之，乃臨大野，飛鳥皆視其背。其始登者，得石枰於上，黑肌而赤脉，十有八道，可奕，故以云。其山多檉，多櫧，多篔簹之竹，多橐吾。其鳥，多秭歸。

石魚之山，全石，無大草木，山小而高，其形如立魚，在多秭歸。西有穴，類仙奕。入其穴，東出，其西北靈泉在東趾下，有麓環之。泉大類轂雷鳴，西奔二十尺，有洄，在石澗，因伏無所見，多緑青之魚及石鯽，多鯈。

雷山，兩崖皆東西，雷水出焉。蓄崖中曰雷塘，能出雲氣，作雷雨，變見有光。禱用俎魚、豆彘、脩形〔二〕、糈稌、酒陰，虔則應。在立魚南，其間多美山，無名而深。峩山在野中，無麓，峩水出焉，東流入於潯水。

箕子碑

凡大人之道有三：一曰正蒙難，二曰法授聖，三曰化及民。殷有仁人曰箕子，實具茲道，以立於世。故孔子述六經之旨，尤殷勤焉。

當紂之時，大道悖亂，天威之動不能戒，聖人之言無所用。進死以併命，誠仁矣，無益吾祀，故不爲；委身以存祀，誠仁矣，與亡吾國，故不忍。具「具」宜作「且」。是二道，有行之者矣。是用保其明哲，與之俯仰，晦是謩範，辱於囚奴，昏而無邪，隤而不息。故在易曰：「箕子之明夷。」

〔二〕形當作刑。鉶，羹也。見周官内外饔職。

正蒙難也。及天命既改，生人以正。乃出大法，用爲聖師，周人得以序彝倫而立大典。故在書曰：「以箕子歸，作洪範。」法授聖也。及封朝鮮，推道訓俗，惟德無陋，惟人無遠，用廣殷祀，俾夷爲華，化及民也。率是大道，藂於厥躬，天地變化，我得其正，其大人歟？

於虖！當其周時未至，殷祀未殄，比干已死，微子已去，向使紂惡未稔而自斃，武庚念亂以圖存，國無其人，誰與興理？是固人事之或然者也。然則先生隱忍而爲此，其有志於斯乎？唐某年，作廟汲郡，歲時致祀，嘉先生獨列於易象，作是頌云：

蒙難以正，授聖以謩。宗祀用繁，夷民其蘇。憲憲大人，顯晦不渝。聖人之仁，道合隆汙。明哲在躬，不陋爲奴。冲讓居禮，不盈稱孤。高而無危，卑不可逾。非死非去，有懷故都。時詘而伸，卒爲世模。易象是列，文王爲徒。大明宣昭，崇祀式孚。古闕頌辭，繼在後儒。

體製近俗，而謝枋得所截數語自不可棄。

段太尉逸事狀

太尉始爲涇州刺史時，汾陽王以副元帥居蒲，王子晞爲尚書，領行營節度使，寓軍邠州，縱士卒無賴。邠人偷嗜暴惡者，卒以貨竄名軍伍中，則肆志，吏不得問。日群行丐取於市，不嗛，輒奮擊折人手足，椎釜鬲甕盎盈道上，把臂徐去，至撞殺孕婦人。邠寧節度使白孝德以王故，戚不敢言。

太尉自州以狀白府，願計事。至則曰：「天子以生人分公理，公見人被暴害，因恬然，且大亂，若何？」孝德曰：「願奉教。」太尉曰：「某爲涇州甚適，少事，今不忍人無寇暴死，以亂天子邊事。公誠以都虞候命某者，能爲公已亂，使公之人不得害。」孝德曰：「幸甚！」如太尉請。

既署一月，晞軍士十七人入市取酒，又以刃刺酒翁，壞釀器，酒留溝中。太尉列卒取十七人，皆斷頭注槊上，植市門外。晞一營大譟，盡甲。孝德震恐，召太尉曰：「將奈何？」太尉曰：「無傷也。請辭於軍。」孝德使數十人從太尉，太尉盡辭去，解佩刀，選老躄者一人持馬，至晞門下。甲者出，太尉笑且入曰：「殺一老卒，何甲也？吾戴吾頭來矣。」甲者愕。因諭曰：「尚書固負若屬耶？副元帥固負若屬耶？奈何欲以亂敗郭氏？爲白尚書，出聽我言。」晞出，見太尉，太尉曰：「副元帥勳塞天地，當務始終。今尚書恣卒爲暴，暴且亂，亂天子邊，欲誰歸罪？罪且及副元帥。今邠人惡子弟以貨竄名軍籍中，殺害人，如是不止，幾日不大亂？大亂由尚書出，人皆曰『尚書倚副元帥不戢士』，然則郭氏功名其與存者幾何？」

言未畢，晞再拜曰：「公幸教晞以道，恩甚大，願奉軍以從。」顧叱左右曰：「皆解甲，散還火伍中，敢譁者死！」太尉曰：「吾未晡食，請假設草具。」既食，曰：「吾疾作，願留宿門下。」命持馬者去，旦日來。還卧軍中。晞不解衣，戒候卒擊柝衛太尉。旦，俱至孝德所，謝不能，請改過。邠州由是無禍。

先是，太尉在涇州，爲營田官。涇大將焦令諶取人田，自占數十頃，給與農，曰：「且熟，歸我半。」是歲大旱，野無草，農以告諶。諶曰：「我知入數而已，不知旱也。」督責益急。且飢死，無以償，即告太尉。太尉判狀辭甚巽，使人求諭諶。諶盛怒，召農者曰：「我畏段某耶？何敢言我！」取判鋪背上，以大杖擊二十，垂死，輿來庭中。太尉大泣曰：「乃我困汝。」即自取水洗去血，裂裳衣瘡，手注善藥，旦夕自哺農者，然後食。取騎馬賣，市穀代償，使勿知。

淮西寓軍帥尹少榮，剛直士也。入見諶，大罵曰：「汝誠人耶？涇州野如赭，人且飢死，而必得穀，又用大杖擊無罪者。段公，仁信大人也，而汝不知敬。今段公唯一馬，賤賣市穀入汝，汝又取不恥。凡爲人，傲天災，犯大人，擊無罪者，又取仁者穀，使主人出無馬，汝將何以視天地，尚不愧奴隸耶？」諶雖暴抗，然聞言則大愧流汗，不能食，曰：「吾終不可以見段公。」一夕，自恨死。

及太尉自涇州以司農徵，戒其族：過岐，朱泚幸致貨幣，慎勿納。及過，泚固致大綾三百疋，太尉壻韋晤堅拒，不得命。至都，太尉怒曰：「果不用吾言！」晤謝曰：「處賤無以拒也。」太尉曰：「然終不以在吾第。」以如司農治事堂，棲之梁木上。泚反，太尉終。吏以告泚，泚取視，其故封識具存。

元和九年月日，永州司馬員外置同正員柳宗元謹上史館。今之稱太尉大節者出入，以爲武人一時奮不慮死，以取名天下，不知太尉之所立如是。宗元嘗出入岐、周、邠、斄間，過真定，北上馬嶺，歷亭鄣堡戍，竊好問老校退卒能言其事。太尉爲人姁姁，常低首拱手行步，言氣卑弱，未嘗以色待物；人視之，儒者也。遇不可，必達其志，決非偶然者。會州刺史崔公來，言信行直，備得太尉遺事，覆校無疑，或恐尚逸墜，未集太史氏，敢以狀私於執事。謹狀。

王元美云：「柳子厚段太尉逸事狀，差存孟堅之造。」稱量不爽其分。劉夢得稱退之謂其「雄深雅健，似司馬子長」，豈退之哀其亡而溢美耶？抑夢得假託退之語以張之耶？

箏郭師墓誌銘

郭師名無名，無字。父爽，雲中大將。無名生善音，能鼓十三絃。其爲事天姿獨得，推七律三十五調，切密邃靡，布爪指，運掌擘，使木聲絲聲均其所自出，屈折愉繹，學者無能知。自去乳，不近葷肉，以是慕浮圖道。既失父母，即棄去兄弟，自髡緇入代清涼山，又南來楚中，然遇其故器，不能無撫弄。

吴王宙刺復州，或以告，乃延入，强之。宙號知聲音，抃蹈以爲神奇。會宙貶賀州，遂以來。性愛酒，不能已，因縱髮爲黄老術。薛道州伯高抵宙以書，必致之，至與坐起。伯高，褒邪人也，嗜其音，至善處，輒自爲擊節。教閽管謹視出入。餌仄柏，不食穀。三年，變服遁逃九疑叢祠中，披取之益善，親遇，終不屑。卒乘暴水入小船，下岣嶁山，求道籙，會歐陽師死，不果受。張誠副嶺南，又强與偕。誠死，至是抵余。時已得骨髓病，日猶鼓音四五行。居數日，益篤。既病，自爲歌。死三日，葬州北岡西。志其詞曰：

雲州生，柳州死。年五十，病骨髓，天與之音今已矣。丁酉之年秋既季，月闕其團於是始。心爲浮圖形道士，仁人我哀埋勿棄。

又祭崔簡神柩歸上都文

嘻乎崔公之柩：

嘻乎崔公，楚之南，其土不可以室。或坋而頽，或确而崒，陰流洩漏，瀸没渝溢。碩鼠大蟻，傍穿側出。虧疎脆薄，久乃自窒。不如君之鄉，式堅且密。

嘻乎崔公，楚之南，其鬼不可與友。躁戾佻險，睒眒欺苟，脞賤暗胥，輕嚚妄走。不思己類，好是群醜，不如君之鄉，式和且偶。

日月甚良，子姓甚勤。具是舟鞏，寧君之神。去爾夷方，返爾故鄰。奕奕其歸，宜樂且欣。君死而還，我生而留。遠矣殊世，曷從之遊。酹觴於座，與涕俱流。

歐陽永叔文約選

論臺諫官言事未蒙聽允書

歐陽修

臣聞自古有天下者，莫不欲爲治君而常至於亂，莫不欲爲明主而常至於昏者，其故何哉？患於好疑而自用也。夫疑心動於中，則視聽惑於外。視聽惑，則忠邪不分，而是非錯亂。忠邪不分而是非錯亂，則舉國之臣皆可疑。既盡疑其臣，則必自用其所見。夫以疑惑錯亂之意而自用，則多失；失則其國之忠臣必以理而争之；争之不切，則人主之意難回；争之切，則激其君之怒心而堅其自用之意，然後君臣争勝。於是邪佞之臣得以因隙而入，希旨順意，以是爲非，以非爲是，惟人主之所欲者從而助之。夫爲人主者，方與其臣争勝，而得順意之人，樂其助己，而忘其邪佞也，乃與之并力以拒忠臣。夫爲人主者拒忠臣而信邪佞，天下無不亂，人主無不昏也。自古人主之用心，非惡忠臣而喜邪佞也，非惡治而好亂也，非惡明而欲昏也，以其好疑自用而與下争勝也。使爲人主者，豁然去其疑心，而回其自用之意，則邪佞遠而忠言入。忠言入，則聰明不惑，而萬事得其宜。使天下尊爲明主，萬世仰爲治君，豈不臣主俱榮而樂哉？其與區區自執而與臣下爭勝，用心益勞而事益惑者，相去遠矣。臣聞書載仲虺稱湯之德曰「改過不恡」，又戒湯曰「自用則小」。成湯，古之聖人也，不能無過，而能改過，此其所以爲聖也。以湯之聰明，其所爲不至於繆戾矣，然仲虺猶戒其自用，則自古人主惟能改過而不敢自用，然後得爲治君明主也。

臣伏見宰臣陳執中，自執政以來，不叶人望，累有過惡，招致人言。而執中遷延，尚玷宰府。陛下憂勤恭儉，仁愛寬慈，堯舜之用心也。推陛下之用心，天下宜至於治者久矣。而紀綱日壞，政令日乖，國日益貧，民日益困，流民滿野，濫官滿朝。其亦何爲而致此？由陛下用相不得其人也。近年宰相多以過失因言者罷去，陛下不悟宰相非其人，反疑言事者好逐宰相。疑心一生，視聽既惑，遂成自用之意，以謂宰相當由人主自去，不可因言者而罷之。故宰相雖有大惡顯過，而屈意以容之；彼雖惶恐自欲求去，而屈意以留之；雖天災水旱，飢民流離，死亡道路，皆不暇顧，而屈意以用之。其故非他，直欲沮言事者爾。言事者何負於陛下哉？使陛下上不顧天災，下不恤人言，以天下之事委一不學無識、諂邪狠愎之執中而甘心焉。言事者本欲益於陛下，而反損聖德者多矣。然而言事者之用心，本不圖至於此也，由陛下好疑自用而自損也。今陛下用執中之意益堅，言事者攻之愈切，陛下方思有以取勝於言事者。而邪佞之臣得以因隙而入，必有希合陛下之意者，將曰執中宰相，不可以小事逐，不可使小臣動搖，甚者則誣言事者欲逐執中而引用他人。陛下方患言事者上忤聖聰，樂聞斯言之順意，不復察其邪佞而信之，所以拒言事者益峻，用執中益堅。夫以萬乘之尊，與三數言事小臣角必勝之力，萬一聖意必不可回，言事者亦當知難而止矣。然天下之人與後世之議者，謂陛下拒忠言，庇愚相，以陛下爲何如主也？前日御史論梁適罪惡，陛下赫怒，空臺而逐之。而今日御史又復敢論宰相，不避雷霆之威，不畏權臣之禍，此乃至忠之臣也，能忘其身而愛陛下者也。陛下嫉之惡之，拒之絶之。執中爲相，使天下水旱流亡，公私困竭，而又不學無識，憎愛挾情，除改差繆，取笑中外，家私穢惡，流聞道路，阿意順旨，專事逢君。此乃諂上傲下愎戾之臣也，陛下愛之重之，不忍去之。陛下睿智聰明，群臣善惡無不照見，不應倒置如此，直由言事者太切，而激成陛下之疑惑爾。執中不知廉恥，復出視事，此不足論。陛下豈忍因執中上累聖德，而使忠臣直士卷舌於明時也？臣願陛下廓然回心，釋去疑慮，察言事者之忠，知執中之過惡，悟用人之非，法成湯改過之聖，遵仲虺自用之戒，盡以御史前後章疏出付外廷，議正執中之過惡，罷其政事，别用賢材，以康時務，以拯斯民，以全聖德，則天下幸甚。臣以身叨恩遇，職在論思，意切言狂，罪當萬死。

所向曲折如意，如乘快馬行平地，遲速進退，自由其心。

論臺諫官唐介等宜早牽復劄子

臣材識庸暗，碌碌於衆人中，蒙陛下不次拔擢，置在樞府，其於報効，自宜如何。而自居職以來，已逾半歲，凡事關大體，必須衆議之協同，其餘日逐進呈，皆是有司之常務。至於謀猷啓沃，蔑爾無聞。上辜聖恩，下愧清議，人雖未責，臣豈自安？所以日夜思惟願竭愚慮，苟有可採，冀裨萬一。

臣近見諫官唐介、臺官范師道等，因言陳旭事得罪，或與小郡，或竄遠方。陛下自臨御以來，擢用諍臣，開廣言路，雖言者時有中否，而聖慈每賜優容。一旦臺諫聯翩，被逐四出，命下之日，中外驚疑。臣雖不知臺諫所言是非，但見唐介、范師道皆久在言職，其人立朝，各有本末，前後補益甚多。豈於此時，頓然改節，故爲欺罔，上昧聖聰？在於人情，不宜有此。

臣竊以謂自古人臣之進諫於其君者，有難有易，各因其時而已。若剛暴猜忌之君，不欲自聞其過，而樂聞臣下之過，人主好察多疑於上，大臣側足畏罪於下。於此之時，諫人主者難，而言大臣者易。若寬仁恭儉之主，動遵禮法，自聞其失，則從諫如流，聞臣下之過，則務爲優容以保全之；而爲大臣者，外秉國權，内有左右之助，言事者未及見聽，而怨仇已結於其身。故於此時，諫人主者易，言大臣者難。此不可不察也。

自古人主之聽言也，亦有難有易，在知其術而已。夫忠邪並進於前，而公論與私言交入於耳，此所以聽之難也。若知其人之忠邪，辨其言之公私，則聽之易也。凡言拙而直，逆耳違意，初聞若可惡者，此忠臣之言也。言婉而順，希旨合意，初聞若可喜者，邪臣之言也。至於言事之官，各舉其職，或當朝正色，顯言於廷，或連章列署，共論其事。言一出，則萬口争傳，衆目共視，雖欲爲私，其勢不可。故凡明言於外，不畏人知者，皆公言也。若非其言職，又不敢顯言，或密奏乞留中，或面言乞出自聖斷，不欲人知言有主名者，蓋其言涉傾邪，懼遭彈劾。故凡陰有陳奏而畏人知者，皆挾私之説也。自古人主能以此術知臣下之情，則聽言易也。

伏惟陛下仁聖寬慈，躬履勤儉，樂聞諫諍，容納直言，其於大臣尤所優禮，常欲保全終始；思與臣下愛惜名節，尤慎重於進退。故臣謂方今言事者，規切人主則易，欲言大臣則難。臣自立朝，耳目所記，景祐中，范仲淹言宰相吕夷簡，貶知饒州。皇祐中，唐介言宰相文彦博，貶春州别駕。至和初，吴中復、吕景初、馬遵言宰相梁適，並罷職出外。其後趙抃、范師道言宰相劉沆，亦罷職出外。前年韓絳言富弼，貶知蔡州。今又唐介等五人言陳旭得罪。自范仲淹貶饒州後，至今凡二十年間，居臺諫者多矣，未聞有規諫人主而得罪者。臣故謂方今諫人主則易，言大臣則難。陛下若推此以察介等所言，則可知其用心矣。

昨所罷黜臺諫五人，惟吕誨入臺未久，其他四人出處本末，迹狀甚明，可以歷數也。唐介前因言文彥博，遠竄廣西烟瘴之地，賴陛下仁恕哀憐，移置湖南，得存性命。范師道、趙抃並因言忤劉沆，罷臺職，守外郡，連延數年，然後復。今三人者，又以言樞臣罷黜。然則介不以前蹈必死之地爲懼，師道與抃不以中滯進用數年爲戒，遇事必言，得罪不悔，蓋所謂進退一節，終始不變之士也。至如王陶者，本出孤寒，只因韓絳薦舉，始得臺官。及絳爲中丞，陶不敢内顧私恩，與之諍議，絳終得罪。夫牽顧私恩，人之常情爾，斷恩以義，非知義之士不能也。以此言之，陶可謂徇公滅私之臣矣。此四人者，出處本末之迹如此，可以知其爲人也，就使言雖不中，亦其情必無他。

議者或謂言事之臣好相朋黨，動摇大臣，以作威勢，臣竊以謂不然。介與師道不與絳爲黨，乃與諸臺諫共論絳爲非，然則非相朋黨、非欲動摇大臣可明矣。固謂未可以此疑言事之臣也。況介等比者雖在謫官，幸蒙陛下寬恩，各得爲郡，未至失所。其可惜者，斥逐諫臣，非朝廷美事，阻塞言路，不爲國家之利，而介等盡忠守節，未蒙憐察也。欲望聖慈特賜召還介等，置之朝廷，以勸守節敢言之士，則天下幸甚。今取進止。

論杜衍范仲淹等罷政事狀

臣聞士不忘身不爲忠，言不逆耳不爲諫。故臣不避群邪切齒之禍，敢干一人難犯之顔。惟賴聖明，幸加省察。

臣伏見杜衍、韓琦、范仲淹、富弼等，皆是陛下素所委任之臣。一旦相繼罷黜，天下之士皆素知其可用之賢，而不聞其可罷之罪。臣雖供職在外，事不盡知，然臣竊見自古小人讒害忠賢，其説不遠。欲廣陷良善，則不過指爲朋黨；欲動摇大臣，則必須誣以專權。其故何也？夫去一善人而衆善人尚在，則未爲小人之利；欲盡去之，則善人少過，難爲一一求瑕，惟有指以爲朋，則可一時盡逐。至如大臣已被知遇而蒙信任，則難以他事動摇，惟有專權，是上之所惡，故須此説，方可傾之。臣料衍等四人各無大過而一時盡逐，弼與仲淹委任尤深而忽遭離間，必有以朋黨、專權之説上惑聖聰者。臣請試辨之。

昔年仲淹初以忠言讜論聞於中外，天下賢士争相稱慕，當時奸臣誣作朋黨，猶難辨明。自近日陛下擢此數人，並在兩府，察其臨事，可見其不爲朋黨也。蓋衍爲人，清慎而謹守規矩；仲淹則恢廓自信而不疑；琦則純信而質直；弼則明敏而果鋭。四人爲性，既各不同，雖皆歸於盡忠，而其所見各異，故於議事，多不相從。至如杜衍欲深罪滕宗諒，仲淹則力争而寬之。仲淹謂契丹必攻河東，請急修邊備，富弼料以九事，力言契丹必不來。至如尹洙，亦號仲淹之黨，及争水洛城事，韓琦則是尹洙而非劉滬，仲淹則是劉滬而非尹洙。此數事尤彰著，陛下素已知者。此四人者，可謂天下至公之賢也。平日閑居，則相稱美之不暇；爲國議事，則公言廷諍而不私。

以此而言，臣見衍等真得漢史所謂忠臣有不和之節，而小人讒爲朋黨，可謂誣矣。

臣聞有國之權，誠非臣下之得專也。然臣竊思仲淹等自入兩府以來，不見其專權之迹，而但見其善避權也。權者，得名位則可行，故好權之臣必貪位。自陛下召琦與仲淹於陝西，琦等讓至五六，陛下亦五六召之。富弼三命學士，兩命樞密副使，每一命，皆再三懇讓，讓者愈切，陛下用之愈堅。臣但見其避讓太繁，不見其好權貪位也。及陛下堅不許辭，方敢受命，然猶未敢別有所爲。陛下見其皆未行事，乃特開天章，召而賜坐，授以紙筆，使其條事。然衆人避讓，不敢下筆，弼等亦不敢獨有所述。因此又煩聖慈，特出手詔，指定姓名，專責弼等條列大事而行之。弼等遲回，又近一月，方敢略條數事。仲淹深練世事，必知凡百難猛更張，故其所陳，志在遠大而多若迂緩，但欲漸而行之以久，冀皆有效。弼性雖鋭，然亦不敢自出意見，但多舉祖宗故事，請陛下擇而行之。自古君臣相得，一言道合，遇事便行。臣方怪弼等蒙陛下如此堅意委任，督責丁寧，而猶遲緩自疑，作事不果，然小人巧譖已曰專權者，豈不誣哉！至如兩路宣撫，聖朝常遣大臣。況自中國之威，近年不振，故元昊叛逆一方，而勞困及於天下。北虜乘釁，違盟而動，其書辭侮慢，至有貴國、祖宗之言。陛下憤恥雖深，但以邊防無備，未可與爭，屈意買和，莫大之辱。弼等見中國累年侵凌之患，感陛下不次進用之恩，故各自請行，力思雪恥，沿山傍海，不憚勤勞，欲使武備再修，國威復振。臣見弼等用心，本欲尊陛下威權以禦四夷，未見其侵權而作過也。

伏惟陛下睿哲聰明，有知人之聖，臣下能否，洞見不遺。故於千官百辟之中，特選得此數人，驟加擢用。夫正士在朝，群邪所忌，謀臣不用，敵國之福也。今此數人一旦罷去，而使群邪相賀於内，四夷相賀於外，此臣所爲陛下惜之也。伏惟陛下聖德仁慈，保全忠善，退去之際，恩禮各優。今仲淹四路之任亦不輕矣，惟願陛下拒絶群謗，委任不疑，使盡其所爲，猶有裨補。方今西北二虜交争未已，正是天與陛下經營之時，如弼與琦，豈可置之閒處？伏望陛下早辨讒巧，特加圖任，則不勝幸甚。

臣自前歲召入諫院，十月之内，七受聖恩，而致身兩制，方思君寵至深，未知報效之所。今群邪争進讒巧，正士繼去朝廷，乃臣忘身報國之秋，豈可緘言而避罪？敢竭愚瞽，惟陛下擇之。

史稱小人惡修善言其情狀，觀此篇及論臺諫官二劄子可見。

上范司諫書

前月中得進奏吏報，云自陳州召至闕，拜司諫，即欲爲一書以賀，多事，卒卒未能也。司諫，七品官爾，於執事得之不爲喜，而獨區區欲一賀者，誠以諫官者，天下之得失、一時之公議繫焉。今世之官，自九卿、百執事外，至一郡縣吏，非無貴官大職可以行其道也。然縣越其封，郡逾其境，雖賢守長不得行，以其有守也。吏部之官不得理兵部，鴻臚之卿不得理光禄，以其有司也。若天下之失得，生民之利害，社稷之大計，惟所見聞而不繫職司者，獨宰相可行之，諫官可言之爾。故士學古懷道者仕於時，不得爲宰相，必爲諫官。諫官雖卑，與宰相等。天子曰不可，宰相曰可；天子曰然，宰相曰不然：坐乎廟堂之上與天子相可否者，宰相也。天子曰是，諫官曰非；天子曰必行，諫官曰必不可行：立殿陛之前與天子爭是非者，諫官也。宰相尊，行其道；諫官卑，行其言。言行，道亦行也。九卿、百司、郡縣之吏守一職者，任一職之責，宰相、諫官繫天下之事，亦任天下之責。然宰相、九卿而下失職者，受責於有司；諫官之失職也，取譏於君子。有司之法，行乎一時；君子之譏，著之簡册而昭明，垂之百世而不泯，甚可懼也。夫七品之官，任天下之責，懼百世之譏，豈不重邪！非材且賢者不能爲也。

近執事始被召於陳州，洛之士大夫相與語曰：「我識范君，知其材也。其來，不爲御史必爲諫官。」及命下，果然。則又相與語曰：「我識范君，知其賢也。他日聞有立天子陛下，直辭正色、面爭庭論者，非他人，必范君也。」拜命以來，翹首企足，竚乎有聞而卒未也。竊惑之，豈洛之士大夫能料於前而不能料於後也？將執事有待而爲也？

昔韓退之作爭臣論，以譏陽城不能極諫，卒以諫顯。人皆謂城之不諫，蓋有待而然，退之不識其意而妄譏。修獨以爲不然。當退之作論時，城爲諫議大夫已五年，後又二年，始庭論陸贄，及沮裴延齡作相，欲裂其麻，纔兩事爾。當德宗時，可謂多事矣，授受失宜，叛將强臣羅列天下，又多猜忌，進任小人。於此之時，豈無一事可言，而須七年耶？當時之事，豈無急於沮延齡、論陸贄兩事也？謂宜朝拜官而夕奏疏也。幸而城爲諫官七年，適遇延齡、陸贄事，一諫而罷，以塞其責。向使止五年六年而遂遷司業，是終無一言而去也，何所取哉。

今之居官者，率三歲而一遷，或一二歲，甚者半歲而遷也，此又非一可以待乎七年也。今天子躬親庶政，化理清明，雖爲無事，然自千里詔執事而拜是官者，豈不欲聞正議而樂讜言乎？然今未聞有所言說，使天下知朝廷有正士，而彰吾君有納諫之明也。

夫布衣韋帶之士，窮居草茅，坐誦書史，常恨不見用。及用也，又曰彼非我職，不敢言；或曰我位猶卑，不得言；得言矣，又曰我有待。是終無一人言也，可不惜哉！伏惟執事思天子所以見用之意，懼君子百世之譏，一陳昌言，以塞重望，且解洛士大夫之惑，則幸甚幸甚。

與高司諫書

修頓首再拜白司諫足下。某年十七時，家隨州，見天聖二年進士及第牓，始識足下姓名。

是時予年少，未與人接，又居遠方，但聞今宋舍人兄弟與葉道卿、鄭天休數人者，以文學大有名，號稱得人。而足下厠其間，獨無卓卓可道説者，予固疑足下不知何如人也。

其後更十一年，予再至京師。足下已爲御史裏行，然猶未暇一識足下之面，但時時於予友尹師魯問足下之賢否。而師魯説足下正直有學問，君子人也。予猶疑之。夫正直者，不可屈曲；有學問者，必能辨是非。以不可屈之節，有能辨是非之明，又爲言事之官，而俯仰默默，無異衆人，是果賢者耶？此不得使予之不疑也。

自足下爲諫官來，始得相識。侃然正色，論前世事，歷歷可聽，褒貶是非，無一謬説。噫！持此辯以示人，孰不愛之？雖予亦疑足下真君子也。

是予自聞足下之名及相識，凡十有四年，而三疑之。今者，推其實迹而較之，然後決知足下非君子也。

前日范希文貶官後，與足下相見於安道家，足下詆誚希文爲人。予始聞之，疑是戲言；及見師魯，亦説足下深非希文所爲，然後其疑遂決。希文平生剛直，好學通古今，其立朝有本末，天下所共知。今又以言事觸宰相得罪。足下既不能爲辨其非辜，又畏有識者之責己，遂隨而詆之，以爲當黜。是可怪也。

夫人之性，剛果懦軟，禀之於天，不可勉强，雖聖人亦不以不能責人之必能。今足下家有老母，身惜官位，懼飢寒而顧利禄，不敢一忤宰相以近刑禍，此庸人之常情，不過作一不材諫官爾；雖朝廷君子，亦將閔足下之不能，而不責以必能也。今乃不然，反昂然自得，了無媿畏，便毁其賢以爲當黜，庶乎飾己不言之過。夫力所不敢爲，乃愚者之不逮；以智文其過，此君子之賊也。

且希文果不賢邪？自三四年來，從大理寺丞至前行員外郎，作待制日，日備顧問，今班行中無與比者。是天子驟用不賢之人？夫使天子待不賢以爲賢，是聰明有所未盡。足下身爲司諫，乃耳目之官，當其驟用時，何不一爲天子辨其不賢，反默默無一語，待其自敗，然後隨而非之。若果賢邪，則今日天子與宰相以忤意逐賢人，足下不得不言。是則足下以希文爲賢，亦不免責；以爲不賢，亦不免責。大抵罪在默默爾。

昔漢殺蕭望之與王章，計其當時之議，必不肯明言殺賢者也；必以石顯、王鳳爲忠臣，望之與章爲不賢而被罪也。今足下視石顯、王鳳果忠邪，望之與章果不賢邪？當時亦有諫臣，必不肯自言畏禍而不諫，亦必曰當誅而不足諫也。今足下視之，果當誅邪？是直可欺當時之人，而不可欺後世也。今足下又欲欺今人，而不懼後世之不可欺也？況今之人未可欺邪。

伏以今皇帝即位以來，進用諫臣，容納言論。如曹修古、劉越，雖殁猶被褒稱，今希文與孔道輔皆自諫諍擢用。足下幸生此時，遇納諫之聖主如此，猶不敢一言，何也？前日又聞御史臺牓朝堂，戒百官不得越職言事，是可言者惟諫臣爾。若足下又遂不言，是天下無得言者也。足下在其位而不言，便當去之，無妨他人之堪其任者也。昨日安道貶官、師魯待罪，足下猶能以面目見士大夫，出入朝中稱諫官，是足下不復知人間有羞恥事爾。所可惜者，聖朝有事，諫官不言，而使他人言之。書在史册，他日爲朝廷羞者，足下也。

春秋之法，責賢者備。今某區區猶望足下之能一言者，不忍便絶足下而不以賢者責也。若猶以謂希文不賢而當逐，則予今所言如此，乃是朋邪之人爾。願足下直攜此書於朝，使正予罪而誅之，使天下皆釋然知希文之當逐，亦諫臣之一効也。

前日足下在安道家召予往論希文之事，時坐有他客，不能盡所懷，故輒布區區，伏惟幸察。不宣。

歐公苦心韓文，得其意趣，而門徑則異。韓雄直，歐變而紆餘；韓古朴，歐變而美秀。惟此篇骨法形貌皆與韓爲近。

與荆南樂秀才書

修頓首白秀才足下：前者舟行往來，屢辱見過；又辱以所業一編，先之啓事，及門而贄。

田秀才西來，辱書；其後予家奴自府還縣，比又辱書。僕有罪之人，人所共棄，而足下見禮如此，何以當之？當之未暇答，宜遂絶，而再辱書；再而未答，宜絶，而又辱之。何其勤之甚也。如修者，天下窮賤之人爾，安能使足下之切切如是邪？蓋足下力學好問，急於自爲謀而然也。然蒙索僕所爲文字者，此似有所過聽也。

僕少從進士舉於有司，學爲詩賦，以備程試，凡三舉而得第。與士君子相識者多，故往往能道僕名字；而又以游從相愛之私，或過稱其文字。故使足下聞僕虚名，而欲見其所爲者，由此也。

僕少孤貧，貪禄仕以養親，不暇就師窮經，以學聖人之遺業。而涉獵書史，姑隨世俗作所謂時文者，皆穿蠹經傳，移此儷彼，以爲浮薄，惟恐不悦於時人，非有卓然自立之言如古人者。然有司過採，屢以先多士。及得第已來，自以前所爲不足以稱有司之舉而當長者之知，始大改其爲，庶幾有立。然言出而罪至，學成而身辱；爲彼則獲譽，爲此則受禍，此明效也。

夫時文雖曰浮巧，然其爲功，亦不易也。僕天資不好而彊爲之，故比時人之爲者尤不工，然已足以取禄仕而竊名譽者，順時故也。先輩少年志盛，方欲取榮譽於世，則莫若順時。天聖中，天子下詔書，敕學者去浮華，其後風俗大變。今時之士大夫所爲，彬彬有兩漢之風矣。先輩往學之，非徒足以順時取譽而已。如其至之，是直齊肩於兩漢之士也。若僕者，其前所爲既不足學，其後所爲慎不可學，是以徘徊不敢出其所爲者，爲此也。

在易之困曰：「有言不信。」謂夫人方困時，其言不爲人所信也。今可謂困矣，安足爲足下所取信哉？辱書既多且切，不敢不答。幸察。

答吴充秀才書

修頓首白先輩吴君足下：前辱示書及文三篇，發而讀之，浩乎若千萬言之多，及少定而視焉，纔數百言爾。非夫辭豐意雄，霈然有不可禦之勢，何以至此？然猶自患倀倀莫有開之使前者，此好學之謙言也。

修才不足用於時，仕不足榮於世，其毁譽不足輕重，氣力不足動人。世之欲假譽以爲重、借力而後進者，奚取於修焉？先輩學精文雄，其施於時，又非待假譽而爲重、借力而後進者也。然而惠然見臨，若有所責，得非急於謀道，不擇其人而問焉者歟？

夫學者未始不爲道，而至者鮮焉。非道之於人遠也，學者有所溺焉爾。蓋文之爲言，難工而可喜，易悦而自足。世之學者，往往溺之，一有工焉，則曰「吾學足矣」。甚者至棄百事不關於心，曰「吾文士也，職於文而已」。此其所以至之鮮也。

昔孔子老而歸魯，六經之作，數年之頃爾。然讀易者，如無春秋；讀書者，如無詩；何其用功少而至於至也。聖人之文雖不可及，然大抵道勝者文不難而自至也。故孟子皇皇不暇著書，荀卿蓋亦晚而有作。若子雲、仲淹，方勉焉以模言語，此道未足而彊言者也。後之惑者，徒見前世之文傳，以爲學者文而已，故愈勤而愈不至。此足下所謂終日不出於軒序，不能縱横高下皆如意者，道未足也。若道之充焉，雖行乎天地，入於淵泉，無不之也。

足下之文，浩乎霈然，可謂善矣。而又志於爲道，猶自以爲未廣，若不止焉，孟、荀可至而不難也。過言。修學道而不至者，然幸不甘於所悦而溺於所止，因吾子之能不自止，又以勵修之少進焉。幸甚。

原弊論

孟子曰：「養生送死，王道之本。」管子曰：「倉廩實而知禮節。」故農者，天下之本也，而王政所由起也，古之爲國者未嘗敢忽。而今之爲吏者不然，簿書聽斷而已矣，聞有道農之事，則相與笑之曰「鄙」。夫知賦斂財用之爲急，不知務農爲先者，是未原爲政之本末也。知務農而不知節用以愛農，是未盡務農之方也。

古之爲政者，上下相移用以濟，下之用力者甚勤，上之用物者有節，民無遺力，國不過費，上愛其下，下給其上，使不相困。三代之法皆如此，而最備於周。周之法曰：井牧其田，十而一之。一夫之力，督之必盡其所任；一日之用，節之必量其所入；一歲之耕，供公與民食，皆出其間而常有餘。故三年而餘一年之備。今乃不然，耕者不復督其力，用者不復計其出入，一歲之耕，供公僅足，而民食不過數月。甚者，場功甫畢，簸糠麩而食秕稗，或採橡實、畜菜根以延冬春。夫糠覈橡實，孟子所謂狗彘之食也，而卒歲之民不免食之。不幸一水旱，則相枕爲餓殍。此甚可嘆也！

夫三代之爲國，公卿士庶之祿廩，兵甲車牛之材用，山川宗廟鬼神之供給，未嘗闕也。是皆出於農，而民之所耕，不過今九州之地也。歲之凶荒，亦時時而有，與今無以異。今固盡有嚮時之地，而制度無過於三代者。昔者用常有餘，而今常不足，何也？其爲術相反而然也。昔者知務農又知節用，今以不勤之農贍無節之用故也。非徒不勤農，又爲衆弊以耗之；非徒不量民力以爲節，又直不量天力之所任也。

何謂衆弊？有誘民之弊，有兼并之弊，有力役之弊。請詳言之。今坐華屋享美食而無事者，曰浮圖之民；仰衣食而養妻子者，曰兵戎之民。此在三代時，南畝之民也。今之議者，以浮圖並周、孔之事曰三教，不可以去；兵戎曰國備，不可以去。浮圖不可以並周、孔，不言而易知。請試言之。國家自景德罷兵，三十三歲矣，兵嘗經用者老死今盡，而後來者未嘗聞金鼓、識戰陣也。生於無事而飽於衣食也，其勢不得不驕惰。今衛兵入宿，不自持被而使人持之；禁兵給糧，不自荷而雇人荷之。其驕如此，況肯冒辛苦以戰鬬乎？前日西邊之吏，如高化軍、齊宗舉兩用兵而輒敗，此其効也。夫就使兵耐辛苦而能鬬戰，惟耗農民爲之可也。奈何有爲兵之虚名，而其實驕惰無用之人也。

古之凡民長大壯健者，皆在南畝，農隙則教之以戰。今乃大異。一遇凶歲，則州郡吏以尺度量民之長大而試其壯健者，招之去爲禁兵，其次不及尺度而稍怯弱者，籍之以爲廂兵。吏招人多者有賞，而民方窮時争投之。故一經凶荒，則所留在南畝者惟老弱也。而吏方曰：「不收爲兵，則恐爲盜。」噫，苟知一時之不爲盜，而不知其終身驕惰而竊食也。古之長大壯健者任耕，而老弱者游惰；今之長大壯健者游惰，而老弱者留耕也。何相反之甚邪。然民盡力乎南畝者，或不免乎狗彘之食，而一去爲僧、兵，則終身安佚而享豐腴，則南畝之民不得不日減也。故曰有誘民之弊者，謂此也，其耗之一端也。

古者計口而受田，家給而人足。井田既壞，而兼并乃興。今大率一户之田及百頃者，養客數十家。其間用主牛而出己力者，用己牛而事主田以分利者，不過十餘户。其餘皆出産租而僑居者，曰浮客，而有畬田。夫此數十家者，素非富而畜積之家也，其春秋神社、婚姻死葬之具，又不幸遇凶荒與公家之事，當其乏時，嘗舉債於主人，而後償之，息不兩倍則三倍。及其成也，出種與税而後分之，償三倍之息，盡其所得或不能足。其場功朝畢而暮乏食，則又舉之。故冬春舉食，則指麥於夏而償；麥償盡矣，夏秋則指禾於冬而償也。似此數十家者，常食三倍之物，而一户常盡取百頃之利也。夫主百頃而出税賦者一户，盡力而輸一户者數十家也。就使國家有寬征薄賦之恩，是徒益一家之幸，而數十家者困苦常自如也。故曰有兼并之弊者，謂此也。此亦耗之一端也。

民有幸而不役於人，能有田而自耕者，下自二頃至一頃，皆以等書於籍。而公役之多者爲大役，少者爲小役，至不勝，則賤賣其田，或逃而去。故曰有力役之弊者，謂此也。此亦耗之一端也。

夫此三弊，是其大端。又有奇衺之民去爲浮巧之工，與夫兼并商賈之人爲僭侈之費，又有貪吏之誅求，賦斂之無名，其弊不可以盡舉也。既不勸之使勤，又爲衆弊以耗之。大抵天下中民之士「士」應作「上」。富且貴者，化粗糲爲精善，是一人常食五人之食也。爲兵者，養父母妻子，而計其饋運之費，是一兵常食五農之食也。爲僧者，養子弟而自豐食，是一僧常食五農之食也。貧民舉倍息而食者，是一人常食二人三人之食也。天下幾何其不乏也。

何謂不量民力以爲節？方今量國用而取之民，未嘗量民力而制國用也。古者家宰制國用，量入以爲出，一歲之物三分之：一以給公上，一以給民食，一以備凶荒。今不先制乎國用，而一切臨民而取之。故有支移之賦，有和糴之粟，有入中之粟，有和買之絹，有雜料之物，茶鹽山澤之利有權有征。制而不足，則有司屢變其法，以争毫末之利。用心益勞而益不足者，何也？制不先定，而取之無量也。

何謂不量天力之所任？此不知水旱之謂也。夫陰陽在天地間，騰降而相推，不能無愆伏，如人身之有血氣，不能無疾病也。故善醫者不能使人無疾病，療之而已；善爲政者，不能使歲無凶荒，備之而已。堯、湯大聖，不能使無水旱，而能備之者也。古者豐年補救之術，三年耕必留一年之蓄。是凡三歲，期一歲以必災也。此古之善知天者也。今有司之調度，用足一歲而已，是期天歲歲不水旱也。故曰不量天力之所任。是以前二三歲，連遭旱蝗而公私乏食，是期天之無水旱，卒而遇之，無備故也。

夫井田什一之法，不可復用於今。爲計者莫若就民而爲之制，要在下者盡力而無耗弊，上者量民而用有節，則民與國庶幾乎俱富矣。今士大夫方共修太平之基，頗推務本以興農，故輒原其弊而列之，以俟興利除害者採於有司也。

春秋論下

弑逆，大惡也，其爲罪也莫贖，其爲人也不容，其在法也無赦。法施於人，雖小必慎，況舉大法而加大惡乎？既輒加之，又輒赦之，則自侮其法而人不畏。春秋用法，不如是之輕易也。

三子說春秋書趙盾以不討賊，故加之大惡，既而以盾非實弒，則又復見於經，以明盾之無罪，是輒加之而輒赦之爾。以盾爲無弒心乎，其可輕以大惡加之？以盾不討賊，情可責而宜加之乎？則其後頑然未嘗討賊。既不改過以自贖，何爲遽赦，使同無罪之人？其於進退皆不可，此非春秋意也。趙穿弒君，大惡也。盾不討賊，不能爲君復仇，而失刑於下。二者輕重，不較可知。就使盾爲可責，然穿焉得免也？今免首罪爲善人，使無辜者受大惡，此決知其不然也。

春秋之法，使爲惡者不得幸免，疑似者有所辯明，所謂是非之公也。據三子之說，初，靈公欲殺盾，盾走而免。穿，盾族也，遂弒。而盾不討，其迹涉於與弒矣。此疑似難明之事，聖人尤當求情責實以明白之。使盾果有弒心乎，則自然罪在盾矣，不得曰爲法受惡而稱其賢也；使果無弒心乎，則當爲之辯明。必先正穿之惡，使罪有所歸，然後責盾縱賊，則穿之大惡不可幸而免，盾之疑似之迹獲辯，而不討之責亦不得辭。如此，則是非善惡明矣。今爲惡者獲免，而疑似之人陷於大惡，此決知其不然也。若曰盾不討賊，有幸弒之心，與自弒同，故寧舍穿而罪盾。此乃逆詐用情之吏矯激之爲爾，非孔子忠恕、春秋以王道治人之法也。孔子患舊史是非錯亂而善惡不明，所以修春秋，就令舊史如此，其肯從而不正之乎？其肯從而稱美，又教人以越境逃惡乎？此可知其繆傳也。

問者曰：「然則夷皋孰弑之？」曰：孔子所書是矣，趙盾弑其君也。今有一人焉，父病，躬進藥而不嘗。又有一人焉，父病而不躬進藥。而二父皆死。又有一人焉，操刃而殺其父。使吏治之，是三人者，其罪同乎？曰：雖庸吏猶知其不可同也。躬藥而不知嘗者，有愛父之孝心而不習於禮，是可哀也，無罪之人爾。不躬藥者，誠不孝矣，雖無愛親之心，然未有殺父之意，使善治獄者，猶當與操刃殊科。況以躬藥之孝，反與操刃同其罪乎？此庸吏之不爲也。然則許世子止實不嘗藥，則孔子決不書曰「弑君」，孔子書爲「弑君」，則止決非不嘗藥。難者曰：「聖人借止以垂教爾。」對曰：不然。夫所謂「借止以垂教」者，不過欲人之知嘗藥耳。聖人一言明以告人，則萬世法也，何必加孝子以大惡之名，而嘗藥之事卒不見於文，使後世但知止爲弑君，而莫知藥之當嘗也。教未可垂而已陷人於大惡矣，聖人垂教，不如是之迂也。果曰責止，不如是之刻也。

難者曰：「然則盾曷爲復見於經？許悼公曷爲書葬？」曰：弑君之臣不見經，此自三子說爾，果聖人法乎？悼公之葬，且安知其不討賊而書葬也？自止以弑見經，後四年，吴敗許師，又十有八年，當定公之四年，許男始見於經而不名。許之書於經者略矣，止之事迹，不可得而知也。

難者曰：「三子之説，非其臆出也，其得於所傳如此。然則所傳者皆不可信乎？」曰：傳聞何可盡信？公羊、穀梁以尹氏卒爲正卿，左氏以尹氏卒爲隱母，一以爲男子，一以爲婦人。得於所傳者蓋如是，是可盡信乎？

歐公叙事仿史記，諸體效韓文，而論辨法荀子，其反復盡意及複疊處皆似。觀此篇及泰誓論，可知其凡。

春秋或問

或問：「春秋何爲始於隱公而終於獲麟？」曰：「吾不知也。」問者曰：「此學者之所盡心焉，不知何也？」曰：「春秋之起止，吾所知也。子所問者，始終之義，吾不知也，吾無所用心乎此也。昔者，孔子仕於魯，不用；去之諸侯，又不用；困而歸。且老，始著書。得詩自關雎至於魯頌，得書自堯典至於費誓，得魯史記自隱公至於獲麟，遂刪修之。其前遠矣，聖人著書足以法世而已，不窮遠之難明也，故據其所得而修之。孔子非史官，不常職乎史，故盡其所得修之而止耳。魯之史記，則未嘗止也，今左氏經可以見矣。」曰：「然則始終無義乎？」曰：「義在春秋，不在起止。春秋，謹一言而信萬世者也。予厭衆説之亂春秋者也。」

或問：「子於隱攝，盾、止之弒，據經而廢傳。經簡矣，待傳而詳，可廢乎？」曰：「吾豈盡廢之乎？夫傳之於經勤矣，其述經之事，時有賴其詳焉。至其失傳，則不勝其戾也。其述經之意，亦時有得焉，及其失也，欲大聖人而反小之，欲尊經而反卑之。取其詳而得者，廢其失者，可也；嘉其尊大之心，可也；信其卑小之説，不可也。」問者曰：「傳有所廢，則經有所不通，奈何？」曰：「經不待傳而通者十七八，因傳而惑者十五六。日月，萬物皆仰，然不爲盲者明，而有物蔽之者，亦不得見也。聖人之意皎然乎經，惟明者見之，不爲他説蔽者見之也。」

縱囚論

信義行於君子，而刑戮施於小人。刑入於死者，乃罪大惡極，此又小人之尤甚者也。寧以義死，不苟幸生，而視死如歸，此又君子之尤難者也。

方唐太宗之六年，録大辟囚三百餘人，縱使還家，約其自歸以就死，是以君子之難能，期小人之尤者以必能也。其囚及期而卒自歸無後者，是君子之所難，而小人之所易也。此豈近於人情？

或曰：「罪大惡極，誠小人矣，及施恩德以臨之，可使變而爲君子。蓋恩德入人之深而移人之速，有如是者矣。」曰：「太宗之爲此，所以求此名也。然安知夫縱之去也，不意其必來以冀免，所以縱之乎？又安知夫被縱而去也，不意其自歸而必獲免，所以復來乎？夫意其必來而縱之，是上賊下之情也；意其必免而復來，是下賊上之心也。吾見上下交相賊以成此名也，烏有所謂施恩德與夫知信義者哉。不然，太宗施德於天下，於兹六年矣，不能使小人不爲極惡大罪，而一日之恩，能使視死如歸而存信義，此又不通之論也。」

「然則何爲而可？」曰：「縱而來歸，殺之無赦，而又縱之，而又來，則可知爲恩德之致爾。然此必無之事也。若夫縱而來歸而赦之，可偶一爲之爾，若屢爲之，則殺人者皆不死，是可爲天下之常法乎？不可爲常者，其聖人之法乎？是以堯、舜、三王之治，必本於人情，不立異以爲高，不逆情以干譽。」

唐書禮樂志論

由三代而上，治出於一，而禮樂達於天下；由三代而下，治出於二，而禮樂爲虚名。古者，宫室車輿以爲居，衣裳冕弁以爲服，尊爵俎豆以爲器，金石絲竹以爲樂，以適郊廟，以臨朝廷，以事神而治民。其歲時聚會以爲朝覲、聘問，歡欣交接以爲射鄉、食饗，合衆興事以爲師田、學校，下至里閭田畝，吉凶哀樂，凡民之事，莫不一出於禮。由之以教其民爲孝慈、友悌、忠信、仁義者，常不出於居處、動作、衣服、飲食之間。蓋其朝夕從事者，無非乎此也。此所謂治出於一，而禮樂達於天下，使天下安習而行之，不知所以遷善遠罪而成俗也。

及三代已亡，遭秦變古，後之有天下者，自天子百官名號位序、國家制度、宫車服器一切用秦舊，間雖有欲治之主，思所改作，不能超然遠復三代之上，而牽其時俗，稍即以損益，大抵安於苟簡而已。其朝夕從事，則以簿書、獄訟、兵食爲急，曰：「此爲政也，所以治民。」至於三代禮樂，具其名物而藏於有司，時出而用之郊廟、朝廷，曰：「此爲禮也，所以教民。」此所謂治出於二，而禮樂爲虚名。故自漢以來，史官所記事物名數、降登揖讓、拜俛伏興之節，皆有司之事爾，所謂禮之末節也。然用之郊廟、朝廷，自搢紳大夫從事其間者，皆未能曉習，而天下之人至於老死未嘗見也，況欲識禮樂之盛，曉然諭其意而被其教化以成俗乎？嗚呼！習其器而不知其意，忘其本而存其末，又不能備其所謂朝覲、聘問、射鄉、食饗、師田、學校、冠婚、喪葬之禮，在者幾何？自梁以來，始以其當時所行傅於周官五禮之名，各立一家之學。

唐初，即用隋禮，至太宗時，中書令房玄齡、秘書監魏徵，與禮官學士等因隋之禮，增以天子上陵、朝廟、養老、大射、講武、讀時令、納皇后、皇太子入學、太常行陵、合朔、陳兵太社等，爲吉禮六十一篇，賓禮四篇，軍禮二十篇，嘉禮四十二篇，凶禮十一篇，是爲貞觀禮。高宗又詔太尉長孫無忌、中書令杜正倫、李義府，中書侍郎李友益，黄門侍郎劉祥道、許圉師，太子賓客許敬宗，太常卿韋琨等增之爲一百三十卷，是爲顯慶禮。其文雜以式令，而義府、敬宗方得幸，多希旨傅會。事既施行，議者皆以爲非。上元三年，詔復用貞觀禮。由是終高宗世，貞觀、顯慶二禮兼行。而有司臨事，遠引古義，與二禮參考增損之，無復定制。武氏、中宗繼以亂敗，無可言者，博士掌禮，備官而已。

玄宗開元十年，以國子司業韋縚爲禮儀使，以掌五禮。十四年，通事舍人王嵒上疏，請刪去禮記舊文而益以今事，詔付集賢院議。學士張説以爲禮記不刊之書，去聖久遠，不可改易，而唐貞觀、顯慶禮儀注前後不同，宜加折衷，以爲唐禮。乃詔集賢院學士、右散騎常侍徐堅，左拾遺李鋭及太常博士施敬本撰述，歷年未就而鋭卒，蕭嵩代鋭爲學士，奏起居舍人王仲丘撰定，爲一百五十卷，是爲大唐開元禮。由是，唐之五禮之文始備，而後世用之，雖時小有損益，不能過也。

貞元中，太常禮院修撰王涇考次歷代郊廟沿革之制及其工歌祝號，而圖其壇屋陟降之序，爲郊祀録十卷。元和十一年，秘書郎修撰韋公肅又録開元已後禮文，損益爲禮閣新儀三十卷。十三年，太常博士王彦威爲曲臺新禮三十卷，又採元和以來三公士民婚祭喪葬之禮爲續曲臺禮三十卷。嗚呼，考其文記，可謂備矣。以之施於貞觀、開元之間，亦可謂盛矣。而不能至三代之隆者，具其文而意不在焉，此所謂「禮樂爲虚名」也哉。

朱子最推服此文，以其究知禮意而通於治法之變也。其氣體從容寛博，亦足以包羅並世諸文家。

逐段界劃，宋以後策論始有之。此文義本顯著，中間多置界劃，轉累其體，削去則掉尾處更覺變化。

唐書兵志論

古之有天下國家者，其興亡治亂，未始不以德，而自戰國、秦、漢以來，鮮不以兵。夫兵豈非重事哉？然其因時制變，以苟利趨便，至於無所不爲，而考其法制，雖可用於一時，而不足施於後世者多矣。惟唐立府兵之制，頗有足稱焉。

蓋古者兵法起於井田，自周衰，王制壞而不復；至於府兵，始一寓之於農，其居處、教養、畜材、待事、動作、休息，皆有節目，雖不能盡合古法，蓋得其大意焉。此高祖、太宗之所以盛也。至其後世，子孫驕弱，不能謹守，屢變其制。夫置兵所以止亂，及其弊也，適足爲亂；又其甚也，至困天下以養亂，而遂至於亡焉。

蓋唐有天下二百餘年，而兵之大勢三變：其始盛時有府兵；府兵後廢而爲彍騎；彍騎又廢，而方鎮之兵盛矣。及其末也，强臣悍將兵布天下，而天子亦自置兵於京師，曰禁軍。其後天子弱，方鎮彊，而唐遂以亡滅者，措置之勢使然也。若乃將卒、營陣、車騎、器械、征防、守衛，凡兵之事，不可以悉記，記其廢置、得失、終始、治亂、興滅之迹，以爲後世戒云。

唐書食貨志論

古之善治其國而愛養斯民者，必立經常簡易之法，使上愛物以養其下，下勉力以事其上，上足而下不困。故量人之力而授之田，量地之産而取以給公上，量其入而出之以爲用度之數。是三者常相須以濟而不可失，失其一則不能守其二。及暴君庸主，縱其佚欲，而苟且之吏從之，變制合時以取寵於其上。故用於上者無節，而取於下者無限。民竭其力而不能供，由是上愈不足而下愈困，則財利之説興，而聚斂之臣用。記曰：「寧畜盜臣。」盜臣誠可惡，然一人之害爾。聚斂之臣用，則經常之法壞，而下不勝其弊焉。

唐之始時，授人以口分、世業田，而取之以租、庸、調之法，其用之也有節。蓋其畜兵以府衛之制，故兵雖多而無所損；設官有常員之數，故官不濫而易禄。雖不及三代之盛時，然亦可以爲經常之法也。及其弊也，兵冗官濫，爲之大蠹。自天寶以來，大盜屢起，方鎮數叛，兵革之興，累世不息，而用度之數，不能節矣。加以驕君昏主，姦吏邪臣，取濟一時，屢更其制，而經常之法，蕩然盡矣。由是財利之説興，聚斂之臣進。蓋口分、世業之田壞而爲兼并，租、庸、調之法壞而爲兩税。至於鹽鐵、轉運、屯田、和糴、鑄錢、括苗、榷利、借商、進奉、獻助，無所不爲矣。蓋愈煩而愈弊，以至於亡焉。

唐書藝文志論

自六經焚於秦而復出於漢，其師傳之道中絶，而簡編脱亂訛缺，學者莫得其本真，於是諸儒章句之學興焉。其後傳注、箋解、義疏之流，轉相講述，而聖道粗明。然其爲説固已不勝其繁矣。至於上古三皇五帝以來，世次國家，興滅終始，僭竊僞亂，史官備矣。而傳記、小説，外暨方言、地理、職官、氏族，皆出於史官之流也。自孔子在時，方修明聖經以絀繆異，而老子著書論道德。接乎周衰，戰國游談放蕩之士，田駢、慎到、列、莊之徒，各極其辯；而孟軻、荀卿始專修孔氏，以折異端。然諸子之論，各成一家，自前世皆存而不絶也。夫王迹熄而詩亡，離騷作而文辭之士興。歷代盛衰，文章與時高下，然其變態百出，不可窮極，何其多也。自漢以來，史官列其名氏篇第，以爲六藝、九種、七略；至唐始分爲四類，曰經、史、子、集。而藏書之盛，莫盛於開元，其著録者，五萬三千九百一十五卷，而唐之學者自爲之書，又二萬八千四百六十九卷。嗚呼，可謂盛矣！

六經之道，簡嚴易直而天人備，故其愈久而益明。其餘作者衆矣，質之聖人，或離或合。然其精深閎博，各盡其術，而恠奇偉麗，往往震發於其間，此所以使好奇愛博者不能忘也。然凋零磨滅，亦不可勝數，豈其華文少實，不足以行遠歟？而俚言俗說，猥有存者，亦其有幸不幸歟？今著於篇，有其名而無其書者，十蓋五六也，可不惜哉！

求其承接變換渾然無迹處，始知其筆妙而法精。

唐書五行志論

萬物盈於天地之間，而其爲物最大且多者有五：一曰水，二曰火，三曰金，四曰木，五曰土。其用於人也，非此五物不能以爲生，而闕其一不可，是以聖王重焉。夫所謂五物者，其見象於天也爲五星，分位於地也爲五方，行於四時也爲五德，稟於人也爲五常，播於音律爲五聲，發於文章爲五色，而總其精氣之用謂之五行。

自三代之後，數術之士興，而爲災異之學者務極其說，至舉天地萬物動植，無大小，皆推其類而附之於五物，曰五行之屬。以謂人稟五行之全氣以生，故於物爲最靈。其餘動植之類，各得其氣之偏者，其發爲英華美實、氣臭滋味、羽毛鱗介、文采剛柔，亦皆得其一氣之盛。至其爲變怪非常，失其本性，則推以事類吉凶影響，其説尤爲委曲繁密。

蓋王者之有天下也，順天地以治人，而取材於萬物以足用。若政得其道，而取不過度，則天地順成，萬物茂盛，而民以安樂，謂之至治。若政失其道，用物傷夭，民被其害而愁苦，則天地之氣沴，三光錯行，陰陽寒暑失節，以爲水旱、蝗螟、風雹、雷火、山崩、水溢、泉竭，雪霜不時、雨非其物，或發爲氛霧、虹霓、光怪之類，此天地災異之大者，皆生於亂政。而考其所發，驗以人事，往往近其所失，而以類至。然時有推之不能合者，豈非天地之大，固有不可知者邪？若其諸物種類，不可勝數，下至細微家人里巷之占，有考於人事而合者，有漠然而無所應者，皆不足道。語曰「迅雷風烈必變」，蓋君子之畏天也，見物有反常而爲變者，失其本性，則思其有以致而爲之戒懼，雖微不敢忽而已。至爲災異之學者不然，莫不指事以爲應。及其難合，則旁引曲取而遷就其説。

蓋自漢儒董仲舒、劉向與其子歆之徒，皆以春秋、洪範爲學，而失聖人之本意。至其不通也，父子之言自相戾，可勝歎哉！昔者箕子爲周武王陳禹所有洪範之書，條其事爲九類，別其説爲九章，謂之「九疇」。考其説初不相附屬，而向爲五行傳乃取其「五事」、「皇極」、「庶徵」附於「五行」，以爲八事皆屬「五行」歟？則至於「八政」、「五紀」、「三德」、「稽疑」、「福」、「極」之類，又不能附，至俾洪範之書失其倫理，有以見所謂旁引曲取而遷就其説也。然自漢以來，未有非之者。又其祥眚禍疴之説，自其數術之學，故略存之，庶幾深識博聞之士有以考而擇焉。

歐公志考論皆持之有故，言之成理，其章法氣韻乃自史記八書、諸表序、論變化而出之。

五代史職方考論

嗚呼！三代以上，莫不分土而治也。後世鑒古矯失，始郡縣天下。而自秦、漢以來，爲國孰與三代長短？及其亡也，未始不分，至或無地以自存焉。蓋得其要，則雖萬國而治，失其所守，則雖一天下不能以容，豈非一本於道德哉？

唐之盛時，雖名天下爲十道，而其勢未分。暨其衰也，置軍節度，號爲方鎮，鎮之大者連州十餘，小者猶兼三四，故其兵驕則逐帥，帥彊則叛上，土地爲其世有，干戈起而相侵，天下之勢，自茲而分。然唐自中世多故矣，其興衰救難，常倚鎮兵扶持，而侵凌亂亡，亦終以此。豈其利害之理然歟？自僖、昭以來，日益割裂。梁初，天下别爲十一，南有吴、浙、荆、湖、閩、漢，西有岐、蜀，北有燕、晉，而朱氏所有七十八州以爲梁。莊宗初起并、代，取幽、滄，有州三十五，其後又取梁、魏、博等十有六州，合五十一州以滅梁。岐王稱臣，又得其州七。同光破蜀，已而復失，惟得秦、鳳、階、成四州，而營、平二州陷於契丹，其增置之州一，合一百二十三州以爲唐。石氏入立，獻十有六州於契丹，而得蜀金州，又增置之州一，合一百九州以爲晉。劉氏之初，秦、鳳、階、成復入於蜀，隱帝時增置之州一，合一百六州以爲漢。郭氏代漢，十州入於劉旻，世宗取秦、鳳、階、成、瀛、莫及淮南十四州，又增置之州五，而廢者三，合一百一十八州以爲周。宋興因之。此中國之大略也。其餘外屬者，彊弱相并，不常其得失。至於周末，閩已先亡，而在者七國。自江以下二十一州爲南唐，自劍以南及山南西道四十六州爲蜀，自湖南北十州爲楚，自浙東西十三州爲吴越，自嶺南北四十七州爲南漢，自太原以北十州爲東漢，而荆、歸、峽三州爲南平。合中國所有，二百六十八州，而軍不在焉。唐之封疆遠矣，前史備載，而羈縻寄治虚名之州在其間。五代亂世，文字不完，而時有廢省，又或陷於夷狄，不可考究其詳。其可見者，具之如譜。

自唐有方鎮，而史官不録於地理之書，以爲方鎮兵戎之事，非職方所掌故也。然而後世因習，以軍目地，而没其州名。又今置軍者，徒以虚名升建爲州府之重，此不可以不書也。州、縣，凡唐故而廢於五代，若五代所置而見於今者，及縣之割隸今因之者，皆宜列以備職方之考。其餘嘗置而復廢，嘗改割而復舊者，皆不足書。山川物俗，職方之掌也，五代短世，無所遷變，故亦不復録，而録其方鎮軍名，以與前史互見之云。

其機軸明學史記漢興以來諸侯年表序，特氣韻古厚不及耳。鹿門乃謂太史公所欲爲而不能，謬矣。

五代史司天考論

昔孔子作春秋而天人備。予述本紀，書人而不書天，予何敢異於聖人哉！其文雖異，其意一也。

自堯、舜、三代以來，莫不稱天以舉事，孔子刪詩、書不去也。蓋聖人不絶天於人，亦不以天參人。絶天於人則天道廢，以天參人則人事惑，故常存而不究也。春秋雖書日食、星變之類，孔子未嘗道其所以然者，故其弟子之徒，莫得有所述於後世也。然則天果與於人乎？果不與於人乎？曰：天，吾不知，質諸聖人之言可也。易曰：「天道虧盈而益謙，地道變盈而流謙，鬼神害盈而福謙，人道惡盈而好謙。」此聖人極論天人之際，最詳而明者也。其於天地鬼神，以不可知爲言，其可知者人而已。夫日中則昃，盛衰必復。天，吾不知，吾見其虧益於物者矣。草木之成者，變而衰落之；物之下者，進而流行之。地，吾不知，吾見其變流於物者矣。人之貪滿者多禍，其守約者多福。鬼神，吾不知，吾見人之禍福者矣。天地鬼神，不可知其心，則因其著於物者以測之。故據其迹之可見者以爲言，曰虧益，曰變流，曰害福。若人則可知者，故直言其情曰

「好惡」。其知與不知，異辭也，參而會之，與人無以異也。其果與於人乎？不與於人乎？則所不知也。以其不可知，故常尊而遠之；以其與人無所異也，則修吾人事而已。人事者，天意也。書曰：「天視自我民視，天聽自我民聽。」未有人心悦於下而天意怒於上者，未有人理逆於下而天道順於上者。然則王者君天下，子生民，布德行政，以順人心，是之謂奉天。至於三辰五星常動而不息，不能無盈縮差忒之變，而占之有中有不中，不可以爲常者，有司之事也。本紀所述人君行事詳矣，其興亡治亂可以見。至於三辰五星逆順變見，有司之所占者，故以其官誌之，以備司天之所考。

嗚呼！聖人既没，而異端起。自秦、漢以下，學者惑於災異矣，天文五行之説，不勝其繁也。予之所述，不得不異乎春秋也，考者可以知焉。

唐書禮樂志論及此篇非有見於六經仁義之旨不能作，程、張二子並出公門，北宋理學之興，公與有力焉。

五代史周臣傳論

嗚呼！作器者，無良材而有良匠；治國者，無能臣而有能君。蓋材待匠而成，臣待君而用。

故曰：治國譬之於奕，知其用而置得其處者勝，不知其用而置非其處者敗。敗者臨棋注目，終日而勞心，使善奕者視焉，爲之易置其處則勝矣。勝者所用，敗者之棋也；興國所用，亡國之臣也。王朴之材，誠可謂能矣。不遇世宗，何所施哉？世宗之時，外事征伐，攻取戰勝；内修制度，議刑法，定律曆，講求禮樂之遺文，所用者，五代之士也，豈皆愚怯於晉、漢，而材智於周哉？惟知所用爾。夫亂國之君，常置愚不肖於上，而强其不能，以暴其短惡；置賢智於下，而泯没其材能，使君子、小人皆失其所，而身蹈危亡。治君之用，能置賢知於近，而置愚不肖於遠，使君子、小人各適其分，而身享安榮。治亂相去雖遠甚，而其所以致之者不多也，反其所置而已。嗚呼，自古治君少而亂君多，況於五代，士之遇不遇者，可勝歎哉。

五代史唐六臣傳論一

甚哉，白馬之禍，悲夫，可爲流涕者矣！然士之生死，豈其一身之事哉？初，唐天祐三年，梁王欲以嬖吏張廷範爲太常卿，唐宰相裴樞以謂太常卿唐常以清流爲之，廷範乃梁客將，不可。梁王由此大怒，曰：「吾嘗謂裴樞純厚，不陷浮薄，今亦爲此邪？」是歲四月，彗出西北，掃文昌、軒轅、天市，宰相柳璨希梁王旨，歸其譴於大臣，於是左僕射裴樞、獨孤損，右僕射崔遠，守太保致仕趙崇，兵部侍郎王贊，工部尚書王溥，吏部尚書陸扆皆以無罪貶，同日賜死於白馬驛。凡縉紳之士與唐而不與梁者，皆誣以朋黨，坐貶死者數百人，而朝廷爲之一空。

明年三月，唐哀帝遜位於梁，遣中書侍郎同中書門下平章事張文蔚爲册使，禮部尚書蘇循爲副；中書侍郎同中書門下平章事楊涉爲押傳國寶使，翰林學士中書舍人張策爲副；御史大夫薛貽矩爲押金寶使，尚書左丞趙光逢爲副。四月甲子，文蔚等自上源驛奉册寶，乘輅車，導以金吾仗衛、太常鹵簿，朝梁於金祥殿。梁王衮冕南面，臣文蔚、臣循奉册升殿，進讀已；臣涉、臣策奉傳國璽；臣貽矩、臣光逢奉金寶；以次升，進讀已，降，率文武百官北面舞蹈再拜賀。

夫一太常卿與社稷孰爲重？使樞等不死，尚惜一卿，其肯以國與人乎？雖樞等之力未必能存唐，然必不亡唐而獨存也。嗚呼！唐之亡也，賢人君子既與之共盡，其餘在者皆庸懦不肖、傾險獪猾、趨利賣國之徒也。不然，安能蒙耻忍辱於梁庭如此哉！作唐六臣傳。

五代史王進傳論

嗚呼！予述舊史，至於王進之事，未嘗不廢書而歎曰：甚哉，五代之君，皆武人崛起，其所與俱勇夫悍卒，各裂土地封侯王，何異豺狼之牧斯人也。雖其附託遭遇，出於一時之幸，然猶必皆横身陣敵，非有百夫之勇，則必一日之勞。至於進者，徒以疾足善走而秉旄節，何其甚歟！豈非名器之用，隨世而輕重者歟？世治則君子居之而重，世亂則小人易得而輕歟？抑因緣僥倖，未始不有，而尤多於亂世，既其極也，遂至於是歟？豈其又有甚於是者歟？當此之時，爲國長者不過十餘年，短者三四年至一二年。天下之人，視其上易君代國，如更戍長無異，蓋其輕如此，況其下者乎！如進等者，豈足道哉！易否泰消長，君子小人常相上下，視在上者如進等，則其在下可知矣。予書進事，所以哀斯人之亂，而見當時賢人君子之在下者，可勝道哉！可勝道哉！

五代史一行傳論

嗚呼！五代之亂極矣。傳所謂「天地閉，賢人隱」之時歟？當此之時，臣弑其君，子弑其父，而搢紳之士安其禄而立其朝，充然無復廉恥之色者皆是也。吾以謂自古忠臣義士多出於亂世，而怪當時可道者何少也，豈果無其人哉？雖曰干戈興，學校廢，而禮義衰，風俗隳壞，至於如此，然自古天下未嘗無人也。吾意必有潔身自負之士，嫉世遠去而不可見者。自古材賢有韞於中而不見於外，或窮居陋巷，委身草莽，雖顔子之行，不遇仲尼而名不彰，況世變多故，而君子道消之時乎？吾又以謂必有負材能，修節義，而沉淪於下，泯没而無聞者。求之傳記，而亂世崩離，文字殘缺，不可復得，然僅得者四五人而已。

處乎山林而群麋鹿，雖不足以爲中道，然與其食人之禄，俛首而包羞，孰若無媿於心？放身而自得，吾得二人焉，曰鄭遨、張薦明。勢利不屈其心，去就不違其義，吾得一人焉，曰石昂。苟利於君，以忠獲罪，何必自明，有至死而不言者，此古之義士也，吾得一人焉，曰程福贇。五代之亂，君不君，臣不臣，父不父，子不子，至於兄弟、夫婦人倫之際，無不大壞，而天理幾乎其滅。於此之時，能以孝悌自修於一鄉，而風行於天下者，猶或有之，然其事迹不著，而無可紀次，獨其名氏或因見於書者，吾亦不敢没，而其略可録者，吾得一人焉，曰李自倫。作一行傳。

五代史伶官傳論

嗚呼！盛衰之理，雖曰天命，豈非人事哉？原莊宗之所以得天下，與其所以失之者，可以知之矣。

世言晉王之將終也，以三矢賜莊宗而告之曰：「梁，吾仇也。燕王，吾所立。契丹與吾約爲兄弟，而背晉以歸梁。此三者，吾遺恨也。與爾三矢，爾其無忘乃父之志！」莊宗受而藏之於廟。其後用兵，則遣從事以一少牢告廟，請其矢，盛以錦囊，負而前驅，及凱旋而納之。方其係燕父子以組，函梁君臣之首，入於太廟，還矢先王，而告以成功，其意氣之盛，可謂壯哉！及仇讎已滅，天下已定，一夫夜呼，亂者四應。倉皇東出，未見賊而士卒離散，君臣相顧，不知所歸。至於誓天斷髮，泣下沾襟，何其衰也！豈得之難而失之易歟？抑本其成敗之迹而皆自於人歟？

書曰：「滿招損，謙得益。」憂勞可以興國，逸豫可以忘身，自然之理也。故方其盛也，舉天下之豪傑莫能與之争；及其衰也，數十伶人困之，而身死國滅，爲天下笑。夫禍患常積於忽微，而知勇多困於所溺，豈獨伶人也哉！

五代史宦者傳論

自古宦者亂人之國，其源深於女禍。女，色而已；宦者之害，非一端也。蓋其用事也近，而其爲心也專而忍，能以小善中人之意、小信固人之心，使人主必信而親之。待其已信，然後懼以禍福而把持之。雖有忠臣碩士列於朝廷，而人主以爲去己踈遠，不若起居飲食、前後左右之親爲可恃也。故前後左右者日益親，則忠臣碩士日益踈，而人主之勢日益孤。勢孤，則懼禍之心日益切，而把持者日益牢。安危出其喜怒，禍患伏於帷闥，則嚮之所謂可恃者，乃所以爲患也。

患已深而覺之，欲與踈遠之臣圖左右之親近，緩之則養禍而益深，急之則挾人主以爲質，雖有聖智不能與謀，謀之而不可爲，爲之而不可成，至其甚，則俱傷而兩敗。故其大者亡國，其次亡身，而使姦豪得借以爲資而起，至抉其種類，盡殺以快天下之心而後已。此前史所載宦者之禍常如此者，非一世也。

夫爲人主者，非欲養禍於内而踈忠臣碩士於外，蓋其漸積而勢使之然也。夫女色之惑，不幸而不悟，而禍斯及矣，使其一悟，捽而去之可也。宦者之爲禍，雖欲悔悟，而勢有不得而去也，唐昭宗之事是已。故曰深於女禍者，謂此也。可不戒哉！

梅聖俞詩集序

予聞世謂詩人少達而多窮，夫豈然哉？蓋世所傳詩者，多出於古窮人之辭也。凡士之藴其所有而不得施於世者，多喜自放於山巔水涯之外。見蟲魚、草木、風雲、鳥獸之狀類，往往探其奇怪。内有憂思感憤之鬱積，其興於怨刺，以道羇臣、寡婦之所歎，而寫人情之難言，蓋愈窮則愈工。然則非詩之能窮人，殆窮者而後工也。

予友梅聖俞，少以蔭補爲吏，累舉進士，輒抑於有司，困於州縣凡十餘年。年今五十，猶從辟書，爲人之佐，鬱其所蓄，不得奮見於事業。其家宛陵，幼習於詩，自爲童子，出語已驚其長老。既長，學乎六經仁義之説。其爲文章，簡古純粹，不求苟説於世，世之人徒知其詩而已。然時無賢愚，語詩者必求之聖俞，聖俞亦自以其不得志者，樂於詩而發之。故其平生所作，於詩尤多。

世既知之矣，而未有薦於上者。昔王文康公嘗見而歎曰：「二百年無此作矣！」雖知之深，亦不果薦也。若使其幸得用於朝廷，作爲雅頌，以歌詠大宋之功德，薦之清廟，而追商、周、魯頌之作者，豈不偉歟？奈何使其老不得志，而爲窮者之詩，乃徒發於蟲魚物類、羈愁感歎之言。世徒喜其工，不知其窮之久而將老也，可不惜哉！

聖俞詩既多，不自收拾。其妻之兄子謝景初懼其多而易失也，取其自洛陽至於吴興已來所作，次爲十卷。予嘗嗜聖俞詩，而患不能盡得之，遽喜謝氏之能類次也，輒序而藏之。其後十五年，聖俞以疾卒於京師。余既哭而銘之，因索於其家，得其遺藁千餘篇，并舊所藏，掇其尤者六百七十七篇，爲一十五卷。嗚呼！吾於聖俞詩，論之詳矣，故不復云。

釋惟儼文集序

惟儼姓魏氏，杭州人。少遊京師三十餘年，雖學於佛，而通儒術，喜爲辭章，與吾亡友曼卿交最善。曼卿遇人無所擇，必皆盡其忻懽。惟儼非賢士不交，有不可其意，無貴賤，一切閉拒，絶去不少顧。曼卿之兼愛，惟儼之介，所趍雖異，而交合無所間。曼卿嘗曰：「君子泛愛而親仁。」惟儼曰：「不然。吾所以不交妄人，故能得天下士。若賢不肖混，則賢者安肯顧我哉？」以此，一時賢士多從其遊。居相國浮屠，不出其户十五年。士嘗遊其室者，禮之惟恐不至，及去爲公卿貴人，未始一往干之。

然嘗竊怪平生所交皆當世賢傑，未見卓卓著功業如古人可記者。因謂世所稱賢才，若不答兵走萬里，立功海外，則當佐天子號令賞罰於明堂。苟皆不用，則絶寵辱，遺世俗，自高而不屈，尚安能酣豢於富貴而無爲哉？醉則以此誚其坐人。人亦復之，以謂遺世自守，古人之所易，若奮身逢時，欲必就功業，此雖聖賢難之，周、孔所以窮達異也。今子老於浮圖，不見用於世，而幸不踐窮亨之塗，乃以古事之已然，而責今人之必然邪？然惟儼雖傲乎退偃於一室，天下之務，當世之利病，與其言，終日不厭。惜其將老也已。

曼卿死，惟儼亦買地京師之東以謀其終。乃斂平生所爲文數百篇示予，曰：「曼卿之死，既已表其墓。願爲我序其文，然及我之見也。」嗟夫，惟儼既不用於世，其材莫見於時，若考其筆墨馳騁、文章贍逸之能，可以見其志矣。

釋祕演詩集序

予少以進士遊京師，因得盡交當世之賢豪。然猶以謂國家臣一四海，休兵革，養息天下，以無事者四十年，而智謀雄偉非常之士，無所用其能者，往往伏而不出。山林屠販，必有老死而世莫見者。欲從而求之，不可得，其後得吾亡友石曼卿。

曼卿爲人，廓然有大志，時人不能用其材，曼卿亦不屈以求合，無所放其意，則往往從布衣野老酣嬉淋漓，顛倒而不厭。予疑所謂伏而不見者，庶幾狎而得之，故嘗喜從曼卿遊，欲因以陰求天下奇士。

浮屠祕演者，與曼卿交最久，亦能遺外世俗，以氣節相高，二人懽然無所間。曼卿隱於酒，祕演隱於浮屠，皆奇男子也。然喜爲歌詩以自娱，當其極飲大醉，歌唫笑呼以適天下之樂，何其壯也。一時賢士皆願從其遊，予亦時至其室。十年之間，祕演北渡河，東之濟、鄆，無所合，困而歸。曼卿已死，祕演亦老病。嗟夫！二人者，予乃見其盛衰，則余亦將老矣。

夫曼卿詩辭清絶，尤稱祕演之作，以爲雅健有詩人之意。祕演狀貌雄傑，其胸中浩然，既習於佛，無所用，獨其詩可行於世，而懶不自惜。已老，胠其橐，尚得三四百篇，皆可喜者。

曼卿死，祕演漠然無所向，聞東南多山水，其巔崖崛峍，江濤洶涌，甚可壯也，遂欲往遊焉。

足以知其老而志在也。於其將行，爲叙其詩，因道其盛時，以悲其衰。

古之能於文事者，必絶依傍。韓子贈浮屠文暢序，以儒者之道開之；贈高閑上人序，以草書起義，而亦微寓鍼石之意。若更襲之，覽者惟恐卧矣。故歐公别出義意，而以交情離合纓絡其間，所謂各據勝地也。

送徐無黨南歸序

草木鳥獸之爲物，衆人之爲人，其爲生雖異，而爲死則同，一歸於腐壞、澌盡、泯滅而已。而衆人之中有聖賢者，固亦生且死於其間，而獨異於草木鳥獸衆人者，雖死而不朽，逾遠而彌存也。其所以爲聖賢者，修之於身，施之於事，見之於言，是三者所以能不朽而存也。

修於身者，無所不獲；施於事者，有得有不得焉；其見於言者，則又有能有不能也。施於事矣，不見於言可也。自詩、書、史記所傳，其人豈必皆能言之士哉？修於身矣，而不施於事、不見於言，亦可也。孔子弟子有能政事者矣，有能言語者矣。若顔回者，在陋巷曲肱飢卧而已，其群居則默然終日如愚人。然自當時群弟子皆推尊之，以爲不敢望而及，而後世更百千歲，亦未有能及之者。其不朽而存者，固不待施於事，況於言乎？

予讀班固藝文志、唐四庫書目，見其所列，自三代、秦、漢以來，著書之士多者至百餘篇，少者猶三四十篇，其人不可勝數，而散亡磨滅百不一二存焉。予竊悲其人，文章麗矣，言語工矣，無異草木榮華之飄風，鳥獸好音之過耳也。方其用心與力之勞，亦何異衆人之汲汲營營？而忽焉以死者，雖有遲有速，而卒與三者同歸於泯滅。夫言之不可恃也蓋如此。今之學者，莫不慕古聖賢之不朽，而勤一世以盡心於文字間者，皆可悲也。

東陽徐生，少從予學，爲文章，稍稍見稱於人。既去，而與群士試於禮部，得高第，由是知名。其文辭日進，如水涌而山出。予欲摧其盛氣而勉其思也，故於其歸，告以是言。然予固亦喜爲文辭者，亦因以自警焉。

送楊寘序

予嘗有幽憂之疾，退而閑居，不能治也。既而學琴於友人孫道滋，受宫聲數引，久而樂之，不知疾之在其體也。

夫琴之爲技，小矣。及其至也，大者爲宫，細者爲羽，操絃驟作，忽然變之。急者悽然以促，緩者舒然以和。如崩崖裂石，高山出泉，而風雨夜至也；如怨夫寡婦之歎息，雌雄雍雍之相鳴也。其憂深思遠，則舜與文王、孔子之遺音也；悲愁感憤，則伯奇孤子、屈原忠臣之所歎也。喜怒哀樂，動人必深。而純古淡泊，與夫堯、舜、三代之言語，孔子之文章，易之憂患，詩之怨刺，無以異。其能聽之以耳，應之以手，取其和者，道其湮鬱，寫其幽思，則感人之際亦有至者焉。

予友楊君，好學有文，累以進士舉，不得志。及從廕調，爲尉於劍浦區區，在東南數千里外，是其心固有不平者。且少又多疾，而南方少醫藥，風俗飲食異宜。以多疾之體，有不平之心，居異宜之俗，其能鬱鬱以久乎？然欲平其心以養其疾，於琴亦將有得焉。故予作琴説以贈其行，且邀道滋酌酒進琴以爲别。

送曾鞏秀才序

廣文曾生來自南豐，入太學，與其諸生群進於有司。有司斂群材，操尺度，概以一法，考其不中者而棄之。雖有魁壘拔出之材，其一累黍不中尺度，則棄不敢取。幸而得良有司，不過反同衆人歎嗟愛惜，若取捨非己事者，諉曰：「有司有法，奈不中何？」有司固不自任其責，而天下之人亦不以責有司，皆由其不中法也。不幸有司尺度一失乎，則往往失多而得少。噫，有司所操，果良法邪？何其久而不思革也。

況若曾生之業，其大者固以魁壘，其於小者亦可以中尺度，而有司棄之，可怪也。然曾生不非同進，不罪有司，告予以歸，思廣其學而堅其守。予初駭其文，又壯其志。夫農不咎歲而菑播是勤，其水旱則已，使一有穫，則豈不多邪？

曾生槖其文數十萬言來京師，京師之人無求曾生者，然曾生亦不以干也。若予者，豈能求生，而生辱以顧予？是京師之人既不求之，而有司又失之，而獨余得也。於其行也，遂見於文，使知生者可以弔有司之失，而賀余之獨得也。

送田晝秀才寧親萬州序

五代之初，天下分爲十三四。及建隆之際，或滅或微，其在者猶七國，而蜀與江南地最大。以周世宗之雄，三至淮上，不能舉李氏。而蜀亦恃險爲阻，秦隴、山南皆被侵奪，而荆人縮手歸、峽，不敢西窺以争故地。及太祖受天命，用兵不過萬人，舉兩國如一郡縣吏，何其偉歟！

當此時，文初之祖從諸將西平成都及南攻金陵，功最多，於時語名將者，稱田氏。田氏功書史官，禄世於家，至今而不絶。及天下已定，將率無所用其武，士君子争以文儒進。故文初將家子，反衣白衣，從鄉進士舉於有司。彼此一時，亦各遭其勢而然也。

文初辭業通敏，爲人敦潔可喜。歲之仲春，自荆南西拜其親於萬州，維舟夷陵。予與之登高以遠望，遂遊東山，窺緑蘿溪，坐盤石。文初愛之，留數日乃去。夷陵者，其地志云：北有夷山，以爲名；或曰：巴峽之險，至此地始平夷。蓋今文初所見，尚未爲山川之勝者。由此而上，泝江湍，入三峽，險怪奇絶，乃可愛也。當王師伐蜀時，兵出兩道，一自鳳州以入，一自歸州以取忠、萬以西。今之所經，皆王師嚮所用武處，覽其山川，可以慨然而賦矣。

詩譜補亡後序

歐陽子曰：昔者聖人已没，六經之道幾熄於戰國，而焚棄於秦。自漢已來，收拾亡逸，發明遺義，而正其訛繆，得以麤備，傳於今者豈一人之力哉！後之學者，因迹前世之所傳，而較其得失，或有之矣。若使徒抱焚餘殘脱之經，倀倀於去聖千百年後，不見先儒中間之説，而欲特立一家之學者，果有能哉？吾未之信也。然則先儒之論，苟非詳其終始而牴牾，質於聖人而悖理，害經之甚，有不得已而後改易者，何必徒爲異論以相訾也？

毛、鄭於詩，其學亦已博矣。予嘗依其箋、傳，考之於經而證以序、譜，惜其不合者頗多。蓋詩述商、周，自生民、玄鳥，上陳稷、契，下迄陳靈公，千五六百歲之間，旁及列國君臣世次，國地、山川、封域圖牒，鳥獸、草木、魚蟲之名，與其風俗善惡、方言訓詁、盛衰治亂美刺之由，無所不載，然則孰能無失於其間哉？予疑毛、鄭之失既多，然不敢輕爲改易者，意其爲說不止於箋、傳，而已恨不得盡見二家之書，未能偏通其旨。夫不盡見其書而欲折其是非，猶不盡人之辭而欲斷其訟之曲直，其能果於自決乎？其能使之必服乎？

世言鄭氏詩譜最詳，求之久矣，不可得；雖崇文總目祕書所藏亦無之。慶曆四年，奉使河東，至於絳州偶得焉。其文有注而不見名氏，然首尾殘缺，自「周公致太平」已上皆亡之。其國譜旁行，尤易爲訛舛，悉皆顛倒錯亂，不可復考。

凡詩雅、頌，兼列商、魯。其正變之風，十有四國；而其次，皆莫詳其義。惟封國、變風之先後，不可以不知。周、召、王、豳同出於周，邶、鄘并於衛，檜、魏無世家。其可考者，陳、齊、衛、晉、曹、鄭、秦，此封國之先後也；豳、齊、衛、檜、陳、唐、秦、鄭、魏、曹，此變風之先後也；周南、召南、邶、鄘、衛、王、鄭、齊、豳、秦、魏、唐、陳、曹，此孔子未删詩之前，周太師樂歌之次第也；周、召、邶、鄘、衛、王、檜、鄭、齊、魏、唐、秦、陳、曹、豳，此鄭氏詩譜次第也；黜檜後陳，此今詩次第也。

初，予未見鄭譜，嘗略考春秋、史記本紀、世家、年表而合以毛、鄭之說，爲詩圖十四篇。

今因取以補鄭譜之亡者，足以見二家所説世次先後甚備，因據而求其得失，較然矣。而仍存其圖，庶幾以見予於鄭氏之學盡心焉耳。夫盡其説而有所不通，然後得以論正，予豈好爲異論者哉！

凡補其譜十有五，補其文字二百七，增損、塗乙、改正者三百八十三，而鄭氏之譜復完矣。

韻總序

倕工於爲弓而不能射，羿與逢蒙，天下之善射者也；奚仲工於爲車而不能御，王良、造父，天下之善御者也。此荀卿子所謂藝之至者不兩能，信哉！

儒者學乎聖人，聖人之道直以簡，然至其曲而暢之，以通天下之理，以究陰陽、天地、人鬼、事物之變化，君臣、父子、吉凶、生死，凡人之大倫，則六經不能盡其説，而七十子與孟軻、荀、揚之徒，各極其辯而莫能殫焉。夫以孔子之好學，而其所道者自堯、舜而後則詳之，其前蓋略而弗道，其亦有所不暇者歟？儒之學者，信哉遠且大而用功多，則其有所不暇者，宜也。

文字之爲學，儒者之所用也。其爲精也，有聲形曲直毫釐之别，音響清濁相生之類，五方言語風俗之殊。故儒者莫暇精之，有其精者，則往往不能乎其他。是以學者莫肯捨其所事而盡心乎此，所謂不兩能者也。必待乎用心專者而或能之，然後儒者有以取焉。洛僧鑒聿，爲韻總五篇，推子母輕重之法以定四聲，考求前儒之失，辯正五方之訛。顧其用心之精，可謂入於忽微，若櫛者之於髮，績者之於絲，雖細且多，而條理不亂。儒之學者，莫能難也。

鑒聿通於易，能知大演之數，又學乎陰陽、地理、黄帝、岐伯之書，其尤盡心者韻總也。聿本儒家子，少爲浮圖，入武當山，往來江漢之旁十餘年。不妄與人交，有不可其意，雖王公大人亦莫肯顧。聞士有一藝，雖千里必求之，介然有古獨行之節，所謂用心專者也，宜其學必至焉耳。浮圖之書行乎世者數百萬言，其文字雜以夷夏，讀者罕得其真，往往就而正焉。鑒聿之書，非獨有取於吾儒，亦欲傳於其徒也。

集古録目序

物常聚於所好，而常得於有力之彊。有力而不好，好之而無力，雖近且易，有不能致之。象犀虎豹，蠻夷山海殺人之獸，然其齒角皮革，可聚而有也。玉出崑崙流沙萬里之外，經十餘譯乃至乎中國。珠出南海，常生深淵，採者腰絙而入水，形色非人，往往不出，則下飽蛟魚。金礦於山，鑿深而穴遠，篝火餱糧而後進，其崖崩窟塞，則遂葬於其中者，率常數十百人。其遠且難而又多死禍，常如此。然而金玉珠璣，世常兼聚而有也。凡物好之而有力，則無不至也。湯盤、孔鼎，岐陽之鼓，岱山、鄒嶧、會稽之刻石，與夫漢、魏已來聖君賢士桓碑、彝器、銘詩、序記，下至古文、籀、篆、分、隸諸家之字書，皆三代以來至寶，怪奇偉麗、工妙可喜之物。其去人不遠，其取之無禍。然而風霜兵火，湮没磨滅，散棄於山崖墟莽之間未嘗收拾者，由世之好者少也。幸而有好之者，又其力或不足，故僅得其一二，而不能使其聚也。

夫力莫如好，好莫如一。予性顓而嗜古，凡世人之所貪者，皆無欲於其間，故得一其所好於斯。好之已篤，則力雖未足，猶能致之。故上自周穆王以來，下更秦、漢、隋、唐、五代，外至四海九州，名山大澤，窮崖絶谷，荒林破冢，神仙鬼物，詭怪所傳，莫不皆有，以爲集古録。以謂轉寫失真，故因其石本，軸而藏之。有卷帙次第而無時世之先後，蓋其取多而未已，故隨其所得而録之。又以謂聚多而終必散，乃撮其大要，别爲録目，因并載夫可與史傳正其闕謬者，以傳後學，庶益於多聞。

或譏予曰：「物多則其勢難聚，聚久而無不散，何必區區於是哉？」予對曰：「足吾所好，玩而老焉可也。象犀金玉之聚，其能果不散乎？予固未能以此而易彼也。」

峴山亭記

峴山臨漢上，望之隱然，蓋諸山之小者。而其名特著於荆州者，豈非以其人哉？其人謂誰？羊祜叔子、杜預元凱是已。方晉與吴以兵争，常倚荆州以爲重，而二子相繼於此，遂以平吴而成晉業，其功烈已蓋於當世矣。至於風流餘韻，藹然被於江漢之間者，至今人猶思之，而於思叔子也尤深。蓋元凱以其功，而叔子以其仁，二子所爲雖不同，然皆足以垂於不朽，而頗疑其反自汲汲於後世之名者，何哉？

傳言叔子嘗登兹山，慨然語其屬，以謂此山常在，而前世之士皆已湮滅於無聞，因自顧而悲傷，然獨不知兹山待己而名著也。元凱銘功於二石，一置兹山之上，一投漢水之淵。是知陵谷有變而不知石有時而磨滅也。豈皆自喜其名之甚，而過爲無窮之慮歟？將自待者厚而所思者遠歟？

山故有亭，世傳以爲叔子之所遊止也。故其屢廢而復興者，由後世慕其名而思其人者多也。熙寧元年，余友人史君中煇以光禄卿來守襄陽。明年，因亭之舊，廣而新之，既周以回廊之壯，又大其後軒，使與亭相稱。君知名當世，所至有聲。襄人安其政而樂從其遊也。因以君之官，名其後軒爲光禄堂；又欲紀其事於石，以與叔子、元凱之名並傳於久遠。君皆不能止也，乃來以記屬於予。余謂君知慕叔子之風，而襲其遺迹，則其爲人與其志之所存者，可知矣。襄人愛君而安樂之如此，則君之爲政於襄者，又可知矣。此襄人之所欲書也。若其左右山川之勝勢，與夫草木雲烟之杳靄，出没於空曠有無之間，而可以備詩人之登高，寫離騷之極目者，宜其覽者自得之。至於亭屢廢興，或自有記，或不必究其詳者，皆不復道也。

真州東園記

真爲州，當東南之水會，故爲江淮、兩浙、荆湖發運使之治所。龍圖閣直學士施君正臣、侍御史許君子春之爲使也，得監察御史裏行馬君仲塗爲其判官。三人者樂其相得之懽，而因其暇日，得州之監軍廢營以作東園，而日往遊焉。

歲秋八月，子春以其職事走京師，圖其所謂東園者來以示予，曰：「園之廣百畝，而流水横其前，清池浸其右，高臺起其北。臺，吾望以拂雲之亭；池，吾俯以澄虚之閣；水，吾泛以畫舫之舟。敞其中以爲清讌之堂，闢其後以爲射賓之圃。芙渠芰荷之的歷，幽蘭白芷之芬芳，與夫佳花美木列植而交陰，此前日之蒼烟白露而荆棘也。高甍巨桷，水光日景動摇而下上；其寬閑深靚，可以答遠響而生清風，此前日之頽垣斷塹而荒墟也。嘉時令節，州人士女嘯歌而管絃，此前日之晦冥風雨、鼪鼯鳥獸之嘷音也。吾於是信有力焉。凡圖之所載，蓋其一二之略也。若乃升於高以望江山之遠近，嬉於水而逐魚鳥之浮沉，其物象意趣，登臨之樂，覽者各自得焉。凡工之所不能畫者，吾亦不能言也。其爲我書其大概焉。」

又曰：「真，天下之衝也。四方之賓客往來者，吾與之共樂於此，豈獨私吾三人者哉？然而池臺日益以新，草樹日益以茂，四方之士無日而不來，而吾三人者有時而皆去也，豈不眷眷於是哉！不爲之記，則後孰知其自吾三人者始也？」

予以謂三君子之材，賢足以相濟，而又協於其職，知所後先，使上下給足，而東南六路之人無辛苦愁怨之聲。然後休其餘閑，又與四方之賢士大夫共樂於此。是皆可嘉也，乃爲之書。

范文正公岳陽樓記，歐公病其詞氣近小説家，與尹師魯所議不約而同。歐公諸記，不少穠麗語而體製自别，其辨甚微。治古文者最宜研究。

菱谿石記

菱谿之石有六，其四爲人取去；其一差小而尤奇，亦藏民家；其最大者，偃然僵卧於谿側，以其難徙，故得獨存。每歲寒霜落，水涸而石出，谿旁人見其可怪，往往祀以爲神。

菱谿，按圖與經皆不載。唐會昌中，刺史李濆爲荇谿記，云水出永陽嶺，西經皇道山下。以地求之，今無所謂荇谿者，詢於滁州人，曰此谿是也。楊行密據淮南，淮人爲諱其嫌名，以「荇」爲「菱」。理或然也。

谿旁若有遺址，云故將劉金之宅，石即劉氏之物也。金，僞吴時貴將，與行密俱起合淝，號三十六英雄，金其一也。金本武夫悍卒，而乃能知愛賞奇異，爲兒女子之好，豈非遭逢亂世，功成志得，驕於富貴之佚欲而然耶？想其陂池、臺榭、奇木、異草，與此石稱，亦一時之盛哉！今劉氏之後散爲編氓，尚有居谿旁者。

予感夫人物之廢興，惜其可愛而反棄也，乃以三牛曳置幽谷。又索其小者，得於白塔民朱氏，遂立於亭之南北。亭負城而近，以爲滁人歲時嬉遊之好。

夫物之奇者，棄没於幽遠則可惜，置之耳目則愛者不免取之而去。嗟夫！劉金者雖不足道，然亦可謂雄勇之士，其平生志意，豈不偉哉？及其後世，荒烟零落，至於子孫泯没而無聞，況欲長有此石乎？用此可爲富貴者之戒，而好奇之士聞此石者，可以一賞而足，何必取而去也哉！

伐樹記

署之東園，久茀不治。修至，始闢之。糞瘠溉枯，爲蔬圃十數畦，又植花果桐竹凡百本。

春陽既浮，萌者將動。園之守啓曰：「園有樗焉，其根壯而葉大。根壯則梗地脉，耗陽氣，而新植者不得滋；葉大則陰翳蒙礙，而新植者不得暢以茂。又其材拳曲臃腫，疏輕而不堅，不足養，是宜伐。」因盡薪之。明日，圃之守又曰：「圃之南有杏焉，凡其根庇之廣可六七尺，其下之地最壤腴，以杏故，特不得蔬。是亦宜薪。」修曰：「噫，今杏方春且華，將待其實，若獨不能損數畦之廣爲杏地邪？」因勿伐。

既而悟且歎曰：「吁！莊周之説曰：樗、櫟以不材終其天年，桂、漆以有用而見傷夭。今樗誠不材矣，然一旦悉翦棄；杏之體最堅密，美澤可用，反見存。豈才不才各遭其時之可否邪？」他日，客有過修者，僕夫曳薪過堂下，因指而語客以所疑。客曰：「是何怪邪？夫以無用處無用，莊周之貴也。以無用而賊有用，烏能免哉？彼杏之有華實也，以有生之具而庇其根，幸矣。若桂、漆之不能逃乎斤斧者，蓋有利之者在死，勢不得以生也，與乎杏實異矣。今樗之臃腫不材，而以壯大害物，其見伐，誠宜爾。與夫才者死、不才者生之説又異矣。凡物幸之與不幸，視其處之而已。」客既去，修然其言而記之。

豐樂亭記

修既治滁之明年夏，始飲滁水而甘。問諸滁人，得於州南百步之近，其上豐山聳然而特立，下則幽谷窈然而深藏，中有清泉滃然而仰出。俯仰左右，顧而樂之。於是疏泉鑿石，闢地以爲亭，而與滁人往遊其間。

滁於五代干戈之際，用武之地也。昔太祖皇帝嘗以周師破李景兵十五萬於清流山下，生擒其將皇甫暉、姚鳳於滁東門之外，遂以平滁。修嘗考其山川，按其圖記，升高以望清流之關，欲求暉、鳳就擒之所，而故老皆無在者。蓋天下之平久矣。自唐失其政，海内分裂，豪傑並起而争，所在爲敵國者，何可勝數！及宋受天命，聖人出而四海一。嚮之憑恃險阻，剗削消磨，百年之間，漠然徒見山高而水清。欲問其事，而遺老盡矣。

今滁介於江、淮之間，舟車商賈、四方賓客之所不至，民生不見外事，而安於畎畝衣食，以樂生送死，而孰知上之功德，休養生息，涵煦百年之深也？

修之來此，樂其地僻而事簡，又愛其俗之安閑。既得斯泉於山谷之間，乃日與滁人仰而望山，俯而聽泉。掇幽芳而蔭喬木，風霜冰雪，刻露清秀，四時之景無不可愛。又幸其民樂其歲物之豐成，而喜與予遊也。因爲本其山川，道其風俗之美，使民知所以安此豐年之樂者，幸生無事之時也。夫宣上恩德，以與民共樂，刺史之事也。遂書以名其亭焉。

醉翁亭記

環滁皆山也。其西南諸峰，林壑尤美。望之蔚然而深秀者，瑯邪也。山行六七里，漸聞水聲潺潺而瀉出於兩峰之間者，釀泉也。峰回路轉，有亭翼然臨於泉上者，醉翁亭也。作亭者誰？山之僧曰智仙也。名之者誰？太守自謂也。太守與客來飲於此，飲少輒醉，而年又最高，故自號曰醉翁也。醉翁之意不在酒，在乎山水之間也。山水之樂，得之心而寓之酒也。

若夫日出而林霏開，雲歸而巖穴暝，晦明變化者，山間之朝暮也。野芳發而幽香，佳木秀而繁陰，風霜高潔，水落而石出者，山間之四時也。朝而往，暮而歸，四時之景不同，而樂亦無窮也。

至於負者歌於塗，行者休於樹，前者呼，後者應，傴僂提攜，往來而不絕者，滁人遊也。臨溪而漁，溪深而魚肥；釀泉爲酒，泉香而酒洌。山肴野蔌，雜然而前陳者，太守宴也。宴酣之樂，非絲非竹，射者中，奕者勝，觥籌交錯，起坐而諠譁者，衆賓懽也。蒼顔白髮，頽然乎其間者，太守醉也。

已而夕陽在山，人影散亂，太守歸而賓客從也。樹林陰翳，鳴聲上下，遊人去而禽鳥樂也。然而禽鳥知山林之樂，而不知人之樂；人知從太守遊而樂，而不知太守之樂其樂也。醉能同其樂，醒能述以文者，太守也。太守謂誰？廬陵歐陽修也。

畫舫齋記

予至滑之三月，即其署東偏之室，治爲燕私之居，而名曰「畫舫齋」。齋廣一室，其深七室，以户相通。凡入予室者，如入乎舟中。其温室之奥，則穴其上以爲明；其虚室之疏以達，則欄檻其兩旁以爲坐立之倚。凡偃休於吾齋者，又如偃休乎舟中。山石崷崒，佳花美木之植，列於兩簷之外，又似汎乎中流，而左山右林之相映，皆可愛者。故因以舟名焉。

周易之象，至於履險蹈難，必曰「涉川」。蓋舟之爲物，所以濟險難，而非安居之用也。今予治齋於署以爲燕安，而反以舟名之，豈不戾哉？矧予又嘗以罪謫走江湖間，自汴絶淮，浮於大江，至於巴峽，轉而以入於漢沔，計其水行幾萬餘里。其羈窮不幸，而卒遭風波之恐，往往叫號神明以脱須臾之命者，數矣。當其恐時，顧視前後，凡舟之人，非爲商賈，則必仕宦。因竊自歎，以謂非冒利與不得已者，孰肯至是哉？賴天之惠，全活其生，今得除去宿負，列官於朝，以來是州，飽廩食而安署居。追思曩時，山川所歷，舟檝之危，蛟黿之出没，波濤之洶歘，宜其寢驚而夢愕。而乃忘其險阻，猶以舟名其齋，豈真樂於舟居者耶！

然予聞古之人，有逃世遠去江湖之上，終身而不肯反者，其必有所樂也。苟非冒利於險、有罪而不得已，使順風恬波，傲然枕席之上，一日而千里，則舟之行，豈不樂哉！顧予誠有所未暇，而舫者宴嬉之舟也，姑以名予齋，奚曰不宜？

予友蔡君謨善大書，頗怪偉，將乞其大字以題於楹。懼其疑予之所以名齋者，故具以云。又因以置於壁。

范文正公神道碑銘

皇祐四年五月甲子，資政殿學士、尚書户部侍郎汝南文正公薨於徐州，以其年十有二月壬申，葬於河南尹樊里之萬安山下。

公諱仲淹，字希文。五代之際，世家蘇州，事吴越。太宗皇帝時，吴越獻其地，公之皇考從錢俶朝京師，後爲武寧軍掌書記以卒。公生二歲而孤，母夫人貧無依，再適長山朱氏。既長，知其世家，感泣，去之南都。入學舍，埽一室，晝夜講誦，其起居飲食，人所不堪，而公自刻益苦。

居五年，大通六經之旨，爲文章論説必本於仁義。祥符八年舉進士，禮部選第一，遂中乙科，爲廣德軍司理參軍，始歸迎其母以養。及公既貴，天子贈公曾祖蘇州糧料判官諱夢齡爲太保，祖秘書監諱贊時爲太傅，考諱墉爲太師，妣謝氏爲吴國夫人。

公少有大節，於富貴、貧賤、毁譽、歡戚不一動其心，而慨然有志於天下。常自誦曰：「士當先天下之憂而憂，後天下之樂而樂也。」其事上遇人，一以自信，不擇利害爲趨捨。其所有爲，必盡其方，曰：「爲之自我者當如是，其成與否，有不在我者。雖聖賢不能必，吾豈苟哉！」

天聖中，晏丞相薦公文學，以大理寺丞爲秘閣校理。以言事忤章獻太后旨，通判河中府。久之，上記其忠，召拜右司諫。當太后臨朝聽政時，以至日大會前殿，上將率百官爲壽。有司已具，公上疏言天子無北面，且開後世弱人主以强母后之漸，其事遂已。又上書請還政天子，不報。及太后崩，言事者希旨，多求太后時事，欲深治之。公獨以謂太后受託先帝，保佑聖躬，始終十年，未見過失，宜掩其小故以全大德。初，太后有遺命，立楊太妃代爲太后。公諫曰：「太后，母號也。自古無代立者。」由是罷其册命。

是歲，大旱蝗，奉使安撫東南。使還，會郭皇后廢，率諫官、御史伏閤争，不能得，貶知睦州，又徙蘇州。歲餘，即拜禮部員外郎、天章閣待制。召還，益論時政闕失，而大臣權倖多忌惡之。居數月，以公知開封府。開封素號難治，公治有聲，事日益簡。暇則益取古今治亂安危爲上開說，又爲百官圖以獻，曰：「任人各以其材而百職修，堯、舜之治不過此也。」因指其遷進遲速次序曰：「如此而可以爲公，可以爲私，亦不可以不察。」由是吕丞相怒，至交論上前。公求對辯，語切，坐落職，知饒州。明年，吕公亦罷。公徙潤州，又徙越州。而趙元昊反河西，上復召相吕公。乃以公爲陜西經略安撫副使，遷龍圖閣直學士。

是時新失大將，延州危。公請自守鄜延捍賊，乃知延州。元昊遣人遺書以求和，公以謂無事請和，難信，且書有僭號，不可以聞，乃自爲書，告以逆順成敗之説，甚辯。坐擅復書，奪一官，知耀州。未逾月，徙知慶州。既而四路置帥，以公爲環慶路經略安撫招討使、兵馬都部署，累遷諫議大夫、樞密直學士。

公爲將，務持重，不急近功小利。於延州築青澗城，墾營田，復承平、永平廢寨，熟羌歸業者數萬户。於慶州城大順以據要害，奪賊地而耕之，又城細腰胡蘆，於是明珠、滅臧等大族皆去賊爲中國用。自邊制久隳，至兵與將常不相識。公始分延州兵爲六將，訓練齊整，諸路皆用以爲法。公之所在，賊不敢犯。人或疑公見敵應變爲如何，至其城大順也，一旦引兵出，諸將不知所向，軍至柔遠，始號令告其地處，使往築城。至於版築之用，大小畢具，而軍中初不知。賊以騎三萬來争，公戒諸將「戰而賊走，追勿過河」。已而賊果走，追者不渡，而河外果有伏。賊失計，乃引去。於是諸將皆服公爲不可及。

公待將吏，必使畏法而愛己。所得賜賚，皆以上意分賜諸將，使自爲謝。諸蕃質子，縱其出入，無一人逃者。蕃酋來見，召之卧内，屏人撤衛，與語不疑。公居三歲，士勇邊實，恩信大洽，乃決策謀取横山，復靈武，而元昊數遣使稱臣請和，上亦召公歸矣。

初，西人籍其鄉兵者十數萬，既而黥以爲軍。惟公所部，但刺其臂，公去兵罷，獨得復爲民。其於兩路，既得熟羌爲用，使以守邊，因徙屯兵就食内地，而紓西人饋輓之勞。其所設施，去而人德之，與守其法不敢變者，至今尤多。

自公坐吕公貶，群士大夫各持二公曲直。吕公患之，凡直公者皆指爲黨，或坐竄逐。及吕公復相，公亦再起被用，於是二公驩然相約，戮力平賊。天下之士皆以此多二公。然朋黨之論，遂起而不能止。上既賢公可大用，故卒置群議而用之。

慶曆三年春，召爲樞密副使，五讓不許，乃就道。既至數月，以爲參知政事，每進見，必以太平責之。公歎曰：「上之用我者至矣，然事有先後，而革弊於久安，非朝夕可也。」既而上再賜手詔，趣使條天下事。又開天章閣，召見賜坐，授以紙筆，使疏於前。公惶恐避席，始退而條列時所宜先者十數事上之。其詔天下興學，取士先德行不專文辭，革磨勘例遷以别能否，減任子之數而除濫官，用農桑、考課、守宰等事，方施行，而磨勘、任子之法，僥倖之人皆不便，因相與騰口。而嫉公者亦幸外有言，喜爲之佐佑。會邊奏有警，公即請行，乃以公爲河東、陝西宣撫使。

至則上書願復守邊，即拜資政殿學士，知邠州，兼陝西四路安撫使。

其知政事，纔一歲而罷，有司悉奏罷公前所施行而復其故。言者遂以危事中之，賴上察其忠，不聽。是時，夏人已稱臣，公因以疾請鄧州。守鄧三歲，求知杭州，又徙青州。公益病，又求知潁州。肩舁至徐，遂不起，享年六十有四。方公之病，上賜藥存問。既薨，輟朝一日，以其遺表無所請，使就問其家所欲，贈以兵部尚書，所以哀恤之甚厚。

公爲人外和內剛，樂善汎愛。喪其母時尚貧，終身非賓客食不重肉，臨財好施，意豁如也。及退而視其私，妻子僅給衣食。其爲政，所至民多立祠畫像。其行己臨事，自搢紳處士、里閭田野之人，外至夷狄，莫不知其名字，而樂道其事者甚衆。及其世次官爵，誌於墓、譜於家、藏於有司者，皆不論著，著其繫天下國家之大者，亦公之志也歟。銘曰：

范於吳越，世實陪臣。俶納山川，及其士民。范始來北，中間幾息。公奮自躬，與時偕逢。事有罪功，言有違從。豈公必能，天子用公。其艱其勞，一其初終。夏童跳邊，乘吏怠安。帝命公往，問彼驕頑。有不聽順，鋤其穴根。公居三年，怯勇隳完。兒憐獸擾，卒俾來臣。夏人在庭，其事方議。帝趣公來，以就予治。公拜稽首，茲惟艱哉！初匪其難，在其終之。群言營營，卒壞於成。匪惡其成，惟公是傾。不傾不危，天子之明。存有顯榮，歿有贈諡。藏其子孫，寵及後世。惟百有位，可勸無怠。

太常博士尹君墓誌銘

君諱源，字子漸，姓尹氏。與其弟洙師魯俱有名於當世。其論議文章，博學强記，皆有以過人。而師魯好辯，果於有爲。子漸爲人剛簡，不矜飾，能自晦藏，與人居，久而莫知，至其一有所發，則人必驚伏。其視世事若不干其意，已而推其情僞，計其成敗，後多如其言。其性不能容常人，而善與人交，久而益篤。自天聖、明道之間，予與其兄弟交，其得於子漸者如此。

其曾祖諱誼，贈光禄少卿。祖諱文化，官至都官郎中，贈刑部侍郎。父諱仲宣，官至虞部員外郎，贈工部郎中。子漸初以祖廕補三班借職，稍遷左班殿直。天聖八年，舉進士及第，爲奉禮郎，累遷太常博士，歷知芮城、河陽二縣，僉署孟州判官事，又知新鄭縣，通判涇州、慶州，知懷州，以慶曆五年三月十四日卒於官。

趙元昊寇邊，圍定州堡，大將葛懷敏發涇原兵救之。君遺懷敏書曰：「賊舉其國而來，其利不在城堡，而兵法有不得而救者，且吾軍畏法，見敵必赴而不計利害，此其所以數敗也。宜駐兵瓦亭，見利而後動。」懷敏不能用其言，遂以敗死。劉涣知滄州，杖一卒，不服，涣命斬之以聞，坐專殺，降知密州。君上書爲涣論直，得復知滄州。范文正公常薦君材可以居館閣，召試，不用。遂知懷州，至期月，大治。

是時，天子用范文正公與今觀文殿學士富公、武康軍節度使韓公，欲更置天下事，而權倖小人不便，三公皆罷去，而師魯與時賢士多被誣枉得罪。君歎息憂悲發憤，以謂生可厭而死可樂也，往往被酒，哀歌泣下，朋友皆竊怪之。已而以疾卒，享年五十。至和元年十有二月十三日，其子材葬君於河南府壽安縣甘泉鄉龍洲里。其平生所爲文章六十篇，皆行於世。男四人，曰：材、植、機、杼。

嗚呼！師魯常勞其智於事物，而卒蹈憂患以窮死。若子漸者，曠然不有累其心，而無所屈其志，然其壽考近以不長。豈其所謂短長得失者，皆非此之謂歟？其所以然者，不可得而知歟？銘曰：

有韞於中不以施，一憤樂死其如歸。豈其志之將衰？不然，世果可嫉其如斯。

歐公誌諸朋，好悲思激宕，風格最近太史公。

湖州長史蘇君墓誌銘

故湖州長史蘇君有賢妻杜氏，自君之喪，布衣蔬食，居數歲，提君之孤子，斂其平生文章，走南京，號泣於其父曰：「吾夫屈於生，猶可伸於死。」其父太子太師以告於予。予爲集次其文而序之，以著君之大節與其所以屈伸得失，以深誚世之君子當爲國家樂育賢材者，且悲君之不幸。其妻卜以嘉祐元年十月某日，葬君於潤州丹徒縣義里鄉檀山里石門村，又號泣於其父曰：「吾夫屈於人間，猶可伸於地下。」於是杜公及君之子泌皆以書來乞銘以葬。

君諱舜欽，字子美。其上世居蜀，後徙開封，爲開封人。自君之祖諱易簡，以文章有名太宗時，承旨翰林爲學士、參知政事，官至禮部侍郎。父諱耆，官至工部郎中、直集賢院。君少以父廕補太廟齋郎，調滎陽尉。非所好也。已而鎖其廳去。舉進士中第，改光禄寺主簿、知蒙城縣。丁父憂，服除，知長垣縣，遷大理評事，監在京樓店務。

君狀貌奇偉，慷慨有大志。少好古，工爲文章。所至皆有善政。官於京師，位雖卑，數上疏論朝廷大事，敢道人之所難言。范文正公薦君，召試，得集賢校理。自元昊反，兵出無功，而天下殆於久安，尤困兵事。天子奮然用三四大臣，欲盡革衆弊以紓民。於是時，范文正公與今富丞相多所設施，而小人不便，顧人主方信用，思有以撼動，未得其根。以君文正公之所薦，而宰相杜公壻也，乃以事中君，坐監進奏院祠神，奏用市故紙錢會客爲自盜除名。君名重天下，所會客皆一時賢俊，悉坐貶逐。然後中君者喜曰：「吾一舉網盡之矣。」其後三四大臣繼罷去，天下事卒不復施爲。

君攜妻子居蘇州，買水石作滄浪亭，日益讀書，大涵肆於六經，而時發其憤悶於歌詩，至其所激，往往驚絶。又喜行草書，皆可愛。故其雖短章醉墨，落筆争爲人所傳。天下之士聞其名而慕，見其所傳而喜，往揖其貌而竦，聽其論而驚以服，久與其居而不能捨以去也。居數年，復得湖州長史。

慶曆八年十二月某日，以疾卒於蘇州，享年四十有一。君先娶鄭氏，後娶杜氏。三子：長曰泌，將作監主簿；次曰液、曰激。二女：長適前進士趙紘，次尚幼。

初，君得罪時，以奏用錢爲盜，無敢辯其冤者。自君卒後，天子感悟。凡所被逐之臣復召用，皆顯列於朝。而至今無復爲君言者，宜其欲求伸於地下也。宜予述其得罪以死之詳，而使後世知其有以也。既又長言以爲之辭，庶幾并寫予之所以哀君者。其辭曰：

謂爲無力兮，孰擊而去之？謂爲有力兮，胡不反子之歸？豈彼能兮此不爲。善百譽而不進兮，一毁終世以顛擠，荒孰問兮杳難知。嗟子之中兮，有韞而無施。文章發耀兮，星日光輝。雖冥冥以掩恨兮，宜昭昭其永垂。

徂徠石先生墓誌銘

徂徠先生姓石氏，名介，字守道，兖州奉符人也。徂徠，魯東山；而先生非隱者也，其仕嘗位於朝矣。魯之人不稱其官而稱其德，以爲徂徠魯之望；先生，魯人之所尊，故因其所居山，以配其有德之稱。曰徂徠先生者，魯人之志也。

先生貌厚而氣完，學篤而志大。雖在畎畝，不忘天下之憂。以謂時無不可爲，爲之無不至，不在其位，則行其言。吾言用，功利施於天下，不必出乎己；吾言不用，雖獲禍咎，至死而不悔。其遇事發憤，作爲文章，極陳古今治亂成敗，以指切當世，賢愚善惡，是是非非，無所諱忌。世俗頗駭其言，由是謗議喧然，而小人尤嫉惡之，相與出力必擠之死。先生安然，不惑不變，曰：「吾道固如是，吾勇過孟軻矣。」不幸遇疾以卒。既卒，而姦人有欲以奇禍中傷大臣者，猶指先生以起事，謂其詐死而北走契丹矣，請發棺以驗。賴天子仁聖，察其誣，得不發棺，而保全其妻子。

先生世爲農家，父諱丙，始以仕進，官至太常博士。先生年二十六舉進士甲科，爲鄆州觀察推官、南京留守推官。御史臺辟主簿，未至，以上書論赦，罷不召。秩滿，遷某軍節度掌書記，代其父官於蜀，爲嘉州軍事判官。丁内外艱去官，垢面跣足，躬耕徂徠之下，葬其五世未葬者七十喪。服除，召入國子監直講。是時，兵討元昊久無功，海内重困，天子奮然思欲振起威德，而進退二三大臣，增置諫官、御史，所以求治之意甚鋭。先生躍然喜曰：「此盛事也，雅頌吾職，其可已乎。」乃作慶曆聖德詩，以褒貶大臣，分别邪正，累數百言。詩出，太山孫明復曰：「子禍始於此矣。」明復，先生之師友也。其後所謂姦人作奇禍者，乃詩之所斥也。

先生自閒居徂徠，後官於南京，嘗以經術教授。及在太學，益以師道自居，門人弟子從之者甚衆。太學之興，自先生始。其所爲文章，曰某集者若干卷，曰某集者若干卷。其斥佛、老、時文，則有怪說、中國論，曰去此三者，然後可以有爲。其戒姦臣、宦女，則有唐鑑，曰吾非爲一世監也。其餘喜怒哀樂，必見於文。其辭博辯雄偉，而憂思深遠。其爲言曰：「學者，學爲仁義也。惟忠能忘其身，信篤於自信者，乃可以力行也。」以是行於己，亦以是教於人，所謂堯、舜、禹、湯、文、武、周公、孔子、孟軻、揚雄、韓愈氏者，未嘗一日不誦於口。思與天下之士，皆爲周、孔之徒，以致其君爲堯、舜之君，民爲堯、舜之民，亦未嘗一日少忘於心。至其違世驚衆，人或笑之，則曰：「吾非狂癡者也。」是以君子察其行而信其言，推其用心而哀其志。

先生直講歲餘，杜祁公薦之天子，拜太子中允。今丞相韓公又薦之，乃直集賢院。又歲餘，始去太學，通判濮州。方待次於徂徠，以慶曆五年七月某日卒於家，享年四十有一。友人廬陵歐陽修哭之以詩，以謂待彼謗焰熄，然後先生之道明矣。先生既没，妻子凍餒不自勝，今丞相韓公與河陽富公分俸買田以活之。後二十一年，其家始克葬先生於某所。

將葬，其子師訥與其門人姜潛、杜默、徐遁等來告曰：「謗焰熄矣，可以發先生之光矣。敢請銘。」某曰：「吾詩不云乎『子道自能久』也，何必吾銘？」遁等曰：「雖然，魯人之欲也。」乃爲之銘曰：

徂徠之巖巖，與子之德兮，魯人之所瞻；汶水之湯湯，與子之道兮，逾遠而彌長。道之難行兮，孔孟亦云遑遑。一世之屯兮，萬世之光。曰吾不有命兮，安在夫桓魋與臧倉。自古聖賢皆然兮，噫，子雖毁其何傷！

黄夢升墓誌銘

予友黄君夢升，其先婺州金華人，後徙洪州之分寧。其曾祖諱元吉，祖諱某，父諱中雅，皆不仕。黄氏世爲江南大族，自其祖、父以來，樂以家貲賑鄉里，多聚書以招延四方之士。夢升兄弟皆好學，尤以文章意氣自豪。予少家隨州，夢升從其兄茂宗官於隨，予爲童子，立諸兄側，見夢升年十七八，眉目明秀，善飲酒談笑。予雖幼，心已獨奇夢升。

後七年，予與夢升皆舉進士於京師。夢升得丙科，初任興國軍永興主簿，怏怏不得志，以疾去。久之，復調江陵府公安主簿。時予謫夷陵令，遇之於江陵。夢升顔色憔悴，初不可識，久而握手嘘嚱，相飲以酒，夜醉起舞，歌呼大噱。予益悲夢升志雖衰，而少時意氣尚在也。

後二年，予徙乾德令，夢升復調南陽主簿，又遇之於鄧。間常問其平生所爲文章幾何，夢升慨然歎曰：「吾已諱之矣。窮達有命，非世之人不知我，我羞道於世人也。」求之不肯出，遂飲之酒。復大醉，起舞歌呼，因笑曰：「子知我者。」乃肯出其文。讀之，博辯雄偉，意氣奔放，若不可禦。予又益悲夢升志雖困，而文章未衰也。

是時，謝希深出守鄧州，尤喜稱道天下士。予因手書夢升文一通，欲以示希深。未及，而希深卒，予亦去鄧。後之守鄧者皆俗吏，不復知夢升。夢升素剛，不苟合，負其所有，常快快無所施，卒以不得志，死於南陽。

夢升諱注，以寶元二年四月二十五日卒，享年四十有二。其平生所爲文，曰破碎集、公安集、南陽集，凡三十卷。娶潘氏，生四男二女。將以慶曆四年某月某日，葬於董坊之先塋，其弟渭泣而來告曰：「吾兄患世之莫吾知，孰可爲其銘？」予素悲夢升者，因爲之銘曰：

予嘗讀夢升之文，至於哭其兄子庠之詞曰「子之文章，電激雷震，雨雹忽止，闃然滅泯」，未嘗不諷誦歎息而不已。嗟夫夢升，曾不及庠。不震不驚，鬱塞埋藏。孰予其有，不使其施？吾不知所歸咎，徒爲夢升而悲。

張子野墓誌銘

吾友張子野既亡之二年，其弟充以書來請曰：「吾兄之喪，將以今年三月某日葬於開封，不可以不銘，銘之莫如子宜。」嗚呼！予雖不能銘，然樂道天下之善以傳焉。況若吾子野者，非獨其善可銘，又有平生之舊、朋友之恩，與其可哀者，皆宜見於予文，宜其來請於予也。

初，天聖九年，予爲西京留守推官。是時，陳郡謝希深、南陽張堯夫與吾子野，尚皆無恙。於時一府之士，皆魁傑賢豪，日相往來，飲酒懽呼，上下角逐，争相先後以爲笑樂。而堯夫、子野退然其間，不動聲氣，衆皆指爲長者。予時尚少，心壯志得，以爲洛陽東西之衝，賢豪所聚者多，爲適然耳。其後去洛，來京師。南走夷陵，並江漢，其行萬三四千里，山砠水厓，窮居獨遊，思從曩人，邈不可得。然雖洛人，至今皆以謂無如嚮時之盛。然後知世之賢豪不常聚，而交遊之難得，爲可惜也。初在洛時，已哭堯夫而銘之；其後六年，又哭希深而銘之；今又哭吾子野而銘。於是又知非徒相得之難，而善人君子欲使幸而久在於世，亦不可得。嗚呼，可哀也已。

子野之世曰：贈太子太師，諱某，曾祖也；宣徽北院使、樞密副使，累贈尚書令，諱遜，皇祖也；尚書比部郎中，諱敏中，皇考也；曾祖妣李氏，隴西郡夫人；祖妣宋氏，昭化郡夫人，孝章皇后之妹也；妣李氏，永安縣太君。

子野家聯后姻，世久貴仕，而被服操履甚於寒儒。好學自力，善筆札。天聖二年舉進士，歷漢陽軍司理參軍、開封府咸平主簿、河南法曹參軍。王文康公、錢思公、謝希深，與今參知政事宋公，咸薦其能，改著作佐郎，監鄭州酒稅，知閬州閬中縣，就拜秘書丞。秩滿，知亳州鹿邑縣。

寶元二年二月丁未，以疾卒於官，享年四十有八。子仲，郊社掌生；次從；次幼，未名。女五人，一適人矣。妻劉氏，長安縣君。

子野爲人，外雖愉怡，中自刻苦；遇人渾渾，不見圭角，而志守端直，臨事果決。平居酒半，脱冠垂頭，童然秃且白矣。予固已悲其早衰，而遂止於此，豈其中亦有不自得者邪？

子野諱先，其上世博州高堂人；自曾祖已來，家京師而葬開封，今爲開封人也。銘曰：

嗟夫子野，質厚材良。孰屯其亨？孰短其長？豈其中有不自得，而外物有以戕？開封之原，新里之鄉，三世於此，其歸其藏。

尹師魯墓誌銘

師魯，河南人，姓尹氏，諱洙。然天下之士識與不識皆稱之曰師魯，蓋其名重當世；而世之知師魯者，或推其文學，或高其議論，或多其材能。至其忠義之節，處窮達，臨禍福，無愧於古君子，則天下之稱師魯者，未必盡知之。

師魯爲文章，簡而有法。博學强記，通知古今，長於春秋。其與人言，是是非非，務窮盡道理乃已，不爲苟止而妄隨，而人亦罕能過也。遇事無難易，而勇於敢爲，其所以見稱於世者，亦所以取嫉於人，故其卒窮以死。

師魯少舉進士及第，爲絳州正平縣主簿、河南府户曹參軍、邵武軍判官，舉書判拔萃，遷山南東道掌書記，知伊陽縣。王文康公薦其才，召試，充館閣校勘，遷太子中允。天章閣待制范公貶饒州，諫官、御史不肯言，師魯上書，言「仲淹，臣之師友，願得俱貶」，貶監郢州酒税，又徙唐州。遭父喪，服除，復得太子中允，知河南縣。趙元昊反，陝西用兵，大將葛懷敏奏，起爲經略判官。師魯雖用懷敏辟，而尤爲經略使韓公所深知。其後諸將敗於好水，韓公降知秦州，師魯亦徙通判濠州。久之，韓公奏，得通判秦州。遷知涇州，又知渭州、兼涇原路經略部署。坐城水洛與邊將異議，徙知晉州，又知潞州。爲政有惠愛，潞州人至今思之。累遷官至起居舍人、直龍圖閣。

師魯當天下無事時，獨喜論兵，爲叙燕、息戍二篇行於世。自西兵起凡五六歲，未嘗不在其間。故其論議益精密，而於西事尤習其詳。其爲兵制之説，述戰守勝敗之要，盡當今之利害，又欲訓土兵代戍卒以減邊用，爲禦戎長久之策，皆未及施爲。而元昊臣，西兵解嚴，師魯亦去而得罪矣。然則天下之稱師魯者，於其材能亦未必盡知之也。

初，師魯在渭州，將吏有違其節度者，欲按軍法斬之而不果。其後吏至京師，上書訟師魯以公使錢貸部將，貶崇信軍節度副使，徙監均州酒税。得疾，無醫藥，舁至南陽求醫。疾革，憑几而坐，顧稚子在前，無甚憐之色；與賓客言，終不及其私。享年四十有六以卒。師魯娶張氏，某縣君。有兄源，字子漸，亦以文學知名，前一歲卒。師魯凡十年間三貶官，喪其父，又喪其兄。有子四人，連喪其三。女一適人，亦卒。而其身終以貶死。一子三歲，四女未嫁，家無餘貲，客其喪於南陽不能歸。平生故人無遠邇皆往賻之，然後妻子得以其柩歸河南，以某年某月某日葬於先塋之次。

余與師魯兄弟交，嘗銘其父之墓矣，故不復次其世家焉。銘曰：

藏之深，固之密。石可朽，銘不滅。

孫明復先生墓誌銘

先生諱復，字明復，姓孫氏，晉州平陽人也。少舉進士不中，退居泰山之陽。學春秋，著尊王發微。魯多學者，其尤賢而有道者石介，自介而下皆以弟子事之。先生年逾四十，家貧不娶，李丞相迪將以其弟之女妻之。先生疑焉。介與群弟子進曰：「公卿不下士久矣。今丞相不以先生貧賤而欲託以子，是高先生之行義也，先生宜因以成丞相之賢名。」於是乃許。孔給事道輔爲人剛直嚴重，不妄與人，聞先生之風，就見之。介執杖屨侍左右，先生坐則立，升降拜則扶之，及其往謝也亦然。魯人既素高此兩人，由是始識師弟子之禮，莫不歎嗟之。而李丞相、孔給事亦以此見稱於士大夫。其後介爲學官，語於朝曰：「先生非隱者也，欲仕而未得其方也。」慶曆二年，樞密副使范仲淹、資政殿學士富弼言其道德經術宜在朝廷，召拜校書郎、國子監直講。嘗召見邇英閣說詩，將以爲侍講，而嫉之者言其講説多異先儒，遂止。七年，徐州人孔直温以狂謀捕治，索其家得詩，有先生姓名，坐貶監處州商稅，徙泗州，又徙知河南府長水縣，僉署應天府判官公事，通判陵州。翰林學士趙概等十餘人上言，孫某行爲世法，經爲人師，不宜棄之遠方，乃復爲國子監直講。居三歲，以嘉祐二年七月二十四日，以疾卒於家。享年六十有六，官至殿中丞。

先生在太學時，爲大理評事，天子臨幸，賜以緋衣銀魚。及聞其喪，惻然，予其家錢十萬，而公卿大夫、朋友、太學之諸生相與弔哭，賻治其喪。於是以其年十月二十七日，葬先生於鄆州須城縣盧泉鄉之北扈原。

先生治春秋，不惑傳注，不爲曲說以亂經。其言簡易，明於諸侯、大夫功罪，以考時之盛衰，而推見王道之治亂，得於經之本義爲多。方其病時，樞密使韓琦言之天子，選書吏，給紙筆，命其門人祖無擇，就其家得其書十有五篇，録之藏於秘閣。先生一子大年，尚幼。銘曰：

聖既殁，經更載焚，逃藏脱亂僅傳存。衆說乘之汩其原，怪迂百出雜僞真。後生牽卑習前聞，有欲患之寡攻群。往往止燎以膏薪，有勇夫子闢浮雲。刮磨蔽蝕相吐吞，日月卒復光破昏。博哉功利無窮垠，有考其不在斯文。

南陽縣君謝氏墓誌銘

予友宛陵梅聖俞來自吳興，出其哭内之詩而悲曰：「吾妻謝氏亡矣。丐我以銘而葬焉。」予諾之，未暇作。

居一歲中，書七八至，未嘗不以謝氏銘爲言，且曰：「吾妻，故太子賓客諱濤之女、希深之妹也。希深父子爲時聞人，而世顯榮。謝氏生於盛族，年二十以歸吾，凡十七年而卒。卒之夕，斂以嫁時之衣。甚矣，吾貧可知也。然謝氏怡然處之，治其家，有常法。其飲食器皿，雖不及豐侈，而必精以旨；其衣無故新，而澣濯縫紉，必潔以完；所至官舍雖卑陋，而庭宇灑掃，必肅以嚴；其平居語言容止，必從容以和。吾窮於世久矣，其出而幸與賢士大夫遊而樂，入則見吾妻之怡怡而忘其憂，使吾不以富貴貧賤累其心者，抑吾妻之助也。吾嘗與士大夫語，謝氏多從户屏竊聽之，間則盡能商榷其人才能賢否及時事之得失，皆有條理。吾官吳興，或自外醉而歸，必問曰：『今日孰與飲而樂乎？』聞其賢者也，則悦；否則歎曰：『君所交，皆一時賢儁，豈其屈己下之邪？惟以道德焉，故合者尤寡。今與是人飲而歡邪？』是歲南方旱，仰見飛蝗而歎曰：『今西兵未解，天下重困，盜賊暴起於江淮，而天旱且蝗如此。我爲婦人，死而得君葬我，幸矣。』其所以能安居貧而不困者，其性識明而知道理，多此類。嗚呼！其生也迫吾之貧，而没也又無以厚焉。謂惟文字可以著其不朽。且其平生尤知文章爲可貴，殁而得此，庶幾以慰其魂，且塞予悲。此吾所以請銘於子之勤也。」若此，予忍不銘？

夫人享年三十七，用夫恩封南陽縣君。二男一女。以其年七月七日，卒於高郵。梅氏世葬宛陵，以貧不能歸也。某年某月某日，葬於潤州之某縣某原。銘曰：

高崖斷谷兮，京口之原。山蒼水深兮，土厚而堅。居之可樂兮，卜者曰然。骨肉歸土兮，魂氣升天。何必故鄉兮，然後爲安。

石曼卿墓表

曼卿，諱延年，姓石氏，其上世爲幽州人。幽州入於契丹，其祖自成始以其族間走南歸，天子嘉其來，將禄之，不可，乃家於宋州之宋城。父諱補之，官至太常博士。

幽燕俗勁武，而曼卿少亦以氣自豪，讀書不治章句，獨慕古人奇節偉行非常之功，視世俗屑屑，無足動其意者。自顧不合於世，乃一混以酒，然好劇飲，大醉，頹然自放，由是益與時不合。而人之從其游者，皆知愛曼卿落落可奇，而不知其才之有以用也。年四十八，康定二年二月四日，以太子中允、秘閣校理卒於京師。

曼卿少舉進士，不第。真宗推恩，三舉進士，皆補奉職。曼卿初不肯就，張文節公素奇之，謂曰：「母老，乃擇禄耶？」曼卿矍然起就之，遷殿直。久之，改太常寺太祝、知濟州金鄉縣，歎曰：「此亦可以爲政也。」縣有治聲。通判乾寧軍，丁母永安縣君李氏憂，服除，通判永静軍，皆有能名。充館閣校勘，累遷大理寺丞，通判海州，還爲校理。莊獻明肅太后臨朝，曼卿上書，請還政天子。其後太后崩，范諷以言見幸，引嘗言太后事者，遽得顯官。欲引曼卿，曼卿固止之，乃已。

自契丹通中國，德明盡有河南，而臣屬遂務休兵養息，天下晏然，内外弛武三十餘年。曼卿上書言十事，不報。已而元昊反，西方用兵，始思其言。召見，稍用其説，籍河北、河東、陝西之民，得鄉兵數十萬。曼卿奉使籍兵河東，還，稱旨，賜緋衣銀魚。天子方思盡其才，而且病矣。既而聞邊將有欲以鄉兵捍賊者，笑曰：「此得吾麤也。夫不教之兵，勇怯相雜，若怯者見敵而動，則勇者亦率而潰矣。今或不暇教，不若募其敢行者，則人人皆勝兵也。」其視世事蔑若不足爲，及聽其施設之方，雖精思深慮，不能過也。

狀貌偉然，喜酒自豪，若不可繩以法度。退而質其平生，趣舍大節無一悖於理者。遇人無賢愚，皆盡忻懽。及可否天下是非善惡，當其意者無幾人。其爲文章，勁健稱其意氣。有子濟、滋。天子聞其喪，官其一子，使禄其家。既卒之三十七日，葬於太清之先塋。

其友歐陽修表於其墓曰：

嗚呼曼卿，寧自混以爲高，不少屈以合世，可謂自重之士矣。士之所負者愈大，則其自顧也愈重，自顧愈重，則其合愈難。然欲與共大事，立奇功，非得難合自重之士，不可爲也。古之魁雄之人，未始不負高世之志，故寧或毁身污迹，卒困於無聞，或老且死而幸一遇，猶克少施於世。若曼卿者，非徒與世難合而不克所施，亦其不幸不得至乎中壽，其命也夫！其可哀也夫！

河南府司録張君墓表

故大理寺丞、河南府司録張君，諱汝士，字堯夫，開封襄邑人也。明道二年八月壬寅，以疾卒於官，享年三十有七。卒之七日，葬洛陽北邙山下。其友人河南尹師魯誌其墓，而廬陵歐陽修爲之銘。以其葬之速也，不能刻石，乃得金谷古甎，命太原王顧以丹爲隸書，納於壙中。

嘉祐二年某月某日，其子吉甫、山甫改葬君於伊闕之教忠鄉積慶里。君之始葬北邙也，吉甫纔數歲，而山甫始生，余及送者相與臨穴，視窆且封，哭而去。今年春，余主試天下貢士，而山甫以進士試禮部，乃來告以將改葬其先君，因出銘以示余。蓋君之卒，距今二十有五年矣。

初，天聖、明道之間，錢文僖公守河南。公，王家子，特以文學仕至貴顯，所至多招集文士。而河南吏屬，適皆當時賢材知名士，故其幕府號爲天下之盛，君其一人也。文僖公善待士，未嘗責以吏職。而河南又多名山水，竹林茂樹，奇花怪石，其平臺清池上下、荒墟草莽之間，余得日從賢人長者賦詩飲酒以爲樂。而君爲人靜默修潔，常坐府治事，省文書，尤盡心於獄訟。初以辟爲其府推官，既罷，又辟司録。河南人多賴之，而守尹屢薦其材。君亦工書，喜爲詩，間則從余遊。其語言簡而有意，飲酒終日不亂，雖醉未嘗頹墮。與之居者，莫不服其德。故師魯誌之曰：「飭身臨事，余嘗愧堯夫，堯夫不余愧也。」

始君之葬，皆以其地不善，又葬速，其禮不備。君夫人崔氏，有賢行，能教其子。而二子孝謹，克自樹立，卒能改葬君如吉卜，君其可謂有後矣。

自君卒後，文僖公得罪，貶死漢東。吏屬亦各引去。今師魯死且十餘年，王顧者死亦六七年矣。其送君而臨穴者及與君同府而遊者，十蓋八九死矣。其幸而在者，不老則病且衰，如予是也。嗚呼！盛衰生死之際，未始不如是，是豈足道哉？惟爲善者能有後，而託於文字者可以無窮。故於其改葬也，書以遺其子，俾碣於墓，且以寫余之思焉。

吉甫今爲大理寺丞、知緱氏縣，山甫始以進士賜出身云。

右班殿直贈右羽林軍將軍唐君墓表

嘉祐四年冬，天子既受祫享之福，推恩群臣，並進爵秩，既又以及其親，若在若亡，無有中外遠邇。於是天章閣待制、尚書户部員外郎唐君，得贈其皇考驍衛府君爲右羽林將軍。府君諱拱，字某。其先晉原人，後徙爲錢塘人。曾祖諱休復，唐天復中舉明經，爲建威軍節度推官。祖諱仁恭，仕吴越王，爲唐山縣令，累贈諫議大夫。父諱諝，官至尚書職方郎中，累贈禮部尚書。府君以父廕，補太廟齋郎，改三班借職，再遷右班殿直，監舒州孔城鎮、澧州酒税，巡撿泰州鹽場，漳州兵馬監押。乾興元年七月某日，以疾卒於官，享年四十有六。

府君孝悌於其家，信義於其朋友，廉讓於其鄉里。其居於官，名公鉅人皆以爲材，而未及用也。享年不永，君子哀之。有子曰介，字子方，舉進士。皇祐中嘗爲御史，以言事切直貶春州别駕。當是時，子方之風，竦動天下。已而天子感悟，貶未至而復用之。今列侍從，居諫官。自子方爲秘書丞，始贈府君爲太子右清道率府率；其爲尚書主客員外郎、殿中侍御史裏行，又贈府君爲右監門衛將軍；其爲尚書工部員外郎、直集賢院、權開封府判官，又贈府君爲右屯衛將軍；其遷户部員外郎、河東轉運使，又贈府君爲驍衛將軍。蓋自登於朝以至榮顯，遇天子有事於天地、宗廟，推恩必及焉。

府君初娶博陵崔氏，贈仙遊縣太君；後娶崔氏，贈清河縣太君，皆衛尉卿仁冀之女。生一男，介也。五女：長適太子中舍盧圭；次適歐陽旲，早卒；次適横州推官高定；次適進士陸平仲；次適著作佐郎陳起。慶曆三年八月某日，以府君及二夫人之喪，合葬於江陵龍山之東原。後十有七年，廬陵歐陽修乃表於其墓。曰：

嗚呼！余於此見朝廷所以褒寵勸勵臣子之意，豈不厚哉！又以見士之爲善者，雖湮没幽鬱，其潛德隱行必有時而發，而遲速顯晦在其子孫。然則爲人之子者，其可不自勉哉？蓋古之爲子者，禄不逮養，則無以及其親矣；今之爲子者，有克自立，則尚有榮名之寵焉。其所以教人之孝者，篤於古也深矣。子方進用於時，其所以榮其親者，未知其止也。姑立表以待焉。

胡先生墓表

先生諱瑗，字翼之，姓胡氏。其上世爲陵州人，後爲泰州如皋人。

先生爲人師，言行而身化之，使誠明者達，昏愚者勵，而頑傲者革。故其爲法嚴而信，爲道久而遵。師道廢久矣，自景祐、明道以來，學者有師，惟先生暨泰山孫明復、石守道三人。而先生之徒最盛，其在湖州之學，弟子去來常數百人，各以其經轉相傳授。其教學之法最備，行之數年，東南之士莫不以仁義禮樂爲學。慶曆四年，天子開天章閣，與大臣講天下事，始慨然詔州縣皆立學。於是建太學於京師，而有司請下湖州，取先生之法以爲太學法，至今爲著令。後十餘年，先生始來居太學，學者自遠而至，太學不能容，取旁官署以爲學舍。禮部貢舉，歲所得士，先生弟子十常居四五。其高第者知名當時，或取甲科，居顯仕。其餘散在四方，隨其人賢愚，皆循循雅飭。其言談舉止，不問可知爲先生弟子；其學者相語稱先生，不問可知爲胡公也。

先生初以白衣見天子，論樂，拜祕書省校書郎，辟丹州軍事推官，改密州觀察推官。丁父憂，去職。服除，爲保寧軍節度推官，遂居湖學。召爲諸王宫教授，以疾免。已而以太子中舍致仕，遷殿中丞於家。皇祐中，驛召至京師議樂，復以爲大理評事兼太常寺主簿，又以疾辭。歲餘，爲光禄寺丞、國子監直講，乃居太學。遷大理寺丞，賜緋衣銀魚。嘉祐元年，遷太子中允，充天章閣侍講，仍居太學。

已而病不能朝，天子數遣使者存問，又以太常博士致仕。東歸之日，太學之諸生與朝廷賢士大夫送之東門，執弟子禮，路人嗟歎以爲榮。以四年六月六日卒於杭州，享年六十有七。以明年十月五日，葬於烏程何山之原。其世次、官邑與其行事，莆陽蔡君謨具誌於幽堂。

嗚呼！先生之德在乎人，不待表而見於後世，然非此無以慰學者之思，乃揭於其墓之原。六年八月三日，廬陵歐陽修述。

瀧岡阡表

嗚呼！惟我皇考崇公卜吉於瀧岡之六十年，其子修始克表於其阡，非敢緩也，蓋有待也。

修不幸，生四歲而孤。太夫人守節自誓，居貧，自力於衣食，以長以教，俾至於成人。太夫人告之曰：「汝父爲吏廉，而好施與，喜賓客，其俸禄雖薄，常不使有餘，曰：『毋以是爲我累。』故其亡也，無一瓦之覆、一壠之植以庇而爲生。吾何恃而能自守耶？吾於汝父，知其一二，以有待於汝也。自吾爲汝家婦，不及事吾姑，然知汝父之能養也；汝孤而幼，吾不能知汝之必有立，然知汝父之必將有後也。吾之始歸也，汝父免於母喪方逾年。歲時祭祀，則必涕泣曰：『祭而豐不如養之薄也。』間御酒食，則又涕泣曰：『昔常不足而今有餘，其何及也！』吾始一二見之，以爲新免於喪適然耳。既而其後常然，至其終身未嘗不然。吾雖不及事姑，而以此知汝父之能養也。汝父爲吏，嘗夜燭治官書，屢廢而歎。吾問之，則曰：『此死獄也，我求其生不得爾。』吾曰：『生可求乎？』曰：『求其生而不得，則死者與我皆無恨也。矧求而有得邪？以其有得，則知不求而死者有恨也。夫常求其生猶失之死，而世常求其死也。』回顧乳者劍汝而立於旁，因指而歎曰：『術者謂我歲行在戌將死，使其言然，吾不及見兒之立也，後當以我語告之。』其平居教他子弟，常用此語，吾耳熟焉，故能詳也。其施於外事，吾不能知；其居於家無所矜飾，而所爲如此，是真發於中者邪。嗚呼！其心厚於仁者邪！此吾知汝父之必將有後也。汝其勉之！夫養不必豐，要於孝；利雖不得博於物，要其心之厚於仁。吾不能教汝，此汝父之志也。」修泣而志之，不敢忘。

先公少孤力學，咸平三年進士及第，爲道州判官，泗、綿二州推官，又爲泰州判官。享年五十有九，葬沙溪之瀧岡。太夫人姓鄭氏，考諱德儀，世爲江南名族。太夫人恭儉仁愛而有禮，初封福昌縣太君，進封樂安、安康、彭城三郡太君。自其家少微時，治其家以儉約，其後常不使過之，曰：「吾兒不能苟合於世，儉薄所以居患難也。」其後修貶夷陵，太夫人言笑自若，曰：「汝家故貧賤也，吾處之有素矣。汝能安之，吾亦安矣。」

自先公之亡二十年，修始得禄而養。又十有二年，列官於朝，始得贈封其親。又十年，修爲龍圖閣直學士、尚書吏部郎中，留守南京，太夫人以疾終於官舍，享年七十有二。又八年，修以非才，入副樞密，遂參政事。又七年而罷。自登二府，天子推恩，褒其三世，蓋自嘉祐以來，逢國大慶，必加寵錫。皇曾祖府君累贈金紫光禄大夫、太師、中書令，曾祖妣累封楚國太夫人。皇祖府君累贈金紫光禄大夫、太師、中書令兼尚書令，祖妣累封吳國太夫人。皇考崇公累贈金紫光禄大夫、太師、中書令兼尚書令，皇妣累封越國太夫人。今上初郊，皇考賜爵爲崇國公，太夫人進號魏國。

於是小子修泣而言曰：「嗚呼！爲善無不報，而遲速有時，此理之常也。惟我祖考，積善成德，宜享其隆，雖不克有於其躬，而賜爵受封，顯榮褒大，實有三朝之錫命。是足以表見於後世，而庇賴〔一〕其子孫矣。」乃列其世譜，具刻於碑。既又載我皇考崇公之遺訓，太夫人之所以教而有待於修者，並揭於阡，俾知夫小子修之德薄能鮮，遭時竊位，而幸全大節不辱其先者，其來有自。

熙寧三年，歲次庚戌四月辛酉朔十有五日乙亥，男推誠保德崇仁翊戴功臣、觀文殿學士、特進行兵部尚書、知青州軍州事兼管内勸農使、充京東東路安撫使、上柱國、樂安郡開國公，食邑四千三百户、食實封一千二百户，修表。

撇其繁複，則格愈高，義愈深，氣愈充，神愈王。學者潛心於此，可知修辭之要。

〔一〕「庇賴」當作「芘藾」，本莊子。

祭石曼卿文

嗚呼曼卿！生而爲英，死而爲靈。其同乎萬物生死而復歸於無物者，暫聚之形；不與萬物共盡而卓然其不朽者，後世之名。此自古聖賢，莫不皆然，而著在簡册者，昭如日星。

嗚呼曼卿！吾不見子久矣，猶能髣髴子之平生。其軒昂磊落、突兀峥嶸、而埋藏於地下者，意其不化爲朽壤，而爲金玉之精。不然，生長松之千尺，産靈芝而九莖。奈何荒烟野蔓，荆棘縱横，風凄露下，走燐飛螢。但見牧童樵叟，歌吟而上下；與夫驚禽駭獸，悲鳴躑躅而咿嚶。今固如此，更千秋而萬歲兮，安知其不穴藏狐貉與鼯鼪？此自古聖賢亦皆然兮，獨不見夫纍纍乎曠野與荒城？

嗚呼曼卿！盛衰之理，吾固知其如此，而感念疇昔，悲凉凄愴，不覺臨風而隕涕者，有媿乎太上之忘情。尚享！

秋聲賦

歐陽子方夜讀書，聞有聲自西南來者，悚然而聽之，曰：異哉！初淅瀝以蕭颯，忽奔騰而砰湃。如波濤夜驚，風雨驟至。其觸於物也，鏦鏦錚錚，金鐵皆鳴；又如赴敵之兵，銜枚疾走，不聞號令，但聞人馬之行聲。余謂童子：「此何聲也？汝出視之。」童子曰：「星月皎潔，明河在天，四無人聲，聲在樹間。」

余曰：「噫嘻悲夫，此秋聲也。胡爲而來哉？蓋夫秋之爲狀也，其色慘淡，烟霏雲斂；其容清明，天高日晶；其氣慄冽，砭人肌骨；其意蕭條，山川寂寥。故其爲聲也，淒淒切切，呼號憤發。豐艸緑縟而争茂，佳木葱蘢而可悦；草拂之而色變，木遭之而葉脱；其所以摧敗零落，乃其一氣之餘烈。

「夫秋，刑官也，於時爲陰；又兵象也，於行爲金。是謂天地之義氣，常以肅殺而爲心。天之於物，春生秋實。故其在樂也，商聲主西方之音，夷則爲七月之律。商，傷也，物既老而悲傷；夷，戮也，物過盛而當殺。

「嗟乎！草木無情，有時飄零。人爲動物，惟物之靈。百憂感其心，萬事勞其形。有動於中，必揺其精。而況思其力之所不及，憂其智之所不能，宜其渥然丹者爲槁木，黟然黑者爲星星。奈何非金石之質，欲與艸木而争榮？念誰爲之戕賊，亦何恨乎秋聲！」

童子莫對，垂頭而睡。但聞四壁蟲聲唧唧，如助余之歎息。

讀李翺文

予始讀翺復性書三篇，曰：此中庸之義疏爾。智者識其性，當復中庸；愚者雖讀此，不曉也，不作可焉。又讀與韓侍郎薦賢書，以謂翺特窮時憤世無薦己者，故丁寧如此；使其得志，亦未必。然以韓爲秦、漢間好俠行義之一豪雋，亦善論人者也。最後讀幽懷賦，然後置書而歎，歎已復讀，不自休。恨翺不生於今，不得與之交；又恨予不得生翺時，與翺上下其論也。況乃翺一時人，有道而能文者莫若韓愈。愈嘗有賦矣，不過羨二鳥之光榮，歎一飽之無時爾。推是心，使光榮而飽，則不復云矣。若翺獨不然，其賦曰：「衆囂囂而雜處兮，咸歎老而嗟卑；視予心之不然兮，慮行道之猶非。」又怪神堯以一旅取天下，後世子孫不能以天下取河北，以爲憂。嗚呼，使當時君子皆易其歎老嗟卑之心爲翺所憂之心，則唐之天下豈有亂與亡哉！

然翺幸不生今時，見今之事，則其憂又甚矣。奈何今之人不憂也？余行天下，見人多矣，脱有一人能如翺憂者，又皆疏遠，與翺無異；其餘光榮而飽者，一聞憂世之言，不以爲狂人，則以爲病癡，苟不怒則笑之矣。嗚呼，在位而不肯自憂，又禁他人使皆不得憂，可歎也夫！

蘇明允文約選

上仁宗皇帝書

蘇　洵

嘉祐三年十二月一日，眉州布衣臣蘇洵，謹頓首再拜，冒萬死上書皇帝闕下：

臣前月五日，蒙本州録到中書劄子連牒，臣以兩制議上翰林學士歐陽修奏臣所著權書、衡論、幾策二十二篇，乞賜甄録。陛下過聽，召臣試策論舍人院，仍令本州發遣臣赴闕。

臣本田野匹夫，名姓不登於州閭。今一旦卒然被召，實不知其所以自通於朝廷。承命悸恐，不知所爲。以陛下躬至聖之資，又有群公卿之賢，與天下士大夫之衆，如臣等輩，固宜不少。有臣無臣，不加損益。臣不幸有負薪之疾，不能奔走道路，以副陛下搜揚之心，憂惶負罪，無所容處。臣本凡才，無路自進。當少年時，亦嘗欲僥倖於陛下之科舉，有司以爲不肖，輒以擯落。蓋退而處者，十有餘年矣。今雖欲勉强扶病戮力，亦自知其踈拙，終不能合有司之意。恐重得罪，以辱明詔。且陛下所爲千里而召臣者，其意以臣爲能有所發明，以庶幾有補於聖政之萬一。而臣之所以自結髮讀書至於今茲，犬馬之齒幾已五十，而猶未敢廢者，其意亦欲效尺寸於當時，以快平生之志耳。今雖未能奔伏闕下，以累有司，而猶不忍默默卒無一言而已也。

天下之事，其深遠切至者，臣自惟疎賤，未敢遽言；而其近而易行，淺而易見者，謹條爲十通，以塞明詔。

其一曰：臣聞利之所在，天下趨之。是故千金之子欲有所爲，則百家之市無寧居者。古之聖人，執其大利之權，以奔走天下，意有所嚮，則天下争先爲之。今陛下有奔走天下之權而不能用，何則？古者賞一人而天下勸，今陛下增秩拜官動以千計。其人皆以爲己所自致，而不知戮力以報上之恩。至於臨事，誰當效用？此由陛下輕用其爵禄，使天下之士積日持久而得之。譬如傭力之人，計工而受直，雖與之千萬，豈知德其主哉？是以雖有能者，亦無所施，以爲謹守繩墨，足以自致高位。官吏繁多，溢於局外，使陛下皇皇汲汲求以處之，而不暇擇其賢不肖，以病陛下之民，而耗竭大司農之錢穀。此議者所欲去而未得也。臣竊思之，蓋今制馭天下之吏，自州縣令録幕職而改京官者，皆未得其術，是以若此紛紛也。今雖多其舉官而遠其考，重其舉官之罪，此適足以隔賢者而容不肖。且天下無事，雖庸人皆足以無過；一旦改官，無所不爲。彼其舉者曰：「此廉吏，此能吏。」朝廷不知其所以爲廉與能也，幸而未有敗事，則長爲廉與能矣。雖重其罪，未見有益。上下相蒙，請託公行，莅官六七考，求舉主五六人，此誰不能者？臣愚以爲，舉人者當使明著其迹，曰：某人廉吏也，嘗有某事以知其廉；某人能吏也，嘗有某事以知其能。雖不必有非常之功，而皆有可紀之狀。其特曰廉能而已者，不聽。如此，則大庸人雖無罪，而不足稱者，不得入其間。老於州、縣，不足甚惜。而天下之吏，必皆務爲可稱之功，與民興利除害，惟恐不出諸己。此古之聖人所以驅天下之人，而使争爲善也。有功而賞，有罪而罰，其實一也。今降官罷任者，必奏曰：某人有某罪，其罪當然，然後朝廷舉而行之。今若不著其所犯之由，而特曰：此不才貪吏也，則朝廷安肯以空言而加之罪？今又何獨至於改官而聽其空言哉？是不思之甚也。或以爲如此，則天下之吏，務爲可稱，用意過，當生事以爲己功，漸不可長。臣以爲不然。蓋聖人必觀天下之勢而爲之法。方天下初定，民厭勞役，則聖人務爲因循之政，與之休息；及其久安而無變，則必有不振之禍。是以聖人破其苟且之心，而作其怠惰之氣。漢之元、成，惟不知此，以至於亂。今天下少惰矣，宜有以激發其心，使踴躍於功名，以變其俗。況乎冗官紛紜如此，不知所以節之，而又何疑於此乎？且陛下與天下之士相期於功名，而毋苟得，此待之至深也。若其宏才大略，不樂於小官，而無聞焉者，使兩制得以非常舉之，此天下亦不過幾人而已。吏之有過而不得遷者，亦使得以功贖。如此，亦以示陛下之有所推恩，而不惟艱之也。

其二曰：臣聞古者之制爵禄，必皆孝弟忠信，修潔博習，聞於鄉黨，而達於朝廷以得之。及其後世不然，曲藝小數，皆可以進。然其得之也，猶有以取之，其弊不若今之甚也。今之用人最無謂者，其所謂任子乎。因其父兄之資，以得大官，而又任其子弟，子將復任其孫，孫又任其子，是不學而得者，常無窮也。夫得之也易，則其失之也不甚惜。以不學之人，而居不甚惜之官，其視民如草芥也固宜。朝廷自近年始有意於裁節，然皆知損之而未得其所損。此所謂制其末而不窮其源，見其粗而未識其精，僥倖之風少衰而猶在也。夫聖人之舉事，不惟曰利而已，必將有以大服天下之心。今欲有所去也，必使天下知其所以去之之説，故雖盡去而無疑。何者？恃其説明也。夫所謂任子者，亦猶曰信其父兄而用其子弟云爾。彼其父兄固學而得之也，學者任人，不學者任於人，此易曉也。今之制，苟幸而其官至於可任者，舉使任之，不問其始之何從而得之也。且彼任於人不暇，又安能任人？此猶借資之人，而欲從之匄貸，不已難乎？臣愚以爲，父兄之所任而得官者，雖至正郎，宜皆不聽任子弟。惟其能自修飾，而越録躐次，以至於清顯者乃聽。如此，則天下之冗官必大衰少，而公卿之後皆奮志爲學，不待父兄之資。其任而得官者，知後不得復任其子弟，亦當勉强，不肯終老自棄於庸人。此其爲益，豈特一二而已。

其三曰：臣聞自設官以來，皆有考績之法。周室既亡，其法廢絶。自京房建考課之議，其後終不能行。夫有官必有課，有課必有賞罰。有官而無課，是無官也；有課而無賞罰，是無課也。無官無課，而欲求天下之大治，臣不識也。然更歷千載，而終莫之行，行之則益以紛亂，而終不可考，其故何也？天下之吏，不可以勝考。今欲人人而課之，必使入於九等之中，此宜其顛倒錯謬，而不若無之爲便也。臣觀自昔行考課者，皆不得其術，蓋天下之官，皆有所屬之長。有功有罪，其長皆得以舉刺。如必人人而課之於朝廷，則其長爲將安用？惟其大吏無所屬，而莫爲之長也，則課之所宜加。何者？其位尊，故課一人，而其下皆可以整齊；其數少，故可以盡其能否而不謬。今天下所以不大治者，守、令、丞、尉，賢不肖混淆，而莫之辨也。夫守、令、丞、尉，賢不肖之不辨，其咎在職司之不明。職司之不明，其咎在無所屬而莫爲之長。陛下以無所屬之官，而寄之以一路，其賢不肖當使誰察之？古之考績者，皆從司會而至於天子。古之司會，即今之尚書。尚書既廢，惟御史可以總察中外之官。臣愚以爲，可使朝臣議定職司考課之法，而於御史臺別立考課之司。中丞舉其大綱，而屬官之中，選强明者一人，以專治其事。以舉刺多者爲上，以舉刺少者爲中，以無所舉刺者爲下。因其罷歸而奏其治要，使朝廷有以爲之賞罰。其非常之功，不可掩之罪，又當特有以償之。使職司知有所懲勸，則其下守、令、丞、尉不容復有所依違。而其所課者，又不過數十人，足以求得其實。此所謂用力少而成功多，法無便於此者矣。今天下號爲太平，其實遠方之民窮困已甚，其咎皆在職司。臣不敢盡言，陛下試加採訪，乃知臣言之不妄。

其四曰：臣聞古者諸侯，臣妾其境内，而卿大夫之家亦各有臣。陪臣之事其君，如其君之事天子。此無他，其一境之内，所以生殺予奪、富貴貧賤者，皆自我制之，此固有以臣妾之也。

其後諸侯雖廢，而自漢至唐，猶有相君之勢，何者？其署置辟舉之權，猶足以臣之也。是故太守、刺史坐於堂上，州縣之吏拜於堂下，雖奔走頓伏，其誰曰不然？自太祖受命，收天下之尊，歸之京師。一命以上皆上所自署，而大司農衣食之。自宰相至於州縣吏，雖貴賤相去甚遠，而其實皆所與比肩而事主耳。是以百餘年間，天下不知有權臣之威，而太守、刺史猶用漢唐之制，使州縣之吏事之如事君之禮。皆受天子之爵，皆食天子之禄，不知其何以臣之也。小吏之於大官，不憂其有所不從，惟恐其從之過耳。今天下以貴相高，以賤相諂，奈何使州縣之吏，趨走於太守之庭，不啻若僕妾，唯唯不給。故大吏常恣行不忌其下，而小吏不能正，以至於曲隨諂事，助以爲虐。其能中立而不撓者，固已難矣！此不足怪，其勢固使然也。夫州縣之吏，位卑而禄薄，去於民最近，而易以爲姦。朝廷所恃以制之者，特以厲其廉隅，全其節概，而養其氣，使知有所恥也。且必有異材焉，後將以爲公卿，而安可薄哉？其尤不可者，今以縣令從州縣之禮。夫縣令官雖卑，其所負一縣之責，與京朝官知縣等耳。其吏胥人民，習知其官長之拜伏於太守之庭，如是之不威也，故輕之；輕之，故易爲姦。此縣令之所以爲難也。臣愚以爲，州縣之吏事太守，可恭遜卑抑，不敢抗而已，不至於通名贄拜，趨走其下風。所以全士大夫之節，且以儆大吏之不法者。

其五曰：臣聞爲天下者，必有所不可窺。是以天下有急，不求其素所不用之人。使天下不能幸其倉卒，而取其禄位，惟聖人爲能然。何則？其素所用者，緩急足以使也。臨事而取者，亦不足用矣。傳曰：「寬則寵名譽之人，急則用介冑之士。」今者所用非所養，所養非所用。國家用兵之時，購方略，設武舉，使天下屠沽健兒皆能徒手攫取陛下之官。而兵休之日，雖有超世之才，而惜斗升之禄。臣恐天下有以窺朝廷也。今之任爲將帥，卒有急難而可使者，誰也？陛下之老將，曩之所謂戰勝而善守者，今亡矣！臣愚以爲，可復武舉，而爲之新制，以革其舊弊。且昔之所謂武舉者蓋踈矣。其以弓馬得者，不過挽强引重，市井之粗材，而以策試中者，亦皆記録章句，區區無用之學。又其取人太多，天下之知兵者，不宜如此之衆。而待之又甚輕，其第下者，不免於隸役。故其所得皆貪汙無行之徒，豪傑之士恥不忍就。宜因貢士之歲，使兩制各舉其所聞，有司試其可者，而陛下親策之。權略之外，便於弓馬，可以出入險阻，勇而有謀者，不過取一二人，待以不次之位，試以守邊之任。文有制科，武有武舉，陛下欲得將相，於此乎取之，十人之中，豈無一二？斯亦足以濟矣！

其六曰：臣聞法不足以制天下。以法而制天下，法之所不及，天下斯欺之矣。且法必有所不及也，先王知其有所不及，是故存其大略，而濟之以至誠。使天下之所以不吾欺者，未必皆吾法之所能禁，亦其中有所不忍而已。人君御其大臣，不可以用法。如其左右大臣而必待法而後能御也，則其踈遠小吏當復何以哉？以天下之大，而無可信之人，則國不足以爲國矣。臣觀今兩制以上，非無賢俊之士，然皆奉法供職，無過而已；莫肯於繩墨之外，爲陛下深思遠慮，有所建明。何者？陛下待之於繩墨之内也。臣請得舉其一二以言之。夫兩府與兩制，宜使日夜交於門，以講論當世之務，且以習知其爲人，臨事授任，以不失其才。今法不可以相往來，意將以杜其告謁之私也。君臣之道不同，人臣惟自防，人君惟無防之，是以歡欣相接而無間。以兩府、兩制爲可信邪，當無所請屬；以爲不可信邪，彼何患無所致其私意，安在其相往來邪？今兩制知舉，不免用封彌謄録，既奏而下，御史親往莅之，凛凛如鞫大獄，使不知誰人之辭，又何其甚也？臣愚以爲，如此之類，一切撤去；彼稍有知，宜不忍負。若其猶有所欺也，則亦天下之不才無恥者矣。陛下赫然震威，誅一二人，可以使天下姦吏重足而立，想聞朝廷之風；亦必有倜儻非常之才，爲陛下用也。

其七曰：臣聞爲天下者，可以名器授人，而不可以名器許人。人之不可以一日而知也久矣。國家以科舉取人，四方之來者如市，一旦使有司第之，此固非真知其才之高下大小也，特以爲姑收之而已。將試之爲政，而觀其悠久，則必有大異不然者。今進士三人之中，釋褐之日，天下望爲卿相；不及十年，未有不爲兩制者。且彼以其一日之長，而擅終身之富貴，舉而歸之，如有所負。如此，則雖天下之美才，亦或怠而不修，其率意恣行者，人亦望風畏之，不敢按。此何爲者也？且又有甚不便者。先王制其天下，尊尊相高，貴貴相承，使天下仰視朝廷之尊，如泰山喬嶽，非扳援所能及。苟非有大功與出群之才，則不可以輕得其高位。是故天下知有所忌，而不敢覬覦。今五尺童子，斐然皆有意於公卿，得之則不知愧，不得則怨。何則？彼習知其一旦之可以僥倖而無難也。如此則匹夫輕朝廷。臣愚以爲，三人之中，苟優與一官，足以報其一日之長。館閣臺省，非舉不入。彼果不才者也，其安以入爲？彼果才者也，其何患無所舉？此非獨以愛惜名器，將以重朝廷耳。

其八曰：臣聞古者敵國相觀，不觀於其山川之險、士馬之衆，相觀於人而已。高山大江，必有猛獸怪物，時見其威，故人不敢褻。夫不必戰勝而後服也，使之常有所忌，而不敢發；使吾常有所恃，而無所怯耳。今以中國之大，使夷狄視之不畏甚者，敢有煩言以瀆亂吾聽，此其心不有所窺，其安能如此之無畏也？敵國有事，相待以將；無事，相觀以使。今之所謂使者亦輕矣，曰此人也，爲此官也，則以爲此使也。今歲以某，來歲當以某，又來歲當以某，如縣令署役，必均而已矣。人之才固有所短，而不可强；其專對、捷給、勇敢，又非可以學致也。今必使强之，彼有倉皇失次，爲夷狄笑而已。古者，大夫出疆，有可以安國家、利社稷則專之。今法令太密，使小吏執簡記其旁，一摇足輒隨而書之。雖有奇才辨士，亦安所效用？彼夷狄觀之，以爲罇俎談燕之間，尚不能辨，軍旅之際，固宜其無人也。如此，將何以破其姦謀，而折其驕氣哉？臣愚以爲，奉使宜有常人，惟其可者，而不必均。彼其不能者，陛下責之以文學政事，不必强之於言語之間，以敗吾事。而亦稍寬其法，使得有所施。且今世之患，以奉使爲艱危，故必均而後可。陛下平世使人，而皆得以辭免；後有緩急，使之出入死地，將皆逃邪？此臣又非獨爲出使而言也。

其九曰：臣聞刑之有赦，其來遠矣。周制八議，有可赦之人，而無可赦之時。自三代之衰，始聞有肆赦之令，然皆因天下有非常之事，凶荒流離之後，盜賊垢汙之餘，於是有以沛然洗濯於天下。而猶不若今之因郊而赦，使天下之凶民可以逆知而僥倖也。平時小民畏法，不敢趦趄；當郊之歲，盜賊公行，罪人滿獄，爲天下者將何利於此？而又糜散帑廩，以賞無用冗雜之兵，一經大禮，費以萬億。賦斂之不輕，民之不聊生，皆此之故也。以陛下節用愛民，非不欲去此矣。顧以爲所從來久遠，恐一旦去之，天下必以爲少恩；而凶豪無賴之兵，或因以爲辭而生亂。此其所以重改也。蓋事有不可改而遂不改者，其憂必深；改之，則其禍必速。惟其不失推恩，而有以救天下之弊者。臣愚以爲，先郊之歲，可因事爲辭，特發大號，如郊之赦與軍士之賜，且告之曰：「吾於天下非有惜乎推恩也，惟是凶殘之民，知吾當赦，輒以犯法，以賊害吾良民。今而後赦不於郊之歲，以爲常制。」天下之人喜乎非郊之歲而得郊之賞也，何暇慮其後？其後四五年而行之，七八年而行之，又從而盡去之。天下晏然不知，而日以遠矣。且此出於五代之後，兵荒之間，所以姑息天下而安反側耳。後之人相承而不能去，以至於今。法令明具，四方無虞，何畏而不改？今不爲之計，使姦人猾吏養爲盜賊，而後取租賦以啖驕兵，乘之以饑饉，鮮不及矣！當此之時，欲爲之計，其猶有及乎？

其十曰：臣聞古者所以採庶人之議，爲其踈賤而無嫌也。不知爵禄之可愛，故其言公；不知君威之可畏，故其言直。今臣幸而未立於陛下之朝，無所愛惜顧念於其心者。是以天下之事，陛下之諸臣所不敢盡言者，臣請得以僭言之。陛下擢用俊賢，思致太平，今幾年矣。事垂立而輒廢，功未成而旋去，陛下知其所由乎？陛下知其所由，則今之在位者皆足以有立；若猶未也，雖得賢臣千萬，天下終不可爲。何者？小人之根未去也。陛下遇士大夫有禮，凡在位者，不敢用褻狎戲嫚以求親媚於陛下。而讒言邪謀之所由至於朝廷者，天下之人皆以爲陛下不踈遠宦官之過。陛下特以爲耳目玩弄之臣，而不知其陰賊險詐爲害最大。天下之小人無由至於陛下之前，故皆通於宦官。珠玉錦繡所以爲賂者，絡繹於道，以間關齟齬賢人之謀。陛下縱不聽用，而大臣常有所顧忌，以不得盡其心。臣故曰：小人之根未去也。竊聞之道路，陛下將有意去而踈之也。若如所言，則天下之福。然臣方以爲憂，而未敢賀也。古之小人，有爲君子之所抑，而反激爲天下之禍者，臣每痛傷之。蓋東漢之衰，宦官用事，陽球爲司隸校尉，發憤誅王甫等數人，磔其屍於道中。常侍曹節過而見之，遂奏誅陽球，而宦官之用事，過於王甫之未誅。其後竇武、何進又欲去之，而反以遇害。故漢之衰，至於掃地而不可救。夫君子之去小人，惟能盡去，乃無後患。惟陛下思宗廟社稷之重，與天下之可畏，既去之，又去之；既踈之，又踈之。刀鋸之餘，必無忠良；縱有區區之小節，不過闈闥掃灑之勤，無益於事。惟能務絶其權，使朝廷清明，而忠言嘉謨易以入，則天下無事矣。惟陛下無使爲臣之所料，而後世以臣爲知言，不勝大願。

曩臣所著二十二篇，略言當世之要。陛下雖以此召臣，然臣觀朝廷之意，特以其文采詞致稍有可嘉，而未必其言之可用也。天下無事，臣每每狂言，以迂闊爲世笑。然臣以爲必將有時而不迂闊也。賈誼之策，不用於孝文之時，而使主父偃之徒得其餘論，而施之於孝武之世。夫施之於孝武之世，固不如用之於孝文之時之易也。臣雖不及古人，惟陛下不以一布衣之言而忽之。不勝越次憂國之心，效其所見。且非陛下召臣，臣言無以至於朝廷。今老矣，恐後無由復言，故云云之多，至於此也。惟陛下寬之。

臣洵誠惶誠懼，頓首頓首，謹書。

上韓樞密書

太尉執事：洵著書無他長，及言兵事，論古今形勢，至自比賈誼。所獻權書，雖古人已往成敗之迹，苟深曉其義，施之於今，無所不可。昨因請見，求進末議；太尉許諾，謹撰其説。言語朴直，非有驚世絶俗之談、甚高難行之論。太尉取其大綱，而無責其纖悉。

蓋古者非用兵決勝之爲難，而養兵不用之可畏。今夫水，激之山，放之海，決之爲溝塍，壅之爲沼沚，是天下之人能之。委江河，注淮泗，匯爲洪波，瀦爲太湖，萬世而不溢者，自禹之後未之見也。夫兵者，聚天下不義之徒，授之以不仁之器，而教之以殺人之事。夫惟天下之未安，盜賊之未殄，然後有以施其不義之心，用其不仁之器，而試其殺人之事。當是之時，勇者無餘力，智者無餘謀，巧者無餘技。故其不義之心變而爲忠，不仁之器加之於不仁，而殺人之事施之於當殺。及夫天下既平，盜賊既殄，不義之徒聚而不散，勇者有餘力則思以爲亂，智者有餘謀則思以爲姦，巧者有餘技則思以爲詐。於是天下之患雜然出矣。蓋虎豹終日而不殺，則跳踉大叫，以發其怒；蝮蝎終日而不螫，則噬齧草木，以致其毒。其理固然，無足怪者。

昔者劉、項奮臂於草莽之間，秦、楚無賴子弟千百爲輩，争起而應者，不可勝數。轉鬭五六年，天下厭兵。項籍死，而高祖亦已老矣。方是時，分王諸將，改定律令，與天下休息。而韓信、黥布之徒，相繼而起者七國，高祖死於介胄之間，而莫能止也。連延及於吕氏之禍，訖孝文而後定。是何起之易而收之難也！劉、項之勢，初若決河，順流而下，誠有可喜。及其崩潰四出，放乎數百里之間，拱手而莫能救也。嗚呼！不有聖人，何以善其後？

太祖、太宗，躬擐甲胄，跋涉險阻，以斬刈四方之蓬蒿。用兵數十年，謀臣猛將滿天下。一旦卷甲而休之，傳四世而天下無變，此何術也？荆楚、九江之地，不分於諸將；而韓信、黥布之徒，無以啓其心也。雖然，天下無變，而兵久不用，則其不義之心，蓄而無所發，飽食優游，求逞於良民。觀其平居無事，出怨言以邀其上；一日有急，是非人得千金，不可使也。往年詔天下繕完城池，西川之事，洵實親見。凡郡縣之富民，舉而籍其名，得錢數百萬，以爲酒食饋餉之費。杵聲未絶，城輒隨壞，如此者數年而後定。卒事，官吏相賀，卒徒相矜，若戰勝凱旋而待賞者。比來京師，遊阡陌間，其曹往往偶語，無所諱忌。聞之土人，方春時，尤不忍聞。蓋時五六月矣。會京師憂大水，鋤櫌畚築列於兩河之壖。縣官日費千萬，傳呼勞問之聲，不絶者數十里，猶且睊睊狼顧，莫肯効用。且夫内之如京師之所聞，外之如西川之所親見，天下之勢，今何如也？

御將者，天子之事也；御兵者，將之職也。天子者，養尊而處優，樹恩而收名，與天下爲喜樂者也，故其道不可以御兵。人臣執法而不求情，盡心而不求名，出死力以捍社稷，使天下之心繫於一人，而己不與焉。故御兵者，人臣之事，不可以累天子也。今之所患，大臣好名而懼謗，好名則多樹私恩，懼謗則執法不堅。是以天下之兵豪縱至此，而莫之或制也。

頃者狄公在樞府，號爲寬厚愛人，狎昵士卒，得其歡心。而太尉適承其後。彼狄公者，知御外之術，而不知治内之道，此邊將材也。古者兵在外，愛將軍而忘天子；在内，愛天子而忘將軍。愛將軍，所以戰；愛天子，所以守。狄公以其御外之心，而施諸其内，太尉不反其道，而何以爲治？或者以爲，兵久驕不治，一旦繩以法，恐因以生亂。昔者郭子儀去河南，李光弼實代之，將至之日，張用濟斬於轅門，三軍股栗。夫以臨淮之悍，而代汾陽之長者，三軍之士，竦然如赤子之脱慈母之懷，而立乎嚴師之側，何亂之敢生？且夫天子者，天下之父母也；將相者，天下之師也。師雖嚴，赤子不以怨其父母；將相雖厲，天下不以咎其君，其勢然也。天子者，可以生人，可以殺人，故天下望其生，及其殺之也，天下曰：是天子殺之。故天子不可以多殺。人臣奉天子之法，雖多殺，天下無所歸怨。此先王所以威懷天下之術也。

伏惟太尉思天下所以長久之道，而無幸一時之名，盡至公之心，而無恤三軍之多言。夫天子推深仁以結其心，太尉厲威武以振其惰。彼其思天子之深仁，則畏而不至於怨；思太尉之威武，則愛而不至於驕。君臣之體順，而畏愛之道立，非太尉吾誰望邪？

不宣。洵再拜。

老蘇文勁悍恢奇或過於大蘇，而精細調適處則不及。蓋由時過而學，僅探晚周諸子及國策之藴奥，而出入於賈、鼂、韓、柳數家，胸中實儉於書卷也。此集中傑出之文，而按其根源，亦適至是而止。

上歐陽内翰第一書

内翰執事：洵布衣窮居，常竊有歎。以爲天下之人，不能皆賢，不能皆不肖。故賢人君子之處於世，合必離，離必合。往者天子方有意於治，而范公在相府，富公爲樞密副使，執事與余公、蔡公爲諫官，尹公馳騁上下，用力於兵革之地。方是之時，天下之人，毛髮絲粟之才，紛紛然而起，合而爲一。而洵也自度其愚魯無用之身，不足以自奮於其間，退而養其心，幸其道之將成，而可以復見於當世之賢人君子。不幸道未成，而范公西，富公北，執事與余公、蔡公分散四出，而尹公亦失勢，奔走於小官。洵時在京師，親見其事，忽忽仰天歎息。以爲斯人之去，而道雖成，不復足以爲榮也。既復自思，念往者衆君子之進於朝，其始也必有善人焉推之，今也亦必有小人焉間之。今之世，無復有善人也則已矣，如其不然也，吾何憂焉？姑養其心，使其道大有成而待之，何傷！退而處十年，雖未敢自謂其道有成矣，然浩浩乎其胸中，若與曩者異。而余公適亦有成功於南方，執事與蔡公復相繼登於朝，富公復自外入爲宰相，其勢將復合爲一，喜且自賀，以爲道既已粗成，而果將有以發之也。

既又反而思其向之所慕望愛悦之而不得見之者，蓋有六人焉。今將往見之矣，而六人者已有范公、尹公二人亡焉，則又爲之潸然出涕以悲。嗚呼！二人者不可復見矣！而所恃以慰此心者，猶有四人也，則又以自解。思其止於四人也，則又汲汲欲一識其面，以發其心之所欲言。而富公又爲天子之宰相，遠方寒士，未可遽以言通於其前。而余公、蔡公，遠者又在萬里外。獨執事在朝廷間，而其位差不甚貴，可以叫呼扳援而聞之以言。而饑寒衰老之病，又痼而留之，使不克自至於執事之庭。夫以慕望愛悦其人之心，十年而不得見，而其人已死，如范公、尹公二人者，則四人者之中，非其勢不可遽以言通者，何可以不能自往而遽已也！

執事之文章，天下之人莫不知之，然竊自以爲洵之知之特深，愈於天下之人。何者？孟子之文，語約而意盡，不爲巉刻斬絶之言，而其鋒不可犯。韓子之文，如長江大河，渾浩流轉，魚黿蛟龍，萬怪惶惑，而抑遏蔽掩，不使自露，而人望見其淵然之光，蒼然之色，亦自畏避，不敢迫視。執事之文，紆餘委備，往復百折，而條達疏暢，無所間斷，氣盡語極，急言竭論，而容與閑易，無艱難勞苦之態。此三者皆斷然自爲一家之文也。惟李翺之文，其味黯然而長，其光油然而幽，俯仰揖讓，有執事之態。陸贄之文，遣言措意，切近的當，有執事之實。而執事之才，又自有過人者。蓋執事之文，非孟子、韓子之文，而歐陽子之文也。

夫樂道人之善，而不爲諂者，以其人誠足以當之也。彼不知者，則以爲譽人以求其悦己也。夫譽人以求其悦己，洵亦不爲也。而其所以道執事光明盛大之德，而不自知止者，亦欲執事之知其知我也。雖然，執事之名滿於天下，雖不見其文，而固已知有歐陽子矣。而洵也不幸，墮在草野泥塗之中，而其知道之心，又近而粗成。欲徒手奉咫尺之書，自託於執事，將使執事何從而知之，何從而信之哉？

洵少年不學，生二十五歲，始知讀書，從士君子遊。年既已晚，而又不遂刻意厲行，以古人自期，而視與己同列者，皆不勝己，則遂以爲可矣。其後困益甚，然後取古人之文而讀之，始覺其出言用意，與己大異。時復内顧，自思其才，則又似夫不遂止於是而已者。由是盡燒其曩時所爲文數百篇，取論語、孟子、韓子及其他聖人、賢人之文，而兀然端坐，終日以讀之者七八年矣。方其始也，入其中而惶然，博觀於其外，而駭然以驚。及其久也，讀之益精，而其胸中豁然以明，若人之言固當然者，然猶未敢自出其言也。時既久，胸中之言日益多，不能自制，試出而書之，已而再三讀之，渾渾乎覺其來之易矣。然猶未敢以爲是也。近所爲洪範論、史論凡七篇，執事觀其如何？嘻！區區而自言，不知者又將以爲自譽，以求人之知己也。惟執事思其十年之心如是之不偶然也而察之。

禮論

夫人之情，安於其所常爲，無故而變其俗，則其勢必不從。聖人之始作禮也，不因其勢之可以危亡困辱之者以厭服其心，而徒欲使之輕去其舊，而樂就吾法，不能也。故無故而使之事君，無故而使之事父，無故而使之事兄，彼其初，非如今之人知君父兄之不事則不可也。而遂翻然以從我者，吾以恥厭服其心也。彼爲吾君，彼爲吾父，彼爲吾兄，聖人曰：彼爲吾君父兄，何以異於我？於是坐其君與其父以及其兄，而己立於其旁，且俛首屈膝於其前以爲禮，而謂之拜。率天下之人，而使之拜其君父兄。夫無故而使之拜其君，無故而使之拜其父，無故而使之拜其兄，則天下之人將復嗤笑，以爲迂怪而不從。而君父兄又不可以不得其臣子弟之拜，而徒爲其君父兄，於是聖人者又有術焉，以厭服其心，而使之肯拜其君父兄。然則聖人者，果何術也？恥之而已。

古之聖人將欲以禮治天下之民，故先自治其身，使天下皆信其言。曰：此人也，其言如是，是必不可不如是也。故聖人曰：天下有不拜其君父兄者，吾不與之齒。而天下之人亦曰：彼將不與我齒也。於是相率以拜其君父兄，以求齒於聖人。雖然，彼聖人者，必欲天下之拜其君父兄。何也？其微權也。彼爲吾君，彼爲吾父，彼爲吾兄，聖人之拜不用於世，吾與之皆坐於此，皆立於此，比肩而行於此，無以異也。吾一旦而怒，奮手舉梃而搏逐之可也。何則？彼其心常以爲吾儕也，不見其異於吾也。

聖人知人之安於逸而苦於勞，故使貴者逸而賤者勞，且又知坐之爲逸，而立且拜者之爲勞也，故舉其君父兄坐之於上，而使之立且拜於下。明日彼將有忿作於心者，徐而自思之，必曰：此吾嚮之所坐而拜之，且立於其下者也。聖人固使之逸而使我勞，是賤於彼也。奮手舉梃以搏逐之，吾心不安焉。刻木而爲人，朝夕而拜之，他日析之以爲薪，而猶且忌之。彼其始木焉，已拜之猶且不敢以爲薪，故聖人以其微權而使天下尊其君父兄。而權者又不可以告人，故先之以恥。

嗚呼！其事如此，然後君父兄得以安其尊而至於今。今之匹夫匹婦，莫不知拜其君父兄，乃曰拜起坐立，禮之末也。不知聖人其始之教民拜起坐立如此之勞也。此聖人之所慮，而作易以神其教也。

樂論

禮之始作也，難而易行；既行也，易而難久。天下未知君之爲君，父之爲父，兄之爲兄，而聖人爲之君父兄；天下未有以異其君父兄，而聖人爲之拜起坐立；天下未肯靡然以從我拜起坐立，而聖人身先之以恥。嗚呼！其亦難矣！天下惡夫死也久矣，聖人招之曰：來，吾生爾。既而其法果可以生天下之人。天下之人視其嚮也如此之危，而今也如此之安，則宜何從？故當其時，雖難而易行。

既行也，天下之人視君父兄，如頭足之不待别白而後識，視拜起坐立如寢食之不待告語而後從事。雖然，百人從之，一人不從，則其勢不得遽至乎死。天下之人，不知其初之無禮而死，而見其今之無禮而不至乎死也，則曰：聖人欺我。故當其時，雖易而難久。

嗚呼！聖人之所恃以勝天下之勞逸者，獨有死生之説耳。死生之説不信於天下，則勞逸之説將出而勝之。勞逸之説勝，則聖人之權去矣。

酒有鴆，肉有堇，然後人不敢飲食。藥可以生死，然後人不以苦口爲諱。去其鴆，徹其堇，則酒肉之權固勝於藥。聖人之始作禮也，其亦逆知其勢之將必如此也，曰：告人以誠，而後人信之。幸今之時，吾之所以告人者，其理誠然，而其事亦然，故人以爲信。吾知其理，而天下之人知其事，事有不必然者，則吾之理不足以折天下之口，此告語之所不及也。告語之所不及，必有以陰驅而潛率之。於是觀之天地之間，得其至神之機，而竊之以爲樂。

雨，吾見其所以濕萬物也；日，吾見其所以燥萬物也；風，吾見其所以動萬物也。隱隱𥑮𥑮，而謂之雷者，彼何用也？陰凝而不散，物蹙而不遂，雨之所不能濕，日之所不能燥，風之所不能動，雷一震焉而凝者散，蹙者遂。曰雨者，曰日者，曰風者，以形用；曰雷者，以神用。用莫神於聲，故聖人因聲以爲樂。

爲之君臣、父子、兄弟者，禮也。禮之所不及，而樂及焉。正聲入乎耳，而人皆有事君、事父、事兄之心，則禮者固吾心之所有也，而聖人之説，又何從而不信乎？

詩論

人之嗜欲，好之有甚於生；而憤憾怨怒，有不顧其死。於是禮之權又窮。

禮之法曰：好色不可爲也；爲人臣、爲人子、爲人弟，不可以有怨於其君父兄也。使天下之人皆不好色，皆不怨其君父兄，夫豈不善？使人之情皆泊然而無思，和易而優柔，以從事於此，則天下固亦大治。而人之情，又不能皆然。好色之心毆諸其中，是非不平之氣攻諸其外，炎炎而生，不顧利害，趨死而後已。噫！禮之權止於死生，天下之事不至乎可以博生者，則人不敢觸死以違吾法。今也，人之好色與人之是非不平之心，勃然而發於中，以爲可以博生也，而先以死自處其身，則死生之機固已去矣。死生之機去，則禮爲無權。區區舉無權之禮以强人之所不能，則亂益甚，而禮益敗。

今吾告人曰：必無好色，必無怨而君父兄。彼將遂從吾言，而忘其中心所自有之情耶？將不能也。彼既已不能純用吾法，將遂大棄而不顧吾法。既已大棄而不顧，則人之好色與怨其君父兄之心，將遂蕩然無所隔限，而易内竊妻之變，與弑其君父兄之禍，必反公行於天下。聖人憂焉，曰：禁人之好色而至於淫，禁人之怨其君父兄而至於叛，患生於責人太詳。好色之不絶，而怨之不禁，則彼將反不至於亂。故聖人之道，嚴於禮而通於詩。

禮曰：必無好色，必無怨而君父兄；詩曰：好色而不至於淫，怨而君父兄而無至於叛。嚴以待天下之賢人，通以全天下之中人。吾觀國風婉孌柔媚而卒守以正，好色而不至於淫者也；小雅悲傷詬讟，而君臣之情卒不忍去，怨而不至於叛者也。故天下觀之，曰：聖人固許我以好色，而不尤我之怨吾君父兄也；許我以好色，不淫可也；不尤我之怨吾君父兄，則彼雖以虐遇我，我明譏而明怨之，使天下明知之，則吾之怨亦得當焉，不叛可也。夫背聖人之法而自棄於淫叛之地者，非斷不能也。斷之始，生於不勝。人不自勝其忿，然後忍棄其身。故詩之教，不使人之情至於不勝也。

夫橋之所以爲安於舟者，以有橋而言也。水潦大至，橋必解，而舟不至於必敗。故舟者，所以濟橋之所不及也。吁！禮之權窮於易達，而有易焉；窮於後世之不信，而有樂焉；窮於彊人，而有詩焉。吁！聖人之慮事也蓋詳。

書論

風俗之變，聖人爲之也。聖人因風俗之變而用其權。聖人之權用於當世，而風俗之變益甚，以至於不可復反。幸而又有聖人焉，承其後而維之，則天下可以復治；不幸其後無聖人，其變窮而無所復入，則已矣。

昔者，吾嘗欲觀古之變，而不可得也。於詩，見商與周焉而不詳。及今觀書，然後見堯、舜之時與三代之相變，如此之亟也。自堯而至於商，其變也，皆得聖人而承之，故無憂。至於周，而天下之變窮矣。忠之變而入於質，質之變而入於文，其勢便也。及夫文之變，而又欲反之於忠也，是猶欲移江河而行之山也。人之喜文而惡質與忠也，猶水之不肯避下而就高也。彼其始未嘗文焉，故忠、質而不辭；今吾日食之以太牢，而欲使之復茹其菽哉？嗚呼！其後無聖人，其變窮而無所復入，則已矣。

周之後而無王焉，固也。其始之制其風俗也，固不容爲其後者計也，而又適不值乎聖人。固也，後之無王者也。

當堯之時，舉天下而授之舜；舜得堯之天下，而又授之禹。方堯之未授天下於舜也，天下未嘗聞有如此之事也。度其當時之民，莫不以爲大怪也。然而舜與禹也，受而居之，安然若天下固其所有，而其祖宗既已爲之累數十世者，未嘗與其民道其所以當得天下之故也，又未嘗悦之以利，而開之以丹朱、商均之不肖也。其意以爲天下之民以我爲當在此位也，則亦不俟乎援天以神之，譬己以固之也。

湯之伐桀也，囂囂然數其罪而以告人，如曰：彼有罪，我伐之宜也。既又懼天下之民不己悦也，則又囂囂然以言柔之曰：「萬方有罪，在予一人。予一人有罪，無以爾萬方。」如曰我如是而爲爾之君，爾可以許我焉耳。吁！亦既薄矣！

至於武王，而又自言其先祖父偕有顯功，既已受命而死，其大業不克終，今我奉承其志，舉兵而東伐，而東國之士女束帛以迎我，紂之兵倒戈以納我。吁！又甚矣！如曰吾家之當爲天子久矣，如此乎民之欲我速入商也。

伊尹之在商也，如周公之在周也。伊尹攝位三年，而無一言以自解。周公爲之，紛紛乎急於自疏其非篡也。

夫固由風俗之變而後用其權，權用而風俗成。吾安坐而鎮之，夫孰知風俗之變而不復反也？

其論世變，可謂獨有千載，惜首尾及中間摶綰處，意脉不清。治古文者所宜明辨。

史論上

史何爲而作乎？其有憂也。何憂乎？憂小人也。何由知之？以其名知之。楚之史曰檮杌，檮杌，四凶之一也。君子不待褒而勸，不待貶而懲，然則史之所懲勸者獨小人耳。仲尼之志大，故其憂愈大；憂愈大，故其作愈大。是以因史修經，卒之論其效者，必曰「亂臣賊子懼」。由是知史與經皆憂小人而作，其義一也。其義一，其體二，故曰史焉，曰經焉。

大凡文之用四：事以實之，辭以章之，道以通之，法以檢之。此經、史所兼而有之者也。雖然，經以道法勝，史以事辭勝。經不得史，無以證其褒貶；史不得經，無以酌其輕重。經非一代之實録，史非萬世之常法。體不相沿，而用實相資焉。

夫易、禮、樂、詩、書，言聖人之道與法詳矣，然弗驗之行事。仲尼懼後世以是爲聖人之私言，故因赴告策書以修春秋，旌善而懲惡，此經之道也。猶懼後世以爲己之臆斷，故本周禮以爲凡，此經之法也。至於事則舉其略，辭則務於簡。吾故曰「經以道法勝」。

史則不然，事既曲詳，辭亦夸耀，所謂褒貶，論贊之外無幾。吾故曰「史以事辭勝」。使後人不知史而觀經，則所褒莫見其善狀，所貶弗聞其惡實。吾故曰「經不得史，無以證其褒貶」。使後人不通經而專史，則稱贊不知所法，懲勸不知所沮。吾故曰「史不得經，無以酌其輕重」。

經或從僞赴而書，或隱諱而不書，若此者衆，皆適於教而已。吾故曰「經非一代之實録」。史之一紀、一世家、一傳，其間美惡得失固不可以一二數。則其論贊數十百言之中，安能事爲之貶褒，使天下之人動有所法如春秋哉？吾故曰「史非萬世之常法」。

夫規矩準繩所以制器，器所待而正者也。然而不得器，則規無所效其圓，矩無所用其方，準無所施其平，繩無所措其直。史待經而正，不得史則經晦。吾故曰「體不相沿，而用實相資焉」。

噫！一規、一矩、一準、一繩，足以制萬器。後之人其務希遷、固實録可也。慎無若王通、陸長源輩囂囂然冗且僭，則善矣。

史論下

或問：子之論史，鈎抉仲尼、遷、固潛法隱義，善矣！仲尼則非吾所可評，吾惟意遷、固非聖人，其能如仲尼無一可指之失乎？曰：遷喜雜説，不顧道所可否；固貴諛僞，賤死義。大者此既陳議矣。又欲寸量銖稱以摘其失，則煩不可舉，今姑告爾其尤大彰明者焉。遷之辭，淳健簡直，足稱一家。而乃裂取六經、傳、記，雜於其間，以破碎汩亂其體。五帝、三代紀多尚書之文，齊、魯、晉、楚、宋、衛、陳、鄭、吴、越世家，多左傳、國語之文，孔子世家、仲尼弟子傳多論語之文。夫尚書、左傳、國語、論語之文非不善也，雜之則不善也。今夫繡繪錦縠，衣服之窮美者也，尺寸而割之，錯而紉之以爲服，則綈繒之不若。遷之書無乃類是乎。其自序曰「談爲太史公」，又曰「太史公遭李陵之禍」，是與父無異稱也。先儒反謂固没彪之名，不若遷讓美於談。吾不知遷於紀、於表、於書、於世家、於列傳所謂太史公者，果其父耶？抑其身耶？此遷之失也。固贊漢自創業至麟趾之間，襲蹈遷論以足其書者過半。且褒賢貶不肖，誠己意也，盡己意而已。今又剽他人之言以足之，彼既言矣，申言之何益？及其傳遷、揚雄，皆取其自叙，屑屑然曲記其世系。固於他載，豈若是之備哉？彼遷、雄自序可也，己因之，非也。此固之失也。

或曰：遷、固之失既爾，遷、固之後爲史者多矣，范曄、陳壽實巨擘焉，然亦有失乎？曰：烏免哉！曄之史之傳，若酷吏、宦者、列女、獨行，多失其人。間尤甚者，董宣以忠毅概之酷吏；鄭衆、吕强以廉明直諒，概之宦者；蔡琰以忍恥妻胡，概之列女；李善、王忳以深仁厚義，概之獨行；與夫前書張湯不載於酷吏，史記姚、杜、仇、趙之徒不載於游俠遠矣。又其是非頗與聖人異！論竇武、何進，則戒以宋襄之違天；論西域，則惜張騫、班勇之遺佛書，是欲將相苟免以爲順天乎？中國叛聖人以奉戎神乎？此曄之失也。壽之志三國也，紀魏而傳吴、蜀。夫三國鼎立稱帝，魏之不能有吴、蜀，猶吴、蜀之不能有魏也。壽獨以帝當魏而以臣視吴、蜀，吴、蜀於魏何有而然哉？此壽之失也。噫！固譏遷失，而固亦未爲得。煒譏固失，而煒益甚，至壽復爾。史之才誠難矣！後之史宜以是爲監，無徒譏之也。

明論

天下有大知，有小知。人之智慮有所及，有所不及。聖人以其大知而兼其小知之功，賢人以其所及而濟其所不及，愚者不知大知，而以其所不及喪其所及。故聖人之治天下也以常；而賢人之治天下也以時。既不能常，又不能時，悲夫殆哉！夫惟大知，而後可以常；以其所及，濟其所不及，而後可以時。常也者，無治而不治者也；時也者，無亂而不治者也。

日月經乎中天，大可以被四海，而小或不能入一室之下，彼固無用此區區小明也。故天下視日月之光，儼然其若君父之威。故自有天地而有日月，以至於今，而未嘗可以一日無焉。天下嘗有言曰：叛父母，褻神明，則雷霆下擊之。雷霆固不能爲天下盡擊此等輩也，而天下之所以兢兢然不敢犯者，有時而不測也。使雷霆日轟轟焉遶天下以求夫叛父母、褻神明之人而擊之，則其人未必能盡，而雷霆之威無乃褻乎？故夫知日月雷霆之分者，可以用其明矣。

聖人之明，吾不得而知也，吾獨愛夫賢者之用其心約而成功博也，吾獨怪夫愚者之用其心勞而功不成也。是無他也，專於其所及而及之，則其及必精；兼於其所不及而及之，則其及必粗。及之而精，人將曰是惟無及，及則精矣。不然，吾恐姦雄之竊笑也。

齊威王即位，大亂三載，威王一奮而諸侯震懼二十年，是何修何營耶？夫齊國之賢者，非獨一即墨大夫，明矣；亂齊國者，非獨一阿大夫與左右譽阿而毁即墨者幾人，亦明矣。一即墨大夫易知也，一阿大夫易知也，左右譽阿而毁即墨者幾人易知也。從其易知而精之，故用心甚約而成功博也。

天下之事，譬如有物十焉，吾舉其一，而人不知吾之不知其九也。歷數之至於九，而不知其一，不如舉一之不可測也，而況乎不至於九也！

辨姦論

事有必至，理有固然，惟天下之静者乃能見微而知著。月暈而風，礎潤而雨，人人知之。人事之推移，理勢之相因，其疎闊而難知，變化而不可測者，孰與天地陰陽之事？而賢者有不知，其故何也？好惡亂其中，而利害奪其外也。

昔者山巨源見王衍曰：「誤天下蒼生者，必此人也。」郭汾陽見盧杞曰：「此人得志，吾子孫無遺類矣。」自今而言之，其理固有可見者。以吾觀之，王衍之爲人，容貌言語固有以欺世而盜名者，然不忮不求，與物浮沉，使晉無惠帝，僅得中主，雖衍百千，何從而亂天下乎？盧杞之姦，固足以敗國，然而不學無文，容貌不足以動人，言語不足以眩世，非德宗之鄙暗，亦何從而用之？由是言之，二公之料二子，亦容有未必然也。

今有人，口誦孔、老之言，身履夷、齊之行，收召好名之士、不得志之人，相與造作言語，私立名字，以爲顏淵、孟軻復出，而陰賊險狠，與人異趣。是王衍、盧杞合而爲一人也，其禍豈可勝言哉！夫面垢不忘洗，衣垢不忘澣，此人之至情也。今也不然，衣臣虜之衣，食犬彘之食，囚首喪面，而談詩、書，此豈其情也哉？凡事之不近人情者，鮮不爲大姦慝，豎刁、易牙、開方是也。以蓋世之名，而濟其未形之惡，雖有願治之主、好賢之相，猶將舉而用之。則其爲天下患，必然而無疑者，非特二子之比也。

孫子曰：「善用兵者無赫赫之功。」使斯人而不用也，則吾言爲過，而斯人有不遇之歎。孰知禍之至於此哉？不然，天下將被其禍，而吾獲知言之名，悲夫！

理明辭達，直取諸胸臆，未嘗效前人所言，而固與之並。

嚳妃論

史記載帝嚳元妃曰姜嫄，次妃曰簡狄。簡狄行浴，見燕墮其卵，取吞之，因生契，爲商始祖。姜嫄出野，見巨人迹，忻然踐之，因生稷，爲周始祖。其祖商、周信矣，其妃之所以生者，神奇妖濫，不亦甚乎？商、周有天下七八百年，是其享天之禄，以能久其社稷，而其祖宗何如此之不祥也！使聖人而有異於衆庶也，吾以爲天地必將儲陰陽之和，積元氣之英以生之，又焉用此二不祥之物哉？燕墮卵於前，取而吞之，簡狄其喪心乎？巨人之迹，隱然在地，走而避之且不暇，忻然踐之，何姜嫄之不自愛也？又謂行浴出野而遇之，是以簡狄、姜嫄爲淫泆無法度之甚者。帝嚳之妃，稷、契之母，不如是也。

雖然，史遷之意，必以詩有「天命玄鳥，降而生商」，「厥初生民，時維姜嫄。生民如何？克禋克祀，以弗無子。履帝武敏歆。攸介攸止，載震載夙，載生載育，時維后稷」而言之。吁，此又遷求詩之過也。毛公之傳詩也，以乞鳥降爲祀郊禖之候，履帝武爲從高辛之行。及鄭之箋而後有吞、踐之事。當毛之時，未始有遷史也。遷之説出於疑詩，而鄭之説又出於信遷矣。故天下皆曰聖人非人，人不可及也。甚矣！遷之以不祥誣聖人也！

夏之衰，二龍戲於庭，藏其漦，至周而發之，化爲黿，以生褒姒，以滅周。使簡狄而吞卵，姜嫄而踐迹，則其生子當如褒姒，以妖惑天下，奈何其有稷、契也？

或曰：然則稷何以棄？曰：稷之生也，無菑無害，或者姜嫄疑而棄之乎？鄭莊公寤生，驚姜氏，姜氏惡之，事固有然者也。吾非惡夫異也，惡夫遷之以不祥誣聖人也。棄之而牛羊避，遷之而飛鳥覆，吾豈惡之哉？楚子文之生也，虎乳之，吾固不惡夫異也。

文甫字說本渙大象，此本天問，皆能引伸舊聞，濬發新義。而此篇標毛傳，以絀鄭箋，辯其誤緣信史遷，尤百世不刊之論。

管仲論

管仲相桓公，霸諸侯，攘戎狄，終其身，齊國富强，諸侯不叛。管仲死，豎刁、易牙、開方用，桓公薨於亂，五公子争立，其禍蔓延，訖簡公，齊無寧歲。

夫功之成，非成於成之日，蓋必有所由起；禍之作，不作於作之日，亦必有所由兆。則齊之治也，吾不曰管仲，而曰鮑叔；及其亂也，吾不曰豎刁、易牙、開方，而曰管仲。何則？豎刁、易牙、開方三子，彼固亂人國者，顧其用之者，桓公也。夫有舜而後知放四凶，有仲尼而後知去少正卯。彼桓公何人也？顧其使桓公得用三子者，管仲也。仲之疾也，公問之相。當是時也，吾以仲且舉天下之賢者以對，而其言乃不過曰：豎刁、易牙、開方三子，非人情，不可近而已。

嗚呼！仲以爲桓公果能不用三子矣乎？仲與桓公處幾年矣，亦知桓公之爲人矣乎？桓公聲不絶乎耳，色不絶乎目，而非三子者，則無以遂其欲。彼其初之所以不用者，徒以有仲焉耳。一日無仲，則三子者可以彈冠相慶矣。仲以爲將死之言，可以縶桓公之手足邪？夫齊國不患有三子，而患無仲；有仲，則三子者，三匹夫耳。不然，天下豈少三子之徒？雖桓公幸而聽仲，誅此三人，而其餘者，仲能悉數而去之邪？嗚呼！仲可謂不知本者矣！因桓公之問，舉天下之賢者以自代，則仲雖死，而齊國未爲無仲也，夫何患？三子者不言可也。

五霸莫盛於桓、文。文公之才不過桓公，其臣又皆不及仲。靈公之虐，不如孝公之寬厚。文公死，諸侯不敢叛晉。晉襲文公之餘威，得爲諸侯之盟主者百有餘年。何者？其君雖不肖，而尚有老成人焉。桓公之薨也，一亂塗地，無惑也。彼獨恃一管仲，而仲則死矣。

夫天下未嘗無賢者，蓋有有臣而無君者矣。桓公在焉，而曰天下不復有管仲者，吾不信也。仲之書，有記其將死，論鮑叔、賓胥無之爲人，且各疏其短。是其心以爲是數子者，皆不足以託國；而又逆知其將死，則其書誕謾不足信也。吾觀史鰍，以不能進蘧伯玉而退彌子瑕，故有身後之諫。蕭何且死，舉曹參以自代。大臣之用心，固宜如此也。

一國以一人興，以一人亡。賢者不悲其身之死，而憂其國之衰，故必復有賢者，而後可以死。彼管仲者，何以死哉？

審勢論

治天下者定所尚。所尚一定，至於千萬年而不變，使民之耳目純於一，而子孫有所守，易以爲治。故三代聖人，其後世遠者至七八百年。夫豈惟其民之不忘其功，以至於是？蓋其子孫得其祖宗之法而爲據依，可以永久。夏之尚忠，商之尚質，周之尚文，視天下之所宜尚而固執之，以此而始，以此而終，不朝文而暮質，以自潰亂。故聖人者出，必先定一代之所尚。周之世，蓋有周公爲之制禮，而天下遂尚文。後世有賈誼者說漢文帝，亦欲先定制度，而其說不果用。今者天下幸方治安，子孫萬世帝王之計，不可不預定於此時。然萬世帝王之計，常先定所尚，使其子孫可以安坐而守其舊。至於政弊，然後變其小節，而其大體卒不可革易，故享世長遠，而民不苟簡。今也考之於朝野之間，以觀國家之所尚者，而愚猶有惑也。何則？天下之勢有强弱，聖人審其勢而應之以權。勢强矣，强甚而不已則折；勢弱矣，弱甚而不已則屈。聖人權之，而使其甚不至於折與屈者，威與惠也。夫强甚者，威竭而不振；弱甚者，惠褻而下不以爲德。故處弱者利用威，而處强者利用惠。乘强之威以行惠，則惠尊；乘弱之惠以養威，則威發而天下震慄。故威與惠者，所以裁節天下强弱之勢也。然而不知强弱之勢者，有殺人之威而下不懼，有生人之惠而下不喜。何者？威竭而惠褻故也。故有天下者，必先審知天下之勢，而後可與言用威惠。不先審知其勢，而徒曰我能用威，我能用惠者，末也。故有强而益之以威，弱而益之以惠，以至於折與屈者，是可悼也。譬之一人之身，將欲乳藥餌石以養其生，必先審觀其性之爲陰，其性之爲陽，而投之以藥石。藥石之陽而投之陰，藥石之陰而投之陽，故陰不至於涸，而陽不至於亢。苟不能先審觀己之爲陰與己之爲陽，而以陰攻陰，以陽攻陽，則陰者固死於陰，而陽者固死於陽，不可救也。是以善養身者，先審其陰陽；而善制天下者，先審其强弱，以爲之謀。

昔者周有天下，諸侯大盛。當其盛時，大者已有地五百里，而畿内反不過千里，其勢爲弱。秦有天下，散爲郡縣，聚爲京師，守令無大權柄，伸縮進退，無不在我，其勢爲强。然方其成、康在上，諸侯無小大，莫不臣伏，弱之勢未見於外。及其後世失德，而諸侯禽奔獸遁，各固其國以相侵攘，而其上之人卒不悟，區區守姑息之道，而望其能以制服强國。是謂以弱政濟弱勢，故周之天下卒斃於弱。秦自孝公，其勢固已駸駸焉日趨於强大。及其子孫已并天下，而亦不悟，專任法制以斬撻平民。是謂以强政濟强勢，故秦之天下卒斃於强。周拘於惠而不知權，秦勇於威而不知本，二者皆不審天下之勢也。

吾宋制治，有縣令，有郡守，有轉運使，以大系小，絲牽繩聯，總合於上。雖其地在萬里外，方數千里，擁兵百萬，而天子一呼於殿陛間，三尺豎子馳傳捧詔，召而歸之京師，則解印趨走，惟恐不及。如此之勢，秦之所恃以强之勢也。勢强矣，然天下之病，常病於弱。噫，有可强之勢如秦，而反陷於弱者，何也？習於惠而怯於威也，惠太甚而威不勝也。夫其所以習於惠而惠太甚者，賞數而加於無功也；怯於威而威不勝者，刑弛而兵不振也。由賞與刑與兵之不得其道，是以有弱之實著於外焉。何謂弱之實？曰官吏曠惰，職廢不舉，而敗官之罰不加嚴也。多贖數赦，不問有罪，而典刑之禁不能行也。冗兵驕狂，負力幸賞，而維持姑息之恩不敢節也。將帥覆軍，匹馬不返，而敗軍之責不加重也。羌胡强盛，陵壓中國，而邀金繒、增幣帛之恥不爲怒也。若此類者，太弱之實也。久而不治，則又將有大於此，而遂浸微浸消，釋然而潰，以至於不可救止者乘之矣。然愚以爲弱在於政，不在於勢，是謂以弱政敗强勢。今夫一輿薪之火，衆人之所憚而不敢犯者也。舉而投之河，則何熱之能爲？是以負强秦之勢，而溺於弱周之弊，而天下不知其强焉者以此也。雖然，政之弱，非若勢弱之難治也。借如弱周之勢，必變易其諸侯，而後强可能也。天下之諸侯，固未易變易，此又非一日之故也。若夫弱政，則用威而已矣，可以朝改而夕定也。夫齊，古之强國也，而威王又齊之賢王也。當其即位，委政不治，諸侯並侵，而人不知其國之爲强國也。一旦發怒，裂萬家封即墨大夫，召烹阿大夫與常譽阿大夫者，而發兵擊趙、魏、衛。趙、魏、衛盡走請和，而齊國人人震懼，不敢飾非者，彼誠知其政之弱，而能用其威以濟其弱也。況今以天子之尊，藉郡縣之勢，言脱於口而四方響應，其所以用威之資固已完具，且有天下者患不爲，焉有欲爲而不可者。今誠能一留意於用威，一賞罰，一號令，一舉動，無不一切出於威。嚴用刑法而不赦有罪，力行果斷而不牽衆人之是非。用不測之刑，用不測之賞，而使天下之人視之如風雨雷電，遽然而至，截然而下，不知其所從發，而不可逃遁。朝廷如此，然後平民益務檢慎，而姦民猾吏亦常恐恐然懼刑法之及其身，而斂其手足，不敢輒犯法。此之謂强政。政强矣，爲之數年，而天下之勢可以復强。愚故曰：乘弱之惠以養威，則威發而天下震慄。然則以當今之勢，求所謂萬世爲帝王，而其大體卒不可革易者，其尚威而已矣。

或曰：當今之勢，事誠無便於尚威者。然孰知夫萬世之間其政之不變，而必曰威邪？愚應之曰：威者，君之所恃以爲君也。一日而無威，是無君也。久而政弊，變其小節，而參之以惠，使不至若秦之甚，可也；舉而棄之，過矣。或者又曰：王者任德不任刑。任刑，霸者之事，非所宜言。此又非所謂知理者也。夫湯、武皆王也，桓、文皆霸也。武王乘紂之暴，出民於炮烙斬刖之地，苟又遂多殺人、多刑人以爲治，則民之心去矣。故其治一出於禮義。彼湯則不然。桀之惡固無以異紂，然其刑不若紂暴之甚也，而天下之民化其風，淫惰不事法度。書曰：「有衆率怠弗協。」而又諸侯昆吾氏首爲亂，於是誅鋤其强梗怠惰不法之人，以定紛亂。故記曰：商人先罰而後賞。至於桓、文之事，則又非皆任刑也。桓公用管仲，仲之書好言刑，故桓公之治常任刑。文公長者，其佐狐、趙、先、魏，皆不説以刑法，其治亦未嘗以刑爲本，而號亦爲霸。而謂湯非王而文非霸也，得乎？故用刑不必霸，而用德不必王，各觀其勢之何所宜用而已。然則今之勢，何爲不可用刑？用刑何爲不曰王道？彼不先審天下之勢，而欲應天下之務，難矣！

蘇氏論策，旁引曲證，務申己説，而不必盡當於理，衆所共知也。其横從往復，層出互見，以盡文之波瀾，而氣轉爲之滯壅，意轉爲之懈散，則鮮能辨者。此篇乃老泉極用意之文，亦不免此病。

心術

爲將之道，當先治心。泰山崩於前而色不變，麋鹿興於左而目不瞬，然後可以制利害，可以待敵。

凡兵上義，不義，雖利勿動。非一動之爲利害，而他日將有所不可措手足也。夫惟義可以怒士，士以義怒，可與百戰。

凡戰之道，未戰養其財，將戰養其力，既戰養其氣，既勝養其心。謹烽燧，嚴斥堠，使耕者無所顧忌，所以養其財；豐犒而優游之，所以養其力；小勝益急，小挫益厲，所以養其氣；用人不盡其所欲爲，所以養其心。故士常蓄其怒、懷其欲而不盡。怒不盡則有餘勇，欲不盡則有餘貪，故雖并天下而士不厭兵。此黄帝之所以七十戰而兵不殆也。不養其心，一戰而勝，不可用矣。

凡將欲智而嚴，凡士欲愚。智則不可測，嚴則不可犯，故士皆委己而聽命，夫安得不愚？夫惟士愚，而後可與之皆死。

凡兵之動，知敵之主，知敵之將，而後可以動於險。鄧艾縋兵於蜀中，非劉禪之庸，則百萬之師可以坐縛。彼固有所侮而動也。故古之賢將，能以兵嘗敵，而又以敵自嘗，故去就可以決。

凡主將之道，知理而後可以舉兵，知勢而後可以加兵，知節而後可以用兵。知理則不屈，知勢則不沮，知節則不窮。見小利不動，見小患不避。小利小患不足以辱吾技也，夫然後可以支大利大患。夫惟養技而自愛者，無敵於天下。故一忍可以支百勇，一静可以制百動。

兵有長短，敵我一也。敢問：吾之所長，吾出而用之，彼將不與吾較；吾之所短，吾蔽而置之，彼將强與吾角。奈何？曰：吾之所短，吾抗而暴之，使之疑而却；吾之所長，吾陰而養之，使之狎而墮其中。此用長短之術也。

善用兵者，使之無所顧，有所恃。無所顧，則知死之不足惜；有所恃，則知不至於必敗，尺箠當猛虎，奮呼而操擊；徒手遇蜥蜴，變色而却步，人之情也。知此者，可以將矣。袒裼而按劍，則烏獲不敢逼；冠胄衣甲，據兵而寢，則童子彎弓而殺之矣。故善用兵者以形固，夫能以形固，則力有餘矣。

孫武

求之而不窮者，天下奇才也。天下之士，與之言兵，而曰我不能者幾人？求之於言而不窮者幾人？言不窮矣，求之於用而不窮者幾人？嗚呼！至於用而不窮者，吾未之見也。

孫武十三篇，兵家舉以爲師。然以吾評之，其言兵之雄乎！今其書論奇權密機，出入神鬼，自古以兵著書者罕所及。以是而揣其爲人，必謂有應敵無窮之才。不知武用兵乃不能必克，與書所言遠甚。吴王闔廬之入郢也，武爲將軍。及秦、楚交敗其兵，越王入踐其國，外禍内患，一旦迭發，吴王奔走，自救不暇，武殊無一謀以弭斯亂。若按武之書以責武之失，凡有三焉。九地曰：「威加於敵，則交不得合。」而武使秦得聽包胥之言，出兵救楚，無忌吴之心，斯不威之甚。其失一也。作戰曰：「久暴師則鈍兵挫鋭，屈力殫貨，則諸侯乘其弊而起。」且武以九年冬伐楚，至十年秋始還，可謂久暴矣，越人能無乘間入國乎？其失二也。又曰：「殺敵者，怒也。」今武縱子胥、伯嚭鞭平王屍，復一夫之私忿，以激怒敵，此司馬戌、子西、子期所以必死讎吴也。勾踐不頹舊冢而吳服，田單譎燕掘墓而齊奮，知謀與武遠矣。武不達此，其失三也。然始吳能以入郢，乃因胥、嚭、唐、蔡之怒，及乘楚瓦之不仁，武之功蓋亦鮮矣。夫以武自爲書，尚不能自用，以取敗北，況區區祖其故智餘論者而能將乎？且吳起與武，一體之人也。皆著書言兵，世稱之曰「孫吳」。然而吳起之言兵也，輕法制，草略無所統紀，不若武之書詞約而意盡，天下之兵説皆歸其中。然吳起始用於魯，破齊；及入魏，又能制秦兵；入楚，楚復霸。而武之所爲反如是，書之不足信也，固矣！

今夫外御一隸，内治一妾，是賤丈夫亦能，夫豈必有人而教之？及夫御三軍之衆，闔營而自固，或且有亂，然則是三軍之衆惑之也。故善將者，視三軍之衆與視一隸一妾無加焉，故其心常若有餘。夫以一人之心，當三軍之衆，而其中恢恢然猶有餘地，此韓信之所以多多而益辦也。故夫用兵，豈有異術哉！能勿視其衆而已矣。

子貢

君子之道，智信難。信者，所以正其智也，而智常至於不正；智者，所以通其信也，而信常至於不通。是故君子慎之也。世之儒者曰：徒智可以成也。人見乎徒智之可以成也，則舉而棄乎信。吾則曰：徒智可以成也，而不可以繼也。

子貢之以亂齊、滅吴、存魯也，吾悲之。彼子貢者，遊説之士，苟以邀一時之功，而不以可繼爲事，故不見其禍。使夫王公大人而計出於此，則吾未見其不旋踵而敗也。吾聞之，王者之兵，計萬世而動；霸者之兵，計子孫而舉；强國之兵，計終身而發：求可繼也。子貢之兵，是明日不可用也。故子貢之出也，吾以爲魯可存也，而齊可無亂，吴可無滅。何也？田常之將篡也，憚高、國、鮑、晏，故使移兵伐魯。爲賜計者，莫若抵高、國、鮑、晏弔之。彼必愕而問焉，則對曰：「田常遣子之兵伐魯，吾竊哀子之將亡也。」彼必詰其故，則對曰：「齊之有田氏，猶人之養虎也。子之於齊，猶肘股之於身也。田氏之欲肉齊久矣，然未敢逞志者，懼肘股之捍也。今子出伐魯，肘股去矣，田氏孰懼哉？吾見身將磔裂，而肘股隨之，所以弔也。」彼必懼而咨計於我，因教之曰：「子悉甲趨魯，壓境而止。吾請爲子潛約魯侯以待田氏之變，帥其兵從子入討之。」彼懼田氏之禍，其勢不得不聽。歸以約魯侯，魯侯懼齊伐，其勢亦不得不聽。因使練兵蒐乘以俟齊釁，誅亂臣而定新主。齊必德魯，數世之利也。

吾觀仲尼以爲齊人不與田常者半，故請哀公討之。今誠以魯之衆，從高、國、鮑、晏之師，加齊之半，可以轘田常於都市，其勢甚便，其成功甚大。惜乎賜之不出於此也。齊哀王舉兵誅吕氏，吕氏以灌嬰爲將拒之，至滎陽，嬰使使諭齊及諸侯連和，以待吕氏變，共誅之。今田氏之勢，何以異此？有魯以爲齊，有高、國、鮑、晏以爲灌嬰。惜乎賜之不出於此也！

高帝

漢高帝挾數用術，以制一時之利害，不如陳平；揣摩天下之勢，舉指摇目以劫制項羽，不如張良。微此二人，則天下不歸漢，而高帝乃木彊之人而止耳。然天下已定，後世子孫之計，陳平、張良智之所不及，則高帝常先爲之規畫處置，以中後世之所爲，曉然如目見其事而爲之者。蓋高帝之智，明於大而暗於小，至於此而後見也。

帝嘗語吕后曰：「周勃厚重少文，然安劉氏必勃也。可令爲太尉。」方是時，劉氏既安矣，勃又將誰安耶？故吾之意曰：高帝之以太尉屬勃也，知有吕氏之禍也。雖然，其不去吕后，何也？勢不可也。昔者武王没，成王幼而三監叛。帝意百歲後將相大臣及諸侯王有武庚禄父者，而無有以制之也，獨計以爲家有主母，而豪奴悍婢不敢與弱子抗。吕后佐帝定天下，爲大臣素所畏服，獨此可以鎮壓其邪心，以待嗣子之壯。故不去吕后者，爲惠帝計也。吕后既不可去，故削其黨以損其權，使雖有變而天下不摇。是故以樊噲之功，一旦遂欲斬之而無疑。嗚呼，彼豈獨於噲不仁耶！且噲與帝偕起，拔城陷陣，功不爲少矣。方亞父嗾項莊時，微噲誚讓羽，則漢之爲漢，未可知也。一旦人有惡噲欲滅戚氏者，時噲出伐燕，立命平、勃即軍中斬之。夫噲之罪未形也，惡之者誠僞未必也，且高帝之不以一女子斬天下之功臣，亦明矣。彼其娶於呂氏，呂氏之族若產、禄輩，皆庸才不足恤。獨噲豪健，諸將所不能制，後世之患，無大於此矣。夫高帝之視呂后也，猶醫者之視堇也，使其毒可以治病，而無至於殺人而已矣。樊噲死，則呂后之毒將不至於殺人，高帝以爲是足以死而無憂矣。

彼平、勃者，遺其憂者也。噲之死於惠之六年也，天也。使其尚在，則呂禄不可紿，太尉不得入北軍矣。或謂噲於帝最親，使之尚在，未必與產、禄叛。夫韓信、黥布、盧綰皆南面稱孤，而綰又最爲親幸，然及高帝之未崩也，皆相繼以逆誅。誰謂百歲之後，椎埋屠狗之人，見其親戚乘勢爲帝王而不欣然從之耶？吾故曰：彼平、勃者，遺其憂者也。

茅鹿門曰：「高帝死，而呂后獨任陳平，未必不由不斬噲一著。然觀噲譙羽鴻門與排闥而諫，豈可以屠狗之雄而遽逆其詐哉？蘇氏父子兄弟往往以事後成敗摭拾人得失，類如此。」

御將

人君御臣，相易而將難。將有二，有賢將，有才將，而御才將尤難。御相以禮，御將以術；

御賢將之術以信，御才將之術以智。不以禮，不以信，是不爲也；不以術，不以智，是不能也。故曰：御將難，而御才將尤難。

六畜，其初皆獸也。彼虎豹能搏、能噬，而馬亦能踶，牛亦能觸。先王知能搏、能噬者不可以人力制，故殺之；殺之不能，驅之而後已。踶者可馭以羈紲，觸者可拘以楅衡，故先王不忍棄其材而廢天下之用。如曰是能踶，是能觸，當與虎豹并殺而同驅，則是天下無騏驥，終無以服乘邪。先王之選才也，自非大姦劇惡如虎豹之不可以變其搏噬者，未嘗不欲制之以術，而全其才以適於用。況爲將者，又不可責以廉隅細謹，顧其才何如耳。

漢之衛、霍、趙充國，唐之李靖、李勣，賢將也；漢之韓信、黥布、彭越，唐之薛萬徹、侯君集、盛彦師，才將也。賢將既不多有，得才者而任之。苟又曰是難御，則是不肖者而後可也。結以重恩，示以赤心，美田宅，豐飲饌，歌童舞女，以極其口腹耳目之欲，而折之以威，此先王之所以御才將也。

近之論者或曰：將之所以畢智竭慮，犯霜露，蹈白刃而不辭者，冀賞耳。爲國家者，不如勿先賞以邀其成功。或曰：賞所以使人，不先賞，人不爲我用。是皆一隅之説，非通論也。將之才固有小大，傑然於庸將之中者，才小者也；傑然於才將之中者，才大者也。才小志亦小，才大志亦大。人君當觀其才之大小，而爲之制御之術，以稱其志。一隅之説，不可用也。夫養騏驥者，豐其芻粒，潔其羈絡，居之新閑，浴之清泉，而後責之千里。彼騏驥者，其志常在千里也，夫豈以一飽而廢其志哉？至於養鷹則不然，獲一雉，飼以一雀；獲一兔，飼以一鼠。彼知不盡力於擊搏，則其勢無所得食，故然後爲我用。才大者，騏驥也，不先賞之，是養騏驥者饑之而責其千里，不可得也；才小者，鷹也，先賞之，是養鷹者飽之而求其擊搏，亦不可得也。是故先賞之說，可施之才大者；不先賞之說，可施之才小者；兼而用之可也。

昔者漢高祖一見韓信而授以上將，解衣衣之，推食哺之。一見黥布，而以爲淮南王，供具飲食如王者。一見彭越，而以爲相國。當是時，三人者未有功於漢也。厥後追項籍垓下，與信、越期而不至，捐數千里之地以畀之，如棄敝屣。項氏未滅，天下未定，而三人者已極富貴矣。何則？高帝知三人者之志大，不極於富貴，則不爲我用。雖極於富貴而不滅項氏，不定天下，則其志不已也。至於樊噲、滕公、灌嬰之徒則不然，拔一城，陷一陣，而後增數級之爵，否則，終歲不遷也。項氏已滅，天下已定，樊噲、滕公、灌嬰之徒，計百戰之功，而後爵之通侯。夫豈高帝至此而嗇哉？知其才小而志小，雖不先賞，不怨；而先賞之，則彼將泰然自滿，而不復以立功爲事故也。噫！方韓信之立於齊，蒯通、武涉之說未去也，當此之時而奪之王，漢其殆哉！夫人豈不欲三分天下而自立者？而彼則曰：「漢王不奪我齊也。」故齊不捐，則韓信不懷；韓信無內心，則天下非漢之有。嗚呼！高帝可謂知大計矣。

任相

古之善觀人之國者，觀其相何如人而已。議者常曰：將與相均。將特一大有司耳，非相侔也。國有征伐，而後將權重；有征伐，無征伐，相皆不可一日輕。相賢邪，則群有司皆賢，而將亦賢矣；將賢邪，相雖不賢，將不可易也。故曰：將特一大有司耳，非相侔也。

任相之道與任將不同。爲將者大概多才而或頑鈍無恥，非皆節廉好禮，不可犯者也。故不必優以禮貌，而其有不羈不法之事，則亦不可以常法御。何則？豪縱不趨約束者，亦將之常態也。武帝視大將軍，往往踞廁，而李廣利破大宛侵殺士卒之罪，則寢而不問，此任將之道也。若夫相，必節廉好禮者爲也，又非豪縱不趨約束者爲也，故接之以禮而重責之。古者相見於天子，天子爲之離席起立；在道，爲之下輿；有病，親問；不幸而死，親弔。待之如此其厚。然其有罪，亦不私也。天地大變，天下大過，而相以不起聞矣；相不勝任，策書至而布衣出府，免矣；相有他失，而棧車牝馬歸以思過矣。夫接之以禮，然後可以重其責而使無怨言；責之重，然後接之以禮而不爲過。禮薄而責重，彼將曰：主上遇我以何禮，而重我以此責也，甚矣。責輕而禮重，彼將遂弛然不肯自飭。故禮以維其心，而重責以勉其怠，而後爲相者，莫不盡忠於朝廷而不恤其私。

吾觀賈誼書，至所謂「長太息」者，常反覆讀不能已。以爲誼生文帝時，文帝遇將相大臣不爲無禮，獨周勃一下獄，誼遂發此。使誼生於近世，見其所以遇宰相者，則當復何如也？夫湯、武之德，三尺豎子皆知其爲聖人。而猶有伊尹、太公者爲師友焉。伊尹、太公非賢於湯、武也，而二聖人者，特不顧以師友之，明有尊也。噫，近世之君姑勿責於此，天子御坐見宰相而起者有之乎？無矣。在輿而下者有之乎？亦無矣。天子坐殿上，宰相與百官趨走於下，掌儀之官名而呼之，若郡守召胥吏耳，雖臣子爲此亦不過，然尊尊貴貴之道，不若是褻也。夫既不能接之以禮，則其罪之也，吾法將亦不得用。何者？不果於用禮而果於用刑，則其心不服。故法曰：有某罪而加之以某刑。及其免相也，既曰有某罪，而刑不加焉，不過削之一官，而出之大藩鎮，此其弊皆始於不爲之禮。賈誼曰：「中罪而自弛，大罪而自裁。」夫人不我誅，而安忍棄其身，此必有大愧於其君。故人君者，必有以愧其臣，故其臣有所不爲。

武帝嘗以不冠見平津侯，故當天下多事、朝廷憂懼之際，使石慶得容於其間而無怪焉。然則必其待之如禮，而後可以責之如法也。且吾聞之，待以禮而彼不自效以報其上，重其責而彼不自勉以全其身，安其禄位，成其功名者，天下無有也。彼人主傲然於上，不禮宰相以自尊大者，孰若使宰相自效以報其上之爲利。宰相利其君之不責而豐其私者，孰若自勉以全其身，安其禄位，成其功名之爲福。吾又未見去利而就害、遠福而求禍者也。

申法

古之法簡，今之法繁。簡者不便於今，而繁者不便於古。非今之法不若古之法，而今之時不若古之時也。先王之作法也，莫不欲服民之心。服民之心，必得其情。情然邪，而罪亦然，則固入吾法矣。而民之情又不皆如其罪之輕重大小，是以先王忿其罪而哀其無辜，故法舉其略，而吏制其詳。殺人者死，傷人者刑，則以著於法，使民知天子之不欲我殺人傷人耳。若其輕重出入，求其情而服其心者，則以屬吏。任吏而不任法，故其法簡。今則不然，吏姦矣，不若古之良；民媮矣，不若古之淳。吏姦則以喜怒制其輕重而出入之，或至於無蓺；民媮則吏雖以情出入，而彼得執其罪之大小以爲辭。故今之法纖悉委備，不執於一，左右前後，四顧而不可逃。是以輕重其罪，出入其情，皆可以求之法。吏不奉法，輒以舉劾。任法而不任吏，故其法繁。

古之法若方書，論其大概，而增損劑量則以屬醫者，使之視人之疾而參以己意。今之法若鬻屨，既爲其大者，又爲其次者，又爲其小者，以求合天下之足。故其繁簡則殊，而求民之情以服其心則一也。

然則今之法不劣於古矣，而用法者尚不能無弊。何則？律令之所禁，畫一明備，雖婦人孺子皆知畏避，而其間有習於犯禁而遂不改者，舉天下皆知之而未嘗怪也。

先王欲杜天下之欺也，爲之度，以一天下之長短；爲之量，以齊天下之多寡；爲之權衡，以信天下之輕重。故度、量、權衡，法必資之官，資之官而後天下同。今也，庶民之家刻木比竹，繩絲縋石以爲之，富商豪賈内以大，出以小。齊人適楚，不知其孰爲斗，孰爲斛，持東家之尺而校之西鄰，則若十指然。此舉天下皆知之，而未嘗怪者一也。

先王惡奇貨之蕩民，且哀夫微物之不能遂其生也，故禁民採珠貝；惡夫物之僞而假真，且重費也，故禁民糜金以爲塗飾。今也，採珠貝之民溢於海濱，糜金之工肩摩於列肆。此又舉天下皆知之，而未嘗怪者二也。

先王患賤之凌貴而下之僭上也，故冠服器皿皆以爵列爲等差，長短大小莫不有制。今也，工商之家曳紈錦，服珠玉，一人之身循其首以至足，而犯法者十九。此又舉天下皆知之，而未嘗怪者三也。

先王懼天下之吏負縣官之勢以侵劫齊民也，故使市之坐賈視時百物之貴賤而録之，旬輒以上。百以百聞，千以千聞，以待官吏之私價；十則損三，三則損一以聞，以備縣官之公糴。今也，吏之私價而從縣官公糴之法，民曰公家之取於民也固如是，是吏與縣官斂怨於下。此又舉天下皆知之，而未嘗怪者四也。

先王不欲人之擅天下之利也，故仕則不商，商則有罰；不仕而商，商則有征。是民之商不免征，而吏之商又加以罰。今也，吏之商既幸而不罰，又從而不征，資之以縣官公糴之法，負之以縣官之徒，載之以縣官之舟，關防不譏，津梁不呵。然則，爲吏而商，誠可樂也。民將安所措手足。此又舉天下皆知之，而未嘗怪者五也。

若此之類，不可悉數。天下之人耳習目熟，以爲當然；憲官法吏目擊其事，亦恬而不問。夫法者，天子之法也。法明禁之，而人明犯之，是不有天子之法也，衰世之事也。而議者皆以爲今之弊不過吏胥骫法以爲姦，而吾以爲吏胥之姦由此五者始。今有盜白晝持梃入室，而主人不之禁，則逾垣穿穴之徒，必且相告而恣行於其家。其必先治此五者，而後詰吏胥之姦可也。

議法

古者以仁義行法律，後世以法律行仁義。三代之盛王，其教化之本出於學校，蔓延於天下，而形見於禮樂。下之民被其風化，循循翼翼，務爲仁義，以求避法律之所禁。故其法律雖不用，而其所禁亦不爲不行於其間。

下而至於漢、唐，其教化不足以動民，而一於法律，故其民懼法律之及其身，亦或相勉爲仁義。唐之初，大臣房、杜輩爲刑統，毫釐輕重，明辯別白，附以仁義，無所阿曲。不知周公之刑何以易此。但不能先使民務爲仁義，使法律之所禁不用而自行如三代時，然要其終，亦能使民勉爲仁義。而其所以不若三代者，則有由矣：政之失，非法之罪也。

是以宋有天下，因而循之，變其節目而存其大體。比閭小吏奉之以公，則老姦大猾束手請死，不可漏略。然而獄訟常病多，盜賊常病衆者，則亦有由矣：法之公而吏之私也。夫舉公法而寄之私吏，猶且若此，而況法律之間又不能無失，其何以爲治？

今夫天子之子弟，卿大夫與其子弟，皆天子之所優異者。有罪而使與甿隸並笞而偕戮，則大臣無恥而朝廷輕，故有贖焉，以全其肌膚而厲其節操。故贖金者，朝廷之體也，所以自尊也，非與其有罪也。夫刑者，必痛之而後人畏焉；罰者不能痛之，必困之而後人懲焉。今也，大辟之誅，輸一石之金而免。貴人近戚之家，一石之金不可勝數，是雖使朝殺一人而輸一石之金，暮殺一人而輸一石之金，金不可盡，身不可困。況以其官而除其罪，則一石之金又不皆輸焉，是恣其殺人也。且不笞不戮，彼已幸矣，而贖之又輕，是啓姦也。

夫罪固有疑，今有或誣以殺人而不能自明者，有誠殺人而官不能折以實者，是皆不可以誠殺人之法坐。由是有減罪之律，當死而流。使彼爲不能自明者耶，去死而得流，刑已酷矣；使彼爲誠殺人者耶，流而不死，刑已寬矣。是失實也。故有啓姦之釁，則上之人常幸，而下之人雖死而常無告。有失實之弊，則無辜者多怨，而僥倖者易以免。

今欲刑不加重，赦不加多，獨於法律之間變其一端，而能使不啓姦，不失實，其莫若重贖。然則重贖之説何如？曰：古者五刑之尤輕者止於墨，而墨之罰百鍰。逆而數之，極於大辟，而大辟之罰千鍰。此穆王之罰也，周公之時，則又重於此。然千鍰之重，亦已當今三百七十斤有奇矣。方今大辟之贖，不能當其三分之一。古者以之赦疑罪而不及公族，今也貴人近戚皆贖，而疑罪不與。記曰：「公族有死罪，致刑于甸人，雖君命宥，不聽。」今欲貴人近戚之刑舉從於此，則非所以自尊之道，故莫若使得與疑罪皆重贖。且彼雖號爲富强，苟數犯法而數重困於贖金之間，則不能不斂手畏法。彼罪疑者，雖或非其辜，而法亦不至殘潰其肌體；若其有罪，則法雖不行，而彼固亦已困於贖金矣。夫使有罪者不免於困，而無辜者不至陷於笞戮，一舉而兩利，斯智者之爲也。

兵制

三代之時，舉天下之民皆兵也。兵、民之分自秦、漢始。三代之時，聞有諸侯抗天子之命矣，未聞有卒伍叫呼衡行者也。秦、漢以來，諸侯之患不減於三代，而御卒伍者乃如畜虎豹，圈檻一缺，咆哮四出，其故何也？三代之兵耕而食，蠶而衣，故勞，勞則善心生。秦、漢以來，所謂兵者，皆坐而衣食於縣官，故驕，驕則無所不爲。三代之兵皆齊民，老幼相養，疾病相救，出相禮讓，入相慈孝，有憂相弔，有喜相慶，其風俗優柔而和易，故其兵畏法而自重。秦、漢以來，號齊民者，比之三代，則既已薄矣。況其所謂兵者，乃其齊民之中尤爲凶悍桀黠者也，故常慢法而自棄。夫民耕而食，蠶而衣，雖不幸而不給，猶不我咎也。今謂之曰：爾毋耕，爾毋蠶，爲我兵，吾衣食爾。他日一不充其欲，彼將曰：曏謂我毋耕毋蠶，今而不我給也。然則怨從是起矣。夫以有善心之民，畏法自重而不我咎，欲其爲亂，不可得也。既驕矣，又慢法而自棄，以怨其上，欲其不爲亂，亦不可得也。

且夫天下之地不加於三代，天下之民衣食乎其中者，又不減於三代，平居無事，占軍籍，畜妻子，而仰給於斯民者，則徧天下不知其數，奈何民之不日剥月割，以至於流亡而無告也。其患始於廢井田，開阡陌，一壞而不可復收。故雖有明君賢臣焦思極慮，而求以救其弊，卒不過開屯田，置府兵，使之無事則耕而食耳。嗚呼！屯田、府兵，其利既不足以及天下，而後世之君又不能循而守之，以至於廢。陵夷及於五代，燕帥劉守光又從而爲之黥面涅手之制，天下遂以爲常法，使之判然不得與齊民齒。故其人益復自棄，視齊民如越人矣。

太祖既受命，懲唐季、五代之亂，聚重兵京師，而邊境亦不曰無備；損節度之權，而藩鎮亦不曰無威。周與漢、唐，邦鎮之兵强；秦之郡縣之兵弱。兵强故末大不掉，兵弱故天子孤睽；

周與漢、唐則過，而秦則不及。得其中者，惟吾宋也。雖然，置帥之方則遠過於前代，而制兵之術吾猶有疑焉。何者？自漢及唐，或開屯田，或置府兵，使之無事則耕而食，而民猶且不勝其弊。今屯田蓋無幾，而府兵亦已廢，欲民之豐阜，勢不可也。國家治平日久，民之趨於農者日益衆，而天下無萊田矣。以此觀之，謂斯民宜如生三代之盛時，而乃戚戚嗟嗟無終歲之蓄者，兵食奪之也。

三代井田，雖三尺童子知其不可復。雖然，依仿古制，漸而圖之，則亦庶乎其可也。方今天下之田，在官者惟二：職分也，籍没也。職分之田，募民耕之，斂其租之半而歸諸吏；籍没則鬻之，否則募民耕之，斂其租之半而歸諸公。職分之田偏於天下，自四京以降至於大藩鎮，多至四十頃，下及一縣亦能千畝。籍没之田不知其數，今可勿復鬻，然後量給其所募之民，家三百畝以爲率。前之斂其半者，今可損之，三分而取一，以歸諸吏與公。使之家出一夫爲兵，其不欲者，聽其歸田而他募。謂之新軍，毋黥其面，毋涅其手，毋拘之營。三時縱之，一時集之。授之器械，教之戰法，而擇其技之精者以爲長，在野督其耕，在陣督其戰，則其人皆良農也，皆精兵也。夫籍没之田既不復鬻，則歲益多。田益多則新軍益衆，而嚮所謂仰給於斯民者，雖有廢疾死亡，可勿復補。如此數十年，則天下之兵，新軍居十九，而皆力田不事他業，則其人必純固朴厚，無叫呼衡行之憂，而斯民不復知有餽餉供億之勞矣。

或曰：昔者斂其半，今三分而取一，其無乃薄於吏與公乎？曰：古者公卿大夫之有田也以爲禄，而其取之亦不過什一。今吏既禄矣，給之田則已甚矣。況三分而取一，則不既優矣乎？民之田不幸而籍没，非官之所待以爲富也。三分而取一，不猶愈於無乎。且不如是，則彼不勝爲兵故也。

或曰：古者什一而税，取之薄，故民勝爲兵。今三分而取一，可乎？曰：古者一家之中，一人爲正卒，其餘爲羡卒，田與追胥竭作。今家止一夫爲兵，況諸古則爲逸，故雖取之差重而無害。此與周制稍甸縣都役少輕，而税十二無異也。夫民家出一夫，而得安坐以食數百畝之田，征徭科斂不及其門，然則彼亦優爲之矣。

觀此篇及田制，可知老蘇之學雖出於晚周數子，然於法之疵、民之病，亦嘗悉心究切，而思以所學之術易之。其視爲記誦詞章者異矣。故於文章亦能卓然有立，學者於此等處宜警心。

田制

古之税重乎？今之税重乎？周公之制，園廛二十而税一，近郊十一，遠郊二十而三，稍甸縣都皆無過十二，漆林之征二十而五。蓋周之盛時，其尤重者至四分而取一，其次者乃五而取一，然後以次而輕，始至於十一，而又有輕者也。今之税雖不啻十一，然而使縣官無急征，無横斂，則亦未至乎四而取一與五而取一之爲多也。是今之税與周之税輕重之相去無幾也。

雖然，當周之時，天下之民歌舞以樂其上之盛德，而吾之民反戚戚不樂，常若擢筋剥膚以供億其上。周之税如此，吾之税亦如此，而其民之哀樂何如此之相遠也？其所以然者，蓋有由矣。周之時用井田，井田廢，田非耕者之所有，而有田者不耕也。耕者之田資於富民，富民之家地大業廣，阡陌連接，募召浮客，分耕其中，鞭笞驅役，視以奴僕，安坐四顧，指麾於其間。而役屬之民，夏爲之耨，秋爲之穫，無有一人違其節度以嬉。而田之所入，己得其半，耕者得其半。有田者一人，而耕者十人，是以田主日累其半以至於富强，耕者日食其半以至於窮餓而無告。夫使耕者至於窮餓，而不耕不穫者坐而食富强之利，猶且不可，而況富强之民輸租於縣官，而不免於怨歎嗟憤。何則？彼以其半而供縣官之税，不若周之民以其全力而供其上之税也。周之十一，以其全力而供十一之税也，使以其半供十一之税，猶用十二之税然也。況今之税又非特止於十一而已，則宜乎其怨歎嗟憤之不免也。噫，貧民耕而不免於饑，富民坐而飽且嬉，又不免於怨，其弊皆起於廢井田。

井田復，則貧民有田以耕，穀食粟米不分於富民，可以無饑。富民不得多占田以錮貧民，其勢不耕則無所得食，以地之全力供縣官之税，又可以無怨。是以天下之士争言復井田。

既又有言者曰：奪富民之田以與無田之民，則富民不服，此必生亂。如乘大亂之後，土曠而人稀，可以一舉而就。高祖之滅秦，光武之承漢，可爲而不爲，以是爲恨。吾又以爲不然。今雖使富民皆奉其田而歸諸公，乞爲井田，其勢亦不可得。何則？井田之制，九夫爲井，井間有溝。四井爲邑，四邑爲丘，四丘爲甸，甸方八里。旁加一里爲一成，成間有洫，其地百井而方十里。四甸爲縣，四縣爲都，四都方八十里，旁加十里爲一同，同間有澮，其地萬井而方百里。百里之間爲澮者一，爲洫者百，爲溝者萬。既爲井田，又必兼備溝洫。溝洫之制：夫間有遂，遂上有徑。十夫有溝，溝上有畛。百夫有洫，洫上有涂。千夫有澮，澮上有道。萬夫有川，川上有路。萬夫之地，蓋三十二里有半，而其間爲川爲路者一，爲澮爲道者九，爲洫爲涂者百，爲溝爲畛者千，爲遂爲徑者萬。此二者非塞谿壑，平澗谷，夷丘陵，破墳墓，壞廬舍，徙城郭，易疆壠，不可爲也。縱使能盡得平原廣野而遂規畫於其中，亦當驅天下之人，竭天下之糧，窮數百年專力於此，不治他事，而後可以望天下之地盡爲井田，盡爲溝洫。已而，又爲民作屋廬於其中，以安其居，而後可。吁！亦已迂矣！井田成而民之死，其骨已朽矣。古者井田之興，其必始於唐、虞之世乎。非唐、虞之世，則周之世無以成井田。唐、虞啓之，至於夏、商稍稍葺治，至周而大備。周公承之，因遂申定其制度，疏整其疆界，非一日而遽能如此也，其所由來者漸矣。

夫井田雖不可爲，而其實便於今。今誠有能爲近井田者而用之，則亦可以蘇民矣乎。聞之董生曰：「井田雖難卒行，宜少近古，限民名田，以贍不足。」名田之説，蓋出於此。而後世未有行者，非以不便民也，懼民不肯損其田以入吾法，而遂因此以爲變也。孔光、何武曰：「吏民名田無過三十頃，期盡三年，而犯者没入官。」夫三十頃之田，周民三十夫之田也。縱不能盡如周制，一人而兼三十夫之田，亦已過矣；而期之三年，是又迫蹙平民，使自壞其業，非人情，難用。吾欲少爲之限，而不奪其田嘗已過吾限者，但使後之人不敢多占田以過吾限耳。要之數世，富者之子孫或不能保其地以復於貧，而彼嘗已過吾限者，散而入於他人矣，或者子孫出而分之以無幾矣。如此，則富民所占者少而餘地多，餘地多則貧民易取以爲業，不爲人所役屬，各食其地之全利。利不分於人，而樂輸於官。夫端坐於朝廷，下令於天下，不驚民，不動衆，不用井田之制，而獲井田之利。雖周之井田，何以遠過於此哉。

張益州畫像記

至和元年秋，蜀人傳言有寇至邊，軍夜呼，野無居人。妖言流聞，京師震驚。方命擇帥，天子曰：「毋養亂，毋助變。衆言朋興，朕志自定。外亂不作，變且中起。不可以文令，又不可以武競。惟朕一二大吏，孰爲能處茲文武之間，其命往撫朕師？」乃惟曰：張公方平其人。天子曰：「然。」公以親辭，不可。遂行。冬十一月至蜀。至之日，歸屯軍，撤守備，使謂郡縣：「寇來在吾，無爾勞苦。」明年正月朔旦，蜀人相慶如他日，遂以無事。又明年正月，相告留公像於淨衆寺，公不能禁。

眉陽蘇洵言於衆曰：「未亂，易治也；既亂，易治也；有亂之萌，無亂之形，是謂將亂，將亂難治。不可以有亂急，亦不可以無亂弛。是惟元年之秋，如器之欹，未墜於地。惟爾張公，安坐於其旁，顏色不變，徐起而正之。既正，油然而退，無矜容。爲天子牧小民不倦，惟爾張公。爾繄以生，惟爾父母。且公嘗爲我言：『民無常性，惟上所待。人皆曰蜀人多變，於是待之以待盜賊之意，而繩之以繩盜賊之法。重足屏息之民，而以碪斧令。於是民始忍以其父母妻子之所仰賴之身，而棄之於盜賊，故每每大亂。夫約之以禮，驅之以法，惟蜀人爲易。至於急之而生變，雖齊、魯亦然。吾以齊、魯待蜀人，而蜀人亦自以齊、魯之人待其身。若夫肆意於法律之外，以威劫齊民，吾不忍爲也。』嗚呼！愛蜀人之深，待蜀人之厚，自公而前，吾未始見也。」皆再拜稽首曰：「然。」

蘇洵又曰：「公之恩在爾心，爾死在爾子孫；其功業在史官，無以像爲也。且公意不欲，如何？」皆曰：「公則何事於斯？雖然，於我心有不釋焉。今夫平居聞一善，必問其人之姓名與其鄉里之所在，以至於其長短大小美惡之狀，甚者或詰其平生所嗜好，以想見其爲人。而史官亦書之於其傳，意使天下之人，思之於心，則存之於目；存之於目，故其思之於心也固。由此觀之，像亦不爲無助。」蘇洵無以詰，遂爲之記。

公，南京人，爲人慷慨有大節，以度量雄天下。天下有大事，公可屬。系之以詩曰：

天子在祚，歲在甲午。西人傳言，有寇在垣。庭有武臣，謀夫如雲。天子曰嘻，命我張公。公來自東，旗纛舒舒。西人聚觀，於巷於塗。謂公暨暨，公來于于。公謂西人：「安爾室家，無敢或訛。訛言不祥，往即爾常。春爾條桑，秋爾滌場。」西人稽首，公我父兄。

公在西囿，草木駢駢。公宴其僚，伐鼓淵淵。西人來觀，祝公萬年。有女娟娟，閨闥閒閒。有童哇哇，亦既能言。昔公未來，期汝棄捐。禾麻芃芃，倉庾崇崇。嗟我婦子，樂此歲豐。公在朝廷，天子股肱。天子曰歸，公敢不承？作堂嚴嚴，有廡有庭。公像在中，朝服冠纓。西人相告，無敢逸荒。公歸京師，公像在堂。

退子序事文不學史記。歐公則摹史記，以自別於退之。老泉又欲自別於歐公，故取法於史記、韓文而少變其形貌，惜不多見。要之，非子瞻、子固所能望也。

蘇氏族譜亭記

匹夫而化鄉人者，吾聞其語矣。國有君，邑有大夫，而爭訟者訴於其門；鄉有庠，里有學，而學道者赴於其家。鄉人有爲不善於室者，父兄輒相與恐曰：「吾夫子無乃聞之？」嗚呼！彼獨何修而得此哉？意者其積之有本末，而施之有次第耶？

今吾族人猶有服者，不過百人，而歲時蜡社，不能相與盡其歡欣愛洽，稍遠者至不相往來。是無以示吾鄉黨鄰里也。乃作蘇氏族譜，立亭於高祖墓塋之西南，而刻石焉。既而告之曰：「凡在此者，死必訃，冠、娶妻必告。少而孤則老者字之，貧而無歸則富者收之。而不然者，族人之所共誚讓也。」

歲正月，相與拜奠於墓下。既奠，列坐於亭。其老者顧少者而歎曰：「是不及見吾鄉鄰風俗之美矣。自吾少時見有爲不義者，則衆相與疾之，如見怪物焉，慄然而不寧。其後少衰也，猶相與笑之。今也則相與安之耳。是起於某人也。夫某人者，是鄉之望人也，而大亂吾俗焉。是故其誘人也速，其爲害也深。自斯人之逐其兄之遺孤子而不恤也，而骨肉之恩薄；自斯人之多取其先人之貲田，而欺其諸孤子也，而孝弟之行缺；自斯人之爲其諸孤子之所訟也，而禮義之節廢；自斯人之以妾加其妻也，而嫡庶之别混；自斯人之篤於聲色，而父子雜處，讙譁不嚴也，而閨門之政亂；自斯人之瀆財無厭，惟富者之爲賢也，而廉恥之路塞。此六行者，吾往時所謂大慚而不容者也。今無知之人皆曰：某人何人也，猶且爲之。其輿馬赫奕，婢妾倩麗，足以蕩惑里巷之小人；其官爵貨力，足以摇動府縣；其矯詐修飾言語，足以欺罔君子。是州里之大盜也。吾不敢以告鄉人，而私以告族人焉。髣髴於斯人之一節者，願無過吾門也。」

予聞之懼，而請書焉。老人曰：「書其事而闕其姓名，使他人觀之，則不知其爲誰；而夫人之觀之，則面熱内慚，汗出而食不下也。且無名之，庶其有悔乎！」予曰：「然。」乃記之。

蘇氏族譜引

蘇氏族譜，譜蘇氏之族也。蘇氏出自高陽，而蔓延於天下。唐神龍初，長史味道刺眉州，卒於官，一子留於眉。眉之有蘇氏自此始。而譜不及者，親盡也。親盡則曷爲不及？譜爲親作也。凡子得書而孫不得書者，何也？以著代也。自吾之父以及吾之高祖，仕不仕，娶某氏，享年幾，某日卒，皆書，而他不書者，何也？詳吾之所自出也。自吾之父以至吾之高祖，皆曰諱某，而他則遂名之，何也？尊吾之所自出也。譜爲蘇氏作，而獨吾之所自出得詳與尊，何也？譜，吾作也。嗚呼！觀吾之譜者，孝弟之心可以油然而生矣。情見於親，親見於服，服始於衰，而至於緦麻，而至於無服。無服則親盡，親盡則情盡，情盡則喜不慶，憂不弔。喜不慶，憂不弔，則塗人也。吾所與相視如塗人者，其初兄弟也。兄弟，其初一人之身也。悲夫！一人之身分而至於塗人，此吾譜之所以作也。其意曰：分而至於塗人者，勢也。勢，吾無如之何也。幸其未至於塗人也，使之無至於忽忘焉可也。嗚呼！觀吾之譜者，孝弟之心可以油然而生矣。系之以詩曰：

吾父之子，今爲吾兄。吾疾在身，兄呻不寧。數世之後，不知何人。彼死而生，不爲戚欣。兄弟之情，如足於手，其能幾何。彼不相能，彼獨何心。

族譜後録上篇

蘇氏之先出於高陽。高陽之子曰稱。稱之子曰老童，老童生重黎及吳回。重黎爲帝嚳火正，曰祝融，以罪誅，其後爲司馬氏。而其弟吳回復爲火正。吳回生陸終。陸終生子六人：長曰樊，爲昆吾；次曰惠連，爲參胡；次曰籛，爲彭祖；次曰來言，爲會人；次曰安，爲曹姓；季曰季連，爲芈姓。六人者皆有後，其後各分爲數姓。昆吾始姓己氏，其後爲蘇、顧、温、董。當夏之時，昆吾爲諸侯伯，歷商而昆吾之後無聞。至周有忿生，爲司寇，能平刑以教百姓。周公稱之，蓋書所謂「司寇蘇公」者也。司寇蘇公與檀伯達皆封於河，世世仕周，家於其封，故河南、河内皆有蘇氏。六國之際，秦及代、厲，其苗裔也。至漢興，而蘇氏始徙入秦。或曰：高祖徙天下豪傑以實關中，而蘇氏遷焉。其後曰建，家於長安杜陵，武帝時爲將，以擊匈奴有功，封平陵侯。其後世遂家於其封。建生三子：長曰嘉，次曰武，次曰賢。嘉爲奉車都尉，其六世孫純，爲南陽太守。生子曰章，當順帝時爲冀州刺史，又遷爲并州，有功於其人，其子孫遂家於趙州。其後至唐武后之世，有味道焉。味道，聖曆初爲鳳閣侍郎，以貶爲眉州刺史，遷爲益州長史，未行而卒。有子一人，不能歸，遂家焉。自是眉始有蘇氏。故眉之蘇，皆宗益州長史味道；趙郡之蘇，皆宗并州刺史章；扶風之蘇，皆宗平陵侯建；河南、河内之蘇，皆宗司寇忿生；而凡蘇氏，皆宗昆吾樊；昆吾樊宗祝融、吴回。蓋自昆吾樊至司寇忿生，自司寇忿生至平陵侯建，自平陵侯建至并州刺史章，自并州刺史章至益州長史味道，自益州長史味道至吾之高祖，其間世次皆不可紀。而洵始爲族譜以紀其族屬。

譜之所記，上至於吾之高祖，下至於吾之昆弟，昆弟死而及昆弟之子。曰：嗚呼，高祖之上不可詳矣。自吾之前，而吾莫之知焉，已矣；自吾之後，而莫之知焉，則從吾譜而益廣之，可以至於無窮。

蓋高祖之子孫，家授一譜而藏之。其法曰：凡嫡子而後得爲譜，爲譜者皆存其高祖，而遷其高祖之父，世世存其先人之譜，無廢也。而其不及高祖者，自其得爲譜者之父始，而存其所宗之譜，皆以吾譜冠焉。其説曰：此古之小宗也。

古者有大宗，有小宗。傳曰：「別子爲祖，繼別爲宗。繼禰者爲小宗。有百世不遷之宗，有五世則遷之宗。百世不遷者，別子之後也。宗其繼別子之所自出者，百世不遷者也。宗其繼高祖者，五世則遷者也。」別子者，公子及士之始爲大夫者也。別子不得禰其父，而自使其嫡子後之，則爲大宗。故曰：「繼別爲宗。」族人宗之，雖百世，而大宗死則爲之齊衰三月，其母、妻亡亦然。死而無子，則支子以其昭穆後之，此所謂百世不遷之宗也。別子之庶子又不得禰別子，而自使其嫡子爲後，則爲小宗，故曰：「繼禰者爲小宗。」小宗五世之外，則易宗。其繼禰者，親兄弟宗之；其繼祖者，從兄弟宗之；其繼曾祖者，再從兄弟宗之；其繼高祖者，三從兄弟宗之；死而無子，則支子亦以其昭穆後之。此所謂五世則遷之宗也。凡今天下之人，惟天子之子與始爲大夫者，而後可以爲大宗，其餘則否。獨小宗之法，猶可施於天下。故爲族譜，其法皆從小宗。

凡吾之宗，其繼高祖者，高祖之嫡子祈。祈死無子，天下之宗法不立，族人莫克以其子爲之後，是以繼高祖之宗亡而虛存焉。其繼曾祖者，曾祖之嫡子宗善，宗善之嫡子昭圖，昭圖之嫡子惟益，惟益之嫡子允元。其繼祖者，祖之嫡子諱序，序之嫡子澹，澹之嫡子位。其繼禰者，禰之嫡子澹，澹之嫡子位。曰：嗚呼，始可以詳之矣。百世之後，凡吾高祖之子孫，得其家之譜而觀之，則爲小宗。得吾高祖之子孫之譜而合之，而以吾譜考焉，則至於無窮而不可亂也。是爲譜之志云爾。

木假山記

木之生，或蘖而殤，或拱而夭，幸而至於任爲棟梁則伐。不幸而爲風之所拔，水之所漂，或破折，或腐；幸而得不破折，不腐，則爲人之所材，而有斧斤之患。其最幸者，漂沉汩没於湍沙之間，不知其幾百年，而其激射齧食之餘，或髣髴於山者，則爲好事者取去，彊之以爲山，然後可以脱泥沙而遠斧斤。而荒江之濆，如此者幾何？不爲好事者所見，而爲樵夫野人所薪者，何可勝數。則其最幸者之中，又有不幸者焉。

予家有三峰，予每思之，則疑其有數存乎其間。且其蘖而不殤，拱而不夭，任爲棟梁而不伐；風拔水漂而不破折，不腐；不破折，不腐，而不爲人所材，以及於斧斤；出於湍沙之間，而不爲樵夫野人之所薪，而後得至乎此，則其理似不偶然也。

然予之愛之，則非徒愛其似山，而又有所感焉；非徒愛之，而又有所敬焉。予見中峰魁岸踞肆，意氣端重，若有以服其旁之二峰。二峰者，莊栗刻峭，凜乎不可犯，雖其勢服於中峰，而岌然決無阿附意。吁，其可敬也夫！其可以有所感也夫！

名二子說

輪、輻、蓋、軫，皆有職乎車，而軾獨若無所爲者。雖然，去軾，則吾未見其爲完車也。軾乎，吾懼汝之不外飾也。

天下之車，莫不由轍，而言車之功，轍不與焉。雖然，車仆馬斃，而患不及轍。是轍者，禍福之間。轍乎，吾知免矣。

仲兄字文甫說

洵讀易至渙之六四，曰：「渙其群，元吉。」曰：嗟夫，群者，聖人之所欲渙以混一天下者也。蓋余仲兄名渙，而字公群，則是以聖人之所欲解散滌蕩者以自命也，而可乎？他日以告，兄曰：

「子可無爲我易之？」洵曰：「唯。」

既而曰：請以文甫易之，如何？且兄嘗見夫水之與風乎，油然而行，淵然而留，渟洄汪洋，滿而上浮者，是水也，而風實起之。蓬蓬然而發乎太空，不終日而行乎四方，蕩乎其無形，飄乎其遠來，既往而不知其迹之所存者，是風也，而水實形之。今夫風水之相遭乎大澤之陂也，紆餘委蛇，蜿蜒淪漣，安而相推，怒而相凌，舒而如雲，蹙而如鱗，疾而如馳，徐而如緬，揖讓旋辟，相顧而不前。其繁如縠，其亂如霧，紛紜鬱擾，百里若一。汩乎順流，至乎滄海之濱。滂薄洶涌，號怒相軋，交横綢繆，放乎空虚，掉乎無垠。横流逆折，濆旋傾側，宛轉膠戾，回者如輪，縈者如帶，直者如燧，奔者如焱，跳者如鷺，躍者如鯉。殊狀異態，而風水之極觀備矣。故曰：「風行水上，涣。」此亦天下之至文也。

然而此二物者，豈有求乎文哉？無意乎相求，不期而相遭，而文生焉。是其爲文也，非水之文也，非風之文也，二物者非能爲文，而不能不爲文也。物之相使，而文出於其間也。故此天下之至文也。今夫玉，非不温然美矣，而不得以爲文；刻鏤組繡，非不文矣，而不可以論乎自然。故夫天下之無營而文生之者，惟水與風而已。

昔者君子之處於世，不求有功，不得已而功成，則天下以爲賢；不求有言，不得已而言出，則天下以爲口實。嗚呼！此不可與他人道之，惟吾兄可也。

辭病於繁。澤與海異態處，亦複而不切。

送石昌言使北引

昌言舉進士時，吾始數歲，未學也。憶與群兒戲先府君側，昌言從旁取棗栗啖我。家居相近，又以親戚故，甚狎。昌言舉進士，日有名。吾後漸長，亦稍知讀書，學句讀、屬對、聲律，未成而廢。昌言聞吾廢學，雖不言，察其意甚恨。後十餘年，昌言及第第四人，守官四方，不相聞。吾日以壯大，乃能感悟，摧折復學。又數年，游京師，見昌言長安，相與勞問如平生歡，出文十數首，昌言甚喜，稱善。吾晚學無師，雖日爲文，中心自慚。及聞昌言説，乃頗自喜。今十餘年，又來京師，而昌言官兩制，乃爲天子出使萬里之外、强悍不屈之虜庭。建大旆，從騎數百，送車千乘，出都門，意氣慨然。自思爲兒時，見昌言先府君旁，安知其至此。富貴不足怪，吾於昌言獨有感也。

大丈夫生不爲將，得爲使，折衝口舌之間足矣。往年彭任從富公使還，爲我言曰：「既出境，宿驛亭，聞介馬數萬騎馳過，劍槊相摩，終夜有聲，從者怛然失色。及明，視道上馬迹，尚心掉不自禁。」凡虜所以誇耀中國者多此類也。中國之人不測也，故或至於震懼而失辭，以爲夷狄笑。嗚呼，何其不思之甚也！

昔者奉春君使冒頓，壯士、健馬皆匿不見，是以有平城之役。今之匈奴，吾知其無能爲也。孟子曰：「説大人則藐之。」況於夷狄。請以爲贈。

蘇子瞻文約選

御試制科策一道

蘇軾

皇帝若曰：朕承祖宗之大統，先帝之休烈，深惟寡昧，未燭於理，志勤道遠，治不加進。夙興夜寐，於兹三紀。朕德有所未至，教有所未孚，闕政尚多，和氣或盭。田野雖闢，民多亡聊。邊境雖安，兵不得撤。利入已浚，浮費彌廣。軍冗而未練，官冗而未澄。庠序比興，禮樂未具。户罕可封之俗，士忽胥讓之節。此所以訟未息於虞、芮，刑未措於成、康。意在位者不以教化爲心，治民者多以文法爲拘。禁防繁多，民不知避。叙法寬濫，吏不知懼。纍繫者衆，愁歎者多。仍歲以來，災異數見。六月壬子，日食於朔。淫雨過節，煖氣不效。江河潰決，百川騰溢。永思厥咎，深切在予。變不虚生，緣政而起。五事之失，六沴之作，劉向所傳，吕氏所紀，五行何修而得其性，四時何行而順其令？非正陽之月，伐鼓救變，其合於經乎？方盛夏之時，論囚報重，其考於古乎？京師諸夏之根本，王教之淵源。百工淫巧無禁，豪右僭差不度。治當先内，或曰，何以爲京師？政在摘姦，或曰，不可撓獄市。推尋前世，孝文尚老子，而天下富殖；孝武用儒術，而海内虛耗。道非有弊，治奚不同？王政所由，形於詩道。周公豳詩，王業也，而係之國風。宣王北伐，大事也，而載之小雅。周以冢宰制國用，唐以宰相兼度支。錢穀，大計也。兵師，大衆也。何陳平之對，謂當責之内史？韋賢之言，不宜兼於宰相？錢貨之制，輕重之相權；命秩之差，虛實之相養；水旱蓄積之備，邊陲守禦之方，圜法有九府之名，樂語有五均之義。富人强國，尊君重朝。弭災致祥，改薄從厚。此皆前世之急政，而當今之要務。子大夫其悉意以陳，毋悼後害。

臣謹對曰：臣聞天下無事，則公卿之言輕於鴻毛；天下有事，則匹夫之言重於泰山。非智有所不能，而明有所不察，緩急之勢異也。方其無事也，雖齊桓之深信其臣，管仲之深得其君，以握手丁寧之問，將死深悲之言，而不能去其區區之三豎。及其有事且急也，雖唐代宗之庸，程元振之用事，柳伉之賤且疏，而一言以入之，不終朝而去其腹心之疾。夫言之於無事之世者，足以有所改爲，而常患於不信。言之於有事之世者，易以見信，而常患於不及改爲。此忠臣志士之所以深悲，天下之所以亂亡相尋，而世主之所以不悟也。今陛下處積安之時，乘不拔之勢，拱手垂裳而天下嚮風，動容變色而海内震恐。雖有一事之失常，一物之不獲，固未足以憂陛下也。所爲親策賢良之士者，以應故事而已。豈以臣言爲真足以有感於陛下耶？雖然，君以名求之，臣以實應之。陛下爲是名也，臣敢不爲是實也。

伏惟制策有念祖宗先帝大業之重，而自處於寡昧，以爲「志勤道遠，治不加進」。臣竊以爲陛下即位以來，歲歷三紀，更於事變，審於情僞，不爲不熟矣。而「治不加進」，雖臣亦疑之。然以爲「志勤道遠」，則雖臣至愚，亦未敢以明詔爲然也。

夫志有不勤而道無遠。陛下苟知勤矣，則天下之事，粲然無不畢舉，又安以訪臣爲哉？今也猶以道遠爲歎，則是陛下未知勤也。臣請言勤之説。夫天以日運，故健；日月以日行，故明；水以日流，故不竭；人之四肢以日動，故無疾；器以日用，故不蠹。天下者，大器也。久置而不用，則委靡廢放，日趨於弊而已矣。陛下深居法宫之中，其憂勤而不息邪？臣不得而知也。其宴安而無爲邪？臣不得而知也。然所以知道遠之歎由陛下之不勤者，誠見陛下以天下之大，欲輕賦税則財不足，欲威四夷則兵不强，欲興利除害則無其人，欲敦世厲俗則無其具，大臣不過遵用故事，小臣不過謹守簿書，上下相安，以苟歲月。此臣所以妄論陛下之下不勤也。

臣又竊聞之：自頃歲以來，大臣奏事，陛下無所詰問，直可之而已。臣始聞而大懼，以爲不信，及退而觀其效見，則臣亦不敢謂不信也。何則？人君之言，與士庶不同。言脱於口，而四方傳之，捷於風雨。故太祖、太宗之世，天下皆諷誦其言語，以爲聳動之具。今陛下之所震怒而賜譴者，何人也？合於聖意誘而進之者，何人也？所與朝夕論議深言者，何人也？越次躐等召而問訊之者，何人也？四者，臣皆未之聞焉。此臣所以妄論陛下之不勤也。

臣願陛下條天下之事，其大者有幾，可用之人有幾。某事未治，某人未用，雞鳴而起，曰，吾今日爲某事，用某人。他日又曰，吾所爲某事，其事果濟矣乎？所用某人，其人果才矣乎？如是孜孜焉不違於心，屏去聲色，放遠善柔，親近賢達，遠覽古今，凡此者勤之實也，而道何遠乎！

伏惟制策有「夙興夜寐，於今三紀。德有所未至，教有所未孚。闕政尚多，和氣或盭。田野雖闢，民多亡聊。邊境雖安，兵不得撤。利入已浚，浮費彌廣。軍冗而未練，官冗而未澄。庠序比興，禮樂未具。户罕可封之俗，士忽胥讓之節。此所以訟未息於虞、芮，刑未措於成、康，意在位者不以教化爲心，治民者多以文法爲拘。禁防繁多，民不知避。叙法寬濫，吏不知懼。纍繫者衆，愁歎者多」。

凡此陛下之所憂數十條者，臣皆能爲陛下歷數而備言之。然而未敢爲陛下道也。何者？陛下誠得御臣之術而固執之，則嚮之所憂數十條者，皆可以捐之大臣，而己不與。今陛下區區以嚮之數十條爲己憂者，則是陛下未得御臣之術也。

天下所謂賢者，陛下既得而用之矣。方其未用也，常若有餘；而其既用也，則不足。是豈其才之有變乎？古之用人者，日夜提策之。武王用太公，其相與問答百餘萬言，今之六韜是也。桓公用管仲，其相與問答，亦百餘萬言，今之管子是也。古之人君，其所以反覆窮究其臣者若此。今陛下默默而聽其所爲，則夫嚮之所憂數十條者無時而舉矣。古之忠臣，其受任也，必先自度，曰，吾能辦是矣乎？度能辦是也，則又曰，吾君能忘己而任我乎？能無以小人間我乎？度其能忘己而任我也，能無以小人間我也，然後受之。既已受之矣，則以身任天下之責而不辭，享天下之利而不愧。今也内不度己，外不度君，而輕受之。受之，而衆不與也，則引身而求去。陛下又爲美辭而遣之，加之重禄而慰之。夫引身而求退者，非果廉節而有讓也。是邀君以自固也，是自明其非我之欲留以逃謗也，是不能辦其事而以其患遺後人也。陛下奈何聽之？臣故曰：陛下未得御臣之術也。

若夫「德有所未至，教有所未孚」者，此實不至也。德之，必有以著其德之之形；教之，必有以顯其教之之狀。德之之形，莫著於輕賦。教之之狀，莫顯於去殺。此二者，今皆未能焉。故曰：實不至也。

夫以選舉之重，而不取才行；官吏之衆，而不行考課；農末之相傾，而平糴之法不立；貧富之相役，而占田之數無限。天下之闕政，則莫大乎此。而和氣安得不盩乎？

「田野闢」者，民之所以富足之道也。其所以無聊，則吏政之過也。然臣聞天下之民，常偏聚而不均。吴、蜀有可耕之人，而無其地；荆、襄有可耕之地，而無其人。由此觀之，則田野亦未可謂盡闢也。夫以吴、蜀、荆、襄之相形，而饑寒之民，終不能去狹而就寬者，世以爲懷土而重遷，非也。行者無以相群，則不能行；居者無以相友，則不能居；若輩徒饑寒之民，則無有不聽矣。

「邊境已安，而兵不得撤」者，有安之名，而無安之實也。臣欲小言之，則自以爲愧，大言之，則世俗以爲笑。臣請略言之。古之制北狄者，未始不通西域。今之所以不能通者，是夏人爲之障也。朝廷置靈武於度外，幾百年矣。議者以爲絶域異方，曾不敢近，而況於取之乎。然臣以爲事勢有不可不取者。不取靈武，則無以通西域。西域不通，則契丹之强，未有艾也。然靈武之所以不可取者，非以數郡之能抗吾中國，中國自困而不能舉也。其所以自困而不能舉者，以不生不息之財，養不耕不戰之兵，塊然如巨人之病膇，非不梠然大矣，而手足不能以自舉。欲去是疾也，則莫若捐秦以委之，使秦人斷然如戰國之世，不待中國之援，而中國亦若未始有秦者。有戰國之全利，而無戰國之患，則夏人舉矣。其便莫如稍徙緣邊之民不能戰守者於空閒之地，而以其地益募民爲屯田，屯田之兵稍益，則向之戍卒可以稍減，使數歲之後，緣邊之民盡爲耕戰之夫，然後數出兵以苦之，要以使之厭戰而不能支，則折而歸吾矣。如此，而北狄始有可制之漸，中國始有息肩之所。不然，將濟師之不暇，而又何撤乎？

所謂「利入已浚，而浮費彌廣」者，臣竊以爲外有不得已之二虜，内有得已而不已之後宫。後宫之費，不下一敵國，金玉錦繡之工，日作而不息。朝成夕毁，務以相新，主帑之吏，日夜儲其精金良帛而别異之，以待倉卒之命，其爲費豈可勝計哉！今不務去此等，而欲廣求利之門，臣知所得之不如所喪也。

「軍冗而未練」者。臣嘗論之，曰：此將不足恃之過也。然以其不足恃之故，而擁之以多兵，不蒐去其無用，則多兵適所以爲敗也。

「官冗而未澄」者。臣嘗論之，曰：此審官吏部與職司無法之過也。夫審官吏部，是古者考績黜陟之所也。而特以日月爲斷。今縱未能復古，可略分其郡縣，不以遠近爲差，而以難易爲等。第其人之所堪，而别異之。才者常爲其難，而不才者常爲其易。及其當遷也，難者常速，而易者常久。然而爲此者固有待也。使審官吏部與外之職司常相關通，而爲職司者，不惟舉有罪，察有功而已，必使盡第其屬吏之所堪，以詔審官吏部。審官吏部常從内等其任使之難易，職司常從外第其人之優劣。才者常用，不才者常閑，則冗官可澄矣。

「庠序興而禮樂未具」者。臣蓋以爲庠序者，禮樂既興之所用，非所以興禮樂也。今禮樂鄙野而未完，則庠序不知所以爲教，又何以興禮樂乎？如此而求其可封，責其胥讓，將以息訟而措刑者，是却行而求前也。夫上之所嚮者，下之所趨也，而況從而賞之乎？上之所背者，下之所去也，而況從而罰之乎？今陛下責在位者不務教化，而治民者多拘文法，臣不知朝廷所以爲賞罰者何也？無乃或以教化得罪而多以文法受賞歟？夫禁防未至於繁多，而民不知避者，吏以爲市也。叙法不爲寬濫，而吏不知懼者，不論其能否，而論其久近也。纍繫者衆，愁歎者多，凡以此也。

伏惟制策有「仍歲以來，災異數見。乃六月壬子，日食於朔。淫雨過節，煗氣不效。江河潰決，百川騰溢。永思厥咎，深切在予。變不虚生，緣政而起」，此豈非陛下厭聞諸儒牽合之論，而欲聞其自然之説乎？臣不敢復取洪範傳、五行志以爲對，直以意推之。

夫日食者，是陽氣不能履險也。何謂陽氣不能履險？臣聞五月二十三分月之二十，是爲一交，交當朔則食。交者，是行道之險者也。然而或食或不食，則陽氣之有强弱也。今有二人並行而犯霧露，其疾者，必其弱者，其不疾者，必其强者也。道之險一也，而陽氣之强弱異。故夫日之食，非食之日而後爲食，其虧也久矣，特遇險而見焉。陛下勿以其未食也爲無災，而其既食而復也爲免咎。臣以爲未也，特出於險耳。夫淫雨大水者，是陽氣融液汗漫而不能收也。諸儒或以爲陰盛。臣請得以理折之。夫陽動而外，其於人也爲噓，噓之氣温然而爲濕。陰動而内，其於人也爲噏，噏之氣冷然而爲燥。以一人推天地，天地可見。故春夏者，其一噓也；秋冬者，其一噏也。夏則川澤洋溢，冬則水泉收縮，此燥濕之效也。是故陽氣汗漫融液而不能收，則常爲淫雨大水，猶人之噓而不能吸也。今陛下以至仁柔天下，兵驕而益厚其賜，戎狄桀傲而益加其禮，蕩然與天下爲咻呴温煖之政，萬事墮壞而終無威刑以堅凝之，亦如人之噓而不能噏，此淫雨大水之所由作也。天地告戒之意，陰陽消復之理，殆無以易此矣。

而制策又有「五事之失，六沴之作。劉向所傳，吕氏所紀，五行何修而得其性，四時何行而順其令？非正陽之月，伐鼓救變，其合於經乎？方盛夏之時，論囚報重，其考於古乎」，此陛下畏天恐懼求端之過，而流入於迂儒之説。此皆愚臣之所學於師而不取者也。

夫五行之相沴，本不至於六。六沴者，起於諸儒欲以六極分配五行，於是始以皇極附益而爲六。夫皇極者，五事皆得。不極者，五事皆失。非所以與五事並列而别爲一者也。是故有眊而又有蒙，有極而無福，曰五福皆應，此亦自知其疏也。吕氏之時令，則柳宗元之論備矣，以爲有可行者，有不可行者。其可行者，皆天事也；其不可行者，皆人事也。若夫禜社伐鼓，本非有益於救災，特致其尊陽之意而已。書曰：「乃季秋月朔，辰弗集於房，瞽奏鼓，嗇夫馳，庶人走。」由此言之，則亦何必正陽之月而後伐鼓救變如左氏之説乎？「盛夏報囚」，先儒固已論之，以爲仲尼誅齊優之月，固君子之所無疑也。

伏惟制策有「京師，諸夏之根本，王教之淵源。百工淫巧無禁，豪右僭差不度」，此在陛下身率之耳。後宫有大練之飾，則天下以羅紈爲羞。大臣有脱粟之節，則四方以膏粱爲汙。雖無禁令，又何憂乎？

伏惟制策有「治當先内，或曰，何以爲京師？政在擿姦，或曰，不可撓獄市」，此皆一偏之説，不可以不察也。夫見其一偏而輒舉以爲説，則天下之説，不可以勝舉矣。自通人而言之，則曰：「治內所以爲京師也，不撓獄市，所以爲擿姦也。」如使不撓獄市而害其爲擿姦，則夫曹參者，是爲逋逃主也。

伏惟制策有「推尋前世，深觀治迹。孝文尚老子，而天下富殖；孝武用儒術，而海內虛耗。道非有弊，治奚不同」，臣竊以爲不然。孝文之所以爲得者，是儒術略用也。其所以得而未盡者，是用儒之未純也。而其所以爲失者，則是用老也。何以言之？孝文得賈誼之説，然後待大臣有禮，御諸侯有術，而至於興禮樂。係單于，則曰未暇。故曰「儒術略用而未純」也。若夫用老之失，則有之矣。始以區區之仁，壞三代之肉刑，而易之以髡笞，髡笞不足以懲其罪，則又從而殺之。用老之失，豈不過甚矣哉！且夫孝武亦不可謂用儒之主也。博延方士，而多興妖祠，大興宮室，而甘心遠略。此豈儒者教之？今夫有國者徒知狥其名而不考其實，見孝文之富殖，而以爲老子之功；見孝武之虛耗，而以爲儒者之罪，則過矣。此唐明皇之所以溺於宴安，撤去禁防，而爲天寶之亂也。

伏惟制策有「王政所由，形於詩道。周公豳詩，王業也，而係之國風。宣王北伐，大事也，而載之小雅」。臣聞豳詩言后稷、公劉，所以致王業之艱難者也。其後累世而至文王，文王之時，則王業既已大成矣，而其詩爲二南，二南之詩，猶列於國風，而至於豳，獨何怪乎？昔季札觀周樂，以爲大雅曲而有直體，小雅思而不貳，怨而不言。夫曲而有直體者，寬而不流也。思而不貳，怨而不言者，狹而不迫也。由此觀之，則大雅、小雅之所以異者，取其辭之廣狹，非取其事之大小也。

伏惟制策有「周以冢宰制國用，唐以宰相兼度支。錢穀，大計也。兵師，大衆也。何陳平之對，謂當責之內史？韋賢之言，不宜兼於宰相」，臣以爲宰相雖不親細務，至於錢穀、兵師，固當制其贏虛利害。陳平所謂責之內史者，特以宰相不當治其簿書多少之數耳。昔唐之初，以郎官領度支而職事以治。及兵興之後，始立使額，參佐既衆，簿書益繁，百弊之源，自此而始。其後裴延齡、皇甫鎛，皆以剥下媚上，至於希世用事。以宰相兼之，誠得防姦之要。而韋賢之議，特以其權過重歟？故李德裕以爲賤臣不當議令，臣嘗以爲有宰相之風矣。

伏惟制策有「錢貨之制，輕重之相權；命秩之差，虛實之相養；水旱蓄積之備，邊陲守禦之方，圜法有九府之名，樂語有五均之義」，此六者，亦方今之所當論也。昔召穆公曰：「民患輕，則多作重以行之。若不堪重，則多作輕以行之。亦不廢重。」輕可改而重不可廢。不幸而過，寧失於重。此制錢之本意也。命者，人君之所擅，出於口而無窮。秩者，民力之所供，取於府而有限。以無窮養有限，此虛實之相養也。水旱蓄積之備，則莫若復隋、唐之義倉。邊陲守禦之方，則莫若依秦、漢之更卒。周官有太府、天府、泉府、玉府、內府、外府、職內、職金、職幣，是謂九府。太公之所行以致富。古者天子取諸侯之士，以爲國均，則市不二價，四民常均，是謂五均。

獻王之所致以爲法，皆所以均民而富國也。凡陛下之所以策臣者，大略如此。

而於其末復策之曰：「富人强國，尊君重朝。弭災致祥，改薄從厚。此皆前世之急政，而當今之要務。」此臣有以知陛下之聖意，以爲向之所以策臣者，各指其事，恐臣不得盡其辭，是以復舉其大體而概問焉。又恐其不能切至也，故又詔之曰「悉意以陳而無悼後害」。臣是以敢復進其猖狂之説。夫天下者，非君有也，天下使君主之耳。陛下念祖宗之重，思百姓之可畏，欲進一人，當同天下之所欲進；欲退一人，當同天下之所欲退。今者每進一人，則人相與誹曰，是進於某也，是某之所欲也。每退一人，則又相與誹曰，是出於某也，是某之所惡也。臣非敢以此爲舉信也。然而致此言者，則必有由矣。今無知之人，相與謗於道曰：聖人在上，而天下之所以不盡被其澤者，便嬖小人附於左右，而女謁盛於内也。爲此言者固妄矣。然而天下或以爲信者，何也？徒見諫官、御史之言，矻矻乎難入，以爲必有間之者也。徒見蜀之美錦、越之奇器，不由方貢而入於宫也。如此而向之所謂急政要務者，陛下何暇行之？臣不勝憤懣，謹復列之於末。惟陛下寬其萬死，幸甚幸甚！

條對策問而言皆鑿然，不異於夙構，是作者資材傑特處。後半散漫少精采，以所問本膚且雜也。

擬進士對御試策

右臣准宣命差赴集英殿編排舉人試卷。竊見陛下始革舊制，以策試多士，厭聞詩賦無益之語，將求山林朴直之論，聖德廣大，中外歡悦。而所試舉人不能推原上意，皆以得失爲慮，不敢指陳闕政，而阿諛順旨者又率據上第。陛下之所以求於人至深切矣，而下之報上者如此，臣竊深悲之。夫科場之文，風俗所繫，所收者，天下莫不以爲法；所棄者，天下莫不以爲戒。昔祖宗之朝，崇尚辭律，則詩賦之工，曲盡其巧。自嘉祐以來，以古文爲貴，則策論盛行於世，而詩賦幾至於熄。何者？利之所在，人無不化。今始以策取士，而士之在甲科者，多以諂諛得之。天下觀望，誰敢不然？臣恐自今以往，相師成風，雖直言之科，亦無敢以直言進者。風俗一變，不可復返。正人衰微，則國隨之，非復詩賦、策論迭興迭廢之比也。是以不勝憤懣，退而擬進士對御試策一道。學術淺陋，不能盡知當世之切務，直載所聞，上將以推廣聖言，庶有補於萬一；下將以開示四方，使知陛下本不諱惡切直之言，風俗雖壞，猶可以少救。其所撰策，謹繕寫投進，干冒天威，臣無任戰恐待罪之至。

皇帝若曰：朕德不類，託於士民之上，所與待天下之治者，惟萬方黎獻之求，詳延於廷，諏以世務，豈特考子大夫之所學，且以博朕之所聞。蓋聖王之御天下也，百官得其職，萬事得其序。有所不爲，爲之而無不成。有所不革，革之而無不服。田疇闢，溝洫治，草木暢茂，鳥獸魚鱉無不得其性。其富足以備禮，其和足以廣樂，其治足以致刑。子大夫以謂何施而可以臻此？方今之弊，可謂衆矣。捄之之術，必有本末；所施之宜，必有先後。此子大夫之所宜知也。生民以來，所謂至治，必曰唐、虞、成、周之時，詩書所稱，其迹可見。以至後世賢明之君、忠智之臣，相與憂勤，以營一代之業，雖未盡善，要其所以成就，亦必有可言者。其詳著之，朕將親覽焉。

臣伏見陛下發德音，下明詔，以天下安危之至計，謀及於布衣之士，其求之不可謂不切，其好之不可謂不篤矣。然臣私有所憂者，不知陛下有以受之歟？禮曰：「甘受和，白受采。」故臣願陛下先治其心，使虚一而静，然後忠言至計可得而入也。今臣竊觀陛下先入之言，已實其中；邪正之黨，已貳其聽；功利之説，已動其欲。則雖有皋陶、益、稷爲之謀，亦無自入矣，而況於疏遠愚陋者乎。此臣之所以大懼也。若乃盡言以招過，觸諱以亡軀，則非臣之所恤也。

聖策曰：「聖王之御天下也，百官得其職，萬事得其序。」臣以爲陛下未知此也，是以所爲顛倒失序如此。苟誠知之，曷不尊其所聞而行其所知歟？百官之所以得其職者，豈聖王人人而督責之？萬事之所以得其序者，豈聖王事事而整齊之哉？亦因能以任職，因職以任事而已。官有常守謂之職，施有先後謂之序。今陛下使兩府大臣侵三司財利之權，常平使者亂職司守令之治。刑獄舊法，不以付有司，而取決於執政之意；邊鄙大慮，不以責帥臣，而聽計於小吏之口。百官可謂失其職矣。王者之所宜先者德也，所宜後者刑也，所宜先者義也，所宜後者利也。而陛下易之，萬事可謂失其序矣。然此猶其小者。其大者，則中書失其政也。宰相之職，古者所以論道經邦，今陛下但使奉行條例司文書而已。昔邴吉爲丞相，蕭望之爲御史大夫，望之言「陰陽不和，咎在臣等」，而宣帝以爲意輕丞相，終身薄之。今政事堂忿争相詰，流傳都邑，以爲口實，使天下何觀焉？故臣願陛下首還中書之政，則百官之職，萬事之序，以次得矣。

聖策曰：「有所不爲，爲之而無不成。有所不革，革之而無不服。」陛下之及此言，是天下之福也。今日之患，正在於未成而爲之，未服而革之耳。夫成事在理不在勢，服人以誠不以言。理之所在，以爲則成；以禁則止，以賞則勸，以言則信。古人之所以鼓舞天下，綏之斯來，動之斯和者，蓋循理而已。今爲政不務循理，而欲以人主之勢，賞罰之威，劫而成之。夫以斧析薪，可謂必克矣，然不循其理，則斧可缺，薪不可破。是以不論尊卑，不計强弱，理之所在則成，理所不在則不成，可必也。今陛下使農民舉息，與商賈争利，豈理也哉？而何怪其不成乎？禮曰：「微之顯，誠之不可揜也如此夫。」陛下苟誠心乎爲民，則雖或謗之而人不信。苟誠心乎爲利，則雖自解釋而人不服。且事有決不可欺者，吏受賄枉法，人必謂之贜，非其有而取之，人必謂之盜。苟有其實，不敢辭其名。今青苗有二分之息，而不謂之放債取利，可乎？凡人爲善，不自譽而人譽之；爲惡，不自毁而人毁之。如使爲善者必須自言而後信，則堯、舜、周、孔亦勞矣。今天下以爲利，陛下以爲義；天下以爲貪，陛下以爲廉。不勝其紛紜也，則使二三臣者，極其巧辯以解答千萬人之口。附會經典，造爲文書，以曉告四方。四方之人，豈如嬰兒鳥獸，而可以美言小數眩惑之哉？且夫未成而爲之，則其弊必至於不敢爲。未服而革之，則其弊必至於不敢革。蓋世有好走馬者，一爲墜傷，則終身徒行。何者？慎重則必成，輕發則多敗，此理之必然也。陛下若出於慎重，則屢作屢成，不惟人信之，陛下亦自信而日以勇矣。若出於輕發，則每舉每敗，不惟人不信，陛下亦自不信而日以怯矣。文宗始用訓、注，其志豈淺也哉？而一經大變，則憂沮喪氣，不能復振。文宗亦非有失德，徒以好作而寡謀也。慎重者，始若怯，終必勇。輕發者，始若勇，終必怯。乃者横山之人，未嘗一日而忘漢，雖五尺之童子知其可取，然自慶曆以來，莫之敢發，誠未有以善其後也。近者邊臣不計其後，而遽發之，一發不中，則内帑之費以數百萬計，而關輔之民困於飛輓者，三年而未已。雖天下之勇者，敢復爲之歟？爲之固不可，敢復言之歟？由此觀之，則横山之功，是邊臣欲速而壞之也。近者青苗之政，助役之法，均輸之策，併軍蒐卒之令，卒然輕發，又甚於前日矣。雖陛下不恤人言，持之益堅，而勢窮事礙，終亦必變。他日雖有良法美政，陛下能復自信乎？人君之患，在於樂因循而重改作，今陛下春秋鼎盛，天錫勇智，此萬世一時也。而群臣不能濟之以慎重，養之以敦朴，譬如乘輕車，馭駿馬，冒險夜行，而僕夫又從後鞭之，豈不殆哉！臣願陛下解轡秣馬，以須東方之明，而徐行於九軌之道，甚未晚也。

聖策曰「田疇闢，溝洫治，草木暢茂，鳥獸魚鼈莫不各得其性」者，此百工有司之事也，曾何足以累陛下？陛下操其要，治其本，恭己無爲，而物莫不盡其理，以生以死。若夫百工有司之事，自宰相不屑爲之，而況於陛下乎？

聖策曰：「其富足以備禮，其和足以廣樂，其治足以致刑，何施而可以臻此？」孔子曰：「百姓足，君孰與不足。」兔首瓠葉，可以行禮；掃地而祭，可以事天。禮之不備，非貧之罪也。管子曰「倉廩實而知禮節」。臣不知陛下所謂富者，富民歟，抑富國歟？陸賈曰：「將相和則士豫附。」劉向曰：「衆賢和於朝，則萬物和於野。」今朝廷可謂不和矣。其咎安在？陛下不反求其本，而欲以力勝之。力之不能勝衆也久矣。古者刀鋸在前，鼎鑊在後，而士猶犯之。今陛下躬蹈堯、舜，未嘗誅一無罪。欲弭衆言，不過斥逐異議之臣而更用人耳，必不忍行亡秦偶語之禁，起東漢黨錮之獄，多士何畏而不言哉？臣恐逐者不已，而争者益多，煩言交攻，愈甚於今日矣。欲望致和而廣樂，豈不疏哉？古之求治者，將以措刑也。今陛下求治則欲致刑，此又群臣誤陛下也。臣知其説矣，是出於荀卿。荀卿喜爲異論，至以人性爲惡，則其言治世刑重亦宜矣。説者又以爲書稱唐虞之隆，刑故無小，而周之盛時，群飲者殺。臣請有以詰之。夏禹之時，大辟二百；周公之時，大辟五百。豈可謂周治而禹亂耶？秦爲法及三族，漢除肉刑，豈可謂秦治而漢亂耶？致之言極也。天下幸而未治，使一日治安，陛下將變今之刑而用其極歟？天下幾何其不叛也，徒聞其語而懼者已衆矣。臣不意異端邪説惑誤陛下，至於如此。宥過無大，刑故無小，此用刑之常理也，至於今守之，豈獨唐虞之隆而周之盛時哉！所以誅群飲者，意其非獨群飲而已。如今之法所謂夜聚曉散者，使後世不知其詳，而徒聞其語，則凡夜相過者，皆執而殺之，可乎？夫人相與飲酒而輒殺之，雖桀紂之暴不至於此，而謂周公行之歟？

聖策曰：「方今之弊，可謂衆矣。捄之之道，必有本末，所施之宜，必有先後。」臣請論其本與其所宜先者，而陛下擇焉。方今捄弊之道，必先立事。立事之本，在於知人。則所施之宜，當先觀大臣之知人與否耳。古之欲立非常之功者，必有知人之明。苟無知人之明，則循規矩，蹈繩墨，以求寡過。二者皆審於自知，而安於才分者也。道可以講習而知，德可以勉强而能，惟知人之明不可學，必出於天資。如蕭何之識韓信，此豈有法而可傳者哉！以諸葛孔明之賢，而知人之明則其所短，是以失之於馬謖。而孔明亦審於自知，是以終身不敢用魏延。我仁祖之在位也，事無大小，一付之於法，人無賢不肖，一付之於公議。事已效而後行，人已試而後用，終不求非常之功者，誠以當時大臣不足以與於知人之明也。古之爲醫者，聆音察色，洞視五臟，則其治疾也，有剖胸決脾、洗濯胃腎之變。苟無其術，不敢行其事。今無知人之明，而欲立非常之功，解縱繩墨以慕古人，則是未能察脉而欲試華佗之方，其異於操刀而殺人者幾希矣。房琯之稱劉秩，關播之用李元平是也。至今以爲笑矣。陛下觀今之大臣，爲知人歟？爲不知人歟？乃者擢用衆才，皆其造室握手之人，要結審固而後敢用，蓋以爲其人可與戮力同心，共致太平。曾未安席，而交口攻之者，如蝟毛而起。陛下以此驗之，其不知人也亦審矣。幸今天下無事，異同之論，不過瀆亂聖聽而已。若邊隅有警，盜賊竊發，俯仰成敗，呼吸變動，而所用之人，皆如今日，乍合乍散，臨事解體，不可復知，則無乃誤社稷歟？華佗不世出，天下未嘗廢醫。蕭何不世出，天下未嘗廢治。陛下必欲立非常之功，請待知人之佐。若猶未也，則亦詔左右之臣安分守法而已。

聖策曰：「生民以來，稱至治者必曰唐、虞、成、周之世，詩書所稱，其迹可見。以至後世賢明之君，忠智之臣，相與憂勤，以營一代之業，雖未盡善，然要其所成就，亦必有可言者。其詳著之。」臣以爲此不可勝言也。其施設之方，各隨其時而不可知。其所可知者，必畏天，必從衆，必法祖宗。故其言曰：「戒之戒之。天惟顯思，命不易哉。」又曰：「稽于衆，舍己從人。」又曰：「丕顯哉！文王謨。丕承哉！武王烈。」詩書所稱，大略如此，未嘗言天命不足畏，衆言不足從，祖宗之法不足用也。苻堅用王猛，而樊世、仇滕、席寶不悅。魏鄭公勸太宗以仁義，而封倫不信。凡今之人，欲陛下違衆而自用者，必以此藉口。而陛下所謂賢明忠智者，豈非意在於此等歟？臣願考二人之所行，而求之於今。王猛豈嘗設官而牟利，魏鄭公豈嘗貸錢而取息歟？且其不悦者，不過數人，固不害天下之信且服也。今天下有心者怨，有口者謗，古之君臣相與憂勤以營一代之業者，似不如此。古語曰：「百人之聚，未有不公。」而説況天下乎！今天下非之，而陛下不回，臣不知所税駕矣。詩曰：「譬彼舟流，不知所届。心之憂矣，不遑假寐。」區區之忠，惟陛下察之。臣謹昧死上對。

上神宗皇帝書

熙寧四年二月某日，殿中丞、直史館、判官告院、權開封府推官蘇軾，謹昧萬死，再拜上書皇帝陛下。臣近者不度愚賤，輒上封章，言買燈事。自知瀆犯天威，罪在不赦；席藁私室，以待斧鉞之誅。而側聽逾旬，威命不至。問之府司，則買燈之事，尋已停罷。乃知陛下不惟赦之，又能聽之；驚喜過望，以至感泣。何者？改過不吝，從善如流，此堯、舜、禹、湯之所勉强而力行，秦漢以來之所絶無而僅有。顧此買燈毫髮之失，豈能上累日月之明？而陛下翻然改命，曾不移刻，則所謂智出天下而聽於至愚，威加四海而屈於匹夫。臣今知陛下可與爲堯舜，可與爲湯武，可與富民而措刑，可與强兵而伏戎虜矣。有君如此，其忍負之？惟當披露腹心，捐棄肝腦，盡力所至，不知其他。乃者臣亦知天下之事有大於買燈者矣，而獨區區以此爲先者，蓋未信而諫，聖人不與；交淺言深，君子所戒。是以試論其小者，而其大者固將有待而後言。今陛下果赦而不誅，則是既已許之矣。許而不言，臣則有罪，是以願終言之。臣之所欲言者三：願陛下結人心，厚風俗，存紀綱而已。

人莫不有所恃。人臣恃陛下之命，故能役使小民；恃陛下之法，故能勝伏强暴。至於人主所恃者誰與？書曰：「予臨兆民，凛乎若朽索之馭六馬。」言天下莫危於人主也。聚則爲君民，散則爲仇讎，聚散之間不容毫釐。故天下歸往謂之王，人各有心謂之獨夫。由此觀之，人主之所恃者人心而已。人心之於人主也，如木之有根，如燈之有膏，如魚之有水，如農夫之有田，如商賈之有財。木無根則槁，燈無膏則滅，魚無水則死，農夫無田則饑，商賈無財則貧，人主失人心則亡，此必然之理也，不可逭之災也。其爲可畏，從古以然。苟非樂禍好亡、狂易喪志，詎敢肆其胸臆、輕犯人心乎？昔子産焚載書以弭衆言，賂伯石以安巨室，以爲「衆怒難犯，專欲難成」。而孔子亦曰：「信而後勞其民。未信，則以爲厲己也。」唯商鞅變法，不顧人言，雖能驟致富彊，亦以召怨天下，使其民知利而不知義，見刑而不見德；雖得天下，旋踵而亡。至於其身，亦卒不免。負罪出走，而諸侯不納；車裂以徇，而秦人莫哀；君臣之間，豈願如此？宋襄公雖行仁義，失衆而亡；田常雖不義，得衆而强。是以君子未論行事之是非，先觀衆心之向背。謝安之用諸桓，未必是；而衆之所樂，則國以乂安。庾亮之召蘇峻，未必非；而勢有不可，則反爲危辱。自古及今，未有和易同衆而不安，剛果自用而不危者也。

今陛下亦知人心之不悦矣。中外之人，無賢不肖，皆言祖宗以來，治財用者，不過三司使、副、判官，經今百年，未嘗闕事。今者無故又創一司，號曰制置三司條例使。六七少年，日夜講求於内；使者四十餘輩分行營幹於外，造端宏大，民實驚疑；創法新奇，吏皆惶惑。賢者則求其説而不可得，未免於憂；小人則以其意度朝廷，遂以爲謗：謂陛下以萬乘之主而言利，謂執政以天子之宰而治財。商賈不行，物價騰踴。近自淮甸，遠及川、蜀，喧傳萬口，論説百端。或言「京師正店，議置監官」，「夔路深山，當行酒禁」，「拘收僧尼常住」，「減剋兵吏廩禄」，如此等類，不可勝言。而甚者至以爲欲復肉刑。斯言一出，民且狼顧。陛下與二三大臣，亦聞其語矣。然而莫之顧者，徒曰：「我無其事，又無其意，何恤於人言！」夫人言雖未必皆然，而疑似則有以致謗。人必貪財也，而後人疑其盜；人必好色也，而後人疑其淫。何者？未置此司，則無此謗。豈去歲之人皆忠厚，而今歲之人皆虚浮？孔子曰：「工欲善其事，必先利其器。」又曰：「必也正名乎！」今陛下操其器而諱其事，有其名而辭其意，雖家置一喙以自解，市列千金以購人，人必不信，謗亦不止。夫制置三司條例司，求利之名也；六七少年與使者四十餘輩，求利之器也。驅鷹犬而赴林藪，語人曰「我非獵也」，不如放鷹犬而獸自馴。操網罟而入江湖，語人曰「我非漁也」，不如捐網罟而人自信。故臣以爲消讒慝而召和氣，復人心而安國本，則莫若罷制置三司條例司。

夫陛下之所以創此司者，不過以興利除害也。使罷之而利不興，害不除，則勿罷。罷之而天下悅，人心安，興利除害，無所不可，則何苦而不罷？陛下欲去積弊而立法，必使宰相熟議而後行；事若不由中書，則是亂世之法。聖君賢相，夫豈其然？必若立法不免由中書，熟議不免使宰相，此司之設，無乃冗長而無名？

智者所圖，貴於無迹。漢之文、景，紀無可書之事；唐之房、杜，傳無可載之功；而天下之言治者與文、景，言賢者與房、杜。蓋事已立而迹不見，功已成而人不知。故曰：「善用兵者，無赫赫之功。」豈惟用兵？事莫不然。今所圖者，萬分未獲其一也，而迹之布於天下，已若泥中之鬬獸，亦可謂拙謀矣。陛下誠欲富國，擇三司官屬與漕運使副，而陛下與二三大臣，孜孜講求，磨以歲月，則積弊自去而人不知。但恐立志不堅，中道而廢。孟子有言：「其進鋭者其退速。」若有始有卒，自可徐徐；十年之後，何事不立。孔子曰：「欲速則不達，見小利則大事不成。」使孔子而非聖人，則此言亦不可用。書曰：「謀及卿士，至于庶人，翕然大同，乃底元吉。」若逆多而從少，則靜吉而作凶。」今上自宰相大臣，既已辭免不爲，則外之議論，斷亦可知。宰相，人臣也，且不欲以此自汙。而陛下獨安受其名而不辭，非臣愚之所識也。君臣宵旰，幾一年矣；而富國之效，茫如捕風。徒聞内帑出數百萬緡，祠部度五千餘人耳。以此爲術，其誰不能？

且遣使縱横，本非令典。漢武遣繡衣直指、桓帝遣八使，皆以守宰狼籍，盜賊公行，出於無術，行此下策。宋文帝元嘉之政，比於文、景。當時責成郡縣，未嘗遣使；至孝武以爲郡縣遲緩，始命臺使督之；以至蕭齊，此弊不革。故景陵王子良上疏，極言其事，以爲此等「朝辭禁門，情態即異；暮宿州縣，威福便行；驅迫郵傳，折辱守宰。公私勞擾，民不聊生。」唐開元中，宇文融奏置勸農判官，使裴寬等二十九人，並攝御史，分行天下，招攜户口，檢責漏田。時張説、楊瑒、皇甫璟、楊相如，皆以爲不便，而相繼罷黜。雖得户八十餘萬，皆州縣希旨，以主爲客，以少爲多。及使百官集議都省，而公卿以下懼融威勢，不敢異辭。陛下試取其傳而讀之，觀其所行爲是爲否。近者均税寬恤，冠蓋相望，朝廷亦旋覺其非，而天下至今以爲謗。曾未數歲，是非較然。臣恐後之視今，亦猶今之視昔。且其所遣，尤不適宜：事少而員多，人輕而權重。夫人輕而權重，則人多不服，或致侮慢以興爭；事少而員多，則無以爲功，必須生事以塞責。陛下雖嚴賜約束，不許邀功；然人臣事君之常情，不從其令而從其意。今朝廷之意，好動而惡静，好同而惡異；指趣所在，誰敢不從？臣恐陛下赤子，自此無寧歲矣。至於所行之事，行路皆知其難。何者？汴水濁流，自生民以來，不以種稻。秦人之歌曰：「涇水一石，其泥數斗，且溉且糞，長我禾黍。」何嘗言「長我粳稻」耶？今欲陂而清之，萬頃之稻，必用千頃之陂，一歲一淤，三歲而滿矣。陛下遽信其説，即使相視地形。萬一官吏苟且順從，真謂陛下有意興作，上糜帑廩，下奪農時。堤防一開，水失故道；雖食議者之肉，何補於民？天下久平，民物滋息；四方遺利，蓋略盡矣。今欲鑿空尋訪水利，所謂「即鹿無虞」，豈惟徒勞，必大煩擾。凡所擘畫利害，不問何人，小則隨事酬勞，大則量才録用；若官司格沮，並重行黜降，不以赦原；若才力不辦興修，便許申奏替换。賞可謂重，罰可謂輕，然並終不言諸色人妄有申陳，或官司誤興功役，當得何罪？如此，則妄庸輕剽，浮浪姦人，自此争言水利矣；成功則有賞，敗事則無誅。官司雖知其疏，豈可便行抑退？所在追集老少，相視可否；吏卒所過，雞犬一空，若非灼然難行，必須且爲興役。何則？格沮之罪重，而誤興之過輕；人多愛身，勢必如此。且古陂廢堰多爲側近冒耕，歲月既深，已同永業。苟欲興復，必盡追收。人心或摇，甚非善政。又有好訟之黨，多怨之人，妄言某處可作陂渠，規壞所怨田産；或指人舊業以爲官陂，冒田之訟，必倍今日。臣不知朝廷本無一事，何苦而行此哉？

自古役人必用鄉户，猶食之必用五穀，衣之必用絲麻，濟川之必用舟楫，行地之必用牛馬；雖其間或有以他物充代，然終非天下所可常行。今者徒聞江浙之間數郡雇役，而欲措之天下，是猶見燕晉之棗栗，岷蜀之蹲鴟，而欲以廢五穀，豈不難哉？又欲官賣所在坊場，以充衙前雇直；雖有長役，更無酬勞。長役所得既微，自此必漸衰散，則州郡事體，憔悴可知。士大夫捐親戚、棄墳墓，以從官於四方者，宣力之餘，亦欲取樂，此人之至情也。若凋敝太甚，厨傳蕭然，則似危邦之陋風，恐非太平之盛觀。陛下誠慮及此，必不肯爲。且今法令莫嚴於御軍，軍法莫嚴於逃竄；禁軍三犯，厢軍五犯，大率處死；然逃軍常半天下。不知雇人爲役，與厢軍何異？若有逃者，何以罪之？其勢必輕於逃軍，則其逃必甚於今日。爲其官長，不亦難乎？近者雖使鄉户頗得雇人，然至於所雇逃亡，鄉户猶任其責。今遂欲於兩税之外，別立一科，謂之庸錢，以備官雇。則雇人之責，官所自任矣。自唐楊炎廢租庸調以爲兩税，取大曆十四年應於賦斂之數，以定兩税之額，則是租調與庸，兩税既兼之矣。今兩税如故，奈何復欲取庸？聖人立法，必慮後世，豈可於常税之外，別出科名哉？萬一不幸，後世有多欲之君，輔之以聚斂之臣，庸錢不除，差役仍舊，使天下怨毒；推所從來，則必有任其咎者矣。又欲使坊郭等第之民，與鄉户均役；品官形勢之家，與齊民並事。其説曰：「周禮：田不耕者出屋粟，宅不毛者有里布。而漢世宰相之子不免戍邊。」此其所以藉口也。古者官養民，今者民養官。給之以田而不耕，勸之以農而不力，於是乎有里布、屋粟、夫家之征。而民無以爲生，去爲商賈，事勢當耳，何名役之？且一歲之戍，不過三日；三日之雇，其直三百。今世三大户之役，自公卿以降，無得免者，其費豈特三百而已？大抵事若可行，不必皆有故事。若民所不悦，俗所不安，縱有經典明文，無補於怨。若行此二者，必怨無疑。女户、單丁，蓋天民之窮者也；古之王者，首務恤此。而今陛下首欲役之。此等苟非户將絶而未亡，則是家有丁而尚幼。若假之數歲，則必成丁而就役，老死而没官。富有四海，忍不加恤。孟子曰：「始作俑者，其無後乎！」春秋書作丘甲、用田賦，皆重其始爲民患也。

青苗放錢，自昔有禁。今陛下始立成法，每歲常行，雖云不許抑配，而數世之後，暴君汙吏，陛下能保之歟？異日天下恨之，國史記之，曰「青苗錢自陛下始」，豈不惜哉！且東南買絹，本用見錢；陝西糧草，不許折兑。朝廷既有著令，職司又每舉行；然而買絹未嘗不折鹽，糧草未嘗不折鈔，乃知青苗不許抑配之説，亦是空文。只如治平之初，揀刺義勇，當時詔旨慰諭，明言永不成邊，著在簡書，有如盟約。於今幾日，議論已摇；或以代還東軍，或欲抵換弓手。約束難恃，豈不明哉！縱使此令決行，果不抑配，計其間願請之户，必皆孤貧不濟之人家。若自有贏餘，何至與官交易？此等鞭撻已急，則繼之以逃亡；逃亡之餘，則均之鄰保；勢有必至，理有固然。且夫常平之爲法也，可謂至矣，所守者約，而所及者廣。借使萬家之邑，止有千斛，而穀貴之際，千斛在市，物價自平。一市之價既平，一邦之食自足。無操瓢乞匄之弊，無里正催驅之勞。今若變爲青苗，家貸一斛，則千户之外，孰救其饑？且常平官錢，常患其少，若盡數收糴，則無借貸；若留充借貸，則所糴幾何。乃知常平、青苗，其勢不能兩立。壞彼成此，所喪愈多；虧官害民，雖悔何逮！臣竊計陛下欲考其實，必然問人；人知陛下方欲力行，必謂此法有利無害。以臣愚見，恐未可憑。何以明之？臣頃在陝西，見刺義勇，提舉諸縣，臣常親行。愁怨之民，哭聲振野。當時奉使還者，皆言民盡樂爲。希合取容，自古如此。不然，則山東之盜，二世何緣不覺？南詔之敗，明皇何緣不知？今雖未至於斯，亦望陛下審聽而已。

昔漢武之世，財力匱竭，用賈人桑弘羊之説，買賤賣貴，謂之均輸，於時商賈不行，盜賊滋熾，幾至於亂。孝昭既立，學者争排其説，霍光順民所欲，從而予之，天下歸心，遂以無事。不意今者此論復興，立法之初，其説尚淺。徒言徙貴就賤，用近易遠；然而廣置官屬，多出緡錢，豪商大賈皆疑而不敢動，以爲雖不明言販賣，然既已許之變易；變易既行，而不與商賈争利者，未之聞也。夫商賈之事，曲折難行：其買也，先期而與錢；其賣也，後期而取直。多方相濟，委曲相通；倍稱之息，由此而得。今官買是物，必先設官置吏，簿書廩禄，爲費已厚。非良不售，非賄不行，是以官買之價，比民必貴。及其賣也，弊復如前。商賈之利，何緣而得？朝廷不知慮此，乃捐五百萬緡以與之。此錢一出，恐不可復；縱使其間薄有所獲，而征商之額，所損必多。今有人爲其主牧牛羊，不告其主，而以一牛易五羊，一牛之失，則隱而不言；五羊之獲，則指爲勞績；陛下以爲壞常平而言青苗之功，虧商税而取均輸之利，何以異此？

陛下天機洞照，聖略如神；此事至明，豈有不曉？必謂已行之事，不欲中變，恐天下以爲執德不一，用人不終；是以遲留歲月，庶幾萬一。臣竊以爲過矣。古之英主，無出漢高；酈生謀撓楚權，欲復六國，高祖曰：「善，趣刻印。」及聞留侯之言，吐哺而駡曰：「趣銷印。」夫稱善未幾，繼之以駡，刻印銷印，有同兒戲，何嘗累高祖之知人？適足明聖人之無我。陛下以爲可而行之，知其不可而罷之，至聖至明，無以加此。議者必謂「民可與樂成，難與慮始」，故陛下堅執不顧，期於必行。此乃戰國貪功之人，行險僥倖之說。陛下若信而用之，則是狥高論而逆至情，持空名而邀實禍，未及樂成而怨已起矣。臣之所願結人心者，此之謂也。

士之進言者爲不少矣，亦嘗有以國家之所以存亡、曆數之所以長短告陛下者乎？夫國家之所以存亡者，在道德之淺深，而不在乎强與弱；曆數之所以長短者，在風俗之厚薄，不在乎富與貧。道德誠深，風俗誠厚，雖貧且弱，不害於長而存；道德誠淺，風俗誠薄，雖强且富，不救於短而亡。人主知此，則知所輕重矣。是以古之賢君，不以弱而亡道德，不以貧而傷風俗。而智者觀人之國，亦必以此察之。齊至强也，周公知其後必有簒弑之臣。衛至弱也，季札知其後亡。吴破楚入郢，而陳大夫逢滑知楚之必復。晉武既平吴，何曾知其將亂。隋文既平陳，房喬知其不久。元帝斬郅支，朝呼韓，功多於武、宣矣，偷安而王氏之釁生。宣宗收燕趙，復河湟，力强於憲武矣，銷兵而龐勛之亂起。故臣願陛下務崇道德而厚風俗，不願陛下急於有功而貪富强。使陛下富如隋，强如秦，西取靈武，北取燕薊，謂之有功可也；而國之長短，則不在此。夫國之長短，如人之壽夭，人之壽夭在元氣，國之長短在風俗。世有尫羸而壽考，亦有盛壯而暴亡；若元氣猶存，則尫羸而無害；及其已耗，則盛壯而愈危。是以善養生者，慎起居，節飲食，道引關節，吐故納新；不得已而用藥，則擇其品之上、性之良，可以久服而無害者，則五臟和平而壽命長。

不善養生者，薄節慎之功，遲吐納之效，厭上藥而用下品，伐真氣而助强陽，根本已空，僵仆無日。天下之勢，與此無殊。故臣願陛下愛惜風俗，如護元氣。

古之聖人，非不知深刻之法可以齊衆，勇悍之夫可以集事，忠厚近於迂闊，老成初若遲鈍。然終不肯以彼而易此者，知其所得小而所喪大也。曹參，賢相也，曰：「慎無擾獄市。」黄霸，循吏也，曰：「治道去泰甚。」或譏謝安以清談廢事，安笑曰：「秦用法吏，二世而亡。」劉晏爲度支，專用果鋭少年，務在急速集事，好利之黨，相師成風。德宗初即位，擢崔祐甫爲相，祐甫以道德寬大，推廣上意，故建中之政，其聲翕然，天下想望，庶幾貞觀。及盧杞爲相，諷上以刑名整齊天下，馴致澆薄，以及播遷。我仁祖之御天下也，持法至寬，用人有叙，專務掩覆過失，未嘗輕改舊章。然考其成功，則曰未至。以言乎用兵，則十出而九敗。以言乎府庫，則僅足而無餘。徒以德澤在人，風俗知義，是以升遐之日，天下如喪考妣。社稷長遠，終必賴之，則仁祖可謂知本矣。今議者不察，徒見其末年吏多因循，事不振舉，乃欲矯之以苛察，齊之以智能，招來新進勇鋭之人，以圖一切速成之效，未享其利，澆風已成。且天時不齊，人誰無過，國君含垢，至察無徒。若陛下多方包容，則人材取次可用。必欲廣置耳目，務求瑕疵，則人不自安，各圖苟免，恐非朝廷之福，亦豈陛下所願哉！漢文欲用虎圈嗇夫，釋之以爲利口傷俗。今若以口舌捷給而取士，以應對遲鈍而退人，以虚誕無實爲能文，以矯激不仕爲有德。則先王之澤，遂將散微。

自古用人，必須歷試；雖有卓異之器，必有已試之功；一則使其更變而知難，事不輕作；一則待其功高而望重，人自無辭。昔先主以黄忠爲後將軍，而諸葛亮憂其不可，以爲忠之名望，素非關、張之倫，若班爵遽同，則必不悦。其後關羽果以爲言。以黄忠豪勇之姿，以先主君臣之契，尚復慮此，況其他乎？世嘗謂漢文不用賈生，以爲深恨；臣嘗推究其旨，竊謂不然。賈生固天下之奇才，所言亦一時之良策；然請爲屬國，欲係單于，則是處士之大言，少年之鋭氣。昔高祖以三十萬衆，困於平城，當時將相群臣，豈無賈生之比？三表五餌，人知其疏，而欲以困中行説，尤不可信矣。兵，凶器也，而易言之；正如趙括之輕秦，李信之易楚。若文帝亟用其説，則天下殆將不安。使賈生嘗歷艱難，亦必自悔其説；用之晚歲，其術必精。不幸喪亡，非意所及。不然，文帝豈棄才之主，絳、灌豈蔽賢之士？至於鼂錯，尤號刻薄，文帝之世，止於太子家令；而景帝既立，以爲御史大夫。申屠賢相，發憤而死。紛更政令，天下騷然。及至七國發難，而錯之術亦窮矣。文、景優劣，於此可見。大抵名器爵禄，人所奔趨，必使積勞而後遷，以明持久而難得，則人各安其分，不敢躁求。今若多開驟進之門，使有意外之得，公卿侍從，跬步可圖，其得者既不肯以僥倖自名，則其不得者必皆以沉淪爲恨。使天下常調，舉生妄心，恥不若人，何所不至？欲望風俗之厚，豈可得哉！選人之改京官，常須十年以上，薦更險阻，計析毫釐；其間一事聲牙，常至終身淪棄。今乃以一人之薦，舉而予之，猶恐未稱，章服隨至。使積勞久次而得者，何以厭服哉？夫常調之人，非守則令，員多闕少，久已患之；不可復開多門，以待巧進。若巧者侵奪已甚，則拙者迫怵無聊。利害相形，不得不察。故近歲樸拙之人愈少，而巧進之士益多。惟陛下重之惜之，哀之救之！如近日三司獻言，使天下郡選一人，催驅三司文字，許之先次指射，以酧其勞。則數年之後，審官吏部，又有三百餘人，得先占闕。常調待次，不其愈難？此外勾當發運均輸，按行農田水利，已振監司之體，各懷進用之心。轉對者望以稱旨而驟遷，奏課者求爲優等而速化，相勝以力，相高以言，而名實亂矣。惟陛下以簡易爲法，以清淨爲心，使姦無所緣，而民德歸厚。臣之所願厚風俗者，此之謂也。

古者建國，使内外相制，輕重相權。如周、如唐，則外重而内輕；如秦、如魏，則外輕而内重。内重之弊，必有姦臣指鹿之患；外重之弊，必有大國問鼎之憂。聖人方盛而慮衰，當先立法以救弊。國家租賦籍於計省，重兵聚於京師，以古揆今，則似内重。恭惟祖宗所以深計而預圖，固非小臣所能臆度而周知。然觀其委任臺諫之一端，則是聖人過防之至計。歷觀秦漢以及五代，諫諍而死，蓋數百人。而自建隆以來，未嘗罪一言者；縱有薄責，旋即超升。許以風聞，而無官長。風采所繫，不問尊卑。言及乘輿，則天子改容。事關廊廟，則宰相待罪。故仁宗之世，議者譏宰相但奉行臺諫風旨而已。聖人深意，流俗豈知？臺諫固未必皆賢，所言亦未必皆是；然須養其鋭氣而借之重權者，豈徒然哉？將以折姦臣之萌，而救内重之弊也。夫姦臣之始，以臺諫折之而有餘；及其既成，以干戈取之而不足。今法令嚴密，朝廷清明。所謂姦臣，萬無此理。然養猫所以去鼠，不可以無鼠而養不捕之猫；畜狗所以防姦，不可以無姦而畜不吠之狗。陛下得不上念祖宗設此官之意，下爲子孫立萬世之防？朝廷紀綱，孰大於此？臣自幼小所記，及聞長老之談，皆謂臺諫所言，常隨天下公議；公議所與，臺諫亦與之；公議所擊，臺諫亦擊之。及至英廟之初，始建稱親之議，本非人主大過，亦無禮典明文。徒以衆心未安，公議不允。當時臺諫，以死爭之。今者物論沸騰，怨讟交至，公議所在，亦可知矣。而相顧不發，中外失望。夫彈劾積威之後，雖庸人亦可以奮揚；風采消委之餘，雖豪傑有所不能振起。臣恐自兹以往，習慣成風，盡爲執政私人，以致人主孤立。紀綱一廢，何事不生？孔子曰：「鄙夫可與事君也歟哉？其未得之也，患不得之；既得之，患失之。苟患失之，無所不至矣。」臣始讀此書，疑其太過，以爲鄙夫之患失，不過備位而苟容。及觀李斯憂蒙恬之奪其權，則立二世以亡秦；盧杞憂懷光之數其惡，則誤德宗以再亂。其心本生於患失，而其禍乃至於喪邦。孔子之言，良不爲過。是以知爲國者，平居必常有忘軀犯顔之士，則臨難庶幾有徇義守死之臣。若平居尚不能一言，則臨難何以責其死節？人臣苟皆如此，天下亦曰殆哉。君子和而不同，小人同而不和；和如和羹，同如濟水。故孫寶有言：「周公大聖，召公大賢，猶不相悦，著於經典，兩不相損。」晉之王導，可謂元臣，每與客言，舉坐稱善。而王述不悦，以爲「人非堯舜，安得每事盡善」，導亦斂祗謝之。若使言無不同，意無不合，更唱迭和，何者非賢？萬一有小人居其間，則人主何緣知覺？臣之所謂願存紀綱者，此之謂也。

臣非敢歷詆新政，苟無異論。如近日裁減皇族恩例，刊定任子條式，修完器械，閱習鼓旗，皆陛下神算之至明，乾剛之必斷。物議既允，臣敢有辭？然至於所獻之三言，則非臣之私見，中外所病，其誰不知？昔禹戒舜曰：「無若丹朱傲，惟慢遊是好。」舜豈有是哉？周公戒成王曰：「毋若商王受之迷亂，酗於酒德。」成王豈有是哉？周昌以漢高爲桀、紂，劉毅以晉武爲桓、靈，當時人君，曾莫之罪，而書之史册，以爲美談。使臣所獻三言，皆朝廷未嘗有此，則天下之幸，臣與有焉。若有萬一似之，則陛下安可不察？然而臣之爲計，可謂愚矣。以螻蟻之命，試雷霆之威；積其狂愚，豈可屢赦？大則身首異處，破壞家門；小則削籍投荒，流離道路。雖然，陛下必不爲此。何也？臣天賜至愚，篤於自信，向者與議學校貢舉，首違大臣本意；已期竄逐，敢意自全；而陛下獨然其言，曲賜召對，從容久之，至謂臣曰：「方今政令得失安在？雖朕過失，指陳可也。」臣即對曰：「陛下生知之性，天縱文武，不患不明，不患不勤，不患不斷；但患求治太速，進人太鋭，聽言太廣。」又俾具述所以然之狀。陛下頷之曰：「卿所獻三言，朕當熟思之。」臣之狂愚，非獨今日，陛下容之久矣。豈其容之於始，而不赦之於終？恃此而言，所以不懼。臣之所懼者，譏刺既衆，怨仇實多，必將詆臣以深文，中臣以危法，使陛下雖欲赦臣而不得，豈不殆哉？

死亡不辭，但恐天下以臣爲戒，無復言者。是以思之經月，夜以繼日，書成復毁，至於再三。感陛下聽其一言，壞不能已，卒進其説。惟陛下憐其愚忠而卒赦之，不勝俯伏待罪憂恐之至。

議學校貢舉劄子

准敕講求學校貢舉利害，令臣等各具議狀聞奏者。

右臣伏以得人之道，在於知人，知人之法，在於責實。使君相有知人之才，朝廷有責實之政，則胥史皁隸，未嘗無人，而況於學校貢舉乎？雖因今之法，臣以爲有餘。使君相無知人之才，朝廷無責實之政，則公卿侍從，猶患無人，況學校貢舉乎？雖復古之制，臣以爲不足矣。

夫時有可否，物有廢興。方其所安，雖暴君不能廢。及其既厭，雖聖人不能復。故風俗之變，法制隨之。譬如江河之徙移，順其所欲行而治之，則易爲功，彊其所不欲而復之，則難爲力。使三代聖人復生於今，其選舉養才，亦必有道矣，何必由學。且天下固嘗立學矣，慶曆之間，以爲太平可待，至於今日，惟有空名僅存。今陛下必欲求德行道藝之士，責九年大成之業，則將變今之禮，易今之俗，又當發民力以治宫室，斂民財以養遊士。百里之内，置官立師，獄訟聽於是，軍旅謀於是，又當以時簡不率教者，屏之遠方，終身不齒，則無乃徒爲紛亂，以患苦天下耶？若乃無大變改，而望有益於時，則與慶曆之際何異？故臣以謂今之學校，特可因循舊制，使先王之舊物不廢於吾世，足矣。

至於貢舉之法，行之百年，治亂盛衰，初不由此。陛下視祖宗之世貢舉之法，與今爲孰精？言語文章，與今孰爲優？所得文章長才，與今爲孰多？天下之士，與今孰爲辯？較此四者，而短長之議決矣。今議者所變改，不過數端。或曰鄉舉德行而略文章；或曰專取策論而罷詩賦；或欲舉唐室故事，兼採譽望，而罷封彌；或欲罷經生朴學，不用貼墨，而考大義。此數者皆知其一，不知其二者也。臣請歷言之。

夫欲興德行，在於君人者修身以格物，審好惡以表俗，孟子所謂「君仁莫不仁，君義莫不義」，君之所向，天下趨焉。若欲設科立名以取之，則是教天下相率而爲僞也。上以孝取人，則勇者割股，怯者廬墓。上以廉取人，則弊車羸馬，惡衣菲食。凡可以中上意，無所不至矣。德行之弊，一至於此乎！自文章而言之，則策論爲有用，詩賦爲無益；自政事言之，則詩賦、策論均爲無用矣。雖知其無用，然自祖宗以來莫之廢者，以爲設法取士，不過如此也。豈獨吾祖宗，自古堯舜亦然。書曰：「敷奏以言，明試以功。」自古堯舜以來，進人何嘗不以言，試人何嘗不以功乎？議者必欲以策論定賢愚能否，臣請有以質之。近世士大夫文章華靡者，莫如楊億，使楊億尚在，則忠清鯁亮之士也，豈得以華靡少之？通經學古，莫如孫復、石介，使孫復、石介尚在，則迂闊矯誕之士也，又可施之於政事之間乎？自唐至今，以詩賦爲名臣者，不可勝數，何負於天下，而必欲廢之。近世士人纂類經史，綴緝時務，謂之策括，待問條目，搜抉略盡，臨時剽竊，竄易首尾，以眩有司。有司莫能辨也。且其爲文也，無規矩準繩，故學之易成；無聲病對偶，故考之難精。以易學之士，付難考之吏，其弊有甚於詩賦者矣。唐之通牓，故是弊法。雖有以名取人，厭伏衆論之美，亦有賄賂公行，權要請託之害。一使恩去王室，權歸私門，降及中葉，結爲朋黨之論。通牓取人，又豈足尚哉！諸科舉人，多出三路。能文者既已變而爲進士，曉義者又皆去以爲明經，其餘皆朴魯不化者也。至於人才，則有定分，施之有政，能否自彰。今進士日夜治經傳，子史，貫穿馳騖，可謂博矣。至於臨政，曷嘗用其一二？顧視舊學，已爲虛器，而欲使此等分別注疏，粗識大義，而望其才能增長，亦已疏矣。臣故曰：此數者皆知其一，而不知其二也。

特願陛下留意其遠者大者。必欲登俊良，黜庸回，總覽衆才，經略世務，則在陛下與二三大臣，下至諸路職司與良二千石耳，區區之法何預焉。然臣竊有私憂過計者，敢不以告。昔王衍好老莊，天下皆師之，風俗陵夷，以至南渡。王縉好佛，捨人事而修異教，大曆之政，至今爲笑。故孔子罕言命，則爲知者少也。子貢曰：「夫子之文章，可得而聞也。夫子之言性與天道，不可得而聞也。」夫性命之説，自子貢不得聞，而今之學者，恥不言性命，此可信也哉？今士大夫至以佛老爲聖人，粥書於市者，非莊老之書不售也。讀其文，浩然無當而不可窮；觀其貌，超然無著而不可挹，此豈真能然哉！蓋中人之性，安於放而樂於誕耳。使天下之士，能如莊周齊生死，一毁譽，輕富貴，安貧賤，則人主之名器爵禄，所以礪世磨鈍者，廢矣。陛下亦安用之？而况其實不能，而竊取其言以欺世者哉！臣願陛下明敕有司，試之以法言，取之以實學。博通經術者，雖樸不廢，稍涉浮議者，雖工必黜。則風俗稍厚，學術近正，庶幾得忠實之士，不至蹈衰季之風，則天下幸甚。

必程朱所議，乃本末兼貫。而子瞻所言士習偷苟、無法以禦處，足使學者愧生而顔赧，亦有補於世教。

與李方叔書

屢獲來教，因循不一裁答，悚息不已。比日履兹秋暑，起居佳勝，録示子駿行狀及數詩，辭意整暇，有加於前，得之極喜慰。累書見責以不相薦引，讀之甚愧。然其説不可不盡。君子之知人，務相勉於道，不務相引於利也。足下之文，過人處不少，如李氏墓表及子駿行狀之類，筆勢翩翩，有可以追古作者之道。至若前所示兵鑑，則讀之終篇，莫知所謂。意者足下未甚有得於中而張其外者；不然，則老病昏惑，不識其趣也。以此，私意猶冀足下積學不倦，落其華而成其實。深願足下爲禮義君子，不願足下豐於財而廉於德也。若進退之際，不甚慎静，則於定命不能有毫髮增益，而於道德有丘山之損矣。

古之君子，貴賤相因，先後相援，固多矣。軾非敢廢此道，平生相知，心所謂賢者則於稠人中譽之，或因其言以考其實，實至則名隨之，名不可掩，其自爲世用，理勢固然，非力致也。陳履常居都下逾年，未嘗一至貴人之門，章子厚欲一見，終不可得。中丞傅欽之、侍郎孫莘老薦之，軾亦掛名其間。會朝廷多知履常者，故得一官。軾孤立言輕，未嘗獨薦人也。爵禄乃人主所專，宰相猶不敢必，而欲責於軾，可乎？東漢處士私相謚，非古也。殆似丘明爲素臣，當得罪於孔門矣。孟生貞曜，蓋亦蹈襲流弊，不足法，而況近相名字者乎？甚不願足下此等也。軾於足下非愛之深、期之遠，定不及此，猶能察其意否？近秦少游有書來，亦論足下近文益奇。明主求人如不及，豈有終汩没之理？足下但信道自守，當不求自至。若不深自重，恐喪失所有。言切而盡，臨紙悚息。未即會見，千萬保愛。近夜眼昏，不一，不一。

答謝舉廉書

軾受性剛簡，學迂材下，坐廢累年，不敢復齒縉紳。自還海北，見平生親舊，惘然如隔世人;況與左右無一日之雅,而敢求交乎?數賜見臨,傾蓋如故,幸甚過望,不敢言也。所示書教及詩賦雜文,觀之熟矣。大略如行雲流水,初無定質,但常行於所當行,常止於不可不止;文理自然,恣態横生。孔子曰:「言之不文,行之不遠。」又曰:「辭達而已矣。」夫言止於達意,則疑若不文,是大不然。求物之妙,如繫風捕影;能使是物了然於心者,蓋千萬人而不一遇也,而況能使了然於口與手者乎?是之謂辭達。辭至於能達,則文不可勝用矣。

揚雄好爲艱深之詞,以文淺易之説;若正言之,則人人知之矣。此正所謂雕蟲篆刻者。其太玄、法言皆是物也;而獨悔於賦,何哉?終身雕蟲,而獨變其音節,便謂之經,可乎?屈原作離騷經,蓋風、雅之再變者,雖與日月争光可也。可以其似賦而謂之雕蟲乎?使賈誼見孔子,升堂有餘矣,而乃以賦鄙之,至與司馬相如同科。雄之陋,如此比者甚衆。可與知者道,難與俗人言也。因論文偶及之耳。歐陽文忠公言文章如精金美玉,市有定價,非人所能以口舌貴賤也。紛紛多言,豈能有益於左右?愧悚不已。

揚雄之文,雖韓子猶躋之子長、相如之列,至永叔、子瞻始辨其陋,可謂卓識。

答劉沔書

軾頓首都曹劉君足下。蒙示書教，及編録拙詩文二十卷。軾平生以言語文字見知於世，亦以此取疾於人，得失相補，不如不作之安也。以此常欲焚棄筆硯，爲瘖默人，而習氣宿業，未能盡去。亦謂隨手雲散鳥没矣，不知足下默隨其後，掇拾編綴，略無遺者。覽之慚汗，可爲多言之戒。

然世之蓄軾詩文者多矣，率真僞相半，又多爲俗子所改竄，讀之使人不平。然亦不足怪。識真者少，蓋從古所病。梁蕭統集文選，世以爲工。以軾觀之，拙於文而陋於識者，莫統若也。宋玉賦高唐、神女，其初略陳所夢之因，如子虛、亡是公相與問答，皆賦矣，而統謂之叙，此與兒童之見何異？李陵、蘇武，贈别長安，而詩有江漢之語。及陵與武書，詞句儇淺，正齊梁間小兒所擬作，决非西漢文。而統不悟，劉子玄獨知之。范曄作蔡琰傳，載其二詩，亦非是。董卓已死，琰乃流落，方卓之亂，伯喈尚無恙也，而其詩乃云以卓亂故，流入於胡，此豈真琰語哉？其筆勢乃效建安七子者，非東漢詩也。李太白、韓退之、白樂天詩文，皆爲庸俗所亂，可爲太息。今足下所示二十卷，無一篇僞者，又少謬誤。及所示書詞，清婉雅奥，有作者風氣，知足下致力於斯文久矣。

某窮困，本坐文字，蓋願刳形去皮而不可得者。然幼子過文益奇，在海外孤寂無寥，過時出一篇見娱，則爲數日喜，寢食有味。以此知文章如金玉珠貝，未易鄙棄也。見足下詞學如此，又喜吾同年兄龍圖之有後也。故勉作報書。忽忽，不宣。

用此見古人讀書不索之形骸之外，而必洞見其五藏癥結。太史公云：「好學深思，心知其意。」蓋雖好學而不深思，末由心知其意也。

答李端叔書

軾聞足下名久矣，又於相識處，往往見所作詩文，雖不多，亦足以髣髴其爲人矣。尋常不通書問，怠慢之罪，猶可闊略。及足下斬然在疚，亦不能以一字奉慰。舍弟子由至，先蒙惠書，又復懶不即答，頑鈍廢禮，一至於此。而足下終不棄絶，遞中再辱手書，待遇益隆，覽之面熱汗下也。

足下才高識明，不應輕許與人，得非用黄魯直、秦太虚輩語，真以爲然耶？不肖爲人所憎，而二子獨喜見譽，如人嗜昌歜、羊棗，未易詰其所以然者。以二子爲妄則不可，遂欲以移之衆口，又大不可也。

軾少年時讀書作文，專爲應舉而已。既及進士第，貪得不已，又舉制策，其實何所有。而其科號爲「直言極諫」，故每紛然誦説古今，考論是非，以應其名耳。人苦不自知，既以此得，因以爲實能之，故譊譊至今，坐此得罪幾死。所謂「齊虜以口舌得官」，真可笑也。然世人遂以軾爲欲立異同，則過矣。妄論利害，攙説得失，此正制科人習氣。譬之候蟲時鳥，自鳴自已，何足爲損益？軾每怪時人待軾過重，而足下又復稱説如此，愈非其實。

得罪以來，深自閉塞，扁舟草屨，放浪山水間，與樵漁雜處，往往爲醉人所推罵，輒自喜漸不爲人識。平生親友無一字見及，有書與之亦不答，自幸庶幾免矣。足下又復創相推與，甚非所望。木有癭，石有暈，犀有通，以取妍於人，皆物之病也。謫居無事，默自觀省，回視三十年以來所爲，多其病者。足下所見皆故我，非今我也；無乃聞其聲不考其情，取其華而遺其實乎？抑將又有取於此也？此事非相見不能盡。自得罪後，不敢作文字。此書雖非文，然信筆書意，不覺累幅，亦不須示人。必喻此意。

思治論

方今天下何病哉？其始不立，其卒不成，惟其不成，是以厭之而愈不立也。凡人之情，一舉而無功則疑，再則勸，三則去之矣。今世之士，所以相顧而莫肯爲者，非其無有忠義慷慨之志也，又非其才術謀慮不若人也，患在苦其難成而不復立；不知其所以不成者，罪在於不立也，苟立而成矣。

今世有三患，而終莫能去。其所從起者，則五六十年矣。自宮室禱祠之役興，錢幣茶鹽之法壞，加之以師旅，而天下常患無財。五六十年之間，下之所以游談聚議，而上之所以變政易令以求豐財者，不可勝數矣，而財終不可豐。自澶淵之役，北虜雖求和，而終不得其要領。其後重之以西羌之變，而邊陲不寧，二國益驕。以戰則不勝，以守則不固，而天下常患無兵。五六十年之間，下之所以游談聚議，而上之所以變政易令以求强兵者，不可勝數矣，而兵終不可强。自選舉之格嚴，而吏拘於法，不志於功名，考功課吏之法壞；而賢者無所勸，不肖者無所懼，而天下常患無吏。五六十年之間，下之所以游談聚議，而上之所以變政易令以求擇吏者，不可勝數矣，而吏終不可擇。財之不可豐，兵之不可强，吏之不可擇，是豈真不可耶？故曰：其始不立，其卒不成，惟其不成，是以厭之而愈不立也。

夫所貴於立者，以其規模先定也。古之君子，先定其規模，而後從事，故其應也有候，而其成也有形。衆人以爲是汗漫不可知，而君子以爲理之必然，如炊之無不熟，種之無不生也。是故其用力省而成功速。昔者子太叔問政於子産。子産曰：「政如農功，日夜以思之，思其始而圖其終，朝夕而行之，行無越思，如農之有畔。」子産以爲不思而行，與凡行而出於思之外者，如農之無畔也。其始雖勤，而終必棄之。今夫富人之營宮室也，必先料其資財之豐約，以制宮室之大小，既内決於心，然後擇工之良者，而用一人焉。必告之曰：「吾將爲屋若干，度用材幾何，役夫幾人，幾日而成，土石材葦，吾於何取之。」其工之良者必告之曰：「某所有木，某所有石，用財、役夫若干，某日而成。」主人率以聽焉。及期而成，既成而不失當，則規模之先定也。

今治天下則不然，百官有司，不知上之所欲爲也，而人各有心。好大者欲工，好權者欲霸，而媮者欲休息，文吏之所至則治刑獄，而聚斂之臣則以貨財爲急。民不知其所適從也。及其發一政，則曰：「姑試行之而已，其濟與否，固未可知也。」前之政未見其利害，而後之政復發矣。凡今之所謂新政者，聽其始之議論，豈不甚美而可樂哉？然而布出於天下，而卒不知其所終。何則？其規模不先定也。用舍係於好惡，而廢興決於衆寡。故萬全之利，以小不便而廢者有之矣；百世之患，以小利而不顧者有之矣。所用之人無常責，而所發之政無成效。此猶適千里不賫糧，而假丐於塗人；治病不知其所當用之藥，而百藥皆試，以僥倖於一物之中。欲三患之去，不可得也。

昔者太公治齊，周公治魯，至於數十世之後，子孫之彊弱，風俗之好惡，皆可得而逆知之。何者？其所施專一，則其勢固有以使之也。管仲相桓公，自始爲政而至於霸，其所施設，皆有方法。及其成功，皆知其所以然，至今可覆也。咎犯之在晉，范蠡之在越，文公、句踐嘗欲用其民，而二臣皆以爲未可，及其以爲可用也，則破楚滅吴，如寄諸其鄰而取之。此無他，見之明而策之熟也。

夫今之世，亦與明者熟策之而已。士争言曰「如是而財可豐」，「如是而兵可彊」，「如是而吏可擇」。吾從其可行者而規模之，發之以勇，守之以專，達之以彊，日夜以求合於其所規模之内，而無務出於其所規模之外。其人專，其政一，然而不成者，未之有也。財之不豐，兵之不彊，吏之不擇，此三者，存亡之所從出，而天下之大事也。夫以天下之大事，而有一人焉獨擅而兼言之，則其所以治此三者之術，其得失固不可知也。雖不可知，而此三者決不可不治者，可知也。

是故不可以無術。其術非難知而難聽，非難聽而難行，非難行而難收。孔子曰：「好謀而成。」使好謀而不成，不如無謀。蓋世有好劍者，聚天下之良金，鑄之三年而成，以爲吾劍天下莫敵也，劍成而狼戾缺折不可用。何者？是知鑄而不知收也。今世之舉事者，雖其甚小，而欲成之者常不過數人，欲壞之者常不可勝數。可成之功常難形，若不可成之狀常先見。上之人方且眩瞀而不自信，又何暇及於收哉！

古之人，有犯其至艱而圖其至遠者，彼獨何術也？且非特聖人而已，商君之變秦法也，攖萬人之怒，排舉國之説，勢如此其逆也。蘇秦之爲從也，合天下之異以爲同，聯六姓之疏以爲親，計如此其迂也。淮陰侯請於高帝，求三萬人，願以北舉燕趙，東擊齊，南絶楚之糧道，而西會於滎陽。耿弇亦言於世祖，欲先定漁陽，取涿郡，還收富平而東下齊，世祖以爲落落難合。此皆越人之都邑而謀人國，功如此其疏也。然而四子者行之若易然，出於其口，成於其手。以爲既已許吾君，則親挈而還之。今吾以自有之天下，而行吾所得爲之事，其事又非有所拂逆於天下之意也，非有所待於人而後具也，如有財而自用之，有子而自教之耳。然而政出於天下，有出而無成者，五六十年於此矣！是何也？意者知出而不知收歟？非不知收，意者汗漫而無所收歟？故爲之説曰：先定其規模而後從事。先定者，可以謀人；不先定者，自謀常不給，而况於謀人乎。

且今之世俗，則有所可患者，士大夫所以信服於朝廷者不篤，而皆好議論以務非其上，使人眩於是非，而不知其所從。從之，則事舉無可爲者；不從，則其所行者常多故而易敗。夫所以多故而易敗者，人各持其私意以賊之，議論勝於下，而幸其無功者衆也。富人之謀利也常獲，世以爲福，非也。彼富人者，信於人素深，而服於人素厚，所爲而莫或害之，所欲而莫或非之，事未成而衆已先成之矣。夫事之行也有勢，其成也有氣。富人者，乘其勢而襲其氣也。欲事之易成，則先治其所以信服天下者。天下之事，不可以力勝。力不可勝，則莫若從衆。從衆者，非從衆多之口，而從其所不言而同然者，是真從衆也。衆多之口，非果衆也。特聞於吾耳而接於吾前，未有非其私説者也。於吾爲衆，於天下爲寡。彼衆之所不言而同然者，衆多之口，舉不樂也。以衆多之口所不樂，而棄衆之所不言而同然，則樂者寡而不樂者衆矣。古之人，常以從衆得天下之心，而世之君子，常以從衆失之。不知夫古之人，其所從者，非從其口，而從其所同然也。何以明之？世之所謂逆衆斂怨而不可行者，莫若減任子；然不顧而行之者，五六年矣，而天下未嘗有一言。何則？彼其口之所不樂，而心之所同然也。從其所同然而行之，若猶有言者，則可以勿恤矣。

故爲之説曰：「發之以勇，守之以專，達之以彊。」苟知此三者，非獨爲吾國而已，雖北取契丹可也。

始皇論一

秦始皇帝時，趙高有罪，蒙毅按之，當死，始皇赦而用之。長子扶蘇好直諫，上怒，使北監蒙恬兵於上郡。始皇東游會稽，並海走琅邪，少子胡亥、李斯、蒙毅、趙高從。道病，使蒙毅還禱山川，未反而上崩。李斯、趙高矯詔立胡亥，殺扶蘇、蒙恬、蒙毅，卒以亡秦。

蘇子曰：始皇制天下輕重之勢，使内外相形以禁奸備亂者，可謂密矣。蒙恬將三十萬人，威震北方，扶蘇監其軍；而蒙毅侍帷幄爲謀臣，雖有大奸賊，敢睥睨其間哉？不幸道病，禱祠山川尚有人也，而遺蒙毅，故高、斯得成其謀。始皇之遺毅，毅見始皇病，太子未立而去左右，皆不可以言智。雖然，天之亡人國，其禍敗必出於智所不及。

聖人爲天下，不恃智以防亂，恃吾無致亂之道耳。始皇致亂之道，在用趙高。夫閹尹之禍，如毒藥猛獸，未有不裂肝碎首者也。自書契以來，惟東漢吕彊、後唐張承業二人號稱善良，豈可望一二於千萬，以徼必亡之禍哉！然世主皆甘心而不悔，如漢桓、靈，唐肅、代，猶不足深怪。始皇、漢宣皆英主，亦湛於趙高、恭顯之禍。彼自以爲聰明人傑也，奴僕熏腐之餘何能爲，及其亡國亂朝，乃與庸主不異。吾故表而出之，以戒後世人主如始皇、漢宣者。

或曰：「李斯佐始皇，定天下，不可謂不智。扶蘇親始皇子，秦人戴之久矣。陳勝假其名猶足以亂天下，而蒙恬持重兵在外，使二人不即受誅而復請之，則斯、高無遺類矣。以斯之智而不慮此。何哉？」蘇子曰：嗚呼，秦之失道，有自來矣，豈獨始皇之罪？自商鞅變法，以殊死爲輕典，以參夷爲常法。人臣狼顧脅息，以得死爲幸，何暇復請？方其法之行也，求無不獲，禁無不止，鞅自以爲軼堯舜而駕湯武矣。及其出亡而無所舍，然後知爲法之弊。夫豈獨鞅悔之，秦亦悔之矣。荆軻之變，持兵者熟視始皇環柱而走，莫之救者，以秦法重故也。李斯之立胡亥，不復忌二人者，知威令之素行，而臣子不敢復請也。二人之不敢請，亦知始皇之鷙悍而不可回也，豈料其僞也哉！周公曰：「平易近民，民必歸之。」孔子曰：「有一言而可以終身行之，其恕矣乎！」夫以忠恕爲心，而以平易爲政，則上易知而下易達。雖有賣國之姦，無所投其隙，倉卒之變，無自發焉。然其令行禁止，蓋有不及商鞅者矣，而聖人終不以彼易此。商鞅立信於徙木，立威於棄灰，刑其親戚師傅，積威信之極，以及始皇，秦人視其君如雷電鬼神，不可測也。古者公族有罪，三宥然後制刑。今至使人矯殺其太子而不忌，太子亦不敢請，則威信之過也。故夫以法毒天下者，未有不反中其身及其子孫者也。漢武與始皇皆果於殺者也，故其子如扶蘇之仁，則寧死而不請，如戾太子之悍，則寧反而不訴，知訴之而不察也。戾太子豈欲反者哉？計出於無聊也。故爲二君之子者，有死與反而已。李斯之智，蓋足以知扶蘇之必不反也。吾又表而出之，以戒後世人主之果於殺者。

鈎深索隱，實人情物理之自然，是以可貴。

漢高帝論

有進説於君者，因其君之資而爲之説，則用力寡矣。人唯好善而求名，是故仁義可以誘而進，不義可以劫而退。若漢高帝起於草莽之中，徒手奮呼而得天下，彼知天下之利害與兵之勝負而已，安知所謂仁義者哉？觀其天資，固亦有合於仁義者，而不喜仁義之説，此如小人終日爲不義，而至以不義説之，則亦怫然而怒。故當時之善説者，未嘗敢言仁義與三代禮樂之教，亦惟曰如此而爲利，如此而爲害，如此而可，如此而不可，然後高帝擇其利與可者而從之，蓋亦未嘗遲疑。

天下既平，以愛故欲易太子。大臣叔孫通、周昌之徒力争之，不能得，用留侯計僅得之。嘗讀其書至此，未嘗不太息，以爲高帝最易曉者，苟有以當其心，彼無所不從。盍亦告之以吕后太子從帝起於布衣，以至於定天下，天下望以爲君，雖不肖而大臣心欲之，如百歲後，誰肯北面事戚姬子乎？所謂愛之者，祗以禍之。嗟夫！無有以奚齊、卓子之所以死爲高帝言者歟？叔孫通之徒，不足以知天下之大計，獨有廢嫡立庶之説，而欲持此以劫之，此固高帝之所輕爲也。人固有所不平，使如意爲天子，惠帝爲臣，絳灌之徒，圜視而起，如意安得而有之，孰與其全安而不失爲王之利也？如意之爲王，而不免於死，則亦高帝之過矣。不少抑遠之，以泄吕后不平之氣，而又厚封焉，其爲計不已疏乎？

或曰：吕后强悍，高帝恐其爲變，故欲立趙王。此又不然。自高帝之時而言之，計吕后之年，當死於惠帝之手。吕后雖悍，亦不忍奪之其子以與姪。惠帝既死，而吕后始有邪謀，此出於無聊耳，而高帝安得逆知之？

且夫事君者，不能使其心知其所以然以樂從吾説，而欲以勢奪之，亦已危矣。如留侯之計，高帝顧戚姬悲歌而不忍，特以其勢不得不從，是以猶欲區區爲趙王計，使周昌相之，此其心猶未悟，以爲一彊項之周昌，足以抗吕氏而捍趙王，不知周昌激其怒，而速之死耳。古之善原人情而深識天下之勢者，無如高帝，然至此而惑，亦無有以告之者。悲夫！

魯隱公論二

公子翬請殺桓公以求太宰。隱公曰：「爲其少故也。吾將授之矣。使營菟裘，吾將老焉。」翬懼，反譖公於桓公而弑之。蘇子曰：盜以兵擬人，人必殺之。夫豈獨其所擬，塗之人皆捕擊之矣。塗之人與盜非仇也，以爲不擊，則盜且并殺己也。隱公之智，曾不若是塗之人也，哀哉！隱公，惠公繼室之子也。其爲非嫡，與桓均爾，而長於桓。隱公追先君之志，而授國焉，可不謂仁乎？惜乎其不敏於智也。使隱公誅翬而讓桓，雖夷齊何以尚茲？

驪姬欲殺申生而難里克，則施優來之。二世欲殺扶蘇而難李斯，則趙高來之。此二人之智，若出一人，而其受禍亦不少異。里克不免於惠公之誅，李斯不免於二世之虐，皆無足哀者。吾獨表而出之，以爲世戒。

君子之爲仁義也，非有計於利害。然君子之所爲，義利常兼，而小人反是。李斯聽趙高之謀，非其本意，獨畏蒙氏之奪其位，故勉而聽高。使斯聞高之言，即召百官、陳六師而斬之。其德於扶蘇，豈有既乎？何蒙氏之足憂？釋此不爲，而具五刑於市，非下愚而何！

嗚呼！亂臣賊子，猶蝮蛇也。其所螫草木，猶足以殺人，況其所噬齧者歟？鄭小同爲高貴鄉公侍中，嘗詣司馬師。師有密疏未屏也，如廁還，問小同：「見吾疏乎？」曰：「不見。」師曰：「寧我負卿，無卿負我。」遂酖之。王允之從王敦夜飲，辭醉先寢。敦與錢鳳謀逆，允之已醒，悉聞其言，慮敦疑己，遂大吐，衣面皆汙。敦果照視之，見允之臥吐中，乃已。哀哉小同，殆哉岌岌乎允之也。孔子曰：「危邦不入，亂邦不居。」有以也夫。

吾讀史得魯隱公、晉里克、秦李斯、鄭小同、王允之五人，感其所遇禍福如此，故特書其事。後之君子，可以覽觀焉。

事核而理當，直達所見，不用反覆以爲波瀾。於子瞻諸論中，更覺嶢然而出其類。

伊尹論

辨天下之大事者，有天下之大節者也。立天下之大節者，狹天下者也。夫以天下之大而不足以動其心，則天下之大節有不足立，而大事有不足辨者矣。

今夫匹夫匹婦皆知潔廉忠信之爲美也，使其果潔廉而忠信，則其智慮未始不如王公大人之能也。惟其所争者，止於簞食豆羹，而簞食豆羹足以動其心，則宜其智慮之不出乎此也。簞食豆羹，非其道不取，則一鄉之人，莫敢以不正犯之矣。一鄉之人莫敢以不正犯之，而不能辨一鄉之事者，未之有也。推此而上，其不取者愈大，則其所辨者愈遠矣。讓天下與讓簞食豆羹，無以異也。治天下與治一鄉，亦無以異也。然而不能者，有所蔽也。天下之富，是簞食豆羹之積也。天下之大，是一鄉之推也。非千金之子，不能運千金之資。販夫販婦得一金而不知其所措，非智不若，所居之卑也。

孟子曰：「伊尹耕於有莘之野，非其道也，非其義也，雖禄之以天下，弗受也。」夫天下不能動其心，是故其才全。以其全才而制天下，是故臨大事而不亂。古之君子必有高世之行，非苟求爲異而已。卿相之位，千金之富，有所不屑，將以自廣其心，使窮達利害不能爲之芥蔕，以全其才，而欲有所爲耳。後之君子，蓋亦嘗有其志矣，得失亂其中，而榮辱奪其外，是以役役至於老死而不暇，亦足悲矣。孔子叙書至於舜、禹、皋陶相讓之際，蓋未嘗不太息也。夫以朝廷之尊，而行匹夫之讓，孔子安取哉？取其不汲汲於富貴，有以大服天下之心焉耳。

夫太甲之廢，天下未嘗有是，而伊尹始行之，天下不以爲驚。以臣放君，天下不以爲僭。既放而復立，太甲不以爲專。何則？其素所不屑者，足以取信於天下也。彼其視天下眇然、不足以動其心，而豈忍以廢放其君求利也哉？

後之君子，蹈常而習故，惴惴焉懼不免於天下，一爲希闊之行，則天下群起而誚之。不知求其素，而以爲古今之變時有所不可者，亦已過矣夫！

樂毅論

自知其可以王而王者，三王也。自知其不可以王而霸者，五霸也。或者之論曰：「圖王不成，其弊猶可以霸。」嗚呼，使齊桓、晉文而行湯、武之事，將救亡之不暇，雖欲霸，可得乎？

夫王道者，不可以小用也。大用則王，小用則亡。昔者徐偃王、宋襄公嘗行仁義矣，然終以亡其身、喪其國者，何哉？其所施者，未足以充其所求也。故夫有可以得天下之道，而無取天下之心，乃可與言王矣。范蠡、留侯，雖非湯、武之佐，然亦可謂剛毅果敢，卓然不惑，而能有所必爲者也。觀吴王困於姑蘇之上，而求哀請命於句踐，句踐欲赦之，彼范蠡者獨以爲不可，援枹進兵，卒刎其頸。項籍之解而東，高帝亦欲罷兵歸國，留侯諫曰：「此天亡也，急擊勿失。」此二人者，以爲區區之仁義，不足以易吾之大計也。

嗟夫！樂毅，戰國之雄，未知大道，而竊嘗聞之，則足以亡其身而已矣。論者以爲燕惠王不肖，用反間，以騎劫代將，卒走樂生，此其所以無成者，出於不幸，而非用兵之罪。然當時使昭王尚在，反間不得行，樂毅終亦必敗。何者？燕之并齊，非秦、楚、三晉之利。今以百萬之師，攻兩城之殘寇，而數歲不決，師老於外，此必有乘其虚者矣。諸侯乘之於内，齊擊之於外。當此時，雖太公、穰苴不能無敗。然樂毅以百倍之衆，數歲而不能下兩城者，非其智力不足，蓋欲以仁義服齊之民，故不忍急攻而至於此也。夫以齊人苦湣王之彊暴，樂毅苟退而休兵，治其政令，寬其賦役，反其田里，安其老幼，使齊人無復鬬志，則田單者獨誰與戰哉！奈何以百萬之師，相持而不決，此固所以使齊人得徐而爲之謀也。

當戰國時，兵彊相吞者，豈獨在我？以燕、齊之衆壓其城，而急攻之，可滅此而後食，其誰曰不可！嗚呼！欲王則王，不王則審所處，無使兩失焉，而爲天下笑也。

戰國任俠論

春秋之末，至於戰國，諸侯卿相，皆争養士自謀。夫説客談天雕龍、堅白同異之流，下至擊劍扛鼎、雞鳴狗盜之徒，莫不靡衣玉食，以館於上者，何可勝數。越王句踐有君子六千人，魏無忌、齊田文、趙勝、黄歇、吕不韋，皆有客三千人，而田文招致任俠姦人六萬家於薛，齊稷下談者亦千人，魏文侯、燕昭王、太子丹，皆致客無數，下至秦、漢之間，張耳、陳餘號多士，賓客厮養皆天下豪傑，而田横亦有士五百人。其略見於傳記者如此，度其餘當倍官吏而半農夫也。此皆姦民蠹國者，民何以支而國何以堪乎？

蘇子曰：此先王之所不能免也。國之有姦也，猶鳥獸之有猛鷙，昆蟲之有毒螫也。區處條理，使各安其處，則有之矣；鋤而盡去之，則無是道也。吾考之世變，知六國之所以久存，而秦之所以速亡者，蓋出於此，不可以不察也。

夫智、勇、辯、力，此四者皆天民之秀傑者也，類不能惡衣食以養人，皆役人以自養者也。故先王分天下之富貴與此四者共之。此四者不失職，則民靖矣。四者雖異，先王因俗設法，使出於一。三代以上出於學，戰國至秦出於客，漢以後出於郡縣吏，魏晉以來出於九品中正，隋唐至今出於科舉。雖不盡然，取其多者論之。

六國之君虐用其民，不減始皇、二世，然當是時，百姓無一人叛者，以凡民之秀傑者，多以客養之，不失職也。其力耕以奉上，皆椎魯無能爲者，雖欲怨叛，而莫爲之先，此其所以少安而不即亡也。始皇初欲逐客，用李斯之言而止；既并天下，則以客爲無用。於是任法而不任人，謂民可以恃法而治，謂吏不必才，取能守吾法而已。故墮名城，殺豪傑，民之秀異者散而歸田畝，向之食於四公子、呂不韋之徒者，皆安歸哉？不知其能槁項黄馘以老死於布褐乎？抑將輟耕太息以俟時也。秦之亂雖成於二世，然使始皇知畏此四人者，有以處之，使不失職，秦之亡不至若是速也。縱百萬虎狼於山林而饑渴之，不知其將噬人，世以始皇爲智，吾不信也。

楚、漢之禍，生民盡矣，豪傑宜無幾。而代相陳豨從車千乘，蕭、曹爲政，莫之禁也。至文、景、武之世，法令至密，然吴濞、淮南、梁王、魏其、武安之流，皆争致賓客。世主不問也。豈懲秦之禍，以爲爵禄不能盡縻天下士，故少寬之，使得或出於此也邪？

若夫先王之政則不然，曰：「君子學道則愛人，小人學道則易使也。」嗚呼，此豈秦、漢之所及也哉！

范增論

漢用陳平計，間疏楚君臣。項羽疑范增與漢有私，稍奪其權。增大怒曰：「天下事大定矣，君王自爲之。願賜骸骨歸卒伍。」歸未至彭城，疽發背死。

蘇子曰：增之去善矣，不去，羽必殺增。獨恨其不蚤耳。然則當以何事去？增勸羽殺沛公，羽不聽，終以此失天下。當於是去耶？曰否。增之欲殺沛公，人臣之分也，羽之不殺，猶有人君之度也。增曷爲以此去哉！易曰：「知幾其神乎！」詩曰：「相彼雨雪，先集維霰。」增之去，當於羽殺卿子冠軍時也。

陳涉之得民也，以項燕、扶蘇。項氏之興也，以立楚懷王孫心，而諸侯叛之也，以弑義帝。且義帝之立，增爲謀主矣。義帝之存亡，豈獨爲楚之盛衰，亦增之所與同禍福也。未有義帝亡而增獨能久存者也。羽之殺卿子冠軍也，是弑義帝之兆也。其弑義帝，則疑增之本也。豈必待陳平哉？物必先腐也，而後蟲生之；人必先疑也，而後讒入之。陳平雖智，安能間無疑之主哉？

吾嘗論：義帝，天下之賢主也。獨遣沛公入關，而不遣項羽，識卿子冠軍於稠人之中，而擢以爲上將，不賢而能如是乎？羽既矯殺卿子冠軍，義帝必不能堪，非羽弑帝，則帝殺羽。不待智者而後知也。增始勸項梁立義帝，諸侯以此服從，中道而弑之，非增之意也。夫豈獨非其意，將必力争而不聽也。不用其言，而殺其所立，羽之疑增，必自是始矣。

方羽殺卿子冠軍，增與羽比肩而事義帝，君臣之分未定也。爲增計者，力能誅羽則誅之，不能則去之，豈不毅然大丈夫也哉？增年已七十，合則留，不合則去，不以此時明去就之分，而欲依羽以成功名，陋矣。雖然，增，高帝之所畏也；增不去，項羽不亡。嗚呼，增亦人傑也哉！

留侯論

古之所謂豪傑之士者，必有過人之節。人情有所不能忍者，匹夫見辱，拔劍而起，挺身而鬭，此不足爲勇也。天下有大勇者，卒然臨之而不驚，無故加之而不怒，此其所挾持者甚大，而其志甚遠也。

夫子房受書於圯上之老人也，其事甚怪。然亦安知其非秦之世有隱君子者出而試之？觀其所以微見其意者，皆聖賢相與警戒之義。世不察，以爲鬼物，亦已過矣。且其意不在書。

當韓之亡，秦之方盛也，以刀鋸鼎鑊待天下之士，其平居無罪夷滅者，不可勝數。雖有賁、育，無所獲施。夫持法太急者，其鋒不可犯，而其勢未可乘。子房不忍忿忿之心，以匹夫之力而逞於一擊之間，當此之時，子房之不死者，其間不能容髮，蓋亦已危矣。

千金之子，不死於盜賊，何者？其身之可愛，而盜賊之不足以死也。子房以蓋世之才，不爲伊尹、太公之謀，而特出於荆軻、聶政之計，以僥倖於不死，此圯上之老人所爲深惜者也。是故倨傲鮮腆而深折之。彼其能有所忍也，然後可以就大事。故曰：「孺子可教也。」

楚莊王伐鄭，鄭伯肉袒牽羊以逆。莊王曰：「其君能下人，必能信用其民矣。」遂舍之。句踐之困於會稽而歸臣妾於吳者，三年而不勌。且夫有報人之志而不能下人者，是匹夫之剛也。

夫老人者，以爲子房才有餘而憂其度量之不足，故深折其少年剛鋭之氣，使之忍小忿而就大謀。何則？非有平生之素，卒然相遇於草野之間，而命以僕妾之役，油然而不怪者，此固秦皇帝之所不能驚，而項籍之所不能怒也。

觀夫高帝之所以勝，而項籍之所以敗者，在能忍與不能忍之間而已矣。項籍惟不能忍，是以百戰百勝，而輕用其鋒；高祖忍之，養其全鋒而待其斃，此子房教之也。當淮陰破齊而欲自王，高祖發怒見於辭色，由此觀之，猶有剛彊不忍之氣，非子房其誰全之？太史公疑子房以爲魁梧奇偉，而其狀貌乃如婦人女子，不稱其志氣。嗚呼！此其所以爲子房歟？

賈誼論

非才之難，所以自用者實難。惜乎賈生，王者之佐，而不能自用其才也。夫君子之所取者遠，則必有所待；所就者大，則必有所忍。古之賢人，皆有可致之才，而卒不能行其萬一者，未必皆其時君之罪，或者其自取也。

愚觀賈生之論，如其所言，雖三代何以遠過。得君如漢文，猶且以不用死，然則是天下無堯舜，終不可以有所爲耶？仲尼聖人，歷試於天下，苟非大無道之國，皆欲勉彊扶持，庶幾一日得行其道。將之荆，先之以子夏，申之以冉有。君子之欲得其君，如此其勤也。孟子去齊，三宿而後出晝，猶曰「王其庶幾召我」。君子之不忍棄其君，如此其厚也。公孫丑問曰：「夫子何爲不豫？」孟子曰：「方今天下，舍我其誰哉，而吾何爲不豫？」君子之愛其身，如此其至也。夫如此而不用，然後知天下之果不足與有爲，而可以無憾矣。若賈生者，非漢文之不用生，生之不能用漢文也。

夫絳侯親握天子璽，而授之文帝。灌嬰連兵數十萬，以決劉、吕之雄雌。又皆高帝之舊將，此其君臣相得之分，豈特父子骨肉手足哉？賈生，洛陽之少年，欲使其一朝之間，盡棄其舊而謀其新，亦已難矣。爲賈生者，上得其君，下得其大臣，如絳、灌之屬，優游浸漬而深交之，使天子不疑，大臣不忌，然後舉天下而惟吾之所欲爲，不過十年，可以得志。安有立談之間，而遽爲人痛哭哉？觀其過湘，爲賦以弔屈原，悲鬱憤悶，趯然有遠舉之志。其後卒以自傷哭泣，至於夭絶。是亦不善處窮者也。夫謀之一不見用，安知終不復用也？不知默默以待其變，而自殘至此。嗚呼！賈生志大而量小，才有餘而識不足也。

古之人有高世之才，必有遺俗之累，是故非聰明睿哲不惑之主，則不能全其用。古今稱苻堅得王猛於草茅之中，一朝盡斥去其舊臣，而與之謀。彼其匹夫略有天下之半，以此哉？愚深悲賈生之志，故備論之，亦使人君得如賈誼之臣，則知其有狷介之操，一不見用，則憂傷病沮，不能復振；而爲賈生者，亦慎其所發哉。

亦自有見。但賈子陳治安之策，乃召自長沙、獨對宣室、傅梁王後事。子瞻乃云：「安有立談之間，而遽爲人痛哭？」未免鹵莽耳。

孔子論

魯定公十二年，孔子言於公曰：「臣無藏甲，大夫無百雉之城。」使仲由爲季氏宰，將墮三都。於是叔孫氏先墮郈。季氏將墮費，公山弗狃、叔孫輒率費人襲公，公與三子入於季氏之宮。孔子命申句須、樂頎下伐之，費人北，二子奔齊。遂墮費。將墮成，公斂處父以成叛。公圍成，弗克。或曰：殆哉，孔子之爲政也，亦危而難成矣。孔融曰：「古者王畿千里，寰内不以封建諸侯。」曹操疑其論建漸廣，遂殺融。融特言之耳，安能爲哉。操以爲天子有千里之畿，將不利己，故殺之不旋踵。季氏親逐昭公，公死於外，從公者皆不敢入，雖子家羈亦亡。季氏之忌克忮害如此，雖地勢不及曹氏，然君臣相猜，蓋不減操也。孔子安能以是時墮其名都，而出其藏甲也哉。考於春秋，方是時，三桓雖若不悦，然莫能違孔子也。以爲孔子用事於魯，得政與民，而三桓畏之歟？則季桓子之受女樂也，孔子不能却之矣。彼婦之口，可以出走，是孔子畏季氏，季氏不畏孔子也。夫孔子盍姑修其政刑，以俟三桓之隙也哉？

蘇子曰：此孔子之所以聖也。蓋田氏、六卿不服，則齊晉無不亡之道。三桓不臣，則魯無可治之理。孔子之用於世，其政無急於此者矣。彼晏嬰者亦知之，曰：「田氏之僭，惟禮可以已之。在禮，家施不及國，大夫不收公利。」齊景公曰：「善哉。吾今而後知禮之可以爲國也。」嬰能知之而莫能爲之。嬰非不賢也，其浩然之氣，以直養而無害，塞乎天地之間者，不及孔、孟也。孔子以羈旅之臣，得政期月，而能舉治世之禮，以律亡國之臣，墮名都，出藏甲，而三桓不疑其害己，此必有不言而信、不怒而威者矣。孔子之聖，見於行事，至此爲無疑也。嬰之用於齊也，久於孔子，景公之信其臣也，愈於定公，而田氏之禍不少衰。吾是以知孔子之難也。孔子以哀公十六年卒，十四年，陳恒弑其君，孔子沐浴而朝，告於哀公，請討之。吾是以知孔子之欲治列國之君臣，使如春秋之法者，至於老且死而不忘也。

或曰：孔子知哀公與三子之必不從，而以禮告也歟？曰：否。孔子實欲伐齊。孔子既告公。公曰：「魯爲齊弱久矣，子之伐之，將若之何？」對曰：「陳恒弑其君，民之不予者半。以魯之衆，加齊之半，可克也。」此豈禮告而已哉！哀公患三桓之偪，常欲以越伐魯而去之。夫以蠻夷伐國，民不予也，皋如、出公之事，斷可見矣。豈若從孔子而伐齊乎？若從孔子而伐齊，則凡所以勝齊之道，孔子任之有餘矣。既克田氏，則魯之公室自張，三桓不治而自服也。此孔子之志也。

荀卿論

嘗讀孔子世家，觀其言語文章，循循莫不有規矩，不敢放言高論，言必稱先王，然後知聖人憂天下之深也。茫乎不知其畔岸，而非遠也；浩乎不知其津涯，而非深也。其所言者，匹夫匹婦之所共知；而所行者，聖人有所不能盡也。嗚呼，是亦足矣！使後世有能盡吾說者，雖爲聖人無難，而不能者，不失爲寡過而已矣。

子路之勇，子貢之辯，冉有之智，此三者，皆天下之所謂難能而可貴者也。然三子者，每不爲夫子之所悦。顔淵默然不見其所能，若無以異於衆人者，而夫子亟稱之。且夫學聖人者，豈必其言之云爾哉？亦觀其意之所嚮而已。夫子以爲後世必有不足行其說者矣，必有竊其說而爲不義者矣。是故其言平易正直，而不敢爲非常可喜之論，要在於不可易也。

昔者常怪李斯事荀卿，既而焚滅其書，大變古先聖王之法，於其師之道，不啻若寇讎。及今觀荀卿之書，然後知李斯之所以事秦者皆出於荀卿，而不足怪也。

荀卿者，喜爲異說而不讓，敢爲高論而不顧者也。其言愚人之所驚，小人之所喜也。子思、孟軻，世之所謂賢人君子也。荀卿獨曰：「亂天下者，子思、孟軻也。」天下之人，如此其衆也；仁人義士，如此其多也。荀卿獨曰：「人性惡。桀、紂，性也；堯、舜，僞也。」由是觀之，意其爲人必也剛愎不遜，而自許太過。彼李斯者，又特甚者耳。

今夫小人之爲不善，猶必有所顧忌，是以夏、商之亡，桀、紂之殘暴，而先王之法度、禮樂、刑政，猶未至於絶滅而不可考者，是桀、紂猶有所存而不敢盡廢也。彼李斯者，獨能奮而不顧，焚燒夫子之六經，烹滅三代之諸侯，破壞周公之井田，此亦必有所恃者矣。彼見其師歷詆天下之賢人，自是其愚，以爲古先聖王皆無足法者。不知荀卿特以快一時之論，而亦不知其禍之至於此也。

其父殺人報仇，其子必且行劫。荀卿明王道，述禮樂，而李斯以其學亂天下，其高談異論有以激之也。孔、孟之論，未嘗異也，而天下卒無有及者。苟天下果無有及者，則尚安以求異爲哉！

摧抑學者好名求異之心，甚有補於世教。但荀氏之學以法先王、守禮度爲宗，而以謂「古先聖王皆無足法」蔽其罪，則誤矣。破壞井田，商鞅事也，以罪李斯，亦失之。

韓非論

聖人之所爲惡夫異端、盡力而排之者，非異端之能亂天下，而天下之亂所由出也。昔周之衰，有老聃、莊周、列禦寇之徒，更爲虛無淡泊之言，而治其猖狂浮游之説，紛紜顛倒，而卒歸於無有。由其道者，蕩然莫得其當，是以忘乎富貴之樂，而齊乎死生之分，此不得志於天下，高世遠舉之人，所以放心而無憂。雖非聖人之道，而其用意，固亦無惡於天下。

自老聃之死百餘年，有商鞅、韓非著書，言治天下無若刑名之賢，及秦用之，終於勝、廣之亂。教化不足，而法有餘，秦以不祀，而天下被其毒。後世之學者，知申、韓之罪，而不知老聃、莊周之使然。何者？仁義之道起於夫婦、父子、兄弟相愛之間，而禮法刑政之原，出於君臣上下相忌之際。〔一〕相愛則有所不忍，相忌則有所不敢。不敢與不忍之心合，而後聖人之道得存乎其中。今老聃、莊周論君臣、父子之間，汎汎乎若萍游於江湖而適相值也。夫是以父不足愛而君不足忌。不忌其君，不愛其父，則仁不足以懷，義不足以勸，禮樂不足以化。此四者皆不足用，而欲置天下於無有。夫無有，豈誠足以治天下哉！商鞅、韓非求爲其説而不得，得其所以輕天

〔一〕 句調太近時文。

下而齊萬物之術，是以敢爲殘忍而無疑。

今夫不忍殺人而不足以爲仁，而仁亦不足以治民；則是殺人不足以爲不仁，而不仁亦不足以亂天下。如此，則舉天下唯吾之所爲，刀鋸斧鉞，何施而不可？昔者夫子未嘗一日易其言。雖天下之小物，亦莫不有所畏。今其視天下眇然若不足爲者，此其所以輕殺人歟！

太史遷曰：「申子卑卑，施於名實。韓子引繩墨，切事情，明是非，其極慘覈少恩，皆原於道德之意。」嘗讀而思之，事固有不相謀而相感者，莊、老之後，其禍爲申、韓。由三代之衰至於今，凡所以亂聖人之道者，其弊固已多矣，而未知其所終，奈何其不爲之所也？

定何以無正月

始終授受之際，春秋之所甚謹也。無事而書首時，事在二月而書王二月，事在三月而書王三月者，例也。至於公之始年，雖有二月、三月之書，而又特書正月。隱元年：「春王正月」；三月，公及邾儀父盟於蔑。」莊元年：「春王正月」；三月，夫人孫於齊。」所以揭天子之正朔，而正諸侯之始也。公羊傳曰：「緣民臣之心，不可一日無君。緣始終之義，一年不二君。不可曠年無君。」故諸侯皆逾年即位而書正月。定公元年書曰：「王三月，晉人執宋仲幾於京師。」先儒疑焉，而未得其當也。嘗試論之。

春秋十有二公，其得終始之正而備即位之禮者四，文公、成公、襄公、哀公也。攝而立，不得備即位之禮者一，隱公也。先君不以其道終，而已不得備即位之禮者六，桓公、莊公、閔公、僖公、宣公、昭公也。先君不以其道終而又在外者二，莊公、定公也。在外逾年而後至者一，定公也。且夫先君雖在外不以其道終，而未嘗有逾年而後至者，則是二百四十二年未嘗一日無君，而定公之元年，魯之統絶者自正月至於六月而後續也。正月者，正其君也。昭公未至，定公未立，季氏當國，而天子之正朔將誰正耶？此定之所以無正月也。公羊傳曰：「正月者，正即位也。」定無正月者，即位後也。定、哀多微辭。而何休以爲昭公出奔，國當絶，定公不得繼體奉正，故諱爲微辭。嗚呼，昭公絶而定公又不得立，是魯遂無君矣。穀梁以爲昭無正終，故定無正始。觀莊公元年書正，則不言而可知其妄矣。

策略四

天子與執政之大臣既已相得而無疑，可以盡其所懷，直己而行道，則夫當今之所宜先者，莫如破庸人之論，以開功名之門，而後天下可爲也。

夫治天下譬如治水。方其奔衝潰決，騰涌漂蕩而不可禁止也，雖欲盡人力之所至，以求殺其尺寸之勢而不可得。及其既衰且退也，駸駸乎若不足以終日。故夫善治水者，不惟有難殺之憂，而又有易衰之患。導之有方，決之有漸，疏其故而納其新，使不至於壅閼腐敗而無用。嗟夫，人知江河之有水患也，而以爲沼沚之可以無憂，是烏知舟楫灌溉之利哉？

夫天下之未平，英雄豪傑之士，務以其所長，角奔而争利，惟恐天下一日無事也，是以人人各盡其材，雖不肖者，亦自淬厲而不至於怠廢，故其勇者相吞，智者相賊，使天下不安其生。爲天下者，知夫大亂之本，起於智勇之士争利而無厭，是故天下既平，則削去其具，抑遠天下剛徤好名之士，而奬用柔懦謹畏之人，不過數十年，天下靡然無復往時之喜事也。於是能者不自憤發，而無以見其能，不能者益以弛廢而無用。當是之時，人君欲有所爲，而左右前後皆無足使者，是以綱紀日壞而不自知，此其爲患，豈特英雄豪傑之士趑趄而已哉！

聖人則不然。當其久安於逸樂也，則以術起之，使天下之心翹翹然常喜於爲善，是故能安而不衰。且夫人君之所恃以爲天下者，天下皆爲，而已不爲。夫使天下皆爲而已不爲者，開其利害之端，而辨其榮辱之等，使之踴躍奔走，皆爲我役而不自知，夫是以坐而收其功也。如使天下皆欲不爲而得，則天子誰與共天下哉？今者治平之日久矣，天下之患，正在此也。臣故曰：破庸人之論，開功名之門，而後天下可爲也。

今夫庸人之論有二：其上之人務爲寬深不測之量，而下之士好言中庸之道。此二者，皆庸人相與議論，舉先賢之言，而獵取其近似者，以自解説其無能而已矣。

夫寬深不測之量，古人所以臨大事而不亂，有以鎮世俗之躁，蓋非以隔絶上下之情，養尊而自安也。譽之則勸，非之則沮，聞善則喜，見惡則怒，此三代聖人之所共也。而後之君子，必曰譽之不勸，非之不沮，聞善不喜，見惡不怒，斯以爲不測之量，不已過乎！夫有勸、有沮、有喜、有怒，然後有間而可入；有間而可入，然後智者得爲之謀，才者得爲之用。後之君子，務爲無間，夫天下誰能入之？

古之所謂中庸者，盡萬物之理而不過，故亦曰皇極。夫極，盡也。後之所謂中庸者，循循焉爲衆人之所能爲，斯以爲中庸矣，此孔子、孟子之謂鄉原也。一鄉皆稱原人焉，無所往而不爲原人。同乎流俗，合乎汙世，曰：「古之人何爲踽踽涼涼，生斯世也，爲斯世也，善斯可矣。」謂其近於中庸而非，故曰「德之賊也」。孔子、孟子惡鄉原之賊夫德也，欲得狂者而見之，狂者又不可得見；欲得狷者而見之，曰：「狂者進取，狷者有所不爲也。」今日之患，惟不取於狂者、狷者，皆取於鄉原，是以若此靡靡不立也。孔子、子思之所從受中庸者也，孟子、子思之所授以中庸者也，然皆欲得狂者、狷者而與之，然則淬厲天下而作其怠惰，莫如狂者、狷者之賢也。臣故曰：破庸人之論，開功名之門，而後天下可爲也。

練軍實

三代之兵，不待擇而精，其故何也？兵出於農，有常數而無常人，國有事，要以一家而備一正卒，如斯而已矣。是故老者得以養，疾病者得以爲閒民，而役於官者，莫不皆其壯子弟。故其無事而田獵，則未嘗發老弱之民；兵行而餽糧，則未嘗食無用之卒。使之足輕險阻，而手易器械。聰明足以察旗鼓之節，强鋭足以犯死傷之地。千乘之衆，而人人足以自捍。故殺人少而成功多，費用省而兵卒强。

蓋春秋之時，諸侯相并，天下百戰，其經傳所見謂之敗績者，如城濮、鄢陵之役，皆不過犯其偏師而獵其游卒，斂兵而退，未有僵尸百萬流血於江河如後世之戰者，何也？民各推其家之壯者以爲兵，則其勢不可得而多殺也。

及至後世，兵民既分，兵不得復而爲民，於是始有老弱之卒。夫既已募民而爲兵，其妻子屋廬既已託於營伍之中，其姓名既已書於官府之籍，行不得爲商，居不得爲農，而仰食於官，至於衰老而無歸，則其道誠不可以棄去，是故無用之卒，雖薄其資糧，而皆廩之終身。凡民之生，自二十以上至於衰老，不過四十餘年之間。勇鋭强力之氣足以犯堅冒刃者，不過二十餘年。今廩之終身，則是一卒凡二十年無用而食於官也。自此而推之，養兵十萬，則是五萬人可去也；屯兵十年，則是五年爲無益之費也。民者，天下之本；而財者，民之所以生也。有兵而不可使戰，是謂棄財。不可使戰而驅之戰，是謂棄民。臣觀秦、漢之後，天下何其殘敗之多耶，其弊皆起於分民而爲兵。兵不得休，使老弱不堪之卒，拱手而就戮。故有以百萬之衆，而見屠於數千之兵者。其良將善用，不過以爲餌，委之啖賊。嗟夫，三代之衰，民之無罪而死者，其不可勝數矣。

今天下募兵至多，往者陝西之役，舉籍平民以爲兵。繼以明道、寶元之間，天下旱蝗，以及近歲青、齊之饑，與河朔之水災，民急而爲兵者，日以益衆。舉籍而按之，近世以來，募兵之多，無如今日者。然皆老弱不教，不能當古之十五，而衣食之費，百倍於古。此甚非所以長久而不變者也。

凡民之爲兵者，其類多非良民。方其少壯之時，博奕飲酒，不安於家，而後能捐其身。至其少衰而氣沮，蓋亦有悔而不可復者矣。臣以謂，五十已上願復爲民者，宜聽；自今以往，民之願爲兵者，皆三十以下則收，限以十年而除其籍。民三十而爲兵，十年而復歸，其精力思慮，猶可以養生送死，爲終身之計。使其應募之日，心知其不出十年，而爲十年之計，則除其籍而不怨。以無用之兵終身坐食之費，而爲重募，則應者必衆。如此，縣官長無老弱之兵，而民之不任戰者，不至於無罪而死。彼皆知其不過十年而復爲平民，則自愛其身而重犯法，不至於叫呼無賴，以自棄於凶人。

今夫天下之患，在於民不知兵，故兵常驕悍，而民常怯。盜賊攻之而不能禦，戎狄掠之而不能抗。今使民得更代而爲兵，兵得復還而爲民，則天下之知兵者衆，而盜賊、戎狄將有所忌。然猶有言者將以爲十年而代，故者已去，而新者未教，則緩急有所不濟。夫所謂十年而代者，豈其舉軍而並去之？有始至者，有既久者，有將去者，有當代者。新故雜居而教之，則緩急可以無憂矣。

六一居士集序

夫言有大而非誇，達者信之，衆人疑焉。孔子曰：「天之將喪斯文也。後死者不得與於斯文也。」孟子曰：「禹抑洪水，孔子作春秋，而予距楊、墨。」蓋以是配禹也。文章之得喪，何與於天，而禹之功與天地並，孔子、孟子以空言配之，不已誇乎？自春秋作而亂臣賊子懼，孟子之言行而楊、墨之道廢，天下以是爲固然，而不知其功。孟子既没，有申、商、韓非之學，違道而趨利，殘民以厚生，其説至陋也，而士以是罔其上，上之人僥倖一切之功，靡然從之。而世無大人先生如孔子、孟子者，推其本末，權其禍福之輕重，以救其惑，故其學遂行。秦以是喪天下，陵夷至於勝、廣、劉、項之禍，死者十八九，天下蕭然。洪水之患，蓋不至此也。方秦之未得志也，使復有一孟子，則申、韓爲空言，「作於其心，害於其事；作於其事，害於其政」者，必不至若是烈也。使楊、墨得志於天下，其禍豈減於申、韓哉！由此言之，雖以孟子配禹可也。

太史公曰：「蓋公言黄、老，賈誼、晁錯明申、韓。」錯不足道也，而誼亦爲之，予以是知邪説之移人，雖豪傑之士有不免者，況衆人乎！自漢以來，道術不出於孔氏，而亂天下者多矣。晉以老、莊亡，梁以佛亡，莫或正之，五百餘年而後得韓愈，學者以愈配孟子，蓋庶幾焉。愈之後三百有餘年而後得歐陽子。其學推韓愈、孟子以達於孔氏，著禮樂仁義之實，以合於大道。其言簡而明，信而通，引物連類，折之於至理，以服人心；故天下翕然師尊之。自歐陽子之存，世之不説者，譁而攻之，能折困其身，而不能屈其言。士無賢不肖不謀而同曰：「歐陽子，今之韓愈也。」

宋興七十餘年，民不知兵，富而教之，至天聖、景祐極矣。而斯文終有愧於古。士亦因陋守舊，論卑而氣弱。自歐陽子出，天下爭自濯磨，以通經學古爲高，以救時行道爲賢，以犯顔納諫爲忠。長育成就，至嘉祐末，號稱多士，歐陽子之功爲多。嗚呼，此豈人力也哉，非天其孰能使之！

歐陽子没十有餘年，士始爲新學，以佛老之似，亂周、孔之真，識者憂之。賴天子明聖，詔修取士法，風厲學者專治孔氏，黜異端，然後風俗一變。考論師友淵源所自，復知誦習歐陽子之書。予得其詩文七百六十六篇於其子棐，乃次而論之曰：「歐陽子論大道似韓愈，論事似陸贄，記事似司馬遷，詩賦似李白。此非予言也，天下之言也。」歐陽子諱修，字永叔；既老，自謂六一居士云。

莊子祠堂記

莊子，蒙人也，嘗爲蒙漆園吏。没千餘歲，而蒙未有祀之者。縣令秘書丞王兢始作祠堂，求文以爲記。

謹按史記，莊子與梁惠王、齊宣王同時，其學無所不窺，然要本歸於老子之言。故其著書十餘萬言，大抵率寓言也。作漁父、盗跖、胠篋，以詆訾孔子之徒，以明老子之術。此知莊子之粗者。余以爲莊子蓋助孔子者，要不可以爲法耳。楚公子微服出亡，而門者難之。其僕操箠而罵曰：「隸也不力。」門者出之。事固有倒行而逆施者。以僕爲不愛公子，則不可；以爲事公子之法，亦不可。故莊子之言，皆實予，而文不予，陽擠而陰助之，其正言蓋無幾。至於詆訾孔子，未嘗不微見其意。其論天下道術，自墨翟、禽滑釐、彭蒙、慎到、田駢、關尹、老聃之徒，以至於其身，皆以爲一家，而孔子不與，其尊之也至矣。

然余嘗疑盗跖、漁父，則若真詆孔子者。至於讓王、説劍，皆淺陋不入於道。反復觀之，得其寓言之意，終曰：「陽子居西遊於秦，遇老子。[一]老子曰：『而睢睢，而盱盱，而誰與居。太白若辱，盛德若不足。』陽子居蹵然變容。其往也，舍者將迎其家，公執席，妻執巾櫛，舍者避席，煬者避竈。其反也，舍者與之爭席矣。」去其讓王、説劍、漁父、盜跖四篇，以合於列禦寇之篇，曰：「列禦寇之齊，中道而反，曰：『吾驚焉，吾食於十漿，而五漿先餽。』」然後悟而笑曰：「是固一章也。」莊子之言未終，而昧者剿之以入其言。余不可以不辨。凡分章名篇，皆出於世俗，非莊子本意。

子瞻之論亦據莊子天下篇，而不若介甫之暢。莊子内篇固曰：「春秋經世先王之志，聖人議而不辨。」盜蹠、漁父篇之僞，可一言以破之矣。

凌虛臺記

臺於南山之下，宜若起居飲食，與山接也。四方之山，莫高於終南；而都邑之麗山者，莫近於扶風。以至近求最高，其勢必得。而太守之居，未嘗知有山焉。雖非事之所以損益，而物理

［一］西遊於秦者，老子也。引用舛誤。

有不當然者，此凌虛之所爲築也。

方其未築也，太守陳公杖履逍遥於其下，見山之出於林木之上者，纍纍如人之旅行於墻外而見其髻也，曰：「是必有異。」使工鑿其前爲方池，以其土築臺，高出於屋之簷而止。然後人之至於其上者，怳然不知臺之高，而以爲山之踊躍奮迅而出也。公曰：「是宜名凌虛。」以告其從事蘇軾，而求文以爲記。

軾復於公曰：「物之廢興成毀，不可得而知也。昔者荒草野田，霜露之所蒙翳，狐虺之所竄伏。方是時，豈知有凌虛臺耶？廢興成毀，相尋於無窮，則臺之復爲荒草野田，皆不可知也。嘗試與公登臺而望：其東，則秦穆之祈年、橐泉也；其南，則漢武之長楊、五柞；而其北，則隋之仁壽、唐之九成也。計其一時之盛，宏傑詭麗，堅固而不可動者，豈特百倍於臺而已哉？然而數世之後，欲求其髣髴，而破瓦頹垣無復存者，既已化爲禾黍荆棘丘墟隴畝矣。而況於此臺歟？夫臺猶不足恃以長久，而況於人事之得喪，忽往而忽來者歟？而或者欲以夸世而自足，則過矣。蓋世有足恃者，而不在乎臺之存亡也。」

既已言於公，退而爲之記。

超然臺記

凡物皆有可觀。苟有可觀，皆有可樂，非必怪奇偉麗者也。餔糟啜醨，皆可以醉；果蔬草木，皆可以飽。推此類也，吾安往而不樂？

夫所謂求福而辭禍者，以福可喜而禍可悲也。人之所欲無窮，而物之可以足吾欲者有盡。美惡之辨戰乎中，而去取之擇交乎前，則可樂者常少，而可悲者常多，是謂求禍而辭福。夫求禍而辭福，豈人之情也哉？物有以蓋之矣。彼遊於物之内，而不遊於物之外。物非有大小也，自其内而觀之，未有不高且大者也。彼挾其高大以臨我，則我常眩亂反覆，如隙中之觀鬭，又烏知勝負之所在？是以美惡横生，而憂樂出焉，可不大哀乎！

余自錢塘移守膠西，釋舟楫之安，而服車馬之勞；去雕墻之美，而蔽采椽之居；背湖山之觀，而行桑麻之野。始至之日，歲比不登，盜賊滿野，獄訟充斥；而齋厨索然，日食杞菊，人固疑余之不樂也。處之朞年，而貌加豐，髮之白者日以反黑。余既樂其風俗之淳，而其吏民亦安余之拙也。於是治其園圃，絜其庭宇，伐安丘、高密之木，以修補破敗，爲苟完之計。而園之北，因城以爲臺者舊矣；稍葺而新之，時相與登覽，放意肆志焉。南望馬耳、常山，出没隱見，若近若遠，庶幾有隱君子乎。而其東則盧山，秦人盧敖之所從遁也。西望穆陵，隱然如城郭，師尚父、齊桓公之遺烈，猶有存者。北俯濰水，慨然太息，思淮陰之功，而弔其不終。臺高而安，深而明，夏涼而冬温。雨雪之朝，風月之夕，余未嘗不在，客未嘗不從。擷園蔬，取池魚，釀秫酒，瀹脱粟而食之。曰，樂哉遊乎！

方是時，余弟子由適在濟南，聞而賦之，且名其臺曰「超然」。以見余之無所往而不樂者，蓋遊於物之外也。

子瞻記二臺，皆以東、西、南、北點綴，頗覺膚套。此類蹊徑，乃歐、王所不肯蹈。

眉州遠景樓記

吾州之俗，有近古者三：其士大夫貴經術而重氏族；其民尊吏而畏法；其農夫合耦以相助。蓋有三代、漢、唐之遺風，而他郡之所莫及也。

始朝廷以聲律取士。而天聖以前，學者猶襲五代文弊，獨吾州之士通經學古，以西漢文詞爲宗師。方是時，四方指以爲迂闊。至於郡縣胥史，皆挾經載筆，應對進退，有足觀者。而大家顯人，以門族相上，推次甲乙，皆有定品，謂之「江鄉」；非此族也，雖貴且富，不通婚姻。

其民事太守縣令，如古君臣，既去，輒畫像事之；而其賢者，則記録其行事以爲口實，至四五十年不忘。商賈小民，常儲善物而别異之，以待官吏之求。家藏律令，往往通念而不以爲非；雖薄刑小罪，終身有不敢犯者。

歲二月，農事始作。四月初吉，穀稚而草壯，耘者畢出，數十百人爲曹；立表下漏，鳴鼓以致衆，擇其徒爲衆所畏信者二人，一人掌鼓，一人掌漏，進退作止，惟二人之聽。鼓之而不至，至而不力，皆有罰。量田計功，終事而會之，田多而丁少，則出錢以償衆。七月既望，穀艾而草衰，則仆鼓決漏，取罰金與償衆之錢，買羊豕酒醴以祀田祖，作樂飲食，醉飽而去，歲以爲常。

其風俗蓋如此，故其民皆聰明才智，務本而力作，易治而難服。守令始至，視其言語動作，輒了其爲人。其明且能者，不復以事試，終日寂然。苟不以其道，則陳義秉法以譏切之，故不知者以爲難治。

今太守黎侯希聲，軾先君子之友人也。簡而文，剛而仁，明而不苛，衆以爲易事。既滿將代，不忍其去，相率而留之。上不奪其請。既留三年，民益信，遂以無事。因守居之北墉而增築之，作遠景樓，日與賓客僚吏遊處其上。軾方爲徐州，吾州之人以書相往來，未嘗不道黎侯之善，而求文以爲記。

嗟夫！軾之去鄉久矣。所謂遠景樓者，雖想見其處，而不能道其詳矣。然州人之所以樂斯樓之成而欲記焉者，豈非上有易事之長，而下有易治之俗也哉？孔子曰：「吾猶及史之闕文也。

有馬者借人乘之。今亡矣夫。」是二者，於道未有大損益也，然且録之。今吾州近古之俗，獨能累世而不遷。蓋耆老昔人豈弟之澤，而賢守令撫循教誨不倦之力也，可不録乎？

若夫登臨覽觀之樂，山川風物之美，軾將歸老於故丘，布衣幅巾，從邦君於其上，酒酣樂作，援筆而賦之，以頌黎侯之遺愛，尚未晚也。

觀此篇，可知子瞻頗熟於班史，而未嘗窺太史公之樊。故其序事之文，皆辭煩而不能節也。

石鐘山記

水經云：「彭蠡之口，有石鐘山焉。」酈元以爲「下臨深潭，微風鼓浪，水石相搏，聲如洪鐘。」是説也，人常疑之。今以鐘磬置水中，雖大風浪，不能鳴也，而況石乎？至唐李渤始訪其遺蹤，得雙石於潭上，扣而聆之，南聲函胡，北音清越，枹止響騰，餘韻徐歇；自以爲得之矣。然是説也，余尤疑之。石之鏗然有聲者，所在皆是也，而此獨以「鐘」名，何哉？

元豐七年六月丁丑，余自齊安舟行適臨汝，而長子邁將赴饒之德興尉，送之至湖口，因得觀所謂石鐘者。寺僧使小童持斧，於亂石間擇其一二扣之，控控焉，余固笑而不信也。

至莫夜月明，獨與邁乘小舟，至絶壁下。大石側立千尺，如猛獸奇鬼，森然欲搏人；而山上棲鶻，聞人聲亦驚起，磔磔雲霄間。又有若老人欬且笑於山谷中者，或曰：「此鸛鶴也。」余方心動欲還，而大聲發於水上，噌吰如鐘鼓不絶。舟人大恐。徐而察之，則山下皆石穴罅，不知其淺深。微波入焉，涵澹澎湃而爲此也。舟廻至兩山間，將入港口，有大石當中流，可坐百人。空中而多竅，與風水相吞吐，有窾坎鏜鞳之聲，與向之噌吰者相應，如樂作焉。因笑謂邁曰：「汝識之乎？噌吰者，周景王之無射也；窾坎鏜鞳者，魏獻子之歌鐘也。古之人不余欺也。」

事不目見耳聞，而臆斷其有無，可乎？酈元之所見聞，殆與余同，而言之不詳；士大夫終不肯以小舟夜泊絶壁之下，故莫能知；而漁工水師，雖知而不能言，此世所以不傳也。而陋者乃以斧斤考擊而求之，自以爲得其實。余是以記之，蓋歎酈元之簡，而笑李渤之陋也。

瀟灑自得，諸記中特出者。

表忠觀碑

熙寧十年十月戊子，資政殿大學士右諫議大夫知杭州軍州事臣抃言：「故吴越國王錢氏墳廟及其父祖妃夫人子孫之墳，在錢塘者二十有六，在臨安者十有一，皆蕪廢不治，父老過之，有流涕者。謹按故武肅王鏐始以鄉兵破走黄巢，名聞江淮。復以八都兵討劉漢宏，并越州，以奉董昌，而自居於杭。及昌以越叛，則誅昌而并越，盡有浙東、西之地。傳其子文穆王元瓘至其孫忠顯王仁佐，遂破李景兵，取福州。而仁佐之弟忠懿王俶，又大出兵攻景，以迎周世宗之師。其後卒以國入覲。三世四王，與五代相終始。天下大亂，豪傑蜂起。方是時，以數州之地盜名字者，不可勝數。既覆其族，延及於無辜之民，罔有孑遺。而吴越地方千里，帶甲十萬，鑄山煮海，象犀珠玉之富，甲於天下，然終不失臣節，貢獻相望於道。是以其民至於老死不識兵革，四時嬉遊歌鼓之聲相聞，至於今不廢，其有德於斯民甚厚。皇宋受命，四方僭亂以次削平。而蜀、江南負其嶮遠，兵至城下，力屈勢窮，然後束手。而河東劉氏，百戰守死以抗王師，積骸爲城，釃血爲池，竭天下之力，僅乃克之。獨吴越不待告命，封府庫，籍郡縣，請吏於朝。眎去其國，如去傳舍，其有功於朝廷甚大。昔竇融以河西歸漢，光武詔右扶風修理其父祖墳塋，祠以太牢。今錢氏功德，殆過於融，而未及百年，墳廟不治，行道嗟傷，甚非所以勸獎忠臣、慰答民心之義也。臣願以龍山廢佛祠曰「妙因院」者爲觀，使錢氏之孫爲道士曰「自然」者居之。凡墳廟之在錢塘者以付自然，其在臨安者以付吴縣之浄土寺僧曰道微，歲各度其徒一人，使世掌之。籍其地之所入，以時修其祠宇，封殖其草木，有不治者，縣令丞察之，甚者易其人，庶幾永終不墜，以稱朝廷待錢氏之意。臣抃昧以死聞。」制曰：「可。其妙因院改賜名曰『表忠觀』。」銘曰：

天目之山，苕水出焉。龍飛鳳舞，萃於臨安。篤生異人，絶類離群。奮梃大呼，從者如雲。仰天誓江，月星晦蒙。强弩射潮，江海爲東。殺宏誅昌，奄有吴越。金券玉册，虎符龍節。大城其居，包絡山川。左江右湖，控引島蠻。歲時歸休，以燕父老。煒如神人，玉帶毬馬。四十一年，寅畏小心。厥篚相望，大貝南金。五朝昏亂，罔堪託國。三王相承，以待有德。既獲所歸，弗謀弗咨。先王之志，我維行之。天胙忠孝，世有爵邑。允文允武，子孫千億。帝謂守臣，治其祠墳。毋俾樵牧，愧我後昆。龍山之陽，巋焉新宫。匪私於錢，唯以勸忠。非忠無君，非孝無親。凡百有位，視此刻文。

趙公奏本軒豁老健，故可用史記三王世家體。然趙果能此，則其他文傳世行後者宜多，豈奏故子瞻代爲耶？

前赤壁賦

壬戌之秋，七月既望，蘇子與客泛舟，遊於赤壁之下。清風徐來，水波不興。舉酒屬客，誦明月之詩，歌窈窕之章。少焉，月出於東山之上，徘徊於斗牛之間。白露横江，水光接天。縱一葦之所如，凌萬頃之茫然。浩浩乎如馮虚御風，而不知其所止；飄飄乎如遺世獨立，羽化而登僊。

於是飲酒樂甚，扣舷而歌之。歌曰：「桂棹兮蘭槳，擊空明兮泝流光；渺渺兮予懷，望美人兮天一方。」客有吹洞簫者，倚歌而和之。其聲嗚嗚然，如怨如慕，如泣如訴，餘音嫋嫋，不絶如縷。舞幽壑之潛蛟，泣孤舟之嫠婦。

蘇子愀然，正襟危坐而問客曰：「何爲其然也？」客曰：「『月明星稀，烏鵲南飛』，此非曹孟德之詩乎？西望夏口，東望武昌，山川相繆，鬱乎蒼蒼。此非孟德之困於周郎者乎？方其破荆州，下江陵，順流而東也，舳艫千里，旌旗蔽空，釃酒臨江，横槊賦詩，固一世之雄也，而今安在哉！況吾與子漁樵於江渚之上，侣魚鰕而友麋鹿。駕一葉之扁舟，舉匏尊以相屬。寄蜉蝣於天地，渺滄海之一粟。哀吾生之須臾，羨長江之無窮。挾飛僊以遨遊，抱明月而長終。知不可乎驟得，託遺響於悲風。」

蘇子曰：「客亦知夫水與月乎？逝者如斯，而未嘗往也；盈虚者如彼，而卒莫消長也。蓋將自其變者而觀之，則天地曾不能以一瞬；自其不變者而觀之，則物與我皆無盡也，而又何羨乎？且夫天地之間，物各有主，苟非吾之所有，雖一毫而莫取。惟江上之清風，與山間之明月，耳得之而爲聲，目遇之而成色，取之無禁，用之不竭，是造物者之無盡藏也，而吾與子之所共適。」

客喜而笑，洗盞更酌。肴核既盡，杯盤狼籍。相與枕藉乎舟中，不知東方之既白。

所見無絶殊者，而文境邈不可攀，良由身閒地曠，胷無雜物，觸處流露，斟酌飽滿，不知其所以然而然。豈惟他人不能摹仿，即使子瞻更爲之，亦不能如此調適而鬯遂也。

後赤壁賦

是歲十月之望，步自雪堂，將歸於臨皋。二客從予過黄泥之坂。霜露既降，木葉盡脱。人影在地，仰見明月。顧而樂之，行歌相答。已而歎曰：「有客無酒，有酒無肴。月白風清，如此良夜何？」客曰：「今者薄暮，舉網得魚，巨口細鱗，狀如松江之鱸，顧安所得酒乎？」歸而謀諸婦。婦曰：「我有斗酒，藏之久矣，以待子不時之需。」

於是攜酒與魚，復遊於赤壁之下。江流有聲，斷岸千尺。山高月小，水落石出。曾日月之幾何，而江山不可復識矣。予乃攝衣而上，履巉巖，披蒙茸，踞虎豹，登虬龍，攀棲鶻之危巢，俯馮夷之幽宫。蓋二客不能從焉。劃然長嘯，草木震動。山鳴谷應，風起水湧。予亦悄然而悲，肅然而恐，凛乎其不可留也。

反而登舟，放乎中流，聽其所止而休焉。時夜將半，四顧寂寥。適有孤鶴，横江東來。翅如車輪，玄裳縞衣，戛然長鳴，掠予舟而西也。

須臾客去，予亦就睡。夢一道士，羽衣翩躚，過臨皋之下，揖予而言曰：「赤壁之遊樂乎？」問其姓名，俛而不答。「嗚呼噫嘻，我知之矣。疇昔之夜，飛鳴而過我者，非子也耶？」道士顧笑。予亦驚悟。開户視之，不見其處。

日喻

生而眇者不識日，問之有目者，或告之曰：「日之狀如銅槃。」扣槃而得其聲；他日聞鐘，以爲日也。或告之曰：「日之光如燭。」捫燭而得其形；他日揣籥，以爲日也。日之與鐘、籥亦遠矣，而眇者不知其異，以其未嘗見而求之人也。道之難見也甚於日，而人之未達也，無以異於眇。達者告之，雖有巧譬善導，亦無以過於槃與燭也。自槃而之鐘，自燭而之籥，轉而相之，豈有既乎！故世之言道者，或即其所見而名之，或莫之見而意之，皆求道之過也。

然則道卒不可求歟？蘇子曰：「道可致而不可求。」何謂致？孫武曰：「善戰者致人，不致於人。」孔子曰：「百工居肆以成其事，君子學以致其道。」莫之求而自至，斯以爲致也歟？

南方多没人，日與水居也，七歲而能涉，十歲而能浮，十五而能没矣。夫没者，豈苟然哉，必將有得於水之道者。日與水居，則十五而得其道。生不識水，則雖壯，見舟而畏之。故北方之勇者，問於没人，而求其所以没，以其言試之河，未有不溺者也。故凡不學而務求道，皆北方之學没者也。

昔者以聲律取士，士雜學而不志於道；今也以經術取士，士知求道而不務學。渤海吴君彦律，有志於學者也，方求舉於禮部，作日喻以告之。

蘇子由文約選

陳州爲張安道論時事書

蘇　轍

伏以中外臣庶，各有職事，越職而言，國有常憲。臣守土陳州，非有言責而輒言之，計其狂愚，兹實有罪。然臣伏念，頃以老疾不任吏事，陛下未忍廢棄，親擇便地以遂安養。將辭之日，面承德音，以爲大臣之義，皆當爲國謀慮，不宜以中外爲嫌，有所不盡。古人有言，雖乃身在外，乃心罔不在王室。伏惟聖德廣大，無所不容。而臣自到任以來，於今一歲。心目昏眩，有加無瘳。故嘗乞丐餘生，求還閭舍。區區之誠，久而未獲。陛下視臣志氣之衰至此，豈復有意别白是非，而與世俗争議也哉！是以得失之間，久而無所與。今者竊有所懷，上爲陛下參之官吏，下爲陛下驗之百姓，而安危之機實在於此。自惟受恩累聖，邦之休戚，身實同之，志力雖衰，於義不可嘿已。然臣之所欲言者，非敢遠引前古，逆探未然，以惑陛下之聰明也。凡皆陛下之所嘗試，而臣愚之所與聞者耳。

臣伏見陛下即位之始，計慮深遠，凡有所建，動合天心。始議山陵，深恤費用之廣，推明先帝薄葬之命，以詔有司。四方聞之，無不感泣。其後一年之間，誕布號令。勸率宗族，惇孝悌之行；勉勵州郡，先農桑之政。復轉對以廣言路，議徭役以寬民力。盛德之事，不可具記。是時，天下雖大變之後，而無不翹然想聞德音，以忘其憂。兩宮歡欣，九族親睦，群臣萬民，蒙福而安。紛紜之議，不至於朝廷；謗讟之聲，不聞於閭里。陛下優游無爲，而天下已治矣。爲國如此，豈不樂哉！陛下自今視之，當日之政，其爲可悔恨者凡有幾？以臣視之，非獨陛下無所悔恨，雖天下之人，亦未有以爲失當者也。何者？政令簡易而人情之所安耳。易曰：「易則易知，簡則易從。易知則有親，易從則有功。有親則可久，有功則可大。」向使陛下推行此道，終始不變，則臣以爲可久可大之功，可得而致矣。

其後，求治太切，用意過當，姦臣緣隙，得進邪說。始議開邊，以中上旨，於是延安有橫山之謀，保安有招誘之計。陛下饒之以金帛，假之以干戈，小人貪功，慮害不遠，輕發深入，結怨西戎。攘奪尺寸無用之土，空竭內府累世之積。大者疲弊秦雍，小者身死寇讎。西鄙騷然不寧，而陛下始一悔矣。

然而陛下天姿英果，有漢武宏達之量。雖復兵吏失律，而立功之意，未嘗少衰。是以左右大臣，測知此心，復進財利之說。陛下樂聞其利，而未暇深究其害。於是舉而從之，置條例司而講求天下之遺利。己酉之秋，新政始出，自是以來，凡所變革，不可悉數。其最大者，一出而爲常平青苗，再出而爲揀兵併營，三出而爲出錢雇役，四出而爲保甲教閲。四者並行於世，官吏疑惑，兵民憤怨，諫争者章交於朝，誹謗者聲播於市。陛下不勝其煩，爲之當宁太息，日昃而不食矣。然猶幸其成功，力排衆人之議而固守之。天下方共厭苦，而不知其所止也。而揀兵併營之策，其害先見，武夫凶悍，爲怨最深，爲患最急。陛下知其不可，於是多支月糧，復收退卒，以順適其意，而陛下既再悔矣。然軍中之口，猶復洶洶不靖，陛下雖推恩撫之，而終不以爲惠，反謂陛下畏之耳。

不幸邊臣失算，再生戎心。帷幄之臣，謀之不臧，不務安之，而務撓之。臨遣執政，付以疆事，多出金幣，豫書誥敕，以成其深入之計。當此之時，天下之心，知其必敗矣。而陛下與一二臣者，方以爲萬舉而萬全。既而出兵無人之境，築城不守之地，困弊腹心，以求無益之功。使秦晉之民，父子流離，肝腦塗地。戎人儌勦受屈，已築之城，隨即傾覆；救援之兵，相繼潰叛。四方震動，君臣宵旰。而後下罪己之詔，投竄元宰，以謝二鄙，而陛下既三悔矣。

夫此三者，方其未悔也，陛下亦以爲是邪，非邪？陛下犯逆衆心，力行而不顧，其必以爲是，不以爲非也。然而其終卒至於此，然則方今陛下之所是而未悔者，無乃亦類此歟？臣聞衆而不可欺者，民也；勇而不可犯者，兵也；險而不可侮者，鄰國也。今陛下既已欺民、犯兵而侮鄰國矣。夫犯兵、侮鄰，變速而禍小；至於欺民，則變遲而禍大。變速而禍小者，瓦解之憂也；變遲而禍大者，土崩之患也。今瓦解之憂，陛下既知悔矣；土崩之患，陛下未以爲意，此臣之所以寒心也。易曰：「不遠復，無祗悔，元吉。」事之未敗也，陛下不悟其非，必俟其敗而後悔，如向三者，則陛下之復已遠，而悔亦大矣。且臣觀之，方今陛下之所是而未悔者，亦有三而已。青苗、助役、保甲三者之弊，臣不復言矣。何者？言事者論其不可，非一人也。百姓毀壞支體，爈灼耳目，嫁母分居，賤賣田宅，以自脱免，非一家也。陛下其亦知之矣，徘徊而不改，使民無所告訴。加之以水旱，繼之以饑饉，積悍之民，奮爲群盗，侵淫蔓延，滅而復起。英雄乘間而作，振臂一呼，而千人之衆，可得而聚也。如此而勝、廣之形成，此所謂土崩之勢也。臣恐陛下至此，雖欲復悔而無所及矣。

故臣願陛下取即位之政，與今日之事而試觀之：天下擾擾不安，孰與今日之甚？群臣交口争辯，孰與今日之衆？陛下聽覽疲倦，孰與今日之多？悔恨自責，孰與今日之切？陛下誠以此較之，則不待臣言之終，而得失可以自決矣。且夫即位之政，陛下之本心也；今日之事，臣下之過計也。陛下棄即位之本心，而徇臣下之過計，臣竊以爲過也。雖然，臣竊聽之道路，方今陛下則亦悔之矣。悔之而不變，非陛下之意也，迫於建議之臣耳。夫人臣進謀於其君，苟事之不遂，而變以從衆，則人主有以測其深淺。人主有以測其深淺，則其用舍之命，在於人主。此人臣之所以不便也。臣竊痛陛下爲社稷之計，欲改過以安天下，而怙權固位之臣，持之而不釋；陛下聰明睿知，廢置自我，而獨爲此鬱鬱也。漢宣帝與趙充國擊匈奴，魏相非之，以爲當與平昌侯、樂昌侯、平恩侯及有識者詳議乃可。此三人者，非賢於趙充國也。然而與國同憂樂，無僥倖功名之心與希望爵賞之意，則過於充國遠甚。充國猶不可聽，而況不如充國者哉。陛下將安民保國，而與喜功伐、好權利者謀之，臣不知其可也。臣不勝區區忘身憂國之誠，是以勢踈而言切，惟陛下察之。

委婉而入，翻覆盡意，不用危言激論，而聞者自喻。陳言之善術也。

制置三司條例司論事狀

轍頃者誤蒙聖恩，得備官屬。受命以來，於今五月，雖勉强從事，而才力寡薄，無所建明。至於措置大方，多所未諭。每獻狂瞽，輒成異同，退加考詳，未免疑惑。是以不虞僭冒，聊復一言。

竊見本司近日奏遣使者八人分行天下，按求農田水利與徭役利害，以爲方今職司守令無可信用，欲有興作，當別遣使。愚陋不達，竊以爲國家養材如林，治民之官棋布海内，興利除害，豈待他人。今始有事，輒特遣使，使者一出，人人不安。能者嫌使者之侵其官，不能者畏使者之議其短。客主相忌，情有不通，利害相加，事多失實。使者既知朝廷方欲造事，必謂功效可以立成。人懷此心，誰肯徒返，爲國生事，漸不可知。徒使官有送迎供饋之煩，民受吏張勞擾之弊，得不補失，將安用之？朝廷必欲興事以利民，轍以爲職司守令足矣。蓋勢有所便，衆有所安。今以職司治民，雖其賢不肖不可知，而衆所素服，於勢爲順，稍加選擇，足以有爲。是以古之賢君，聞選用職司以責成功，未聞遣使以代職司治事者也。蓋自近世，政失其舊，均税寬恤，每事遣使，冠蓋相望，而卒無絲毫之益，謗者至今未息。不知今日之使，何以異此？至於遣使條目，亦所未安。何者？勸課農桑，墾闢田野，人存則舉，非有成法。誠使職司得人，守令各舉其事，罷非時無益之役，去猝暴不急之賦，不奪其力，不傷其財，使人知農之可樂，則將不勸而自勵。今不治其本，而遂遣使，將使使者何從施之？議者皆謂方今農事不修，故經界可興，農官可置。某觀職司以下勸農之號，何異於農官？嘉祐以來，方田之令，何異於經界。行之歷年，未聞有益。此農田之説，轍所以未諭也。

天下水利，雖有未興，然而民之勞佚不同，國之貧富不等。因民之佚而用國之富，以興水利，則其利可待；因民之勞而乘國之貧，以興水利，則其害先見。苟誠知生民之勞佚與國用之貧富，則水利之廢興，可以一言定矣。而況事起無漸，人不素講，未知水利之所在而先遣使。使者所至，必將求之官吏，官吏有不知者，有知而不告者，有實無可告者。不得於官吏，必求於民，不得於民，其勢將求於中野。興事至此，蓋已甚勞。此水利之說，轍所以未諭也。

徭役之事，議者甚多。或欲使鄉户助錢而官自雇人，或欲使城郭等第之民與鄉户均役，或欲使品官之家與齊民並事。此三者皆見其利不見其害者也。役人之不可不用鄉户，猶官吏之不可不用士人也。有田以爲生，故無逃亡之憂；朴魯而少詐，故無欺謾之患。今乃捨此不用，而用浮浪不根之人，轍恐掌財者必有盜用之姦，捕盜者必有竄逸之弊。今國家設捕盜之吏，有巡撿，有縣尉。然較其所獲，縣尉常密，巡撿常疎。非巡撿則愚，縣尉則智，蓋弓手、鄉户之人與屯駐客軍異耳。今將使雇人捕盜，則與獨任巡撿不殊，盜賊縱横必自此始。轍觀近歲雖使鄉户頗得雇人，然至於所雇逃亡，鄉户猶任其責。今遂欲於兩税之外別立一科，謂之庸錢，以備官雇。鄉户舊法革去無餘，雇人之責官所自任。且自唐楊炎廢租庸調以爲兩税，收大曆十四年應於賦斂之數以定兩税之額，則是租調與庸兩税既兼之矣。今兩税如舊，奈何復欲取庸？蓋天下郡縣，上户常少，下户常多；少者徭役頻，多者徭役簡。是以中下之户，每得休閑。今不問户之高低，例使出錢助役，上户則便，下户實難。顛倒失宜，未見其可。然議者皆謂助役之法，要使農夫專力於耕。轍觀三代之間，務農最切，而戰陣、田獵皆出於農，苟以徭役較之，則輕重可見矣。城郭人户雖號兼并，然而緩急之際，郡縣所賴。饑饉之歲，將勸之分以助民；盜賊之歲，將借其力以捍敵，故財之在城郭者與在官府無異也。方今雖天下無事，而三路芻粟之費多取京師銀絹之餘配賣之，民皆在城郭，苟復充役，將何以濟？故不如稍加寬假，使得休息。此誠國家之利，非民之利也。品官之家，復役已久，議者不究本末，徒聞漢世宰相之子不免戍邊，遂欲使衣冠之人與編户齊役。夫一歲之更不過三日，三日之雇不過三百。今世三大户之役，自公卿以下無得免者。以三大户之役而較之三日之更，則今世既已重矣，安可復加哉！蓋自古太平之世，國子俊造，將用其才者皆復其身，胥史賤吏，既用其力者皆復其家。聖人舊法，良有深意。以爲責之以學而奪其力，用之於公而病其私，人所難兼，是以不取。奈何至於官户而又將役之？且州縣差役之法皆以丁口爲之高下，今已去鄉從官，則丁口登降，其勢難詳，將使差役之際以何爲據。必用丁，則州縣有不能知；必不用丁，則官户之役比民爲重。今朝廷所以條約官户，如租佃田宅，斷買坊場，廢舉貨財，與衆争利，比於平民，皆有常禁。苟使之與民皆役，則昔之所禁皆當廢罷。罷之則其弊必甚，不罷則不如爲民。此徭役之説，轍所以未諭也。

轍又聞發運之職今將改爲均輸，常平之法今將變爲青苗。愚鄙之人亦所未達。昔漢武外事四夷，内興宫室，財用匱竭，力不能支。用賈人桑羊之説，買賤賣貴，謂之均輸，雖曰民不加賦，而國用饒足。然而法術不正，吏緣爲姦，掊克日深，民受其病。孝昭既立，學者争排其説，霍光順民所欲，從而與之，天下歸心，遂以無事。不意今世，此論復興，衆口紛然，皆謂其患必甚於漢。何者？方今聚斂之臣，才智方略，未見桑羊之比，而朝廷破壞規矩，解縱繩墨，使得馳騁自由，惟利是嗜。以轍觀之，其害必有不可勝言者矣。今立法之初，其説甚美，徒言徙貴就賤，用近易遠，苟誠止於此，則似亦可爲。然而假以財貨，許置官吏，事體既大，人皆疑之。以爲雖不明言販賣，然既許之以變易矣，變易既行，而不與商賈争利者，未之聞也。夫商賈之事，曲折難行。其買也，先期而與錢；其賣也，後期而取直。多方相濟，委曲相通，倍稱之息，由此而得。然至往往敗折，亦不可期。今官買是物，必先設官置吏，簿書禄廩，爲費已厚。然後使民各輸其所有，非良不售，非賄不行，是以官買之價，比民必貴。及其賣也，弊復如前，然則商賈之利，何緣可得。徒使謗議騰沸，商旅不行。議者不知慮此，至欲捐數百萬緡，以爲均輸之法。但恐此錢一出，不可復還。且今欲用忠實之人，則患其拘滯不通；欲用巧智之士，則患其出没難考。委任之際，尤難得人。此均輸之説，轍所以未諭也。

常平條勑纖悉具存，患在不行，非法之弊。必欲修明舊制，不過以時斂之以利農，以時散之以利末。斂散既得，物價自平，貴賤之間，官亦有利。今乃改其成法，雜以青苗，逐路置官，號爲提舉，别立賞罰，以督增虧。法度紛紜，何至如此。而況錢布於外，凶荒水旱有不可知，斂之則結怨於民，捨之則官將何賴。此青苗之説，轍所以未諭也。

凡此數事，皆議者之所詳論，明公之所深究。而轍以才性朴拙，學問空疎，用意不同，動成違忤，雖欲勉勵自効，其勢無由。苟明公見寬，諒其不逮，特賜敷奏，使轍得外任一官，苟免罪戾，而明公選賢舉能，以備僚佐。兩獲所欲，幸孰厚焉！

西漢人陳事之文簡質而古，退之猶近之，永叔變而爲紆餘曲暢，介甫加以勁峭，明允雄肆，子瞻駿爽，其體製皆不遠於古文。子由此書，則近吏牘，開南宋、元、明人蹊徑，而指事達情，明白曉暢，自不可廢。

三宗論

黄帝、堯、舜壽皆百年，享國皆數十年。周公作無逸，言商中宗享國七十五年，高宗五十九年，祖甲三十三年，文王受命中身，享國五十年。自漢以來，賢君在位之久，皆不及此。西漢文帝二十三年，景帝十六年，昭帝十三年；東漢明帝十八年，章帝十三年，和帝十二年；唐太宗二十三年。此皆近世之明主，然與無逸所謂「不知稼穡之艱難，不聞小人之勞，惟耽樂之從」、「或十年，或七八年，或五六年，或四三年」者，無以大相過也。至其享國長久，如秦始皇帝、漢武帝、梁武帝、隋文帝、唐玄宗，皆以臨御久遠，循致大亂。或以失國，或僅能免其身。其故何也？人君之富，其倍於人者千萬也。膳服之厚，聲色之靡，所以賊其躬者多矣。朝夕於其間而無以御之，至於夭死者，勢也。幸而壽考，用物多而害民久，矜己自聖，輕蔑臣下，至於失國，宜矣！

古之賢君必志於學，達性命之本，而知道德之貴。其視子女玉帛，與糞土無異；其所以自養，乃與山林學道者比，是以久於其位而無害也。傅説之詔高宗曰：「王，人求多聞，時惟建事，學于古訓，乃有獲。事不師古，以克永世，匪説攸聞。惟學遜志，務時敏，厥修乃來。允懷于兹，道積于厥躬。惟斅學半，念終始典于學，厥德修罔覺。監于先王成憲，其永無愆。」嗚呼，傅説其知此矣。

六國論

嘗讀六國世家，竊怪天下之諸侯，以五倍之地，十倍之衆，發憤西向，以攻山西千里之秦，而不免於滅亡，常爲之深思遠慮，以爲必有可以自安之計，蓋未嘗不咎其當時之士慮患之疎、而見利之淺、且不知天下之勢也。

夫秦之所與諸侯争天下者，不在齊、楚、燕、趙也，而在韓、魏之郊。諸侯之所與秦争天下者，不在齊、楚、燕、趙也，而在韓、魏之野。秦之有韓、魏，譬如人之有腹心之疾也。韓、魏塞秦之衝，而蔽山東之諸侯，故夫天下之所重者，莫如韓、魏也。昔者范雎用於秦而收韓，商鞅用於秦而收魏；昭王未得韓、魏之心，而出兵以攻齊之剛壽，而范雎以爲憂。然則秦之所忌者可以見矣。秦之用兵於燕、趙，秦之危事也，越韓過魏而攻人之國都，燕、趙拒之於前，而韓、魏乘之於後，此危道也。而秦之攻燕、趙，未嘗有韓、魏之憂，則韓、魏之附秦故也。夫韓、魏，諸侯之障，而使秦人得出入於其間，此豈知天下之勢邪？委區區之韓、魏以當强虎狼之秦，彼安得不折而入於秦哉？韓、魏折而入於秦，然後秦人得通其兵於東諸侯，而使天下徧受其禍。

夫韓、魏不能獨當秦，而天下之諸侯藉之以蔽其西，故莫如厚韓親魏以擯秦。秦人不敢逾韓、魏以窺齊、楚、燕、趙之國，而齊、楚、燕、趙之國因得以自完於其間矣。以四無事之國，佐當寇之韓、魏，使韓、魏無東顧之憂，而爲天下出身以當秦兵。以二國委秦，而四國休息於内，以陰助其急，若此，可以應夫無窮，彼秦者將何爲哉？不知出此，而乃貪疆埸尺寸之利，背盟敗約，以自相屠滅。秦兵未出，而天下諸侯已自困矣。至使秦人得伺其隙，以取其國，可不悲哉！

說本國策，特抽其緒而竟之。

秦論一

秦人居諸侯之地，而有萬乘之志，侵辱六國，斬伐天下，不數十年之間，而得志於海内。至其後世，再傳而遂亡。劉季起於匹夫，斬刈豪傑，蹙秦誅楚，以有天下，而其傳子孫數十世而不絶。蓋秦、漢之事，其所以起者不同，而其所以取之者，無以相遠也。

然劉、項奮臂於閭閻之中，率天下蠭起之兵，西嚮以攻秦。無一成之聚，一夫之衆，驅罷敝謫戍之人，以求所非望，得之則生，失之則死。以匹夫而圖天下，其勢不得不疾戰以趨利，是以冒萬死求一生而不顧。今秦擁千里之地，而乘累世之業，雖閉關而守之，畜威養兵，拊循士卒，而諸侯誰敢謀秦？觀天下之釁，而後出兵以乘其弊，天下夫誰敢抗？而惠文、武、昭之君，乃以萬乘之資，而用匹夫所以圖天下之勢，疾戰而不顧其後，此宜其能以取天下，而亦能以亡之也。夫劉、項之勢，天下皆非吾有，起於草莽之中，因亂而争之，故雖驅天下之人，以争一旦之命，而民猶有待於戡定以息肩，於此，故以疾戰定天下。天下既安，而下無背叛之志。若夫六國之際，諸侯各有分地，而秦乃欲以力征，强服四海，不愛先王之遺黎，以爲子孫之謀，而竭其力以争鄰國之利。六國雖滅，而秦民之心已散矣。故秦之所以謀天下者，匹夫特起之勢，而非所以承祖宗之業，以求其不失者也。

昔者嘗聞之，周人之興，數百年而後至於文、武，文、武之際，三分天下而有二，然商之諸侯，猶有所未服，紂之衆未可以不擊而自解也，故以文、武之賢，退而修德，以待其自潰。誠以爲后稷、公劉、太王、王季勤勞不懈，而後能至於此。故其發之不可輕，而用之有時也。嗟夫，秦人舉累世之資，一用而不復惜，其先王之澤已竭於取天下，而尚欲求以爲國，亦已惑矣。

三國論

天下皆怯而獨勇，則勇者勝；皆闇而獨智，則智者勝。勇而遇勇，則勇者不足恃也；智而遇智，則智者不足用也。夫唯智勇之不足以定天下，是以天下之難，蠭起而難平。

蓋嘗聞之，古者英雄之君，其遇智勇也，以不智不勇，而後真智大勇，乃可得而見也。悲夫，世之英雄，其處於世，亦有幸不幸耶？漢高祖、唐太宗，是以智勇獨過天下而得之者也。曹公、孫、劉是以智勇相遇而失之者也。以智攻智，以勇擊勇，此譬如兩虎相捽，齒牙氣力，無以相勝，其勢足以相擾，而不足以相斃。當此之時，惜乎無有以漢高帝之事制之者也。昔者項籍，乘百戰百勝之威，而執諸侯之柄，咄嗟叱咤，奮其暴怒，西向以逆高祖。其勢飄忽震蕩，如風雨之至，天下之人，以爲遂無漢矣。然高帝以其不智不勇之身，横塞其衝，徘徊而不得進，其頑鈍椎魯，足以爲笑於天下，而卒能摧折項氏而待其死，此其故何也？夫人之勇力，用而不已，則必有所耗竭；而其智慮久而無成，則亦必有所倦怠而不舉。彼欲用其所長，以制我於一時，而我閉門而拒之，使之失其所求，逡巡求去而不能去，而項籍固已憊矣。

今夫曹公、孫權、劉備，此三人者，皆知以其才相取，而未知以不才取人也。世之言者曰：孫不如曹，而劉不如孫。劉備唯智短而勇不足，故有所不若於二人者，而不知因其所不足以求勝，則亦已惑矣。蓋劉備之才，近似於高祖，而不知所以用之之術。昔高祖之所以自用其才者，其道有三焉耳：先據勢勝之地，以示天下之形；廣收信、越出奇之將，以自輔其所不逮；有果鋭剛猛之氣而不用，以深折項籍猖狂之勢。此三事者，三國之君，其才皆無有能行之者。獨有一劉備，近之而未至，其中猶有翹然自喜之心，欲爲椎魯而不能純，欲爲果鋭而不能達。二者交戰於中，而未有所定，是故所爲而不成，所欲而不遂。棄天下而入巴、蜀，則非地也。用諸葛孔明治國之才，而當紛紜征伐之衝，則非將也。不忍忿忿之心，犯其所短，而自將以攻人，則是其氣不足尚也。嗟夫，方其奔走於二袁之間，困於吕布，而狼狽於荆州，百敗而其志不折，不可謂無高祖之風矣，而終不知所以自用之方。夫古之英雄，唯漢高帝爲不可及也夫。

於劉、項、三國情事俱不切，而在作者諸論中，尚爲拔出者。

隋論

人之於物，聽其自附，而信其自去，則人重而物輕。人重而物輕，則物之附人也堅。物之所以去人、分裂四出而不可禁者，物重而人輕也。古之聖人，其取天下，非其驅而來之也；其守天下，非其劫而留之也。使天下自附，不得已而爲之長。吾不役天下之利，而天下自至。夫是以去就之權在君而不在民，是之謂人重而物輕。且夫吾之於人，已求而得之，則不若使之求我而後從之；已守而固之，則不若使之不忍去我而後與之。故夫智者或可與取天下矣，而不可與守天下，守天下則必有大度者也。何者？非有大度之人，則常恐天下之去我，而以術留天下。以術留天下，而天下始去之矣。

昔者三代之君，享國長遠，後世莫能及。然而亡國之暴，未有如秦、隋之速，二世而亡者也。夫秦、隋之亡，其弊果安在哉？自周失其政，諸侯用事，而秦獨得山西之地不過千里，韓、魏壓其衝，楚脅其肩，燕、趙伺其北，而齊掉其東。秦人被甲持兵，七世而不得解，寸攘尺取。至始皇然後合而爲一。秦見其取天下若此其難也，而以爲不急持之，則後世且復割裂以爲敵國，是以銷名城，殺豪傑，鑄鋒鏑，以絶天下之望。其所以備慮而固守之者，甚密如此。然而海内愁苦無聊，莫有不忍去之意。是以陳勝、項籍因民之不服，長呼起兵，而山澤皆應。由此觀之，豈非其重失天下，而防之太過之弊歟？

今夫隋文之世，其亦見天下之久不定，而重失其定也。蓋自東晉以來，劉聰、石勒、慕容垂、苻堅、姚興、赫連之徒，紛紛而起者，不可勝數。至於元氏，并吞滅取，略已盡矣。而南方未服，元氏自分而爲周、齊，周并齊，而授之隋，隋文取梁滅陳，而後天下爲一。彼亦見天下之久不定也，是以既得天下之衆而恐其失之，享天下之樂而懼其不久。立於萬民之上，而常有猜防不安之心，以爲舉世之人，皆有曩者英雄割據之懷。制爲嚴法峻令，以杜天下之變，謀臣舊將誅滅略盡，而獨死於楊素之手，以及於大故。終於煬帝之際，天下大亂，塗地而莫之救。由此觀之，則夫隋之所以亡者，無以異於秦也。悲夫！古之聖人修德以來天下，天下之所爲去就者，莫不在我，故其視失天下甚輕。夫惟視失天下甚輕，是故其心舒緩，而其爲政也寬。寬者生於無憂，而慘急者生於無聊耳。昔嘗聞之，周之興，太王避狄於岐，豳之人民，扶老携幼而歸之岐山之下，累累而不絶，喪失其舊國，而卒以大興。及觀秦、隋，唯不忍失之，而至於亡。然後知聖人之爲是寬緩不速之行者，乃其所以深取天下者也。〔二〕

唐論

天下之變，常伏於其所偏重而不舉之處，故内重則爲内憂，外重則爲外患。古者聚兵京師，外無强臣，天下之事，皆制於内。當此之時，謂之内重。内重之弊，奸臣内擅而外無所忌，匹夫横行於四海而莫能禁，其亂不起於左右之大臣，則生於山林小民之英雄。故夫天下之重，不可

〔二〕　侮聖之言。

使專在內也。古者諸侯大國，或數百里，兵足以戰，食足以守，而其權足以生殺，然後能使四夷盜賊之患不至於內，天子之大臣有所畏忌，而內患不作。當此之時，謂之外重。外重之弊，諸侯擁兵，而內無以制。由此觀之，則天下之重，固不可使在內，而亦不可使在外也。

自周之衰，齊、晉、秦、楚，綿地千里，內不勝於其外，以至於滅亡而不救。秦人患其外之已重而至於此也，於是收天下之兵，而聚之關中，夷滅其城池，殺戮其豪傑，使天下之命皆制於天子。然至於二世之時，陳勝、吴廣大呼起兵，而郡縣之吏熟視而走，無敢誰何。趙高擅權於內，頤指如意，雖李斯爲相，備五刑而死於道路。其子李由守三川，擁山河之固，而不敢較也。此二患者，皆始於外之不足，而無有以制之也。至於漢興，懲秦孤立之弊，乃大封侯王，而高帝之世，反者九起，其遺孽餘烈，至於文、景而爲淮南、濟北、吴、楚之亂。於是武帝分裂諸侯，以懲大國之禍。而其後百年之間，王莽遂得以奮其志於天下，而劉氏之子孫無復齟齬。魏、晉之世，乃益侵削諸侯，四方微弱，不復爲亂，而朝廷之權臣，山林之匹夫，常爲天下之大患。此數君者，其所以制其內外輕重之際，皆有以自取其亂，而莫之或知也。

夫天下之重在內，則爲內憂，在外則爲外患。而秦、漢之間，不求其勢之本末，而更相懲戒，以就一偏之利，故其禍循環無窮而不可解也。且夫天子之於天下，非如婦人孺子之愛其所有也。得天下而謹守之，不忍以分於人，此匹夫之所謂智也，而不知其無成者，未始不自不分始。

故夫聖人將有所大定於天下，非外之有權臣則不足以鎮之也。而後世之君，乃欲去其爪牙，翦其股肱，而責其成功，亦已過矣。夫天下之勢，内無重，則無以威外之强臣；外無重，則無以服内之大臣而絶姦民之心。此二者，其勢相持而後成，而不可一輕者也。昔唐太宗既平天下，分四方之地，盡以沿邊爲節度府，而范陽、朔方之軍，皆帶甲十萬。上足以制夷狄之難，下足以備匹夫之亂，内足以禁大臣之變，而將帥之臣，常不至於叛者，内有重兵之勢以預制之也。貞觀之際，天下之兵八百餘府，而在關中者五百，舉天下之衆而後能當關中之半，然而朝廷之臣，亦不至於乘間釁以邀大利者，外有節度之權以破其心也。故外之節度，有周之諸侯外重之勢，而易置從命，得以擇其賢不肖之才，是以人君無征伐之勞，而天下無世臣暴虐之患。内之府兵，有秦之關中内重之勢，而左右謹飭，莫敢爲不義之行。是以上無逼奪之危，下無誅絶之禍。蓋周之諸侯，内無府兵之威，故陷於逆亂而不能以自止；秦之關中，外無節度之援，故脅於大臣而不能以自立。有周、秦之利，而無周、秦之害，形格勢禁，内之不敢爲變，而外之不敢爲亂，未有如唐制之得者也。

而天下之士，不究利害之本末，猥以成敗之遺蹤，而論計之得失，徒見開元之後，强兵悍將皆爲天下之大患，而遂以太宗之制爲猖狂不審之計。夫論天下，論其勝敗之形，以定其法制之得失，則不若窮其所由勝敗之處。蓋天寶之際，府兵四出，萃於范陽；而德宗之世，禁兵皆戍趙、魏，是以禄山、朱泚得至於京師，而莫之能禁，一亂塗地。終於昭宗，而天下卒無寧歲。內之强臣，雖有輔國、元振、守澄、士良之徒，而卒不能制唐之命。誅王涯、殺賈餗，自以爲威震四方，然劉從諫爲之一言，而震慴自斂，不敢復肆。其後崔昌遐倚朱温之兵以誅宦官，去天下之監軍，而無一人敢與抗者。由此觀之，唐之衰，其弊在於外重；而外重之弊，起於府兵之在外，非所謂制之失，而後世之不用也。

燕論

燕召公之後，然國於蠻貊之間，禮樂微矣。春秋之際，未嘗出與諸侯會盟，至於戰國，亦以耕戰自守，安樂無事，未嘗被兵。文公二十八年，蘇秦入燕，始以縱横之事説之。自是兵交中國，無復寧歲，六世而亡。吴自太伯至壽夢，十七世不通諸侯。自巫臣入吴，教吴乘車戰射，與晉、楚力争，七世而亡。燕、吴雖南北絶遠，而興亡之迹，大略相似。彼説客策士，借人之國以自快於一時，可矣。而爲國者因而徇之，猖狂恣行，以速滅亡，何哉？夫起於僻陋之中，而奮於諸侯之上，如商、周先王以德服人則可，不然，皆禍也。至太子丹不聽鞠武而用田光，欲以一匕首斃秦，雖使荆軻能害秦王，亦何救秦之滅燕？而況不能哉！此又蘇秦之所不取也。

燕趙論

昔者三代之法，使天下立學校而教民，行鄉射飲酒之禮，於歲之終，田事既畢，而會其鄉黨之耆老，設其籩豆酒食之薦，而天子之大夫親爲之行禮。蓋以爲田野之民，裸裎其股肱，而勞苦其筋力，長幼雜作，以趨一時之利；習於鄙野之俗，而不知孝悌之節，頑嚚無恥，不可告語，而易與爲亂。是以因其休息而教之以禮，使之有所不忘於其心。故三代之民，雖耕田荷任之賤，其所爲者甚鄙，而其中必有所守，其心甚朴，而亦不至於無知以犯非義。何者？其上之人不以爲鄙而不足教，而其民亦喜於爲善也。

至於後世之衰，天下之民，愚者不知君臣父子之義，而天下之風俗日已敗亂。今夫輕揚而剽悍，好利而多變者，吴楚之俗也；勁勇而沉静，椎鈍而少文者，燕趙之俗也。以輕揚剽悍之人，而有好利多變之心，無三代王者之化，宜其起而爲亂矣。若夫北方燕趙之國，其勁勇沉静者，可以義動；而椎魯少文者，可以信結也。然而燕趙之間，其民常至於自負其勇以爲盜賊，無以異於吴楚者，何也？其勁勇近於好亂，而其椎魯近於無知。上失其道，而燕趙之良民不復見於當世，而其暴戾之夫每每亂天子之治。仲尼曰：「君子有勇而無義爲亂，小人有勇而無義爲盜。」故古之聖人止亂以義，止盜以義，使天下之人皆知父子君臣之義，而誰與爲亂哉？

昔者唐室之衰，燕趙之人八十年之間，百戰以奉賊臣，竭力致死不顧敗亡，以抗天下之兵，而以爲忠臣義士之所當然。當此之時，燕趙之士唯無義也，故舉其忠誠專一之心，而用之天下之至逆，以拒天下之至順，而不知其非也。孟子曰：「無常產而有常心者，惟士爲能，若民則無常產，因無常心，放僻邪侈，無不爲已。」故夫燕趙之地，常苦夫士大夫之寡也。

蜀論

匹夫匹婦，天下之所易也；武夫任俠，天下之所畏也。天下之人，知夫至剛之不可屈，而不知夫至柔之不可犯也。是以天下之亂，常至於漸深而莫之能止。蓋其所畏者愈驕而不可制，而其所易者不得志而思以爲亂也。

秦晉之勇，蜀漢之怯，怯者重犯禁，而勇者輕爲姦，天下之所知也。當戰國之時，秦晉之兵彎弓而帶劍，馳騁上下，咄嗟叱咤，蜀漢之士所不能當也。然而天下既安，秦晉之間，豪民殺人以報仇讎，椎埋發冢以快其意，而終不敢爲大變也。蜀人畏吏奉法，俯首聽命，而其匹夫小人意有所不適，輒起而爲亂，其故何也？觀其平居無事，盜入其室，懼傷而不敢校，此非有好亂難制之氣也。然其弊常至於大亂而不可救，則亦優柔不決之俗有以啓之耳。今夫秦晉之民，倜儻而無所顧，負力而傲其吏。吏有不善而不能以有容也。呌號紛呶，奔走告訴，以争毫氂曲直之際；而其甚者，至有懷刃以賊其長吏，以極其忿怒之節，如是而已矣。故夫秦晉之俗，有一朝不測之怒，而無終身戚戚不報之怨也。若夫蜀人，辱之而不能競，犯之而不能報，循循而無言，忍詬而不驟發也。至於其心有所不可復忍，然後聚而爲群盗，散而爲大亂，以發其憤憾不洩之氣。故雖秦晉之勇，而其爲亂也，志近而禍淺；蜀人之怯，而其爲變也，怨深而禍大。此其勇怯之勢必至於此，而無足怪也。

是以天下之民，惟無怨於其心。怨而得償以快其怒，則其爲毒也，猶可以少解；惟其鬱鬱而無所洩，則其爲志也遠，而其毒深，故必有大亂以發其怒而後息。古者君子之治天下，强者有所不憚，而弱者有所不侮，蓋爲是也。書曰：「無虐惸獨，而畏高明。」詩曰：「不侮鰥寡，不畏强禦。」此言天下之匹夫匹婦，其力不足以與敵，而其智不足以與辯，勝之不足以爲武，而徒使之怨以爲亂故也。嗟夫，安得斯人者而與之論天下哉！

西戎論

戎狄之俗，畏服大種，而輕中國。戎强則臣狄，狄强則臣戎；戎狄皆弱，而後中國可得而臣；戎狄皆强，而後侵略之患不至於中國；蓋一强而一弱，中國之患也。彼其弱者不敢獨戰，是以争附强國之餘威，以趨利於中國，而後無所懼。强者并將弱國之兵，蕩然南下而無復反顧之憂，然後乃敢專力於中國而不去。此二者，以勢相從而不可間，是以中國之士常不得解甲而息也。

昔者冒頓、老上之盛，惟西戎之無强國也，故匈奴之人得以盡力而苦吾中國。使西戎有武力戰勝之君，則中國之禍將有所分而不專。何者？彼畏西戎之乘其後也。故北狄强，則中國不得不厚西戎之君；而西戎之君，亦將自託於中國。然而西戎非有强力自負之國，則其勢亦將折而入於匈奴；惟其國大而好勇，其君之意欲區區自立於一隅，而不畏北狄之衆，而後中國可得而用也。

然天下之人皆以爲北方有强悍不屈之匈奴，而又重之以西戎之大國，則中國不勝其困。此何其不思之甚也。夫戎狄之人，惟其愚陋而多怨，是故可與共憂也；惟其强狠而好勝，是故可以激而壯也。使之自相攻擊而不能相下，則其勢必走於中國。中國因而收之，而其不服者乃可圖也。然天下之議又將以爲戎狄之俗，不喜自相攻鬭而喜擊中國之衆，此其勢固不可得而合也。愚亦以爲不然。夫四夷之所以喜攻中國者，爲夫吾兵之不能苦戰，而錦繡金玉之所交會也。今使吾兵精而食足，據險阻，明烽燧，吏士練習而不敢懈，彼雖有壯騎無所施設，則其利不在於攻，中國堅坐而相守，不出十年，彼外無所掠虜，將不忍而熱中，將反而求以相詬，以爲起兵之名。彼兵交於匈奴，而怨結於中國，則何以自固？故中國舉而收之，必將得其懽心。然天下之心，常畏其强而莫或收之，而使爲北狄之用，此何其不識戎狄之情也！

臣事策一

天下有權臣，有重臣，二者其迹相近而難明。天下之人知惡夫權臣之專，而世之重臣亦遂不容於其間。夫權臣者，天下不可一日而有；而重臣者，天下不可一日而無也。天下徒見其外而不察其中，見其皆侵天子之權，而不察其所爲之不類，是以舉皆嫉之而無所喜，此亦已太過也。

今夫權臣之所爲者，重臣之所切齒；而重臣之所取者，權臣之所不顧也。將爲權臣耶，必將内悦其君之心，委曲聽順而無所違戾，外竊其生殺予奪之柄，黜陟天下，以見己之權，而没其君之威惠。内能使其君歡愛悦懌，無所不順，而安爲之上；外能使其公卿大夫百官庶吏無所不歸命，而争爲之腹心。上愛下順，合而爲一，然後權臣之勢遂成而不可拔。至於重臣則不然，君有所爲，不可以必争；争之不能，而其事有所必不可聽，則事行而不顧。待其成敗之迹著，則上之心將釋然而自解。其在朝廷之中，天子爲之踧然而有所畏，士大夫不敢安肆怠惰於其側。爵禄慶賞，己得以議其可否，而不求以爲己之私惠；刀鋸斧鉞，己得以參其輕重，而不求以爲己之私勢。要以使天子有所不可必爲，而群下有所震懼，而己不與其利。何者？爲重臣者，不待天下之歸己；而爲權臣者，亦無所事天子之畏己也。故各因其行事而觀其意之所在，則天下誰可欺者？臣故曰：爲天下安可一日無重臣也。

且今使天下而無重臣，則朝廷之事，惟天子之所爲，而無所可否。雖天子有納諫之明，而百官畏懼戰慄，無平昔尊重之勢，誰肯觸忌諱、冒罪戾而爲天下言者？惟其小小得失之際，乃敢上章，讙譁而無所憚。至於國之大事，安危存亡之所繫，則將卷舌而去，誰敢發而受其禍？此人主之所大患也。

悲夫，後世之君，徒見天下之權臣，出入唯唯，以爲有禮，而不知此乃所以潛潰其國；徒見天下之重臣，剛毅果敢，喜逆其意，則以爲不遜，而不知其有社稷之慮。二者淆亂於心，而不能辨其邪正，是以喪亂相仍而不悟，何足傷也。昔者衛太子聚兵以誅江充，武帝震怒，發兵而攻之京師，至使丞相、太子相與交戰。不勝而走，又使天下極其所往，而翦滅其迹。當此之時，苟有重臣出身而當之，擁護太子，以待上意之少解，徐發其所蔽，而開其所怒，則其父子之際，尚可得而全也。惟無重臣，故天下皆知之而不敢言。臣愚以爲凡爲天下，宜有以養其重臣之威，使天下百官有所畏忌，而緩急之間能有所堅忍持重而不可奪者。竊觀方今四海無變，非常之事宜其息而不作。然及今日而慮之，則可以無異日之患。不然者，誰能知其果無有也，而不爲之計哉！

抑臣聞之，今世之弊在於法禁太密。一舉足不如律令，法吏且以爲言，而不問其意之所屬。是以雖天子之大臣，亦安敢有所爲於法律之外，以安天下之大事？故爲天子之計，莫若少寬其法，使大臣得有所守，而不爲法之所奪。昔申屠嘉爲丞相，至召天子之倖臣鄧通立之堂下，而詰責其過。是時通幾至於死而不救，天子知之亦不以爲怪，而申屠嘉亦卒非漢之權臣。由此觀之，重臣何損於天下哉！

所論極當，而得其人甚難。其材質，非間氣不能生；其器識，非學道不能成。豈易言哉。

臣事策四

天下之患無常處也，惟見天下之患而去之，就其所安而從之，則可久而無憂。有淺丈夫見其生於東也，而盡力於東，以忘其西；見其起於外也，而鋭意於外，以忘其中。是以禍生於無常，而變起於不測，莫能救也。

昔者西漢之禍，當文、景之世，天下莫不以爲必起於諸侯之太强也。然至武帝之時，七國之餘，日以漸衰，天下坦然，四顧以爲無虞；而陵夷至於元、成之間。朝廷之强臣實制其命，而漢以不祀。世祖、顯宗即平天下，以爲世之所患，莫不在乎朝廷之强臣矣，而東漢之亡，其禍乃起於宦官。由此觀之，則天下之患，安在其防之哉？人之將死也，或病於太勞，或病於飲酒。天下之人見其死於此也，而曰必無勞力與飲酒，則是不亦拘而害事哉？彼其死也，必有以啓之，是以勞力而能爲災，飲酒而能爲病。而天下之人豈必皆死於此？

昔唐季、五代之亂，果何在也？海内之兵各隸其將，大者數十萬人，而小者不下數萬。撫循鞠養，美衣豐食，同其甘苦，而順其好惡，甚者養以爲子，而授之以其姓。故當是時，軍旅之士，各知其將，而不識天子之惠。君有所令，不從而聽其將；而將之所爲，雖有大姦不義而無所違拒。故其亂也，姦臣擅命，擁兵而不可制。而方其不爲亂也，所攻而必降，所守而必固，良將勁兵徧於天下，其所摧敗破滅，足以上快天子鬱鬱之心，而外抗敵國竊發之難。何者？兵安其將，而樂爲用命也。

然今世之人，遂以其亂爲戒，而不收其功，舉天下之兵數百萬人而不立素將。將兵者無腹心親愛之兵，而士卒亦無附著而欲爲之效命者。故命將之日，士卒不知其何人，皆莫敢仰視其面。夫莫敢仰視，其禍之本也。此其爲禍，非有脅從騈起之殃，緩則畏而怨之，而有急則無不忍之意。此二者，用兵之深忌，而當今之人蓋亦已知之矣。然而不敢改者，畏唐季、五代之禍也。而臣竊以爲不然。天下之事，有此利也，則必有此害。天下之無全利，是聖人之所不能如之何也。而聖人之所能，要在不究其利。利未究而變其方，使其害未至而事已遷，故能享天下之利而不受其害。昔唐季、五代之法，豈不大利於世？惟其利已盡而不知變，是以其害隨之而生。故我太祖、太宗以爲不可以長久，而改易其政，以便一時之安。爲將者去其兵權，而爲兵者使不知將。凡此皆所以杜天下之私恩，而破其私計。其意以爲足以變五代豪將之風，而非以爲後世之可長用也。

故臣以爲當今之勢，不變其法，無以求成功。且夫邀天下之大利，則必有所犯天下之危。欲享大利，而顧其全安，則事不可成。而方今之弊，在乎不欲有所摇撼而徒得天下之利，不欲有所勞苦而遂致天下之安。今夫欲人之成功，必先捐兵以與人；欲先捐兵以與人，則先事於擇將。擇將而得之，苟誠知其忠，雖捐天下以與之而無憂，而況數萬之兵哉！昔唐之亂，其爲變者非其所命之將也，而皆其盜賊之人所不得已而以爲將者。故夫將帥，豈必盡疑其爲姦？要以無畏其擇之之勞，而遂以破天下之大利。蓋天下之患，夫豈必在此也！

臣事策九

聖人之爲天下，不務逆人之心。人心之所向，因而順之；人心之所去，因而廢之。故天下樂從其所爲，惟其一人之所欲不可以施於天下，不得已而後有所矯拂而不用，蓋非以爲天下之人皆不可以順適其意也。

昔生民之初，生而有饑寒牝牡之患。飲食男女之際，天下之所同欲也。而聖人不求絶其情，又從而爲之節文，教之炮燔、烹飪、嫁娶、生養之道，使皆得其志，是以天下安其法而不怨。後世有小丈夫不達其意之本末，而以爲禮義之教，皆聖人之所作爲以制天下之非僻，徒見天下邪放之民皆不便於禮義之法，乃欲務矯天下之情，置其所好，而施其所惡。此何其不思之甚也！且雖聖人不能有所特設以驅天下，蓋因天下之所安，而遂成其法，如此而已。如使聖人而不與天下同心，違衆矯世以自立其説，則天下幾何其不叛而去也，今之説者則不然，以爲天下之私欲必有害於國之公事，而國之公事亦必有所拂於天下之私欲。分而異之，使天下公私之際，譬如胡、越之不可以相通。不恤人情之所不安，而獨求見其所以爲至公而無私者。蓋事之不通，莫不由此之故。

今夫人之情，非其所樂而强使爲之，則皆有怏怏不快之心，是故所爲而無成，所任而不稱其職。臣聞方今之制，吏之生於南者，必置於北；生於東者，必投於西；嶺南、吴越之人，而必使冒苦寒、踐霜雪，以治燕趙之事；秦隴蜀漢之士，而必使涉江湖、衝霧露，以守揚越之地。雖其上之人逼而行之，無所不從，而行者望其所之，怨歎咨嗟不能以自安。吏卒送迎於道路，遠者涉數千里，財用殫竭，困敝於外。既至而好惡不相通，風俗不相習，耳目之所見，飲食之所便，皆不得其當。譬如僑居於他鄉，其心常屑屑而不舒，數日求去，而不肯慮長久之計。民不喜其吏，而吏不喜其俗，二者相與齟齬而不合，以不暇有所施設。而吏之坐於其地者，莫不自以爲天下之所不若。而今之法，爲吏者不得還處其鄉里，雖數百里之外，亦輒不可。而又以京師之所在而定天下遠近之次。凡京師之人所謂近者，皆四方之所謂至遠；而京師之所謂遠者，或四方之所謂近也。今欲以近優累勞之吏，而不知其有不樂者，爲此之故也。且夫人生於鄉閭之中，其親戚墳墓不過百里之間。至於千里之内，則譬如道路之人，亦何所施其私？而又風俗相安，上下相信，知其利害，而詳其好惡。近者安處其近，而遠者樂得其遠，二者各獲其所求，而無有求去之心。耳目開明而心不亂，可以容有所立。凡此數者，蓋亦無損於國矣。而特守此區區無益之公，此豈王者之意哉？且三代之時，九州之中，建國千有八百。大者不過百里，而小者數十里。數十里之間，民之爲士者有之，爲大夫者有之，凡所以治其國人者，亦其國人也。安得異國之人而後用哉？臣愚以謂如此之類，可一切革去，以順天下之欲。今使天下之吏，皆同爲奸，則雖非其鄉里，而亦不可有所優容。苟以爲可任，則雖其父母之國，豈必多置節目以防其弊？而況處之數百千里之間哉！

臣事策十

大人之道，行之而可名，名之而可言；布之天下而無疑，施之後世而無愧；堂堂乎立於四海，雖一介之士，而無所不安。此其所以爲大人之道與？

今夫天下之人，天子誰不役其力者，而天下皆不敢以爲非。此誠得其可役之名而役之。是以天子安坐於上而士大夫爲之奔走於下。大者爲之運籌畫策，治百官以濟其大事；而小者爲之按米鹽，視鞭箠以奉其小職；文吏爲之簿書會計，詳其出内取予之數，而使天下不敢欺；武吏爲之擐金被革，習其戰陣攻鬬之事，而使天下不敢犯。勞苦其筋力，而罄竭其思慮，甚者捐首領，暴骨肉於原野，而不知避。何者？食其禄也。至於田野之民，耕田而食，或生而不至市井，然及其有税而可役，趨走於縣吏之前，恭謹有禮，不教而自習。而其尤難者，至使之斬捕盜賊，挽弓巡徼，疲敝而不敢求免，此豈非食其地之故與？故夫天下之人，凡天子之所得而使令者，皆可得而名也。而臣切怪府史胥徒，古者皆有禄以食其家，而其不足者，皆得計口而受田以補其不給，夫是以能使之盡力於公事，而不恤其私計。蓋周之所謂官田者，府史胥徒之田也。而今世之法，收市人而補以爲吏，無禄以養其身，而無田以畜其妻子，又有鞭朴戮辱之患，而天下之人皆喜爲之。其所以責之者甚煩且難，而其所以使之者無名而可言，而其甚者，又使之反入錢而後補。雖得復役，而其所免，不足以償其終身之勞。此獨何也？天子以無名使之，而天下之人亦肯以無名而爲之，此豈可不求其情哉？

夫天子舉四海而寄之其臣，郡縣之官又舉而寄之其郡縣之小吏，刑法之輕重，財用之多少，無所不在。是以掌倉庫者，得以爲盜；而治獄訟者，得以爲奸。爲奸之利，上足以養父母，而下足以畜妻子。其所以無故而安爲之者，爲此之故也。是以雖無爵禄之勸，而可得而使；雖有刑戮恥辱之患，而不肯捨而去。而其上之人驅其無禄之身，而遇之以有禄之法，恬不爲怪，此乃公使之爲姦，以當其所當得之禄，而遂以爲可得而使也。如此則尚何以示天下？

臣愚以爲凡人之在官，不可以無故而用其力，或使以其税，而或使以其禄。故夫府史胥吏，不可以無禄使也。然臣觀之方今天下，苦財用之不給，而用度有所不足，其勢必無以及此。而古者周官之法，民之爲訟者入束矢，爲獄者入鈞金，視其不直者，而納其所入。蓋自秦漢以來，其法始廢而不用。今臣亦欲使天下之至於獄者，皆有所入於官，以自見其直；而其不直者，亦皆没其所入，以爲胥吏之俸禄。辨其等差而别其多少，以時給之，以足其衣食之用。其所以取之於民者不苛，而其所以爲利者甚博。蓋上之於民，常患其好訟而不直，以身試法而無所畏忌，刑之而又使之有入於官，此所以深懲其心而又其所得止以厚吏，此有以見乎非貪民之財也。而爲吏者，可以無俟爲姦而有以自養。名正而言順，雖其爲姦，從而戮之，則亦無愧乎吾心。嗚呼，古之所謂正名者，猶此類也夫。

民政策一

王道之至於民也，其亦深矣。賢人君子，自潔於上，而民不免爲小人；朝廷之間，揖讓如禮，而民不免爲盜賊；禮行於上，而淫僻邪放之風起於下，而不能止。此猶未免爲王道之未成也。

王道之本始於民之自喜，而成於民之相愛。而王者之所以求之於民者，其粗始於力田，而其精極於孝悌廉恥之際。力田者，民之最勞；而孝悌廉恥者，匹夫匹婦之所不悦。强所最勞，而使之有自喜之心；勸所不悦，而使之有相愛之意。故夫王道之成，而及其至於民，其亦深矣。古者天下之災，水旱相仍，而上下不相保，此其禍起於民之不自喜於力田；天下之亂，盜賊放恣，兵革不息，而民不樂業，此其禍起於民之不相愛而棄其孝悌廉恥之節。夫自喜則雖有太勞，而其事不遷；相愛則雖有强狠之心，而顧其親戚之樂，以不忍自棄於不義。此二者，王道之大權也。方今天下之人，狃於工商之利，而不喜於農，惟其最愚下之人，自知其無能，然後安於田畝而不去。山林饑餓之民，皆有盗跖趦趄之心，而閨門之内，父子交忿而不知反。朝廷之上雖有賢人，而其教不逮於下。是故士大夫之間，莫不以爲王道之遠而難成也。

然臣竊觀三代之遺文，至於詩，而以爲王道之成有所易而不難者。夫人之不喜乎此，是未得爲此之味也。故聖人之爲詩，道其耕耨播種之勤，而述其歲終倉廩豐實、婦子喜樂之際，以感動其意。故曰：「畟畟良耜，俶載南畝。播厥百穀，實函斯活。或來瞻女，載筐及筥。其饟伊黍，其笠伊糾。其鎛斯趙，以薅荼蓼。」當此時也，民既勞矣，故爲之言其室家來饁而慰勞之者，以勉卒其事。而其終章曰：「荼蓼朽止，黍稷茂止。穫之挃挃，積之栗栗。其崇如墉，其比如櫛，以開百室。百室盈止，婦子寧止。殺時犉牡，有捄其角。以似以續，續古之人。」當此之時，歲功既畢，民之勞者，得以與其婦子皆樂於此，休息閑暇，飲酒食肉，以自快於一歲。則夫勤者有以自忘其勤，盡力者有以輕用其力，而狠戾無親之人，有所慕悦而自改其操。此非獨於詩云爾，導之使獲其利，而教之使知其樂，亦如是也。且民之性固安於所樂而悦於所利，此臣所以爲王道之無難者也。

蓋臣聞之，誘民之勢，遠莫如近，而近莫如其所與競。今行於朝廷之中，而田野之民無遷善之心，此豈非其遠而難至者哉？明擇郡縣之吏，而謹法律之禁，刑者布市，而頑民不悛。夫鄉黨之民，其視郡縣之吏，自以爲非其比肩之人，徒能畏其用法，而袒背受笞於其前，不爲之愧。此其勢可以及民之明罪，而不可以及其隱慝。此豈非其近而無所與競者耶？惟其里巷親戚之間，幼之所與同戲，而壯之所與共事，此其所與競者也。臣愚以謂古者郡縣有三老嗇夫，今可使推擇民之孝悌無過、力田不惰、爲民之素所服者爲之，無使治事，而使譏誚教誨其民之怠惰而無良者。而歲時伏臘，郡縣頗置禮焉，以風天下，使慕悦其事，使民皆有愧恥、勉强不服之心。今不從民之所與競而教之，而從其所素畏。夫其所素畏者，彼不自以爲伍，而何敢求望其萬一？故教天下自所與競者始，而王道可以漸至於下矣。

茅鹿門云：「以競爲號則不可，特三老嗇夫，閭里之耳目，其爲教易行耳。」

井田既不易復，必行均田之法，兼并者少，有田而自耕者多。衆得爲農之利，然後教法可行。不然，豈惟三老嗇夫，雖一如周官，黨正、閭胥歲時讀法書，德行道藝敬敏任恤者，亦具文耳。

民政策二

三代之盛時，天下之人自匹夫以上莫不務自修潔以求爲君子。父子相愛，兄弟相悦，孝悌忠信之美，發於士大夫之間，而下至於田畝，朝夕從事，終身而不厭。至於戰國，王道衰息，秦人驅其民而納之於耕耘戰鬬之中，天下翕然而從之。南畝之民，而皆争爲干戈旗鼓之事。以首争首，以力搏力，進則有死於戰，退則有死於將，其患無所不至。夫周、秦之間，其相去不數十百年。周之小民，皆有好善之心，而秦人獨喜於戰攻，雖其死亡而不肯以自存。此二者，臣竊知其故也。

夫天下之人，不能盡知禮義之美，而亦不能奮不自顧以陷於死傷之地，其所以能至於此者，上之人實使之然也。然而閭巷之民，劫而從之，則可以與之僥倖於一時之功，而不可以望其久遠，而周、秦之風俗，皆累世而不變，此不可不察其術也。蓋周之制，使天下之士，孝悌忠信聞於鄉黨而達於國人者，皆得以登於有司。而秦之法，使其武健壯勇、能斬捕甲首者，得以自復其役，上者優之以爵禄，而下者皆得役屬其鄰里。天下之人知其利之所在，則皆争爲之，而尚安知其他？然周以之興，而秦以之亡，天下遂皆尤秦之不能，而不知秦之所以使天下者，亦無以異於周之所以使天下。何者？至使之勢，所以奔走天下，萬世之所不易也，而特論其所以使之者何如焉耳。

今者天下之患，實在於民昏而不知教。然臣以謂其罪不在於民，而上之所以使之者或未至也。且天子之所求於天下者何也？天下之人，在家欲得其孝，而在國欲得其忠；兄弟欲其相與爲愛，而朋友欲其相與爲信；臨財欲其思廉，而患難欲其思義。此誠天子之所欲於天下者。古之聖人所欲而遂求之，求之以勢，而使之自至。是以天下争爲其所求，以求稱其意。今有人使人爲之牧其牛羊，將責之以其牛羊之肥，則因其肥瘠而制其利害。使夫牧者趨其所利而從之，則可以不勞而坐得其所欲。今求之以牛羊之肥瘠，而乃使之盡力於樵蘇之事，以其薪之多少而制其賞罰之輕重。則夫牧人將爲牧耶，將爲樵耶？爲樵，則失牛羊之肥；而爲牧，則無以得賞。故其人舉皆爲樵而無事於牧。吾之所欲者牧也，而反樵之爲得。此無足怪也。今夫天下之人，所以求利於上者果安在哉？士大夫爲聲病剽略之文，而治苟且記問之學，曳裾束帶，俯仰周旋，而皆有意於天子之爵禄。夫天子之所求於天下者，豈在是也？然天子之所以求之者唯此，而人之所由以有得者亦唯此。是以若此不可却也。

嗟夫，欲求天下忠信孝悌之人，而求之於一日之試，天下尚誰知忠信孝悌之可喜，而一日之試之可恥而不爲者？詩云：「無言不讎，無德不報。」臣以爲欲得其所求，宜遂以其所欲而求之。開之以利而作其怠，則天下必有應者。今間歲而取天下之才，奇人善士固宜有起而入於其中。然天下之人不能深明天子之意，而以爲所爲求之者，止於其目之所見，是以盡力於科舉，而不知自反於仁義。臣欲復古者孝悌之科，使州縣得以與今之進士同舉而皆進，使天下之人，時獲孝悌忠信之利，而明知天子之所欲。如此則天下宜可漸化，以副上之所求。然臣非謂孝悌之科必多得天下之賢才，而要以使天下知上意之所在，而各趨於其利，則庶乎不待教而忠信之俗可以漸復。此亦周、秦之所以使人之術歟。

民政策三

聖人將有以奪之，必有以予之；將有以正之，必有以柔之。納之於正，而無傷其心；去其邪僻，而無絶其不忍之意。有所矯拂天下，大變其俗，而天下不知其爲變也，釋然而順，油然而化，無所齟齬，而天下遂至於大正矣。

蓋天下之民，邪淫不法，紛亂而至於不可告語者，非今世而然也。夫古者三代之民，耕田而後食其粟，蠶繅而後衣其帛。欲享其利，而勤其力；欲獲其報，而厚其施；欲求父子之親，則盡心於慈孝之道；欲求兄弟之和，則致力於長悌之節；欲求夫婦之相安、朋友之相信，亦莫不務其所以致之之術。故民各致其生，無望於僥倖之福，而力行於可信之事。凡其所以養生求福之道，如此其精也。至其不幸而死，其親戚子弟又爲之死喪祭祀、歲時伏臘之制，以報其先祖之恩，而可安恤孝子之意者甚具而有法。籩豆簠簋飲食酒醴之薦，而大者於廟，而小者於寢，薦新時祭，春秋不闕。故民終三年之憂，而又有終身不絶之恩愛，慘然若其父祖之居於其前而享其報也。

至於後世則不然，民怠於自修，而其所以養生求福之道，皆歸於鬼神冥寞之間，不知先王喪紀祭祀之禮，而其所以追養其先祖之意，皆入於佛老虛誕之説。是以四夷之教，交於中國，縱橫放肆，其尊貴富盛，擬於王者，而其徒黨遍於天下。其宮室、棟宇、衣服、飲食常侈於天下之民，而中國之人、明哲禮義之士，亦未嘗以爲怪，幸而其間有疑怪不信之心，則又安視而不能去。此其故何也？彼能執天下養生報死之權，而吾無以當之，是以若此不可制也。

蓋天下之君子嘗欲去之，而亦既去矣；去之不久，而還復其故。其根之入於民者甚深，而其道之悦於民者甚佞。世之君子未有以解其所以入而易其所以悦，是以終不能服天下之意。天下之民，以爲養生報死皆出於此，吾未有以易之而遂絶其教，欲納之於正而傷其心，欲去其邪僻而絶其不忍之意，故民之從之也甚難。聞之曰：「川竭而谷虛，丘夷而淵實。」作乎此者，必有以動乎彼也。夫天下之民，非有所悦乎佛老之道，而悦乎養生報死之術。今能使之得其所以悦之之實，而去其所以悦之之名，則天下何病而不從？

蓋先王之教民，養生有方，而報死有禮。凡國之賞罰黜陟，各當其實，貧富貴賤皆出於其人之所當然。力田而多收，畏法而無罪；行立而名聲發，德成而爵禄至。天下之人，皆知其所以獲福之因，故無惑於鬼神。而其祭祀之禮，所以仁其祖宗而慰其子孫之意者，非有鹵莽不詳之意也。故孝子、慈孫有所歸心，而無事於佛老。臣愚以爲，嚴賞罰，勑官吏，明好惡，慎取予，不赦有罪，使佛老之福不得苟且而惑其生；因天下之爵秩，建宗廟，嚴祭祀，立尸祝，有以大塞人子之意，使佛老之報不得乘隙而制其死。蓋漢唐之際嘗有行此者矣，而佛老之説未去。嘗有去者矣，而賞罰不詳，祭祀不謹，是以其道牢固而不可去，既去而復反其舊。

今者國家幸而欲減損其徒，日朘月削，將至於亡。然臣愚恐天下尚猶有不忍之心，天下有不忍之心，則其勢不可以久去。故臣欲奪之而有以予之，正之而有以柔之，使天下無憾於見奪，而日安其新。此聖人所以變天下之術歟？

武昌九曲亭記

子瞻遷於齊安，廬於江上。齊安無名山，而江之南武昌諸山，坡陁蔓延，澗谷深密，中有浮圖精舍。西曰西山，東曰寒谿。依山臨壑，隱蔽松櫪，蕭然絶俗，車馬之迹不至。每風止日出，江水伏息，子瞻杖策載酒，乘漁舟亂流而南。山中有二三子好客而喜游，聞子瞻至，幅巾迎笑，相携徜徉而上。窮山之深，力極而息，埽葉席草，酌酒相勞，意適忘反，往往留宿於山上。以此居齊安三年，不知其久也。

然將適西山，行於松柏之間，羊腸九曲而獲少平，遊者至此必息，倚怪石，蔭茂木，俯視大江，仰瞻陵阜，旁矚溪谷。風雲變化，林麓向背，皆效於左右。有廢亭焉，其遺址甚狹，不足以席衆客。其旁古木數十，其大皆百圍千尺，不可加以斤斧。子瞻每至其下，輒睥睨終日。一旦，大風雷雨拔去其一，斥其所據，亭得以廣。子瞻與客入山，視之笑曰：「兹欲以成吾亭耶？」遂相與營之。亭成而西山之勝始具，子瞻於是最樂。

昔余少年從子瞻遊，有山可登，有水可浮，子瞻未始不褰裳先之。有不得至，爲之悵然移日。至其翩然獨往，逍遥泉石之上，擷林卉，拾澗實，酌水而飲之，見者以爲僊也。蓋天下之樂無窮，而以適意爲悦。方其得意，萬物無以易之；及其既厭，未有不灑然自笑者也。譬之飲食雜陳於前，要之一飽而同委於臭腐。夫孰知得失之所在？惟其無愧於中，無責於外，而姑寓焉。此子瞻之所以有樂於是也。

曾子固文約選

移滄州過闕上殿劄子

曾鞏

臣聞基厚者勢崇，力大者任重，故功德之殊，垂光錫祚，舄奕繁衍，久而彌昌者，蓋天人之理，必至之符。然生民以來，能躋登兹者，未有如大宋之隆也。

夫禹之績大矣，而其孫太康乃墜厥緒。湯之烈盛矣，而其孫太甲，既立不明。周自后稷十有五世至於文王，而大統未集，武王、成王始收太平之功，而康王之子昭王難於南狩，昭王之子穆王殆於荒服，至於幽、厲，陵夷盡矣。及秦，以累世之智并天下，然二世而亡。漢定其亂，而諸吕七國之禍，相尋以起，建武中興，然沖、質以後，世故多矣。魏之患，天下爲三。晉、宋之患，天下爲南北。隋文始一海内，然傳子而失。唐之治在於貞觀、開元之際，而女禍世出，天寶以還，綱紀微矣。至於五代，蓋五十有六年，而更八姓，十有四君，其廢興之故甚矣。

宋興，太祖皇帝爲民去大殘，致更生，兵不再試，而粤、蜀、吴、楚五國之君，生致闕下，九州來同，復禹之迹。内輯師旅，而齊以節制；外卑藩服，而納以繩墨。所以安百姓，禦四夷，綱理萬事之具，雖創始經營，而彌綸已悉。莫貴於爲天子，莫富於有天下。而舍子傳弟，爲萬世策，造邦受命之勤，爲帝太祖，功未有高焉者也。

太宗皇帝遹求厥寧，既定晉疆，錢俶自歸。作則垂憲，克紹克類，保世靖民，丕丕之烈，爲帝太宗，德未有高焉者也。

真宗皇帝繼統遵業，以涵煦生養，蕃息齊民，以并容徧覆，擾服異類。蓋自大寶之末，宇内板蕩，及真人出，天下平，而西北之虜，猶間入闚邊，至於景德，二百五十餘年，契丹始講和好，德明亦受約束，而天下銷鋒灌燧，無雞鳴犬吠之警，以迄於今。故於是時，遂封泰山，禪社首，薦告功德，以明示萬世不祧之廟，所以爲帝真宗。

仁宗皇帝寬仁慈恕，虚心納諫，慎注措，謹規矩，早朝晏退，無一日之懈。在位日久，明於群臣之賢不肖忠邪，選用政事之臣，委任責成。然公聽並觀，以周知其情僞，其用舍之際，一稽於衆，故任事者亦皆警懼，否輒罷免。世以謂得馭臣之體。春秋未高，援立有德，傳付惟允，故傳天下之日，不陳一兵，不宿一士，以戒非常，而上下晏然，殆古所未有。其豈弟之行，足以附衆者，非家施而人悦之也。積之以誠心，民皆有父之尊，有母之親，故棄群臣之日，天下聞之，路祭巷哭，人人感動欷歔。其得人之深，未有知其所繇然者，故皇祖之廟，爲宋仁宗。

英宗皇帝聰明睿智，言動以禮，上帝眷相，天命所集，而稱疾遜避，至於累月。自踐東朝，淵默恭慎，無所言議施爲，而天下傳頌稱説，德號彰聞。及正南面，勤勞庶政，每延見三事，省決萬幾，必咨詢舊章，考求古義，聞者惕然，皆知其志在有爲。雖早遺天下，成功盛烈，未及宣究，而明識大略，足以克配前人之休，故皇考之廟爲宋英宗。

陛下神聖文武，可謂有不世出之姿；仁孝恭儉，可謂有君人之大德。憫自晚周、秦、漢以來，世主率皆不能獨見於衆人之表，其政治所出，大抵踵襲卑近，因於世俗而已。於是慨然以上追唐、虞、三代荒絶之迹，修列先王法度之政，爲其任在己，可謂有出於數千載之大志。變易因循，號令必信，使海内觀聽，莫不奮起，群下遵職，以後爲羞，可謂有能行之效。今斟酌損益，革弊興壞，制作法度之事，日以大備，非因陋就寡，拘牽常見之世所能及也。繼一祖四宗之緒，推而大之，可謂至矣。

蓋前世或不能附其民者，刑與賦役之政暴也。宋興以來，所用者鞭朴之刑，然猶詳審反覆，至於緩既縱之誅，重誤入之辟，蓋未嘗用一暴刑也；田或二十而税一，然歲時省察，數議寛減之宜，下蠲除之令，蓋未嘗加一暴賦也；民或老死不知力役，然猶憂憐惻怛，常謹復除之科，急擅興之禁，蓋未嘗興一暴役也。所以附民者如此。前世或失其操柄者，天下之勢或在於外戚，或在於近習，或在於大臣。宋興以來，戚里宦臣，曰將曰相，未嘗得以擅事也。所以謹其操柄者如此，而況輯師旅於内，天下不得私尺兵一卒之用，卑藩服於外，天下不得專尺土一民之力，其自處之勢如此。至於畏天事神、仁民愛物之際，未嘗有須臾懈也。其憂勞者又如此。蓋不能附其民，而至於失其操柄，又怠且忽，此前世之所以危且亂也。民附於下，操柄謹於上，處勢甚便，而加之以憂勞，此今之所以治安也。故人主之尊，意諭色授，而六服震動；言傳號涣，而萬里奔走。山巖窟穴之氓，不待期會，而時輸歲送以供其職者，惟恐在後；航浮索引之國，非有發召，而篚齎橐負以致其贄者，惟恐不及。西北之戎，投弓縱馬，相與祗服而戲豫；東南之夷，正冠束衽，相與挾册而吟誦。至於六府順叙，百嘉鬯遂，凡在天地之内，含氣之屬，皆裕如也。蓋遠莫懿於三代，近莫盛於漢、唐，然或四三世，或一二世，而天下之變不可勝道也，豈有若今五世六聖，百有二十餘年，自通邑大都至於荒陬海聚，無變容動色之慮萌於其心，無援枹擊柝之戒接於耳目。臣故曰生民以來，未有如大宋之隆也。

竊觀於詩，其在風、雅，陳太王、王季、文王致王迹之所由，與武王之所以繼代。而成王之興，則美有假樂、鳧鷖，戒有公劉、泂酌。其所言者，蓋農夫女工築室治田，師旅祭祀飲尸受福，委曲之常務。至於兔罝之武夫，行修於隱；牛羊之牧人，愛及微物，無不稱紀。所以論功德者，由小以及大，其詳如此。後嗣所以昭先人之功，當世之臣子所以歸美其上，非徒薦告鬼神、覺寤黎庶而已也。書稱「勸之以九歌俾勿壞」，蓋歌其善者，所以興其嚮慕興起之意，防其怠廢難久之情，養之於聽而成之於心。其於勸帝者之功美，昭法戒於將來，聖人之所以列之於經，垂爲世教也。

今大宋祖宗，興造功業，猶太王、王季、文王。陛下承之以德，猶武王、成王。而群臣之於考次論撰，列之簡册，被之金石，以通神明，昭法戒者，闕而不圖，此學士大夫之過也。蓋周之德盛於文、武，而雅、頌之作皆在成王之世。今以時考之，則祖宗神靈固有待於陛下。臣誠不自揆，輒冒言其大體。至於尋類取稱，本隱以之顯，使莫不究悉，則今文學之臣，充於列位，惟陛下之所使。至若周之積仁累善，至成王、周公爲最盛之時，而洞酌言皇天親有德、饗有道，所以爲成王之戒。蓋履極盛之勢，而動之以戒懼者，明之至、智之盡也。如此者，非周獨然，唐、虞至治之極也，其君臣相飭曰：「兢兢業業，一日二日萬幾。」則處至治之極，而保之以祗慎，唐、虞之所同也。今陛下履祖宗之基，廣太平之祚，而世世治安，三代所不及。則宋興以來，全盛之時，實在今日。陛下仰探皇天所以親有德、饗有道之意，而奉之以寅畏，俯念一日二日萬幾之不可以不察，而處之以兢兢，使休光美實，日新歲益，閎遠崇侈，循之無窮，至千萬世永有法則，此陛下之素所蓄積。臣愚區區愛君之心，誠不自揆，欲以庶幾詩人之義也。惟陛下之所擇。

自唐以前，頌美之文皆琢雕字句，文采豐蔚，以本無義理故也。最上者如封禪書，亦不過氣格校古而已。是篇所稱引，皆應於義理而又緣飾以經術，遂覺特出於衆。後世文體有跨越前古者，此類是也。子固作此以示人，曰：「視班固典引何如？」而不敢以擬長卿，古人之不自欺如此。使韓子爲之，則必高出長卿之上矣。

明州擬辭高麗送遺狀

竊以高麗在蠻夷中爲通於文學，頗有知識，可以德懷，難以力服也。故以隋之全盛，煬帝之世，大兵三出，天下騷然，而不能朝其君。及至唐室，以太宗之英武，李勣之善將，至於君臣皆東嚮，以身督戰，而不能拔其一城，此臣之所謂難以力服也。宋興，自建隆以來，其王王昭以降，六王繼修貢職，使者相望。其中間厭於强虜，自天聖以後，始不能自通於中國。陛下即祚，聲教四塞，其國聞風不敢寧息，不忌强胡之難，不虞大海之阻，效其土實，五歲三至，如東西州，唯恐在後。其所以致之者，不以兵威，此臣之所謂可以德懷也。陛下亦憐其萬里惓惓，歸心有德，收而撫之，恩禮甚厚。州郡當其道途所出，迎勞燕餞，所以宣達陛下寵錫待遇之意，此守臣之職分也。其使者所歷之州，贄其所有，以爲好於邦域之臣。陛下加恩，皆許受之，而資以官用，爲其酬幣。其使一再至之間，許其如此，不爲常制可也。今其使數來，邦域之臣受其贄遺，著於科條，以爲常制，則臣竊有疑焉。

蓋古者相聘，贄有珪璋，及其卒事，則皆還之，以明輕財重禮之義。今蠻夷使來，邦域之臣與之相接，示之以輕財重禮之義，使知中國之所以爲貴，此人事之所宜先，則當還其贄，如古之聘禮，此誼之所不可已也。又古之以贄見君者，國君於其臣則受之，非其臣則還之。今蠻夷嚮化，來獻其方物，以致其爲臣之義。天子受之，以明天下一尊，有臣而畜之之義，此不易之制也。以邦域之臣與其使接，以非其臣之義，還其贄，以明守禮而不敢逾，亦不易之制也。以此相厲，以明天子之尊。中國之貴，所重者禮義，所輕者貨財。其於待遇蠻夷之道，未有當先於此者也。且彼贄其所有，以明州一州計之，知州、通判所受，爲錢二三十萬，受之者既於義未安，其使自明而西，以達京師，歷者尚十餘州，皆當有贄。以彼之力度之，蠻夷小國，其於貨財，恐未必有餘也。使其有親附中國之心，而或憂於貨財之不足，臣竊恐有傷中國之義，而非陛下所以畜之幸之之意也。

臣愚竊欲自今高麗使來，贄其所有以爲好於邦域之臣者，許皆以詔旨還之。其資於官用以爲酬幣已有故事者，許皆以詔旨與之如故。惟陛下詳擇之。如可推行，願更著於令。蓋復其贄以及於恐其力之不足，厚其與以及於察其來之不易，所謂尚之以義，綏之以仁。中國之所以待蠻夷，未有可以易此者也。其國粗爲有知，歸相告語，必皆心服誠悦，慕義於無窮，此不論而可知也。

臣愚非敢以是爲廉，誠以拊接蠻夷，示之以輕財重禮之義，不可不先。庶幾萬分之一，無累於陛下以德懷遠人之體。是以不敢不言。

福州上執政書

鞏頓首再拜上書某官：竊以先王之迹，去今遠矣，其可概見者，尚存於詩。詩存先王養士之法，所以撫循待遇之者，恩意可謂備矣。故其長育天下之材，使之成就，則如蘿蒿之在大陵，無有不遂。其賓而接之，出於懇誠，則如鹿鳴之相呼召，其聲音非自外至也。其燕之，則有飲食之具；樂之，則有琴瑟之音。將其厚意，則有幣帛筐篚之贈，要其大旨，則未嘗不在於得其歡心。其人材既衆，列於庶位，則如棫樸之盛，得而薪之。其以爲使臣，則寵其往也，必以禮樂，使其光華皇皇於遠近；勞其來也，則既知其功，又本其情而敘其勤。其以爲將率，則於其行也，既送遣之，又識薇蕨之始生，而恐其歸時之晚；及其還也，既休息之，又追念其悄悄之憂，而及於僕夫之瘁。當此之時，后妃之於內助，又知臣下之勤勞，其憂思之深，至於山脊、石砠、僕馬之間；而志意之一，至於雖采卷耳，而心不在焉。蓋先王之世，待天下士，其勤且詳如此。故稱周之士也貴，又稱周之士也肆，而天保亦稱「君能下下，以成其政；臣能歸美，以報其上」。其君臣上下相與之際如此，可謂至矣。所謂必本其情而敘其勤者，在四牡之三章，曰：「王事靡盬，不遑將父。」四章曰：「王事靡盬，不遑將母。」而其卒章則曰：「豈不懷歸，是用作詞，將母來諗。」釋者以謂：「諗，告也。君勞使臣，叙述其情，曰：豈不誠思歸乎？故作此詩之詞，以養父母之志，來告其君也。」既休息之，而又追叙其情如此。繇是觀之，上之所以接下，未嘗不恐失其養父母之心，下之所以事上，有養父母之心，未嘗不以告也。其勞使臣之辭則然，而推至於戍役之人，亦勞之以「王事靡盬，憂我父母」，則先王之政，即人之心，莫大於此也。及其後世，或任使不均，或苦於征役，而不得養其父母，則有北山之感，鴇羽之嗟，或行役不已，而父母兄弟離散，則有陟岵之思。詩人皆推其意，見於國風，所謂「發乎情，止乎禮義」者也。

伏惟吾君有出於數千載之大志，方興先王之治，以上繼三代。吾相於時，皆同德合謀，則所以待天下之士者，豈異於古？士之出於是時者，豈有不得盡其志耶？鞏獨何人，幸遇兹日。鞏少之時，尚不敢飾其固陋之質，以干當世之用。今髮齒日衰，聰明日耗，令其至愚，固不敢有徼進之心，況其少有知耶？轉走五郡，蓋十年矣，未嘗敢有半言片辭，求去邦域之任，而冀陪朝廷之儀。此鞏之所以自處，竊計已在聽察之日久矣。今輒以其區區之腹心，敢布於下執事者，誠以鞏年六十，老母年八十有八，老母寓食京師，而鞏守閩越，仲弟守南越。二越者，天下之遠處也。於著令，有一人仕於此二邦者，同居之親當遠仕者，皆得不行。鞏固不敢爲不肖之身，求自比於是也。顧以道里之阻，既不可御老母而南，則非獨省晨昏，承顔色，不得效其犬馬之愚。至於書問往還，蓋以萬里，非累月逾時不通。此白首之母子，所以義不可以苟安，恩不可以苟止者也。

方去歲之春，有此邦之命，鞏敢以情告於朝，而詔報不許。屬閩有盜賊之事，因不敢繼請。及去秋到職，閩之餘盜，或數十百爲曹伍者，往往蟻聚於山谷。桀黠能動衆爲魁首者，又以十數，相望於州縣。閩之室閭莫能寧，而遠近聞者，亦莫不疑且駭也。州屬邑，又有出於饑旱之後。鞏於此時，又不敢以私計自陳。其於寇孽，屬前日之屢敗，士氣既奪，而吏亦無可屬者。其於經營，既不敢以輕動迫之，又不敢以少縱玩之。一則諭以招納，一則戒以剪除。既而其悔悟者自相執拘以歸，其不變者亦爲士吏之所係獲。其魁首則或縻而致之，或殲而去之。自冬至春，遠近皆定。亭無枹鼓之警，里有室家之樂。士氣始奮，而人和始洽。至於風雨時若，田出自倍。今野行海涉，不待朋儔。市粟麵米，價減什七。此皆吾君吾相至仁元澤覆冒所及，故寇旱之餘，曾未期歲，既安且富，至於如此。鞏與斯民，與蒙其幸。方地數千里，既無一事，繫官於此，又已彌年，則可以「將母」之心，告於吾君吾相，未有易於此時也。

伏惟推古之所以待士之詳，思勞歸之詩，本士大夫之情，而及於其親，逮之以即乎人心之政，或還之闕下，或處以閑曹，或引之近畿，屬以一郡，使得諧其就養之心，慰其高年之母。則仁治之行，豈獨昏愚得蒙賜於今日，其流風餘法，傳之永久。後世之士，且將賴此。其無北山之怨，鴇羽之譏，陟岵之歎，蓋行之甚易，爲德於士類者甚廣。惟留意而圖之。不宣。

子固文以迂迴百折、層疊包絡見長，削其意之支綴者、辭之滯冗者，乃不累其佳處。不獨此篇爲然。

與孫司封書

運使司封閣下：竊聞儂智高未反時，已奪邕邑地而有之，爲吏者不能禦，因不以告。皇祐三年，邕有白氣起廷中，江水横溢，司户孔宗旦以爲兵象，策智高必反，以書告其將陳拱。拱不聽，宗旦言不已。拱怒，詆之曰：「司户狂耶？」四年，智高出横山，略其寨人，因其倉庫而大賑之。宗旦又告曰：「事急矣，不可以不戒。」拱又不從。凡宗旦之於拱，以書告者七，以口告者多至不可數。度拱終不可得意，即載其家走桂州，曰：「吾有官守不得去，吾親毋爲與死此。」既行之二日，智高果反，城中皆應之。宗旦猶力守南門，爲書召鄰兵，欲拒之。城亡，智高得宗旦，喜用之。宗旦怒曰：「賊！汝今立死，吾豈可汙耶！」駡不絶口。智高度終不可下，乃殺之。

當其初，使宗旦言不廢，則邕之禍必不發。發而吾有以待之，則必無事。使獨有此一善，固不可不旌，況其死節堂堂如是，而其事未白於天下。比見朝廷所寵贈南兵以來伏節死難之臣，宗旦乃獨不與，此非所謂「曲突徙薪無恩澤，焦頭爛額爲上客」耶？

使宗旦初無一言，但賊至而能死不去，固不可以無賞。蓋先事以爲備，全城而保民者，宜責之陳拱，非宗旦事也。今猥令與陳拱同戮，既遺其言，又負其節。爲天下者，賞善而罰惡；爲君子者，樂道人之善，樂成人之美，豈當如是耶？凡南方之事，卒至於破十餘州，覆軍殺將，喪元元之命，竭山海之財者，非其變發於隱伏，而起於倉卒也。内外上下有職事者，初莫不知，或隱而不言，或忽而不備，苟且偸託，以至於不可禦耳。有一人先能言者，又爲世所侵蔽，令與罪人同罰，則天下之事，其誰復言耶？

聞宗旦非獨以書告陳拱，當時爲使者於廣東西者，宗旦皆歷告之。今彼既不能用，懼重爲己累，必不肯復言宗旦嘗告我也。爲天下者，使萬事已理，天下已安，猶須力開言者之路，以防未至之患。況天下之事，其可憂者甚衆，而當世之患莫大於人不能言與不肯言，而甚者或不敢言也。則宗旦之事，豈可不汲汲載之天下視聽，發揚褒大其人，以驚動當世耶？

宗旦喜學易，所爲注有可采者。家不能有書，而人或質問以易，則貫穿馳騁，至數十家，皆能言其意。事祖母盡心，貧幾不能自存，好議論，喜功名。鞏嘗與之接，故頗知之。則其所立，亦非一時偶然發也。世多非其在京東時不能自重，至爲世所指目，此固一眚。今其所立，亦可贖矣。

鞏初聞其死之事，未敢決然信也。前後得言者甚衆，又得其弟自言，而聞祖袁州在廣東亦爲之言，然後知其事，使雖有小差，要其大概不誣也。況陳拱以下皆覆其家，而宗旦獨先以其親遁，則其有先知之效可知也。以其性之喜事，則其有先言之效亦可知也。

以閣下好古力學，志樂天下之善，又方使南方，以賞罰善惡爲職，故敢以告。其亦何惜須臾之聽，尺紙之議，博問而極陳之。使其事白，固有補於天下，不獨一時爲宗旦發也。伏惟少留意焉。如有未合，願賜還答。不宣。

寄歐陽舍人書

鞏頓首載拜舍人先生：去秋人還，蒙賜書及所譔先大父墓碑銘。反覆觀誦，感與慚并。夫銘誌之著於世，義近於史，而亦有與史異者。蓋史之於善惡，無所不書；而銘者，蓋古之人有功德、材行、志義之美者，懼後世之不知，則必銘而見之，或納於廟，或存於墓，一也。苟其人之惡，則於銘乎何有？此其所以與史異也。其辭之作，所以使死者無有所憾，生者得致其嚴。而善人喜於見傳，則勇於自立；惡人無有所紀，則以媿而懼。至於通材達識，義烈節士，嘉言善狀，皆見於篇，則足爲後法。警勸之道，非近乎史，其將安近？

及世之衰，人之子孫者，一欲褒揚其親，而不本乎理。故雖惡人，皆務勒銘，以誇後世。立言者既莫之拒而不爲，又以其子孫之所請也，書其惡焉，則人情之所不得，於是乎銘始不實。後之作銘者，當觀其人，苟託之非人，則書之非公與是，則不足以行世而傳後。故千百年來，公卿大夫至於里巷之士，莫不有銘，而傳者蓋少，其故非他，託之非人，書之非公，與是故也。

然則孰爲其人，而能盡公與是歟？非畜道德而能文章者，無以爲也。蓋有道德者之於惡人，則不受而銘之，於衆人則能辨焉。而人之行，有情善而迹非，有意奸而外淑，有善惡相懸而不可以實指，有實大於名，有名侈於實，猶之用人，非畜道德者，惡能辨之不惑、議之不狥？不惑不狥，則公且是矣。而其辭之不工，則世猶不傳，於是又在其文章兼勝焉。故曰：非畜道德而能文章者，無以爲也，豈非然哉！

然畜道德而能文章者，雖或並世而有，亦或數十年或一二百年而有之。其傳之難如此，其遇之難又如此。若先生之道德文章，固所謂數百年而有者也。先祖之言行卓卓，幸遇而得銘其公與是，其傳世行後無疑也。而世之學者，每觀傳記所書古人之事，至其所可感，則往往衋然不知涕之流落也，況其子孫也哉！況鞏也哉！其追睎祖德，而思所以傳之之繇，則知先生推一賜於鞏而及其三世，其感與報，宜若何而圖之？

抑又思若鞏之淺薄滯拙，而先生進之。先祖之屯蹷否塞以死，而先生顯之，則世之魁閎豪傑不世出之士，其誰不願進於門？潛遁幽抑之士，其誰不有望於世？善誰不爲？而惡誰不愧以懼？爲人之父祖者，孰不欲教其子孫？爲人之子孫者，孰不欲寵榮其父祖？此數美者，一歸於先生。既拜賜之辱，且敢進其所以然。所論世族之次，敢不承教而加詳焉。愧甚，不宣。

必發人所未見之義，然後其文傳。而傳之顯晦，又視其落筆時精神機趣。如此文，蓋兼得之。

戰國策目録序

劉向所定戰國策三十三篇，崇文總目稱十一篇者闕。臣訪之士大夫家，始盡得其書，正其誤謬，而疑其不可考者，然後戰國策三十三篇復完。

叙曰：向叙此書，言周之先，明教化，修法度，所以大治；及其後，謀詐用而仁義之路塞，所以大亂。其説既美矣，卒以謂此書戰國之謀士，度時君之所能行，不得不然。則可謂惑於流俗，而不篤於自信者也。

夫孔孟之時，去周之初已數百歲，其舊法已亡，舊俗已熄久矣。二子乃獨明先王，以謂不可改者，豈將强天下之主以後世之不可爲哉？亦將因其所遇之時、所遭之變，而爲當世之法，使不失乎先王之意而已。二帝三王之治，其變固殊，其法固異，而其爲國家天下之意，本末先後未嘗不同也。二子之道，如是而已。蓋法者，所以適變也，不必盡同；道者，所以立本也，不可不一。此理之不易者也。故二子者守此，豈好爲異論哉？能勿苟而已矣。可謂不惑乎流俗而篤於自信者也。

戰國之游士則不然，不知道之可信，而樂於説之易合；其設心注意，偷爲一切之計而已。故論詐之便，而諱其敗；言戰之善，而蔽其患。其相率而爲之者，莫不有利焉，而不勝其害也；有得焉，而不勝其失也。卒至蘇秦、商鞅、孫臏、吴起、李斯之徒以亡其身，而諸侯及秦用之者亦滅其國，其爲世之大禍明矣。而俗猶莫之寤也。惟先王之道，因時適變，爲法不同，而考之無疵，用之無弊。故古之聖賢，未有以此而易彼也。

或曰：「邪説之害正也，宜放而絶之，則此書之不泯，其可乎？」對曰：「君子之禁邪説也，固將明其説於天下，使當世之人皆知其説之不可從，然後以禁，則齊；使後世之人皆知其説之不可爲，然後以戒，則明。豈必滅其籍哉？放而絶之，莫善於是。是以孟子之書，有爲神農之言者，有爲墨子之言者，皆著而非之。至於此書之作，則上繼春秋，下至楚漢之起，二百四十五年之間，載其行事，固不可得而廢也。」

此書有高誘注者二十一篇，或曰二十二篇。崇文總目存者八篇，今存者十篇。

南豐之文長於道古，故序古書尤佳，而此篇及列女傳、新序目録序尤勝，淳古明潔，所以能與歐、王並驅，而争先於蘇氏也。

南齊書目録序

南齊書八紀，十一志，四十列傳，合五十九篇，梁蕭子顯撰。始，江淹已爲十志，沈約又爲齊紀，而子顯自表武帝，别爲此書。臣等因校正其訛謬，而叙其篇目曰：

將以是非得失興壞理亂之故而爲法戒，則必得其所託，而後能傳於久，此史之所以作也。然而所託不得其人，則或失其意，或亂其實，或析理之不通，或設辭之不善，故雖有殊功韙德非常之迹，將闇而不章，鬱而不發，而檮杌、嵬瑣、姦回、凶慝之形，可幸而掩也。

嘗試論之。古之所謂良史者，其明必足以周萬事之理，其道必足以適天下之用，其智必足以通難知之意，其文必足以發難顯之情，然後其任可得而稱也。何以知其然也？昔者唐虞有神明之性，有微妙之德，使由之者不能知，知之者不能名，以爲治天下之本。號令之所布，法度之所設，其言至約，其體至備，以爲治天下之具，而爲二典者推而明之。所記者豈獨其迹耶，并與其深微之意而傳之，小大精粗無不盡也，本末先後無不白也。使誦其説者如出乎其時，求其旨者如即乎其人。是可不謂明足以周萬事之理，道足以適天下之用，智足以通難知之意，文足以發難顯之情者乎？則方是時，豈特任政者皆天下之士哉？蓋執簡操筆而隨者，亦皆聖人之徒也。

兩漢以來，爲史者去之遠矣。司馬遷從五帝三王既没數千載之後，秦火之餘，因散絶殘脱之經，以及傳記百家之説，區區掇拾，以集著其善惡之迹、興廢之端，又創己意，以爲本紀、世家、八書、列傳之文，斯亦可謂奇矣。然而蔽害天下之聖法，是非顛倒而採摭謬亂者，亦豈少哉！是豈可不謂明不足以周萬事之理，道不足以適天下之用，智不足以通難知之意，文不足以發難顯之情者乎！

夫自三代以後，爲史者如遷之文，亦不可不謂儁偉拔出之材、非常之士也。然顧以謂明不足以周萬事之理，道不足以適天下之用，智不足以通難知之意，文不足以發難顯之情者，何哉？蓋聖賢之高致，遷固有不能純達其情，而見之於後者矣，故不得而與之也。遷之得失如此，况其他耶？至於宋、齊、梁、陳、後魏、後周之書，蓋無以議爲也。

子顯之於斯文，喜自馳騁，其更改破析刻雕藻繢之變尤多，而其文益下，豈夫材固不可以强而有耶？數世之史既然，故其事迹暧昧，雖有隨世以就功名之君，相與合謀之臣，未有赫然得傾動天下之耳目，播天下之口者也。而一時偷奪傾危、悖理反義之人，亦幸而不暴著於世，豈非所託不得其人故耶？可不惜哉。

蓋史者所以明夫治天下之道也，故爲之者亦必天下之材，然後其任可得而稱也。豈可忽哉！豈可忽哉！

梁書目録序

梁書六本紀，五十列傳，合五十六篇，唐貞觀三年詔右散騎常侍姚思廉撰。思廉者，梁史官察之子，推其父意，又頗采諸儒謝、吴等所記，以成此書。臣等既校正其文字，又集次爲目録一篇，而叙之曰：

自先王之道不明，百家並起，佛最晚出，爲中國之患，而在梁爲尤甚。故不得而不論也。蓋佛之徒，自以謂吾之所得者内，而世之論佛者皆外也，故不可絀。雖然，彼惡覩聖人之内哉？書曰：「思曰睿，睿作聖。」蓋思者所以致其知也。能致其知者，察三才之道，辯萬物之理，小大精粗，無不盡也。此之謂窮理，知之至也。知至矣，則在我者之足貴，在彼者之不足玩，未有不能明之者也。有知之之明而不能好之，未可也，故加之誠心以好之。有好之之心而不能樂之，未可也，故加之至意以樂之。能樂之則能安之矣。如是則萬物之自外至者，安能累我哉？

萬物之所不能累，故吾之所以盡其性也。能盡其性，則誠矣。誠者，成也，不惑也。既誠矣，必充之，使可大焉。既大矣，必推之，使可化焉。能化矣，則含智之民，肖翹之物，有待於我者，莫不由之以至其性，遂其宜，而吾之用與天地參矣。德如此其至也，而應乎外者，未嘗不與人同，此吾之道所以爲天下之達道也。故與之爲衣冠飲食、冠昏喪祭之具，而由之以教，其爲君臣、父子、兄弟、夫婦者，莫不一出乎人情；與之同其吉凶而防其憂患者，莫不一出乎人理。故與之處而安且治之所集也，危且亂之所去也。與之所處者其具如此，使之化者其德如彼，可不謂聖矣乎！既聖矣，則無思也，其至者循理而已，無爲也，其動者應物而已。是以覆露乎萬物，鼓舞乎群衆，而未有能測之者也，可不謂神矣乎！神也者，至妙而不息者也。此聖人之内也。聖人者，道之極也。佛之説，其有以易此乎？求其有以易此者，固其所以爲失也。夫得於内者，未有不可行於外也；有不可行於外者，斯不得於内矣。易曰「智周乎萬物而道濟乎天下，故不過」，此聖人所以兩得之也。智足以知一偏，而不足以盡萬事之理；道足以爲一方，而不足以適天下之用。此百家之所以兩失之也。佛之失，其不以此乎？則佛之徒，自以謂得諸内者，亦可謂妄矣。

夫學史者將以明一代之得失也，臣等故因梁之事，而爲著聖人之所以得，及佛之所以失，以傳之者，使知君子之所以距佛者，非外而有志於内者，庶不以此而易彼也。

前半言聖人之道處，理亦無頗，惜辭冗而格卑，氣亦不振。

陳書目録序

陳書六本紀，三十列傳，凡三十六篇。唐散騎常侍姚思廉譔。

始，思廉父察，梁、陳之史官也，録二代之事，未就而陳亡。隋文帝見察，甚重之，每就察訪梁、陳故事，察因以所論載，每一篇成，輒奏之，而文帝亦遣虞世基就察求其書，又未就而察死。察之將死，屬思廉以繼其業。唐興，武德五年，高祖以自魏至宋二百餘歲，世統數更，史事放逸，乃詔論次，而思廉遂受詔爲陳書，久之猶不就。貞觀三年，遂詔論譔於秘書内省，十年正月壬子始上之。

觀察等之爲此書，歷三世，傳父子，更數十歲而後乃成，蓋其難如此。然及其既成，與宋、魏、梁等書，世亦傳之者少，故學者於其行事之迹，亦罕得而詳之也。其書亦以罕傳，則自秘府所藏，往往脱誤。嘉祐六年八月始詔校讎，使可鏤版，行之天下。而臣等言梁、陳等書缺，獨館閣所藏，恐不足以定著，願詔京師及州縣藏書之家，使悉上之。先皇帝爲下其事，至七年冬稍稍始集。臣等以相校，至八年七月，陳書三十六篇者始校定，可傳之學者。其疑者亦不敢稍損，益特各疏於篇末。其書舊無目，列傳名氏多闕謬，因别爲目録一篇，使覽者得詳焉。

夫陳之爲陳，蓋偷爲一切之計，非有先王經紀禮義風俗之美、制治之法可章示後世。然而兼權尚計，明於任使，恭儉愛人，則其始之所以興；惑於邪臣，溺於嬖妾，忘患縱欲，則其終之所以亡。興亡之端，莫非自己致者。至於有所因造，以爲號令、威刑、職官、州郡之制，雖其事已淺，然亦各施於一時，皆學者之所不可不考也。而當時之士，争奪詐僞，苟得偷合之徒，尚不得不列以爲世戒，而況於壞亂之中，倉皇之際，士之安貧樂義，取舍去就，不爲患禍勢利動其心者，亦不絶於其間。若此人乎，可謂篤於善矣。蓋古人之所思見而不可得，風雨之詩所爲作者也，安可使之泯泯、不少概見於天下哉？則陳之史其可廢乎？

蓋此書成之既難，其後又久不顯，及宋興已百年，古文遺事，靡不畢講，而始得盛行於天下，列於學官，其傳之之難又如此，豈非遭遇固自有時也哉！

新序目録序

劉向所集次新序三十篇，目録一篇，隋唐之世尚爲全書，今可見者十篇而已。臣既考正其文字，因爲其序論曰：

古之治天下者，一道德，同風俗。蓋九州之廣，萬民之衆，千歲之遠，其教已明，其習已成之後，所守者一道，所傳者一説而已。故詩、書之文，歷世數十，作者非一，而其言未嘗不相爲終始，化之如此其至也。當是之時，異行者有誅，異言者有禁，防之又如此其備也。故二帝三王之際，及其中間嘗更衰亂，而餘澤未熄之時，百家衆説未有能出於其間者也。及周之末世，先王之教化法度既廢，餘澤既熄，世之治方術者，各得其一偏。故人奮其私智，家尚其私學者，蠭起於中國，皆明其所長而昧其短，矜其所得而諱其失。天下之士，各自爲方，而不能相通；世之人，不復知夫學之有統，道之有歸也。先王之遺文雖在，皆絀而不講，況至於秦爲世之所大禁哉！

漢興，六藝皆得於斷絶殘脱之餘，世復無明先王之道以一之者。諸儒苟見傳記百家之言，皆悦而嚮之。故先王之道爲衆説之所蔽，闇而不明，鬱而不發。而怪奇可喜之論，各師異見，皆自名家者，誕漫於中國。一切不異於周之末世，其弊至於今尚在也。自斯以來，天下學者知折衷於聖人，而能純於道德之美者，揚雄氏而止耳。如向之徒，皆不免乎爲衆説之所蔽，而不知有所折衷者也。孟子曰：「待文王而興者，凡民也；豪傑之士，雖無文王猶興。」漢之士，豈特無明先王之道以一之者哉？亦其出於是時者，豪傑之士少，故不能特起於流俗之中，絶學之後也。

蓋向之序此書，於今爲最近古，雖不能無失，然遠至舜禹，而次及於周秦以來，古人之嘉言善行，亦往往而在也，要在慎取之而已。故臣既惜其不可見者，而校其可見者特詳焉，亦足以知臣之攻其失，豈好辯哉？臣之所不得已也。

列女傳目録序

劉向所叙列女傳，凡八篇，事具漢書向列傳，而隋書及崇文總目皆稱向列女傳十五篇，曹大家注。以頌義考之，蓋大家所注，離其七篇爲十四，與頌義凡十五篇，而益以陳嬰母及東漢以來凡十六事，非向書本然也。蓋向舊書之亡久矣。嘉祐中，集賢校理蘇頌始以頌義爲篇次，復定其書爲八篇，與十五篇者並藏於館閣。而隋書以頌義爲劉歆作，與向列傳不合。今驗頌義之文，蓋向之自叙。又藝文志有向列女傳頌圖，明非歆作也。自唐之亂，古書之在者少矣，而唐志録列女傳凡十六家，至大家注十五篇者，亦無録，然其書今在。則古書之或有録而亡，或無録而在者，亦衆矣，非可惜哉？今校讎其八篇及十五篇者已定，可繕寫。

初，漢承秦之敝，風俗已大壞矣。而成帝後宫，趙、衛之屬尤自放。向以謂王政必自内始，故列古女善惡所以致興亡者以戒天子，此向述作之大意也。其言太任之娠文王也，「目不視惡色，耳不聽淫聲，口不出敖言」。又以謂古之人胎教者皆如此。夫能正其視聽言動者，此大人之事，而有道者之所畏也。顧令天下之女子能之，何其盛也！以臣所聞，蓋爲之師傅保姆之助，詩書圖史之戒，珩璜琚瑀之節，威儀動作之度，其教之者雖有此具，然古之君子，未嘗不以身化也。故家人之義歸於反身，二南之業本於文王，夫豈自外至哉？世皆知文王之所以興，能得内助，而不知其所以然者，蓋本於文王之躬化，故内則后妃有關雎之行，外則群臣有二南之美，與之相成。其推而及遠，則商辛之昏俗，江漢之小國，兔罝之野人，莫不好善而不自知，此所謂身修故家國天下治者也。後世自學問之士，多徇於外物而不安其守，其室家既不見可法，故競於邪侈，豈獨無相成之道哉？士之苟於自恕，顧利冒恥而不知反己者，往往以家自累故也。故曰「身不行道，不行於妻子」，信哉！如此人者，非素處顯也，然去二南之風，亦已遠矣，況於南鄉天下之主哉？向之所述，勸戒之意，可謂篤矣。

然向號博極群書，而此傳稱詩芣苢、柏舟、大車之類，與今序詩者之説尤乖異，蓋不可考。至於式微之一篇，又以謂二人之作，豈其所取者博，故不能無失歟？其言象計謀殺舜及舜所以自脱者，頗合於孟子。然此傳或有之，而孟子所不道者，蓋亦不足道也。凡後世諸儒之言經傳者，固多如此，覽者采其有補，而擇其是非可也。故爲之叙論以發其端云。

説苑目録序

劉向所著説苑二十篇，崇文總目云：「今存者五篇，餘皆亡。」臣從士大夫間得之者十有三篇，與舊爲十有八篇，正其脱謬，疑者闕之，而叙其篇目曰：

向采傳記、百家所載行事之迹，以爲此書。奏之欲以爲法戒，然其所取，往往有不當於理，故不得而不論也。

夫學者之於道，非知其大略之難也，知其精微之際固難矣。孔子之徒三千，其顯者七十二人，皆高世之材也，然獨稱顔氏之子，其殆庶幾乎？及回死，又以謂無好學者。而回亦稱夫子曰：「仰之彌高，鑽之彌堅。」子貢又以謂「夫子之言性與天道，不可得而聞也」，則其精微之際，固難知久矣。是以取舍不能無失於其間也，故曰「學，然後知不足」，豈虚言哉？

向之學博矣，其著書及建言，尤欲有爲於世，至其枉己而爲之者有矣，何其徇物者多而自爲者少也？蓋古之聖賢非不欲有爲也，然而曰求之有道，得之有命。故孔子所至之邦，必聞其政，而子貢以謂非夫子之求之也，豈不求之有道哉？子曰：「道之將行也與，命也；道之將廢也與，命也。」豈不得之有命哉？令向知出此，安於行止，以彼其志，能擇其所學，以盡乎精微，則其所至未可量也。是以孔子稱「古之學者爲己」，孟子稱君子欲其自得之，則取之左右逢其原，豈汲汲於外哉？向之得失如此，亦學者之戒也。故見之叙論，令讀其書者，知考而擇之也。然向數困於讒而不改其操，與夫患失之者異矣，可謂有志者也。

徐幹中論目録序

臣始見館閣及世所有徐幹中論二十篇，以謂盡於此。及觀貞觀政要，怪太宗稱嘗見幹中論復三年喪篇，而今書此篇闕。因考之魏志，見文帝稱幹著中論二十餘篇，於是知館閣及世所有幹中論二十篇者，非全書也。

幹字偉長，北海人，生於漢魏之間。魏文帝稱幹「懷文抱質，恬澹寡欲，有箕山之志」。而先賢行狀亦稱幹「篤行體道，不耽世榮，魏太祖特旌命之，辭疾不就，後以爲上艾長，又以疾不行」。

蓋漢承周衰及秦滅學之餘，百氏雜家與聖人之道並傳，學者罕能獨觀於道德之要，而不牽於俗儒之説。至於治心養性、去就語默之際，能不悖於理者，固希矣，況至於魏之濁世哉！幹獨能考六藝，推仲尼、孟軻之旨，述而論之。求其辭，時若有小失者；要其歸，不合於道者少矣。其所得於内者，又能信而充之，逡巡濁世，有去就顯晦之大節。臣始讀其書，察其意而賢之。因其書以求其爲人，又知其行之可賢也。惜其有補於世，而識之者少。蓋迹其言行之所至，而以世俗好惡觀之，彼惡足以知其意哉！顧臣之力，豈足以重其書，使學者尊而信之？因校其脱謬，而序其大略，蓋所以致臣之意焉。

禮閣新儀目録序

禮閣新儀三十篇，韋公肅撰，記開元以後至元和之變禮。史館秘閣及臣書皆三十篇，集賢院書二十篇。以參相校讎，史館秘閣及臣書多複重，其篇少者八，集賢院書獨具。然臣書有目録一篇，以考其次序，蓋此書本三十篇，則集賢院書雖具，然其篇次亦亂。既正其脱謬，因定著從目録，而禮閣新儀三十篇復完。

夫禮者，其本在於養人之性，而其用在於言動視聽之間。使人之言動視聽一於禮，則安有放其邪心，而窮於外物哉！不放其邪心，不窮於外物，則禍亂可息，而財用可充。其立意微，其爲法遠矣。故設其器，制其物，爲其數，立其文，以待其有事者，皆人之起居、出入、吉凶、哀樂之具，所謂其用在乎言動視聽之間者也。

然而古今之變不同，而俗之便習亦異。則法制度數，其久而不能無弊者，勢固然也。故爲禮者，其始莫不宜於當世，而其後多失而難遵，亦其理然也。失則必改制以求其當，故羲農以來，至於三代，禮未嘗同也。後世去三代，蓋千有餘歲，其所遭之變、所習之便不同，固已遠矣。而議者不原聖人制作之方，乃爲設其器，制其物，爲其數，立其文，以待其有事，而爲其起居、出入、吉凶、哀樂之具者，當一一以追先王之迹，然後禮可得而興也。至其説之不可求，其制之不可考，或不宜於人，不合於用，則寧至於漠然而不敢爲，使人之言動視聽之間，蕩然莫之爲節，至患夫爲罪者之不止，則繁於爲法以禦之。故法至於不勝其繁，而犯者亦至於不勝其衆。豈不惑哉！

蓋上世聖人，有爲未耜者，或不爲宫室；爲舟車者，或不爲棺椁。豈其智不足爲哉？以謂人之所未病者，不必改也。至於後聖有爲宫室者，不以土處爲不可變也；爲棺椁者，不以葛溝爲不可易也。豈好爲相反哉？以爲人之所既病者不可因也。又至於後聖，則有設兩觀而更采椽之質，攻文梓而易瓦棺之素，豈不能從儉哉？以謂人情之所好能爲之節，而不能變也。由是觀之，古今之變不同，而俗之便習亦異，則亦屢變其法以宜之，何必一一以追先王之迹哉？其要在於養民之性，防民之欲者，本末先後能合乎先王之意而已，此制作之方也。故元樽之尚而薄酒之用，大羹之先而庶羞之飽，一以爲貴本，一以爲親用。則知有聖人作而爲後世之禮者，必貴俎豆，而今之器用不廢也。先弁冕，而今之衣服不禁也，其推之皆然。然後其所改易更革，不至乎拂天下之勢，駭天下之情，而固已合乎先王之意矣。是以羲農以來，至於三代，禮未嘗同，而制作之如此者，未嘗異也。後世不知其如此，而或至於不敢爲，或爲之者特出於其勢之不可得已，故苟簡而不能備，希闊而不常行，又不過用之於上，而未有加之於民者也。故其禮本在於養人之性，而其用在於言動視聽之間者，歷千餘歲，民未嘗得接於耳目，況於服習而安之者乎？至其陷於罪戾，則繫於爲法以禦之，其亦不仁也哉。

此書所紀，雖其事已淺，然凡世之記禮者，亦皆有所本，而一時之得失具焉。昔孔子於告朔，愛其禮之存，況於一代之典籍哉？故其書不得不貴。因爲之定著，以俟夫論禮者考而擇焉。

范貫之奏議集序

尚書户部郎中直龍圖閣范公貫之之奏議，凡若干篇，其子世京集爲十卷，而屬予序之。

蓋自至和以後十餘年間，公常以言事任職。自天子、大臣至於群下，自掖庭至於四方幽隱，一有得失善惡，關於政理，公無不極意反復，爲上力言。或矯拂情欲，或切劘計慮，或辨別忠佞而處其進退。章有一再或至於十餘上，事有陰争獨陳，或悉引諫官、御史合議肆言。仁宗常虚心采納，爲之變命令，更廢舉，近或立從，遠或越月逾時，或至於其後，卒皆聽用。蓋當是時，仁宗在位歲久，熟於人事之情僞與群臣之能否，方以仁厚清静休養元元，至於是非予奪，則一歸之公議，而不自用也。其所引拔以言爲職者，如公，皆一時之選。而公與同時之士，亦皆樂得其言，不曲從苟止。故天下之情因得畢聞於上，而事之害理者常不果行。至於奇衺恣睢，有爲之者，亦輒敗悔。故當此之時，常委事七八大臣，而朝政無大闕失，群臣奉法遵職，海内乂安。

夫因人而不自用者，天也。仁宗之所以其仁如天，至於享國四十餘年，能承太平之業者，由是而已。後世得公之遺文，而論其世，見其上下之際相成如此，必將低回感慕，有不可及之歎，然後知其時之難得。則公言之不没，豈獨見其志，所以明先帝之盛德於無窮也。

公爲人温良慈恕，其從政寬易愛人，及在朝廷，危言正色，人有所不能及也。凡同時與公有言責者，後多至大官，而公獨早卒。

公諱師道，其世次、州里、歷官、行事，有今資政殿學士趙公抃爲公之墓誌銘云。

王子直文集序

至治之極，教化既成，道德同而風俗一，言理者雖異人殊世，未嘗不同其指。何則？理當故無二也。是以詩、書之文，自唐虞以來，至秦、魯之際，其相去千餘載，其作者非一人，至於其間嘗更衰亂，然學者尚蒙餘澤。雖其文數萬，而其所發明，更相表裏，如一人之説，不知時世之遠，作者之衆也。嗚呼，上下之間，漸磨陶冶，至於如此，豈非盛哉！

自三代教養之法廢，先王之澤熄，學者人人異見，而諸子各自爲家，豈其固相反哉？不當於理，故不能一也。

由漢以來，益遠於治。故學者雖有魁奇拔出之材，而其文能馳騁上下，偉麗可喜者甚衆，然是非取舍，不當於聖人之意者亦已多矣。故其説未嘗一，而聖人之道未嘗明也。士之生於是時，其言能當於理者，亦可謂難矣。由是觀之，則文章之得失，豈不繫於治亂哉？

長樂王向字子直，少已著文數萬言，與其兄弟俱名聞天下，可謂魁奇拔出之材，而其文能馳騁上下，偉麗可喜者也。讀其書，知其與漢以來名能文者，俱列於作者之林，未知其孰先孰後。考其意，不當於理亦少矣。然子直晚自以爲不足，而悔其少作。更欲窮探力取，極聖人之指要，盛行則欲發而見之事業，窮居則欲推而托之於文章，將與詩、書之作者並，而又未知孰先孰後也。然不幸蚤世，故雖有難得之材，獨立之志，而不得及其成就，此吾徒與子直之兄回字深甫所以深恨於斯人也。

子直官世行治，深甫已爲之銘。而集其數萬言者，屬予爲叙。予觀子直之所自見者，已足暴於世矣，故特爲之序其志云。

先大夫集後序

公所爲書，號儒晁羽翼者三十卷，西陲要紀者十卷，清邊前要五十卷，廣中台志八十卷，爲臣要紀三卷，四聲韻五卷，總一百七十八卷，皆刊行於世。今類次詩賦書奏一百二十二篇，又自爲十卷，藏於家。

方五代之際，儒學既擯焉，後生小子，治術業於閭巷，文多淺近。是時公雖少，所學已皆知治亂得失興壞之理，其爲文閎深雋美，而長於諷諭，今類次樂府已下是也。

宋既平天下，公始出仕。當此之時，太祖、太宗已綱紀大法矣。公於是勇言當世之得失。其在朝廷，疾當事者不忠，故凡言天下之要，必本天子憂憐百姓、勞心萬事之意，而推大臣從官執事之人，觀望懷奸，不稱天子屬任之心，故治久未治，至其難言，則人有所不敢言者。雖屢不合而出，而所言益切，不以利害禍福動其意也。

始公尤見奇於太宗，自光禄寺丞、越州監酒税召見，以爲直史館，遂爲兩浙轉運使。未久而真宗即位，益以材見知。初試以知制誥，及西兵起，又以爲自陝以西經略判官。而公嘗切論大臣，當時皆不悦，故不果用。然真宗終感其言，故爲泉州，未盡一歲，拜蘇州，五日，又爲揚州。將復召之也，而公於是時又上書，語斥大臣尤切，故卒以齟齬終。

公之言，其大者，以自唐之衰，民窮久矣。海内既集，天子方修法度，而用事者尚多煩碎，治財利之臣又益急，公獨以謂宜遵簡易，罷筦榷，以與民休息，塞天下望。祥符初，四方争言符應，天子因之，遂用事泰山，祠汾陰，而道家之説亦滋甚。自京師至四方，皆大治宫觀。公益諍，以謂天命不可專任，宜絀姦臣，修人事，反復至數百千言。嗚呼，公之盡忠，天子之受盡言，何必古人？此非傳之所謂「主聖臣直」者乎？何其盛也！何其盛也！

公在兩浙，奏罷苛稅二百三十餘條。在京西，又與三司争論，免民租，釋逋負之在民者，蓋公之所試如此。所試者大，其庶幾矣。公所嘗言甚衆，其在上前及書亡者，蓋不得而集，其或從或否，而後常可思者，與歷官行事，廬陵歐陽修公已銘公之碑特詳焉，此故不論，論其不盡載者。

公卒以齟齬終，其功行或不得在史氏記，藉令記之，當時好公者少，史其果可信歟？後有君子欲推而考之，讀公之碑與其書，及予小子之序其意者，具見其表裏，其於虚實之論可覈矣。

公卒，乃贈諫議大夫。姓曾氏，諱致堯，南豐人。序其書者，公之孫鞏也。

相國寺維摩院聽琴序

古者學士之於六藝：射能弧矢之事矣，又當善其揖讓之節；御能車馬之事矣，又當善其驅馳之節；書非能肆筆而已，又當辨其體而皆通其意；數非能布策而已，又當知其用而各盡其法。而五禮之威儀，至於三千，六樂之節文，可謂微且多矣。噫！何其煩且勞如是。然古之學者必能此，亦可謂難矣。

然習其射、御於禮，習其干戈於樂，則少於學，長於朝，其於武備固修矣。其於家有塾，於黨有庠，於鄉有序，於國有學，於教有師，於視聽言動有其容，於衣冠飲食有其度，几杖有銘，盤杅有戒。在輿有和鸞之聲，行步有佩玉之音，燕處有雅、頌之樂。而非其故，琴瑟未嘗去於前也。蓋其出入進退，俯仰左右，接於耳目，動於四體，達於其心者，所以養之至如此其詳且密也。

雖然，此尚爲有待於外者爾。若夫三才萬物之理，性命之際，力學以求之，深思以索之，使知其要，識其微，齋戒以守之，以盡其才，成其德，至合於天地而後已者，又當得之於心，夫豈非難哉？

噫！古之學者，其役之於内外以持其心、養其性者，至於如此，此君子所以愛日而自强不息，以求至乎極也。然其習之有素，閑之有具如此，則求其放心，伐其邪氣，而成文武之材，就道德之實者，可謂易矣。

孔子曰：「興於詩，立於禮，成於樂。」蓋樂者，所以感人之心，而使之化，故曰「成於樂」。昔舜命夔典樂，教胄子，曰：「直而温，寬而栗，剛而無虐，簡而無傲。」則樂者，非獨去邪，又所以救其性之偏而納之中也。故和鸞、佩玉、雅、頌琴瑟之音，非其故不去於前，豈虚也哉？今學士大夫之於持其身、養其性，凡有待於外者，皆不能具，得之於内者，又皆略其事，可謂簡且易矣。然所以求其放心，伐其邪氣，而成文武之材，就道德之實者，豈不難哉？此予所以懼不至於君子而入於小人也。

夫有待於外者，予既力不足，而於琴竊有志焉久矣，然患其莫予授也。治平三年夏，得洪君於京師，始合同舍之士，聽其琴於相國寺之維摩院。洪君之於琴，非特能其音，又能其意者也。予將就學焉，故道予之所慕於古者，庶乎其有以自發也。同舍之士，丁寶臣元珍、鄭穆閎中、孫覺莘老、林希子中，而予曾鞏子固也。洪君名規，字方叔，以文學、吏事稱於世云。

送江任序

均之爲吏，或中州之人，用於荒邊側境、山區海聚之間，蠻夷異域之處；或燕荆越蜀、海外萬里之人，用於中州；以至四遐之鄉，相易而往。其山行水涉沙莽之馳，往往則風霜冰雪瘴霧之毒之所侵加，蛟龍虺蜴虎豹之群之所抵觸，衝波急洑隤崖落石之所覆壓。其進也，莫不贏糧舉藥，選舟易馬，力兵曹伍而後動；戒朝奔夜，變更寒暑而後至。至則宫廬、器械、衣服、飲食之具，土風氣候之宜，與夫人民風謡語言習尚之務，其變難遵，而其情難得也。則多愁居惕處，歎息而思歸。及其久也，所習已安，所蔽已解，則歲月有期，可引而去矣。故不得專一精思修治具，以宣布天子及下之仁，而爲後世可守之法也。或九州之人，各用於其土，不在西封，在東境。

士不必勤，舟車輿馬不必力，而已傳其邑都，坐其堂奥。道途所次，升降之倦，衝冒之虞，無有接於其形、動於其慮。至於耳目口鼻百體之所養，如不出乎其家；父兄六親故舊之人，朝夕相見，如不出乎其里。山川之形，土田市井風謡習俗辭説之變，利害得失善惡之條貫，非其童子之所聞，則其少長之所遊覽；非其自得，則其鄉之先生老者之所告也。所居已安，所有事之宜，皆已習熟，如此故能專慮致勤職事，以宣上恩，而修百姓之急。其施爲先後，不待旁諮久察，而與奪損益之幾，已斷於胷中矣。豈類夫孤客遠寓之憂，而以苟且決事哉。

臨川江君任爲洪之豐城，此兩縣者，牛羊之牧相交，樹木果蔬五穀之壟相入也。所謂九州之人各用於其土者，孰近於此？既已得其所處之樂，而厭聞飫聽其人民之事，而江君又有聰明敏急之材、廉潔之行，以行其政，吾知其不去圖書講論之適，賓客之好，而所爲有餘矣。蓋縣之治，則民自得於大山深谷之中，而州以無爲於上。吾將見江西之幕府，無南嚮而慮者矣。於其行，遂書以送之。

贈黎安二生序

趙郡蘇軾，予之同年友也。自蜀以書至京師遺予，稱蜀之士曰黎生、安生者。既而黎生攜其文數十萬言，安生攜其文亦數千言，辱以顧予。讀其文，誠閎壯雋偉，善反覆馳騁，窮盡事理，而其材力之放縱，若不可極者也。二生固可謂魁奇特起之士，而蘇君固可謂善知人者也。

頃之，黎生補江陵府司法參軍，將行，請予言以爲贈。予曰：「予之知生，既得之於心矣，乃將以言相求於外邪？」黎生曰：「生與安生之學於斯文，里之人皆笑以爲迂闊，今求子之言，蓋將解惑於里人。」予聞之，自顧而笑。夫世之迂闊，孰有甚於予乎？知信乎古而不知合乎世，知志乎道而不知同乎俗，此予所以困於今而不自知也。世之迂闊，孰有甚於予乎？今生之迂，特以文不近俗，迂之小者耳，患爲笑於里之人。若予之迂大矣，使生持吾言而歸，且重得罪，庸詎止於笑乎？然則若予之於生，將何言哉？謂予之迂爲善，則其患若此；謂爲不善，則有以合乎世，必違乎古，有以同乎俗，必離乎道矣。生其無急於解里人之惑，則於是焉，必能擇而取之。遂書以贈二生，并示蘇君，以爲何如也。

序越州鑑湖圖

鑑湖，一曰南湖，南並山，北屬州城漕渠，東西距江，漢順帝永和五年，會稽太守馬臻之所爲也，至今九百七十有五年矣。其周三百五十有八里，凡水之出於東南者皆委之。州之東，自城至於東江，其北隄石楗二，陰溝十有九，通民田，田之南屬漕渠，北東西屬江者皆溉之。州東六十里，自東城至於東江，其南隄陰溝十有四，通民田，田之北抵漕渠，南並山，西並隄，東屬江者皆溉之。州之西三十里，曰柯山斗門，通民田，田之東並城，南並隄，北濵漕渠，西屬江者皆溉之。總之，溉山陰、會稽兩縣十四鄉之田九千頃。非湖能溉田九千頃而已，蓋田之至江者盡於九千頃也。其東曰曹娥斗門，曰蒿口斗門，水之循南隄而東者，由之以入於東江。其西曰廣陵斗門，曰新逕斗門，水之循北隄而西者，由之以入於西江。其北曰朱儲斗門，去湖最遠。蓋因三江之上、兩山之間，疏爲二門，而以時視田中之水，小溢則縱其一，大溢則盡縱之，使入於三江之口。所謂湖高於田丈餘，田又高海丈餘，水少則泄湖溉田，水多則泄田中水入海，故無荒廢之田、水旱之歲者也。繇漢以來幾千載，其利未嘗廢也。

宋興，民始有盜湖爲田者。祥符之間二十七户，慶曆之間二户，爲田四頃。當是時，三司轉運司猶下書切責州縣，使復田爲湖。然自此吏益慢法，而奸民浸起，至於治平之間，盜湖爲田者凡八千餘户，爲田七百餘頃，而湖廢幾盡矣。其僅存者，東爲漕渠，自州至於東城六十里，南通若耶溪，自樵風涇至於桐鳴，十里皆水，廣不能十餘丈，每歲少雨，田未病而湖蓋已先涸矣。

自此以來，人争爲計説。蔣堂則謂宜有罰以禁侵耕、有賞以開告者。杜杞則謂盜湖爲田者，利在縱湖水，一雨則放聲以動州縣，而斗門輒發。故爲之立石則水，一在五雲橋，水深八尺有五寸，會稽主之；一在跨湖橋，水深四尺有五寸，山陰主之。而斗門之鑰，使皆納於州，水溢則遣官視則，而謹其閉縱。又以謂宜益理隄防斗門，其敢田者拔其苗，責其力以復湖，而重其罰，猶以爲未也。又以謂宜加兩縣之長以提舉之名，課其督察而爲之殿賞。吴奎則謂每歲農隙，當僦人濬湖，積其泥塗以爲丘阜，使縣主役，而州與轉運使、提點刑獄督攝賞罰之。張次山則謂湖廢，僅有存者難卒復，宜益廣漕路及他便利處，使可漕及注民田，里置石柱以識之，柱之内禁敢田者。刁約則謂宜斥湖三之一與民爲田，而益隄使高一丈，則湖可不開，而其利自復。范師道、施元長則謂重侵耕之禁，猶不能使民無犯，而斥湖與民，則侵者孰禦？又以湖水較之，高於城中之水，或三尺有六寸，或二尺有六寸，而益隄壅水使高，則水之敗城郭廬舍可必也。張伯玉則謂日役五千人濬湖，使至五尺，當十五歲畢，至三尺，當九歲畢。然恐工起之日，浮議外摇，役夫内潰，則雖有智者，猶不能必其成。若日役五千人，益隄使高八尺，當一歲畢。其竹木費，凡九十二萬有三千，計越之户二十萬有六千，賦之而復其租，其勢易足，如此，則利可坐收，而人不煩弊。陳宗言、趙誠復以水勢高下難之，又以謂宜從吴奎之議，以歲月復湖。當是時，都水善其言，又以謂宜增賞罰之令。

其爲説如此，可謂博矣。朝廷未嘗不聽用著之於法，故罰有自錢三百至於千，又至於五萬，刑有杖百至於徒二年，其文可謂密矣。然而田者不止而日愈多，湖不加濬而日愈廢，其故何哉？法令不行，而苟且之俗勝也。

昔謝靈運從宋文帝求會稽回踵湖爲田，太守孟顗不聽，又求休崲湖爲田，顗又不聽，靈運至以語詆之。則利於請湖爲田，越之風俗舊矣。然南湖繇漢歷吴晉以來，接於唐，又接於錢鏐父子之有此州，其利未嘗廢者。彼或以區區之地當天下，或以數州爲鎮，或以一國自王，内有供養禄廪之需，外有貢輸問遺之奉，非得晏然而已也。故强水土之政以力本利農，亦皆有數，而錢鏐之法最詳，至今尚多傳於人者。則其利之不廢，有以也。

近世則不然，天下爲一，而安於承平之故，在位者重舉事而樂因循。而請湖爲田者，其語言氣力往往足以動人。至於修水土之利，則又費財動衆，從古所難。故鄭國之役，以謂足以疲秦，而西門豹之治鄴渠，人亦以爲煩苦，其故如此。則吾之吏，孰肯任難當之怨，來易至之責，以待未然之功乎？故説雖博而未嘗行，法雖密而未嘗舉，田者之所以日多，湖之所以日廢，繇是而已。故以爲法令不行，而苟且之俗勝者，豈非然哉！

夫千歲之湖，廢興利害，較然易見。然自慶曆以來三十餘年，遭吏治之因循，至於既廢，而世猶莫寤其所以然，況於事之隱微難得，而考者繇苟簡之故，而弛壞於冥冥之中，又可知其所以然乎？

今謂湖不必復者，曰湖田之入既饒矣，此游談之士爲利於侵耕者言之也。夫湖未盡廢，則湖下之田旱，此方今之害，而衆人之所覩也。使湖盡廢，則湖之爲田亦旱矣，此將來之害，而衆人所未覩者。故曰：此游談之士爲利於侵耕者言之，而非實知利害者也。謂湖不必濬者，曰益隄壅水而已，此好辯之士爲樂閏苟簡者言之也。夫以地勢較之，壅水使高，必敗城郭，此議者之所已言也。以地勢較之，濬湖使下，然後不失其舊；不失其舊，然後不失其宜，此議者之所未言也。又山陰之石則爲四尺有五寸，會稽之石則幾倍之，壅水使高，則會稽得尺，山陰得半，地之窪隆不並，則益隄未爲有補也。故曰：此好辯之士爲樂閏苟簡者言之，而又非實知利害者也。

二者既不可用，而欲禁侵耕，開告者，則有賞罰之法矣；欲謹水之畜泄，則有閉縱之法矣；欲痛絶敢田者，則拔其苗，責其力以復湖，而重其罰，又有法矣；或欲任其責於州縣與轉運使、提點刑獄，或欲以每歲農隙濬湖，或欲禁田石柱之内者，又皆有法矣；欲知濬湖之淺深，用工若干，爲日幾何；欲知增隄竹木之費幾何，使之安出；欲知濬湖之泥塗積之何所，又已計之矣。欲知工起之日，或浮議外摇，役夫内潰，則不可以必其成，又已論之矣。誠能收衆説而考其可否，用其可者，而以在我者潤澤之，令言必行，法必舉，則何功之不可成，何利之不可復哉？

鞏初蒙恩通判此州，問湖之廢興於人，求有能言利害之實者。及到官，然後問圖於兩縣，問書於州與河渠司，至於參覈之而圖成，熟究之而書具，然後利害之實明。故爲論次，庶夫計議者有考焉。熙寧二年冬卧龍齋。

凡敘事之文，義法未有外於左史者。左傳詳簡斷續，變化無方；史記衡從分合，布勒有體。如此文，在子固記事文爲第一，歐公以下無能頡頏者，其實不過明於衡從分合耳。

宜黄縣學記

古之人，自家至於天子之國，皆有學，自幼至於長，未嘗去於學之中。學有詩、書、六藝、弦歌、洗爵、俯仰之容、升降之節，以習其心體耳目手足之舉措；又有祭祀、鄉射、養老之禮，以習其恭讓；進材、論獄、出兵、授捷之法，以習其從事。師友以解其惑，勸懲以勉其進，戒其不率，其所以爲具如此。而其大要，則務使人人學其性，不獨防其邪僻放肆也。雖有剛柔緩急之異，皆可以進之於中，而無過不及，使其識之明，氣之充於其心，則用之於進退語默之際，而無不得其宜；臨之以禍福死生之故，而無足動其意者。爲天下之士，而所以養其身之備如此，則又使知天地事物之變，古今治亂之理，至於損益廢置，先後終始之要，無所不知。其在堂户之上，而四海九州之業、萬世之策皆得。及出而履天下之任，列百官之中，則隨所施爲，無不可者。何則？其素所學問然也。蓋凡人之起居、飲食、動作之小事，至於修身爲國家天下之大體，皆自學出，而無斯須去於教也。其動於視聽四支者，必使其洽於内；其謹於初者，必使其要於終。馴之以自然，而待之以積久。噫！何其至也。故其俗之成，則刑罰措；其材之成，則三公百官得其士；其爲法之永，則中材可以守；其入人之深，則雖更衰世而不亂。爲教之極至此，鼓舞天下而人不知，其從之豈用力也哉！

及三代衰，聖人之制作盡壞。千餘年之間，學有存者，亦非古法。人之體性之舉動，唯其所自肆，而臨政治人之方，固不素講。士有聰明朴茂之質，而無教養之漸，則其材之不成夫然。蓋以不學未成之材，而爲天下之吏，又承衰弊之後，而治不教之民。嗚呼！仁政之所以不行，盜賊刑罰之所以積，其不以此也歟？

宋興幾百年矣，慶曆三年，天子圖當世之務，而以學爲先，於是天下之學乃得立。而方此之時，撫州之宜黄，猶不能有學。士之學者，皆相率而寓於州，以群聚講習。其明年，天下之學復廢，士亦皆散去。而春秋釋奠之事，以著於令，則常以廟祀孔氏，廟廢不復理。皇祐元年，會令李君詳至，始議立學。而縣之士某某與其徒，皆自以謂得發憤於此，莫不相勵而趨爲之。故其材不賦而羨，匠不發而多。其成也，積屋之區若干，而門序正位，講藝之堂、棲士之舍皆足；積器之數若干，而祀飲寢食之用皆具。其像孔氏而下，從祭之士皆備。其書經史百氏、翰林子墨之文章，無外求者。其相基會作之本末，總爲日若干而已。何其周且速也！

當四方學廢之初，有司之議，固以謂學者人情之所不樂。及觀此學之作，在其廢學數年之後，唯其令之一唱，而四境之内響應而圖之，如恐不及。則夫言人之情不樂於學者，其果然也歟？

宜黄之學者，固多良士。而李君之爲令，威行愛立，訟清事舉，其政又良也。夫及良令之時，而順其慕學發憤之俗，作爲宫室教肄之所，以至圖書器用之須，莫不皆有，以養其良材之士。雖古之去今遠矣，然聖人之典籍皆在，其言可考，其法可求。使其相與學而明之，禮樂節文之詳，固有所不得爲者。若夫正心修身，爲國家天下之大務，則在其進之而已。使一人之行修，移之於一家，一家之行修，移之於鄉鄰族黨，則一縣之風俗成，人材出矣。教化之行，道德之歸，非遠人也。可不勉歟！縣之士來請曰：「願有記。」故記之。十二月某日也。

觀此等文，可知子固篤於經學，頗能窺見先王禮樂教化之意，故朱子愛而彷效之。

撫州顔魯公祠堂記

贈司徒魯郡顔公，諱真卿，事唐爲太子太師，與其從父兄杲卿，皆有大節以死。至今雖小夫婦人，皆知公之爲烈也。初，公以忤楊國忠斥爲平原太守，策安禄山必反，爲之備。禄山既舉兵，與常山太守杲卿伐其後，賊之不能直闚潼關，以公與杲卿撓其勢也。在肅宗時，數正言，宰相不悦，斥去之。又爲御史唐旻所構，連輒斥。李輔國遷太上皇居西宫，公首率百官請問起居，又輒斥。代宗時，與元載争論是非，載欲有所壅蔽，公極論之，又輒斥。楊炎、盧杞既相德宗，益惡公所爲，連斥之，猶不滿意。李希烈陷汝州，杞即以公使希烈，希烈初慚其言，後卒縊公以死。是時，公年七十有七矣。

天寶之際，久不見兵，禄山既反，天下莫不震動。公獨以區區平原，遂折其鋒。四方聞之，争奮而起，唐卒以振者，公爲之唱也。當公之開土門，同日歸公者十七郡，得兵二十餘萬。繇此觀之，苟順且誠，天下從之矣。自此至公殁，垂三十年，小人繼續任政，天下日入於弊，大盜繼起，天子輒出避之。唐之在朝臣，多畏怯觀望。能居其間，一忤於世，失所而不自悔者寡矣。至於再三忤於世，失所而不自悔者，蓋未有也。若至於起且仆，以至於七八，遂死而不自悔者，則天下一人而已，若公是也。公之學問文章，往往雜於神仙浮屠之説，不皆合於理，及其奮然自立，能至於此者，蓋天性然也。故公之能處其死，不足以觀公之大。何則？及至於勢窮，義有不得不死，雖中人可勉焉，況公之自信也歟！維歷忤大奸，顛跌撼頓，至於七八而終始不以死生禍福爲秋毫顧慮，非篤於道者不能如此，此足以觀公之大也。

夫世之治亂不同，而士之去就亦異。若伯夷之清，伊尹之任，孔子之時，彼各有義。夫既自比於古之任者矣，乃欲睠顧回隱，以市於世，其可乎？故孔子惡鄙夫不可以事君，而多殺身以成仁者。若公，非孔子所謂仁者歟？

今天子至和三年，尚書都官郎中、知撫州聶君厚載，尚書屯田員外郎、通判撫州林君慥，相與慕公之烈，以公之嘗爲此邦也，遂爲堂而祠之。既成，二君過予之家而告之曰：「願有述。」夫公之赫赫不可盡者，固不繫於祠之有無，蓋人之嚮往之不足者，非祠則無以致其志也。聞其烈足以感人，況拜其祠而親炙之者歟！今州縣之政，非法令所及者，世不復議。二君獨能追公之節，尊而事之，以風示當世，爲法令之所不及，是可謂有志者也。

墨池記

臨川之城東，有地隱然而高，以臨於溪，曰新城。新城之上，有池窪然而方以長，曰王羲之之墨池者，荀伯子別本多作「荀偎子」。臨川記云也。羲之嘗慕張芝臨池學書，池水盡黑，此爲其故迹，豈信然邪？

方羲之之不可强以仕，而嘗極東方，出滄海，以娱其意於山水之間，豈有徜徉肆恣，而又嘗自休於此邪？羲之之書晚乃善，則其所能，蓋亦以精力自致者，非天成也。然後世未有能及者，豈其學不如彼邪？則學固豈可以少哉！況欲深造道德者邪！

墨池之上，今爲州學舍。教授王君盛恐其不彰也，書「晉王右軍墨池」之六字於楹間以揭之。又告於鞏曰：「願有記。」惟王君之心，豈愛人之善，雖一能不以廢，而因以及乎其迹邪？其亦欲推其事，以勉其學者邪？夫人之有一能，而使後人尚之如此，況仁人莊士之遺風餘思，被於來世者如何哉！

越州趙公救菑記

熙寧八年夏，吳越大旱。九月，資政殿大學士、右諫議大夫、知越州趙公，前民之未饑，爲書問屬縣：「菑所被者幾鄉？民能自食者有幾？當廩於官者幾人？溝防構築，可僦民使治之者幾所？庫錢倉粟可發者幾何？富人可募出粟者幾家？僧道士食之羨粟，書於籍者，其幾具存？」使各書以對，而謹其備。

州縣吏録民之孤、老、疾、弱，不能自食者二萬一千九百餘人以告。故事：歲廩窮人，當給粟三千石而止。公斂富人所輸，及僧道士食之羨者，得粟四萬八千餘石，佐其費。使自十月朔，人受粟日一升，幼小半之。憂其衆相蹂也，使受粟者男女異日，而人受二日之食。憂其且流亡也，於城市郊野爲給粟之所，凡五十有七，使各以便受之，而告以去其家者勿給。計官爲不足用也，取吏之不在職而寓於境者，給其食而任以事。不能自食者，有是具也。能自食者，爲之告富人，無得閉糴；又爲之出官粟，得五萬二千餘石，平其價予民。爲糴粟之所凡十有八，使糴者自便如受粟。又僦民完城四千一百丈，爲工三萬八千，計其傭與錢，又與粟，再倍之。民取息錢者，告富人縱予之，而待熟，官爲責其償。棄男女者，使人得收養之。

明年春，大疫。爲病坊，處疾病之無歸者。募僧二人，屬以視醫藥飲食，令無失所時。凡死者，使在處隨收瘞之。法：廩窮人，盡三月當止。是歲盡五月止。而事有非便文者，公一以自任，不以煩其屬。有上請者，或便宜，多輒行。公於此時，蚤夜憊心，力不少懈，事細鉅必躬親。給病者藥食，多出私錢。民不幸罹旱疫，得免於轉死；雖死，得無失斂埋，皆公力也。

是時，旱疫被吳越，民饑饉疾癘，死者殆半，菑未有鉅於此也。天子東向憂勞，州縣推布上恩，人人盡其力。公所拊循，民尤以爲得其依歸。所以經營綏輯，先後終始之際，委曲纖悉，無不備者。其施雖在越，其仁足以示天下；其事雖行於一時，其法足以傳後世。蓋菑沴之行，治世不能使之無，而能爲之備。民病而後圖之，與夫先事而爲計者，則有間矣；不習而有爲，與夫素得之者，則有間矣。予故采於越，得公所推行，樂爲之識其詳。豈獨以慰越人之思，將使吏之有志於民者，不幸而遇歲之菑，推公之所已試，其科條可不待頃而具。則公之澤，豈小且近乎！

公元豐二年以大學士加太子少保致仕，家於衢。其直道正行，在於朝廷，豈弟之實，在於身者，此不著。著其荒政可師者，以爲越州趙公救菑記云。

叙瑣事而不俚，非熟於經書及管、商諸子，不能爲此等文。

爲人後議

禮：大宗無子，則族人以支子爲之後。爲之後者，爲所後服斬衰三年，而降其父母期。禮之所以如此者，何也？以謂人之所知者近，則知親愛其父母而已；所知者遠，則知有嚴父之義。知有嚴父之義，則知尊祖；知尊祖，則知大宗者上以繼祖，下以收族，不可以絶，故有以支子爲之後者。爲之後者，以受重於斯人，故不得不以尊服服之。以尊服服之而不爲之降己親之服，則猶恐未足以明所後者之重也。以尊服服之，又爲之降己親之服，然後以謂可以明所後者之重，而繼祖之道盡，此聖人制禮之意也。

夫所謂收族者，記稱與族人合食，序以昭穆，别以禮義之類。是特諸侯别子之大宗，而嚴之如此。況如禮所稱天子及其始祖之所自出者，此天子之大宗，是爲天地、宗廟、百神、祭祀之主，族人萬世之所依歸，而可以不明其至尊至重哉！故前世人主有以支子繼立而崇其本親，加以號位，立廟奉祀者，皆見非於古今。誠由所知者近，不能割棄私愛，節之以禮，故失所以奉承正統、尊無二上之意也。若於所後者以尊服服之，又爲之降己親之服，而退於己親，號位不敢以非禮有加也，廟祀不敢以非禮有奉也，則爲至恩大義，固已備矣。而或謂又當易其父母之名，從所後者爲屬，是未知考於禮也。

禮「爲人後者，爲所後者之祖父母、父母、妻、妻之父母、昆弟、昆弟之子若子」者，此其服爲所後者而非其爲己也。爲其父母期，爲其昆弟大功，爲其姊妹適人者小功，皆降本服一等者，此其服爲己，而非爲所後者也。使於其父母，服則爲己，名爲所後者，是則名與實相違，服與恩相戾矣。聖人制禮，不如是之舛也。且自古爲人後者，不必皆親昆弟之子，族人之同宗者皆可爲之，則有以大功、小功昆弟之子而爲之者矣，有以緦麻、袒免、無服昆弟之子而爲之者矣。若當從所後者爲屬，則亦當從所後者爲服。從所後者爲服，則於其父母，有宜爲大功、爲小功、爲緦麻、爲袒免、爲無服者矣。而聖人制禮，皆爲其父母期，使足以明所後者重而已，非遂以謂當變其親也。親非變則名固不得而易矣。戴德、王肅喪記曰：「爲人後者，爲其父母降一等，服齊衰期，其服之節、居倚廬、言語、飲食，與父在爲母同，其異者不祥、不禫。雖除服，心喪三年。」故至於今，著於服令，未之有改也。豈有制服之重如此，而其名遂可以絶乎！又崔凱喪服駁曰：「本親有自然之恩，降一等，則足以明所後者爲重，無緣乃絶之矣。」夫未嘗以謂可以絶其親，而輒謂可以絶其名，是亦惑矣。且支子所以後大宗者，爲推其嚴父之心以尊祖也。顧以尊祖之故，而不父其父，豈本其恩之所由生，而先王教天下之意哉！又禮「適子不可爲人後」者，以其傳重也，「支子可以爲人後」者，以非傳重也。使傳重者後己宗，非傳重者後大宗，其意可謂即乎人心而使之兩義俱安也。今若使爲人後者以降其父母之服一等，而遂變革其名，不以爲父母，則非使之兩義俱安，而不即乎人心莫大乎如是也。夫人道之於大宗，至尊至重，不可以絶，尊尊也。人子之於父母，亦至尊至重，不可以絶，親親也。尊尊、親親，其義一也，未有可廢其一者。故爲人之後者，爲降其父母之服，禮則有之矣；爲之絶其父母之名，則禮未之有也。

或以謂欲絶其名者，蓋惡其爲二，而欲使之爲一，所以使爲人後者之道盡也。夫迹其實，則有謂之所後，有謂之所生；制其服，則有爲己而非爲所後者，有爲所後而非爲己者。皆知不可以惡其爲二，而强使之爲一也。至於名者，蓋生於實也，乃不知其不可以惡其爲二而欲强使之爲一，是亦過矣。藉使其名可以强使之爲一，而迹其實之非一，制其服之非一者，終不可以易，則惡在乎欲絶其名也？故古之聖人知不可以惡其爲二而强使之爲一，而能使其屬之疏者相與爲重，親之厚者相與爲輕，則以禮義而已矣。何則？使爲人後者，於其所後，非己親也，而爲之服斬衰三年，爲其祭主，是以義引之也。於其所生，實己親也，而降服齊衰期，不得與其祭，是以禮厭之也。以義引之，則屬之疏者相與爲重；以禮厭之，則親之厚者相與爲輕，而爲人後之道盡矣。然則欲爲人後之道盡者，在以禮義明其内，而不在於惡其爲二而强易其名於外也。故禮喪服齊衰不杖期章曰：「爲人後者爲其父母服。」此見於經「爲人後者於其本親稱父母」之明文也。漢祭義以謂宣帝親謚宜曰悼，魏相以謂宜稱尊號曰皇考，立廟。後世議者皆以其稱皇立廟爲非，至於稱親、稱考，則未嘗有以爲非者也。其後魏明帝尤惡爲人後者厚其本親，故非漢宣加悼考以皇號，又謂後嗣有由諸侯入繼正統者，皆不得謂考爲皇、稱妣爲后。蓋亦但禁其猥加非正之號，而未嘗廢其考妣之稱。此見於前世議論爲人後者於其本親稱考妣之明文也。又晉王坦之喪服議曰：「罔極之重，非制教之所裁，昔日之名，非一朝之所去。此出後之身所以有服本親也。」又曰：「情不可奪，名不可廢，崇本敘恩，所以爲降。」則知爲人後者未有去其所出父母之名，此古人之常理，故坦之引以爲制服之證。此又見於前世議論「爲人後者於其本親稱父母」之明文也。是則爲人後者之親，見於經，見於前世議論，謂之父母，謂之考妣者，其大義如此，明文如此。至見於他書及史官之記，亦謂之父母，謂之考妣，謂之私考妣，謂之本親，謂之親者，則不可一二數，而以爲世父、叔父者，則不特禮未之有，載籍以來固未之有也。今欲使從所後者爲屬，而革變其父母之名，此非常異義也。不從經文與前世數千載之議論，亦非常異義也。而無所考據以持其說，將何以示天下乎？且中國之所以爲貴者，以有父子之道，又有六經與前世數千載之議論以治之故也。今忽欲棄之而伸其無所考據之說，豈非誤哉！

或謂爲人後者，於其本親稱父母，則爲兩統二父，其可乎？夫兩統二父者，謂加考以皇號，立廟奉祀，是不一於正統，懷二於所後，所以著其非，而非謂不變革其父母之名也。

然則加考以皇號，與禮及古之稱皇考者有異乎？曰：皇考一名而爲説有三。禮曰：考廟，曰王考廟，曰皇考廟，曰顯考廟，曰祖考廟，是則以皇考爲曾祖之廟號也。魏相謂漢宣帝父宜稱尊號曰皇考，既非禮之曾祖之稱，又有尊號之文，故魏明帝非其加悼考以皇號。至於光武亦於南頓君稱皇考廟，義出於此，是以加皇號爲事考之尊稱也。屈原稱：「朕皇考曰伯庸。」又晉司馬機爲燕王告禰廟文，稱「敢昭告於皇考清惠亭侯」，是又達於群下，以皇考爲父殁之通稱也。以爲曾祖之廟號者，於古用之；以爲事考之尊稱者，於漢用之；以爲父殁之通稱者，至今用之。然則稱之亦有可有不可者乎？曰：以加皇號爲事考之尊稱者，施於爲人後之義，是干正統，此求之於禮而不可者也；達於群下以皇考爲父殁之通稱者，施於爲人後之義，非干正統，此求之於禮而可者也。然則以爲父殁之通稱者，其不可如何？曰：若漢哀帝之親，稱尊號曰恭皇，安帝之親稱尊號曰孝德皇，是又求之於禮而不可者也。且禮：父爲士，子爲天子，祭以天子，其尸服以士服。子無爵父之義，尊父母也。前世失禮之君崇本親以位號者，豈獨失爲人後奉祀正統、尊無二上之意哉。是以子爵父，以卑命尊，亦非所以尊厚其親也。前世崇飾非正之號者，其失如此。而後世又謂宜如期親故事增官廣國者，亦可謂皆不合於禮矣。

夫考者，父殁之稱，然施於禮者，有朝廷典册之文，有宗廟祝祭之辭而已。若不加位號，則無典册之文，不立廟奉祀，則無祝祭之辭，則雖正其名，豈有施於事者？顧言之不可不順而已。此前世未嘗以爲可疑者，以禮甚明也。今世議者紛紛，至於曠日累時，不知所决者，蓋由不考於禮，而率其私見也。故采於經，列其旨意，庶得以商榷焉。

王介甫文約選

上仁宗皇帝言事書

王安石

臣愚不肖，蒙恩備使一路，今又蒙恩召還闕廷，有所任屬，而當以使事歸報陛下。不自知其無以稱職，而敢緣使事之所及，冒言天下之事，伏惟陛下詳思而擇其中，幸甚。

臣竊觀陛下有恭儉之德，有聰明睿智之才，夙興夜寐，無一日之懈，聲色狗馬、觀游玩好之事，無纖介之蔽，而仁民愛物之意，孚於天下；而又公選天下之所願以爲輔相者，屬之以事，而不貳於讒邪傾巧之臣。此雖二帝、三王之用心，不過如此而已。宜其家給人足，天下大治，而效不至於此，顧内則不能無以社稷爲憂，外則不能無懼於夷狄，天下之財力日以困窮，而風俗日以衰壞，四方有志之士，諰諰然常恐天下之不久安。此其故何也？患在不知法度故也。

今朝廷法嚴令具，無所不有，而臣以謂無法度者，何哉？方今之法度，多不合乎先王之政故也。孟子曰：「有仁心仁聞，而澤不加於百姓者，爲政不法於先王之道故也。」以孟子之説，觀方今之失，正在於此而已。

夫以今之世，去先王之世遠，所遭之變、所遇之勢不一，而欲一一修先王之政，雖甚愚者，猶知其難也。然臣以謂今之失，患在不法先王之政者，以謂當法其意而已。夫二帝、三王，相去蓋千有餘載，一治一亂，其盛衰之時具矣。其所遭之變、所遇之勢，亦各不同，其施設之方亦皆殊，而其爲天下國家之意，本末先後，未嘗不同也。臣故曰：當法其意而已。法其意，則吾所改易更革，不至乎傾駭天下之耳目，囂天下之口，而固已合乎先王之政矣。

雖然，以方今之勢揆之，陛下雖欲改易更革天下之事，合於先王之意，其勢必不能也。陛下有恭儉之德，有聰明睿智之才，有仁民愛物之意，誠加之意，則何爲而不成，何欲而不得？然而臣顧以謂陛下雖欲改易更革天下之事，合於先王之意，其勢必不能者，何也？以方今天下之人才不足故也。

臣嘗試竊觀天下在位之人，未有乏於此時者也。夫人才乏於上，則有沉廢伏匿在下，而不爲當時所知者矣。臣又求之於閭巷草野之間，而亦未見其多焉。豈非陶冶而成之者非其道而然乎？臣以謂方今在位之人才不足者，以臣使事之所及，則可知矣。今以一路數千里之間，能推行朝廷之法令，知其所緩急，而一切能使民以修其職事者甚少，而不才苟簡貪鄙之人，至不可勝數。其能講先王之意以合當時之變者，蓋闔郡之間，往往而絶也。朝廷每一令下，其意雖善，在位者猶不能推行，使膏澤加於民，而吏輒緣之爲奸，以擾百姓。臣故曰：在位之人才不足，而草野閭巷之間，亦未見其多也。夫人才不足，則陛下雖欲改易更革天下之事，以合先王之意，大臣雖有能當陛下之意而欲領此者，九州之大，四海之遠，孰能稱陛下之指，以一二推行此，而人人蒙其施者乎？臣故曰：其勢必未能也。孟子曰「徒法不能以自行」，非此之謂乎？然則方今之急，在於人才而已。誠能使天下之才衆多，然後在位之才可以擇其人而取足焉。在位者得其才矣，然後稍視時勢之可否，而因人情之患苦，變更天下之弊法，以趨先王之意，甚易也。今之天下，亦先王之天下。先王之時，人才嘗衆矣，何至於今而獨不足乎？故曰：陶冶而成之者非其道故也。

商之時，天下嘗大亂矣。在位貪毒禍敗，皆非其人。及文王之起，而天下之才嘗少矣。當是時，文王能陶冶天下之士，而使之皆有士君子之才，然後隨其才之所有而官使之。詩曰「豈弟君子，遐不作人」，此之謂也。及其成也，微賤兔罝之人，猶莫不好德，兔罝之詩是也。又況於在位之人乎？夫文王惟能如此，故以征則服，以守則治，詩曰「奉璋峨峨，髦士攸宜」，又曰「周王于邁，六師及之」，言文王所用，文武各得其才，而無廢事也。及至夷、厲之亂，天下之才又嘗少矣。至宣王之起，所與圖天下之事者，仲山甫而已。故詩人歎之曰：「德輶如毛，維仲山甫舉之，愛莫助之。」蓋閔人士之少，而山甫之無助也。宣王能用仲山甫，推其類以新美天下之士，而後人才復衆。於是内修政事，外討不庭，而復有文、武之境土。故詩人美之曰：「薄言采芑，于彼新田，于此菑畝。」言宣王能新美天下之士，使之有可用之才，如農夫新美其田，而使之有可采之芑也。由此觀之，人之才，未嘗不自人主陶治而成之者也。

所謂陶治而成之者，何也？亦教之、養之、取之、任之，有其道而已。

所謂教之之道，何也？古者天子諸侯，自國至於鄉黨皆有學，博置教導之官而嚴其選。朝廷禮樂刑政之事，皆在於學。士所觀而習者，皆先王之法言、德行、治天下之意，其材亦可以爲天下國家之用。苟不可以爲天下國家之用，則不教也。苟可以爲天下國家之用者，則無不在於學。此教之之道也。

所謂養之之道，何也？饒之以財，約之以禮，裁之以法也。何謂饒之以財？人之情，不足於財，則貪鄙苟得，無所不至。先王知其如此，故其制禄，自庶人之在官者，其禄已足以代其耕矣。由此等而上之，每有加焉，使其足以養廉恥而離於貪鄙之行。猶以爲未也，又推其禄以及其子孫，謂之世禄。使其生也，既於父子、兄弟、妻子之養，婚姻、朋友之接，皆無憾矣。其死也，又於子孫無不足之憂焉。何謂約之以禮？人情足於財而無禮以節之，則又放僻邪侈，無所不至。先王知其如此，故爲之制度。婚喪、祭養、燕享之事，服食、器用之物，皆以命數爲之節，而齊之以律度量衡之法。其命可以爲之，而財不足以具，則弗具也；其財可以具，而命不得爲之者，不使有銖兩分寸之加焉。何謂裁之以法？先王於天下之士，教之以道藝矣，不帥教則待之以屏棄遠方、終身不齒之法。約之以禮矣，不循禮則待之以流、殺之法。王制曰：「變衣服者，其君流。」酒誥曰：「厥或誥曰：『群飲，汝勿佚。盡執拘以歸于周，予其殺。』」夫群飲、變衣服，小罪也；流、殺，大刑也。加小罪以大刑，先王所以忍而不疑者，以爲不如是，不足以一天下之俗而成吾治。夫約之以禮，裁之以法，天下所以服從無抵冒者，又非獨其禁嚴而治察之所能致也。蓋亦以吾至誠懇惻之心，力行而爲之倡。凡在左右通貴之人，皆順上之欲而服行之，有一不帥者，法之加必自此始。夫上以至誠行之，而貴者知避上之所惡矣，則天下之不罰而止者衆矣。故曰：此養之之道也。

所謂取之之道者，何也？先王之取人也，必於鄉黨，必於庠序，使衆人推其所謂賢能，書之以告於上而察之。誠賢能也，然後隨其德之大小、才之高下而官使之。所謂察之者，非專用耳目之聰明而聽私於一人之口也。欲審知其德，問以行；欲審知其才，問以言。得其言行，則試之以事。所謂察之者，試之以事是也。雖堯之用舜，亦不過如此而已，又況其下乎？若夫九州之大，四海之遠，萬官億醜之賤，所須士大夫之才則衆矣。有天下者，又不可以一一自察之也，又不可以偏屬於一人，而使之於一日二日之間考試其行能而進退之也。蓋吾已能察其才行之大者，以爲大官矣，因使之取其類以持久試之，而考其能者以告於上，而後以爵命、禄秩予之而已。此取之之道也。

所謂任之之道者，何也？人之才德，高下厚薄不同，其所任有宜有不宜。先王知其如此，故知農者以爲后稷，知工者以爲共工。其德厚而才高者以爲之長，德薄而才下者以爲之佐屬。又以久於其職，則上狃習而知其事，下服馴而安其教。賢者則其功可以至於成，不肖者則其罪可以至於著，故久其任而待之以考績之法。夫如此，故智能才力之士，則得盡其智以赴功，而不患其事之不終、其功之不就也。偷惰苟且之人，雖欲取容於一時，而顧僇辱在其後，安敢不勉乎？若夫無能之人，固知辭避而去矣。居職任事之日久，不勝任之罪，不可以幸而免故也。彼且不敢冒而知辭避矣，尚何有比周、讒諂、争進之人乎？取之既已詳，使之既已當，處之既已久，至其任之也又專焉，而不一一以法束縛之，而使之得行其意，堯、舜之所以理百官而熙衆工者，以此而已。書曰：「三載考績，三考，黜陟幽明。」此之謂也。然堯、舜之時，其所黜者則聞之矣，蓋四凶是也。其所陟者，則臯陶、稷、契，皆終身一官而不徙。蓋其所謂陟者，特加之爵命、禄賜而已耳。此任之之道也。

夫教之、養之、取之、任之之道如此，而當時人君又能與其大臣，悉其耳目心力，至誠惻怛，思念而行之，此其人臣之所以無疑，而於天下國家之事，無所欲爲而不得也。

方今州縣雖有學，取牆壁具而已，非有教導之官、長育人才之事也。唯太學有教導之官，而亦未嘗嚴其選。朝廷禮樂刑政之事，未嘗在於學。學者亦漠然自以禮樂刑政爲有司之事，而非己所當知也。學者之所教，講説章句而已。講説章句，固非古者教人之道也。近歲乃始教之以課試之文章。夫課試之文章，非博誦强學、窮日之力則不能。及其能工也，大則不足以用天下國家，小則不足以爲天下國家之用。故雖白首於庠序，窮日之力以帥上之教，及使之從政，則茫然不知其方者，皆是也。蓋今之教者，非特不能成人之材而已，又從而困苦毁壞之，使不得成材者，何也？夫人之才，成於專而毁於雜。故先王之處民才，處工於官府，處農於畎畝，處商賈於肆，而處士於庠序，使各專其業而不見異物，懼異物之足以害其業也。所謂士者，又非特使之不得見異物而已，一示之以先王之道，而百家諸子之異説，皆屏之而莫敢習者焉。今士之所宜學者，天下國家之用也。今悉使置之不教，而教之以課試之文章，使其耗精疲神，窮日之力以從事於此，及其任之以官也，則又悉使置之，而責之以天下國家之事。夫古之人，以朝夕專其業於天下國家之事，而猶才有能有不能。今乃移其精神，奪其日力，以朝夕從事於無補之學；及其任之以事，然後卒然責之以爲天下國家之用，宜其才之足以有爲者少矣。臣故曰：非特不能成人之才，又從而困苦毁壞之，使不得成才也。又有甚害者，先王之時，士之所學者，文武之道也。士之才，有可以爲公卿大夫，有可以爲士，其才之大小，宜不宜則有矣；至於武事，則隨其才之大小，未有不學者也。故其大者，居則爲六官之卿，出則爲六軍之將也；其次則比、閭、族、黨之師，亦皆卒、伍、師、旅之帥也。故邊疆、宿衛皆得士大夫爲之，而小人不得奸其任。今之學者，以爲文武異事，吾知治文事而已，至於邊疆、宿衛之任，則推而屬之於卒伍，往往天下奸悍無賴之人。苟其才行足自託於鄉里者，亦未有肯去親戚而從召募者也。邊疆、宿衛，此乃天下之重任，而人主之所當慎重者也。故古者教士以射、御爲急，其他技能則視其人才之所宜而後教之，其才之所不能，則不强也。至於射，則爲男子之事。人之生，有疾則已，苟無疾，未有去射而不學者也。在庠序之間，固當從事於射也，有賓客之事則以射，有祭祀之事則以射，别士之行同能偶則以射。於禮樂之事，未嘗不寓以射，而射亦未嘗不在於禮樂、祭祀之間也。易曰：「弧矢之利，以威天下。」先王豈以射爲可以習揖讓之儀而已乎？固以爲射者武事之尤大，而威天下、守國家之具也。居則以是習禮樂，出則以是從戰伐。士既朝夕從事於此而能者衆，則邊疆、宿衛之任皆可以擇而取也。夫士嘗學先王之道，其行義嘗見推於鄉黨矣，然後因其才而託之以邊疆、宿衛之事，此古之人君所以推干戈以屬之人，而無内外之虞也。今乃以夫天下之重任，人主所當至慎之選，推而屬之奸悍無賴、才行不足自託於鄉里之人，此方今所以諰諰然常抱邊疆之憂，而虞宿衛之不足恃以爲安也。今孰不知邊疆、宿衛之士不足恃以爲安哉？顧以爲天下學士以執兵爲恥，而亦未有能騎射、行陣之事者，則非召募之卒伍，孰能任其事者乎？夫不嚴其教、高其選，則士之以執兵爲恥，而未嘗有能騎射、行陣之事，固其理也。凡此皆教之非其道故也。

方今制禄，大抵皆薄。自非朝廷侍從之列，食口稍衆，未有不兼農商之利而能充其養者也。

其下州縣之吏，一月所得，多者錢八九千，少者四五千。以守選、待除、守闕通之，蓋六七年而後得三年之禄，計一月所得乃實不能四五千，少者乃實不能及三四千而已。雖厮養之給，亦窘於此矣。而其養生、喪死、婚姻、葬送之事，皆當於此。夫出中人之上者，雖窮而不失爲君子；出中人之下者，雖泰而不失爲小人。唯中人不然，窮則爲小人，泰則爲君子。計天下之士，出中人之上下者，千百而無十一。窮而爲小人，泰而爲君子者，則天下皆是也。先王以爲衆不可以力勝也，故制行不以己，而以中人爲制，所以因其欲而利道之。以爲中人之所能守，則其制可以行乎天下，而推之後世。以今之制禄，而欲士之無毁廉恥，蓋中人之所不能也。故今官大者，往往交賂遺，營貲産，以負貪汙之毁；官小者，販鬻乞丐，無所不爲。夫士已嘗毁廉恥以負累於世矣，則其偷惰取容之意起，而矜奮自强之心息，則職業安得而不弛，治道何從而興乎？又況委法受賂，侵牟百姓者，往往而是也。此所謂不能饒之以財也。

婚喪、奉養、服食、器用之物，皆無制度以爲之節，而天下以奢爲榮，以儉爲恥。苟其財之可以具，則無所爲而不得，有司既不禁，而人又以此爲榮。苟其財不足，而不能自稱於流俗，則其婚喪之際，往往得罪於族人親姻，而人以爲恥矣。故富者貪而不知止，貧者則强勉其不足以追之。此士之所以重困，而廉恥之心毁也。凡此所謂不能約之以禮也。

方今陛下躬行儉約，以率天下，此左右通貴之臣所親見。然而其閨門之内，奢靡無節，犯上之所惡，以傷天下之教者，有已甚者矣，未聞朝廷有所放絀，以示天下。昔周之人，拘群飲而被之以殺刑者，以爲酒之末流生害，有至於死者衆矣，故重禁其禍之所自生。重禁禍之所自生，故其施刑極省，而人之抵於禍敗者少矣。今朝廷之法所尤重者，獨貪吏耳。重禁貪吏，而輕奢靡之法，此所謂禁其末而弛其本。然而世之議者，以爲方今官冗，而縣官財用已不足以供之，其亦蔽於理矣。今之入官誠冗矣，然而前世置員蓋甚少，而賦禄又如此之薄，則財用之所不足，蓋亦有説矣，吏禄豈足計哉？臣於財利，固未嘗學，然竊觀前世治財之大略矣。蓋因天下之力以生天下之財，取天下之財以供天下之費。自古治世，未嘗以不足爲天下之公患也，患在治財無其道耳。今天下不見兵革之具，而元元安土樂業，人致己力，以生天下之財。然而公私常以困窮爲患者，殆以理財未得其道，而有司不能度世之宜而通其變耳。誠能理財以其道而通其變，臣雖愚，固知增吏禄不足以傷經費也。方今法嚴令具，所以羅天下之士，可謂密矣。然而亦嘗教之以道藝，而有不帥教之刑以待之乎？亦嘗約之以制度，而有不循理之刑以待之乎？亦嘗任之以職事，而有不任事之刑以待之乎？夫不先教之以道藝，誠不可以誅其不帥教；不先約之以制度，誠不可以誅其不循理；不先任之以職事，誠不可以誅其不任事。此三者，先王之法所尤急也。今皆不可得誅。而薄物細故，非害治之急者，爲之法禁，月異而歲不同，爲吏者至於不可勝記，又況能一一避之而無犯者乎？此法令所以玩而不行，小人有幸而免者，君子有不幸而及者焉。此所謂不能裁之以刑也。凡此皆治之非其道也。

方今取士，强記博誦而略通於文辭，謂之茂才異等、賢良方正。茂才異等、賢良方正者，公卿之選也。記不必强，誦不必博，略通於文辭，而又嘗學詩賦，則謂之進士。進士之高者，亦公卿之選也。夫此二科所得之技能，不足以爲公卿，不待論而後可知。而世之議者，乃以爲吾常以此取天下之士，而才之可以爲公卿者，常出於此，不必法古之取人而後得士也，其亦蔽於理矣。先王之時，盡所以取人之道，猶懼賢者之難進，而不肖者之雜於其間也。今悉廢先王所以取士之道，而敺天下之才士，悉使爲賢良、進士，則士之才可以爲公卿者，固宜爲賢良、進士，而賢良、進士亦固宜有時而得才之可以爲公卿者也。然而不肖者，苟能雕蟲篆刻之學，以此進至乎公卿；才之可以爲公卿者，困於無補之學，而以此絀死於巖野，蓋十八九矣。夫古之人有天下者，其所以慎擇者，公卿而已。公卿既得其人，因使推其類以聚於朝廷，則百司庶物，無不得其人也。今使不肖之人，幸而至乎公卿，因得推其類聚之朝廷，此朝廷所以多不肖之人。而雖有賢智，往往困於無助，不得行其意也。且公卿之不肖，既推其類以聚於朝廷；朝廷之不肖，又推其類以備四方之任使；四方之任使者，又各推其不肖以布於州郡，則雖有同罪舉官之科，豈足恃哉？適足以爲不肖者之資而已。其次九經、五經、學究、明法之科，朝廷固已嘗患其無用於世，而稍責之以大義矣。然大義之所得，未有以賢於故也。今朝廷又開明經之選，以進經術之士。然明經之所取，亦記誦而略通於文辭者，則得之矣。彼通先王之意，而可以施於天下國家之用者，顧未必得與於此選也。其次則恩澤子弟，庠序不教之以道藝，官司不考問其才能，父兄不保任其行義，而朝廷輒以官予之，而任之以事。武王數紂之罪，則曰：「官人以世。」夫官人以世，而不計其才，行此乃紂之所以亂亡之道，而治世之所無也。又其次曰流外，朝廷固已擠之於廉恥之外，而限其進取之路矣，顧屬之以州縣之事，使之臨士民之上，豈所謂以賢治不肖者乎？以臣使事之所及，一路數千里之間，州縣之吏，出於流外者，往往而有，可屬任以事者，殆無二三，而當防閑其奸者，皆是也。蓋古者有賢不肖之分，而無流品之別，故孔子之聖，而嘗爲季氏吏。蓋雖爲吏，而亦不害其爲公卿。及後世有流品之別，則凡在流外者，其所成立，固嘗自置於廉恥之外，而無高人之意矣。夫以近世風俗之流靡，自雖士大夫之才，勢足以進取，而朝廷嘗獎之以禮義者，晚節末路，往往怵而爲奸，況又其素所成立，無高人之意，而朝廷固已擠之於廉恥之外，限其進取者乎？其臨人親職，放僻邪侈，固其理也。至於邊疆、宿衛之選，則臣固已言其失矣。凡此皆取之非其道也。

方今取之既不以其道，至於任之，又不問其德之所宜，而問其出身之後先，不論其才之稱否，而論其歷任之多少。以文學進者，且使之治財。已使之治財矣，又轉而使之典獄。已使之典獄矣，又轉而使之治禮。是則一人之身，而責之以百官之所能備，宜其人才之難爲也。夫責人以其所難爲，則人之能爲者少矣。人之能爲者少，則相率而不爲。故使之典禮，未嘗以不知禮爲憂，以今之典禮者，未嘗學禮故也。使之典獄，未嘗以不知獄爲恥，以今之典獄者，未嘗學獄故也。天下之人，亦已漸漬於失教，被服於成俗，見朝廷有所任使，非其資序，則相議而訕之。至於任使之不當其才，未嘗有非之者也。且在位者數徙，則不得久於其官，故上不能狃習而知其事，下不肯服馴而安其教。賢者則其功不可以及於成，不肖者則其罪不可以至於著。若夫迎新將故之勞，緣絶簿書之弊，固其害之小者，不足悉數也。設官大抵皆當久於其任，而至於所部者遠，所任者重，則尤宜久於其官，而後可以責其有爲。而方今尤不得久於其官，往往數日輒遷之矣。

取之既已不詳，使之既已不當，處之既已不久，至於任之則又不專，而又一一以法束縛之，不得行其意。臣故知當今在位多非其人。稍假借之權，而不一一以法束縛之，則放恣而無不爲。雖然，在位非其人，而恃法以爲治，自古及今，未有能治者也。即使在位皆得其人矣，而一一以法束縛之，不使之得行其意，亦自古及今，未有能治者也。夫取之既已不詳，使之既已不當，處之既已不久，任之又不專，而又一一以法束縛之，故雖賢者在位，能者在職，與不肖而無能者殆無以異。夫如此，故朝廷明知其賢能足以任事，苟非其資序，則不以任事而輒進之，雖進之，士猶不服也。明知其無能而不肖，苟非有罪，爲在事者所劾，不敢以其不勝任而輒退之，雖退之，士猶不服也。彼誠不肖無能，然而士不服者何也？以所謂賢能者任其事，與不肖而無能者，亦無以異故也。臣前以謂不能任人以職事，而無不任事之刑以待之者，蓋謂此也。

夫教之、養之、取之、任之，有一非其道，則足以敗天下之人才，又況兼此四者而有之，則在位不才、苟簡、貪鄙之人，至於不可勝數，而草野閭巷之間，亦少可任之才，固不足怪。詩曰：「國雖靡止，或聖或否；民雖靡膴，或哲或謀，或肅或艾。如彼泉流，無淪胥以敗。」此之謂也。

夫在位之人才不足矣，而閭巷草野之間，亦少可用之才，則豈特行先王之政而不得也，社稷之託，封疆之守，陛下其能久以天幸爲常，而無一旦之憂乎？蓋漢之張角，三十六萬同日而起，所在郡國，莫能發其謀；唐之黃巢，横行天下，而所至將吏，無敢與之抗者。漢、唐之所以亡，禍自此始。唐既亡矣，陵夷以至五代，而武夫用事，賢者伏匿消沮而不見，在位無復有知君臣之義、上下之禮者也。當是之時，變置社稷，蓋甚於弈棋之易，而元元肝腦塗地，幸而不轉死於溝壑者無幾耳。夫人才不足，其患蓋如此，而方今公卿大夫，莫肯爲陛下長慮後顧，爲宗廟萬世計，臣竊惑之。昔晉武帝趣過目前，而不爲子孫長遠之謀，當時在位亦皆偷合苟容，而風俗蕩然，棄禮義，捐法制，上下同失，莫以爲非，有識固知其將必亂矣。而其後果海内大擾，中國列於夷狄者二百餘年。伏惟三廟祖宗神靈所以付屬陛下，固將爲萬世血食，而大庇元元於無窮也。臣願陛下鑒漢、唐、五代之所以亂亡，懲晉武苟且因循之禍，明詔大臣，思所以陶成天下之才，慮之以謀，計之以數，爲之以漸，期爲合於當世之變，而無負於先王之意，則天下之人才不勝用矣。人才不勝用，則陛下何求而不得，何欲而不成哉？夫慮之以謀，計之以數，爲之以漸，則成天下之才甚易也。

臣始讀孟子，見孟子言王政之易行，心則以爲誠然。及見與慎子論齊、魯之地，以爲先王之制國，大抵不過百里者，以爲今有王者起，則凡諸侯之地，或千里，或五百里，皆將損之至於數十百里而後止。於是疑孟子雖賢，其仁智足以一天下，亦安能毋劫之以兵革，而使數百千里之强國，一旦肯損其地之十八九，比於先王之諸侯？至其後，觀漢武帝用主父偃之策，令諸侯王地悉得推恩封其子弟，而漢親臨定其號名，輒别屬漢。於是諸侯王之子弟，各有分土，而勢强地大者，卒以分析弱小。然後知慮之以謀，計之以數，爲之以漸，則大者固可使小，强者固可使弱，而不至乎傾駭變亂敗傷之釁。孟子之言不爲過。又況今欲改易更革，其勢非若孟子所爲之難也。臣故曰：慮之以謀，計之以數，爲之以漸，則其爲甚易也。

然先王之爲天下，不患人之不爲，而患人之不能；不患人之不能，而患己之不勉。何謂不患人之不爲，而患人之不能？人之情所願得者，善行、美名、尊爵、厚利也，而先王能操之以臨天下之士。天下之士，有能遵之以治者，則悉以其所願得者與之。士不能則已矣，苟能，則孰肯舍其所願得，而不自勉以爲才？故曰：不患人之不爲，患人之不能。何謂不患人之不能，而患己之不勉？先王之法，所以待人者盡矣。自非下愚不可移之才，未有不能赴者也。然而不謀之以至誠惻怛之心，力行而先之，未有能以至誠惻怛之心，力行而應之者也。故曰：不患人之不能，而患己之不勉。陛下誠有意乎成天下之才，則臣願陛下勉之而已。

臣又觀朝廷異時欲有所施爲變革，其始計利害未嘗熟也，顧有一流俗僥倖之人不悦而非之，則遂止而不敢。夫法度立，則人無獨蒙其幸者。故先王之政，雖足以利天下，而當其承弊壞之後，僥倖之時，其創法立制，未嘗不艱難也。以其創法立制，而天下僥倖之人亦順悦以趨之，無有齟齬，則先王之法，至今存而不廢矣。惟其創法立制之艱難，而僥倖之人不肯順悦而趨之，故古之人欲有所爲，未嘗不先之以征誅，而後得其意。詩曰：「是伐是肆，是絶是忽，四方以無拂。」此言文王先征誅而後得意於天下也。〔二〕夫先王欲立法度，以變衰壞之俗而成人之才，雖有征誅之難，猶忍而爲之，以爲不若是，不可以有爲也。及至孔子，以匹夫遊諸侯，所至則使其君臣捐所習，逆所順，强所劣，憧憧如也，卒困於排逐。然孔子亦終不爲之變，以爲不如是，不可以有爲。此其所守，蓋與文王同意。夫在上之聖人，莫如文王，在下之聖人，莫如孔子，而欲有所施爲變革，則其事蓋如此矣。今有天下之勢，居先王之位，創立法制，非有征誅之難也。雖有僥

〔二〕介甫以經學毒天下，緣借聖言以就己意，觀此已見端倪。

倖之人不悦而非之，固不勝天下順悦之人衆也。然而一有流俗僥倖不悦之言，則遂止而不敢爲者，惑也。陛下誠有意乎成天下之才，則臣又願斷之而已。

夫慮之以謀，計之以數，爲之以漸，而又勉之以誠，斷之以果，然而猶不能成天下之才，則以臣所聞，蓋未有也。

然臣之所稱，流俗之所不講，而今之議者以謂迂闊而熟爛者也。竊觀近世士大夫所欲悉心力耳目以補助朝廷者有矣，彼其意，非一切利害，則以爲當世所能行者。士大夫既以此希世，而朝廷所取於天下之士，亦不過如此。至於大倫大法、禮義之際，先王之所力學而守者，蓋不及也。一有及此，則群聚而笑之，以爲迂闊。今朝廷悉心於一切之利害，有司法令於刀筆之間，非一日也，然其效可觀矣。則夫所謂迂闊而熟爛者，惟陛下亦可以少留神而察之矣。昔唐太宗貞觀之初，人人異論，如封德彝之徒，皆以爲非雜用秦、漢之政，不足以爲天下。能思先王之事開太宗者，魏文正公一人爾。其所施設，雖未能盡當先王之意，抑其大略，可謂合矣。故能以數年之間，而天下幾致刑措，中國安寧，蠻夷順服，自三王以來，未有如此盛時也。唐太宗之初，天下之俗，猶今之世也。魏文正公之言，固當時所謂迂闊而熟爛者也，然其效如此。賈誼曰：「今或言德教之不如法令，胡不引商、周、秦、漢以觀之？」然則唐太宗之事亦足以觀矣。

臣幸以職事歸報陛下，不自知其駑下無以稱職，而敢及國家之大體者，以臣蒙陛下任使，而當歸報。竊謂在位之人才不足，而無所稱朝廷任使之意，而朝廷所以任使天下之士者，或非其理，而士不得盡其才，此亦臣使事之所及，而陛下之所宜先聞者也。釋此不言，而毛舉利害之一二，以汙陛下之聰明，而終無補於世，則非臣所以事陛下惓惓之義也。伏惟陛下詳思而擇其中，天下幸甚。

歐、蘇諸公上書，多條舉數事，其體出於賈誼陳政事疏。此篇止言一事，而以衆法之善敗經緯其中，義皆貫通，氣能包舉，遂覺高出同時諸公之上。

上郎侍郎書

某啓：昔者幸以先人之故，得望步趨，伏蒙撫存教道，如親子姪。而去離門牆，凡五六年，一介之使，一書之問，不徹於隸人之聽，誠以苛禮不足報盛德，空言不能輸欲報之實，顧不知執事察不察也。

去年得邑海上，塗當出越，而問聽之繆，謂執事在焉，比至越而後知車馬在杭。行自念父黨之尊，而德施之隆，去五六年而一書之不進，又望門不造，雖其心之勤企而欲報者猶在，而執事之見察，其可必也？且悔且恐，不知所云。

輒試陳不敏之罪於左右，顧猶不敢必左右之察也。不圖執事遽然貶損手教，重之蜀牋、兖墨之賜，文辭反復，意指勤過，然後知大人君子仁恩溥博，度量之廓大如此。小人無狀，不善隱度，妄自悔恐，而不知所以裁之也。一官自綴，勢不得去，欲趨而前，其路無由。唯其思報，心尚不怠。

上田正言書

正言執事：某五月還家，八月抵官。每欲介西北之郵布一書，道區區之懷，輒以事廢。揚，東南之吭也，舟輿至自汴者，日十百數。因得問汴事與執事息耗甚詳。其間薦紳道執事介然立朝，無所跛倚，甚盛，甚盛！顧猶有疑執事者，雖某亦然。某之學也，執事誨之；進也，執事奬之。執事知某不爲淺矣。有疑焉，不以聞，何以償執事之知哉？

初，執事坐殿廡下，對方正策，指斥天下利害，奮不諱忌。且曰：「願陛下行之，無使天下謂制科爲進取一塗耳。」方此時，窺執事意，豈若今所謂舉方正者獵取名位而已哉？蓋曰行其志云爾。今聯諫官，朝夕耳目天子行事，即一切是非，無不可言者，欲行其志，宜莫若此時。國之疵、民之病亦多矣，執事亦抵職之日久矣。向之所謂疵者，今或痙然若不可治矣；向之所謂病者，今或痼然若不可起矣。曾未聞執事建一言痦主上也。何向者指斥之切而今之疏也？豈向之利於言而今之言不利耶？豈不免若今之所謂舉方正者獵取名位而已邪？人之疑執事者以此。

爲執事解者，或造辟而言，詭辭而出，疏賤之人，奚遽知其微哉？是不然矣。傳所謂「造辟而言」者，乃其言則不可得而聞也，其言之效，則天下斯見之矣。今國之疵、民之病，有滋而無損焉，烏所謂言之效邪？

復有爲執事解者曰：「蓋造辟而言之矣，如不用何？」是又不然。臣之事君，三諫不從則去之，禮也。執事對策時，常用是著於篇。今言之而不從，亦當不翅三矣。雖惓惓之義，未能自去，孟子不云乎：「有言責者，不得其言則去。」盍亦辭其言責邪？執事不能自免於疑也必矣。雖堅强之辯，不能爲執事解也。

乃如某之愚，則願執事不矜寵利，不憚誅責，一爲天下昌言，以痦主上，起民之病，治國之疵，蹇蹇一心，如對策時，則人之疑不解自判矣。惟執事念之。如其不然，願賜教答。不宣。

答司馬諫議書

某啓：昨日蒙教，竊以爲與君實游處相好之日久，而議事每不合，所操之術多異故也。雖欲强聒，終必不蒙見察，故略上報，不復一一自辨。重念蒙君實視遇厚，於反覆不宜鹵莽，故今具道所以，冀君實或見恕也。

蓋儒者所爭，尤在於名實。名實已明，而天下之理得矣。今君實所以見教者，以爲侵官、生事、征利、拒諫，以致天下怨謗也。某則以謂受命於人主，議法度而修之於朝廷，以授之於有司，不爲侵官；舉先王之政，以興利除弊，不爲生事；爲天下理財，不爲征利；闢邪說，難壬人，不爲拒諫。至於怨誹之多，則固前知其如此也。人習於苟且非一日，士大夫多以不恤國事，同俗自媚於衆爲善。上乃欲變此，而某不量敵之衆寡，欲出力助上以抗之，則衆何爲而不洶洶然？盤庚之遷，胥怨者民也，非特朝廷士大夫而已。盤庚不爲怨者故改其度，度義而後動，是而不見可悔故也。如君實責我以在位久，未能助上大有爲，以膏澤斯民，則某知罪矣。如曰今日當一切不事事，守前所爲而已，則非某之所敢知。無由會晤，不任區區向往之至。

答李資深書

某啓：辱書勤勤，教我以義命之説，此乃足下忠愛於故舊，不忍捐棄，而欲誘之以善也。不敢忘，不敢忘。雖然，天下之變故多矣，而古之君子，辭受取舍之方不一，彼皆内得於己，有以待物，而非有待乎物者也。非有待乎物，故其迹時若可疑；有以待物，故其心未嘗有悔也。若是者，豈以夫世之毁譽者概其心哉？若某者，不足以望此，然私有志焉，顧非與足下久相從而熟講之，不足以盡也。多病無聊，未知何時得復晤語。書不能一一，千萬自愛。

答韶州張殿丞書

某啓：伏蒙再賜書，示及先君韶州之政，爲吏民稱誦，至今不絶。傷今之士大夫不盡知，又恐史官不能記載，以次前世良吏之後。此皆不肖之孤言行不足信於天下，不能推揚先人之功緒餘烈，使人人得聞知之，所以夙夜愁痛，疚心疾首而不敢息者，以此也。

先人之存，某尚少，不得備聞爲政之迹。然嘗侍左右，尚能記誦教誨之餘。蓋先君所存，嘗欲大潤澤於天下，一物枯槁，以爲身羞。大者既不得試，已試乃其小者耳。小者又將泯没而無傳，則不肖之孤，罪大釁厚矣，尚何以自立於天地之間耶？閣下勤勤惻惻，以不傳爲念，非夫仁人君子樂道人之善，安能以及此？

自三代之時，國各有史，而當時之史，多世其家，往往以身死職，不負其意。蓋其所傳，皆可考據。後既無諸侯之史，而近世非尊爵盛位，雖雄奇儁烈，道德滿衍，不幸不爲朝廷所稱，輒不得見於史。而執筆者又雜出一時之貴人，觀其在廷論議之時，人人得講其然不，尚或以忠爲邪，以異爲同，誅當前而不慄，訕在後而不羞，苟以饜其忿好之心而止耳。而況陰挾翰墨，以裁前人之善惡，疑可以貸褒，似可以附毁，往者不能訟當否，生者不得論曲直，賞罰謗譽又不施其間，以彼其私，獨安能無欺於冥昧之間邪？善既不盡傳，而傳者又不可盡信如此。唯能言之君子，有大公至正之道，名實足以信後世者，耳目所遇，一以言載之，則遂以不朽於無窮耳。

伏惟閤下，於先人非有一日之雅，餘論所及，無黨私之嫌，苟以發潛德爲己事，務推所聞，告世之能言而足信者，使得論次以傳焉。則先君之不得列於史官，豈有恨哉！

周禮義序

士弊於俗學久矣，聖上閔焉，以經術造之。乃集儒臣，訓釋厥旨，將播之校學，而臣某實董周官。

惟道之在政事，其貴賤有位，其後先有序，其多寡有數，其遲數有時。制而用之存乎法，推而行之存乎人。其人足以任官，其官足以行法，莫盛乎成周之時；其法可施於後世，其文有見於載籍，莫具乎周官之書。蓋其因習以崇之，賡續以終之，至於後世，無以復加，則豈特文、武、周公之力哉？猶四時之運，陰陽積而成寒暑，非一日也。自周之衰，以至於今，歷歲千數百矣。太平之遺迹，掃蕩幾盡，學者所見，無復全經。於是時也，乃欲訓而發之，臣誠不自揆，然知其難也。以訓而發之之爲難，則又以知夫立政造事追而復之之爲難。然竊觀聖上致法就功，取成於心，訓廸在位，有馮有翼，亹亹乎鄉六服承德之世矣。以所觀乎今，考所學乎古，所謂見而知之者，臣誠不自揆，妄以爲庶幾焉，故遂昧冒自竭，而忘其材之弗及也。

謹列其書爲二十有二卷，凡十餘萬言，上之御府，副在有司，以待制詔頒焉。謹序。

觀篇中云云，可覘介甫於周官僅見其粗迹，而於聖人運用天理，不忍一民一物不得其性之本原，概乎其未有得也。故見諸行事，皆與周公之意謬戾。而其文實清深高雅，宜分別求之。

書義序

熙寧二年，臣某以尚書入侍，遂與政。而子雱實嗣講事，有旨爲之説以獻。八年，下其説太學，班焉。

惟虞、夏、商、周之遺文，更秦而幾亡，遭漢而僅存，賴學士大夫誦説，以故不泯，而世主莫或知其可用。天縱皇帝大知，實始操之以驗物，考之以決事，又命訓其義，兼明天下後世。而臣父子以區區所聞，承乏與榮焉。然言之淵懿，而釋以淺陋，命之重大，而承以輕眇。茲榮也，祇所以爲愧也歟！謹序。

詩義序

詩三百十一篇，其義具存，其辭亡者，六篇而已。上既使臣雱訓其辭，又命臣某等訓其義。書成，以賜太學，布之天下，又使臣某爲之序。謹拜手稽首言曰：

詩上通乎道德，下止乎禮義。放其言之文，君子以興焉；循其道之序，聖人以成焉。然以孔子之門人賜也、商也，有得於一言，則孔子悦而進之，蓋其説之難明如此，則自周衰以迄於今，泯泯紛紛，豈不宜哉？

伏惟皇帝陛下，内德純茂，則神罔時恫；外行恂達，則四方以無侮。日就月將，學有緝熙于光明，則頌之所形容，蓋有不足道也。微言奥義，既自得之，又命承學之臣訓釋厥遺，樂與天下共之。顧臣等所聞，如爝火焉，豈足以賡日月之餘光？姑承明制，代匱而已。

傳曰：「美成在久。」故棫樸之作人，以壽考爲言，蓋將有來者焉，追琢其章，纘聖志而成之也。臣衰且老矣，尚庶幾及見之。謹序。

三經義序，指意雖未能盡應於義理，而辭氣芳潔，風味邈然，於歐、曾、蘇氏諸家外别開户牖。

虔州學記

虔州，江南地最曠，大山長谷，荒翳險阻，交、廣、閩、越銅鹽之販，道所出入，椎埋、盜奪、鼓鑄之奸，視天下爲多。慶曆中，嘗詔立學州縣，虔亦應詔，而卑陋褊廹不足爲美觀。州人欲合私財遷而大之久矣，然吏常力屈於聽獄，而不暇顧此，凡二十一年，而後改築於州所治之東南，以從州人之願。蓋經始於治平元年二月提點刑獄宋城蔡侯行州事之時，而考之以十月者，知州事錢塘元侯也。二侯皆天下所謂才吏，故其就此不勞，而齋祠、講説、候望、宿息，以至庖湢，莫不有所。又斥餘財市田及書，以待學者，内外完善矣。於是州人相與樂二侯之適己，而來請文以記其成。

余聞之，先王所謂道德者，性命之理而已。其度數在乎俎豆、鐘鼓、管絃之間，而常患乎難知，故爲之官師，爲之學，以聚天下之士。期命辯説，誦歌絃舞，使之深知其意。夫士，牧民者也。牧知地之所在，則彼不知者驅之爾。然士學而不知，知而不行，行而不至，則奈何？先王於是乎有政矣。夫政，非爲勸沮而已也，然亦所以爲勸沮。故舉其學之成者，以爲卿大夫，其次雖未成而不害其能至者，以爲士，此舜所謂庸之者也。若夫道隆而德駿者，又不止此，雖天子，北面而問焉，而與之迭爲賓主，此舜所謂承之者也。蔽陷畔逃，不可與有言，則撻之以誨其過，書之以識其惡，待之以歲月之久而終不化，則放棄、殺戮之刑隨其後，此舜所謂威之者也。蓋其教法，德則異之以智、仁、聖、義、忠、和，行則同之以孝友、睦婣、任恤，藝則盡之以禮、樂、射、御、書、數。淫言詖行詭怪之術，不足以輔世，則無所容乎其時。而諸侯之所以教，一皆聽於天子，天子命之矣，然後興學。命之曆數，所以時其遲速；命之權量，所以節其豐殺。命不在是，則上之人不以教而爲學者不道也。士之奔走、揖讓、酬酢、笑語、升降，出入乎此，則無非教者。高可以至於命，其下亦不失爲人用，其流及乎既衰矣，尚可以鼓舞群衆，使有以異於後世之人。故當是時，婦人之所能言，童子之所可知，有後世老師宿儒之所惑而不悟者也；武夫之所道，鄙人之所守，有後世豪傑名士之所憚而愧之者也。堯、舜、三代，從容無爲，同四海於一堂之上，而流風餘俗詠歎之不息，凡以此也。

周道微，不幸而有秦，君臣莫知屈己以學，而樂於自用，其所建立悖矣。而惡夫非之者，乃燒詩、書，殺學士，掃除天下之庠序。然後非之者愈多，而終於不勝。何哉？先王之道德，出於性命之理，而性命之理出於人心。詩、書能循而達之，非能奪其所有，而予之以其所無也。經雖亡，出於人心者猶在，則亦安能使人舍己之昭昭，而從我於聾昏哉？然是心非特秦也。當孔子時，既有欲毁鄉校者矣。蓋上失其政，人自爲義，不務出至善以勝之，而患乎有爲之難，則是心非特秦也。墨子區區，不知失者在此，而發尚同之論，彼其爲愚，亦獨何異於秦？

嗚呼，道之不一久矣。揚子曰「如將復駕其所説，莫若使諸儒金口而木舌」，蓋有意乎辟雍學校之事。善乎其言！雖孔子出，必從之矣。今天子以盛德新即位，庶幾能及此乎！今之守吏，實古之諸侯，其異於古者，不在乎施設之不專，而在乎所受於朝廷未有先王之法度；不在乎無所於教，而在乎所以教未有以成士大夫仁義之材。

虔雖地曠以遠，得所以教，則雖悍昏嚚凶、抵禁觸法而不悔者，亦將有以聰明其耳目而善其心，又況乎學問之民。故余爲書二侯之績，因道古今之變及所望乎上者，使歸而刻石焉。

語多支蔓，而中有明理見性、永不刊滅之言。

慈溪縣學記

天下不可一日而無政教，故學不可一日而亡於天下。古者井天下之田，而黨庠、遂序、國學之法立乎其中。鄉射飲酒、春秋合樂、養老勞農、尊賢使能、考藝選言之政，至於受成、獻馘、訊囚之事，無不出於學。於此養天下智、仁、聖、義、忠、和之士，以至一偏、一伎、一曲之學，無所不養。而又取士大夫之材行完潔，而其施設已嘗試於位而去者，以爲之師。釋奠、釋菜，以教不忘其學之所自。遷徙偪逐，以勉其怠而除其惡。則士朝夕所見所聞，無非所以治天下國家之道，其服習必於仁義，而所學必皆盡其材。一日取以備公卿大夫百執事之選，則其材行皆已素定，而士之備選者，其施設亦皆素所見聞而已，不待閱習而後能者也。古之在上者，事不慮而盡，功不爲而足，其要如此而已。此二帝、三王所以治天下國家而立學之本意也。

後世無井田之法，而學亦或存或廢，大抵所以治天下國家者，不復皆出於學。而學之士，群居族處，爲師弟子之位者，講章句、課文字而已。至其陵夷之久，則四方之學者，廢而爲廟，以祀孔子於天下，斲木摶土，如浮屠道士法，爲王者象。州縣吏春秋帥其屬，釋奠於其堂，而學士者或不預焉。蓋廟之作，出於學廢，而近世之法然也。

今天子即位若干年，頗修法度，而革近世之不然者。當此之時，學稍稍立於天下矣，猶曰州之士滿二百人，乃得立學。於是慈溪之士不得有學，而爲孔子廟如故，廟又壞不治。今劉君在中言於州，使民出錢，將修而作之，未及爲而去，時慶曆某年也。

後林君肇至，則曰：「古之所以爲學者，吾不得而見，而法者，吾不可以毋循也。雖然，吾之人民於此，不可以無教。」即因民錢作孔子廟，如今之所云，而治其四旁爲學舍，講堂其中，帥縣之子弟，起先生杜君醇爲之師，而興於學。噫，林君其有道者耶！夫吏者無變今之法，而不失古之實，此有道者之所能也。林君之爲，其幾於此矣。

林君固賢令，而慈溪小邑，無珍産淫貨以來四方遊販之民。田桑之美，有以自足，無水旱之憂也。無遊販之民，故其俗一而不雜；有以自足，故人慎刑而易治。而吾所見其邑之士，亦多美茂之材，易成也。杜君者，越之隱君子，其學行宜爲人師者也。夫以小邑得賢令，又得宜爲人師者爲之師，而以修醇一易治之俗，而進美茂易成之材，雖拘於法、限於勢，不得盡如古之所爲，吾固信其教化之將行，而風俗之成也。夫教化可以美風俗，雖然，必久而後至於善，而今之吏其勢不能以久也。吾雖喜且幸其將行，而又憂夫來者之不吾繼也，於是本其意以告來者。

度支副使廳壁題名記

三司副使，不書前人名姓。嘉祐五年，尚書户部員外郎吕君冲之始稽之衆史，而自李紘已上至查道，得其名；自楊偕已上，得其官；自郭勸已下，又得其在事之歲時。於是書石而鑱之東壁。

夫合天下之衆者財，理天下之財者法，守天下之法者吏也。吏不良，則有法而莫守；法不善，則有財而莫理。有財而莫理，則阡陌閭巷之賤人，皆能私取予之勢，擅萬物之利，以與人主争黔首，而放其無窮之欲，非必貴强桀大而後能。如是而天子猶爲不失其民者，蓋特號而已耳。雖欲食蔬衣敝，憔悴其身，愁思其心，以幸天下之給足，而安吾政，吾知其猶不得也。然則善吾法，而擇吏以守之，以理天下之財，雖上古堯、舜猶不能毋以此爲先急，而况於後世之紛紛乎？

三司副使，方今之大吏，朝廷所以尊寵之甚備。蓋今理財之法有不善者，其勢皆得以議於上而改爲之，非特當守成法，吝出入，以從有司之事而已。其職事如此，則其人之賢不肖，利害施於天下，如何也？觀其人，以其在事之歲時，以求其政事之見於今者，而考其所以佐上理財之方，則其人之賢不肖，與世之治否，吾可以坐而得矣。此蓋吕君之志也。

信州興造記

晉陵張公治信之明年，皇祐二年也，奸强帖柔，隱詘發舒，既政大行，民以寧息。夏六月乙亥，大水。公徙囚於高獄，命百隸戒，不共有常誅。夜漏半，水破城，滅府寺，苟民廬居。公趨譙門，坐其下，敕吏士以桴收民，鰥孤老癃與所徙之囚咸得不死。

丙子，水降。公從賓佐按行隱度，符縣調富民水之所不至者夫錢戶七百八十六，收佛寺之積材一千一百三十有二。不足，則前此公所命富民出粟以賙貧民者二十三人自言曰：「食新矣，賙可以已，願輸粟直以佐材費。」七月甲午，募人城水之所入，垣群府之缺，考監軍之室，立司理之獄。營州之西北亢爽之墟，以宅屯駐之師，除其故營，以時教士刺伐坐作之法，故所無也。作驛曰饒陽，作宅曰迴車。築二亭於南門之外，左曰仁，右曰智，山水之所附也。梁四十有二，舟於兩亭之間，以通車徒之道。築一亭於州門之左，曰宴，月吉所以屬賓也。凡爲梁一，爲城垣九千尺，爲屋八。以楹數之，得五百五十二。自七月九日，卒九月七日，爲日五十二，爲夫一萬一千四百二十五。中家以下，見城郭室屋之完，而不知材之所出；見徒之合散，而不見役使之及己。凡故之所有必具，其所無也，乃今有之，故其經費卒不出縣官之給。公所以捄災補敗之政如此，其賢於世吏遠矣。

今州縣之災相屬，民未病災也，且有治災之政出焉。弛舍之不適，裒取之不中，元奸宿豪舞手以乘民，而民始病。病極矣，吏乃始讋然自喜，民相與誹且笑之而不知也。吏而不知爲政，其重困民多如此。此予所以哀民，而閔吏之不學也。由是而言，則爲公之民，不幸而遇害災，其亦庶乎無憾矣。十月二十日，臨川王某記。

芝閣記

祥符時，封泰山以文天下之平，四方以芝來告者萬數。其大吏，則天子賜書以寵嘉之，小吏若民，輒錫金帛。方是時，希世有力之大臣，窮搜而遠采，山農野老，攀緣狙杙，以上至不測之高，下至澗溪壑谷，分崩裂絶，幽窮隱伏，人迹之所不通，往往求焉。而芝出於九州四海之間，蓋幾於盡矣。

至今上即位，謙讓不德，自大臣不敢言封禪，詔有司以祥瑞告者皆勿納。於是神奇之産，銷藏委翳於蒿藜榛莽之間，而山農野老不復知其爲瑞也。則知因一時之好惡，而能成天下之風俗，況於行先王之治哉。太丘陳君，學文而好奇。芝生於庭，能識其爲芝，惜其可獻而莫售也，故閣於其居之東偏，掇取而藏之。蓋其好奇如此。

噫，芝一也，或貴於天子，或貴於士，或辱於凡民，夫豈不以時乎哉？士之有道，固不役志於貴賤，而卒所以貴賤者，何以異哉？此予之所以歎也。

遊褒禪山記

褒禪山亦謂之華山，唐浮圖慧褒始舍於其址，而卒葬之，以故其後名之曰「褒禪」。今所謂慧空禪院者，褒之廬冢也。距其院東五里，所謂華山洞者，以其乃華山之陽名之也。距洞百餘步，有碑仆道，其文漫滅，獨其爲文猶可識，曰「花山」。今言「華」如「華實」之「華」者，蓋音謬也。其下平曠，有泉側出，而記遊者甚衆，所謂前洞也。由山以上五六里，有穴窈然，入之甚寒，問其深，則其好遊者不能窮也，謂之後洞。

余與四人擁火以入，入之愈深，其進愈難，而其見愈奇。有怠而欲出者，曰：「不出，火且盡。」遂與之俱出。蓋予所至，比好遊者尚不能十一，然視其左右，來而記之者已少。蓋其又深，則其至又加少矣。方是時，予之力尚足以入，火尚足以明也。既其出，則或咎其欲出者，而予亦悔其隨之，而不得極夫遊之樂也。

於是予有歎焉。古人之觀於天地、山川、草木、蟲魚、鳥獸，往往有得，以其求思之深而無不在也。夫夷以近，則遊者衆；險以遠，則至者少。而世之奇偉瑰怪非常之觀，常在於險遠，而人之所罕至焉，故非有志者不能至也。有志矣，不隨以止也，然力不足者，亦不能至也。有志與力，而又不隨以怠，至於幽暗昏惑，而無物以相之，亦不能至也。然力足以至焉，於人爲可譏，而在己爲有悔。盡吾志也而不能至者，可以無悔矣，其孰能譏之乎？此予之所得也。余於仆碑，又以悲夫古書之不存，後世之謬其傳而莫能名者，何可勝道也哉！此所以學者不可以不深思而慎取之也。

四人者，廬陵蕭君圭君玉，長樂王回深父，余弟安國平父、安上純父。至和元年七月某日，臨川王某記。

周公論

甚哉，荀卿之好妄也！載周公之言曰：「吾所執贄而見者十人，還贄而相見者三十人，貌執者百有餘人，欲言而請畢事千有餘人。」是誠周公之所爲，則何周公之小也！

夫聖人爲政於天下也，初若無爲於天下，而天下卒以無所不治者，其法誠修也。故三代之制，立庠於黨，立序於遂，立學於國，而盡其道以爲養賢教士之法，是士之賢雖未及用，而固無不見尊養者矣。此則周公待士之道也。誠若荀卿之言，則春申、孟嘗之行，亂世之事也，豈足爲周公乎？且聖世之士，各有其業，講道習藝，患日之不足，豈暇遊公卿之門哉？彼遊公卿之門，求公卿之禮者，皆戰國之奸民，而毛遂、侯嬴之徒也。荀卿生於亂世，不能考論先王之法，著之天下，而惑於亂世之俗，遂以爲聖世之事亦若是而已，亦已過也。且周公之所禮者大賢與，則周公豈惟執贄見之而已，固當薦之天子，而共天位也；如其不賢，不足與共天位，則周公如何其與之爲禮也？

子產聽鄭國之政，以其乘輿濟人於溱、洧，孟子曰：「惠而不知爲政。」蓋君子之爲政，立善法於天下，則天下治；立善法於一國，則一國治。如其不能立法，而欲人人悦之，則日亦不足矣。使周公知爲政，則宜立學校之法於天下矣；不知立學校，而徒能勞身以待天下之士，則不唯力有所不足，而勢亦有所不得也。

或曰：「仰禄之士猶可驕，正身之士不可驕也。」夫君子之不驕，雖闇室不敢自慢，豈爲其人之仰禄而可以驕乎？嗚呼，所謂君子者，貴其能不易乎世也。荀卿生於亂世，而遂以亂世之事量聖人，後世之士，尊荀卿以爲大儒而繼孟子者，吾不信矣。

莊周論上

世之論莊子者不一，而學儒者曰：「莊子之書，務詆孔子以信其邪説，要焚其書、廢其徒而後可，其曲直固不足論也。」學儒者之言如此，而好莊子之道者曰：「莊子之德，不以萬物干其慮，而能信其道者也。彼非不知仁義也，以爲仁義小而不足行己；彼非不知禮樂也，以爲禮樂薄而不足化天下。故老子曰：『道失後德，德失後仁，仁失後義，義失後禮。』是知莊子非不達於仁、義、禮、樂之意也，彼以爲仁、義、禮、樂者，道之末也，故薄之云爾。」夫儒者之言善也，然未嘗求莊子之意也；好莊子之言者，固知讀莊子之書也，然亦未嘗求莊子之意也。

昔先王之澤，至莊子之時竭矣。天下之俗，譎詐大作，質朴並散，雖世之學士大夫，未有知貴己賤物之道者也。於是棄絶乎禮義之緒，奪攘乎利害之際，趨利而不以爲辱，殞身而不以爲怨，漸漬陷溺，以至乎不可救已。莊子病之，思其説以矯天下之弊，而歸之於正也。其心過慮，以爲仁、義、禮、樂皆不足以正之，故同是非，齊彼我，一利害，則以足乎心爲得，此其所以矯天下之弊者也。既以其説矯弊矣，又懼來世之遂實吾説而不見天地之純、古人之大體也，於是又傷其心於卒篇以自解。故其篇曰：「詩以道志，書以道事，禮以道行，樂以道和，易以道陰陽，春秋以道名分。」由此而觀之，莊子豈不知聖人者哉？又曰：「譬如耳目鼻口皆有所明，不能相通，猶百家衆技皆有所長，時有所用。」用是以明聖人之道，其全在彼而不在此，而亦自列其書於宋鈃、慎到、墨翟、老聃之徒，俱爲不該不徧一曲之士，蓋欲明吾之言有爲而作，非大道之全云爾。然則莊子豈非有意於天下之弊而存聖人之道乎？伯夷之清，柳下惠之和，皆有矯於天下者也，莊子用其心亦二聖人之徒矣。然而莊子之言不得不爲邪説比者，蓋其矯之過矣。夫矯枉者，欲其直也，矯之過則歸於枉矣。莊子亦曰：「墨子之心則是也，墨子之行則非也。」推莊子之心以求其行，則獨何異於墨子哉？

後之讀莊子者，善其爲書之心，非其爲書之説，則可謂善讀矣，此亦莊子之所願於後世之讀其書者也。今之讀者，挾莊以謾吾儒曰：「莊子之道大哉，非儒之所能及知也。」不知求其意，而以異於儒者爲貴，悲夫！

禮論

嗚呼，荀卿之不知禮也！其言曰：「聖人化性而起僞。」吾是以知其不知禮也。知禮者，貴乎知禮之意，而荀卿盛稱其法度節奏之美，至於言化，則以爲僞也，亦烏知禮之意哉？故禮始於天而成於人，知天而不知人則野，知人而不知天則僞。聖人惡其野而疾其僞，以是禮興焉。今荀卿以謂聖人之化性爲起僞，則是不知天之過也。然彼亦有見而云爾。凡爲禮者，必詘其放傲之心，逆其嗜欲之性。莫不欲逸，而爲尊者勞；莫不欲得，而爲長者讓，擎跽曲拳以見其恭。夫民之於此，豈皆有樂之之心哉？患上之惡己，而隨之以刑也。故荀卿以爲特劫以法度之威，而爲之於外爾，此亦不思之過也。

夫斲木而爲之器，服馬而爲之駕，此非生而能者也。故必削之以斧斤，直之以繩墨，圓之以規，而方之以矩，束聯膠漆之，而後器適於用焉。前之以銜勒之制，後之以鞭策之威，馳驟舒疾，無得自放，而一聽於人，而後馬適於駕焉。由是觀之，莫不劫之於外而服之以力者也。然聖人捨木而不爲器，捨馬而不爲駕者，固亦因其天資之材也。今人生而有嚴父愛母之心，聖人因其性之欲而爲之制焉，故其制雖有以强人，而乃以順其性之欲也。聖人苟不爲之禮，則天下蓋將有慢其父而疾其母者矣，此亦可謂失其性也。得性者以爲僞，則失其性者乃可以爲真乎？此荀卿之所以爲不思也。

夫狙猿之形非不若人也，欲繩之以尊卑而節之以揖讓，則彼有趨於深山大麓而走耳，雖畏之以威而馴之以化，其可服邪？以謂天性無是而可以化之使僞耶，則狙猿亦可使爲禮矣。故曰：禮始於天而成於人，天則無是而人欲爲之者，舉天下之物，吾蓋未之見也。

讀孟嘗君傳

世皆稱孟嘗君能得士，士以故歸之；而卒賴其力，以脱於虎豹之秦。嗟乎！孟嘗君特雞鳴狗盜之雄耳，豈足以言得士？不然，擅齊之强，得一士焉，宜可以南面而制秦，尚何取雞鳴狗盜之力哉？夫雞鳴狗盜之出其門，此士之所以不至也。

給事中孔公墓誌銘

宋故朝請大夫、給事中、知鄆州軍州事兼管内河堤勸農、同群牧使、上護軍、魯郡開國侯、食邑一千六百户、實封二百户、賜紫金魚袋孔公者，尚書工部侍郎、贈尚書吏部侍郎諱勗之子，兖州曲阜縣令、襲封文宣公、贈兵部尚書諱仁玉之孫，兖州泗水縣主簿諱光嗣之曾孫，而孔子之四十五世孫也。其仕當今天子天聖、寶元之間，以剛毅諒直名聞天下。

嘗知諫院矣，上書請明肅太后歸政天子，而廷奏樞密使曹利用、上御藥羅崇勳罪狀。當是時，崇勳操權利，與士大夫爲市，而利用悍强不遜，内外憚之。嘗爲御史中丞矣，皇后郭氏廢，引諫官、御史伏閣以争，又求見上，皆不許，而固争之，得罪然後已。蓋公事君之大節如此。此其所以名聞天下，而士大夫多以公不終於大位爲天下惜者也。

公諱道輔，字厚濟。初以進士釋褐，補寧州軍事推官。年少耳，然斷獄議事，已能使老吏憚驚。遂遷大理寺丞，知兖州仙源縣事，又有能名。其後嘗直史館，待制龍圖閣，判三司理欠憑由司、登聞檢院、吏部流内銓，糾察在京刑獄，知許、徐、兖、鄆、泰五州，留守南京。而兖、鄆、御史中丞皆再至。所至官治，數以争職不阿，或絀或遷，而公持一節以終身，蓋未嘗自絀也。

其在兖州也，近臣有獻詩百篇者，執政請除龍圖閣直學士。上曰：「是詩雖多，不如孔某一言。」乃以公爲龍圖閣直學士。於是人度公爲上所思，且不久於外矣。未幾，果復召，以爲中丞。而宰相使人説公稍折節以待遷，公乃告以不能。於是又度公且不得久居中，而公果出。

初，開封府吏馮士元坐獄，語連大臣數人，故移其獄御史，劾士元罪止於杖，又多更赦。公見上，上固怪士元以小吏與大臣交私，汙朝廷，而所坐如此，而執政又以謂公爲大臣道地，「地」或「作」也。故出知鄆州。公以寶元二年如鄆，道得疾，以十二月壬申卒於滑州之韋城驛，享年五十四。其後詔追郭皇后位號，而近臣有爲上言公明肅太后時事者，上亦記公平生所爲，故特贈公尚書工部侍郎。

公夫人金城郡君尚氏，尚書都官員外郎諱賓之女。生二男子：曰淘，今爲尚書屯田員外郎；曰宗翰，今爲太常博士。皆有行治，世其家。累贈公金紫光禄大夫、尚書兵部侍郎，而以嘉祐七年十月壬寅葬公孔子墓之西南百步。

公廉於財，樂振施，遇故人子，恩厚尤篤。而尤不好鬼神禨祥事。在寧州，道士治真武像，有蛇穿其前，數出近人，人傳以爲神。州將欲視驗以聞，故率其屬往拜之，而蛇果出。公即舉笏擊蛇殺之，自州將以下皆大驚，已而又皆大服。公由此始知名。然余觀公數處朝廷大議，視禍福無所擇，其智勇有過人者，勝一蛇之妖，何足道哉！世多以此稱公者，故余亦不得而略也。

銘曰：

展也孔公，維志之求。行有險夷，不改其輈。權彊所忌，讒諂所讎。考終厥位，寵禄優優。維皇好直，是錫公休。序行納銘，爲識諸幽。

北宋人誌銘，歐公而外，惟介甫爲知體要。此尤長篇中最著稱者，其鈎勒摹畫處學史記，而風神不逮；造語質健學韓文，而深古不逮。於是益歎子長、退之之於文乃天授也。

泰州海陵縣主簿許君墓誌銘

君諱平，字秉之，姓許氏。余嘗譜其世家，所謂今泰州海陵縣主簿者也。君既與兄元相友愛稱天下，而自少卓犖不羈，善辨説，與其兄俱以智略爲當世大人所器。寶元時，朝廷開方略之選，以招天下異能之士，而陝西大帥范文正公、鄭文肅公争以君所爲書以薦，於是得召試，爲太廟齋郎，已而選泰州海陵縣主簿。貴人多薦君有大才，可試以事，不宜棄之州縣。君亦常慨然自許，欲有所爲，然終不得一用其智能以卒。噫，其可哀也已。

士固有離世異俗，獨行其意，罵譏笑侮，困辱而不悔。彼皆無衆人之求，而有所待於後世者也，其齟齬固宜。若夫智謀功名之士，窺時俯仰，以赴勢物之會，而輒不遇者，乃亦不可勝數。辯足以移萬物而窮於用説之時，謀足以奪三軍而辱於右武之國，此又何説哉？嗟乎，彼有所待而不悔者，其知之矣。

君年五十九，以嘉祐某年某月某甲子葬真州之揚子縣甘露鄉某所之原。夫人李氏。子男瓌，不仕；璋，真州司户參軍；琦，太廟齋郎；琳，進士。女子五人，已嫁二人，進士周奉先、泰州泰興縣令陶舜元。銘曰：

有拔而起之，莫擠而止之。嗚呼許君，而已於斯，誰或使之。

墓誌之有議論，必於叙事纓帶而出之。此篇及王深甫誌則全用議論，以絶無仕迹可紀，家庭庸行，又不足列也。然終屬變體，後人不可彷效。

王深甫墓誌銘

吾友深父，書足以致其言，言足以遂其志，志欲以聖人之道爲己任，蓋非至於命弗止也。故不爲小廉曲謹以投衆人耳目，而取舍、進退、去就必度於仁義。世皆稱其學問、文章、行治，然真知其人者不多，而多見謂迂闊，不足趣時合變。嗟呼！是乃所以爲深父也。令深父而有以合乎彼，則必無以同乎此矣。

嘗獨以謂天之生夫人也，殆將以壽考成其才，使有待而後顯，以施澤於天下。或者誘其言，以明先王之道，覺後世之民。嗚呼，孰以爲道不任於天，德不酧於人，而今死矣。甚哉，聖人君子之難知也！以孟軻之聖，而弟子所願，止於管仲、晏嬰，況餘人乎？至於揚雄，尤當世之所賤簡，其爲門人者，一侯芭而已。芭稱雄書以爲勝周易。易不可勝也，芭尚不爲知雄者。而人皆曰：古之人生無所遇合，至其没久而後世莫不知。若軻、雄者，其没皆過千歲，讀其書、知其意者甚少。則後世所謂知者，未必真也。夫此兩人以老而終，幸能著書，書具在，然尚如此。嗟乎深父，其智雖能知軻，其於爲雄，雖幾可以無悔，然其志未就，其書未具，而既早死，豈特無所遇於今，又將無所傳於後。天之生夫人也，而命之如此，蓋非余所能知也。

深父諱回，本河南王氏。其後自光州之固始遷福州之侯官，爲侯官人者三世。曾祖諱某，某官；祖諱某，某官；考諱某，尚書兵部員外郎。兵部葬潁州之汝陰，故今爲汝陰人。深父嘗以進士補亳州衛真縣主簿，歲餘自免去。有勸之仕者，輒辭以養母。其卒以治平二年七月二十八日，年四十三。於是朝廷用薦者以爲某軍節度推官，知陳州南頓縣事，書下而深父死矣。夫人曾氏，先若干日卒。子男一人，某；女二人，皆尚幼。諸弟以某年某月某日，葬深父某縣某鄉某里，以曾氏祔。銘曰：

嗚呼深父，維德之仔肩，以廸祖武。厥艱荒遐，力必踐取。莫吾知庸，亦莫吾侮。神則尚反，歸形此土。

亡兄王常甫墓誌銘

先生七歲好學，毅然不苟戲笑，讀書二十年。當慶曆中，天子以書賜州縣，大置學。先生學完行高，江淮間州争欲以爲師。所留，輒以詩、書、禮、易、春秋授弟子。慕聞來者，往往千餘里。磨礱淬濯，成就其器，不可勝數。而先生始以進士下科補宣州司户。至三月，轉運使以監江寧府鹽院。又三月卒。又七月葬，則卒之明年四月也，實皇祐四年。墓在先君東南五步。先君姓王氏，諱益，官世行治既有銘。先生其長子，諱安仁，字常甫，年三十七，生兩女。

嗚呼，先生之道德，蓄於身而施於家，不博見於天下。文章名於世，特以應世之須爾。大志所欲論著，蓋未出也。而世之工言能使不朽者，又知先生莫能深。嗚呼，先生之所存，其卒於無傳耶！始，先生常以爲功與名不足懷，蓋亦有命焉。君子之學盡其性而已，然則先生之無傳，蓋不憾也。雖然，先生孝友最隆，委百世之重而無所屬以傳，有母有弟，方壯而奪之，使不得相處以久，先生尚有知，其無窮憂矣。嗚呼，以往而推存，痛其有已邪！痛其有已邪！先生有文十五卷，其弟既次以藏其家，又次行治藏於墓。嗚呼，酷矣！極矣！銘止矣！其能使先生傳邪？

臨川王君墓誌銘

孔子論天子、諸侯、卿大夫、士、庶人之孝，固有等矣。至其以事親爲始而能竭吾才，則自聖人至於士，其可以無憾焉一也。

余叔父諱師錫，字某。少孤，則致孝於其母，憂悲愉樂不主於己，以其母而已。學於他州，凡被服、飲食、玩好之物，苟可以悏吾母而力能有之者，皆聚以歸，雖甚勞窘，終不廢。豐其母以及其昆弟、姑姊妹，不敢愛其力之所能得；約其身以及其妻子，不敢慊其意之所欲爲。其外行，則自鄉黨鄰里及其嘗所與遊之人，莫不得其歡心。其不幸而蚤死也，則莫不爲之悲傷歎息。夫其所以事親能如此，雖有不至，其亦可以無憾矣。

自庠序聘舉之法壞，而國論不及乎閨門之隱，士之務本者，常詘於浮華淺薄之材。故余叔父之卒，年三十七，數以進士試於有司，而猶不得禄賜以寬一日之養焉。而世之論士也，以苟難爲賢，而余叔父之孝，又未有以過古之中制也，以故世之稱其行者亦少焉。蓋以叔父自爲，則由外至者，吾無意於其間可也。自君子之在勢者觀之，使爲善者不得職而無以成名，則中材何以勉焉？悲夫！

叔父娶朱氏，子男一人，某；女子一人，皆尚幼。其葬也，以至和四年祔於真州某縣某鄉銅山之原，皇考諫議公之兆。爲銘，銘曰：

天孰爲之？窮孰爲之？爲吾能爲，已矣無悲。

祭范潁州文

嗚呼我公，一世之師。由初迄終，名節無疵。明肅之盛，身危志殖。瑶華失位，又隨以斥。治功亟聞，尹帝之都。閉姦興良，稚子歌呼。赫赫之家，萬首俯趨。獨繩其私，以走江湖。士争留公，蹈禍不慄。有危其辭，謁與俱出。風俗之衰，駭正怡邪。蹇蹇我初，人以疑嗟。力行不回，慕者興起。儒先酋酋，以節相侈。

公之在貶，愈勇爲忠。稽前引古，誼不營躬。外更三州，施有餘澤。如釃河江，以灌尋尺。宿贜自解，不以刑加。猾盜涵仁，終老無邪。講藝絃歌，慕來千里。溝川障澤，田桑有喜。戎孽猘狂，敢齮我疆。鑄印刻符，公屏一方。取將於伍，後常名顯。收士至佐，維邦之彦。聲之所加，虜不敢瀕。以其餘威，走敵完鄰。昔也始至，瘡痍滿道。藥之養之，内外完好。既其無爲，飲酒笑歌。百城晏眠，吏士委蛇。

上嘉曰材，以副樞密。稽首辭讓，至於六七。遂參宰相，釐我典常。扶賢贊傑，亂冗除荒。

官吏於朝，士變於鄉。百治具修，偷墮勉强。彼閼不遂，歸侍帝側。卒屏於外，身屯道塞。謂宜耆老，尚有以爲。神乎孰忍，使至於斯！蓋公之才，猶不盡試。肆其經綸，功孰與計？

自公之貴，厩庫逾空。和其色辭，傲訏以容。化於婦妾，不靡珠玉。翼翼公子，敝綈惡粟。閔死憐窮，惟是之奢。孤女以嫁，男成厥家。孰堙於深？孰鍥乎厚？其傳其詳，以法永久。碩人今亡，邦國之憂。矧鄙不肖，辱公知尤。承凶萬里，不往而留。涕哭馳辭，以贊醪羞。

祭韓、范諸公文，此爲第一。

祭曾博士易占文

嗚呼！公以罪廢，實以不幸。卒困以夭，亦惟其命。命與才違，人實知之。名之不幸，知者爲誰？公之閭里，宗親黨友。知公之名，於實無有。嗚呼公初，公志如何？孰云不諧，而厄孔多？地大天穹，有時而毁。星日脱敗，山傾谷圮。人居其間，萬物一偏。固有窮通，世數之然。至其壽夭，尚何憂喜。要之百年，一蜕以死。方其生時，窘若囚拘。其死以歸，混合空虚。以生易死，死者不祈。惟其不見，生者之悲。公今有子，能隆公後。惟彼生者，可無甚悼。嗟理則然，其情難忘。哭泣馳辭，往侑奠觴。

附録

吴棠跋

同治戊辰三月，由榕城北上，道過武林，於城東講舍晤高伯平明經均儒，出古文約選，謂棠曰：「此果親王府刻本，方望溪先生奉教所選訂也。其凡例已經桐城戴孝廉鈞衡編入望溪文集。均儒舊得之淮安，攜歸武林。後經兵燹，幸友人檢拾收藏，由江浙轉徙楚鄂間，亂定寄還。孤本流傳，竟未墜失，疑有神物呵護之者，惟重刊以惠士林爲幸。」棠莅蜀半年，簿書鮮暇，夏仲始延張孝廉人瑞、繆孝廉荃孫刊校，至冬仲工蕆。獨惜伯平今春已歸道山，不及見此書之成也。謹書數言以志緣起。至此選大旨，具見凡例，不復贅云。同治八年歲次己巳十一月，督川使者盱眙吴棠跋。